U0583816

〔英〕玛丽·S.摩根／著
梁双陆　刘燕　等／译

THE WORLD 模型中的

经济学家

如何

工作和思考

HOW ECONOMISTS
WORK AND THINK

社会科学文献出版社
SOCIAL SCIENCES ACADEMIC PRESS (CHINA)

版权声明

序

科学是复杂的。历史学家天衣无缝的解释使科学通俗易懂，与此同时，他们有时也在文章中讲述科学生活中的困难与疏漏。哲学家对科学方法的分析通常讨论不足，但避免了种种棘手的细节的矛盾。这本书与上述专著不同：本书并不按时间线索进行历史叙述，也不强化模型的思想体系，然而，本书野心勃勃的目标是讲述经济学采用建模方法的历史以及已被接受的经济科学哲学。为了实现此目标，本书与其他许多专著一样秉持着迎难而上的精神。

因此，本书并非一本传统意义上的著作。本书在对一系列历史案例进行研究的同时始终坚持哲学角度的评述。我一直将本书描述为一本旅游指南：本书介绍了经济学中最著名且具有重大历史意义的模型，就如同介绍一个三星级旅游景点，并以每一个模型为基础不断更新对现代经济学本质的哲学解释。但是读者可能会觉得本书与侦探的案例本有相似之处：在一系列的调查中，追踪并理清线索，最终说明经济建模的意义。就我个人而言，案例研究是明确科学如何发生作用的最佳方法。案例塑造的个体故事纵深地捕捉到了经济科学的惯例，这些个体故事的集合为更充分地解释经济学如何成为一门建模科学提供了素材。正如我们所知，这些混乱的细节很重要，因为平铺直叙缺乏可信度，但更重要的原因是破坏因素（问题）往往隐藏在细节中，因此如果缺少细节，那些规模更大且更重要的事件将无法被理解也无法被解释。毕竟，如果线索被省略，侦探小说会怎样？同理，如果论证过程中微小的细节被忽略，会发生什么呢？

本书到底将不涉及哪些内容又包含哪些内容？本书并不试图对模型下定义——但集中讨论了模型的特性，这些特性使模型在科学中发挥了重要作用。本书并未表明存在不同种类的模型，而是阐释了被视为模型的事物的异构性。本书并不认为模型的特征易于描述，但确实论证了为了理解模型我们应关注使用模型的目的和方法。本书的观点并非完全公正，但确实论证了在经济学中模型既非常有效地创造了知识，也在此领域的使用中受到了限制。本书并未批判建模，却说明了模型可能被批判或重视的原因及方法。

十五年对模型的研究、思考和评述，使我确信，两个基本问题——模型是什么，以及建模如何起作用，是没有简单答案的。一些提问比另外一些更有帮助。例如：在一门科学中起作用的模型应具备什么特质？在一门科学中模型起什么作用？以上提问是否比提问模型是什么更富有成效呢？例如：模型推理是如何进行的？一门科学通过以模型为手段的研究能获取什么样的知识？这些提问有助于解释建模（在经济学中）如何成为一种自主的认知载体，即作为一种科学的方法，建模有自己的基本原理，其他学科中的模式也有自己的原理。回答这些问题是本书的基本内容。

这十五年的研究也使我确信，在其他学科中，有许多不同的东西也合理地被视作模型，并且它们在这些学科中的呈现形式和作用非常不同。将以模型为基础的学科进行相互比较是极其有用的，在本书中这样的比较仅轻微地起到了陪衬的作用。十五年的研究也使我明白，探寻一门科学如何成为基于模型的学科需要关注推理的科学模式、理解与认知以及想象力和创造力的特质。科学不会完全脱离艺术。

我有幸在此感谢众多对本书有帮助的学者，他们与我争论并讨论问题，对各章节进行评论并与我一同努力理解建模。希望每章后的注释里已包括了大部分应被感谢者的名字——但他们不需要对我没有采纳他们的意见承担任何责任。特别感谢本研究初期的重要研究伙伴：玛格丽特·莫里森（Margaret Morrison）和南希·卡特赖特（Nancy Cartwright），感谢马塞尔·鲍曼（Marcel Boumans）、哈罗·马斯（Harro Maas）和罗伊·温特劳布（Roy Weintraub）自始至终参与了研究，感谢在伦敦经济学院和荷兰工作的研究生，他们以不同的方式积极响应着我对模型的热情。衷心感谢出版社的各位匿名评阅者，以及读过手稿全文的读者，感谢他们慷慨和积极的建议（不幸的是，有时我们的想法相互冲突），感谢 Aashish Velkar 解决了许可证和鸣谢事宜，感谢西蒙娜·瓦伦娜（Simona Valeriani）负责处理数据，感谢特雷西·基夫（Tracy Keefe）和 Rajashri Ravindranathan 负责出版事宜，最后感谢乔恩·亚当斯（Jon Adams）设计了红色封面和剑桥大学出版社的斯科特·帕里斯（Scott Parris）的耐心。诚挚感谢 Wissenschaftskolleg 在柏林为我主持了第一个以模型为主题的研究工作（1995～1996 年），感谢英国研究读者协会（the British Academy for a Research Readership）（1999～2001 年的第二阶段研究），感谢我所在的伦敦经济学院经济史部门和在阿姆斯特丹大学经济学和计量经济学学院工作的经济学历史与哲学团队对本研究工作自始至终的支持。这十五年是漫长的，但我不得不为自己辩护一下，在这漫长的十五年中还发生了很多的事情！

Mary S. Morgan

2010 年 12 月

目录

建模作为
解决问题的一种方法

1

第一部分｜改变经济科学的实践

1.1 从规律到模型 从文字到对象

两百年前，政治经济学是一门典型的语言科学，因为问题、概念和推理模式都要依赖语言。作为一门科学，18 世纪和 19 世纪初期的古典政治经济学产生于个体，将个体之间的关系进行了理论化，并且提出了一些适用于当时社会发展水平的一般原理。只有牧师托马斯·马尔萨斯提出了为数不多的由数学表达的规律。并且马尔萨斯声称，由激情导致的人口的增长速度将不可避免地超过粮食供应的增长速度。因此他认为，在世界范围内必须有一种起作用的监测制度来确定在疾病肆虐、饥荒、战争、独身主义和晚婚这些因素影响下人口数量的变化。虽然这些规律可能已经牢牢地支配着经济生活，但是在复杂多变的日常生活中去理解这些规律可能并不那么简单。这给政治经济学的艺术造成了难题，也就是说，无法对政治经济学科学准则的理解形成一致性。①

经济学现在已经成为一种非常不同的活动。从 19 世纪后期开始，经济学通过把数学和统计学嵌入不同的分析方法中，已经逐步变成一门依赖技术和工具的科学。② 到了 20 世纪后期，经济学已经变得十分依赖

① 19 世纪的经济学家们经常在他们的政治经济学论文标题中使用“原理”这一术语。这一术语代表了他们对经济系统中类似法则的元素以及好的管理（具备伦理的甚至是道德的特质）的恰当方法的分析及理论。例如，马尔萨斯的人口原理就几乎是自然法则（这些法则是基于个体渴望的本能和对食物的需要，基于人口增长的实证数据，也基于食物产出的可能性增长的假设），即使他的政策的论点是围绕着他对这些法则的理解而设计的（例如，他反对社会福利体制，他认为这一体制在扶助穷人的同时也干扰了系统中人口增长的自然演进规律，参见马尔萨斯，1803）。

② 关于 20 世纪经济学发展为一门基于工具的科学，参见摩根（Morgan，2003a）。

一套被现在的经济学家们称为“模型”的推理工具。这些“模型”是能以各种不同的方式操作的一些数学、统计学、图形、图解甚至是物理学的对象。在21世纪的今天，如果我们去参加一个经济学的研讨会抑或阅读一篇经济学领域的学术著作，我们会发现，经济学家们会写下一些方程式或者画一张图表，用这些来开发解决方案用以解决他们的理论难题或者去回答经济世界的问题。这些可操作的对象是经济研究工作中实际的起点，它们被用来阐释理论，提供假设以及设计实验室实验，它们是模拟实验的必要投入并且它们也组成了大多数统计工作的基础。经济学的教学同样受到了限制，学生通过一套模型来学习，这些模型有的用来描绘个体或公司的决策，另一些则代表整个经济及其各个层面之间的行为。在政府政策的制定上，在金融市场的利用上，在企业策略的实行上，使用经济模型已经变成了一件习以为常的事情，并且事实上，在任何领域，经济决策更多是通过占统治地位的技术方式而非随意的方式制定的。同其他现代科学一样，在经济学中，模型在每个层次上都已经变得非常流行。

经济学这种本质的变化以及这种变化所带来的意义，却通常被我们所忽视。模型，这一新类型科学方法的引入，不仅仅涉及采纳一种新的语言来解读经济学（例如代数和几何），而且涉及经济学引入了一种新的推理方式，从一门语言性的学科转变为基于模型的学科。经济学家们不再按照一些通常看不见的规律来描述他们的知识，而是通过大量特定的模型。因为模型替代了更多的一般原理和规律，因此经济学家们能够更直接地按照这些模型来解释他们在经济学世界中观察到的行为和现象。①

尽管在现代经济学中建模已经是普遍的现象，但要说明这种科学研究方法是如何工作的并不简单。科学模型不是不言自明的事情，研究对象如何确立、科学家如何推理以及为了何种目的，这些并不是显而易见

① 例如，在21世纪早期之前，我们发现了一种解释，即依照模型行动的交易者会促使市场依照模型运作（阐明了经济模型的操演，见 MacKenzie，2006），我们也发现在报纸的专栏中经济学家们通过用语言将日常生活中的事件再次诠释为经济模型中（这些小世界）的例子来解释日常生活中的现象（例如，Harford，2008，或 Levitt 和 Dubner，2005，以及他们在《纽约时报》和《伦敦金融时报》上的专栏）。我在第10章将再次讨论这一主题。

的。这些定义和对定义理解的困难可能被具体地展示在这个领域历史上第一个这样的经济模型的例子中。

经济表是一个非常神奇的数值对象：一张表格和一个矩阵的交叉，展示了对法国经济的描述（图 1.1）。它展现了经济中的每个阶级（农民、制造商和地主），他们之间以曲折的图案相连，并且每条水平线和对角线上都标有数字，用来说明商品和货币在各个阶层之间转移的数量。这张图表是由弗朗索瓦·魁奈在 18 世纪 50 年代后期绘制而成的，他是一个经济学家，并且是路易十五的宫廷医生，因此他有机会接触到 18 世纪中期法国政治生活的中心。[①] 魁奈把这张图表作为研究对象，通过导入不同的数值进行推演，探索法国经济通过农业投资增长的可能性，以及随后的农产品剩余在经济中各阶层人群之间的流通。在这些推演中，不同数值的农产品剩余和图表中流通的总额被导入，然后向下增加来确定这样一个经济体是否能保持稳定、均衡的增长，或者不存在平衡的关系。

经济表作为经济学中最早的模型之一，为一本介绍模型的书做了一个好榜样，因为它在经济史上是十分著名的。即使在经济表本身的内容和意义仍然有些神秘的情况下，它仍被认为是众多经济传统模型的祖先。250 年后，现代的经济学模型已经没有了这种装饰性的边界（并且点矩阵的使用使模型看起来像挂在墙上的刺绣样品），但是其他的方面并没有太大差异。现在经济学中的模型依然是纸和笔的对象，采用一种图解的、微观的和简化的方式来描述经济中某些方面的现象。关于经济表最重要且最需要注意的一点就是，它不是简单的对经济的被动描述，对魁奈而言，它拥有内部资源用来研究（通过他的算术推演）他描述的这样一个经济体是如何来工作的。对经济学家而言，将图表转化为模型来进行操作是可行的。

这也说明与魁奈同时代的人认为将经济表作为一个对象来解释和使用是困难的，如今天的经济学家认为的一样。如果没有历史学家发现的证据来把一切给我们解释清楚，今天的经济学家将非常难以理解经济表中各个不同的部分之间的相互关系和魁奈时代的经济情况，也难以重新

① 魁奈的经济表的例子（有多个例子）可以在 Kuczynski 和 Meek（1972）以及 Charles（2003）讨论图表发展的文中找到。

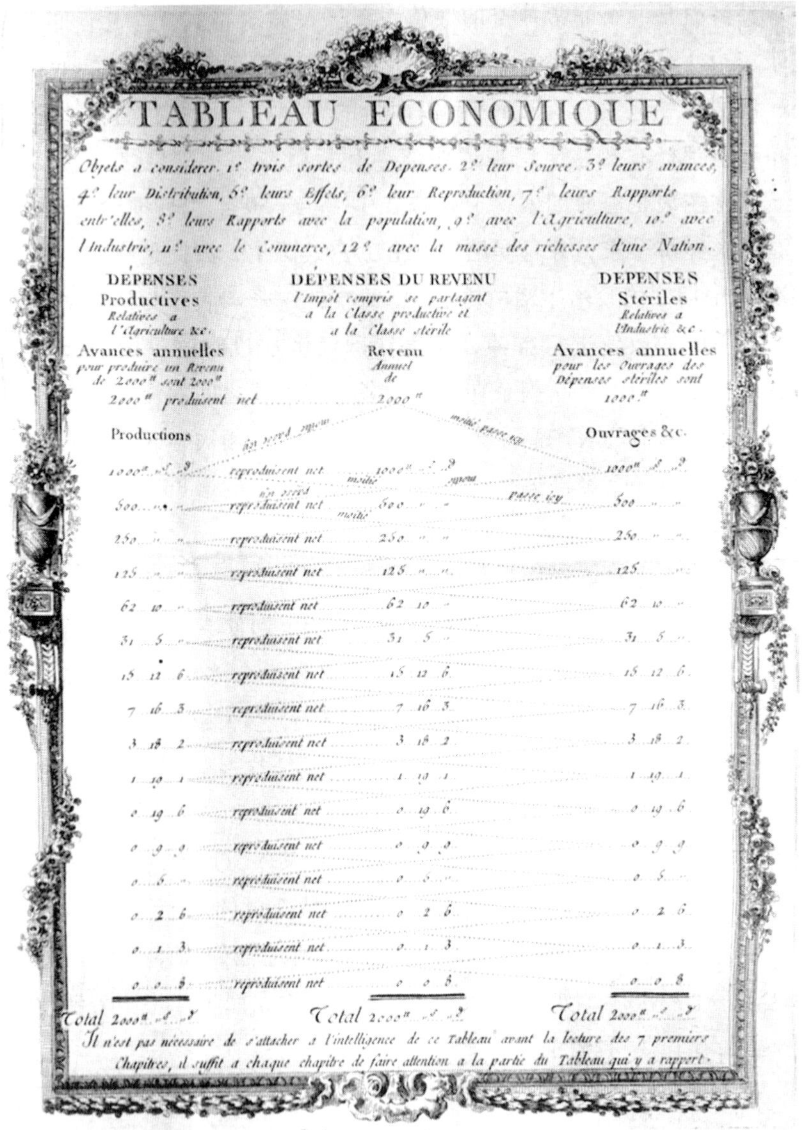

图 1.1 魁奈的经济表（1767）

来源：Private collection.（Reproduced in Loïc Charles［2003］“The Visual History of the Tableau Économique”. European Journal of the History of Economic Thought，10：4，527－50，528.）Reproduced here with thanks to Loïc Charles.

推演一遍魁奈利用经济表推理的过程。[1] 如果我们去想象魁奈是如何发明这个研究对象的，可能也要归功于他在工作中具有想象力和创造性的思维。人们对模型的认知存在的一个主要困难是：它们是理论和经验知识嵌入的对象，以至于后面的经济学家并不能够不经思索地再次提取和表达它们，这就跟现在没有经过经济学领域相当多训练的非经济学家不能读懂和使用现在的经济学模型一样。

魁奈的经济表无疑是个特殊的对象，在它那个年代可能更是独一无二的，但是正是它的特殊性也带来了一些问题需要解答。如果这样的研究对象对于时间和地点而言如此特殊，如果我们需要知道大量的相关细节才能得知它们是怎么运作的，那么我们如何才能用一种普通的方式来描绘建模的科学实践特性呢？这带来了哲学的问题：经济学家是如何创造这些研究对象的呢？这些研究对象的科学推理过程中到底包含了什么？为什么研究这些对象能告诉我们世界上的所有事情？也就是说：我们如何把创建、使用和学习模型当作科学研究的一种方式。

魁奈的经济表的先驱地位同样也带来了历史上的问题。尽管现在的经济学家们已经知道创建和推导模型是经济研究的自然方法，但我们对于这是如何发生的依然没有一个好的说法，也不明白为何它会对经济学作为一门科学造成如此大的差别。推导模型是经济学家获取他们的知识和使用这些知识的一个认知过程。[2] 从过去的某个时刻开始，经济学家已经在思考这些研究对象，并从中获取经济学知识，这样后面几代的经济学家才能够想到更简单的推导模型的方法，并能够理所当然地使用它们。

变化的过程：经济学家们从语言推理变化到模型推理的过程，正是本书要写的内容。从历史和哲学的角度来看待这种变化，其过程并不容易理清。在元级别我们能够表明经济学家推理方式的大量但是平缓的历史转变，包括认知和想象因素对经济学认识论造成的巨大影响，也就是说，经济学家是如何了解经济学中的事情的。但是要想理解和领会这些

① 关于近年对经济表的可能的来源、不同的版本及使用情况的学术研究成果，请重点参见 Charles（2003）和 Van Den Berg（2002）。

② Nancy Nersessian（从她 1992 年的论文到 2008 年的专著）有助于将认知科学的文献与科学建模的原理的相关文献联系起来（将两者联系起来的不同方法的例证也可参见 Magnani and Nersessian，2001 中 Gentner、Vosniadou 和 Giere 各自的文章）。

变化的重要性，我们需要观察微观层面，也就是这些对象本身。当我们观察这一层次时，我们发现如果不能理解模型是如何使用的，我们无法理解经济学家们是如何从模型中获取知识的，如果不知道模型是如何建立的，我们也无法理解模型是如何使用的。但是一个特定的模型为什么被构建，设计它是为了回答什么样的问题以及它有什么作用，从历史的角度来说，这是因情况而不同的。正如历史与哲学不能被轻易分开，在搞清楚经济学家是如何建立和推理模型这件事情上，建模的认知和想象力这两个方面被证明是同等棘手的。对于这些问题（哲学的和历史的，包括推理和想象力的因素）本书通过调查大量在经济学历史上具有重大意义的，并且长时间使用的模型进行了探索。只有通过仔细分析和关注在经济学中这些小的对象是如何被建立和使用的，我们才能够理解经济学中巨大变化的重要性。这些变化对于理解经济学建模中哲学的引入和经济学中模型引入的历史，提供了众多的材料。①

1.2　经济学中建模的引入

尽管单独理解经济学中的历史的和哲学的重要变化是困难的，但一个大的范围内（过去 200 年）建模历史发展的年代表还是可以被列出的。在这段时间内，有三个重要的时刻。首先，在 18 世纪后期和 19 世纪初期我们能发现一些独立模型的例子，因此我们把这段时间称为史前期。然后我们发现，在 19 世纪后期，出现了第一代建模者：少数经济学家开始定期建立和使用这些研究对象。第二代建模者，也是真正将建模思想进行发展的人，出现在两次世界大战的间歇期。到了 20 世纪中期以后，建模才在经济学中普遍流行。

为了使这段历史更加具体，也为了对这些研究对象到底是什么有个真实的感知，我在这里介绍一些重要的例子。如果我们从所谓的“史前

---

① 在这里提及三个平行研究是恰当的。Nersessian（2008）从认知科学和哲学科学的角度建立了“以模型为基础的推理”的主题，并在其物理学历史的解释中融合了心理模型、描述、实验和推理。Ursula Klein（2003）用历史和哲学科学及符号学探讨了纸质工具、模型和实验的联结，这一联结创造了化学科学推理和操作的转变（见 Klein, 2001）。他们的两种解释与我的经济学项目有很多元素是相同的，尽管我们用某种不同的方式将他们放在一起。在另一个平行研究中，Meli（2006）讨论了依据物体运动的 17 世纪的力学科学。

期”的模型开始，我们会发现在18世纪不仅是魁奈的经济表像一个超出那个时代的产物，而且在19世纪的早期已经有极少数更为深远的案例了。一个案例是由英国经济学家大卫·李嘉图（1821）制作的一张农场的会计账户表格，用来研究收入是如何在农业经济中分配的（见图1.2a)。另一个图表（图1.2b）是由德国的农学家约翰·冯·杜能（1826）绘制的关于农产品价格与城镇距离关系的图表，描绘了一个理想化、抽象的场景，但是数据来自他在自己位于特洛的土地上耕种的

(a)

Now if no rent was paid for the land which yielded 180 quarters, when corn was at 4*l.* per quarter, the value of 10 quarters would be paid as rent when only 170 could be procured, which, at 4*l.* 4*s.* 8*d.* would be 42*l.* 7*s.* 6*d.*

20 qrs. when 160 were produced, which at £4 10 0 would be £90 0 0
30 qrs. .... 150 .... 4 16 0 .... 144 0 0
40 qrs. .... 140 .... 5 2 10 .... 205 13 4

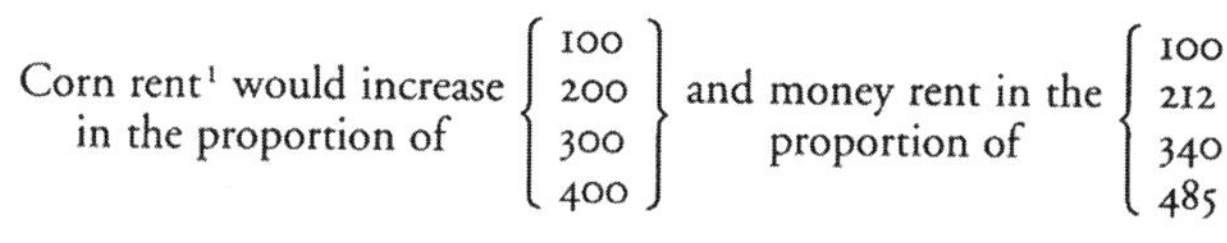
Corn rent[1] would increase in the proportion of { 100 200 300 400 } and money rent in the proportion of { 100 212 340 485

(b)

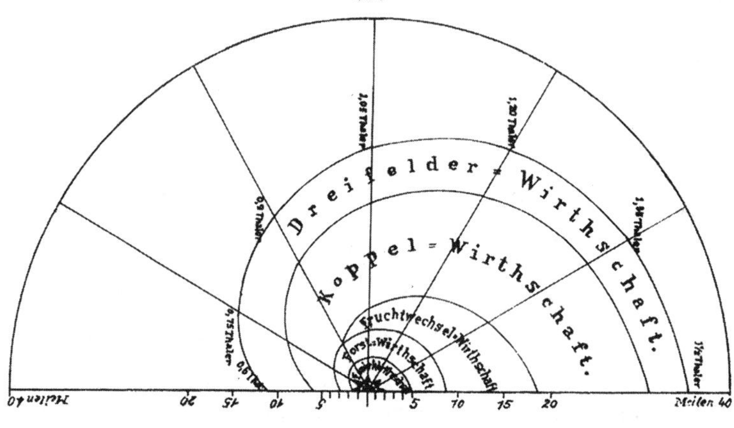

图1.2　史前的模型

注：(a) 李嘉图的农场账户（1821）

来源：Piero Sraffa: *The Works and Correspondence of David Ricardo*. Edited with the collaboration of M. H. Dobb, 1951 – 73. Cambridge: Cambridge University Press for The Royal Economic Society. Vol. I: *Principles of Political Economy & Taxation*, 1821, p. 84. Reproduced by permission of Liberty Fund Inc. on behalf of The Royal Economic Society.

(b) 冯·杜能的农业分布图（1826）

来源：Johann Heinrich von Thünen, *Der isolierte Staat in Beziehung auf Landwirtschaft und Nationaökonomie*, Hamburg, 1826. Reprinted facsimile edition 1990. Berlin: Academie Verlag, p. 275.

经验。[①] 这三个对象——经济表、会计表格和布满数字的空间图——都是被用来解释农业经济是如何运作的，在经济科学早期，它们就这样从语言描述的海洋中笨拙地展露出来。

在19世纪后期，我们更加经常地看到被我们称为模型的对象出现，但是我们也要注意到少数经济学家开始发现，对于这些他们建立并帮助他们做研究的奇怪对象，他们不得不去证明它们的创造和使用是有价值的。他们还没有关于模型的概念，实际上这种行为是完全自觉的。那三个重要的例子代表了第一代模型和建模者，也代表了他们对模型作用的理解。在1879年，英国经济学家阿尔弗雷德·马歇尔开始绘制一些图来更加清晰地解释两个国家之间的贸易关系，在这个案例中，曲线描述了德国的钢铁相对于英国布匹的相对价格的变化，反之亦然（图1.3a）。[②] 马歇尔认为如果能够阐明经济生活中的例子，那么这些图表是有作用的（因此他经常在他的脚注中提到它们），但是如果这样的数学运算并没有作用，那么它们应当被烧掉！在1881年，爱尔兰经济学家弗朗西斯·埃奇沃斯对于交换关系（图1.3b）概述了一个稍微不同的图解观点，用以揭示出，为了让星期五来帮助维持小岛经济，鲁滨逊可能与星期五签订的契约的范围。因不确定如何说明这种推理方式，他给自己的这种图表分析方式贴上了“代表特定的”论证（参见第3章）的标签。1892年，欧文·费雪，一个美国的经济学家，设计和构建了一个液压机制来代表、探索和理解迷你经济体——只有三种商品和三个消费者的经济——的工作方式（图1.3c）。[③] 伴随着这项工作，他对这些他设计和使用的，为他的经济分析服务的，数学上、图解上和真正机器上的研究对象进行了彻底的辩护。

---

① 1826年约翰·冯·杜能的最初论著问世；1966年出版了部分该研究的英文译本，并有有助于阅读的介绍。关于其建模项目的不同诠释，参见Judy Klein对其图表进行重建并将其视为一种测量装置的讨论（2001，第114~116页），并参见Mäki将其作为理论模型进行分析的论文（2004）。

② 在有关交易关系的经济学理论建构的历史中，这便是这些曲线的首次亮相，对此Humphrey（1995，第41页）的评价如下：“通过具体化、精简并概括更早期对强大而简单的视觉形象的深刻理解”，马歇尔能够创造一个物体使这些关系“透明可见”。马歇尔1879年的图表和讨论与他早期的作品由Whitaker编辑成书，于1975年最终出版，这个图表也成为查尔斯·基德会议的标识，也是在此会议中该论文的部分内容首次面世。Weintraub（2002）讨论过马歇尔的数学观点。

③ 费雪1891年的论文发表于1892年，并于1925年再次发表，该论文的卷首插图中呈现了一张机械装置的照片并被标记为“一个机械装置的模型”。

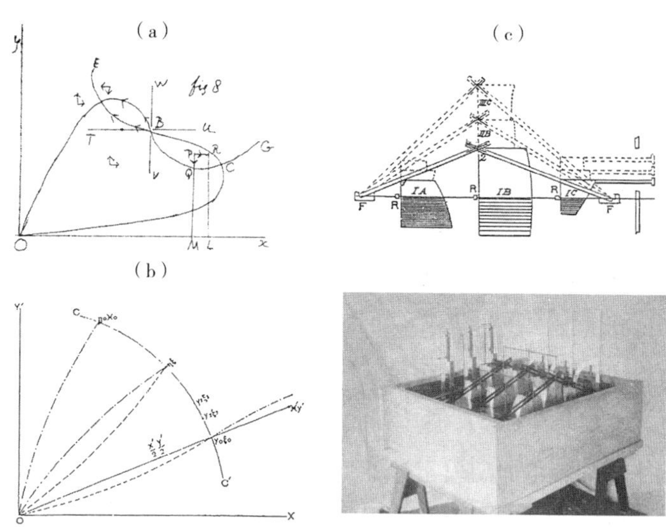

图 1.3　第一代模型

注：（a）马歇尔的贸易图（1879）

来源：Alfred Marshall，“Pure Theory of Foreign Trade”. Privately printed 1879，Figure 8，Marshall Library，Cambridge.（Reprinted，London：London School of Economics and Political Science Reprints of Scarce Tracts in Economics，No. 1，1930）. Reproduced with thanks to Marshall Library of Economics，Cambridge.

（b）埃奇沃斯的交换图（1881）

来源：F. Y. Edgeworth，*Mathematical Psychics.* London：C. Kegan Paul & Co.，1881，Figure 1，p. 28

（c）费雪的水能机器和它的设计（在 1892 年设计的基础上 1893 建造）

来源：Irving Fisher，*Mathematical Investigation in the Theory of Valueand Price.* Thesis of 1891/2. New Haven：Yale University Press，1925. Frontispiece and Figure 9 on p. 39. Reproduced with permission from George Fisher.

把这三个经济学家放在第一代模型创建者中，看起来是合理的，而且他们对于他们研究对象的自觉意识在这一时期的改变具有象征意义。19 世纪后期的变化后来被阿瑟·庇古在 1929 年注意到，他聪明地理解了我们看到的那些被称为“工具”的例子中的图表和公式，他把埃奇沃斯称为“工具的制造者”，把马歇尔称为“工具的制造者和使用者”。对于庇古而言，这些对象是“分析机器的一部分”，是“思想工具”，或者甚至是“基石”。[①] 因为现在的经济学已经依赖这样的研究对象，

① 见庇古 1929 年的讲座（在其 1931 年的论文中），尤其关注第 2～8 页。琼·罗宾逊（1933）常被认为引入了“经济学工具盒”概念，但她是庇古的后继者，庇古的讨论和散记更具效果。庇古的工具观点更广义——其观点不仅包括了模型，也包括了同时期的数学和统计学方法的发展。我在第 10 章中再讨论“基石”这一话题。

因此所有的例子今天都能够被理解成模型，但是在史前时期或在 19 世纪后期，经济学家并未承认或者使用它们。

在 20 世纪 30 年代，经济学家真正“发现”了模型的理念。正是在那十年，这些对象开始变得概念化，得到了“模型”这一标签，并且人们对它们有用性的开发有了一个更全面的理解。在这个转变中，有两个经济学家扮演了非常重要的角色，引起了这种标签、概念和模型的使用在经济学的分析中得到更加广泛的传播。1933 年正处于大萧条的低谷之中，挪威经济学家拉格纳·弗里希建立了第一个关于商业周期的数学模型。因为它有一些特点，特别是具有模拟循环模式的可能性，弗里希的这个“宏观动态系统”为未来的经济周期模型开了个新药方（参见 Boumans，1999 以及本书第 6 章）。这一药方奠定了整个经济学界第一个计量模型的基础。这个模型是由荷兰经济学家简·丁伯根在 1936 年建立的，用来观察荷兰如何才能从大萧条中走出来。这个对象把经济周期理论嵌入数学形式中，并将荷兰经济的统计数据（或参数）一起放入方程式中。这两名经济学家因其在基础模型研究中的贡献获得了 1969 年的诺贝尔经济学奖。丁伯根模型中的一个方程式和图解（摘自他稍微靠后的 1939 年美国模型）在图 1.4a 中展示，弗里希的模型在后面的图 1.6 中展示。

丁伯根也是在 20 世纪 30 年代初期把“模型”一词从物理学引入经济学中的主要贡献者。在物理学中模型通常指实物对象，但是在经济学中经过丁伯根和弗里希的发展，模型一般指代统计和数学对象。[①] 因此到了 20 世纪 30 年代中期，“模型”这一标签开始被使用，尽管并不是每个人都注意到了这一点。[②] 举个例子，1937 年约翰·希克斯创造了一

---

① 在 *Encyclopaedia Britannica*（1911）第十一版中有众多有关模型的已成为经典的文章，在其中一篇中，路德维希·玻尔兹曼从一个物质物体模型的角度定义了“模型”这一术语。玻尔兹曼在文中为 19 世纪科学家对该词的理解提供了一个很好的视角。鲍曼认为是 Ehrenfest 扩展了这一术语应用于数学对象的范围，并且 20 世纪 20 年代中期丁伯根成为他的助手，这很可能便是这一术语转移到经济学中的途径（见 Boumans，2005，第二章），尽管这一时期其他经济学家也零星地使用过这一术语。

② 在 20 世纪 30 年代其意义也并不稳定（例如其范围，见熊彼特，1935）。尽管我们可以看到在凯恩斯的理论宏观经济学体系中的那些模型构建中使用了模型这一术语，但它并不是凯恩斯的术语中的一个（几乎只有在讨论丁伯根的工作的时候他才会使用这一术语，见凯恩斯，1973，第 284 ~ 305 页）。凯恩斯自己似乎更愿意用“图式”或“图式论”这样的术语，正如我们将在稍后的 1.4.3 节中看到的，这个术语与模型这一术语在含义上有略微的差别：图式表明了一个框架而不是一个可操作的装置。

（a）

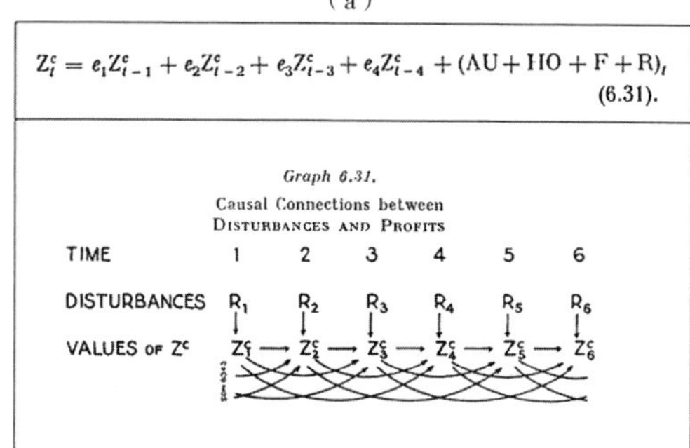

（b） （c）

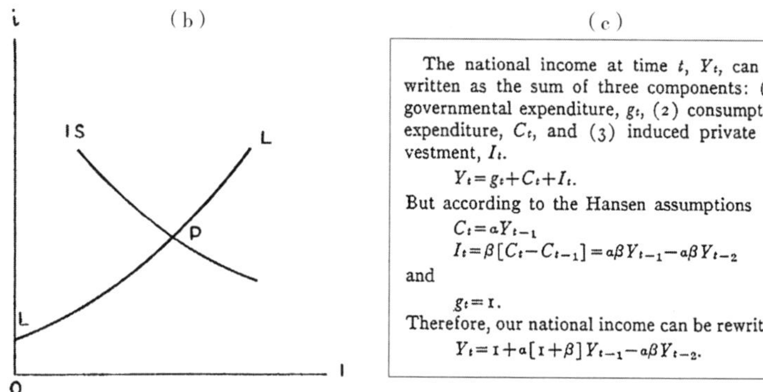

The national income at time t, Y_t, can be written as the sum of three components: (1) governmental expenditure, g_t, (2) consumption expenditure, C_t, and (3) induced private investment, I_t.

$$Y_t = g_t + C_t + I_t.$$

But according to the Hansen assumptions

$$C_t = \alpha Y_{t-1}$$

$$I_t = \beta[C_t - C_{t-1}] = \alpha\beta Y_{t-1} - \alpha\beta Y_{t-2}$$

and

$$g_t = 1.$$

Therefore, our national income can be rewritten

$$Y_t = 1 + \alpha[1+\beta]Y_{t-1} - \alpha\beta Y_{t-2}.$$

图 1.4　第二代模型

注：（a）丁伯根的美国计量模型：公式与因果关系时间进程（Tinbergen's US Econometric Model：Equations and Causal – Time Process）

来源：Jan Tinbergen，*Business Cycles in the United States of America*，1991 – 1932. League of Nations Publications，Series II，Economic and Financial，1939 Ⅱ. A 16；Equation 6. 31 on p. 137 and graph 6. 31 on p. 138. Reproduced with permission from Stichting Wetenschappelijke Nalatenschap Jan Tinbergen.

（b）希克斯的"小装置"IS – LL（Hick's IS – LL"Little Apparatus"）

来源：J. R. Hicks，"Mr. Keynes and the 'Classics'；A Suggested Interpretation" *Econometrica*，5：2（Apr.，1937），pp. 147 – 159；Figure 1，p. 153. Reproduced with permission from The Econometric Society.

（c）萨缪尔森的凯恩斯模型（Samuelson's Keynesian Model）

来源：Paul A. Samuelson，"Interactions between the Multiplier Analysis and the Principle of Acceleration". *The Review of Economics and Statistics*，21：2（May，1939），pp. 75 – 78；text and equations on p. 76. Reproduced with permission from MIT Press Journals.

个"小的装置"——他的 IS – LL 图（图 1.4b），来把凯恩斯的新宏观经济学（1936 年的）和以前的古典体系做对比。同一年，在另一个想把凯恩斯的理论变得更加易懂的尝试中，詹姆斯·米德提出了一个八方程的代数处理，称这个处理是"凯恩斯体系模型的简化"，然而很快保罗·萨缪尔森（Paul Samuelson）就创造了一套更小的方程组来解释凯恩斯理论，把它们称为“新模型序列”（1939，第75页）。这三种凯恩斯理论的模型将会在第6章进行讨论。

经济学家们很快扩展了“模型”这一标签的范围，用来指代所有数学的、图解的和实体的对象。但即使那样，模型作为工作对象和一个标签也没能立即和全面地进入经济学中，直到稍晚一些时候。只有通过下一代新的经济学家，也就是那些对他们而言，这种标签和概念毫无问题的经济学家，模型才变得平凡，不再特殊。因此，当威廉·鲍尔默（William Baumol）（1951）提及哈罗德（Harrod）（1939）的少量方程式用来展示一个经济体如何按照“哈罗德模型”增长时，使用这一术语，就如任何一个人指着家中的杂草一样自然，然而罗伊·哈罗德（Roy Harrod）他自己（希克斯和米德同一代的经济学家）仍旧沉思这一术语，就好像它是从异国移植来的植物：

> 在我对增长理论领域有了一些公式化的表征很多年之后，多马教授也做了一些相似的公式化描述，这开始被称为“哈罗德—多马模型”。我发觉我成了那些讲了一辈子散文却不懂它含义的中产阶级绅士中的一员。我创造了“模型”，却不明白它（哈罗德，1968，第173）。

这段简短的历史是我能够指出的当模型刚刚引进经济学以及当建模变成经济学推理的正常模式时历史的轮廓：从史前期孤立的例子，到19世纪后期第一代建模者和模型使用者，再到20世纪30年代第二代经济学家将这些研究对象发展并将它们明确为模型。是第二代经济学家全面发展了这种建模的“新实践”，正如马塞尔·鲍曼（Marcel Boumans，2005）恰当地给它贴上了标签。对经济学家而言，这种标签、这种思想以及模型的使用是从20世纪40年代开始才变得自然的。

模型不是能简单定义或描述的对象，概括地说，这里展现的都是经济史上最重要的一些模型，那些在经济学中能被确定地看成模型的一类对象：无论是真实的对象还是纸和笔的对象都能被写成图解的、代数的或者算术的形式。尽管它们的形式不同，但是这些对象都有一些共同的能够辨认得出的特征：对它们的每一个描述、呈现、表示，或将它们以某种方式提出来，都是经济学某些思想以某种方式进行的表现。但是这里有非常重要的一点要强调，这些表现并不仅仅是图的形式。以绘图展现经济可以追溯一段很长的历史：我们在11世纪的贝叶挂毯中看到了造船业，在锡耶纳最近开放的“斯卡拉的圣玛利亚”医院，我们从15世纪的壁画中看到了建筑工地。这些图描述了劳动与资本的分配，展现了那段时期的技术，等等，但是对于经济学家而言，它们不是模型。正如我之前指出的那样，魁奈的经济表不仅仅是对经济的描述，而且是一个能够进行操作的对象，正是因为能够在它上面进行操作，所以它才能够用来推理。对于经济学家而言，正是本章所展现的不同种类的代表具有推理的可能性，才使它们成为经济学模型。①

希克斯在1937年使用的术语“小的装置”完美诠释了这些研究对象的可操作性——它们是能够被用不同方式操作的工作对象——尽管相较于费雪早期真实的液压模型装置，希克斯的模型仅仅是纸和笔上的。这两个模型与几百年前使用的实物模型具有密切关系。举个例子，行星系的模型就是从科学家们探索宇宙运行方式的纸张和金属棒中构造而来的，然而组织缜密的木质的初步设计模型却是由建筑师制作的，用来演示他们的建筑。这个比较表明了模型的另一个关键点：为了使它们能被用来间接地研究所描述的经济体中各个方面的运作方式，模型得是易于操作的，那就要求模型必须按比例小到一定的程度，就如建筑和行星系模型一样。用艺术和科学中材料模型的那种老的感觉来理解“模型”这一术语，在丁伯根将模型引入经济学的那个时期看起来是自然的：能用不同方式分析操作的缩小的对象描述了经济学的各个方面。

但这里需要注意的是，把一种新的研究对象引入经济学并且使它发展为这个学科的一种新的推理方式，经济科学家们把这种方法简单地称为“建模”。到了20世纪中期以后，数学建模已经成了经济学中做科学研究和制定政策的首选方法，并且在经济学家们涉足的科学、公共和商业领域，建模也开始进入。而且由于统计数据随处可得，计量经济学模型成为有意义的工作方式——尽管本书的主要内容并不是关于计量经

① 经济表（Tableau）的标签明确表明了数字表格也具备可操作的性质，因此用它们进行推理是可能的，例如里昂惕夫的输入表格和输出表格都可以代表数字表格也可以被操作。

济学的。[①] 换句话说，经济学中各个层次的争论并不仅仅取决于这些对象——模型，也取决于经济学家们推演它们的能力——建模。建模现在已经成为经济学中被广泛接受的一种推演模式，从某种意义上说它已经成为“推理的正确方法……，正确推理的内容”。[②]

1.3 经验推理模式

尽管我们可以辨别那些在自然科学领域的博物馆中的经典宇宙模型和经济学中的经典数理模型的共同特征，但是经济学与早期天文学的推理模式的共同特征不那么明显，这给我们带来了推理方法方面的问题。

1.3.1 作为推理方式的建模

构建模型是六种不同的科学思维方式中的一种，这是阿利斯泰尔·克隆比（Alistair Crombie）在其《理想中的设计：西方视角下的科学、自然与人性》（*Designed in the Mind: Western Visions of Science*）中区分出来的，[③] 在这里我把它们按照在科学发展史中的年代顺序列举出来。

---

① 除了在计量经济学中，经济学的建模历史几乎从未被考虑过（关于此讨论见 Morgan，1990；Boumans，1993，2005；Qin，1993；和 Le Gall，2007）。关于数学建模——qua modeling——的平行文献并不多，但可参见 Boumans（2005），在鲍曼将数学建模看作统计学术语和数学术语中的一种“新做法”来进行讨论时，他主要关注的是 20 世纪二三十年代。索洛（1997/2005）对 20 世纪 50 年代数学建模的腾飞提供了一些建议，并作为少数例外，他将数学的使用比作建模的使用以论述经济学主要是一个建模的学科。Niehans（1990）认为自 20 世纪 30 年代开始时代的主旨是“模型时代”（但没有详细介绍历史）；Colander（2000）将建模描述为“现代经济学的核心属性”（第 137 页）。20 世纪经济学的大部分历史提及了模型，但模型的引入和它们被论述的模式大都被认为是理所当然的。Mirowski（2002）间接地也最为密切地将其当作历史问题讨论，但在论战的背景下他的问题是关于经济学的思想、理论和方法而不是关于建模本身。

② 这种接纳的一个独特标志（与其他科学领域相比它可能是经济学所特有的）便是现今经济学家几乎不使用理论一词，或者即使使用，他们也是将模型和理论两个词语交替使用，使用得很普遍以至于很多经济学家都难以区分这两个词（见 Goldfarb 和 Ratner，2008）。我会在第 10 章回到这一观点。此引用来自 Hacking（1992a，第 10 页），并非指经济学中的建模，而是指在科学推理中关于知识领域的特性的一种更广义的说法，在下一节中讨论。

③ 克隆比认为科学推理基本上有六种方式，这一观点第一次被提到是在其 1988 年的论文中和其三卷本著作《欧洲传统中的科学思维风格》（1994）的 1980 年的初稿中。也就是说，在第一篇论文之后，在 1994 年他的主要作品发表之前，哈金回顾并进行了进一步分析（1992a）。

1 数学假设和证明

2 实验

3 假设模型

4 分类学（根据自然本质来进行分类的方法）

5 数据统计

6 历史演义①

这些分类被打上了科学推理的“模式”或者“认知模式”的标签，也就是，认识这个世界的方式。它们并不提供具体的详细方法和对科学全局进行分析的蓝图，而这些，我们可以在弗莱克（Ludwig Fleck）的“思维式样”、米歇尔·福柯（Michel Foucault）的“认知”、托马斯·库恩（Thomas Kuhn）的范式、莱茵贝格尔（Hans - Jorg Rheinberger）的“实验系统”中找到，相反，这组分类能使历史学家跟踪科学家探索他们从事科学研究的变化，从这个意义上它提供了一个历史认识论的框架。② 进而，现代经济学仅仅使它进入了克隆比（Crombie）式的大卷，而不是伊恩·哈金（Ian Hacking）的后续讨论，他们在这个项目上提供资料来解释建模这种方式是如何成为经济学中一种认知模式或者类型的，以及随着这种方式的引入，经济学发生了哪些变化。③

根据克隆比（Crombie，1994），建模始于早期的科学和艺术领域中对自然对象的模仿，即模仿其自然对象，从而去理解它的工作原理。这种方式曾被应用于自然哲学领域中对地球和天体（比如在天文学领域）之间关系的探究，飞机技术的发现也正是源于对这些自然事物的研究，比如，飞机模仿了鸟的很多特征（歌唱、羽毛、机械自动化）。鉴于这些根源，克隆比式的标签涉及一个重要的特征——“类比的建设”（1988，第11页）。尽管有许多类比模型在经济学中应用的好案例，但是，在经济建模这一领域，类比不再具有显著的特征了。因此，通过对核心建模的一

① “遗传学发展的历史起源”与逐渐发展的科学有关。“在案例中思考”是 Forrester 增加的第七种推理方式，被应用于医学和精神病学的各分支中。Karine Chemla（2003）曾论述过第八种方式——演算法。乍看之下，这些后期发展的方式似乎与建模都没有关联，但正如我们在本书中稍后将看到的，分类和分级法与实验法都与经济学中的建模方法被同时使用，然而统计推理是计量经济学建模的基础。

② 见 Fleck（1935/1979），Foucault（1970），Kuhn（1962）和 Rheinberger（1997）。

③ 同样地，这一解释为哈金关于三种风格的发展的解释提供了一个平行解释，这三种方式是统计学方式、实验（实验室）方式（1992c）和分类方式（1993）。

些模仿，去超越类比这个层次来理解大自然（或者是经济学家们的角度——经济学）是十分有用的。就像在艺术领域里面有许多不同种类的类型和目标的表现，在科学领域，这些表现也有着多种不同的形式。

根据克隆比（Crombie）的描述，历史上建模被当成一种推理的模式是建立在实物模型的基础之上的，就像天文学，我们可以继续追溯到文艺复兴时期，分析行星运动模型在当时如何被当作一个经典的理想模型以及这种模型是怎样被用于探究的。这个模型代表了地球与天空之间的关系，这是早期的天文学家猜测的。他们的仔细构思，并不仅仅根据当前或者已知的关系，同时也要展示那些科学家自己认为正确的关系，来解释宇宙间的规律是如何运行的。那些可以被操控的模型（而不是固定组件）在探寻那些隐藏的轨迹和太空天体的竞争关系时尤其有用。或许就是这种物理行为的科学思考方式让伊恩·哈金（Ian Hacking，1992a）建议把克隆比式的“思维”替换成“推理”。[①] 因此，我们可能更应该想到每一种模式都应被当成一种通用的而且非常实用的推理范式，并且每一种模式都具有不同的特征。

从克隆比（Crombie）那里，我们了解到，在任何一个领域采用任何一种特定的推理模式都需要有它自己的历史缘由。我们以与模型引入平行的实验方法为例。这种方法成长于现代早期的综合分析方法，目的是“控制（数学方法）假设和通过观察与测量去探究”（1994，volI，p. 84）。克隆比（Crombie）认为它的主要发展时期应从 13 世纪算起，此后，这种模式在各种不同学科、不同地点、不同时间开始兴起。但是，通常来讲，刚开始在某个科学领域使用一种新的经验推理模式时，都会有争议，如这种方法是否有用。接受一个新的思维模式，通常会导致研究推理模式的变化。这就是为什么在不同的科学史中关于如何去做科学研究有着诸多争议。例如，沙宾和谢佛（Shapin and Schaffer，1985）从细节上分析了 17 世纪的英格兰在自然哲学建立上的方法论之争。按照经济学中的这个例子：课堂实验起始于 1940 年，尽管这个活动被严格限制，经济学家们在 1970 年之后还经历了是否接受经济学中实验方法的争论。然而，这也代表不了任何意义，在经济学中，同时在

---

① 这一观点的实用层面是重要的：因为像哈金一样，我发现“推理”这一术语低估了“操纵的手和注视的眼睛”的重要性（Hacking，1992a，第 4 页）。

许多现代科学中，不同学科的思维方式开始交汇。因此，甚至从 1940 年代刚刚在经济学领域中使用实验性的思维模式开始，建模就构成了那些实验者的实验设计并形成各种模型（我们将要在第 7 章讲解）。

最后，我们也可以从克隆比和哈金两个人知道，在一种科学中采用新的推理模式，不可能来源于其内容都没有重大意义的结果。在思维方式和科学内容之间有着不可避免的重大联系，而且不同的科学可能依赖于一种或者多种推理模式，但这并不能说明任何一种科学系统都能使用任何一种推理模式。比如说，凯特来（Quetelet）的“平均人口”学说在 19 世纪中期是一个明确的统计学概念，所以，很难想象其没有采用统计推理。然而在如今的经济学领域，对于经济学家来讲，如果他们没有对这些事件进行经济模型方式的定义，并且不为他们的模型推理方式进行辩论的话，几乎不可能对单独的个人行为或全球经济危机做出一些描述。

因此，任何一个科学家在一种推理模式选择中的推理能力，依学科的历史情况而定，并且依赖于这种方法被接受与否。然而，一旦在学科中或多或少地采用一种推理模式，就像哈金所说的：它变成

> ……永恒的客观标准，一个关于如何成为这样或者那样的合理的标准或者模型。我们并不检查数理方面的证明，或者实验室的研究方式抑或是统计研究是否正确：它们已经成了（在经历了激烈的争议之后）正确推理的方式，在这个或者那个领域是合理的（哈金，1992a，第 10 页）。

一旦这被一群科学家们所接受，一种推理方式对于他们而言，就会自然而然地生成，以至于他们都不会产生疑问。他们既不会去质疑这种方法的历史起源，也不会质疑用这种推理方式得出结论的客观性，他们也不会去寻求外部或者更高水平的推理。这也是为什么，哈金认为，一旦一种推理模式被一个团体所接受，那么只要按照那种模式来进行推理就是正确的。[①]

---

① 哈金甚至提出过更强烈的主张，即一种方式是自我确证的。例如，统计推理是被那些统计学思维的合乎逻辑的论点所确证的，而不是被其他推理方式中的论点或者一些元哲学论点所确证的（见 Hacking，1992b，关于实验室科学的论述，见 Hacking，1992c）。这些都指向了科学方法的相对性和通过相对性而获得的知识，但是这种相对性并非根本的相对性，因为每一种方式作为一种科学方法都被认为是有效的。

1.3.2 经济学中建模作为一种推理模式

尽管在经济学中，模型出现和推广的广泛的历史轮廓在前面已经给出（在第二部分），然而，这个时候的建模固定地作为一种具有独立性的实用的推理过程还是不确定的。当然，在建模之前，经济学关于实用推理方式的内容并不是空白。早期的经济学家们使用他们自己的技术性和概念性的术语（他们学科的术语），但是用一些纯粹的语言性的文字来进行推理论证。随着建模的发展，它首先部分地与其他两种通用的科学推理方式重叠和结合，即与数学在19世纪晚期结合，然后与统计学在1920年代和1930年代融合（以计量经济为形式）。最近，它正在与实验主义学和分类学的推理方式相重叠（详见第7章至第8章）。建模本身开始深深地植根于经济学中，根深蒂固，以至于产生了巨大的影响——以各种形式——成为20世纪末经济学的主流推理方式，这种影响或者部分被伪装起来，或者与其他影响共同显示出来。

把建模的发展当成是一种认知模式——作为一种实用的推理模式来获取关于经济学世界的知识——同时也有助于拨开影响历史的真实情况的乌云。它向我们揭示了一个事实，在19世纪晚期，数学在经济领域中几乎同时形成了两种推理方式：数学假设和方法证明以及使用数学模型假设的建模方法。我们已经看到第一代模型建造者在19世纪晚期如何构造了一种新的建模实践，但是当注意到克隆比的分类学的时候，我们也可以看看为什么它发展很缓慢而且不被历史学家们所关注，历史学家们关注的是对同时引入的数学模型的争议，却不区分这两种模型都涉及的数学的推理方式。公平地说，认识到两种有着截然不同的历史传统的科学推理方式都涉及数学语言，而且区分两种假设建模的方法和假设证明的方法并不总是那么容易的。这个棘手的历史问题事实上更加复杂，温特劳布（Weintraub，2002）表明，数学有它自己的自我形象，这个自我形象其实是随着它与科学之间关系的变化而变化的。在19世纪晚期，当这两种数学推理模式进入经济学中的时候，数学家们感觉到经济学需要让他们的工作更加贴近科学，尽管这种联系可能会以不同的方式来结束，然而对于经济学家来说，他们当时还在讨论把数学作为一种语言和方法的可用性。[①]

不过，我们可以对比这两种 19 世纪晚期推理方式的范例，费雪的三种商品、三人经济的液压/机械模型与法国经济学家里昂·瓦尔拉斯（Leon Walras）1874 年用数理模型详细描述的宏观经济一般均衡。所以，在瓦尔拉斯（其他人眼中的）忙于介绍对于数学语言和数学假定与证明的方法的认识时，我们也可以区分一些我们称之为模型以及模型推理的方法（包括数学），这些被费雪和马歇尔等经济学家所发展的方法。实际上，费雪构建了他的液压模型来表达瓦尔拉斯的想法，同时通过对这个物理模型的研究以及数理假定，证明了一般均衡可能达到，从而指出了物理模型和数学假定证明的不同。实际上，物理系统使用数学思想，不仅表现了数学和科学间的亲密性，同时，也表现了将类比作为推理方式的不可靠性。个体的经济学家会使用不同类别的数学及数学方法的推理方式，但是正如我们所希望的，他们的选择能部分地被决定，取决于他们自己所经历的历史、时间、地点以及他们自己对于数学在科学中的角色的理解。

数学提供了绝大多数现代经济学建模语言，我们知道，经济学在数学化的同时也成了建模的科学，但是如果我们想要用历史记录来帮助我们去思考建模，那么我们需要转换概念：为了理解经济学中的建模，我们需要注意研究对象、模型本身，而不是模型的数理方法。在这里，正如我们已经发现的那样，当我们讨论一个模型的具体例子时是有历史性的，模型是依情况而定的，而不是永恒的：我们需要历史来理解一些特殊的模型为什么以及如何构建，模型是如何使用的，经济学家们从中获得了什么。但是若把理解建模的发展历史当成一种认知模式，我们需要去捕捉和解释共同的属性，这些属性我们可以在魁奈和李嘉图早期的模型中发掘，也可以在 20 世纪弗里希和萨缪尔森的著作中看到。去理解经济科学中发生了什么转变、经济学家在推理经济学问题及现实经济问题时发生了什么转变，我们需要去理解究竟是什么组成了经济学中的建模方法。在这里，历史起到了进一步的作用：它提供了解释的例子和资料，但是

① 在经济学历史中，数学推理历史方面的权威是罗伊·温特劳布（见 Roy Weintraub，2002 和 2008）和 Giorgio Israel（见 Ingrao 和 Israel，1987/1990，和 Israel，2002）。相关当代见解，参见 Edgeworth（1889）。

我们还是得去关注建模上的哲学问题：模型是如何构建的，建模如何作为一种推理的模式，以及建模为何从其本质上来讲是一种认知模式。

第二部分 | 建立模型，使用模型

1.4 使用模型推理：形式、规则和推理资源

经济学家们是如何创建模型的?[①] 在经济学中建模的过程经常被贴上“形式化”的标签，这一术语在经济学的历史上如此迂回曲折有着很多不同的含义，我觉得我们又要来重新审视它了。[②] 我专注于这一术语的两个含义。第一，如果我们考虑它的动词形式：“使形式化”，这意味着我们去提供形式，去使它成形，或者提供一些东西的外部轮廓。第二，“正式”是与“非正式”相对的概念，其本身缺乏精

---

① 经济学中建模的原则（或方法论）的相关文献近年受到了相当多的关注，尤其是在《经济学方法论期刊》（*Journal of Economic Methodology*）这本专业期刊成立之后。我已经讨论了众多20世纪的经济学家影响深远的贡献以及摩根（Morgan，2008）网络资料中的一些哲学反思，并且已经概述了在摩根和 Knuuttila（Morgan and Knuuttila，2012）提及的近年的工作。因此，本章不再进一步概述，而是要讨论一些元素并在后面的章节中讨论其他的元素。

② 例如，在19世纪末期 W. E. 约翰逊在旧帕尔格雷夫辞典（1894～1896年著名的经济学词典）中给出的经济学分类方法将“形式的”与“记述的”进行了对比，尽管两个种类都隶属“描述性的经济学”这一术语；这便意味着它们描述了“科学所处理的构想和事实”。形式的方法是对概念进行“分析和分类”并包括“下定义和区分的逻辑过程”。归纳法和演绎法都属于分类法的另一分支，隶属“建构”方法，“建构”方法即“建立法则和一致性”（Johnson，1896，第739～748页）。与之相反，最新的注释使形式的方法与数学的方法相一致，因此形式的方法便也与演绎法相一致。少数经济学家继续争议着“形式的方法”在经济学中的功效，并认为形式主义并非中立的（见 Chick 和 Dow，2001），或者认为与它所取代的语言方法相比，形式的方法缩小了或省去了太多重要的实质性内容（因此将形式等同于本质的缺失），这一观点似乎认为数学的语言和建模的小规模推理工具都有问题。关于“形式主义”的意义和内容的新近的两种争论都揭示了这一术语非凡的应用范围（见1991年 *Methodus* 中的辩论，尤其关注 McCloskey 和 Katzner 的贡献，及1988年 *Economic Journal* 中 Backhouse 和 Krugman 的论文）。

确或者规则的含义，然而“正式”意味着按照规定格式给出一些规则约束。建立模型包含着双重含义：一是给出模型的形式，这层含义是指对我们关于世界的想法给出一个更加清晰和准确的表达，二是通过建立这些形式，我们使这些模型受制于行为或操作的准则。建模的这两个方面——为想法给出形式和使它们受正式规则约束——是相关的，如果我们了解这些，我们将会在理解经济学中模型是如何提供推理手段的道路上前进一大步。我将会利用经济学中更多的模型来同时展示如何对一个模型给出形式以及如何使它服从推理的规则。

1.4.1 给出形式

本章重现的所有模型——都是该领域历史上一些小但是具有代表性的例子——以各种更精确的形式对经济学家模糊的想法给出了表达：以图解、方程式、图片甚至是物理对象的方式。这是如何发生的呢？评论家们找到了一些不同的方式来描述想法“形成”的这一过程，换句话说，也就是形成食谱的过程，可视化的过程，理想化或者是选择类比的过程。在理解模型是如何建立的过程中，应该将这四种描述看作四种不同的方法，而不是给模型贴上不同种类的标签，或者仅把它们看作科学家/建模者自己使用的术语。对于任何特定模型的建立这样的描述也并不必然相互排斥。①

第一种描述把形式化经济学中的想法这一过程看作类似于食谱的制作。鲍曼（Boumans，1999）在他的食谱概念中嵌入了两种观点：经济学家们选择模型中的材料（他们关于经济是如何运作的一些想法、直觉和碎片的知识），然后把它们组合在一起并且把它们制作成一些新的东西。这一点是至关重要的。模型的建立是许多过程的集合：混合、定型以及烘烤这些素材，“烹饪”它们让它们不能完全从以前最初的元素中被辨认出（类似于化学合成）。最终产品跟一开始的设想不一样这是很有可能的事情，对于食谱制作来说，这是一个创造性的过程（学习食谱的创造性更小，那是一个产品更加可靠且知道结果的过程）。举例来说，李嘉图的

① 例如，正如第5章中讨论的，Hesse1996年对类比建模的解释和鲍曼1999年对配方制作的解释都有助于我们理解类比的纽林－菲利普斯水力机器的制作过程（见Morgan and Boumans，2004）。

模型之所以能够被理解，是因为他用一套小型的账户表来表示（见图1.2a）：他把这些元素整合到一起然后使用这些元素进行推理，直到出现能够代表他生活的那个农业经济时代的农业模型中的各个数据（我们将在第2章中看到）。希克斯的IS－LL模型提供了另一个能够被描述为食谱制作的绝佳例子：他通过把这些简化的或者基础的元素以及宏观经济中的各种关系组合在一起，建立了这个模型，目的是解释凯恩斯的宏观经济理论（参见图1.4b，以及第6章的讨论）。一旦合成完毕，这个新的模型将会以一种新的方式来描述宏观经济中的关系（IS－LM模型），这种新形式被证明能够灵活地给出不同的解释并且有非常长的使用时间。

第二种关于模型构建的描述源于另一个对比，借鉴了人文科学的表达习惯的相似之处并受到纳尔逊·古德曼（Nelson Goodman）工作（1978）的启发。在我的一个作品（Morgan，2004）中，我认为模型构建的活动需要想象力去假设经济应该如何运行，然后用能力和技巧为这个想法创造出一个形象。例如，埃奇沃斯（Edgeworth）的第一个用来展现鲁滨逊和星期五（图1.3b）之间关系的绘图（1881），就可以被理解成他想象并且绘制了一系列在他的图上用来表示他们都愿意达成协议帮助对方的点。这个小的图表逐步发展成埃奇沃斯盒子，这一过程远非不言而喻的，而是依赖于一系列不同的经济学家们绘制的图像和他们的想象力的过程，他们中的每一个人都用这种特别方式来想象经济关系并且在这些小的二维图解的/数学的表格（参见图1.5c中鲍利的例子）中来描绘它们。在这个描述中（见第3章），建模被理解为给经济中的直觉提供一种形式，包括一种想象能力。

模型形成的第三种描述将其理解为“理想化”的一个过程。科技哲学家曾经用这个概念来解释在物理学中观察到的数学建模实践（McMullin，1985）。建模被描述为一个挑选感兴趣的关系的过程，并且使它们远离摩擦和扰动因素（这些因素在现实生活中会干扰它们的工作方式），现在使它们成为更加简化和“理想化”的世界模型（例如，“一个理想的世界里没有摩擦”），这些描述也被用来理解经济学中的模型构造。因此，南希·卡特赖特（Nancy Cartwright）曾经用这一术语来讨论经济学家是如何通过建立模型来得到理解经济中因果关系的能力的，Uskali Mäki也曾经用它来描述经济学家为了理论化的目的如何抽象这些

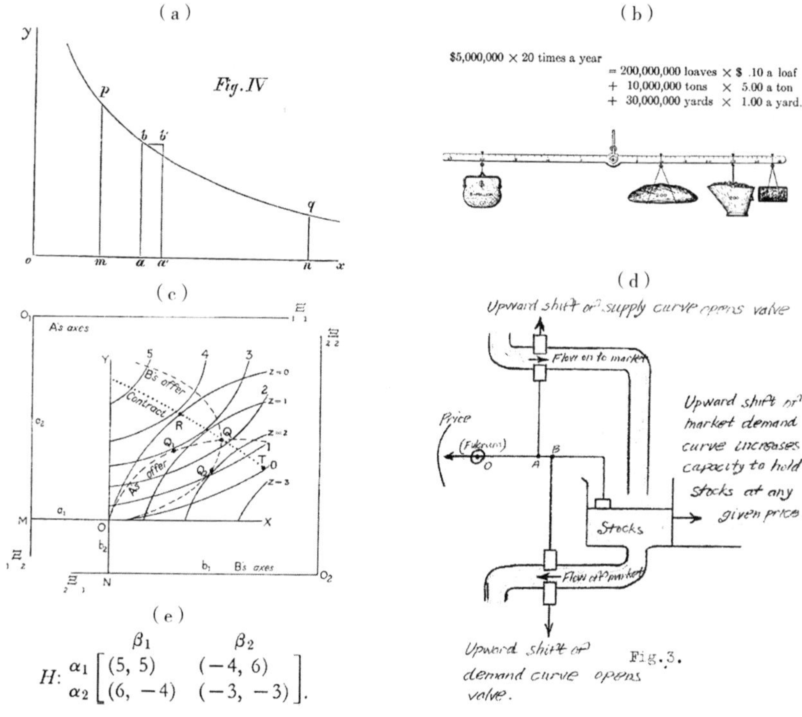

图 1.5　模型：不同的形式

注：(a) 杰文斯的效用曲线（Jevons' Utility Curve）

来源：William Stanley Jevons, *The Theory of Political Economy*, 1871. London: Macmillan & Co., Figure 4, p. 49.

(b) 费雪的算术和机械的货币平衡（Fisher's Arithmetical and Mechanical Monetary Balance）

来源：Irving Fisher, *The Purchasing Power of Money*, New York: Macmillan, 1911; Arithmetic Balance, p. 18; Mechanical Balance, p. 21. Reproduced with permission from George Fisher.

(c) 鲍利版本的埃奇沃斯盒状图（Bowley's Version of the Edgeworth Box）.

来源：Arthur Lyon Bowley, *The Mathematical Groundwork of Economics, An Introductory Treatise.* Oxford: Clarendon Press, 1924; Figure 1, p. 5. Reproduced with permission from Oxford University Press.

(d) 菲利普斯的管道图（Phillips' Plumbing Diagram）

来源：Bill Phillips' undergraduate essay "Savings and Investment. Rate of Interest and Level of Income". Undated, 1948 – 1949, p. 1, Figure 3. University of Leeds, Brotherton Library, Newlyn – Phillips Machine Archive.

(e) 卢斯和雷发的博弈矩阵（Luce and Raiffa's Game Matrix）

来源：Duncan R. Luce and Howard Raiffa (1957) *Games and Decisions.* New York: Wiley; matrix, p. 95. Reproduced with permission from Dover Publications.

特定的描述（模型）。[①] 在这里举个例子，杰文斯（Jevons）绘制的经济人的经验效用曲线仅仅依靠了两个维度：它的强度和持续时间（图 1.5a）。他之所以这样做是因为，按照他自己的说法，只有这两个最显著的因素刺激人的经济行为。这一理想化的认知，使他能够忽略边沁（Bentham）在早期语言描述中认为的其他六个影响效用的方面。而且这种简化也让杰文斯能够数学化处理消费选择的个人行为。[②] 这种理想化的经济模型形成过程可被描述为理想类型的形成（引用马克斯·韦伯〔Max Weber〕的言论，1904 和 1913），或者甚至可被视作一个画漫画的过程（参见第 4 章，以及 Morgan，2006）。

第四种描述引自玛丽·赫斯（Mary Hesse，1966）的作品，认为模型的构建或者给模型一个形式，取决于我们辨别相似之处的认知能力和我们在探索这些相似之处时的创造力。[③] 科学家们在选择模型时依据在两个领域看到的在形式、结构、内容或者功能上的相似之处，并且用一种系统的方式来研究这些相似之处。举例来说，费雪（Fisher，1911）选择了一个机械式平衡作为他的商品和货物之间的“交易方程式”的模型，因为他辨认出了这些元素和它们关系之间的相似点（参见图 1.5b 和 Morgan，1999）。这种辨认相似点的能力以及选择模型的形式，仅仅是第一步，因为通常还需要大量的更深入的工作来完善这些形式使它们成为完整的模型。在另一个例子中，菲利普斯绘制了水管布置图来帮助他理解在一个市场中存量和流量如何互动。通过和货币经济学家沃尔特·纽林（Walter Newlyn）的合作，这个模型变成了一个整个经济学体系的大型物理液压机械装置（参见图 1.7 和第

① 例如，冯·杜能的模型被描述为（Mäki，2004）为了理论的目的通过孤立出现实世界的一些方面而实现的模型，然而，这一模型也可被理解为一个“因果理想化”的过程（以 Cartwright 的观点看），因为冯·杜能对自己模型中的农场进行了以数字为基础的观察。对经济学理想化普遍观点的论述，见 Cartwright（1989）和 Mäki（1992）；摩根和 Knuuttila（2012）提供了有进一步参考文献的调查；Hamminga 和 De Machi（1994）提供了关于理想化的早期论文的一个重要合集并被摩根（Morgan，1996）进行了评述。

② 历史作品表明杰文斯为了给他的模型赋予形式，不仅采用了理想化的过程，还采用了对来自其他多个领域的想法富有灵感的转录，并依赖于他作为一名科学家的工作经历和创造性（见 Maas，2005）。

③ 见 Gentner（2001）。

5 章)。[①]

最近，经济学家们自己也已经承认建模的意义不是去识别类比，而是去创造它们，类似于费雪在 19 世纪后期设计他自己的黄金律的机制类比模型一样（参见 Morgan，1997）。举个例子，罗伯特·卢卡斯（Robert Lucas）认为他自己关于经济周期的模型创造了“一个机械的、模仿经济”。[②] 罗伯特·萨格登（Robert Sugden）认为建模者创造了“可信的世界”，在那里，对可信度的要求取决于在模型结果中观察到的一些相似性，例如，分隔的住房与棋盘游戏之间的相似性。[③] 不是为了寻求真实经济的运作方式，而是通过一个想象的类似的世界去模仿它的某些方面，这些设计的实践把我们带回到了艺术建模的一个历史根源之处，在那里，工匠们能够制造会“唱歌”的机械鸟，但是不能假定这些鸟具有机械智能。

在这里形成一个模型的活动具有四种不同的方式，探索和分析模型构建思想的不同方式是这本书下面几章的主题。但在这一章中，相较于这些方式之间的差异，我更加关心它们之间的共同之处。当我们在看这一章所列举的模型例子时，模型制作的普遍特点是不太明显的。但是可以得出一些要点，这些要点部分源于这些对象非常不同的本质。

首先这些描述都能理解经济科学家们在模型形成这一过程中起到的作用。这是显而易见的，但重要的是要记住，那些模型是由博学的经济科学家们为特定的目的创建的。科学家们是否被很好地描述为制作了一个新的“食谱”，利用了他或她的想象力和表达能力，在一些描述中进行了理想化，以及从不同的类比中进行了选择，关键在于，模型自己不

① 马塞尔·鲍曼（Morgan and Boumans，2004）曾将从一个隐喻到一个模型的转变描述为从一个模糊的表征形式到一个更准确的表征形式的转变：从一个一维度的表征的隐喻到二维类比模型（例如菲利普斯的垂直分布的市场的小图表，图 1.5d），或者到形式完备的三维模型（如图 1.3d 费雪构建的水力机器）（见第 5 章）。

② Lucas（1980，第 697 页）；Lucas 对于其经济周期模型所做出的最知名的评价是“从这个观点看，一个好的模型并不会比一个坏的模型更接近真实，而是能提供一个更好的模仿”（1980，第 697 页），这一评价引发了关于建模的结果是伪事实性质的讨论——见 Hoover（1995）和 Boumans（1997）。

③ 设计的类比或相似性的概念与 Sugden 的文章中关于模型如何被构建和用于他的棋盘以及其他例子的内容（见 Sugden，2009，2002）相一致；本书第 9 章也有介绍。20 世纪 60 年代，“模拟”作为一种模型使用方式的发展带有模仿的目的，但并不一定带有关于模型本质的任何特定的观点（见第 8 章）。

会构建自己。

另一个共同特点是，在模型构建的过程中，经济学家们形成了对经济中一些方面的表达。尽管创造模型的过程可以被描述为不同的活动，例如代表、描述、想象或者制图，更加常用的术语比如呈现和表示，这些通常看起来都能同样切题和准确地描述构建模型这一过程。经济科学家们构建他们模型的各种不同方法以及他们创造的各种不同的方式，支持了这种多元化的语言。这里最重要的是，无论使用什么样的术语，都不能过度限制我们对于模型是什么以及模型作为一种研究手段如何工作这两点的理解。①

这些对于模型构建的描述同样也说明了逻辑过程不是形成模型的驱动力，还应该包括科学家们的直觉、想象力和创新素质。当我们看本章中所展示的不同模型时，可能很难看到什么，如果有的话，这样的一个逻辑过程很可能可以涵盖所有的这些例子。创新素质在科学家建模过程中的重要性可以在很久之前的装饰工艺品构建模型中找到根源。我们是在经济表中发现这些证据的，不过经济学家们仍停留在学会创造“优雅的”模型的喜悦之中。

模型构建是一项技术性的工作。可能目前这还不明显，但是在后面的章节中将会表现出来，要学会描绘经济中的元素，学会找到哪些元素适合在一起，以及如何才能使一个模型工作，需要专业的人才使用隐性的和以工艺为基础的知识以及清晰的科学的知识。找到一个通用的方法

---

① 尽管科学哲学家倾向于使用“表征”这一专业术语，但对于这一术语的激烈争议却引起了很多重要且难以解决的问题。第一，正如这里所讨论的：表征的过程是什么？我赞成 R. I. G. Hughes（1997）的观点（继 Nelson Goodman 之后），其观点是与表征相比“指称”更适合建模这一活动，因为这个术语表明模型在其所处的经济体系中“是该体系的象征”，并且表明“没有指称便没有表征”，指称是“与相似性无关”的（1997，S330 - 331）。第二，表征是如何被定义的？（模型是否最应该被看作地图、描述、结构、公理系统、小说等等或是具有灵活的表征关系的人造事实？）与摩根和 Morrison（1999）中的方法相似，本书中所采用的方法更关注科学家是如何使用模型的而不是关注将模型作为哲学对象进行分析，因此我不愧疚地使用了表征这一尴尬的术语作为从描述角度看很有用的术语，并将哲学问题放到其他地方（见摩根和 Knuuttila，2012），也留给其他学者讨论（最近的文献中提及的有由 Grüne - Yanoff 编辑的，2009；和 Suárez 编辑的，2008；也可参见 Knuuttila，2005）。第三，表征关系的本质是什么？这最后一点的重要性在于一些哲学家的观点即模型必须准确地表征世界——例如，是世界的结构性同构，这是为了使我们可以从模型中对世界做出真实的推演（一个更早期关于社会科学的哲学讨论，参见 Brodbeck，1968）。稍后在本章（第5节）和整个本书中我重构了这个观点作为一个推论的问题。

来衔接和培养这些技能并不简单，或者可以去看一下经济学家们除了通过学徒外是如何获得它们的。可能，只有像庇古这样的天才才足以说明一些经济学家在模型构建上是具有相当天赋的，并且这些经济科学家的天赋是在那些他们所构建的模型的非天然的性质中被发现的。经济学家以它们模型自身的质量判断这些才能，他们的术语“多产的”表示一个模型不仅仅是组合成的整体很好而且要容易使用，易于扩展，能产生有趣的结果、新的问题等。在模型构建的过程中，经济学家们表达和制作模型的技术，连同他们的想象力和创造力，以不同的比例在不同的建模环节中展现，但这些才能是设定模型形式这一过程必不可少的。

1.4.2 变得正式

上述四个关于模型构建的描述——食谱制作、可视化、理想化和选择一个类比对象，都展示了将经济学中的思想形式化的行为。但是在用特定的形式代表经济的同时，经济科学家们创建了一个必须遵守一定规则的对象，这给我们带来了关于正式的第二个意义，即与非正式的意义相比要服从于规则和严谨。在每一个特定的例子中，这些规则都形成了模型推理的准则，它们有效地促进了经济学家们操作和使用这些模型。这些规则来自哪里？应当包含什么样的规则？

模型推理的准则来自模型的两个不同的方面。第一，当一个经济学家利用任何一个模型进行推理的时候，他或她必须遵循一定的推理规则，这些规则来自这个模型是由什么组成的，或者这个模型是由哪种语言描述的，或者这个模型包含的格式。因此，这些规则可能是几何学或者代数学里面的，也有可能是机械学或者水力学里面的，等等，这取决于模型。举个例子，利用费雪的方程式进行推理，它服从于算术的规则，相反，用他的机械平衡模型推理，则服从于行为规则，并且操作也是一样，服从机械平衡的原理（都在图 1.5b 中）。萨缪尔森的方程式模型（在图 1.4c 中）能够按照适用于方程组的规则来进行操作——要么是代数方法要么是算术方法在模型中（他同时使用了，我们将在第 6 章看到）。关于这些规则最重要的一点是，它们是由模型的主旨给出并固定的，即使这个模型是用一张纸来代表一个材料模型的（就如费雪的机械平衡模型）。它们是“正式的”规则，从这个意义上来讲经济学家们不必为了一个特定的模型而每次都去补充它们，相反地，它们已经准备好了格式或者语言供建模者们选择来满足其代表性。

第二，与此相反，模型允许的操作也要由模型表示的经济学主题确定和约束。例如，萨缪尔森的宏观经济学模型必须按照一定的顺序操作，不只是因为经济关系有一定的时间顺序（参看方程的下标），而且由于经济内容中隐含的因果关系。在其他情况下，模型中经济人的目标和特征是用来激励如何使用一个经济模型中的资源。例如，“囚徒困境”模型的推理取决于经济学家对于经济人在模型世界里怎样行为的看法。但是——就像早期的经济表（图 1.1）——在图 1.5e 中矩阵数字要想描绘“囚徒困境”就需要一个对经济规则的文本描述，明确那些数字代表的境况，以便之后用该模型进行推理（参见第 9 章）。这些操作的规则没有形式，它们来自经济的概念和内容——那些被建模者在建模时用到的东西。

这两种规则——正式规则（那些由形式给出的）和经济规律（那些由主题给出的）——一起提供了模型推理的手段。[①] 例如，菲利普斯的小液压原理图是根据液压系统图设计运行模式的，但同时服从置入液压系统安排的经济学的内容：需求与供给、价格和数量都可根据特定规则发生改变（图 1.5d）。通常类似的模型形式设计可以有两套不同的推理规则在模型工作时相互补充，但有时，尤其在模拟模型中，它们可能发生冲突，确实，在费雪的力学平衡模型中存在这种情况，乍一看他的经济调整规则与平衡机械模型是有冲突的。费雪发现了一种方法，通过修改他的经济学来解决这种不和谐（正如我们将在第 5 章看到的）。到 20 世纪末，这些不同模型中的规则的来源可能无法再单独辨认，现代经济学已经达到（正如麦克马林〔McMullin，1985〕在他的物理学讨论中指出的）经济学的与数学的概念和安排彻底相互交织，甚至是覆盖，他们习惯性的数学表达术语再也不能分开。所以比如，现代经济学家看杰文斯的效用图（图 1.5a）时，将很难从他的数学论证中分离出他的经济内容。

---

① 我们可以将这些描述为句法和语义的规则——来自形式（或模型形成的“语言”结构）的是句法的，来自经济学意思（元素的解释）的是语义的。但这样的使用不会与科学使用的传统原则相对应，在科学使用的传统原则中，“模型的句法观点和模型的语义观点”指代模型与理论之间关系的不同的观点。为经济学家对此进行解释的一个版本来自 Hausman（1992）。

为了达到我们研究建模的目的，我们现在知道了如何形式化，即经济科学家们如何将他或她的想法形式化，同时使它们受模型中规则的约束。模型可以代表他们在经济世界的某些方面的思想，并且他们的模型推理过程受每个模型的特定规则约束——这些规则是由经济内容和语言形式给出的。这两个不同来源的规则——模型的格式及其主体内容——确定和限制了每个特定模型的使用，因此，构建正确的推理，对特定的模型是可能的。所以当我们观察经济学家如何用一个模型进行推理时，我们可以期望发现一些非常具体的推理规则的应用。但这些推理的规则到底是用来推理什么呢？

1.4.3 推理的资源

我以前就说过，只有当表达具备了能够操作的资源，表达才能够成为模型：这解开了对于那些特定模型能够进行推理的难题。① 现在我们回到弗里希（Frisch），他是第一个创造这样一个数学模型表达一个整体经济系统模型的人之一，他的模型试图将经济体系的所有要素置于一个整体中来分析这些元素是怎样创造出一个经济周期的。②

弗里希模型的第一个版本存在于1933年至今仍是经典的论文里，是经济行为模式（在这里显示为图1.6a，其中大写字母表示存量，小写字母表示流量）。模型描述了他的模型经济中的主要元素：一些是“直观的插座”（圆圈）另一些可以被视为接受投入生产产品的机器（方形）（弗里希，1933，p.173）。他称这是一幅静态的经济表，当然可能参考了魁奈的最著名发明，我们可以看到这跟早期的例子有些相似（图1.1），弗里希使一组相当复杂的系统中的元素间的循环流动（箭头所指）更加直观。然而，相对于魁奈的经济表，数字和排序都明确列于其上，弗里希的模型缺乏魁奈的经济表那样的可操作的资源。魁奈可以利用他的数字及其排序来推理其所描述的系统的本质，并通过组合这些数字，探索这个模型中不同类型的系统行为，学到新的东西。弗里希

① 在更久远的关于模型的哲学写作的传统中，Black（1962）提到了模型的操作，但对于讨论或分析的方法言之甚少。

② 在经济学的历史中费雪模型的故事被反复讲述：摩根（Morgan，1990）关注其在计量经济学历史中的地位；Boumans（1999）在商业循环的建模中关注其作为新配方的作用；Louca（2007）则关注其类比层面。

图显示元素以及它们的联系，但这些只能用于语言描述的关系和言语推理，而不是更多有意义的探索，这些探索能够告诉他更多关于系统行为的信息，事实上，没有那些箭头，该方案几乎无法用于推理。弗里希表在语言推理方面资源有限，在数字操作性上则一无所有。然而，这个模型是一个起点。

在这个模型中，弗里希发明了一个更加简化的数学模型链接，y 表示资本货物的年产量，x 表示消费品的年消费量和产量（没有存量存在），z_t 表示 t 时间内的产量（图 1.6b）。这个小小的数字经济系统包含了数字和经济方面的内容，弗里希形容它是一种机器，其形式和内容具有一定的操作模式，产生一种动态模式。这个版本的模型有足够的资源供他模拟（通过在他的方程式中加入参数值），来证明该模型在生产经济行为中能够产生周期性的模式。这是一个重要的结果，因为弗里希设定模型的一个主要原因就是用以证明周期性的经济模式可以由这样一系列的方程式产生（见第 6 章）。

在这个例子中，弗里希的经济模型和他的小型数字模型的比较揭示了模型存在可以被操纵资源的重要性，以使对象作为一个有用的模型。在一些经济模型中，也存在一些可以用于推理的资源，但无法操控，让人通过推理可以增加对生产周期中各种可能性的理解。回想一下，推理或者操纵规则来源于两个不同的方面——其本身的形式（或语言）及其经济内容。经济模型会具有相当多的经济内容，在某种程度上，这些经济内容甚至可以用于推理，但模型的形式一般并不包括它们的操控规则。从这个意义上讲，弗里希的方程包含较少的内容，有较少的元素和因果联系，但内容（方程）的形式（或语言）使之可以用于可操作的推断模式，因此弗里希可以利用这个版本的模型数学化地推理出商业周期的本质。

这些来自弗里希的例子使我们了解到不仅推理规则是随着特定的模型建立的，提供推理资源也非常必要。但这并不能解释——以一种更一般的方式——应如何使用这些模型的资源，以及为什么使用这些资源，虽然弗里希的例子有一定的提示。我现在提出一个关于模型推理更一般的描述。

1.5 模型研究方法：模型中的世界，世界的模型

众所周知，模型化构成了一种认知模式，但我们仍然需要弄清楚它

（a）

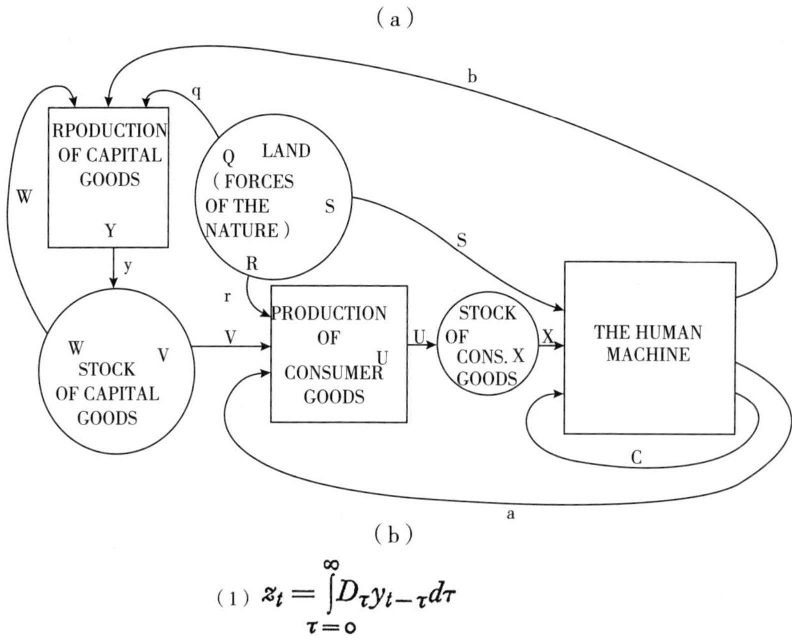

（b）

（1）$z_t = \int_{\tau=0}^{\infty} D_\tau y_{t-\tau} d\tau$

（2）$\dot{x} = c - \lambda(rx + sz)$

（3）$y = mx + \mu\dot{x}$

图 1.6　模型中的推理资源

注：（a）弗里希的经济表（Frisch's Tableau Économique）

来源：Ragner Frisch，“Propagation Problems and Impulse Problems in Dynamic Economics”. *Economic Essays in Honour of Gustav Cassel*，1933. London：George Allen & Unwin Ltd. Figure 1，p. 174. Reproduced with permission from Ragner Frisch.

（b）弗里希的宏观动态系统（Frisch's Macro – Dynamic System）

来源：Ragner Frisch，“Propagation Problems and Impulse Problems in Dynamic Economics”. *Economic Essays in Honour of Gustav Cassel*，1933. London：George Allen &Unwin Ltd.，pp. 177 and 182. Reproduced with permission from Ragner Frisch.

是如何作为一种经济科学研究方式的。斯科特·戈登（Scott Gordon）在他的社会科学历史和哲学当中这样讲道：“任何一个模型的目的都在于为科学研究提供一种工具或者手段。”（1991，第 108 页）[①]这种说法将成为接下来这本书的论点的起点，即经济学家利用模型来探究两个不同的领域：探寻模型中的世界以及模型想代表的世界。

---

① 当然，我并非第一个将模型视为社会科学的探索工具的人（Max Weber〔1904，1913〕认为他的理想类型是社会科学的第一个探索工具，见第 4 章，此观点有争议），但有此观点的学者很少有人对此工具是如何运作的进行探索。

如我们所知，建模是用另一种媒介来表达一个微型世界的行为。经济学家通常喜欢用数学符号、图表、机器甚至是严格定义的口头描述，来研究或理解他们关于特定经济体要素的思想：经济系统整体，或个体的经济行为。这些模型通常都具有某些性质，它们比真实世界在规模上要更小并且应该更简单，它们由不同的要素构成，它们的代表性、模仿程度以及它们的相似点可能并不那么显而易见。[①]对于经济学家为了将真实的世界融入模型当中到底用了哪些修饰方法，我将在第 10 章具体阐述，现在，问题的关键在于他们所表达的内容，包含了经济学家的直觉，或者他们已经知道的事实，或者二者皆有。

也就是说，有的时候这些模型中的小世界首先要能代表关于真实经济世界的推测和理论；经济学家可能也不太清楚它们在什么程度上能代表真实世界，他们有些人甚至拒绝这样做（比如卢卡斯），这些人可能只将模型视为一个对比的或者假想的世界。在其他时候，就像弗里希和丁伯根（Tinbergen）那样，模型被构建（以某种方式）来综合人们已知的特征，表达那些经济学家认为与现实世界相关部分的重要特征，这些部分之间是如何相联系的，以及构成要素之间如何相互作用的等。更常见的，那些“模型中的世界”代表了经济学家的思想以及他们的知识组合。

这些微型对象、模型继而带着一种独立、自主的特质使它们具有潜在的“双重生命”，我认为，模型的功能在于其是研究的对象和用于研究的对象。也就是说，它们既是一种自身意义上的探索对象，它们同时也帮助经济学家探索真实世界的经济。[②]模型研究给经济学家提供了一种可能性，它能同时让经济学家将自己的思想和自己的经验表达出来，但是，作为一种探究、探索甚至发现的手段，这种如此特征化的方式还是让我们产生了困惑。这些模型是如何提供一种研究方法来使这种双重

---

① 在地质学家的研究中可以找到极相似的方法，地质学家构建小盒子并用不同的材料填满盒子作为地震模型从而发现当受到强物理冲击波时会发生什么情况（见 Oreskes，2007）。关于小规模的讨论见第 10 章。

② 在经济学的这两个领域中模型起作用的方式并未被科学原则的标准观点充分解释，科学原则的标准观点倾向于为模型的定义担忧或将模型视为理论的微小版本或是来自世界的数据的高效的描述。正如我们将在之后的几章中发现的，埃奇沃斯盒的图表模型、李嘉图的算术链、凯恩斯体系的萨缪尔森数学模型都是以独立的形式起作用的：它们体现了关于经济的思想和知识，但它们并非理论或是数据描述。在 Morrison 和摩根（1999）的论文中，我们论证过这样的构建是为了被观察模型的实用的独立性，这种独立性使模型可以调和数学理论与观察的经验。

性得以继续的？我的答案是，这种模型推理，作为一种在经济学中一般的行为，通常涉及一种实验。

更成熟的观点将会在本书接下来的部分提出，我建议我们可以用接下来的方法将模型推理视为一种实验。模型建立一般基于一些特殊的目的，所以，处理模型通常都从经济学家提出一个与那些目的相关的问题开始。为了回答这个问题，经济学家会用图表、公式等形式提出一些假设来对模型内容进行固定和修改。他或她继而通过操控与模型相关的资源，以模型实验的方法来探寻那些假设或者改变后的结果，并演示答案。这种演示通过演绎得来，因为它运用了语言格式中和谨慎设定的经济学内容中给定的推理规则。这一演示过程本身便提供了一个关于经济内容的叙述。这种问题、实验演示以及叙述性的答案联合起来形成了经济学家探索一个特定模型的方法（见摩根，2002，第6章）。通过模型中的实验，经济学家第一步只能探究进而了解到模型中的世界。这种模型中的实验研究怎样部分说明了模型所代表的世界是一个复杂的问题，我将很快回答。

对于模型的双重性，让我们从简单的部分开始：模型作为研究对象。经济学家利用这种实验方式来研究模型中的世界，继而去理解他们的经济思想和理论。这似乎让人奇怪：既然他们在模型中创造了那个世界，他们怎么可能不理解它呢？事实上，如果关于世界的思想可以表达得很简单的话，经济学家就不需要通过模型来思考了。一旦他们将经济人的两个或三个特征抽象在一起，或者将两到三个假定关系同时分离开来，推导当它们结合时将会发生什么就变得困难。这就说明了为什么经济学家首先会去建立模型，也说明了为什么他们需要这样的实验方式来解答模型中关于经济人和世界的问题。

通过这种实验的方式来研究模型中的世界就是经济学家证明他们理论和直觉的一种方法。[①] 通过问问题以及做这些实验研究，他们理解了直觉的含义，探索了模型暗含的经济行为的局限，对各种各样的实验结果进行编纂和分类，并由此得出了可能被忽视的更加一般的结论，这些

① Crombie假设了某种一对一的关系："一个模型体现一种理论"（1994，第二卷，第1087页），在此基础上模型的方法促成了"理论探索与实验探索的典型高效的科学融合"。这对于实验无疑是一个有用的启示（对此没有详述），但本章中关于模型是如何形成的解释以及第2章至第6章中各种例证的讨论表明模型与理论的关系是多样的且不易描述的。

结论还可能引起关于真实世界要素行为的新假说的提出。举个例子，萨缪尔森想知道政府支出的增加会带来什么样的影响。他利用 1939 年的一篇论文中建立的一个简单的数理模型进行实验，他发现通过在模型的相关关系中插入数值参数，模型可以产生周期性的行为、爆炸式的增长或者平缓的下降。这些模型探索不仅对凯恩斯主义关于世界的某些解释提供了惊人的答案，而且加深了人们对于现存的各种各样关于经济周期理论的理解。

模型双重性的第二个方面在于经济学家利用模型去探索，因为，从经济学家的工作方式来看，模型中的人或世界也可以用来作为研究其所代表的真实的人或者真实世界的某个方面的对象，这是清楚的。相比较经济学家用模型来探究他们的思想和理论而言，模型这方面的特性更难描述。

哲学家通常会质疑这一点，并且有很好的理由。他们恰当的、充满怀疑的观点如下所述。如果从某种意义上讲，模型对于真实世界相关部分或者经济人的行为是一种准确的表示，并且那些元素可以被分割开来，那么可能的结果是这种模型实验得出的结论可以被直接并且毫不含糊地应用到世界中，而且对世界上的那些事情可以得出相当可信的结论和相当坚实的解释。[①] 这些“如果”是个大问题，因为经济学家怎么知道他们关于这个世界的模型是准确无误的？或者，怎么可以分割处理？正是这种不解导致哲学家对建模产生了怀疑，特别是他们关心相关模型的代表性。当然，也正是由于同样缺乏知识，经济学家，像其他领域的科学家一样，应用建模作为探索模式的第一步！

如果我们对比建模和之前提到的那两种推理方式：数学假设和证明以及实验室实验方法，将有助于我们理解我之前说的建模在经济学研究中是一种双重方法。

如果我们把数学建模作为数学假设和证明方法的一个版本，那么我们可以说，经济学家在模型中假设了一个经济世界，然后可以非常合理地期望获得关于模型中世界的数学真理。这个描述非常符合对模型中世界的研究：在那个受限制的数学的小世界里模型的确是真理的制造者。但是就如经济学家们承认的那样，这些都不是他们可以无条件地向模型

① 近期讨论，见 Cartwright（2009）。

所代表的世界运用的真理。经济学家（就像他们的天文学家前辈）了解到，他们的经济学宇宙中的模型使他们能够探索模型描绘的世界的一些特性。但是，他们是否能得出实际经济中的行为有效的结论，是个更加困难的问题，就如他们所知道的那样。

如果用实验室实验方法来比较，我们会理解经济学家是如何用模型作为探究的对象的。以这种方式理解建模是一种认知模式，经济学家们在应用模型时首先会假设世界是什么样的，然后对模型中的世界或者人进行实验来探究他们怎样行动。然后一个重要的问题就是，模型中实验的结果能否被移植到它们所代表的那个真实的世界中，这是一个推理的问题。通过把模型研究作为一种实验的形式，将模型与世界连接起来从一个寻找真理的问题转变为一个推理问题，尽管答案不难得出。[①] 这就是为什么我建议我们把建模看成一种调查和研究方法，一种更类似于实验而不是假设和证明的方法。

当然，经济学中的模型实验通常是使用纸和笔、计算器，或者计算机，模型世界或者类似世界中的实验（如液压机）不是现实中的实验室实验。这会对推断的结果有意义。这里存在两个问题：一是推论的形式，二是得出结论的能力。

模型实验中的推断结论是非正式的：当经济学家谈论“测试他们的模型”（已经在其内部的数学性质和一致性上进行确认）时他们有兴趣通过比较模型世界和真实世界的行为来判断他们的模型实验的有效性，这在现实世界中是一种匹配或基准标注的过程。他们可能比较真实世界中人的行为和模型中经济人在实验中的行为，或者推测在模型中一个政策如何改变能与现实世界中的政策起到等效的结果。经济模型中这些非正式的推断结论有一个特点，它们经常包含一些关于推理结论或者解释的描述，这些描述连接了模型世界的实验结果与模型所代表的世界的事件（在第 6 ~9 章以不同的方式进行讨论）。[②]

这些从模型实验到世界的非正式的比较显然缺乏统计推断中基于概

---

① 其他学者曾提出模型与世界的关系可以从推论的角度考虑，但无须从实用的角度认真考虑推论的本质，或认真考虑推论关系是否存在于模型的最初构建中或存在于其之后反作用于世界的关系中（例子参见 Suárez，2004；Woody，2004；论文参见 Grüne - Yanoff，2009）。

② 见摩根（Morgan，2001，2007）。

率测量的正式决策规则，那是用于计量经济模型验证和推断的正式规则。但值得注意的是，从实验室实验中得出的推断也缺乏正式的决策规则。实验科学家，如同建模者，依赖技巧及相关知识来使其实验结果有意义及判断实验室中的相关性。① 而且，像模型工作一样，实验科学家们面临着同样的问题：他们的实验结果可否在实验室外形成推理基础，即外部有效性问题。②

但是另一方面，模型推出的实验结果与在实验室得到的结果是明显不同的，而且做出推断的原理不同。这与正式还是非正式的推断论点无关，而是如我在第 7 章指出的，因为模型实验不是一个有力的认知模式。模型实验是一个笔和纸的实施范围的代表，即模型中的世界，不是世界本身，这使其推断的能力和范围（与真实世界）有差异。而模型实验可能令经济学家得到意想不到的结果，实验室实验可能会混淆经济学家的判断，因为它所产生的结果不仅是可能意想不到的，而且可能无法用现有的知识解释。③

让我们简单地看一个更复杂的例子，来看模型怎样既是一个研究对象，又是一个用于研究的对象（在头脑中要保留问题、使用模型资源进行演绎实验，和非正式的推断等观念）。菲利普斯—纽林机（如图 1.7 所示，在第 5 章中将会充分讨论）是一个大的设备——一种真正的水力模型——我们在这里可以看到的只是一幅画。物理模型本身的操作是根据液压系统的语言规则，用机器内的水流通过物理阀来控制的。但整体形式和机器的零件是被设计来模仿一个经济体中股票和资金的流动（红水）的，与经济关系的行为功能被画到小矩形的“幻灯片”中，在图中可以看到，这些“幻灯片”在液压系统中反过来可控制打开和关闭的阀门。尽管由于它的复杂性，我们甚至不知道这些经济关系是什么，但我们可以看到规则的形式（液压）和内容（货币宏观经济学）在机器中被实例化。

我们接下来的一个问题是机器的资源是如何在实验研究模式中利用

① 正是这种困难促使 Deborah Mayo 提升她用于从实验中形成推论的框架（其论文 1996），这便确认了此推论依赖于科学家做出实验前及实验后的相关判断所具备的知识。

② 见第 7 章和第 8 章，及 Guala（2005，第 7 章）。

③ 见 Morgan（2003b，2005）。

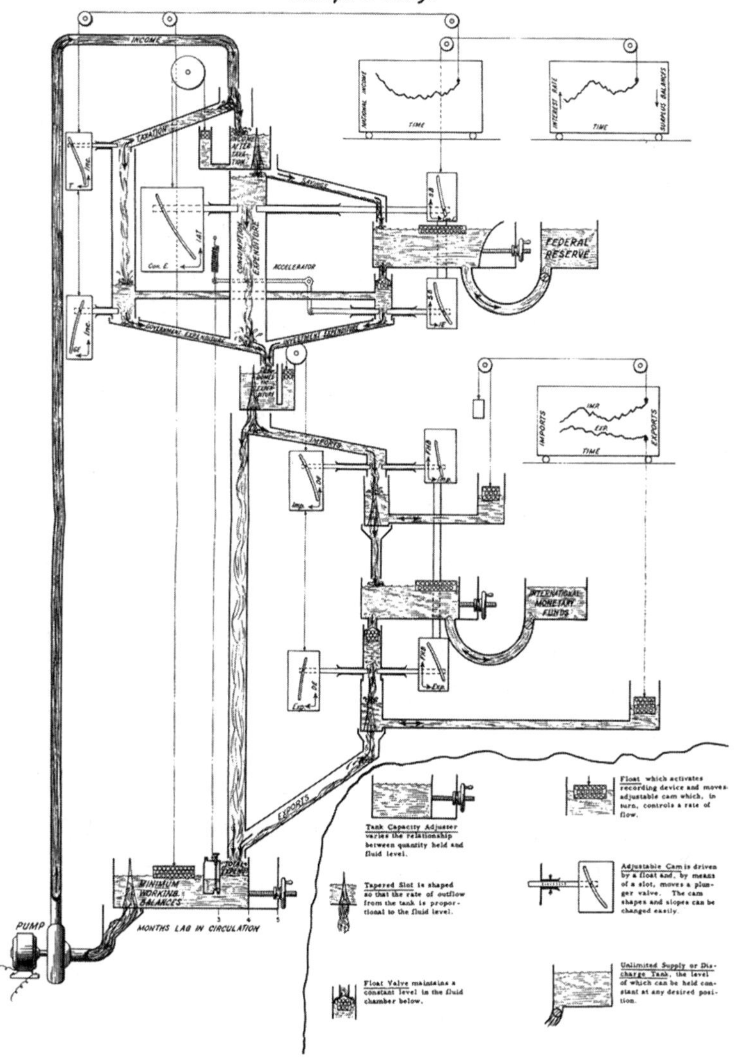

图 1.7　菲利普斯－纽林的水能机器

来源：The James Meade Archive，Box 16/3，BLPES Archives，LSE. Reproduced with permission from the estate of James Meade.

语言规则和内容用于推理的。经济学家会建立模型来回答特定的问题，如：如果我通过“中央银行”（右上方）增加“钱罐”中的液体来增加本系统中货币会怎样？这是对模型中的世界进行实验干预（或操作）。模型中的水泵会通过机器使增加的液体进入循环，阀门依据模型中的经济关系控制流量，这一模型演示最终会形成一系列实验结果：货币数量变化对经济收入的影响会被自动绘制在右上角的一个图中。

这个机械模型拥有巨量的资源：它能够被设置来回答许多的问题，因此同模型实验有关联。带着这些问题经济学家能够去研究经济理论的许多深奥的问题，举个例子，利率到底是取决于投资的存量还是流量。这些关于模型中的世界的问题和实验能够对这些理论进行相互比较。并且一旦经济学家们发现他们模型中的世界怎样运作，他们便可用这些知识去形成关于那些理论的更深的问题。另一系列问题的提出是因为历史上或者现实中出现了经济危机和大萧条等事件。科学家们会将他们在现实世界中观察到的事件和这些由模型中的世界推导出的实验结果相比较。即，带着这些问题，经济学家们利用模型研究这些模型所代表的世界。经济学家们应该通过这些实验方法来解释或者重新解释或者找到一种新的对于现实世界行为某些方面的理解。[①] 也即经济学家是通过在模型中进行实验，来理解和解释经济模型中的世界是如何运作的，对其进行解释，并且以一种非正式的方式使用这些知识反映模型所代表的真实经济的运作方式（参见 Morgan 和 Boumans，2004，和第 5 章）。

因此在经济学中建模作为一种推理的方式，是一种探索问题的方法，包含探究问题和进行操作来给出演绎性或实验性的说明，也是一种非正式的推理方式，包含一些语言叙述的元素，这些元素可用来提供解释或说明性的服务。这些特征在下一章李嘉图农业实验模型的简单格式中有更多体现。从更广泛的视角出发，模型的实践推理方式会在本书的第二部分以不同的方式、从更深的层次进行探讨。

1.6 结论

模型推理可以让经济学家直截了当地去探究他们关于世界的理论与观念，同时也促使他们间接地探寻经济世界的本质。他们研究模型中的小世界，同时也借由模型研究那个宏观的经济世界；他们研究模型中那个简单的经济人，同时又借由模型中的人去研究真实世界的人。然而，精确地讲，这两个探索空间并不总是能清晰界定的：在借由模型工作的

---

① 经济学家也用产生自模型的知识向他人传授他们的理解，例如，经济学家用菲利普斯－纽林机器阐释并解释了英国政府政策的变化（BBC 拍摄并播放了用该机器做的实验，现在在伦敦科学博物馆中陈列该机器的地方可观看此录影）。

过程中，经济学家经常同时研究模型中的世界和模型代表的世界。从这个意义上来讲，利用经济模型推理和利用天文模型推理有异曲同工之妙。那些天文模型例示了天文学家关于星体排列的理论，用它们来探索一些理论的完整内涵，与此同时，这些想法常常被用来解释天体运行中观测到的事件和模式。和许多行星系统的模型一样，经济模型也是研究的对象和争论的对象，但与此同时，这些经济模型能够得以走向世界，人们通过研究它，可从获得洞察、认知与解释。

对天文模型与经济模型的比较在这一部分贯穿始终，这一启发式的比较不仅仅帮助我们了解了经济学家如何使用模型，它还提醒了我们：模型化的推理方式有着辉煌的历史。事实上，发轫于 16 ~17 世纪的科学革命不仅关乎内容，同时也是影响到推理方法的革命。模型化不仅仅已经成为伽利略（Galileo）时代的工作方式，在其后的现代自然科学中仍然大行其道。[①] 尽管有这些前辈，经济学家起初对这种方法的科学性和可靠性并不十分确定。相比于真实的经济世界，这些模型太小、太简单，它们由不同的材料组成，并且它们不能很好地直接应用于现实。即便如此，就像那些早期的天体模型一样，对于经济学家所努力思考的问题，利用经济模型或许能抓到核心。模型化与其说是一条通往经济学真理的捷径，不如说是经济学家们一种实用的推理形式，一种帮助他们探索与研究他们的思想和世界的方法。这就是本书的主题。

致　谢

本章的内容是 1999 年 9 月在巴黎，为查尔斯·纪德协会（The Association Charles Gide）“20 世纪经济的形式与方法”会议准备的演讲，那次会议的主题为“经济理论模型形式：历史、分析认知技术”（Modèles formels et théorie économique：histoire，analyse，épistémologiques）。我要谢谢 Annie Cot 和科学组织委员会（Scientific Organising Committee）的邀请，我演讲的巴黎大学壮观的会堂让我难以忘怀。主要内容随后在 2000 年 2 月提交给了杜克大学（Duke University）。本章更多最近的内

① 例如，哈金将建模看作“宇宙学和认知科学，而不是伽利略式的主要的现代例证……的”基本方法（Hacking，1992a，第 7 页）。

容也是为演讲准备的：在波恩发展研究中心，在鹿特丹市的计量经济研讨会，在奥斯陆大学的经济研究会 75 周年会议，在乔治梅森大学的夏季经济思想史研究会，在法国特雷莱的科学方式研讨会，在多伦多大学的 HPS 研讨会，在台湾中正大学关于“经济学与生物学中模型及进化”的会议，在巴西圣保罗大学的战后经济的历史分论坛等地面向发展学专家的演讲。我非常感激在这些场合给我评论的人。我特别要感谢：Roy Weintraub，因为我们有很多涉及经济学的数学史的谈话；马塞尔·鲍曼，我们有很多关于模型的讨论；Charles Baden – Fuller 很仔细地评论了本章的各个版本；Sheldon Steed 给予了很多研究协助。

参考文献

Backhouse, Roger E. (1998) “If Mathematics Is Informal, Then Perhaps We Should Accept that Economics Must Be Informal Too”. *Economic Journal*, 108: 451, 1848 – 58.

Baumol, William (1951) *Economic Dynamics*. New York: Macmillan.

Black, Max (1962) *Models and Metaphors*. Ithaca, NY: Cornell University Press.

Boltzmann, Ludwig (1911) “Models”. In *Encyclopaedia Britannica* (11th ed, pp. 638 – 40). Cambridge: Cambridge University Press.

Boumans, Marcel (1993) “Paul Ehrenfest and Jan Tinbergen: A Case of Limited Physics Transfer”. In Neil De Marchi (ed), *Non – Natural Social Science: Reflecting on the Enterprise of More Heat than Light* (pp. 131 – 56). Annual Supplement to *History of Political Economy*, Vol. 25. Durham, NC: Duke University Press.

(1997) “Lucas and Artificial Worlds”. In John B. Davis, D. Wade Hands, and Uskali Mäki (eds), *New Economics and Its History* (pp. 63 – 88). Annual Supplement to *History of Political Economy*, Vol. 29. Durham, NC: Duke University Press.

(1999) “Built – In Justification”. In Mary S. Morgan and Margaret Morrison (eds), *Modelsas Mediators* (pp. 66 – 96). Cambridge: Cambridge University Press.

(2005) *How Economists Model the World to Numbers*. London: Routledge.

Brodbeck, May 1968 [1959] “Models, Meaning and Theories”. In May Brodbeck (ed), *Readings in the Philosophy of the Social Sciences* (pp. 579 – 601). New York: Macmillan.

Cartwright, Nancy (1989) *Nature's Capacities and Their Measurement*. Oxford: Clarendon Press.

(2009) “If No Capacities, Then No Credible Worlds. But Can Models Reveal Capacities?" In Till Grüne - Yanoff (ed), *Economic Models as Credible Worlds or Isolating Tools? Special Issue of Erkenntnis*70: 45 - 58.

Charles, Loic (2003) "The Visual History of the Tableau économique". *European Journal of the History of Economic Thought*, 10: 4, 527 - 50.

Chemla, Karine (2003) "Generality above Abstraction: The General Expressed in Terms of the Paradigmatic in Mathematics in Ancient China". *Science in Context*, 16: 3, 413 - 58.

Chick, Victoria and Sheila Dow (2001) "Formalism, Logic and Reality: A Keynesian Analysis". *Cambridge Journal of Economics*, 25: 6, 705 - 22.

Colander, David (2000) "The Death of Neoclassical Economics". *Journal of the History of Economic Thought*, 22: 2, 127 - 43.

Crombie, Alistair C. (1988) "Designed in the Mind: Western Visions of Science, Nature and Humankind". *History of Science*, 26, 1 - 12.

(1994) *Styles of Scientific Thinking in the European Traditions*, Vols. Ⅰ - Ⅲ. London: Duckworth.

Edgeworth, Francis Y. (1881) *Mathematical Psychics*. London: Kegan Paul. (1889) "Opening Presidential Address", Section F: Economic Science and Statistics, *Nature*, Sept. 19, 496 - 509.

Fisher, Irving (1892/1925) *Mathematical Investigations in the Theory of Value and Prices* (thesis of 1891). New Haven: Yale University Press.

—— (1911) *The Purchasing Power of Money*. New York: Macmillan.

Fleck, Ludwik (1935; 1979 translation) *Genesis and Development of a Scientific Fact* (translatedby F. Bradley and T. J. Trenn). Chicago: University of Chicago Press.

Forrester, John (1996) "If *p*, Then What? Thinking in Cases". *History of the Human Sciences*, 9: 3, 1 - 25.

Foucault, Michel (1970) *The Order of Things: An Archaeology of the Human Sciences*. NewYork: Random House.

Frisch, Ragnar (1933) "Propagation Problems and Impulse Problems in Dynamic Economics". In *Economic Essays in Honour of Gustav Cassel* (pp. 171 - 205). London: Allen & Unwin.

Gentner, Dedre (2001) *Analogy in Scientific Discovery: The Case of Johannes Kepler*. In Magnani and Nersessian, 2001, pp. 21 - 40.

Giere, Ronald (2001) "Models as Parts of Distributed Cognitive Systems". In Lorenzo Magnani and Nancy J. Nersessian (eds), *Model - Based Reasoning: Science, Technology, Values* (pp. 227 - 42). New York: Kluwer Academic/Plenum Press.

Goldfarb, Robert S. and Jon Ratner (2008) " 'Theory' and 'Models': Terminology Through the Looking Glass" . *Econ Journal Watch*, 5: 1, 91 – 108.

Goodman, Nelson (1978) *Ways of Worldmaking*. Indianapolis: Hackett.

Gordon, Scott (1991) *The History and Philosophy of Social Science*. New York: Routledge.

Grüne – Yanoff, Till (2009) [ed] *Economic Models as Credible Worlds or Isolating Tools?* Special Issue of *Erkenntnis*, 70: 1.

Guala, Francesco (2005) *The Methodology of Experimental Economics*. Cambridge: Cambridge University Press.

Hacking, Ian (1992a) " 'Style' for Historians and Philosophers" . *Studies in the History and Philosophy of Science*, 23: 1, 1 – 20.

(1992b) "Statistical Language, Statistical Truth and Statistical Reason: The Self – Authentification of a Style of Scientific Reasoning" . In Ernan McMullin (ed), *The Social Dimensions of Science* (pp. 130 – 57) . Notre Dame, IN: University of Notre Dame Press.

(1992c) "The Self – Vindication of the Laboratory Sciences" . In Andrew Pickering (ed), *Science as Practice and Culture* (pp. 29 – 64) . Chicago: University of Chicago Press.

(1993) "Working in a New World: The Taxonomic Solution" . In Paul Howich (ed), *World Changes: Thomas Kuhn and the Nature of Science* (pp. 275 – 310). Cambridge, MA: MITPress.

Hamminga, Bert and Neil De Marchi (1994) [eds] *Idealization in Economics*. Amsterdam: Rodopi.

Harford, Tim (2008) *The Logic of Life*. London: Little, Brown.

Harrod, Roy (1939) "An Essay in Dynamic Theory" . *Economic Journal*, 49: 193, 14 – 33.

(1968) "What Is a Model?" In N. Wolfe (ed), *Value, Capital and Growth* (pp. 173 – 91) . Edinburgh: Edinburgh University Press.

Hausman, Daniel M. (1992) *The Inexact and Separate Science of Economics*. Cambridge: Cambridge University Press.

Hesse, Mary (1966) *Models and Analogies in Science*. Notre Dame, IN: University of Notre Dame Press.

Hicks, John, R. (1937) "Mr. Keynes and the 'Classics': A Suggested Interpretation" . *Econometrica*, 5, 147 – 59.

Hoover, Kevin D. (1995) "Facts and Artifacts: Calibration and the Empirical Assessment of Real – Business – Cycle Models" . *Oxford Economic Papers*, 47: 1, 24 – 44.

Hughes, R. I. G. (1997) "Models and Representation". *Philosophy of Science*, 64: S325 – 36.

Humphrey, Thomas, M. (1995) "When Geometry Emerged: Some Neglected Early-Contributions to Offer – Curve Analysis". *Economic Quarterly*, 81: 2, 39 – 73.

Ingrao, Bruna and Giorgio Israel (1987) *The Invisible Hand*, English edition (1990). Cambridge, MA: MIT Press.

Israel, Giorgio (2002) "The Two Faces of Mathematical Modelling: Objectivism vs Subjectivism, Simplicity vs Complexity". In P. Cerria, P. Fregiglio and C. Pellegrini (eds), *The Application of Mathematics to the Sciences of Nature* (pp. 233 –). New York: Kluwer.

Jevons, William St. (1871) *The Theory of Political Economy*. London: Macmillan.

Johnson, W. E. (1896) "Method of Political Economy". In R. H. Inglis Palgrave (ed), *Dictionary of Political Economy*, Vol. Ⅱ (pp. 739 – 48). London: Macmillan.

Katzner, Donald W. (1991) "In Defense of Formalization in Economics". *Methodus*, 3: 1, 17 – 24.

Keynes, John M. (1936) *The General Theory of Employment, Interest and Money*. London: Macmillan.

(1973) *The Collected Writings of John Maynard Keynes*, Vol. ⅩⅣ, ed D. Moggridge. London: Macmillan.

Klein, Judy L. (2001) "Reflections from the Age of Economic Measurement". In Judy L. Kleinand Mary S. Morgan (eds), *The Age of Economic Measurement* (pp. 111 – 36). AnnualSupplement to *History of Political Economy*, Vol. 33. Durham, NC: Duke UniversityPress.

Klein, Ursula (2001) [ed] *Tools and Modes of Representation in the Laboratory Sciences*. Boston Studies in the Philosophy of Science. Dordrecht: Kluwer.

(2003) *Experiments, Models, Paper Tools: Cultures of Organic Chemistry in the NineteenthCentury*. Stanford, CA: Stanford University Press.

Knuuttila, Tarja (2005) "Models, Representation, and Mediation". *Philosophy of Science*, 72, 1260 – 71.

Krugman, Paul (1998) "Two Cheers for Formalism". *Economic Journal*, 108: 451, 1829 – 36.

Kuczynski, M. and Ronald Meek (1972) *Quesnay's Tableau économique*. London: Macmillan.

Kuhn, Thomas (1962) The Structure of Scientific Revolutions. Chicago: University of Chicago Press.

Le Gall, Philippe (2007) *A History of Econometrics in France.* London: Routledge.

Leontief, Wassily W. (1946) "The Pure Theory of the Guaranteed Annual Wage Contract". *Journal of Political Economy*, 54, 76 – 79.

Levitt, Steven D. and Stephen J. Dubner (2005) *Freakonomics.* New York: Harper Perennial.

Louca, Francisco (2007) *The Years of High Econometrics.* London: Routledge.

Lucas, Robert E. (1980) "Methods and Problems in Business Cycle Theory". *Journal of Money, Credit and Banking*, 12, 696 – 715.

Luce R. Duncan and Howard Raiffa (1957) *Games and Decisions.* New York: Wiley.

Maas, Harro (2005) *William Stanley Jevons and the Making of Modern Economics.* Cambridge: Cambridge University Press.

MacKenzie, Donald A. (2006) *An Engine, Not a Camera: How Financial Models Shape Markets* Cambridge, MA: MIT Press.

Magnani, Lorenzo and Nancy J. Nersessian (2001) [eds.] *Model – Based Reasoning: Science, Technology, Values.* New York: Kluwer Academic/Plenum Press.

Mäki, Uskali (1992) "On the Method of Isolation in Economics". In Craig Dilworth (ed.), *Idealization* Ⅳ: *Intelligibility in Science* (pp. 317 – 51). Amsterdam: Rodopi.

(2004) "Realism and the Nature of Theory: A Lesson from J. H. von Thünen for Economistsand Geographers". *Environment and Planning A*, 36, 1719 – 36.

Malthus, Thomas R. (1803) "An Essay on the Principle of Population". Everyman edition, 1914, reprinted 1982. London: Dent.

Marshall, Alfred (1879) "The Pure Theory of Foreign Trade". In John K. Whitaker [ed.]

(1975), *The Early Economic Writings of Alfred Marshall*, 1867 – 1890, Vol. 2, Part Ⅲ. 5. London: Macmillan for the Royal Economic Society.

Mayo, Deborah (1996) *Error and the Growth of Experimental Knowledge.* Chicago: University of Chicago Press.

McCloskey, D. N. (1991) "Economic Science: A Search Through the Hyperspace of Assumptions". *Methodus*, 3: 1, 6 – 16.

McMullin, Ernan (1985) "Galilean Idealization." *Studies in History and Philosophy of Science*, 16: 3, 247 – 73.

Meade, James E. (1937) "A Simplified Model of Mr. Keynes' System". *Review of Economic Studies*, 4: 2, 98 – 107.

Meli, Domenico Bertoloni (2006) *Thinking with Objects: The Transformation of Mechanics in the Seventeenth Century.* Baltimore: Johns Hopkins University Press.

Mirowski, Philip (2002) *Machine Dreams: Economics Becomes a Cyborg Science.* Cambridge: Cambridge University Press.

Morgan, Mary S. (1990) *The History of Econometric Ideas.* Cambridge: Cambridge University Press.

(1996) "Idealization and Modelling" (A Review Essay). *Journal of Economic Methodology*, 3: 1, 131 – 8.

(1997) "The Technology of Analogical Models: Irving Fisher's Monetary Worlds". *Philosophy of Science*, 64, S304 – 14.

(1999) "Learning from Models". In Mary S. Morgan and Margaret Morrison (eds.), *Modelsas Mediators: Perspectives on Natural and Social Sciences* (pp. 347 – 88). Cambridge: Cambridge University Press.

(2001) "Models, Stories and the Economic World". *Journal of Economic Methodology*, 8 (3), 361 – 84.

(2002) "Model Experiments and Models in Experiments". In Lorenzo Magnani and Nancy Nersessian (eds.), *Model – Based Reasoning: Science, Technology, Values* (pp. 41 – 58). Dordrecht: Kluwer Academic/Plenum Press.

(2003a) "Economics". In T. Porter and D. Ross (eds.), *The Cambridge History of Science*, Vol. 7: *The Modern Social Sciences* (pp. 275 – 305). Cambridge: Cambridge University Press.

(2003b) "Experiments Without Material Intervention: Model Experiments, Virtual-Experiments and Virtually Experiments". In H. Radder (ed), *The Philosophy of Scientific Experimentation* (pp. 216 – 35). Pittsburgh: University of Pittsburgh Press.

(2004) "Imagination and Imaging in Economic Model – building". *Philosophy of Science* (Proceedings of the 2002 Biennial Meeting of the Philosophy of Science Association), 71: 5, 753 – 66.

(2005) "Experiments versus Models: New Phenomena, Inference and Surprise". *Journal of Economic Methodology*, 12: 2, 317 – 29.

(2006) "Economic Man as Model Man: Ideal Types, Idealization and Caricatures". *Journal of the History of Economic Thought*, 28: 1, 1 – 27.

(2007) "The Curious Case of the Prisoner' s Dilemma: Model Situation? Exemplary Narrative?" In A. Creager, M. Norton Wise, and E. Lunbeck, *Science Without Laws: Model Systems, Cases, Exemplary Narratives* (pp. 157 – 85). Durham, NC: DukeUniversity Press.

(2008/online) "Models". In S. N. Durlauf and L. E. Blume (eds.), *The New Palgrave Dictionary of Economics*, 2nd ed. London: Palgrave Macmillanhttp: //www. dictionaryofeconomics. com/dictionary.

Morgan, Mary S. and Marcel Boumans (2004) "Secrets Hidden by Two – Dimensionality: The Economy as a Hydraulic Machine". In Soraya de Chadarevian and Nicholas Hopwood (eds.), *Models: The Third Dimension of Science* (pp. 369 – 401). Stanford, CA: Stanford University Press.

Morgan, Mary S. and TarjaKnuuttila (2012) "Models and Modelling in Economics"; forthcoming in Uskali Mäki (ed.), *Handbook of the Philosophy of Economics* (one volume ofthe *Handbook of the Philosophy of Science*. General Editors: DovGabbay, Paul Thagard, and John Woods). Amsterdam: Elsevier/North – Holland. Available at: http://papers. sspn. com/sol3/papers. cfm? abstract_ id = 1499975.

Morgan, Mary S. and Margaret Morrison (1999) [eds.] *Models as Mediators: Perspectives on Natural and Social Science*. Cambridge: Cambridge University Press.

Morrison, Margaret and Mary S. Morgan (1999) "Models as Mediating Instruments". In Mary S. Morgan and Margaret Morrison (eds.), *Models as Mediators: Perspectives on Natural and Social Science* (pp. 10 – 37). Cambridge: Cambridge University Press.

Nersessian, Nancy J. (1992) "In the Theoretician's Laboratory: Thought Experimenting as Mental Modelling". *PSA Proceedings of the Biennial Meeting of the Philosophy of Science Association*, 2, 291 – 301.

(2008) *Creating Scientific Concepts*. Cambridge, MA: MIT Press. Niehans, Jürg (1990) *A History of Economic Theory*. Baltimore: Johns Hopkins UniversityPress.

Oreskes, Naomi (2007) "From Scaling to Simulation: Changing Meanings and Ambitionsof Models in the Earth Sciences". In Angela Creager, M. Norton Wise, and Elizabeth Lunbeck (eds.), *Science Without Laws: Model Systems, Cases, Exemplary Narratives* (pp. 93 – 124). Durham, NC: Duke University Press.

Pigou, Arthur C. (1931) "The Function of Economic Analysis". In Arthur C. Pigou and Dennis H. Robertson, *Economic Essays and Addresses* (pp. 1 – 19). London: P. S. King & Son.

Qin, Duo (1993) *The Formation of Econometrics*. Oxford: Clarendon. Rheinberger, Hans – Jorg (1997) *Towards a History of Epistemic Things*. Stanford, CA: Stanford University Press.

Ricardo, David (1821) *The Principles of Political Economy and Taxation* (3 editions: 1817, 1819 and 1821; 1821 reprinted in Piero Sraffa and Maurice H. Dobb (eds), Vol. 1: *Collected Works and Correspondence of David Ricardo* (1951). Cambridge: Cambridge University Press.

Robinson, Joan (1933) *The Economics of Imperfect Competition*. London: Macmillan.

Samuelson, Paul A. (1939) "Interactions between the Multiplier Analysis and the Principleof Acceleration" . *Review of Economics and Statistics*, 21, 75 - 78.

Schumpeter, Joseph A. (1935) "The Analysis of Economic Change" . *Review of Economic Statistics*, 17: 4, 2 - 10.

Shapin, Steven and Simon Schaffer (1985) *Leviathan and the Air - Pump.* Princeton: Princeton University Press.

Solow, Robert M. (1997) "How Did Economics Get That Way and What Way Did It Get?" *Daedalus*, 126: 1, 39 - 58 (reprinted fall 2005, *Daedalus*) .

Suárez, Mauricio (2004) "An Inferential Conception of Scientific Representation." *Philosophy of Science* (Proceedings of the 2002 Biennial Meeting of the Philosophy of Science Association), 71: 5, 767 - 79.

(2008) [ed.] *Fictions in Science: Philosophical Essays on Modeling and Idealization.* NewYork and London: Routledge.

Sugden, R. (2002) "The Status of Theoretical Models in Economics" . In U. Mäki (ed.), *Factand Fiction in Economics: Models, Realism and Social Construction* (pp. 107 - 36) . Cambridge: Cambridge University Press.

(2009) "Credible Worlds, Capacities and Mechanisms" . In Till Grüne - Yanoff (ed.), *Economic Models as Credible Worlds or Ioslating Tools*? Special Issue of *Erkenntnis*, 70: 1, 3 - 27.

Tinbergen, Jan (1937) *An Econometric Approach to Business Cycle Problems.* Paris: Hermann & Cie.

Van den Berg, Richard (2002) "Contemporary Responses to the Tableau économique" . In S. Boehm, C. Gehrke, H. D. Kurz, and R. Sturn (eds.), *Is There Progress in Economics*? (pp. 295 - 316) . Cheltenham: Edward Elgar.

Von Thünen, Johann Heinrich ([1826] 1966) *Von Thünen's Isolated State* (English translationof *Der isolierteStaat*, 1966, translated by Carla M. Wartenberg; ed Peter Hall). Oxford: Pergamon Press.

Vosniadou, Stella (2001) "Mental Models in Conceptual Development" . In Lorenzo Magnaniand Nancy J. Nersessian (eds.), *Model - Based Reasoning: Science, Technology, Values* (pp. 353 - 68) . New York: Kluwer Academic/Plenum Press.

Walras, Leon (1874/1954) *Elements of Pure Economics*, translated by William Jaffé. London: Allen and Unwin for the American Economic Association and Royal Economic Society.

Weber, Max (1904) "Objectivity in Social Science and Social Policy" . In *The Methodology of the Social Sciences* translated and edited by Edward A. Shils and Henry A. Finch,

1949 (pp. 49 – 112) . New York: Free Press.

(1913) *The Theory of Social and Economic Organisations* (translated by A. M. Hendersonand Talcott Parsons, Part Ⅰ of *Wirtshaft und Gesellschaft*, 1947) . New York: Free Press.

Weintraub, E. Roy (2002) *How Economics Became a Mathematical Science*. Durham, NC: Duke University Press.

(2008) "Mathematics and Economics" . In Steven Durlauf and Lawrence Blume (eds.), *The New Palgrave Dictionary of Economics*, 2nd ed. London: Macmillan; Availableonline at http: //www. dictionaryofeconomics. com/article? id = pde2008_M000372&goto = M&result_ number = 2269.

Woody, Andrea (2004) "More Telltale Signs: What Attention to Representation Revealsabout Scientific Explanation" . *Philosophy of Science* (Proceedings of the 2002 Biennial Meeting of the Philosophy of Science Association), 71: 5, 780 – 793.

模型构建：

新配方、材料及其整合

2

2.1 李嘉图，“现代”的经济学家？

大卫·李嘉图被许多经济学家尊为第一个“现代”的经济学家，同样也因其在经济学中引入了抽象推理而被一些经济学家指责。双方都认同他开启了一个似乎是假想的，和他生活的世界没有联系的以小型的、理想化的例子为特征的新经济论证模式，但是李嘉图认为它对实际问题和事件的论证是有用的。他对争论的描述方式表明了李嘉图是经济建模的先驱之一。[①]

首先考虑一个经济学家所熟知的例子：李嘉图基于比较优势的概念赞成自由贸易理论。他使用了一个葡萄牙和英格兰之间葡萄酒和衣服贸易的数值例子，源于他在其生活的时代的经历。尽管葡萄牙可以以更少的劳动力生产这两样产品（它有生产这两种货物的绝对优势），但李嘉图采用数据实例论证了两国都专攻并生产它们比较有优势的产品（英格兰生产服装，葡萄牙生产葡萄酒）并与对方交换产品会带来怎样的优势。[②] 这个数值例子一直深入人心，很多现代教科书甚至采用相同的国家和产品来证明比较优势理论（尽管经济学家们不再相信劳动价值理论

① 有几位候选人符合“第一位现代经济学家”的称谓，这一称谓意味着这位经济学家运用了现代经济学的技术，这便有很多国家英雄可以参选。例如，法国的古诺和英国的杰文斯，两位都因引入了数学方法和统计方法而在评选中获得高分。对李嘉图的支持与他发展了和建模有关的抽象推理有关，可与他相比的德国候选人可能是冯·杜能，尽管如第一章中所示魁奈的经济表作为“第一”模型应该被优先考虑。O'Brien（1975）称：“李嘉图的系统如果不是完全第一的话，也一定是经济模型构建彻底成功的第一例。”（第 37 页）他将李嘉图描述为“发明了这些方法”并且“李嘉图的推演方法是堪称大胆的抽象过程”（第 42 页）（这一过程被称为“李嘉图恶行 Ricardian Vice”：见 Schumpeter，1954，第 472 页至第 473 页）。正如本章所示，我的观点是李嘉图的模型构建是归纳进程和推演进程的融合，而不是一个抽象过程——见第四章。

② 这个案例出现在他的《政治经济与赋税原理》（1817 年/1819 年/1821 年）第七章。我感谢 Robert Went（见其作品 2002）提供的信息：历史上确实发生了这样的转变，即 18 世纪葡萄牙放弃了生产纺织品专攻葡萄酒并与英国交易获得布料（尽管这一变化并非完全由于双方国家的优势，也并非自由市场的决策）。

即李嘉图所采用的数值的例子）。这个两百年前的例子适合现代经济学用来教授初级水平的只有两种商品两个消费者的小世界模型，李嘉图的例子就是这样的模型。

现代经济学能轻松地使用这个 2×2 的世界，但由于两个原因这个 2×2 的世界对李嘉图工作的介绍具有误导性。首先，李嘉图在政治经济学方面的作品通常不容易被理解为对现代经济学家进行训练的模型，因为他的语言的特点是将文字的逻辑推理与数值推理融在一起，而不是用图形或数学方程。① 其次，这些不同的数值链都有不同的传统，古典学派的经济学家认为应针对法律和原则进行思考和争论，而不是模型。他们不习惯没有理由地创建经济模型，特别是创建经济体制可能会奏效的小世界模型，对他们来说经济是受普遍而严格的规则约束的，就像自然世界一样，经济学家的任务就是去发现并阐述这些被现实或历史证明的规则。

李嘉图的工作好像并不包含或者依赖模型，并且他并未有意识地采用科学传统进行工作，即用模型推理。然而，本章讲述的是李嘉图的确是模型界的先锋，虽然他的模型像大多数从过去沿用至今的经济模型一样并不是不证自明的。考虑一个知名度没那么高的数值的例子，他在同一时间添加了十个劳动力去种植一块地。根据它的第一个脚注，这个数值的例子成了演示分配规律的著名场景。也是这个数值的例子让李嘉图发现：经济若没有增长就很容易结束。换句话说，这种情况下政治经济学发挥了重要的作用。不过，正如我们在本章中所看到的，增加越来越多的劳动力在相同的土地上看起来是一种不现实的想法。他如此远离农业的实际是他不知道犁和马吗？李嘉图到底在研究什么经济问题？农业问题是如何在他的时代里成为一个经济争论的问题的？我们能理解李嘉图数值推理的例子吗？为什么他使用这些看起来像实验数据的数值？他是如何让这些数值链聚集到一起并在他的工作中承担如此重要角色的呢？

要理解李嘉图的数值链以及他的推理，需要一点数学技巧，还需要非常可观的那个时代的经济学知识，这些都已经在本章的第一部分提供

---

① 也许是因为李嘉图被称为“第一个现代经济学家”，许多经济学家都对我承认，他们一度以为他们应该读李嘉图，但都因为太难懂而放弃了！

了。只有当我们拥有这些知识的时候，我们才能承认这些数值链不仅仅被嵌入了李嘉图的经济思想中，同时也是那个时代的证据（例如小麦的价格，以及农业实验），正如我们在本章的第二部分发现的那样。[①] 当把它们像一个配方一样拼在一起时，这些数值便构成了一个模型，而且相当复杂，通过把单独的数值集成到一起，李嘉图建立了一个农场的模型，他采用了“农业模型”的模式：在推理的过程中他明白了经济学系统的规则。在本章的最后一部分我们将会讨论，这些数值链是怎么阐明了李嘉图的观点并支持他的主张，而更重要的是他们演示了李嘉图的分配规律。

由此可见，李嘉图的农场模型提供了一个很好的例子，帮助我们认识经济学家如何理解一个模型的发展过程，以及他们如何根据混合新的元素带来的意想不到的结果，发展出模型中的新元素并把它集成到小世界的账户中。我们只有先了解了李嘉图如此熟悉农业的原因，才能够把握住他经济学里的核心成分。

2.2 李嘉图的经济以及他所处时代的经济

2.2.1 大卫·李嘉图

大卫·李嘉图于 1772 年出生于伦敦东区的一个成功金融家的犹太人家庭里。[②]。他在街上邂逅了一位贵格会女孩，并于 1973 年与她结婚，他们的婚姻非常美满幸福，不久便有了孩子。虽然他已经足够有能力用

① 经济历史学家并没有大量关注这些数字，除了 Barkai，他正确地指出，李嘉图是“通过模型的方法（模型的核心是像往常一样给他一个数值的例子）”来支持他的理论假设的（Barkai 1986，第 596 页），参见 Barkai（1959），Gootzeit（1975）和 O’Brien（1975，第 121 ~ 129 页）。

② 李嘉图公开出版的作品、大部分信件以及其他的一些东西，已被 Piero Sraffa 和 Maurice Dobb（1951 - 1973）编辑并公开出版。在此，用“著作”标题加卷宗标号来指代这些作品，如需了解传记细节，参见 Works，第 10 卷。经济史学家讨论李嘉图及其经济学的文章的篇幅以及深度都令人印象深刻。Mark Blaug（1958）和 Denis O’Brien（1975 年修订，2004 年）仍然是比较经典的研究，Samuel Hollander（1979）提供了一个（不具争论性的）李嘉图思想的论述；Terry Peach（1993）处理了表述的问题，Murray Milgate 和 Shannon Stimson（1991）讨论了李嘉图的激进主义。Donald Winch's（1996）关于那个时期有逻辑性的政治经济史提供了重要的背景。同样参见 John Cunningham Wood（1985 - 1994）收集的大量关于李嘉图的文章。

他的方式在伦敦立足，享受成功的事业，还可以在拿破仑战争中出资资助英国政府，但是组建家庭使双方原来家庭的资金实力都有所下降。他对经济学的兴趣始于1799年一次到巴斯的家庭旅行，当时他看到一本亚当·斯密的《国富论》，而后开始写一些关于金融和货币的小册子和文章。1814年，他有了非常可观的财富，他开始购买国家财产（如在曼彻斯特边境上的一个有潜力的煤田和工业区），并且借出资金做抵押贷款。

他的第一封信来自格洛斯特郡他的乡村庄园，在回答农业创始人兼董事会主席约翰·辛克莱的建议时，李嘉图写道：

> 我还没有完全放弃证券交易，这几个月，我享受着乡村生活的平静。虽然我有几英亩土地，但我还没变成一个农民。为了使自己通晓农业科目这一目标变得可能，我把土地交给别人去管理，对于农场经营得如何几乎没有太大的兴趣……（10月31日，1814）。[①]

李嘉图的话是属实的，他的部分生活在伦敦，特别是在国会大厦成立时期，他在1819年成为一个国会议员。他是一个改革激进分子，在1823年过世之前他都赞成宪法改革和扩大选举权。从李嘉图与杰里米·边沁、玛利亚·埃奇沃斯、詹姆斯·穆勒以及他的好友兼经济学家托马斯·马尔萨斯等人长时间和多样化的联系里不难证实，除了热衷于政治活动，他仍然活跃在经济金融事务中。但他总是爱回归他的乡村生活，当在盖特科姆庄园（Gatcomb）写信给外地的朋友时，李嘉图总是以抒情的语气谈论这里的美景，这些美景都是他在乡村周围散步骑马时亲眼所见的。

我们已经知道了李嘉图是一个经济学家，从经验上讲，金融、货币、银行的实践，对他的政治经济学写作产生了重大的影响。一开始，我们对于他对农场或土地的了解并没有很多印象，尽管他拥有乡村地产这样的事实是存在的，如李嘉图的农村地产图片，他们不仅仅有一座漂

① 见信65－66，著作，VI，第149～150页。Sinclair仅仅是一个李嘉图的熟人，是那个时代主要的苏格兰大地主和农业活动家。

亮的房子和公园，还有自己的农场。[①] 然而李嘉图从未成为一个地道的农民，不同于他的一些城市朋友们，有证据充分证明了他对农业实际情况的了解、判断并不少于马尔萨斯，后者在成为英国政治经济学教授前曾很多年担任农村教区的牧师。[②] 例如，李嘉图对庄园地产的意见迅速变成了经济争论，他在盖特科姆庄园写给詹姆斯·穆勒的这封信中写道：

> 这个乡村看起来非常漂亮，现在我们的干草制造能力很强，但市场上没有过多的农业劳动力。有人告诉我大麦和燕麦看起来不太好，但小麦正在茁壮成长。制造商的人处于满负荷状态，奥斯曼（李嘉图的儿子）告诉我昨天希克斯先生让他的人加了班，当然也额外支付给了他们费用。如果在农业、制造业中劳动阶级都做得很好，我们就可以为地主和佃农的不幸感到安慰——这可是不小的安慰，地主和佃农只占整个人口的一小部分，但他们遭受的损失比其他资本家财产的总和还要多（7 月 9 日，1821）。[③]

当李嘉图成为大地主和庄园的主人后，他正式成为那个阶层里面的积极分子，正如人们期望的一样。明钦汉普顿行政区，也就是盖特科姆庄园所在地，是一个农业区（主要是耕地，养羊的牧场）和制造区（粗纺呢绒是当地产业），那里有相当多的人口。[④] 李嘉图帮助当地的人民，他支持建立救济院，还新开了一所学校和医务室，等等。[⑤] 1818 年，他被

---

① 盖特科姆公园地产（现在被称为盖特科姆公园，安妮公主的家），包括明钦汉普顿的庄园和土地的主权达 5000 余亩。

② 李嘉图的好朋友特罗尔——于 1817 年 11 月（第 235 封信，著作，Ⅶ，p. 207）开始投身乡村生活的从伦敦流亡的另一个金融家，他写道："你不是半个乡村绅士，也没有一点农场主的影子。"他建议李嘉图特别关注植树，并推荐给他两本值得看的书（信 102，1815 年 7 月 23 日，著作，Ⅵ，第 237 页）。

③ 李嘉图的著作，Ⅸ，第 13 页。詹姆斯·穆勒是他大辩论的伙伴，也是他的良师益友。在伦敦时，他们经常一起散步，就政治、经济、哲学和许多其他问题进行讨论，尽管李嘉图给他朋友的信很少评论他自己的庄园景观（同样参见著作Ⅶ中李嘉图致詹姆斯·穆勒的信，第 170 页；第 277 页，1818 年 8 月 12 号及 272 号信件，第 305 页）。

④ 1801 年，人口普查记录显示有 3419 人，692 所房子；1831 年上升到 5114 人，1116 所房子。这是赫伯特（1976）从格洛斯特郡的维多利亚县历史记录中收集的有关李嘉图的乡村庄园和其他本地产业的信息。第 11 卷：斯特劳德山谷。

⑤ 例如，他于 1816 年在明钦汉普顿的兰开斯特系统中开办了一所学校，到 1818 年共有 250 名男孩和女孩成为在校学生（见赫伯特，1976，第 206 页）。

图 2.1　盖特科姆庄园，大卫·李嘉图在乡村的家

来源：Piero Sraffa：*The Works and Correspondence of David Ricardo*. Edited with the collaboration of M. H. Dobb，1951－73，Cambridge：Cambridge University Press for The Royal Economic Society，Vol. Ⅶ：*Letters*，1816－1818，facing p. 1. Reproduced by permission of Liberty Fund Inc. on behalf of The Royal Economic Society.

选为格洛斯特郡的警长，这显示他树立了一个成功且受尊敬的形象。[①]

与此同时，我们也知道，早在 1811 年，也就是在他成为地主的三年前，李嘉图对政治经济学的兴趣就逐渐加大并从货币事务、黄金、贸易转移到农业和政治学上。[②] 到 1814 年，他一直在积极写作和游说反对《谷物法》（其中“谷物”指小麦和小颗粒谷物而不是玉米），该法曾长期限制便宜谷物的进口。[③] 有一个事实从他的信中可以看到（这一点却

---

① 但是，他从来没有成为该县的县长：有可能因为他是犹太人，尽管他婚后成了一名一元论派教徒；也许这是因为他不是辉格精英地主的一员。见 Weatherall（1976）与戴维斯（1997）写的李嘉图传记以及李嘉图的作品Ⅹ卷。

② 这些兴趣和他们的会面可以从相关的著作Ⅲ、Ⅳ和他的信（第Ⅵ－Ⅸ卷）中很清楚地看到。

③ 他一直反对在粮食价格下跌时，通过请愿以获得地主和农场主的帮助，从他在其著作Ⅵ的表述中可见例证，第 47 页。然而，这并不是说他让他的同情与劳动者的困境干预了他对《贫困法》的观点。他确实是一个慈善主义人士，但是他谴责《贫困法》固有的动机体系。

不太为人所知），在1814年9月，他就已经读过上议院调查《谷物法》的报告（或者更准确的是“……谷物种植、贸易、消费状态……”），并与马尔萨斯简要讨论了那份报告的“证据”一节。李嘉图抱怨，该报告“披露了一些重要的事实，但提出证据的人是如此无知，忽略了政治经济学作为科学的问题”。[①]

这些证据后来被证实是重要的：包括那些向委员会提供证据的目击者报告和由委员会成员逐字检查的描述。这些根据有不同的形式：有个人的描述、对价格的讨论以及丰富的由个体农民和地主呈现的农场数值报表。[②] 第二个证人是爱德华·韦克菲尔德（Edward Wakefield），其在1815年成为李嘉图的土地代理人，从那时起定期给他写信，告知他作为一个好地主的职责、他的佃农的问题、发现可信的佃农如何困难、土地市场的状态和产品的价格等。[③] 自他1819年进入议会起，李嘉图获得了丰富的关于当时英国农业的经验知识，尤其当他坐镇专责委员会于1821年和1822调查农业困境的时候。他在议会发言中使用这些知识，在他写到关于农业的问题时，设计政策的定位时，都要用到这些知识。

所有这一切都表明，与1814年那个富有的，对农业不感兴趣的地主相比，他变得对土地和农业事务很在行。现在，为了更好地理解李嘉图政治经济学里的数字推理是有道理的，我们需要更清楚地认识他那个时代的经济问题以及这些问题如何被经济学家感知，就如他自己，终其一生在古典传统里进行研究。

2.2.2 经济学问题，实验农业问题

李嘉图时代政治经济学的两大问题是人口的增长和高价格的基本食物，这两大问题被归咎于《谷物法》的限制性关税。农业问题就是这

① 马尔萨斯发现该报告是站在他的立场上的：“它包含了你观察到的一些非常有趣的信息。证据是有点疑问，但它是一个很好的协议，如我的理论所料。”（信件58和59，分别是1814年8月30日李嘉图写给马尔萨斯的和马尔萨斯9月11日给李嘉图的回信——著作Ⅵ，第130、132页）

② 附在报告后面的长表格数据不能叫作证据，而应该叫作报表（这几乎扭转了现代经济学家所用术语的内涵）。

③ 这些未发表的来自爱德华·韦克菲尔德的信件可以从剑桥大学图书馆找到，不幸的是，李嘉图的回信不在其中。

两个问题的核心。

被社会精英们热烈讨论的问题显然是爆炸性增长的人口，因为这是最棘手的问题。对于经济史学家来说，这个问题一直受到李嘉图的朋友兼同事——杰出的经济学家托马斯——的密切关注。[①] 回想一下，古典经济学家通过他们了解的规律和原则进行思考和推理，如自然法则，那些规律和原则则被认为用来支配经济。根据这一立场，马尔萨斯用异乎寻常简洁的形式提出了关于人口的两个数值“规律”：食物供应呈算术级数增长时，人口（无节制时）将呈现几何级数增长。他认为这两个规律中的效应将会体现为会短暂痛苦和相对幸福的交替出现，就像经济活动围绕固定的自然能力波动，对于农民来说，这种能力就是他们给快速增长的人口提供食物的能力。

《谷物法》的问题，即谷物关税阻止了廉价外国谷物的进口，作为最紧要和最重要的政治经济政策问题，在政治经济中被热烈争论。李嘉图首次在 1815 年他关于利润的论文中提出了这个问题，他认为，关税造成的价格不合理上涨，可以使地主受益，但不仅损害了劳动者的利益，也损害了资本持有者的利益。[②] 谷物（小麦）的价格从 1795 年起就非常高，原因在于粮食歉收以及拿破仑战争。事实上，价格已经高到足以引起骚乱、改变《济贫法》（或局部的社会福利的法律制度），以及把耕地扩展到新近被圈占的地区（李嘉图在他众多写给马尔萨斯的信件的一封中评价了 1815 年 3 月发生在伦敦的骚乱）。[③] 同样在 1815 年，在李嘉图所在的明钦汉普顿农村教区，贫困的救助成本已经上升到了 2000 英镑，他们有 230 个永久无家可归的人需要救济。[④] 随着价格从高峰下跌，农场主开始抱怨，地主的租金也受到了威胁，来自这两个团体的进一步提高《谷

① 在那个时期人口问题蔓延到生活和思想的很多方面，从詹姆斯 1979 年关于马尔萨斯的书中可以看到。

② 见著作Ⅳ：1815 年，“论低价玉米对股票利润的影响”。

③ 见著作Ⅵ，77 号信，第 180 页，这些骚乱不仅是城市的事务，机器的燃烧和粮食谷仓的燃烧是这一时期的一个特点——根据李嘉图的好朋友特罗尔在 1816 年 7 月写给他的关于邻居家经历的信（著作Ⅶ，第 45 页）。

④ 这是针对一些家庭的救济，可能有 700 ~ 1000 户，见赫伯特（1976，第 188 ~ 201 页）的书，他指出，“从 1814 年，穷人在房子里被农业化”（第 201 页），我理解的意思是在教区内为农场工作。

物法》下关税保护的需求高涨，而劳动阶级并不赞成这样的限制，因此，面包的价格仍居高不下。[①] 议会于1814年对《谷物法》进行调查，但农业利益相关者（农场主和地主）仍然在那天赢得了那个环节，而劳动者没有投票权，关税仍然保持。[②]

对于李嘉图和马尔萨斯来说，人口问题是客观存在的，这是政治经济学普遍规则的结果。农业健康的增长是整个经济良好发展的关键因素，农业不仅能养活不断增长的人口，从更大的范围考虑，还可雇用增加的人口。当时，农业及农业活动是经济中的最大组成部分（尽管工业化刚刚开始，商业化初步成功，城市中心在快速增长）。农业利益相关者自己也意识到他们的核心地位，农业生产率的巨大重要性事关政治经济中的两个主要问题。但对于农场主来说，提供食物和就业是需要解决的实际问题，而不是科学的规律问题。

经济和政治历史学家早已意识到《谷物法》的重要性，它象征着农业精英与农场工人之间的阶级斗争以及城乡权力的斗争。随着英国城市化的进程，经济史学家已经看到这些斗争依赖当时的人对于收入在不同阶层分配的认知，或者像那时古典经济学家所表示的那样——依赖"分配规律"：是什么决定了他们三个经济阶层在产出中所占的份额：地主、农场主（资本家）和劳动者（当然，历史问题的影响比这个更加深远，李嘉图对分配的描述为马克思的阶级利益分析奠定了基础，并指向了后来一段经历重大政治和经济事件的历史）。[③] 农业历史学家早就意识到实验农业的重要性，技术的改变支持了这个时期农业产量的大幅增加，并预防了马尔萨斯所设想的食物危机。《谷物法》争论、食品

① 在1812年高峰期，价格已经是18世纪晚期水平的三倍左右。但非常突然，由于1813年的大丰收，出现了玉米价格下跌，经历1814年的平稳之后，价格下降更快，到1815年，玉米价格仍然在战前两倍的水平，但恰好低于保护进入的水平，见D. P. O'Brien（1981，第167页）关于高价及其影响的讨论和Dorfman（1989）对持续下跌的讨论。谷物系列（小的谷物）可以在Mitchell and Deane（1971）中找到。每英亩的地租，从17世纪90年代以来已经稳步上升，1815年比较平衡，但也是战前水平的两倍：见Turner等（1997）and Offer（1980）。参看Hilton（1977）关于《谷物法》的政治学和Snell（1985）关于那个时期《济贫法》的讨论。

② 这有一些变更，1815年的法令废除了进口规模税，规定当价格低于80先令时，以进口禁令取代它，超过这个价格可以自由进口。

③ 特别参看Overton（1996）的农业和经济历史，Hilton（1977）的经济和政治历史和Winch（1996）的经济历史的政治维度。

安全、收入分配的链接关系是很明显的。

然而还有一个联系并未被经济历史学家所发现，即所谓的共同基础和两个意想不到的实践领域之间的联系——政治经济和实验农业，特别是这些联系在李嘉图著作中具有基础性的地位。通过实践和农业实验发现，从三个方面看，李嘉图的分配规律依赖大量来自实践和实验农业的素材。第一，当时在农业中所进行的实验提供了他关于政治经济学的研究主题。第二，他的数值描述在数值方面报道了真实的实验数据。第三，他用数值描述的方式——用他们进行推理——构成了一种可能被称为“数值实验”的形式。他的政治算法，或者像我所建议的，他的模型或建模，反映了农业实验工作的内容和数值表达。所以在理解李嘉图的政治经济学建模时，我们必须知道一些农业实验的历史传统。

18 世纪末和 19 世纪初是英国农业实验的年代，目的是提高农业的生产率和产出水平。[①] 当时，甚至有传教士也加入了这场行动；成功的实验提供了信息、建议，甚至供其他人模仿的操作步骤。一些实验报告，诸如 1770 年《亚瑟年轻的农夫之旅》中 500 个奇怪的发现（见 Mingay，1975）和威廉·马歇尔（William Marshall）的《关于农业与天气的实验和观察》（1779）都进入了描述农业最佳实践的农业实用手册，如亚历克斯·彼特逊（Alex. Beatson's）的《种植新系统（1820/21)》。19 世纪头 20 年，实验调查在开始初期，即在李嘉图开始政治经济工作时期，涉及畜牧业、肥料实验、栽培方法、工作组织和机械性能等内容，就像他们早期关注的动物繁殖的天性、排水的重要性、新作物和轮作等。技术的改变基于这个持续的实验过程。[②]

在农业中政治的参与水平较高：辉格党的贵族、大型土地的所有者

---

① 那次运动的广泛调查和相关文献，在 Wilmot（1990）中给出。

② 乡村调查报告形成了那个时代农业信息的主要部分，从这些变化中可以看出（见马歇尔 1817 年提交给农业部董事会的，关于 19 世纪第二个十年的乡村报告——具体讨论的时间为李嘉图在这里工作的时间）。最近的对于当时的回顾和对农业革命的重估，见 Overton（1996）和 Allen（1994）（关于那时的创新技术的具体章节，见 GE Mingay〔1989〕编辑的第 6 卷，“英格兰和威尔士的农业史”）；关于 Young 的农场实验的报告，见 Mingay（1975，第 2 章：4）。在当时一些特定的相关技术报告是很好的例子，如轮作，可在这一时期的《农场主》杂志中找到，例如，1810 年 9 月 22 日第 176 页；1812 年 9 月 14 日第 403 页；1813 年 11 月 1 日（头版）。

都在致力于改善并且热衷于开发自己的实验农场。他们的大型农业展示的内容，特别是Coke先生（后来的莱斯特伯爵）在诺福克的财产，和沃本贝德福公爵的财产，都是最新实践报告、新品种展示的地点，也是游人如织的试验田。这些事件已经成为19世纪早期社会、政治和农业的热点。农业实验在地主和农业精英的有力支持下在政治上占据了制高点。乔治三世个人对农业的兴趣使农业实验成为当时人们一个流行的追求，新型农业社会则从制度上为创业提供了机会。[①]

从化学演变来的科学实验也重新焕发了生机，在李嘉图时代，农业委员会从1803年起设置了一个年度课程，由汉弗莱·戴维（Humphry Davy）主讲，一直持续到1812年。[②] 这个科学工作是对农场实验者实地实验工作的补充而不是取代，这被视为一种不同的尝试。实验探究的发现引领了化学家约瑟夫·普利斯特里博士（Joseph Priestley），还有一些著名的农业评论员（如Arthur Young）和实际实验员（如William Grisenthwaite，其《一个关于农业的新理论》也于1819年以一系列信的形式出现在《农场主》杂志上，见第29期）的研究。[③] 戴维1814年的《农业化学元素》（从他的演讲中摘出）与一些大改进者（辉格党贵族）的农业实验报告和年轻杰出科学家的报告也同时出现。

“实践农场主”对上述种种做出了重要贡献，任何有兴趣的农场主都可以加入这一项实践科学，只要他在自己的土地上实验并每天向农业报纸报告他的发现即可。这不一定是什么高技术含量的科学，也不需要富裕的地主投入巨资。很有意义的是，可以看到实践农场主和地主（与“科学家”提供的报告相反）的实验报告所描述的不仅仅是农业实验和结果，还有相关的成本和利润，有时也报告财务方面的内容。如果农民报告了一个成功的实验却没有提供货币计算结果，去证明利润和生产率的提高，他们会发现这样的“改进”还有讨论的余地。

李嘉图熟知这一切，他熟悉那个时代实验农场的活动，在没有从事政治经济学时，他生活于政治圈和乡绅圈，就像他所做的，并在他们中保持低调。通过1814年他阅读关于《谷物法》的上议院报告“证据”

---

① 见Nicholas Goddard在Mingay所著（1989）的《农业文献和社会》。

② 见Berman（1972）关于实验农场的科学联系的论述。

③ 例如，他的信可以在1818年9月7日和21日的《科学》杂志上找到，见Russell（1996年，第67页，第2章和第3章）。

这一节（见前文图）我们知道，他了解农场主的实践和实验工作。我们了解到，他知道辉格党地主的农业活动，也知道农业新系统的农业活动。1821 年，他在给于霍尔克姆厅召开的“Mr. Coke 先生年度晚宴”[①]名义的年度农业会议（被称为“剪羊毛”会议）的一封信中提到了这一点。他在信中指出，农业改善问题从两个方面来看非常重要，一是增长是必须的，二是农业很明显是他那个时代经验的一部分，虽然看起来他并没有直接参与农业实验活动。[②]

还有另外一个惊人的信息，从中我们可足以了解他对他那个时代农业改良和农业实验涉及元素的熟悉程度。他对于《政治经济学及赋税原理》的写作（他对经济科学的主要贡献，在他有生之年出现了三个版本：1817 年、1819 年和 1821 年）是非常正式的，但他很偶然地从中立的立场转为以第一人称的身份进行写作——他这样做的时间点非常精确地选在他讨论通过引进新技术和改变耕作的方式使农业增产的可能性之时（这是一个间接的证据，但很相关且容易被忽视——如此容易被忽视，我将在下一节中阐述那个事件时再次指出）![③] 在著作中的那些地方，他的第一人称既是资本投资者即农场主（盈利的），也是地主（收集租金），这两个角色一直在他的其余章节中被小心翼翼地分隔开来。这些不仅仅是角色，还是经济体系里的阶级，在他们之间分享总的经济产品的阶级。正是这些阶级形成了李嘉图农场模型的特色。

2.3 构建李嘉图的数值农场模型和分配问题

本节的目的是展示李嘉图如何把自己当时农业经验与实验的知识和他的经济思想融合在一起构建出一个“数值农场模型”，以及他如何使用这种“农场模型”进行数值实验——“模拟农业”，形成他的分配规

① 见 1821 年 8 月 28 日李嘉图写给穆勒的信（著作Ⅸ，第 45～46 页）。事实上，尽管这些伟大的事件已经持续了 40 多年，最终只在 19 世纪早期形成了大规模。有关这些会议的信息，请参阅 Goddard（1989，第 377～378 页）。

② 我没有发现有任何证据表明李嘉图的租户参了与农业实验，但韦克菲尔德肯定关心过最佳农场实践。从前盖特科姆庄园的主人爱德华·谢泼德（前所有者谢泼德的爸爸），在 Avening 教区曾参与绵羊育种实验（在明钦汉普顿教区隔壁）。

③ 另外一个明显的案例是，在讨论投资问题时他采用了同样的手法，他在写“机器”这一章时也是以农业投资者的身份来写作的。

则。为了说明这一切，我需要解释一下李嘉图的数值描述是如何被放在一起的，并需要按照它们的排列顺序，跟随李嘉图去指出它们如何证明了李嘉图的分配规律。这也需要通过更多的资料来研究。

就让我们从李嘉图开始的地方开始。正如布拉格认为的，“李嘉图的理论系统直接形成于和自发出现于 1814 ~1816 年关于《谷物法》的大辩论”。[①] 李嘉图在辩论中对于证据的熟悉，对他主张的模式的发展和他的体系的“应运而生”是至关重要的。在他 1815 年第一个反对《谷物法》的小册子中，李嘉图用了几个大型表讨论和证明了他的观点，而且他惊奇地发现这种推理模式让他有了一些新的发现。然而，事实上他的论点受限于这样一个事实，一张表实质上只能表达一个二维关系，他却想发展一个关于几个变量交互作用的数值论证（见附录 1）。[②] 随着他在对经济增长和分配更进一步的调查中更加完善了他在《原理》一书中的处理方式，他放弃了用大型表进行讨论的尝试而是采用了一系列较小的数值链。在特定主题的每一章，他都分别解释和说明了他的不同观点。

这里我们将看到的就是，用文字和数字表达的李嘉图时代真实经济中的实验农业（上一节中讨论），如何反映在他的数值描述中，形成了他的农场模型。李嘉图的数值例子常以不同的形式出现，有时通过文本，有时通过微小的账户，有的时候出现在脚注中。这也是那个时期农业实验的报道方式，有的时候贯穿文本，有时则为一组农场账户。下面将介绍一些既在农业报道中也在李嘉图的一些数值例子中出现的最原始报告——他的“账户”（就像我对它们的称呼一样）。通过比较，我们

① 布拉格（1958，第 6 页），斜体字部分。拉马纳（1957，第 198 页）和布拉格一样，认为这本小册子是由李嘉图和当时的马尔萨斯、托伦斯和韦斯特于 1814 年对《谷物法》议会调查的直接结果。相比之下，爱德华·韦斯特的 1815 年关于租金的小册子，出现在李嘉图之前，其数字论据有点类似于李嘉图的方式，但与李嘉图小册子里的扩展表不匹配，也没有他自己在《原理》中的数值账户的连续性以及复杂性。马尔萨斯 1814 年关于《谷物法》的小册子和 1815 年的租金小册子没有数字、表格或农场账户，而罗伯斯·托伦斯 1815 年的小册子使用了非常少量的数字。他们开始使用李嘉图更复杂的数值例子是在他们后来的著作中。关于马克思对数值例子及加工元素的运用，请参阅鲁顿（1999）。

② 虽然许多表可被构造在一起展现很多不同的东西同时变化的情形，这样的元素通常对应一维表格，即时间。李嘉图不得不协调他的三个变量：租金、资本和利润，在二维表中显示它们的相互关系。

可以看到李嘉图的政治经济学所使用的相同类型的报告出现在农业实验工作中，并在内容上讨论了那个时代农业的真实问题。

他的数值账户尽管看起来像是对文本的说明，但事实上不是这样的：它们发挥了相当特别的作用，它们作为推理工具是对语言描述的有力补充。[①] 每一个数值账户都能使他（和他的读者）去推理，如果在不同的情况下采取不同的行动，他的模型农场经济会具体地（账户的设定）展示将会发生什么。从某种意义上，我们也可以认为这些推理链提供了数值实验，即在一个时点上允许一件事变化，那么它的直接效果将被解出，它的间接效应也可以被跟踪得出，然后最终的结果就能被判断出来。同时，为了便于实验，李嘉图通常会非常清楚地设定其他变量将保持不变：假设其他条件不变每次都会被设置或说明，每一个数值实验都会通过一系列的相关变化，或一个情形，或连续增加多少量（例如，更多的资本，更多的肥料等）来展示事件的发展变化。这些模型农场账户实验能有效地提供数值“模拟”，来说明不同情形下不同的可能性。就是这些数值实验反射了或对比了他那个时代真实的农业实验。

每一个账户都成了他的农场模型的组成部分，我们将在本节的后面看看他是如何整合这些部分融入他的农场模型的。我们还将看到他的数值实验在农场模型（我把它叫模型农业）中是怎样运行的，让他感到意外和惊讶地通过对小世界经济的本质洞察，去深入思考他那个时代的经济。这让我们明白，在运用新模式进行推理时，会出现意想不到的结果，在本书以后的章节中，我将探讨这一思想，以及实验是模型功能的一种更一般特征的观点（见第 7 章和第 8 章）。

2.3.1 李嘉图《原理》中的数字和实验账户

对于李嘉图而言，政治经济学的根本问题是要理解不同阶级之间的收益分配。他为自己设置的挑战是理解决定这种利益分配的规律是什么，也即他们是分享总产出份额的，哪些以租金形式给地主，哪些以利润形式给资本持有人，哪些以工资形式给劳动者。他在《原理》序言的开场白中说清楚了这个问题。

---

① 这种独立的代表性方程的重要性将在第 3 章中进一步讨论。

所有地球上的产品，所有那些表面由联合运用的劳动力、机械和资本生产出来的，都要被划分给三类阶层，也就是说，土地的所有者、产业培育必需的股票和资本的所有者，以及劳动者（通过他们的勤劳产业才能被培育出来）……

要确定那种调节分配的规律，是政治经济学中的首要问题……（李嘉图《原理》，1821 年，著作Ⅰ，第 5 页）

李嘉图采用正确的分析方法——租金分析，对于确定这些规律是至关重要的。他的《原理》始于古典经济学中关于价值来源于劳动的标准论述，然后他立即转入对租金问题的研究，直到后文很多页的论述之后，他的分配规规律在几章后呈现出来。

李嘉图对租金的定义如下：

……地上的生产一部分支付给地主，是因为使用了土地原生的固有的生产力。它往往混淆了资本的利息和利润，换句流行的话说，这个术语适用于每年由农民支付给他的地主的任何物（李嘉图《原理》，1821 年，著作Ⅰ，第 67 页）。[①]

但这个定义并不让李嘉图满意，他想让租金的定义更加清楚：租金是如何出现的；它们是如何被决定的；以及它是如何受农业投资影响的；更重要的是，它在收入分配中的意义如何。对于这些目的，一个静态账户不可能达到，因为经济处于变化中，李嘉图需要证明他的分配规律是如何应用到长期，以及每一个元素的变化是如何影响到其阶层分配的。在这种背景下，人口增长是一个重要的考虑因素。它不仅是一个直接因素——必须种植更多的食物来养活不断增长的人口（马尔萨斯的问题），也是另一个问题的根源：当时普遍认为，农业和农村的贫困是由于缺乏工作，随着人口的增长，社会不仅需要更多的食物，同样多了更多可用的劳动力。李嘉图关于分配规律的解释需要足够同时解决这两个问题——食物产出和就业。

李嘉图提出他的数字账户源于他希望增加粮食产量，解决粮食问

① 在本节中，页码是指 1821 年版的《原理》，在斯拉法的版本中提供（著作Ⅰ），并于 2004 年被皇家经济学会的自由出版社转载。

题，方法则是从不同方面对这个问题进行攻击。在第一个实质性的数值账户中，李嘉图提出农民将会投入额外（边际的）的土地去种植，并且他用这个表明，在这种情况下，租金将上升。虽然此案例中投入新的土地耕种、为增长的人口增加粮食产量的方式可能看起来是人为的，但事实远非如此。尽管受岛屿约束，而且当时人口密度相对较高，但隔离出公共牧场（或“荒地”）的活动仍在不断进行，在此期间英国的耕地面积随之增加。这些都是那个时期众所周知的事实。[①]

我在这里引用李嘉图，不仅因为它是第一个数值账户，而且因为它提供了李嘉图行文方式的绝佳例子。读者们将会看到，这些来自李嘉图的摘录需要耐心，不仅仅要克服两百年历史文本设置的风格——其中有文字逻辑和数字的相互补充，而且不得不佩服，李嘉图一步步地通过一系列账户将各种元素组装成为其农场模型。同样要记住他使用夸脱谷物作为他的账户单位，这很有帮助。

文献 1：

李嘉图的账户 1：来自他的第二章：租金，《原理》，1821 年，著作Ⅰ，第 70～71 页

假设土地有序号 1、2、3 三种不同的质量，在相同的资本和劳动力条件下，玉米剩余净产量分别为 100 夸脱、90 夸脱、80 夸脱。在一个新的乡村，有大量肥沃且充足的土地（相对于人口数量），那么只需要耕种 1 号土地，在满足劳动者的基本需求后，全部剩余归资本家所有，形成股票的利润。一旦人口增加到有必要耕种 2 号土地，则满足劳动者后只剩余 90 夸脱，租金要从 1 号开始计算；那么必须要有两种农业资本的利润率，或必须从 1 号土地的产品中取出 10 夸脱用作其他用途。无论是土地所有者，还是任何其他人耕种 1 号土地，这 10 夸脱都同样构成租金；只有这样耕种 2 号土地才能与耕种 1 号土地获得相同的结果。即一个人可以耕种 1 号土地，支付 10 夸脱的租金，也可以耕种 2 号土地，不支付租金。相同的分析方式表明，当人口增长到必须耕种 3 号土地时，2 号土地也需要支付租金 10 夸脱，1 号土地租金则增加到 20 夸脱。

① 例如，在 1814 年上议院报告的证据；参见 Mingay（1997）。

这个数值链形成了李嘉图农场模型的第一部分。他不仅概括了通过增加额外的土地增加产出的过程，也说明了地租是如何产生的，以及地租水平与同样的劳动和资本在贫瘠的土地与肥沃土地上的产出差别有关。这个论证和数值结果不仅取决于李嘉图关于地租的定义，还基于两个经典的经济学假设，即利润趋向于均等，利润率是由最差土地的生产力决定的。在这种情况下，其论述显示，地租就是（在工资支付后）好的土地和差的土地上的净产出的差别，因此，在好的土地上地主获得租金，农场主获得额外利润。[①]

李嘉图的第二个选择是与数值账户相联系的，可以在同样的土地上增加资本投入来解决不断增长的人口食物的需要问题，这是另一个他那个时代众所周知的特征。他假设连续的资本投入将增加产出（但增长速度下降），然而每单位资本的利润必须保持相同。[②] 他的账户数据显示了地租是怎样产生的，投下两个等量的资本，所获得的两个产量如果有大有小，差额就是地租（李嘉图《原理》，1821，著作Ⅰ，第71～72页）。也就是说在更多地增加土地（其中额外的劳动力就业产生更少的产出）或增加资本的情况（其中资本被理解为嵌入劳动）下，地租会产生，因为"……地租总来源于额外增加的劳动带来的等比例的回报的下降"（《原理》，1821，著作Ⅰ，第72页）。

地租以及农产品的相对价格在上述情况下都会上升这一结果是从古典经济学的劳动价值论中得出的，它认为劳动创造价值、劳动力投入和产出价值之间有直接关系。如果需要用更多的劳动力生产相同数量的某种商品，这种商品的价值就会高于其他商品，反之亦然。这个含义对农业来说可表述如下：

> 最肥沃、最有利位置的土地将被首先耕种，其产出物的交换价值由生产（由生产到上市）所需要的劳动总量决定。当质量低劣的土地被用于种植时，农产品的交换价值将会上升，因为生产它需要更多的劳动力（李嘉图《原理》，1821，著作Ⅰ，第72页）

① 在这本书中，李嘉图将在这个例子中加入税收和什一税。

② Reich（1980）发现当时的一些证据可以支持李嘉图的农业投资回报下降的理论，尽管是在改善的时期。Blaug认为，这种古典假设普遍被认为在当时是正确的（Blaug，1956，第159～160页）。

他还假定所有对农业的改良都是劳动节约的，这样就会导致产品价格（相对价格）的下降：

> 假若它们不能降低原生物的价值，它们就不能算作改良。既然改良了，生产所必要的劳动必会更少。劳动量减少了，商品的价格或相对价格必然下降（李嘉图《原理》，1821 年，著作Ⅰ，第 80 页）。

在他的第三个数值账户中，李嘉图讨论了当时的另一个特性，即农业技术的进步是一种增加粮食产量来养活不断增长的人口的方式。这个有趣的篇幅不仅显示了李嘉图的数值账户表是如何建成的，也反映了李嘉图对当时农场实验中至少两个主要要素——肥料与种苗——的重要性非常熟悉。虽然在 18 世纪引入有根作物轮作系统的一部分，曾是“萝卜”（Turnip）汤曾德（Townshend）勋爵的工作，然而对具体位置确定最适宜的轮作作物仍是李嘉图时代农场实验的一部分。例如，拉齐（Rudge）在 1813 年对格洛斯特郡的描述（提交给农业董事会）中提供了一个用物质和货币衡量的轮作法。

这段内容也向我们展示了李嘉图像农场主一样思考，因为正好在那时他第一个成为农场主，讨论自己引入一个“萝卜种植过程”的可能性（将轮作作物引到田间），或在自己的地里使用更多“肥料”的可能性（这时他的书中使用的非正式第一人称单数是罕见的，他一般都是严格而正式地使用的）。我们可以看到，他至此已经进入农业改良问题，他对我们说作为一个农场主应该降低租金——这对于一个农场主是有益的，但在现实生活中他又是一个地主，减少租金会使他承受收入的损失。

> **文献 2：**
>
> 李嘉图的账户 3：来自他的第二章：租金，《原理》，1821 年，著作Ⅰ，第 80 ~ 81 页
>
> 技术改进提高了土地的生产力，作物得到了更熟练的轮作，肥料有了更好的选择，这些改进绝对能使我们在较少数量的土地上有相同的产量。
>
> 如果，通过引入萝卜栽种，我能用更少的土地生产比原来还多

的农产品，增加的产量即能养活我的羊，之前放羊的土地变得不必要了；如果我发现一种能使土地增产 20% 玉米的肥料，我可能会从我的农场收回部分收益率很低的资金。如果，通过萝卜种植业，通过使用一种更具活力的肥料，我可以以更少的资本获得同样的产出，而不影响连续投入资本的生产率差异，我将降低租金，因为生产率更高的资本会决定租金的标准。例如，连续投资四个资本（投资于同样的土地）的产出分别是 100、90、80、70，如果我采用这四个部分，我的租金将是 60，或者较高产出与较低产出之间的差额：

70 和 100 = 30		100
70 和 90 = 20		90
70 和 80 = 10	而生产 340	80
		70
—		—
60		340

如果通过某种改进（如肥料）四个投资的产出不再是 100、90、80、70，而增加到 125、115、105、95，则租金仍然是 60，计算过程如下：

95 和 125 = 30		125
95 和 115 = 20		115
95 和 105 = 10	生产将增加到 440	105
		95
—		—
60		440

但是如果生产增加了，需求却没有增加，那么资本就有可能没有动机去租用那么多土地；一部分资本就会被撤回，结果就是投入 3 个资本，最低产出为 105，而不是 95，租金将降回到 30，具体过程如下：

105 和 125 = 20		125
105 和 115 = 10	生产将仍然保持在人口需要的水平，——将会是 345，或者仅仅是 340	115
		105
—		—
30		345

我们在这里开始看到他的农场模型是如何逐步建立起来的。他在第二个账户中，在表的顶部重复显示了增加的投资，在下半部分把技术变革的影响合并了起来。他的讨论和数值账户给出了数值实验的形式。这是一个复杂的实验，在第一阶段有资本投入的变化和产出的变化。在第二阶段，有相同的资本投入变化，但是随着肥料的运用（或同等技术的改进），产生了一组新的产出数据（与相同的资本投入变化同时发生）——一种双实验。实验表明随着技术的变革，农场模型中各部分投资的产出水平都会增加，生产相同数量的食物需要更少的投资，租金下降。①

这个数值实验可以很好地与1817年来自距李嘉图的庄园不到十公里的泰特伯里庄园的一个农场主或地主提供给《农场主》杂志的每周农场实际肥料应用的实验报道相比较。②

文献3：

从《农场主》杂志摘录的一封信，1817年5月19日，第154页

雇用农业贫困人口的方法

泰特伯里，1817年4月26日

先生，

……把一块大的土地划分为相等的几部分，并标记出来，所有的土地都种植一样的土豆，土壤相同，在每一方面都用相同的方法处理，除了其中一块土地在种植土豆之前没有施肥。所有其他的土地都施用不同数量的肥料，逐步从每英亩10车增加到40车，40车是用在每块地上最高的肥料数量；结果表明，没有施肥的地块，每亩包括租金的成本为6英镑，生产24麻袋，以每麻袋5先令出售，正好6英镑。因此，种植

---

① 由此看来，李嘉图认为，技术变革之后，340的原始产出，只需要三个单位的资本，所以如果已经足够提供人口所需，那么最后单位的资本可以撤回来，使净生产回到345，但也使租金减少30。因此，在这个账户中，技术变革可以影响资本总量（农业需要投资的数量）和租金（参见O'Brien〔1975，第126~129页〕讨论的假设和这个数值实验中对数字的处理）。这种利润率随技术变革下降的趋势被称为“李嘉图悖论”，参见Offer（1980）。

② 《Evans和Ruffy的农场主杂志和农业广告》，更普遍地被称为《农场主》杂志，是一个周报，第一个关于农业的报纸（杂志），并从1807持续到1832年被接管（见Goddard，1989）。我不知道李嘉图是否阅读这个杂志，但它的读者一定熟悉他的观点并认为他们有权对其提出问题。至少有一次：1820年1月17日，一位来自贝德福德郡的记者在一封标明“给李嘉图先生的问题”的信中概述了一组评估《谷物法》影响的假设的农场账户。

者没有任何利润，投入的资本没有任何利润。其他的地块每多施一车的肥料，能增产两袋半到四袋的土豆（肥料主要是这个城市的主要街道清扫的垃圾，到地里的成本为每车 5 先令）；最高的施肥每英亩 40 车，每英亩产 160 麻袋的土豆，每袋 5 先令，就是 40 英镑，或者每投入 1 先令有 150 便士的利润……

A. L.

这个简洁的例子显示了李嘉图的政治经济学里农业数值实验是如何与农业实验一起产生和发展的，并且映射了当时的农业实验。这个模范实验报告看起来像李嘉图文字中的数值实验账户，出现在李嘉图著作中的表格，都可以在那个时期同一杂志中报告的一些农业实验中找到，只是账户形式不同，我们稍后也会看到。

让我现在转到李嘉图系列的第五个数值账户。[①] 这是我在本章中一开始就提到的，他每次在一块地中增加十个劳动力，让我对理解李嘉图怪异的推理风格和内容，产生了兴趣。这是第一次在例子出现了货币形式的玉米价格和租金（注意这里所引用的价格 1815 ~ 1823 年在正常的价格范围内：4 英镑或 80 先令是合理的；5 英镑或 100 先令为高。1817 年是价格非常高的一年，达到 120 先令，即 6 英镑）。此外，将货币单位账户和产出账户同时分析，使第五个账户更难理解，即使读者细心地研究过以前的三个账户（其中也有帮助理解的成分）。

下一个账户的原因或动机（文献四）在前面的例子中并没有清楚地给出。在李嘉图“地租论”章节的最后的脚注里，他提供了一个在增加劳动力投入的情况下，关于地租本质的神秘解释：“他（地主）获得更大的份额，他的商品也具有更大的价值。”（李嘉图《原理》，1821 年，著作Ⅰ，第 83 页）账户实验就是要解释清楚一个道理，我们下面可以看到，李嘉图假设连续投入额外劳动力与额外的资本，产出将以一个递减的速度增加。以夸脱谷物表示的地租将随着劳动力的增加上涨，粮食的价格也将同样上涨（回想上面古典经济学家认为的劳动价值理论——如果需要更多的劳动力去生产等量的玉米，那么玉米的价格将会

① 第四个数字账户（1821，第 82 页）在李嘉图的书中发展很少，但给了考虑农业的替代性改进的数据，这些结果来自“使用犁和打谷机，使用马来耕作，具备更好的兽医技术等”（1821，第 82 页）。这些涉及直接节省劳动力的资本输入，相当于通过改变土地的肥力节约劳动力。

上升）。所以地主得到双倍的好处：他们得到了更多的谷物且每一夸脱的价值上升，这解释了上面神秘的脚注。这个账户也解开了李嘉图之前明显矛盾的陈述："谷物价格高不是因为支付租金，但支付租金是因为谷物价格高。"（1821，第74页）这句话看似不清楚，但它的因果关系对任何细心研究过数值账户的人而言是清楚的。而且，由于它的重要性，我将李嘉图文中的脚注全文放在这里：

文献4：

李嘉图的账户5：来自他的第二章：租金，《原理》，1821年，著作Ⅰ，第83～84页脚注

为了更好地说明和显示玉米及其货币租金变化的程度，让我们假设有十个劳动力，在一定质量的土地上，能生产180夸脱的小麦，小麦的价值是每夸脱4英镑（或总价720英镑）；而在同样的土地或其他土地上，只能再生产170夸脱，小麦价格将从4英镑提高到4英镑4先令8便士。或者说，生产170夸脱小麦，此处需要10个人，而最初的170夸脱小麦只需要9.44个人。如果继续雇用10个人，那么后续的回报为：

160，价格将上升到	4（英镑）	10（先令）	1（便士）
150，…….	4	16	0
140，…….	5	2	10

现在，当谷物价格为每夸脱4英镑时，仅使用产出180单位产品的土地不用支付地租，当使用到生产170单位的土地时，要有十个单位（夸脱）的价值将被作为租金支付，此时，谷物价格为4英镑4先令8便士，租金为42英镑7先令6便士，依次类推：

20夸脱 当生产160单位时，价格为4 10 0时，租金将是90 0 0

30夸脱 当生产150单位时，价格为4 16 0时，租金将是144 0 0

40夸脱 当生产140单位时，价格为5 2 10时，租金将是205 13 4

谷物租金将增加的百分比 $\begin{Bmatrix}100\\200\\300\\400\end{Bmatrix}$ 货币租金增加的百分比 $\begin{Bmatrix}110\\212\\340\\485\end{Bmatrix}$

重新变形之后账户5会很容易被理解。固定L（土地的质量）和K（资本）不变，增加Lb（劳动力）的投入（假设随着劳动力的连续增

加，产量下降），账户是：

劳动单位数量	Lb人数	产出夸脱	价格每夸脱	租金以谷物计	以货币计	货币指数
1	10	180	4 0 0	0	0 0 0	
1	+10	+170	4 4 8	10	42 7 6	100
1	+10	+160	4 10 0	20	90 0 0	212
1	+10	+150	4 16 0	30	144 0 0	340
1	+10	+140	5 2 10	40	205 13 4	485

文献 4 中的数值账户在原文中是一个脚注，看起来像是一个小的点。有本章前面部分的账户作背景，在土地上增加更多的劳动力可以为人口或者食品问题提供另一种解决方法。但这个例子很快成为两个重要的账户扩展的基础，这种扩展使李嘉图迅速推理出了他的分配规律。

在第 6 个账户中，向分配规律发展的第一部分是"工资论"这一章，李嘉图扩展了第 5 个账户中继续在土地上增加劳动力的数值实验，随着越来越多的劳动被投入同一片土地，探讨谷物价格上涨对工资的影响。发展的第二部分在"利润论"这一章，李嘉图探讨了劳动力的增加对农场主利润的影响。在第 7 个数值账户中（见图 2.2），李嘉图第一次重复增加劳动力投入对工资和谷物价格影响的数值（在他的账户 6 中），然后探讨所有这些因素同时作用对农场主的利润和地主的地租的影响效应。[1] 换句话说，李嘉图在他的农场模型中增加了两个变量：增加的劳动力对工资和利润的影响。他使用数值账户来证明全部的产出是如何在农场主、地主和劳动者这三个阶级之间分配的。因为这部分内容非常重要，我在这里提供一个来自斯拉法改版的李嘉图完整的账户报表（图 2.2）。

最后一个数值账户也极其重要。在此我们可以看到农场模型已经被完全建立起来了，我们可以看到他关于分配以及分配规律的讨论中媒介

① Reich（1980）尝试分析在李嘉图的一生中租金曾上涨到什么程度并尝试去观察李嘉图关于谷物租金和货币租金论点的实证基础。我仅仅注意到李嘉图假设的谷物工资和货币工资，并且使用的数字是接近于那时的谷物价格和货币工资的。

出现并得到了充分证明。[①] 农场模型的数值实验表明，随着劳动力雇用的增多，粮食产量增长，利润会下降，在工资保持不变的情况下，地租的份额会上升。这些分配结果与李嘉图之前各个账户的发现是一致的，但这些变量组合的效果不容易被预测。并且是这些结合“决定”了分配规律，他在他的序言中没给他自己设定解决这个问题的任务。比起早在 1815 年就在一个复杂关系系统里导出了一个表，使用这些数值账户并将其综合成农场模型，他取得了更大的成功。

继续研究这一分配规律最终竟然是意想不到的结论：李嘉图继续他的数值实验发现——如果越来越多的劳动力被投入地里，超出一个临界点后则除了劳动者维持生活的最低工资，其余的会全部流向地主（144 夸脱的谷物或 2880 英镑的地租），农业的利润则下降为零。由于整个社会中的利润必须等于某一行业的最低值，这就对整个经济确定了一个零利润。这可能意味着经济中没有进一步的投资，也就没有增长。古典经济学家推导出同时也担心这种停滞的状态，李嘉图的农场模型成功地展示了这是如何发生的。

马尔萨斯担心人口增长是由于其伴随着不幸和痛苦，对于李嘉图而言，更严重的则是，在没有任何技术变革时，越来越多的劳动力被雇用到农场中，利润将会下降，就会导致没有投资，经济停滞。对于李嘉图和马尔萨斯而言，这些结果与他们的数字推理是有关系的。对于马尔萨斯，这些结果来自他提出的人口增长的数值规律（人口以几何级数增长，而食品供给以算术级数增长）。李嘉图则采用了另一种方法：分配规律以及那些惊人的效应是通过他的数值账户的推理发现的，也就是说，他的规律是通过他的农场模型推理出来的。

并不是所有和李嘉图同时代的人都欣赏他用农场模型论证这种创新方式。李嘉图说过那时法国第一经济学家，让·巴蒂斯特·萨伊（Jean - Baptiste Say），曾抱怨他（李嘉图）“在思维上锻炼我的读者，要求太高，没有通过一些简单的例子和说明来减轻他的负担或帮助他来支持我的理论”。[②] 也许问题在于，那个时代的读者没有意识到那些数值链中已经给出了一些有用的例子，而对现代的读者来说，正是这些如在土地里增加更多劳动者的例子，看起来有点奇怪。

---

① 见 O'Brien（1975）的解释和 Barkai（1959）关于案例的一致性。

② 李嘉图写给 Trower 的信描述了萨伊的反应，第七卷，第 178 页。

When Wheat is at £.	s.	d.		£.	s.	d.
4	4	8	wages would be	24	14	0
4	10	0		25	10	0
4	16	0		26	8	0
5	2	10		27	8	6

Now, of the unvarying fund of 720*l.* to be distributed between labourers and farmers,

When the price of Wheat is at £.	s.	d.		£.	s.		£.	s.	d.
4	0	0	the labourers[2] will receive	240	0	the farmer will receive	480	0	0
4	4	8		247	0		473	0	0
4	10	0		255	0		465	0	0
4	16	0		264	0		456	0	0
5	2	10		274	5		455[3]	15	*

* The 180 quarters of corn would be divided in the following proportions between landlords, farmers, and labourers, with the above-named variations in the value of corn.

Price per qr. £. s. d.	Rent. In Wheat.	Profit. In Wheat.	Wages. In Wheat.	Total.
4 0 0	None.	120 qrs.	60 qrs.	180
4 4 8	10 qrs.	111.7	58.3	
4 10 0	20	103.4	56.6	
4 16 0	30	95	55	
5 2 10	40	86.7	53.3	

and, under the same circumstances, money rent, wages, and profit, would be as follows:

Price per qr. £. s. d.	Rent. £. s. d.	Profit. £. s. d.	Wages. £. s. d.	Total. £. s. d.
4 0 0	None.	480 0 0	240 0 0	720 0 0
4 4 8	42 7 6	473 0 0	247 0 0	762 7 6
4 10 0	90 0 0	465 0 0	255 0 0	810 0 0
4 16 0	144 0 0	456 0 0	264 0 0	864 0 0
5 2 10	205 13 4	445 15 0	274 5 0	925 13 4

图 2.2　李嘉图的农场模型显示了他的分配规律

来源：Piero Sraffa：*The Works and Correspondence of David Ricardo*. Edited with the collaboration of M. H. Dobb，1951－1973，Cambridge：Cambridge University Press for The Royal Economic Society，Vol. I：*The Principles of Political Economy and Taxation*，1821，from p. 116. Reproduced by permission of Liberty Fund Inc. on behalf of The Royal Economic Society.

从李嘉图的《原理》中整体论述的广泛背景来看，在同一块土地中增加劳动力的例子最初看起来好像只是为了他讨论的完整性而人为假设的一个例子。但当他继续这个论述，并将其作为他的古典经济学三个阶级（地主、农场主或资本家、劳动者）分配论的基础时，我们意识到这是一个非常重要的例子。虽然这个例子与传统的农业实验和农业改进的范围（或添加肥料或引入新的机械）不太符合，但事实证明在土地中增加越来越多的劳动力这个例子，完全不是一个假设的案例而是李嘉图时代的一个真实的建议。因为当时有一个关于“深耕细作”政策的讨论，因此在土地上增加劳动被一些农场主试验过，这是一个直接关系到农业基本问题的争论，这正是李嘉图想在政治经济学中解决的问题。这种政策和科学兴趣的结合意味着这个例子不仅对他同时代的人是有意义的，同时也必须和他探索的自己感兴趣的分配问题相关。

2.3.2 关于深耕细作的辩论

关于“深耕细作”的辩论大约发生于1816年和1820年代中期，正好是李嘉图写他的《原理》的时候。[①] 这场争论主要涉及，在农业中雇用大量的劳动力对生产力的影响，这与当时农业实验中提出的不同农业形式的生产力问题，以及对当时劳动阶级状况的担忧有关。对于前一种生产力的观点，深耕细作是一种劳动密集型的种植方式，是一种通用的技术而不是特别的技术。支持者认为雇用更多的劳动到深耕细作中会增加每英亩产量，产品价格可能会下跌，劳动者会得到更多支付。它可以被理解为，农业部门就像亚当·斯密被人广为接受的神奇的以制针为标志的制造业，其中，分工所带来的生产率提高是如此之大以至于雇用更多的劳动力将会导致产出增加比例高于劳动力增加比例，从而增加国民的财富。[②] 反对者认为增加劳动力的使用必然提高劳动力的成本和价格，尽管每英亩的产量可能会上升。因此，一个直接的感觉是，深耕细作的效应在当时是一个公开的问题——可以进行公共辩论和实验测试。但对于李嘉图的《原理》而言，深耕细作的解决方案，就是在土地上增加更多的劳动力，准确地说，根据李嘉图的描述（在数值账户7中）这是解决方案，它能使利润减少，因此投资减少到零。停滞——古典经济学家的噩梦，最引人注意的预测——可能会发生。

然而真正的问题也需要认真对待。1810年代末，缺乏就业岗位导

① 深耕细作讨论，提前和推迟这一特殊时期激烈辩论的日期，都和在19世纪中期与激进的改革者或者乌托邦主义者或者家长主义者联系起来解决贫困问题相联系（见Chase，1988）。Archer（1997）认为该条款的分配（深耕细作的小块）与李嘉图时期一直到1840年的农村动荡相联系；Moselle（1995）讨论了这种小规模农场的赢利能力；而其他人如宪章运动者认为土地殖民地安置可解决城市贫困问题（见Armytage，1958）。

② West（1815，第24~25页），在每周报纸讨论租金之前就有关于租金的写作，他确实提出了一些类似的建议。

致了一个特别萧条的时期——由于作物的价格突然下降，农场主解雇了很多劳动力，而这反过来又增大了救济法律支持失业劳动力的负担。然而，这是教区，土地所有者有财务和道德义务来照顾穷人和贫困人口，这当然不会被如李嘉图这样的地主忽视，他们的一些乡村庄园雇了很多农场工人，那个时期，工业工厂的就业机会仍处于起步阶段。李嘉图自己所在的教区这些年就增加了相当数量的贫困者需要教区的支持。对于每一个劳动者和每一个教区，或者说对当地的政治经济，这些问题都是短期而直接的。关于深耕细作的争论解决的是生产力和贫困问题。深耕细作的支持者声称他们的技术会增加产量，增加劳动就业，减少穷人的支出，那样可能达到一箭三雕的效果。

深耕细作似乎为土地所有者提供了有益（可使土地所有者获利）的条件雇用当地的失业劳动力，而不用依照救济法去救济那些人。1819年罗伯特·欧文在一个议会讨论中提出了一个空想的乌托邦计划，即使用精耕细作的社区模型作为乌托邦农业的一部分。[①] 1819 年，约翰·辛克莱主张采用资本农业替代的思路，提议在边际土地上设立一个大型的股份公司投资于深耕细作。[②] 这个广为人知的计划旨在帮助大量的失业者找到工作，而且有盈利，因此对潜在投资者很有吸引力。

从《农场主》杂志中可以看到，深耕细作的主张与很多实际实验以及欧文和辛克莱的两个方案是一致的。通过这种联系，我们再回忆一下 1817 年 A. L. 先生的肥料实验（报道采用农业文献 3），其标题为“雇用农业贫困人口的方法”：他雇用了更多的劳动力，同时增加了产量。而作者加了注释，将他的信与深耕细作辩论联系了起来。1819 年 4 月 5 日（在《农场主》头版和第 106 页），盖茨黑德的威廉·法雅（William Falla）先生报告了一些实验中的数据，其中之一是他从他的真实的实验外推到提供计算深耕细作的一个劳动密集型版本，涉及人工“以每 1000 株 4.5 便士的价格移栽 232320 株小麦和种苗”。[③] “A. 拉斯

① 参见例子，李嘉图关于规划的演讲，著作Ⅴ，第 30 ~ 35 页。

② 这个计划是在伦敦附近深耕细作 10000 亩土地。参见《伦敦和省级周日公报与政治检查官》（*The London and Provincial Sunday Gazette and Political Inquisitor*），1819 年 2 月 7 日。

③ 1820 年 1 月 10 日的《农场主》杂志，头版，“盖恩斯伯勒选区的 C. W. P.”提供了一组园艺类型的精耕细作的假想计算。1820 年 6 月 26 日，在同样的杂志（也是头版）上，一个匿名的汉普郡“栽培者”，报告了他利用劳动力在土豆种植中深耕细作的真实实验。

For breast-ploughing and burning, first time, I pay 10s. per acre.
For breast-ploughing, second time.................... 5s. per acre.

Making total 15s. per acre.

At these prices my labourers have earned, this season, 25s. weekly; an adequate compensation, when wages are at 9s. per week, generally.

Horse Ploughing.				*Manual Labour.*			
1st time, proverbially *brushing*, man, boy, and five horses, three quarters an per acre day, at 18s. per day the team..........	£1	2	6	1st time, breast-ploughing, &c........................	£0	10	6
2d time, ploughing in the seed, ditto..............	1	2	6	2nd time, ditto............	0	5	0
Two men to tread the ground and level the land, 1s. 6d. each, and drink 6d. per acre..............	0	5	4	One man 2s., boy 1s., two horses 6s. ...... 9s. Two horses to drag 6s., boy 1s. .... 7s. —— 16s. Perform three acres per day, say one third expence per acre	0	5	4
Extra seed, half a bushel..	0	4	0				
	£2	14	4		£1	0	4
				Saving of expence..........	1	14	0
					£2	14	4

I have not included water furrowing, they are so near alike in both ways.

Impressed with these advantages, I trust it will not appear too *enlightened* to adhere to a system which gives, for a period of three months, to the labourer nearly treble wages, and affords so self-evident a saving to myself. This I trust may account for any roughness which has appeared in my remarks, which only *frets* the smooth tribe, who have, without knowledge, opposed a practice pregnant with benefits to the community at large. I am, Sir, your obedient servant,

A. RASP.

图 2.3 关于“深耕细作”农业实验的一个新闻报道

来源：*Farmers' Journal*, November 6, 1820, p. 354, extract from letter entitled: “On Cultivation, Chiefly by Manual Labour”.

普（A. Rasp）”，来自格洛斯特郡（Gloucestershire）的农场主，报告了以人力耕作土壤比马有优势，并提供了准确的种植豆子的细节和使用它们的理由；他还以平行的两栏，详细介绍了自己的成本，以及劳动者从他的种植实验中获得的良好工资回报。[①]

相比之下，J. L. 詹姆斯（J. L. James）先生，写了一个深耕细作的现场版，用抒情的形式描写了他的观察，而没有用其他报告所采用的平淡无奇的细节和严肃的描述。

① 在叙述中可能有一些错误，但普遍的观点是成立的。

文献5：

摘录自给《农场主》杂志的一封信，1819年5月10日（头版）

深耕细作

伦敦，1819年4月30日

先生：

……在贵杂志中读到了考瑟先生关于深耕细作的信，他邀请所有人去见证他的方法和生产，我调回了马，特意想经过他的农场……。我是如此震惊，看到田里有像天上数不清的星星般那么多的双手，我决定再多检查一下……

后来我看见一块地，今年春天已经用人力犁耕过（我们称之为挥汗如雨的耕田），也做过焚烧处理，当时雇用了许多人在（大麦地里）耕田，每英亩12先令。可能比用马耕地生产更多谷物：我看到的那些人，根据他们的能力，每周能赚10先令，或12先令，或15先令。我们后来又检查了几块土地，五六十英亩小麦，似乎没有被耕过，其实在过去八年中每年耕两次，当然它看起来长势喜人的样子……。整个教区看起来像个大机器，被发起者推动着，随着整齐的车轮和齿轮运转，它的从属部分履行了它们必要的功能。

J. L. James

关于深耕细作的辩论在1820年代初逐渐消失，根据《农场主》杂志中的讨论判断，它仍然是一个开放的问题，或许在当地的条件下，对于某种谷物，深耕细作在劳动力投入增加后将表现出产出的增加（至少在某些范围内），或许在李嘉图的数值例子中产量逐渐减少。李嘉图仍然致力于古典经济学观点，即技术变革总是节省劳动力的（就像我们早前所学的），但他仍然对深耕细作中有关生产率的论述感兴趣。他在题为“1819年的议会：‘欧文先生的计划’”的演讲中公开表达了自己的证据，在对马尔萨斯1820年的文本进行注释时，在1821年报告Mill的观点时，他讨论了这些方法的优点：[①]

Mill并没有展示深耕细作将产生的作用，但他展示了随着人口

① 李嘉图承认他不同意欧文的一般原则，却觉得欧文的计划将会是一个探知事实的好方法（著作，V，第31页。1819年12月16日议会演讲“欧文的计划”。马尔萨斯，见著作Ⅱ，第38－39页）。

> 的增长，必然需要不断地雇用额外的人口开展精耕细作。如果可以证明精耕细作中使用的劳动和资本能够比等量的资本和劳动投入耕地和机械化耕作中产出更多，他会建议深耕细作（李嘉图，著作Ⅸ，第 56 页）。

这里的重点不是生产力的有效性，而是我们发现，这些有关精耕细作的报告，可以作为李嘉图增加劳动力的案例以及很多账户形式例子的明显的参照点（这一点李嘉图自己也熟知）。特别值得注意的是，我们发现在农业文献中不仅有实际农业实验对这些问题的报告，同样有李嘉图自己对他的农场模型中假设的农场或场景的叙述。与李嘉图数值实验的叙述相比，上述农业叙述中最明显的不同就是：租金和利润并不总能区分开。《农场主》杂志的贡献主要有两个：劳动者和农场主，意味着也许贡献者是自耕农。相比之下，在 1814 年早期上议院关于《谷物法》的报告证据中，证人通常是佃农或者地主的代表，并且他们在报告中会很小心地从他们的地租中把资本回报分离出来。第二个区别是这个辩论的贡献者——农场主或者地主——提供了一个展示自己利润的商业分析，而不是一个一般的政治经济学分析，去辨别古典系统的分配规律，就如李嘉图一直努力用他的农场模型所做的。

2.4　李嘉图的模型农场和模型农业

根据艾伦·班尼特的电影《疯狂的乔治王》（1995 年），农业和形容词“模型”在李嘉图时代都很流行。“模型农场”概念的出现和流行是在一段时间之后；不过，我觉得使用“模型农场”来表达李嘉图创建的数值账户没有任何问题，而“模型农业”则是他用来理解经济系统的方式。[①]

2.4.1　三种模型农场合一

李嘉图构建他的模型农场账户，是想研究有关租金的性质和由人口

---

① Alan Bennett 剧本（1995）的电影版结束于一个类似于副歌的“模型”。这的确是一段模型农场正在建设的时期（参见 Martins，1980），“实验农场”术语偶尔被使用，而“模型农场”，作为最佳实践农业的传播载体（不只是模型），在 19 世纪中叶才开始普遍使用（如期刊搜索所揭示的）。

增长造成的具体问题，同时确定分配规律。为了回答这些问题，他一步一步创建了一个假想农场的账户，而没有一蹴而就。这段历史已经表明，这些账户是一步一步、一章一章建立起来的，模型农场和各种行为随着对不同可能性的设问并回答而逐渐出现。该模型农场不是一个真正农场的简化版本，因为其中的数量和关系并不是从一个特定的农业账户中一点一点摘出来的，我们也不能认为他的数值设定是一个农场的抽象版本——它们似乎都太具体。他的数值账户也不是直接从古典规律中推导得到的，虽然这些账户服从古典规律。相反，他建立的模型农场是一个独立的假想对象，采用他当时农业的典型数据，用他认为的相关的不同元素去构建。为了使用第 1 章的语言，他将他的想法和知识进行了形式化——在他模型农场的账户中，将它们形式化并制定规则。他的模型农场账户是具体的农业事实和他关于租金、利润等的观念和想法与他那个学派的政治经济规律结合的地方。

但是李嘉图的模型农场也有一些不同寻常的地方。当然这只是一个写在纸上的对象，但它同时代表和实现了三个不同的意义：

- 一个根据他《原理》中的多种定义、概念和政治经济原理运行的模型农场。
- 一个当时真实个体农场以数值和经验形式表现的模型农场。
- 整个农业领域的模型。因为他研究的效应是在总体经济水平上，而不是个体农场的水平上被证明的。

让我来证明这些说法，并探索进入李嘉图模型农场的元素，使我们可以更清楚地了解一个模型农场怎么能代表和实现这三个领域的模型功能。

2.4.2 一个根据李嘉图的经济理论工作的模型农场

首先要强调的是，李嘉图通过他的数值账户创建的模型农场并不仅是经济史学家称为的“李嘉图的谷物模型”，而且是适用于李嘉图假定的一般经济关系的系统。在这里讨论的模型则是李嘉图的数值模型农场，一个写于纸上的对象，其构建与行为取决于李嘉图的定义、概念、古典政治经济学的假设，以及如何将这些联系在一起。李嘉图的模型农场代表了政治经济学系统的元素，因此应根据该系统来运作，但它本身不是那些关系的系统。它是一个单独的存在，可以自主运行。[1]

关于李嘉图农业数值模型的主要定义、概念和假设，根据其在本章中进入数值账户的顺序可以如下列出：[2]

文献6：

用于李嘉图模型农场中古典系统的要素

(a) 古典系统的分类：三大经济阶级：土地所有者（地主），资本所有者（农场主）和劳动者。

(b) 解决的问题：人口增长和提高粮食产量的各种解决方案。

(c) 根据地主的土壤生产力回报确定的地租的定义。

(d) 利润率均等规则。

(e) 假设利润率由最差的土地决定。

(f) 租金决定于最好的土地，与次好的土地，以及最差的土地的净产出（扣除成本后）的差额。

(g) 农业的资本和劳动力投入的边际产出递减规律。

(h) 假设所有的技术改进都会节约劳动力，所以生产力是由必要劳动来定义的。

(i) 古典经济学的核心假设："劳动价值论"。必要劳动决定了商品的价值，如果产品生产中需要的劳动少，那么商品价值较低，如果需要更多的劳动，商品就有更高的价值（关于〔h〕，在其他条件不变的情况下，技术的提高会导致商品的价值下降，这是因为商品所需的劳动力下降了）。

(j) 根据惯例工资由货币量和粮食量组成。

(k) 根据古典系统的"阶级"概念，产品以三种方式分配，但分配本身由以上各种定义、假设和规则确定。

(l) 利润率是呈下降趋势的。

如果我们回到李嘉图的数值账户，我们会发现随着一系列账户的建立，古典系统的所有这些要素（定义、概念、假设和规律）逐渐被嵌

---

① 见摩根和Morrison（1999，第2章）。

② 该列表包括模型农场账户的所有需要，在第3部分账目的讨论中，它们并不总是每次都全部被列出。我没有囊括所有的李嘉图的账户，所以上面的列表不一定面面俱到，但对于本章讨论的账户是足够的。

入了模型农场的运作中。例如，关键点在于，正如我们已经看到的，劳动价值理论以技术变化或劳动增加引起产出变化，从而引起价格变化的方式重现。而且我们也看到了对租金与利润和工资的处理是不对称的：土地不是可以扣除成本的生产要素；相反，地租仅仅因为最好质量的土地供应不足而出现。最后一点（在列表中的 f 条）是李嘉图古典经济学版本中最独特的因素。李嘉图模型农场的最后一个账户，账户 7（如图 2.2），与各因素的完整列表一致，且数值实验是依据表中所列的行为假设及账户假设进行的。但在那个列表中没有任何一个因素能决定如何结构化这些模型农场账户，也不能从这些因素中推断出数值模型农场，由于模型农场账户中的因素和该列表中的一套概念因素之间不是一一对应的。该模型农场是一个单独的对象，在其中每个概念都能找到其代表。当然，正如我们已经看到的那样，这些不是唯一嵌入模型农场账户中的东西。

2.4.3 当时的个体模型农场

在这一点上，我们可能还记得我们这章是从哪里开始的——是一些人对李嘉图的批评，认为他应该为使用一些似乎远离了他那个时代实际经济的抽象例子来辩论而负责。在这个领域就他的工作来说这显然不成立，从三个方面，我们已经看到李嘉图的模型农场账户中有强有力的经验内容，可以被作为他那个时代的实际或典型农场的模型。

第一，数值案例中的数字。为了表明他“原理”的结果具有一般性，李嘉图喜欢假装他的模型中的数字与实际经济中的数字没多大关系。

> 在所有这些计算中我一直渴望仅仅去阐明原理，很少注意到我的整个基础是随机假设的，仅仅是为了举例说明。无论我在计算为满足人口增长所需的粮食增长需要增加的劳动力数量，或计算劳动者家庭消费的粮食数量等问题时精确度如何，结果应该大体是一致的（李嘉图《原理》，1821 年，著作Ⅰ，第 121 页）。

不过，我已经提出，他的很多数字不是随机选择的——谷物价格、工资水平等所有这些都在那段时间典型农场真实数据的范围内。

第二，与那时的实验农场的报告相比，模型农场依赖于他那个时代的世界将李嘉图的数字账户内容和与形式相连接。当大地主经营实验农场，实践型农场主在他们的土地上进行实验，确定最好的轮作、肥料的最佳形式，与栽培的最佳方法时，我们已经讨论了当时实验农业的特点。我们可以看到这些实验和李嘉图的系列账户非常相似，它们建议采用更多的土地耕种（通过圈地或扩大耕地面积）；加大资金投入；以及在农场中进行轮作、施肥，甚至是深耕细作等创新。他的模型农业实验与他那个时期的实际耕作实验密切相关。我们也看到李嘉图的数值账户看起来非常像这些农场的实验报告。有时，如在来自泰特伯里的 A. L. 先生报道的化肥实验中，这些报告都采用了文本的形式；其他时候，如在拉斯普先生深耕细作实验的描述中，它们被列入一组账户中，明细表示出预期的或从干预性实验中得出的产出和利润结果。特别地，类似的账户还会被作为官方报告的证据或农业调查证据提供出来，其中的实验不是对照实验，只是报告了关于轮作的正常变化，这种轮作是那时许多农民持续进行的自然实验活动。[①] 报告农业活动的这些方法——数值账户的形式——意味着李嘉图的数值例子可以被看作很好地连接到他的世界的另一种方式。与此同时，李嘉图的农业账户可以被理解为一个“模型”农场的实验农业报告，只是它具有一些非常特殊的经济特征并使用了假设的经济科学实验，而不是真实的农业实验。

第三，李嘉图为其模型农业选择的各个数值实例及选择动机，都和当时关于政治经济的热烈讨论相关。正如我们所看到的，人口的增长不仅形成了政治经济学家的主要问题之一，也是在更广泛的知识界中争论的主要内容之一。新执行的人口普查开始于 1801 年（每 10 年一次），似乎已经证实了马尔萨斯的担忧，有关人口增长的各个方面问题已经获得了广泛理解，为给新增加的劳动力提供充足的粮食、就业、扶贫等问题提供紧急政策奠定了基础。对于李嘉图来说在他与马尔萨斯的争论中，当时较为重要的经济问题是人口增长对工资和经济增长的影响，以及工资和劳动者福利之间的动态关系。在此背景下，李嘉图的模型农场实验表明，尽管农业技术可能会在短期内发生变革，在人口增长的同时增加粮食产量，但长期来看人口增长劳动力增加的效应仍是一个问题。

① 正如我们所知，李嘉图肯定熟悉这些在上议院 1814 年报告的《谷物法》中作为附属“证据”的报告。在李嘉图时代，这种类型的报告经常被广泛地使用于农业委员会做的县域研究中。

这就是为什么李嘉图在土地中增加更多劳动力的例子贯穿在他关于分配问题的讨论中，因为就是这个数值实验能最有效地抓住那时整个经济的关注焦点。也是这个模型农业中的例子形成了古典政治经济学家惨淡的预测——因为它表明了利润趋于零的过程——是一个意想不到和令人惊讶的结果。

2.4.4 整体农业部门的模型农场

李嘉图模型农场的第三个意义是它可以作为一个整体的农业经济的版本。我们怎么知道的呢？肥料实验的个别农场主将获得额外的产量回报，但个别农场主在土地中增加劳动力很难改变谷物价格，因为谷物价格是所有农场一起决定的。但在李嘉图的例子中，谷物的价格确实改变了，因此很明显，李嘉图的农业账户不仅可作为个体农场的模型，也可作为一个整体的农业部门的模型。这个问题并没有被忽视。布劳格（Blaug）认为，在李嘉图的政治经济学中，"整个经济是一个巨大的农场，把它的产品分配给地主、佃农和雇工"（Blaug，1968，第 508 页）。奥布莱恩（O'Brien）称此为"李嘉图的加总化——将农业部门作为一个巨型农场的处理"（O'Brien，1975，第 130 页）。另一种观点由 Patten（1893）提出，认为在李嘉图的个体农场中，农场主、劳动者和地主分别代表了农业实践中典型的农场主、劳动者和地主等，从而可以代表一般的整体。既可以作为代表整体的一个典型的农场，也可以作为巨型的加总的农场，李嘉图的模型农场账户具备了双重功能，既代表个体又代表总体。

然而，这种双重功能又确实带来了解释上的一些问题，奥布莱恩甚至认为这种加总是一种"把戏"（O'Brien，1975，第 123 页）。例如，在改版的账户 7（图 2.2）中，表的上半部分的数字可追溯至账户 5 的变形（文献 4），其中我们考虑的是个体农场的产出随着劳动力的增加而变化，而表的下半部分只为了说明其中的一行：一个农场用一组工人收获 180 夸脱的谷物。然而，正如 Barkai 注意到的，李嘉图从后者"增加一单位投入而增加的产品的分配模式"推出了"作为一个整体的经济系统"的特性（Barkai，1966，第 287 ~ 288 页）。[①] 这就提出了一个

① 仍然参见 Barkai（1959）。

问题，即为特定单个农场揭示的分配规律是否适用于那些其他农场也增加劳动力雇用的情形，并因此引起了人们对整个系统适用性的疑虑。而即便这种模式可以转移，水平或比例也并不一定相同。这些都是解释性的问题，但引起了少数为了创造一个完全一致的李嘉图系统而努力的学者的担心。

2.5 模型构造：创建新的方法

2.5.1 构成要素

李嘉图的模型农场是从概念元素和实证元素中创造出来的。这些包括常规的项目（如定义和规律，农业的数据），但也包括不太明显的经验性元素（如实验的耕作传统）。马塞尔·鲍曼（1999）叙述了模型构建的过程类似于开发新配方的过程。他认为，我们考虑所有这些概念和经验元素作为成分必须被综合在一起，以形成一个模型，就像一种新的蛋糕的各种成分必须被选择好后混合在一起。但是，尽管李嘉图的数值账户形式模仿了那些农业实验报告，他创造的模型农场并没有使用真实农业账户现有的配方；相反，他的模型农场是一个新的配方——一个经济科学的新模型，他的账户元素按照该科学的规律、概念和定义运作。

凭借对其涉及的两种元素的巧妙应用，李嘉图的模型农场将有关经济如何运行的思想和实际的经济现实连接了起来。[①] 摩根和莫里森（1999，第2章）认为，科学领域中这种模型自主运行（以便科学家能探究他们的理论和世界）的可能性，取决于科学家在建模过程中使用的元素有一定的独立性。鲍曼的配方类比告诉我们在什么意义上这些元素是独立的——即作为一系列单独成分的：李嘉图模型中小世界的构成元素，部分依靠实证资料，其他的来自古典政治经济的基本定律。

鲍曼的配方类比也很好地说明了模型构建要有一定程度的灵活性。一个模型，像一个配方，需要在一定程度上是开放的，即它可

① 参见 Wise（1993）在另一些当代科学中对媒介技术的讨论。

以在一些成分中进行一些变化。我们看到这如何符合李嘉图的工作——数值账户不仅定义了一个由不同的概念元素组成的农场模型，它们也以灵活的方式组合在一起，用于灵活地解释各种不同的思想，如根据当时农业变化的经验，增加的人口是如何被养活的。这种关于元素、问题及解决方案的灵活性，是他账户的一个特点，使它们能够被扩展到回答在模型中描绘的世界——无论是作为个体农场还是总体农业——的很多问题。

但是这也有限制。当一个配方中的所有成分都发生变化或者以一种非常不同的方式被放在一起时，我们就不能再认为它们是原来的配方，也不能再认为它仍然可以像原来一样可食用或者仍然是一个成果丰富的模型。一个模型如果完全灵活或者对所有的问题都开放，那么它在提供特定的结果时是令人怀疑的，一个可能的问题是其中的元素不一定能充分地整合在一起。在模型设计中一定的约束程度似乎是一种必然。李嘉图的模型农场非常灵活，可以被用来讨论一系列可能性——理论和实证都可以——正如我们在一系列的账户中看到的。但它也受制于方法中的元素，比如精耕细作的例子——在其最有力的声明中——在他的模型农场中是有些问题的。

对于深耕细作的一种很强的设想是，引进更多的劳动者会增加每亩和每个劳动者的产量。例如，可使用不同种类的犁（用劳动和轻犁取代较重的马犁队），锄更多的地，手工移栽等，这样雇用更多的劳动者能够获得更高利润，他们的工资也可以保持在高水平。农业中这种关于劳动的结论是与李嘉图模型农场的其他成分不相容的，因为他假设随着劳动投入的增加，每个劳动的产出（译者注：边际产量）是递减的，并且所有的技术变革都是节省劳动力的。这样的假设仅在一定程度上与深耕细作的结论兼容，即每英亩的产量是增加的，但不是每个劳动者的产量都增加（在他的账户 5 ~ 7 中），与劳动价值理论提出的谷物价格会因为劳动力的产量下降而上涨的情况也不相容。因此，深耕细作的较强的生产力论证不能被纳入李嘉图的模型农场的行为——除非模型农场在它的一些基本要素中进行重建。他没有这样做。即使深耕细作可能提供了困扰他的一些经济问题的实体经济解决方案，这样的解决方案也不能被轻易纳入他的模型，因为“配方”中的一些不灵活元素不允许这样做。

2.5.2 整合在一起：融合与推理的可能性

来自鲍曼分析的一个重要启示是，模型中元素的整合不仅会发生，而且必须通过某种模型过程或装置将部分整合成整体。在鲍曼的例子中，这种建模是通过数学形式的选择完成的。在李嘉图的例子中，他的模型农场的整合工具是一个会计惯例：但既不是复式记账的会计惯例，也不是当时农民首选的简单的常规费用、利润/亏损账户。相反，李嘉图使用了一组更一般的会计惯例来提供其数值账户中的集合元素，即总的投入必须被全部分配到经济要素中，所有的项目都必须被添加到总体中，并且投入和产出必须平衡，无论是实物形式还是货币形式。正是根据这些规则李嘉图建造了模型，并将他的模型农场账户联系在了一起。这种整合对于使用模型和让它高效运行至关重要。

语言足以说明劳动价值论，或租金的定义，或增加肥料的作用，或者甚至是利润率下降的倾向。但是当你把这些元素和事件以及更多的事件放在一起会发生什么呢？很多时候，马尔萨斯和李嘉图会就相同的基础争论他们各自的思考和处理方式，如模型农业中涵盖的（相同的基础）：经济中可能的进步引起的增长或停滞；人口增长、扩大种植、农业技术变革对农业的影响以及它们对工资、租金、利润、投资、农业部门与制造业的进步的影响；以及对名义工资和实际工资差异的影响。我们可以看到，在李嘉图和马尔萨斯的许多书面通信讨论中，他们发现这些复杂的情况只用文字是很难说的。他们用古典经济学的口头方法推理相关问题，挑出其他条件不变的情形，并根据自己的直觉得到他们的论据。但他们发现自己往往会陷入错综复杂的推理链条中，无法说服对方。

马尔萨斯和李嘉图在他们的相互辩论中有时会用到小的数值例子。[①] 但是，这样的例子被李嘉图放入他的模型农场账户中后变得更有说服力了，而这些例子还为他提供了一个方法，使他能围绕涉及许多元

---

① 他们的数值论证是1815～1816年的一个特征，那时，李嘉图正在从事他的论文《原理》的研究。这些数值例子发生在1820年，当时，李嘉图正在写马尔萨斯的新《原理》（1820）的笔记。在这后一阶段，他们使用这种数值计算不是将其作为例证而是作为思维方式，并且向彼此演示他们的理论化结果。马尔萨斯倾向于在他发表的作品中删除这些思维工具，而李嘉图使用了它们。

素和诸多变量的系统，提出具有说服力的案例——就像任何认为自己肩负世界使命的政治经济学（家）一样。我们可以回想一下本章前面的内容。当李嘉图把几个变量放在一起的时候会发生什么？用他论文中的二维表进行解释是有困难的，在表中，各个元素都按照其设定的经济规律发生作用。他在《原理》中创建的模型农场使他能够克服用一个表格推理的维度约束，因为这个模型使他能够将他认为重要的农业的经验元素与不同的概念元素、定义、规律等（在上一节中列出）整合在一起。这不是一件可以口头完成的事，而且他已经知道在一个只有两个维度的表格中也很难做到。

李嘉图用他的模型农场进行的一系列笔和纸的实验——模型农业——不只是要用特别的结果和故事回答具体问题，也不只是为了显示他的经济学的各种单独要素是如何整合在一起的，而且（最重要的是）要展示它们在所有可能的变化中是如何共同作用的。在这个过程中，李嘉图的模型农业从仅有一个元素变化的简单实验（那些可以构成思维实验），转化为一个多维度实验，其中许多投入和产出的变化可被一起展现。把各种元素（成分）放入一个模型农场中（这个农场能代表一个整体的农业经济），使他能够以一种有趣和创新的方式解决两个主要的问题。一个问题是如何展现很多事情同时发生的情形，另一个问题是展现他的各种想法和假设如何协同工作并创造了一组特定的结果。这些都是仅用书面文字不可能实现的。这些问题依赖于他构建的模型和模型的推理过程。

依赖他的模型农场进行推理不只是因为模型将那些思想形式化了——给他的思想一个形式，也不是因为它也使其中的行为形式化了——它使各种行为都受规则束缚（见第 1 章）。推理还取决于各种元素通过账户整合工具整合在一起的方式，从而使各部分之间行为一致。这意味着，当问题的一个部分被改变时，它的直接影响是其他部分也必须改变——进入该模型的各个成分都是独立的，但它们不能同时全部独立；该模型只有作为一个统一的整体，才可以被很好地应用于实验。

我们看到在李嘉图的最终账户中这一切是明显的（图 2.2），以往的账户中所有元素在这里能整合在一起来确定并证明，一般的分配是如何进行的。问题中的每个部分——地租的发展、增加的劳动投入、提高的价格、对货币租金的影响等——都在以前的账户中进行过讨论。最终的模型农场账户综合了所有的部分，让它们一起工作，使他能够展现投入、产出、价格、租金、利润和工资变化情况下的综合结果。

正是这个最终账户，揭示了李嘉图的分配规律——这些分配规律描述了在经济变化时，工资、利润和租金的份额会发生什么变化。这些分配定律不是一套假设（如前面文献 6 列出的）被建立在模型农场账户中，也不是在研究个体因素、它们的运行状况，或模型农场的结构方面不言自明的。相反，分配规律是从模型农业中推出的，从归并证据、关系和概念元素的方法中推出的，使用了账户惯例，并以实验的方式使用模型。李嘉图运用他的模型农场和模型推理发现了分配结果是如何决定的。因此，数值账户没有说明分配规律和分配决定，它们也不是李嘉图通过他的模型农场实验工作展示出来的，而是通过创造和使用模型农场演绎推理出来的。

附录 1：李嘉图 1815 年文章里的数值论据

李嘉图 1815 年《论利润》的文章，全称为《论谷物价格及其对资本利润的影响》。[①] 这篇文章包含了李嘉图政治经济系统的第一个论述和他的分配规律，但在他对这些规律进行研究的道路上，这只是一个重要的中间阶段——标志着他经济论证的一个出发点。在这篇 1815 年反对《谷物法》的文章中，李嘉图主要考虑了谷物的价格和利润之间的关系。他从农业资金投入、从将农业扩展到未使用的土地或更多的边际土地（作为增加产品以养活增加的人口的一种方法）方面，来讨论回报在地主和农场主（资本持有人）之间的相对分配问题。他的分析——通过数值论据显示——认为进口廉价谷物比在利润率递减的农业上使用资金要好。

在 1815 年的文章中，他的论据的第一部分使用了可运行的算术例

① 见李嘉图，1821 年，著作Ⅳ，第 1 - 41 页。如李嘉图的所有作品一样，这篇文章有一个关于 1815 表格的辩论，以及关于李嘉图的“谷物模型”展示的和没展示的内容的讨论。参见 O’ Brien（1975，第 132 ~ 135 页）对表格的分析，以及在什么程度上，其他算术例子可以与李嘉图的假设一致。Hollander（1979）讨论了该表格作为所谓的“李嘉图模型”的数字展示，指的是李嘉图体系中更加普遍的理论主张。

子，当时用表格（见表 2.4）进行了记录，实际上是一个精心设计假设农场账户的双表，在其中他需要表明随着投资的发生，地租和利润如何变化。在上半部分，他显示了在远离市场的贫瘠土地上增加资本投入的影响（以夸脱小麦来衡量），（扣除成本后）每单位资金投入的小麦净产量会逐渐下降。由于“资本的一般利润要由农业中资本的最低利润决定”（1815，第 13 页）这个原理，利润率对每一个资本投入都必须相同。相比不太肥沃的土地，肥沃的土地扣除成本后的超额利润就成了地租。表格的上半部分非常详细地阐述了，随着连续的资本投入，在利润率相等原则的作用下，每部分资本投入的利润和地租会发生什么变化。此处的阐述必须非常详细，因为当每一部分新的土地以及与之相伴的资本投入被引入种植中时，所有以前土地的资本利润和地租都会变动，因此它们都必须在资本投资变化时重新显示。表格左侧第一列显示了资金投入的变化，利润率和净产出的变化在接下来的两列中，之后连续的几列中为资本投入对所有土地的利润和租金的影响。分开报告每列的这个设置让他展现了正在进行的过程（图 2.4）。

TABLE, shewing the Progress of Rent and Profit under an assumed Augmentation of Capital.

Capital estimated in quarters of wheat.	Profit per cent.	Neat produce in quarters of wheat after paying the cost of production on each capital.	Profit of 1st portion of land in quarters of wheat.	Rent of 1st portion of land in quarters of wheat.	Profit of 2d portion of land in quarters of wheat.	Rent of 2d portion of land in quarters of wheat.	Profit of 3d portion of land in quarters of wheat.	Rent of 3d portion of land in quarters of wheat.	Profit of 4th portion of land in quarters of wheat.	Rent of 4th portion of land in quarters of wheat.	Profit of 5th portion of land in quarters of wheat.	Rent of 5th portion of land in quarters of wheat.	Profit of 6th portion of land in quarters of wheat.	Rent of 6th portion of land in quarters of wheat.	Profit of 7th portion of land in quarters of wheat.	Rent of 7th portion of land in quarters of wheat.	Profit of 8th portion of land in quarters of wheat.
200	50	100	100	none.													
210	43	90	86	14	90	none.											
220	36	80	72	28	76	14	80	none.									
230	30	70	60	40	63	27	66	14	70	none.							
240	25	60	50	50	52½	37½	55	25	57½	12½	60	none.					
250	20	50	40	60	42	48	44	36	46	24	48	12	50	none.			
260	15	40	30	70	31½	58½	33	47	34½	35½	36	24	37½	12½	40	none.	
270	11	30	22	78	23	67	24	56	25.3	44.7	26.4	33.6	27½	22½	27.6	12.4	29.7

	When the whole capital employed is	Whole amount of rent received by landlords in quarters of wheat.	Whole amount of profits in quarters received by owners of stock.	Profit per cent. on the whole capital.	Rent per cent. on the whole capital.	Total produce in quarters of wheat, after paying the cost of production.
1st Period	200	none.	100	50		100
2d Ditto	410	14	176	43	3½	190
3d Ditto	630	42	228	36	6¾	270
4th Ditto	860	81	259	30	9½	340
5th Ditto	1100	125	275	25	11½	400
6th Ditto	1350	180	270	20	13¼	450
7th Ditto	1610	248½	241½	15	15½	490
8th Ditto	1880	314½	205½	11	16½	520

Essay on Profits

17

图 2.4　来自李嘉图 1815 论文中的表

来源：David Ricardo：“The Influence of a low Price of Corn on the Profits of Stock”［1815］from Piero Sraffa：*The Works and Correspondence of David Ricardo*. Edited with the collaboration of M. H. Dobb，1951 – 1973，Cambridge：Cambridge University Press for The Royal Economic Society，Vol. Ⅳ：*Pamphlets and Papers*，1815 – 1823，p. 17. Reproduced by permission of Liberty Fund Inc. on behalf of The Royal Economic Society.

在表格中有三点与本章相关的经济内容我们应该注意。第一，到目前为止，该表没有显示分配分析中劳动阶级的位置，虽然他的文章和那段时期的信件显示，他很快研究出了对分配的完整的解释，并将其放在了他 1817 年第一版的《原理》中。第二，虽然他讨论，并用他的表格证明了加大资本投入和增加边际土地种植的影响，但在用表格论述时他特意假设没有农业技术的变化（虽然，这样的技术变化在文章中也被讨论过）。这种假设，正指出了在缺乏技术变化的情况下利润水平下降的危险，这种技术变化是资本继续寻找有利投资机会的主要手段。第三，他的表格表明了为什么他反对对谷物收关税：如果廉价的国外谷物可以进口，就没有必要扩大种植，将资本投到更多收益率将下降的边际土地上。

对于李嘉图的辩论模式有三点是值得注意的。第一，虽然原则上表的上半部分的事件可能同时发生，但是表下半部分的时间表假定这些是连续的事件，并进行了连续累加总计。在本章开头提到的英格兰—葡萄牙贸易的例子中，我们可以看到有贸易和没有贸易这两种情况既可以作为备选方案也可以作为不同时间的不同情况。在此处的 1815 表中，至关重要的是这是一个时间过程，因为李嘉图的论文是基于这些假设的。

> 在农业方面没有发生改良，资本和人口仍以适当的比例发展，劳动力的实际工资也一样没有变化。因此，我们可以知道，什么特殊效应应归因于资本的增长、人口的增加，以及种植的扩展到比较偏僻和不肥沃的土地（李嘉图，1815，第 12 页）。

因此，李嘉图的兴趣在于增长的过程以及采用增加资本投入的方式解决增加人口的生存问题。如果每个增加都可以被认为是一种替代方案，那么时间将没有必要，但在这里时间是有必要的，因为该表反映了古典经济学家会担忧不断增长人口的生存问题，同时又在担心随着时间的推移“利润率有下降的倾向”。在一个整体经济中，李嘉图提出利润率是由农业的利润率决定的，且如果利润率下降到零，所有地方的利润率都会下降，因此投资会停止，经济会停滞。

第二，李嘉图表达了对这种方式的喜爱，这张表展示了一些奇怪的和新颖的东西，增加资本投入将首先提高以夸脱小麦表示的利润，但当租金和净产出均持续上升时利润又会降低：“这是一个非常新奇的累积的观点，我相信，以前从来没有被发现过。”（李嘉图，1815，第16页）李嘉图把这一发现作为他建立的理论体系的一个重要的组成部分，而不是在表中人为选择数字打造的艺术品（比较Reuten〔1999〕关于马克思的数值辩论的论述）。对我们来说重要的是，它给出了第一个暗示，经济学家如何通过使用一组账户或数值“模型”来学习东西。这看起来不合常理或令人惊讶的结果提醒了经济学家一个事实，一些新的东西已经从模型构建和模型使用的过程中显现出来了。

第三，在这一章讨论的上下文中，我们可能要注意他的免责声明（表之前脚注）：“没有什么必要去观察，该表构造的数据是假设的，并且可能离事实非常远。设定它们是为了说明原理……”（1815，第15页）鉴于他熟悉他那时（甚至在他成为地主之前）的政治经济状况，以及他的信件证据，我们有理由相当怀疑这样的说法。

致　谢

本章形成于2003年5月我首先给部门同事的一篇论文；在2003年7月杜克大学的经济史会议上，在牛津大学（2003年11月）经济史研讨会上，伦敦历史研究所“知识与社会”研讨会（2003年12月）上，在巴黎第七大学“Histoire et Philosophie de la Mesure”（2003年12月）上，在加州大学圣地亚哥分校科学研究组（2004年1月）上，在2005年5月伦敦政治经济学院“事实”项目研讨会（见工作论文，Morgan，2005）上又做了很多改进。我要感谢所有这些场合的意见。我感谢Lesley Stringer、Márcia Balisciano，特别是Xavier López del Rincón Troussel极好的研究协助；以及剑桥大学图书馆和金史密斯学院图书馆（剑桥大学行政楼）的图书管理员在伦敦帮助寻找李嘉图的论文和小册子。本章的一部分来自《实验农业和李嘉图的分配政治经济学》（伦敦政治经济学院工作论文《证据的性质：“事实”如何很好地旅行?》，第3、5页，经济史系，2005）。

参考文献

Allen, Robert (1994) “Agriculture during the Industrial Revolution” . In R. Floud and D. McCloskey (eds), *The Economic History of Britain since* 1700, Vol. I: 1700 – 1860 (pp. 96 – 122). Cambridge: Cambridge University Press.

Archer, John E. (1997) "The Nineteenth – Century Allotment: Half an Acre and a Row". *Economic History Review*, 50: 1, 21 – 36.

Armytage, W. H. G. (1958) "The Chartist Land Colonies 1846 – 1848". *Agricultural History*, 32: 2, 87 – 96.

Barkai, H. (1959) "Ricardo on Factor Prices and Income Distribution in a Growing-Economy". *Economica*, 26, 240 – 50.

(1986) "Ricardo's Volte – Face on Machinery". *Journal of Political Economy*, 94: 3, 595 – 613.

Beatson, Alexander (1820/1) *A New System of Cultivation*. London: Bulmer and Nicol.

Bennett, Alan (1995) *The Madness of King George*. London: Faber and Faber.

Berman, Morris (1972) "The Early Years of the Royal Institution 1799 – 1810: A Re – Evaluation". *Science Studies*, 2: 3, 205 – 40.

Blaug, Mark (1956) "The Empirical Content of Ricardian Economics". *Journal of Political Economy*, 64, 41 – 58.

(1958) *Ricardian Economics*. New Haven, CT: Yale University Press.

(1968) "David Ricardo". In David L. Sills (ed.), *International Encyclopaedia of the Social Sciences*, Vol. 13 (pp. 507 – 12). New York: Macmillan.

Boumans, Marcel (1999) "Built – In Justification". In Mary S. Morgan and Margaret Morrison (eds), *Models as Mediators: Perspectives on Natural and Social Science* (pp. 66 – 96). Cambridge: Cambridge University Press.

Chase, Malcolm (1988), "*The People's Farm*". Oxford: Clarendon Press.

Cunningham Wood, John (1985 – 1994) *David Ricardo: Critical Assessments*, 7 volumes. London: Croom Helm/Routledge.

Davy, Humphry (1814) *Elements of Agricultural Chemistry*. London: Longman, Orme, Brown, Green, and Longmans.

Dorfman, Robert (1989) "Thomas Robert Malthus and David Ricardo". *Journal of Economic Perspectives*, 3: 3, 153 – 64.

Farmers' Journal (1807 – 1832) Originally *Evans and Ruffy's Farmers' Journal and Agricultural Advertizer*. Various issues.

Goddard, Nicholas (1989) "Agricultural Literature and Societies". In Gordon E. Mingay (ed), *The Agrarian History of England and Wales*, Vol. Ⅵ: 1750 – 1850 (pp. 361 – 83). Cambridge: Cambridge University Press.

Gootzeit, Michael J. (1975) *David Ricardo*. New York: Columbia University Press.

Grisenthwaite, William (1819) *A New Theory of Agriculture.* London: Neville.

Henderson, John P. with John B. Davis (1997) *The Life and Economics of David Ricardo.* Boston: Kluwer.

Herbert, N. M. (1976) [ed] *Victoria County History of Gloucestershire.* Vol. XI: *The Stroud Valleys.* Oxford: Oxford University Press/University of London.

Hilton, Boyd (1977) *Corn, Cash, and Commerce: The Economic Policies of the Tory-Governments*, 1815 – 1830. Oxford: Oxford University Press.

Hollander, Samuel (1979) *The Economics of David Ricardo.* University of Toronto Press; London: Heinemann.

House of Lords (1814) "First and Second Reports from the Lords Committee appointed to enquire into the state of the Growth, Commerce and Consumption of Grain, and all-laws relating thereto". July 25, 1814, *Parliamentary Papers*, 1814 – 5, Vol. V.

James, Patricia (1979) *Population Malthus: His Life and Times.* London: Routledge and Kegan Paul.

Malthus, Thomas R. (1814) "Observations on the Effects of the Corn Laws". Reprinted in *The Pamphlets of Thomas Robert Malthus* (1970) (pp. 95 – 131). New York: AugustusKelley.

(1815) "An Inquiry into the Nature and Progress of Rent". Reprinted in *The Pamphlets of Thomas Robert Malthus* (1970) (pp. 171 – 225). New York: Augustus Kelley.

(1820) *Principles of Political Economy Considered with a View to Their Practical Applications.* London: John Murray.

Marshall, William (1779) *Experiments and Observations Concerning Agriculture and the Weather.* London: J. Dodsley.

(1817/1968) *The Review and Abstract of the Country Reports to the Board of Agriculture*, Vol. 5. New York: Augustus Kelley.

Martins, S. W. (1980) *A Great Estate at Work.* Cambridge: Cambridge University Press.

Milgate Murray and Shannon C. Stimson (1991) *Ricardian Politics.* Princeton, N. J.: Princeton University Press.

Mingay, Gordon E. (1975) *Arthur Young and His Times.* London: Macmillan.

(1989) [ed] *The Agrarian History of England and Wales*, Vol. VI: 1750 – 1850 Cambridge: Cambridge University Press.

(1997) *Parliamentary Enclosure in England.* London: Longman.

Mitchell, B. R. and Phyllis Deane (1971) *Abstract of British Historical Statistics.* Cambridge: Cambridge University Press.

Morgan, Mary S. (2005) "Experimental Farming and Ricardo's Political Economy of Distribution". LSE Working Papers on "The Nature of Evidence: How Well Do 'Facts' Travel?", No. 03/05, Department of Economic History.

Morgan, Mary S. and Margaret Morrison (1999) *Models as Mediators: Perspectives on-Natural and Social Science*. Cambridge: Cambridge University Press.

Moselle, Boaz (1995) "Allotments, Enclosure, and Proletarianization in Early Nineteenth – Century Southern England". *Economic History Review*, 48: 3, 482 – 500.

O'Brien, Dennis P. (1975) *The Classical Economists*. Revised 2004. Oxford: Clarendon Press.

(1981) "Ricardian Economics and the Economics of David Ricardo". *Oxford Economic Papers*, 33, 352 – 86.

Offer, Avner (1980) "Ricardo's Paradox and the Movement of Rents in England, c. 1870 – 1910". *Economic History Review*, 33: 2, 236 – 52.

Overton, Mark (1996) *Agricultural Revolution in England: The Transformation of the Agrarian Economy*, 1500 – 1850. Cambridge: Cambridge University Press.

Patten, Simon N. (1893) "The Interpretation of Ricardo". *Quarterly Journal of Economics*, 7, 22 – 52.

Peach, Terry (1993) *Interpreting Ricardo*. Cambridge: Cambridge University Press.

Ramana, D. V. (1957) "Ricardo's Environment". *Indian Journal of Economics*, 38, 151 – 64.

Reich, M (1980) "Empirical and Ideological Elements in the Decline of Ricardian Economics". *Review of Radical Political Economics*, 12: 3, 1 – 14.

Reuten, Geert (1999) "Knife – edge Caricature Modelling: The Case of Marx's Reproduction Schema". In Mary S. Morgan and Margaret Morrism (eds), *Models as Mediators: Perspectives on Natural and Social Science* (pp. 196 – 240). Cambridge: Cambridge-University Press.

Ricardo, David (1815) "The Influence of a Low Price of Corn on the Profits of Stock". InSraffa, Vol. Ⅳ.

(1821) *The Principles of Political Economy and Taxation* (3 editions: 1817, 1819 and 1821; 1821 edition reprinted as Sraffa, 1951, Vol. 1).

Collected Works. See Sraffa (1951 – 1973).

Rudge, Thomas (1813) *General View of the Agriculture of the County of Gloucester, Drawnup for the Consideration of the Board of Agriculture and Internal Improvement*. London: Sherwood, Neely and Jones.

Russell, John E. (1966) *A History of Agricultural Science in Great Britain*, 1620 –

1954. London: Allen and Unwin.

Schumpeter, Joseph A. (1954) *History of Economic Analysis* (ed: Elizabeth B. Schumpeter). New York: Oxford University Press.

Snell, K. D. M. (1985) *Annals of the Labouring Poor.* Cambridge: Cambridge University Press.

Sraffa, Piero (1951 - 1973) *The Works and Correspondence of David Ricardo.* Edited with the collaboration of M. H. Dobb. Cambridge: Cambridge University Press for The Royal Economic Society; reproduced by The Liberty Press, 2004.

Torrens, Robert (1815) *Essay on the External Corn Trade.* London: Longman, Rees, Orme, Brown and Green.

Turner, Michael E., J. V. Beckett and A. Afton (1997) *Agricultural Rents in England*, 1690 - 1914. Cambridge: Cambridge University Press.

Weatherall, David (1976) *David Ricardo: A Biography.* The Hague: Martinus Nijhoff.

Went, Robert (2002) *The Enigma of Globalization: A Journey to a New Stage of Capitalism.* London: Routledge.

West, Edward (1815/1903) *Essay on the Application of Capital to Land* (*Reprint of Economic Tracts*, *Series* 1, No. 3. Baltimore: Johns Hopkins University Press.

Wilmot, Sarah (1990) "*The Business of Improvement*": *Agriculture and Scientific Culture in Britain*, *c.* 1700 - *c.* 1870. Historical Geography Research Series, No. 24.

Winch, Donald (1996) *Riches and Poverty: An Intellectual History of Political Economy in Britain*, 1750 - 1834. Ideas in Context, 39. Cambridge: Cambridge University Press.

Wise, M. Norton (1993) "Mediations: Enlightening Balancing Acts, or the Technologies of Rationalism". In Paul Horwich (ed), *World Changes: Thomas Kuhn and the Nature of Science* (pp. 207 - 57). Cambridge, MA: MIT Press.

想象和图像化：
创建一个新的模型

3

3.1 引言

埃奇沃斯盒状图是一种所有的经济学家都非常熟悉的经济模型。它诞生于1881年，在之后的20多年中，经历了实质性的发展并使用至今，图3.1所示的是现代版本。这是一个小型可操作性强的图表模型，这个模型清楚地呈现了两个个体间的交互关系。它为经济学增加了重要的新理念，并在一开始就被用作理论建立的工具。在经济学模型发展及经济学发展成为一门数理科学的过程中，该模型的形式、内容和历史都可以被视为一个典范。这些19世纪末的模型发展和数学化的发展在学科中紧密相关，尽管其重要性和重要的原因目前还不是非常明确。

在19世纪末将数学引入经济学的开拓者们认为这将使经济学更科学，因为用数学方法表达经济思想比用言语表达更准确，推理更严谨。这些观点在模型构建的各环节中都起到了建设性的作用，正如第1章中所讨论的，建模为形成对世界的观点提供了形式，并在论证这些观点的过程中提供了正规的方法。然而，数学化处理和建模不是同一步骤：所有模型都需要语言的陈述，但数学化的模型不需要。① 经济人的模型最初是以口头的形式发展起来的（第4章将介绍），每个新版本都可被看作论证这一模型的经济人的肖像。类比模型有时产生于类比的原始语言而不是对它们的数学描述，例如费雪（Fisher）的机械平衡或纽林－菲利普斯（Newlyn－Phillips）的液压机

① 如第1章所讨论，在19世纪后期，数学被运用于经济学中的建模和作为推导和证明的方法。这种“数学化”在经济学学科内是有争议的，但经济学史学家们（无论是开拓者还是反对者），都普遍将这些出现在历史争论中的术语看作方法论和现代主义术语。一个著名的例外是Weintraub（2002），他了不起的特质研究成功地挑战了在许多不同的方面被接受的看法。他的第5章（与Ted Gayer）论述了数学作为一个中立语言的问题，这与本章观点尤其相关。

(第 5 章中可以找到)，这些都必须遵守那些类比对象和类比领域的语言规则。[①] 然而，从历史的角度可以说，数学语言在建模中表现卓越，如果把这一发展仅看作一个语言选择将忽略建模与经济学数学化的关系及其原因，也很可能严重低估建模所涉及的经济学实践推理模式中的一个标志性发展。因此，这些经济学表达方式的历史性变化的认知层面的问题需要被认真考虑和澄清。

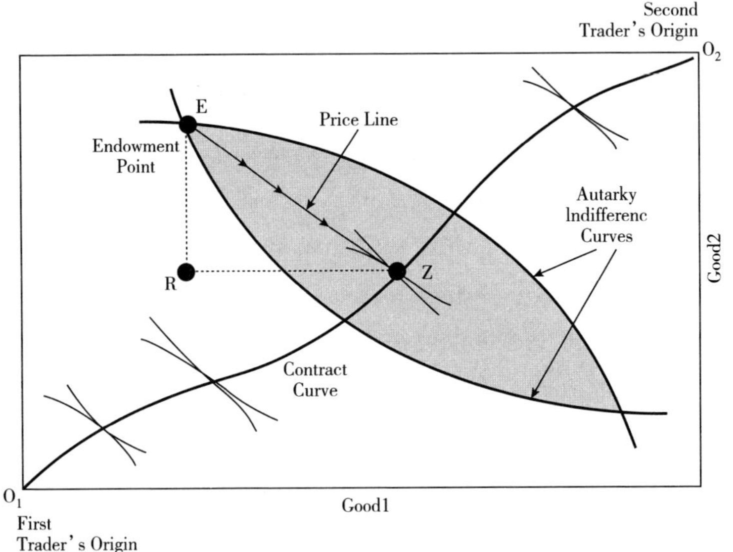

图 3.1　汉弗莱现代版本的埃奇沃斯盒状图

来源：Tom Humphrey "The Early History of the Box Diagram" (1996) . *Economic Quarterly*, 82: 1, 37 – 75, figure 1. Reproduced with permission from the author, Tom Humphrey, and The Federal Reserve Bank of Richmond.

但是也有一些更深层次的问题源于数学和建模的同步发展。一门学科中新的表征形式涉及科学家们工作方式和方法的变化及他们所表征的东西本身的变化。当科学家将他们想象的世界以新的形式图像化时，他们也形成了新的研究和论证理念。建模是经济可视化的新方法，而数学

---

① 经济学的史学家们也非常关注类比和隐喻在数学化经济学的内容表征方面(Mirowski, 1989) 的重要性，以及这种想法（例如，Ingrao and Israel, 1990）的演进。这些都是有价值的以比喻引导的历史。然而，并非所有的类比思维都可用于现有的数理经济学（见 Boumans, 1993, 更广泛地说，本书第 5 章）。如果数学不是以主体类比，而是以形式类比的方式被运用于经济学中，即进行经济学思维模式与数学模式之间的类比，将把我们带回到数学化只是语言的变化的观点（见本书第 4 章数学理想化的讨论）。

是一种新的表征语言，两者同时促进了理念的转变。模型和数学作为表征经济思想的新方式形成了新的表达内容。经济可视化的新发展既造成了认知上的困惑，也因此困惑促进了新理念的发展。

本章的重点是通过创建小的模型世界将经济可视化的联合过程，即想象经济世界并将它图形化的过程。本章将首先讨论认知层面经济学表征方式的变化，然后讨论新的可视化模式的理念，然后通过埃奇沃斯盒状图的发展历史呈现实践中认知和可视化是如何相互关联的。

3.2 转化行为或创造世界的一个新途径？

如果我们认为数学主要是一种语言，那么我们可能会将数学建模描绘成将经济学语言翻译成数学语言的过程。但总的来说，经济学旧的口头表征形式和数学表征形式是两种截然不同的表征形式，没有证据证明两种表征形式间的转化是容易的。将语言转化成数学的难度不亚于将语言转化成图画。埃文斯（Ivins，1953）曾通过一个例子，即画家基于他人的口头描述绘制自己从未见过的植物标本时的困难，简明扼要地说明了后一种行为的难度。

> 毫无疑问，没有任何可以想象到的思考过程会比这个思考过程更加复杂。那就是把按时间顺序组合起来的有逻辑的符合句法的线性口头表征转化为一个有具体构成材料、形状和颜色的三维形态（Ivins，1953，第 160 页）。

任何对运用经济学数学表征模式建模演变的分析都应该基于类似于上面描述的认知深度。如果把经济学建模理解为将经济学语言描述转化为数学形式，这一解释不仅低估了建模过程中所涉及的认知任务，也从两个方面弄错了问题的本质。首先，如何选择恰当的数学语言，数学语言不只有一种。其次，如何确定哪些内容需要被转化。

第一，即使假设从文字翻译成数学是一个简单的转化，数学语言以及形式的选择也并不一定是显而易见的。经济学家可以直接将供给和需求行为的语言描述转化为数学形式，但他们仍需要选择一种方式来表征这一行为。他们可以将人们怎么行为的假设转换成图上两条相交的线（阿尔弗雷德·马歇尔，第 7 章中呈现），或者把它转换成两个方程，但这两种转化形式的语义和句法表征是不同的，许多经济学家假设它们是完全相同的（甚至说他们“形式上”相同），但它们不会比把荷兰语的句子翻译成英文句子的难度更高。在不同语言间进行翻译时，词语本身具有不同的含义（语义），句子结构差异会很大（句法），意象也不相同（语言代表的东西会有所不同），而一些语言比另一些语言需要更多的意象来表达想法。而且，正如我在第 1 章指出的——这些不同的形式语言都可能影响模型操作的规则。因此，建模并不等同于数学化的转换过程，而是一种数学表征形式的选择，这一选择使经济学家能够用一种恰当的形式表征他们感兴趣的经济话题。

第二个问题可能是改编的问题。即使像一些 19 世纪的经济学家所确信的，经济规律可用数学表征出来，这些规律也并非显而易见地可以随时进行改编。[①] 经济学家并不确切地了解这些规律；如欧文·费雪所说，他们只能模糊地认知到这些规律：

> 经济学家努力去发现并描述经济因素的相互作用。经济学家需要将他所看到的经济因素清楚地分割开，快速地抓住并记住这些因素，发现、记录得越多越好。经济世界是一个模糊的区域。初来乍到的探险家没有现成的视角可以借助。数学是灯笼，照亮了之前隐约可见的东西，通过它轮廓逐渐明显清晰。旧的千变万化的幻景消失了，我们看得更清楚，也看得更远（费雪，1892，第 119 页）。

经济学家对经济世界的直觉，以及希望用数学来表达的愿望，可能是非常不清晰的，他们用自己的想象力创造了关于世界的模型版本，并以此来探索这些想法。在这里，数学是非常有用的，正如费雪（1892）所认为的，数学方法通过操控符号“帮助人类的记忆和想象”，这里“一个符号可以是一个字母、一个图表或一个模型”（第 106、107 页）。所以建模这项活动帮助经济学家表达自己的直觉，而事实上，他们可能会通过建造这样的小世界的图像，来逐渐理解他们关于世界如何运行的想法。

因此，这两个术语，“转化”和“改编”，低估了通过数学化在一个模型中构建一个经济世界的任务。翻译不是死记硬背的行为，而是必

---

① Le Gall（2007）指出这样的经济学家就像“自然计量经济学家”，他们相信谨慎地使用统计数据将会发现这些数学规律。

须进行材料选择并承担其后果的行为。"改编"本身有一个强大的本体论承诺：它表明经济规律存在于数学中，经济学家只需要弄清楚如何破译他们自己的自然全书就可以了。承认建模存在于经济学数学化过程中的重要性，表明当经济学家试图了解他们的世界时，他们借助的不是转化行为、感知行为或改编行为，而是认知行为和描绘行为。

这些术语——找到合适的方法，或将直觉转换成描述——说明我们在思考将数学建模作为创作行为时会有所收获。纳尔逊·古德曼（Nelson Goodman）（1978）在《创造世界的方法》中强调科学家和画家如何用相似的方式来理解世界。这两个团体都把制作不同的世界版本作为理解它的一个方式，并帮助我们深入了解世界是如何运行的。[①] 将数学建模理解为一个世界构建的过程，其焦点在于经济学家们创造的经济世界的新的解释能力，那些解释使他们能够看得更远也看得更清楚。描绘科学建模作为表征方式类似于那些画家使用的方法，这些方法被用来使我们能够欣赏想象和成像在世界构造中的作用，以及可视化这一术语在这两个方面的意义。这个术语自然更适合画家的工作，但如果要将它用于科学家解释世界的方式，如我打算做的，它肯定需要更广义的解释。对于经济学家来说，或对任何科学家来说，解释世界的过程涉及很多概念及感知性的工作。将经济世界描绘成一个模型时，需要直觉和想象力来形成抽象的概念。如果我们将经济学建模看成经济学家在想象世界如何运行时所做的努力，并用数学等新的形式将概念性理解描述出来，我们就会全面而深入地理解我所指的可视化。在建模中，可视化和理解是不可分割的。[②]

① 我将古德曼的思想理解为，科学家和画家创造的世界的版本就是这两个群体创造的世界的代表物。古德曼非常注意不广泛地用"代表"这个术语；在建模的语境下，R. I. G. Hughes（1997）将古德曼在模型构建中的想法解释为"符号指称"。

② De Marchi（2003）是经济学历史上为数不多的讨论过经济史中可视化的认知方面问题的经济学家（也可参见伦纳德编辑的可视化的"迷你研讨会"的论文，2003）。Lynch，Woolgar（1990）和 Baigrie（1996）的两本论文集都从历史学、社会学、哲学角度对可视化进行了广义的解释，但没有全面地将概念延伸至数学表征。Arnbein（1969）的可视化的经典著作将数学纳入其概述中。我的关注点与布鲁诺·拉图尔在1986 发表的关于可视化的文章（1990 年被 Lynch 和 Woolgar 另题再版）的观点有对比也有相似。他在那篇论文中提到人们可以将经济学数学模型看成具有很多特性的不变的机器。但与拉图尔的观点不同，我的目的不是去考虑移动性，而是从不同的立场，不同的年代，提出可视化和认知的问题，就像 Toulmin（1953）和 Nersessian（2008）。

3.3 模型构建中的数学经济世界

这个有关经济领域如何创造新的表征形式的分析，如何与历史进程联系起来呢？上面的论述表明，为了让经济学拥有像数学一样更精确的形式，经济学家不仅需要更精确的语言，他们还需要以数学的思维表征这个世界，那就是模型，他们的经济思想可以通过模型表达出来，就像把一个特定的经济思想用文字表达出来，需要一个对经济世界的文字性描述来使这些理念有意义。用文字描述经济世界已经成为我们的一种习惯。那些文字表达的经济——名词、动词、修饰性短语和它们之间的联系——都是在过去的数个世纪中逐渐形成并一直被经济学家使用的。通过这些文字，他们可以在这一领域和世界模型的版本中表达他们关于经济世界的理论和描述。任何符号系统使用的习惯和惯例都一定会限制表达的内容，就像古德曼所写的：“虽然我们是通过创造不同形式来构造世界的，但我们只是把不同的符号随机地组合在一起构造一个世界，其实与木匠用木块随机拼凑出一把椅子没有什么区别。”（1978，第94页）但是，这些习惯和惯例不妨碍创新，因为经济学家在不断地用一切可用的语言修改和重塑经济世界的各种版本。

从历史角度来看，创建一个用数学表征的经济学的过程与创建一个用文字表征的经济学的过程类似。经济学家制造了他们的经济世界的数学形式，就像他们的前辈依靠许多不同的灵感，构建他们的文字形式的经济世界一样。这不是简单的线性过程。温特劳布（2002）确定地指出，我们可以把它看作一个经济学家和数学家不断互动的过程，在这期间，两个领域的概念和内容都在改变。在这个复杂而漫长的历史进程中，经济学家渐渐用数学的方式思考，并用新的语言和新的表征方式表征经济学。新的语言和新的表征形式是不可缺少的。因此随着时间的推移，新的数学化经济世界中的各种因素，包括它们的意义和它们的代表符号，以及各因素间假设存在的关系，都逐渐被认为是理所当然的。经济学家为所提出的数学化处理辩论，认为实际上，数学化是一种新的构造世界的方式，它不仅需要新的语言，还需要新的表征形式。正是由于这个对新的表征形式的要求，模型在经济学中变得自然而然。

两个建模的对比例子将有助于阐明模型在这个数学化的世界构造进程中的作用，一个来自19世纪初期的李嘉图，而另一个，埃奇沃斯盒状图，来自19世纪后期的第一代真正意义上的建模者。对于李嘉图（在上一章中提及）来说，把会计算术用于表达农业经济中的关系和相关阐述推理之中是自然而然的。对于他来说，作为一个地主和金融家，运用技术性的、概念性的术语也是自然而然的，这些术语在意义上贴近日常事物，也能与可测算的数字对应项相匹配，如工资、价格、利润等。即使他的经济概念和那时经济中人们的概念不相同，他的定义也与相应的会计条款的表征非常相近，比如租金。不仅他的模型农场术语的语言符合经济算术常识，而且如我所展示的，李嘉图的表征模式与我们所发现的19世纪初经济形势下的农场实验报告相匹配。因此，李嘉图所用的术语和数字在很大程度上是现成的，他还选择了会计规则作为他的算术推理链。但他的模型农场很难被确证为一个可单独操作的模式，因为它只在他整合零碎部分的基本关系并进行推理时出现。

在19世纪末的模型中，想象和图像制作的过程，会随着分析工作的展开，涉及更多概念性内容。在本章中，我们看到埃奇沃斯如何通过塑造一个模型来描绘抽象的概念：这些模型之前没有被呈现在表征中，而不是像李嘉图做的，将可观察到的东西贴上日常标签。以埃奇沃斯命名的盒状图中的视觉元素，不是能看得见的东西的说明，而是在被制成图像之前被想象出的理念元素。一些元素是数学的，所以必须要表达成数学的形式。但是数学本身并不能表达出模型。模型是将经济关系图像化来整合理念元素的。那些贡献于埃奇沃斯盒状图创造的经济学家们，必须同时明确此模式的表达语言和新表征的本质，包括数学的和经济的本质。利用模型构造数学化的经济世界是一项艰巨的任务。而且，尽管埃奇沃斯及那一代人非常努力，它依旧不能，也没有，一次全部做完。

那么，可以说建模和数学化之间有怎样的历史关系呢？我认为，模型构建在19世纪末期兴起，并在贯穿于20世纪的数学化过程中兴盛有两个原因。其一，构建一个世界新的数学版本需要的特性（也就是，想象世界和用非语言形式图像化世界的能力）正好可以在模型创建中找到。其二，模型构建可以提供生成词汇和新思维模式的方法，同时能提供新的“工作对象”，通过它来提炼和检验数学的经济描述。[①] 模型构建成为经济学中构造数学化世界过程的关键要素，正是因为它本质上包含了新表征的构建，而这正是构造世界这一过程的必要部分。这是我的可视化论点最广义的解释形式，但它包含了这章展开的第二个论点，即关注新颖性。这两个论点——可视化和新颖性——不能分开讨论，也不能单独主张，要始终在一起。这些模型化和数学化的新表征所涉及的概念元素不能用旧的模式表达。所以，新的表征的性质和内容，还有蕴含的语法，改变了经济学家描绘经济的方式。在学习创建和使用这些新的表征的过程中，经济学家开始理解和看到不同形式——经济世界的新的形式。

3.4 画家的空间与经济学家的空间

埃奇沃斯盒状图是一个模型中的小世界，由一位经济学家于19世纪末期发明，这位经济学家曾想将经济学变成一门数学的学科。从那以后，它长久而活跃地一直生存到现在。但我这里关注的不是它的生命，而是它诞生的故事。下面我从三个不同来源呈现该模型的起源和发展的不同版本：由当今的画家创作的发展埃奇沃斯盒子的图片，来源于经济学家对埃奇沃斯盒子历史发展的原始图表，以及对那段历史的现代表征。对这三组图的比较分析，为我探索“想象力和形象塑造在创造经济模型中的作用，以及它们包含的新概念元素”提供了素材。[②]

一位画家曾用埃奇沃斯盒状图对阿姆斯特丹自由大学的 Arnold Merkies 教授在1997年的退休讲座进行了可视化阐述，我们就以此开始本章对建模的分析。这里是他印刷稿的摘录；有趣的插图都是由 Koen Engelen 绘制的（图3.2a－d）。

以下是 Arnold H. Q. M. Merkies（1997，第8～9页）摘自 *Zo* 的图片，图片由 Koen Engelen 绘制（见图3.2，感谢 . A. H. Q. M. Merkies 的授权），文本由 Ada Kromhout 翻译。

---

① 标签的“工作对象”来自 Daston 和 Galison（1992年），关于它的引入将在第10章讨论。

② 有可能引起争论的是我倾向于能支持我可视化观点的模型的重要性，因为我采用的模型案例是一个图表，它的可视化组件是与生俱来的，但 C. S. Peirce 把所有的数学推理为“图解”（这点参见 Hoffman，2004）。

市场经济

西方经济学的方法是什么？是备受称赞的新古典主义体系，还是今天所称的市场经济？为了能够分析这个，数理经济家想要简化这个世界。我们将再一次关注 Koen Engelen 的图片。

首先，我们将两个人从五十亿人中分离出来。

其次，我们来关注他们拥有的两样物品，例如奶酪和啤酒。

最后，我们用依照我们的愿望变化的阴影数据来代表真实的人，我们就得到了一个矩形，就是所谓的埃奇沃斯盒子。

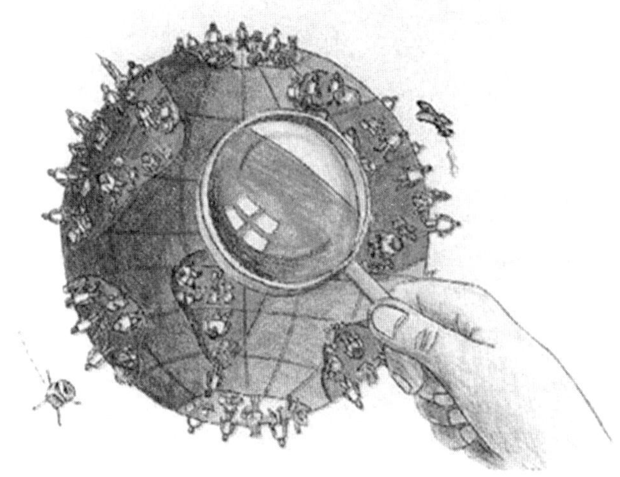

图 3.2a　更近距离看这个世界

图 3.2b　两个被选中的人和他们拥有的物品

图 3.2c　两个只有奶酪和葡萄酒的人

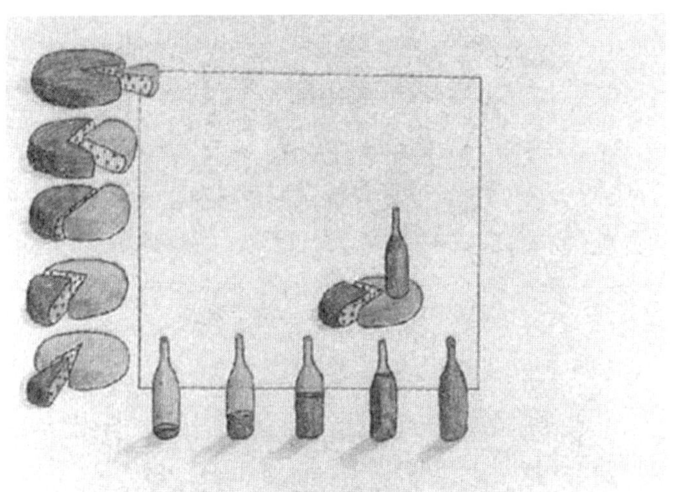

图 3.2d　只有奶酪和葡萄酒

图 3.2a－d　Koen Englen 所绘画家的埃奇沃斯盒状图

图片来源：Arnold H. Q. M. Merkies（1997，pp. 8－9）摘自 *Zo*，图片由 Koen Engelen 绘制。

在左下角我们有 Albert，Beartile 是在右上角。他的颜色比较淡，而她的颜色比较浓。他们的财产——奶酪和葡萄酒——的具体分配被表示在盒子中。这种将丰富的世界简化为一些奶酪和一瓶酒的方法是典型的数学经济学家的行为：将问题简化到我们可以描述的地步。

我们从摘录文本和图片中可以看到，Merkies 解释了我们是如何得出埃奇沃斯盒状图模型的。首先从整体世界的画面开始，然后通过使用放大镜仔细观察一些世界的细节来“简化”，接着将两个“被选择”的个人与其所有的财产“孤立”，进而“精减”他们两个人的财产，最后，把人抽象化，把他们的行为理想化，也就是“用依照我们的愿望变化的阴影数据来代表真实的人”（Merkies，1997，第 8 ~9 页）。

我从 Merkies 的描述中挑选并在此精确地重复了一些术语，正是因为它们和科学哲学家有时描述数学建模的方式如此契合，即建模过程包含简化、孤立、抽象和理想化（将在第 4 章讨论这样的过程）。[①] 根据这样的论述，经济学家将世界转换成另一种东西：比复杂的世界更简单的东西；从整体中分离出的几个相关的重要组成部分；这是抽象的，而不是具体的；是理想和完美的，而不是真实和混乱的。是什么东西具有这些特点？它甚至必定是一个模型吗？这样的描述不正是含蓄地假设经济学家们了解他们简化和理想化的真实的世界，并将规律抽象化并提炼出来了吗？

Merkies 对埃奇沃斯盒状图定义的描述恰好和这些想法相呼应：将世界简化、孤立、抽象和理想化。这些哲学家似乎做对了！但是，我们不应该轻易同意他们的简化解释，因为它忽略了一些重要的东西，即该过程中也包括对经济的表征，创造一个经济的模型。随着真正的世界被简化，首先商品变成了阴影，人失去了其具体特征，然后完全消失，但与此同时，我们看到一幅画面逐渐显现，它描绘了圆形的奶酪和一瓶瓶葡萄酒排列在盒子的两侧，商品的颜色浓淡表明了不在场的人的所有权。画家 Engelen 的插画通过对模型建立每一阶段的全新展示使我们认识到了图像化的重要作用。

现代经济学家也通过简化复杂世界的方式创建这样的盒状图。但他们从最简单的一个人、一种商品开始，然后加入第二个人与另一件商品，逐步建立图表中的元素。而且，由于大多数经济学家都熟悉这个盒状图，他们会习惯性地加入各种其他细节——这些图片没有显示但可以从后来的数字中看出的细节——不需要任何进一步的思考。

① 这是考虑模型如何被构建的很好的例子，来自经济哲学家的几个不同的传统，可以在 Hamminga 和 De Marchi（1994）的论文中被发现，摩根（Morgan，1996）也进行了讨论。

对于正在读本书的经济学家，我请您暂时抛弃您所熟悉的著名的小盒子模型的常见元素、特性和功能，稍微思考一下这些特定的画面。再次开始想象并提问：为什么这两个人会站在相互对立的立场上呢？为什么最初用于奶酪和葡萄酒的这两种色度（一浓一淡）突然转换成了这两个人的编码，以至于最后的画面中奶酪跟葡萄酒都是双色的？盒子起初是如何进入画面中的呢？事实上，前面的几张图片中，并没有任何关于盒子的叙述性描述，但它似乎是最初的简化过程的元素。这就是为什么，即使有 Albert 和 Beatrice 的描述和图片，我们依然没有足够的元素来做一个埃奇沃斯盒状图。另外，为什么画家停在这，不再继续画经济学家们会习惯加入盒子中的其他元素？

让我们从最后一个问题开始并且提供一些 Merkies 的描述，这些超越了 Engelen 的图片所支持的范围：①

> 新古典主义者认为，Albert 和 Beatrice 会开始互相谈判直到他们共同做出一个他们都认为比他们最初状况好的决定：易货贸易。这归因于他们两个人保证共同找出解决方法。新古典主义者假定，除了其他特点，相对于拥有一种货物，他们更喜欢两种货物都有一点。他们都有叫作“凸性偏好”的特点，因此没有滴酒不沾的人。
>
> 如果扩展我们的小世界，我们会遇到非常多更棘手的困难。这一扩展如下：假设我们以 Albert 的货币财产而不是奶酪作为我们的起点。并且假设，经过一番讨价还价，Beatrice 愿意用她的两壶葡萄酒来换取 Albert 的 100 盾（荷兰货币）。如果 Albert 同意了，这次易货贸易就导致了每壶酒的价格为 50 盾。这就是所谓的均衡价格。其他有着与 Albert 和 Beatrice 相同凸性偏好的人，可以进入我们的小世界并且也可以出价买 Beatrice 的酒。同样，我们也通过用钱交换其他货物来继续该过程。所以，最终，我们可得出能通过数学证明的结论，有自由的易货贸易，所有货物都可以建立均衡价格。这就是所谓的纳什均衡，以纳什命名的，他由于在 20 世纪 50

① Merkies 在讲座中曾比较了新古典主义与社会经济学的各个方面。在这里我的两个引用之间省略了他的文字部分，并在第二个引用的段落之间，采用 Albert 和 Beatrice 的例子和埃奇沃斯盒子指出，在新古典经济学中这种分析形式忽略了商品的初次分配问题，只涉及已经拥有的交易利益；见第 6.1 节那里做的进一步讨论。

年代早期出版的作品被授予1994年诺贝尔经济学奖。

> 那么现在，如果我们世界中只有这种凸性偏好的人，并且在公平的游戏规则下自由贸易，那么纳什均衡是一个非常吸引人的情况。经济学家之后讨论了帕累托最优化分配。这种分配正是古典主义者设想的理想蓝图：在帕累托最优化分配中，在游戏规则内没有人觉得需要改变这种局面。该理论的拥护者甚至会得出更有力的结论：可以证明通过亚当·斯密提出的看不见的手，[①] 即市场机制作用下的价格自由变化，这种帕累托最优化分配也可以实现。对经济学家来说，这是熟悉的领域。这是市场机制的基础（Merkies，1997，翻译 Kromhout，第9~10页）。

这个小的盒子模型的使用使我们发展得如此之快之远，这是非同寻常的。在三个段落中：Merkies 将 Albert 和 Beatrice 用奶酪交换酒这一举动演变成了均衡价格、纳什均衡、帕累托最优分配，还有斯密的看不见的手的市场机制。当然，这些结论取决于很多比图3.2中简化和孤立的个体更有说服力的假设，也取决于经过一系列历史沿革（如图3.4和图3.5）形成的完整的埃奇沃斯盒子，而不是绘画的形式。完整的盒子模型支持这样的结论，因为它包含了额外的元素，其中一个是在这篇评论中明确提及的，就是那些“凸性偏好”的人。也就是说，经济学家的盒子不仅包含了感性世界的元素，同时也加入了经济理论的概念元素，要推出帕累托最优分配、纳什均衡等，这些元素是必不可少的。

画家早已经尽可能地在感知和插画领域做出盒子的图片了，这种领域可以从真实世界中简化和分离出来。画家在通过简化和分离的方法表现世界的时候并不能走得很远，如果他们不成为经济学家的话。经济学家在设置中增加了无形的个人无差异曲线来代表每个个体的偏好。在此基础上可以建立供给曲线、契约曲线、谈判范围等一切经济世界的表征，这些都在 Merkies 理论的第二部分进行了表征（其历史发展我们在下面进行讨论）。图3.3中所呈现的对比是鲜明的，这是一个现代版本

---

① 在荷兰语文本那里它说“inwissel hand”，这应该被翻译为“交换之手”。然而，翻译者认为荷语版本中出现了拼写错误，并假设 Merkies 的意思是“看不见的手”（这也可能是文本期望的）。这个录入的错误得到了 Merkies 的通信确认；然而“交换之手”也同样被放到了这里的文本中。

的盒子（图 3.1，来自汤姆·汉弗莱［Tom Humphrey］，1996）与画家的盒子的比较（图 3.2c，来自 Merkies，1997）。现代的盒状图中呈现了概念机制，这一机制使经济学家可在概念空间里进行讨论，概念空间是优于并隐藏于感性空间之后的。世界上的人和货物可以被画家画在盒子中，但是经济学概念必须被可视化：被经济学家想象并图形化到同样的空间中。

（a）

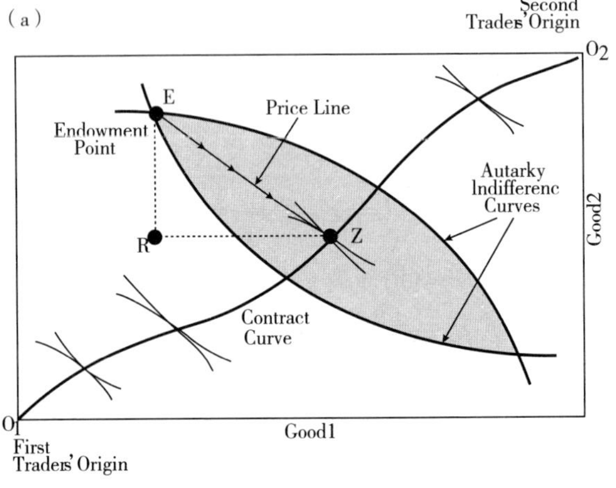

（b）

图 3.3　画家与现代经济学的盒状图版本比较

（a）来源：Tom Humphrey "The Early History of the Box Diagram"（1996）*Economic Quarterly*，82：1，37－75，figure 1. Reproduced with permission from the author，Tom Humphrey，and The Federal Reserve Bank of Richmond.

（b）来源 . Source：*Zo* by Arnold H. Q. M. Merkies，1997，pp. 8－9. Reproduced with thanks to，and by permission of，cA. H. Q. M. Merkies.

关于插图的感性空间和可视化的概念空间的差别，Michael Mahoney（1985）在透视图和科学革命新机制的关系中讨论过。

他想要推翻 Edgerton 的论点，也即机械绘图的文艺复兴时期的进步与机械学的发展存在明显的因果关系。Mahoney 认为，那时期的工程师—画家用了很多新的方法画图（他们学习过在三维空间中提供物体更准确的表征），但他们并没有画新的事物，也就是说这些新的方法并没有揭示机器内部的科学原理。[①] 相反，当时的机械科学早已经把机器看成：

> ……一个抽象的、定量的数学关系的一般系统。（所以）……很难看到对基本物理现象的更精准的描述如何被抽象为一般系统。因为系统的定义术语都是概念化的，远高于画家所擅于描绘的物理空间。这些术语不能被画出，最多可以以图解方式呈现（Mahoney，1985，第 200 页）。

机械学的推理早已经在数学领域中进行。在文艺复兴时期数学图表始终是表现力学关系和进行推理的主要形式。但是，正如 Mahoney 评价的："正在关注这里的是思想的眼睛，它在窥视属于不同的概念空间的数量结构关系（而不是感知空间）。"（第 209 页）数学在这里标志着想象力来源的差异，与肉眼只能看到相比，思想的眼睛可以想象和理解。[②]

对于经济学家来说，通过建模进行经济研究包括通过新形式表征经济活动和绘制新的东西。在埃奇沃斯盒状图模型中，经济要素有：无差异曲线、契约线、切点和均衡点，这些是以数学形式表征的元素，是依靠思想的眼睛得出的新的概念元素——而不是通过肉眼得到的感知的元素。Merkies 对盒状图的描述（他的第一段引文）带有画家的视角，是用肉眼观察；他对用盒状图得出的结果的描述（他的第二段引文）取决于概念空间的推理，这样的推理无法通过画家的盒状图来完成（图 3.3b），但需要用全部的思想之眼即经济学家的盒状图进行推理（图 3.3a）。

概念空间和认识空间的区别告诉我们如何区分一个图是否在论证中

---

① 老的机械图纸是非常不准确的，一个观察者无法看到机器零件是如何装在一起的，也因此无法推测机器是如何工作的（非科学意义上）。

② 关于"思想之眼"，参照 Ferguson（1977，1992）。

起作用。如果图是基于感知空间的，但在论证概念空间问题，那么推理应“脱离图形”，正如 Mahoney 所描述的。在这种情况下，画家版本的图，最多只是一个说明，而不是用于实验和证明的工具。相反，Merkies 的第二段引文总结了从 1881 年埃奇沃斯的第一个图直到 20 世纪 50 年代及以后，随着概念图的发展，经济学家使用不同时期的埃奇沃斯盒状图推理的结果。在此期间，图的概念资源提供了一个极具创意的推理工具。Humphrey（1996）重建了使用盒状图的历史，特别是指出了盒状图在推导经济主张和证明定理时的重要作用，以及在处理经济各领域中的理论问题时极好的适用性。任何认为盒状图“唯一作用是说明”的人，只需要读了他的描述就会明白，模型的使用在发展数理经济学的理论结果时是至关重要的。① 现在我们转向图表诞生史。

3.5 埃奇沃斯盒状图的历史

从画家们的图示与科学家们对盒状图概念元素的对比中，我们可以一窥经济学家们的模型世界，我们还从对比中发现这些模型是不能仅靠对世界做表象上的认识并剔除一些东西就能获得的，因为概念性的内容可能会缺失。但是，这种对比并没有告诉我们模型是如何创建的，同样，画家们的系列图片也没有向我们展示这一奥秘——因为画家 Engelen 在呈现 Albert 和 Beatrice 以及奶酪和美酒时，是在表征一个经济学家们已经知道的图像，这种图像在很早以前就已经建立了一种惯例——把人放在两个角上，把他们的物品放在盒子的两侧也就是图表的两轴上。

图 3.4 和图 3.5 作为历史序列图像真正展示了盒状图的创建过程。它们展示了埃奇沃斯、帕累托、鲍利等人是如何创建出一种日后演变为现代盒状图的模型的。这些历史揭示了后续的经济学家们创建盒状图的方法。首先，描述出一个人拥有一个商品的行为活动，然后考虑两个人

① 一旦经济学家开始熟悉埃奇沃斯盒状图与其结果，这个图在专业中的地位就改变了。它变成了利用盒状图推导早期结果的说明，因此也被用作一个教学工具。同时，从学术杂志的任意搜索来看，它一直被用作一种指代对象，也以新的形式和方法出现在学科学术权威杂志中，因为它与通过其他模型表征形式（博弈论）所推导的结果相关联，也被用到自然人与计算机实验中。

交换两个商品的行为过程，然后创建更为复杂的图表。这种以模型构建世界的方式——从最简单的案例入手然后添加细节（如同现代的处理办法）——与先描述整个世界再简化为模型世界的方法（如 Merkies 的论述）恰恰相反。这两种构建模型的方法都是被广泛认可的。[1]

这些实际的历史序列图包含了一系列令人惊奇的变化并且在与 Humphrey（1996）使用现代版本盒状图重建的历史进行比较时大有用处。在重建盒状图的使用历史的过程中，汉弗莱从图表维度的现代视角沿另外一个维度（理论结果）来讲述历史。这是一种有效的办法，但是汉弗莱的图像系列原本也可以由其他了解盒状图并熟知其表征内容及用途的人来创建。

我的问题大不一样：经济学家们到底是如何制作出这个模型的？[2]当我们问出这个问题的时候，我们就可以清楚地发现这两种构建模型的一般方法（简化或增加）以及汉弗莱的重建都遗漏了一个很重要的点，那就是，这个模型中所用的材料必须在经济学家绘制出来以前就要想象出来。Merkies 作为画家绘了一幅图，汉弗莱重新画了这些图，首先创建盒状图的经济学家们必须想象出这个模型的小世界。这不仅仅是创建一个模型去描述已知事物与描述模糊事物的区别，相反，是要求对那些隐约察觉到的事物进行概念清晰化。这才是经济学家们想象力的迸发点。

在这一节，我尝试重建被时间和实际应用抹去的我们所不熟知的部分，去弄清楚这个数学模型——盒状图——是如何产生的，经济学家们是如何利用他们的想象力并绘出图像来创建这个模型中的小世界的。在这一重建过程中，我们将先了解杰文斯的实用性曲线、马歇尔的贸易图（图 3.4 的开始），再分析由里昂惕夫创建的极其复杂、概念丰富的模型（图 3.5 的结尾）。它们标志着图像历史系列的开始和结束。盒状图发展史的重建需要从认知角度上去了解这段历史（并且——尤其对于经济学家们——不要掺杂这段历史以后的内容）。

① 这两种方法有时被称为“现实化”与“理想化”，讨论参见 Hamminga 和 De Marchi（1984）以及 Morgan 和 Knuuttila（2012）；参见第 4 章，论从复杂到简单。

② 我们可能都遵循 Lakatos（1976）的《证据与反驳》中例子的解释，伴随着实际的历史，以及重建的历史。我们选择沿着不同的线重塑历史。并且，汉弗莱虽然没有展示原因，但他精练的分析报告了图形中的历史变化。

3.5.1 埃奇沃斯的想象和图像

埃奇沃斯盒状图以弗朗西斯·伊西德罗·埃奇沃斯（1845～1926）命名，他是爱尔兰一位极具创新精神的经济学家。他的作品，在整个20世纪，都是数理经济学和统计学领域里一个被不断挖掘的宝藏。同李嘉图一样，埃奇沃斯也是从别的领域转到经济学的：他起初学习的是古典文学，在自学数学成为政治经济学家之前是一位商业律师。在他的第一部主要经济学著作、如今非常著名的《数学物理学》（1881）中，以他的名字命名的埃奇沃斯盒状图首次露面。该书内容详尽、复杂难懂，将经济学转化为抽象的数学形式并运用它们解决各式各样的问题，包括联合主义和合作。[①] 埃奇沃斯在他书中首先论证了数学在经济学中的应用，并委婉地批评了那些认为可以用数学推理的方式解决争议但不能使用数学符号的人，他认为他们因此也就丢掉了“演绎推理的自身优势”（埃奇沃斯，1881，第3页）。

埃奇沃斯认为数学既是一门语言，又因其特殊性成为一件工具，可以用来表达经济学观点，又可以用来推理。但是埃奇沃斯也认为，它又是一种想象的工具，可以捕获到“世界上无形事物”的存在依据和活动（埃奇沃斯，1881，第13页）。他对经济活动进行了充满想象力的推测和描述，受益于很多其他领域的类比，从电学到磁学再到作为车夫的精灵女王（Fairy Queen），无不展示了他的博学。[②] 这是一部非常了不起的著作，或许主要是因为它没有迎合我们对如何用数学对经济世界进行解释的偏见。Brian Rotman（2000）对数学家的描述最让人耳目一新：

> 让我们忘掉人们对数学工作的固有看法（纯粹的推理、追求客观事实、思想自由驰骋，等等），转而从民族方法学着手。我们发现数学家们把他们的时间花在涂涂写写和思考上：写作或操纵，……

① 参见 Keynes（1926）的论文，这篇文章较早地肯定了埃奇沃斯的工作。关于另一个埃奇沃斯在特定领域的经济著作的论述，见 Creedy（1986）。关于1881年这本重要著作的新的编辑和注释，参见 Edgeworth，ed Newman（2003）。

② 例如：“电力的无形世界被拉格朗日（Lagrange）以令人惊奇的方式捕获；愉悦的无形能量，也以相似的处理方式得到认可。”（Edgeworth，1881/2003，p. 13）关于埃奇沃斯所用的更多的隐喻和类比，参见 Newman（2003）的新版，以及 Mirowski（1994，第三部）。

他们面对无穷的符号，思索各式各样的想象中的世界以及这些世界中存在的客观事物和过程（Rotman，2000，第121页）。

这很好地说明了埃奇沃斯以数学形式对经济学的想象世界的思考和推理，通过这些方式（与杰文斯的观点一致），他认为人就是一台快乐的机器。[①]

即便对埃奇沃斯本人及其成就花再多笔墨都不为过，这个故事的主角仍然是他的盒状图。所以，让我们直接看以下埃奇沃斯对两个人进行物品交换的论述吧：

> 为了解释交换的经济学问题，并解开很多交易商之间达成交易并彼此竞争的谜团，可能需要想象一个由许多部分组成的机制，这个机制的行为法则、哪个部分与哪个部分相互结合并没有用符号和任意的函数明确指明，它不只是表征无穷的知识，还表征未知。在这些机制中，尽管针对均衡的行为模式是不确定的，但是均衡的位置却可以通过数学计算出来（埃奇沃斯，1881，第4页，斜体字部分）。

商人们决定交换的点可以通过“数学计算出来”，但如何达到这个点却是未知的。这是一个经济学问题而非数学问题，因此，类比的内容也变得模糊不清，因为他是以两个人交换两个物品的最简单情况开始的，在这种情况下双方仅靠各自的意愿自由交换，无须与其他交易者竞争。他对契约点的移动轨迹定义如下：交换发生的点，从那些点开始，不管往哪个方向移动，其中一个人得到的更多，而另外一个人得到的更少。他把这一系列点集称为“契约曲线”。然后他开始（第20~28页）用一系列数学（用演算而非几何证明）和语言推理来描述这些点的空间安排，展示他定义的交易曲线的质量，以肯定地认为契约曲线的特征可以通过多种不同的方法清楚地证明。这些数学推理在特征上是分析型的或者通用型的，并可以通过数学语言演绎：如“让两个人……把 *P* -

① 见埃奇沃斯，1881，第15页。杰文斯（Jevons）最初的效用图形依赖于类比思维（见 Maas，2005，及其他人），并且尽管埃奇沃斯运用物质和心理的类比来展示“交易契约线”，当他开始用盒状图时，他的讨论（如帕累托改进，参见后文）就变得非常像经济学，虽然还是数学形式的表达。

$F(xy)=0$ 当作一个表面”等，但是这些并没有解决让他很感兴趣的不确定性的范围问题，也没有告诉他这个问题该如何克服。

在他的数学推理的某个点上，埃奇沃斯进入了他想象的一个世界中，最原始版的盒状图表示为他的图 1（见图 3.4c），并附有以下文字（我加下划线的，是他斜体字的内容）：

> 就当前研究的目的，这里没有必要做进一步的分析。为了梳理我们的思路，让我们设想一个简单情形——鲁滨逊·克鲁索与星期五交易。合同条款如下：白人付给黑人工资，黑人为白人劳动。让鲁滨逊·克鲁索 = X。y 代表星期五付出的劳动，以一条从某个点向北的直线表示（原文）。x 代表由克鲁索付的酬劳，沿着一条从同一个点向东的线移动（见图 1〔这里是图 3.4c〕）。然后两条线之间的任意一个点代表着一个交易。总体来说，全凭双方的意愿去变更任意一个合同中的条款。但是有一类交易点，双方一旦远离，便无法达成一致，这样的点有无限个，可组成一条轨迹，就是契约线 CC'，或者更确切地说，是这条从东南向西北倾斜的曲线上的一个特定区域。这个特定可行部分的两个端点，即 η_0x_0，和 $y_0\xi_0$，分别代表它们各自经过原点的无差异曲线和契约线的交点。因此，交易中 η_0x_0 所表示的契约的效用对星期五来说为零，或者说，就像没有交易一样。因为在那点，他可能停止谈判——或许为自己工作（Edgeworth，1881，第 28～29 页，他的斜体字部分，我加了下划线）。

因此，埃奇沃斯想象鲁滨逊·克鲁索与星期五是坐在同一条船上必须肩并肩一同努力的两个人，就像那些在交易前必须相互达成一致意见的人一样。埃奇沃斯的（x，y）是一个平面的空间，并且无差异曲线是从三维效用表面投影得到的；这样，他的想象与他的图表相一致（并且在描述他的图 1 时，他这样写到，我们画的 Y 轴是垂直的）。在图中，两个个体鲁滨逊·克鲁索与星期五（X 和 Y）与他们交换的商品（x 和 y）并没有被完全区分开。

如今，经济学家很自然地用两个轴代表两种商品的交换，但是，至少在 19 世纪后期，当经济图表还处在婴儿期时这不是常规做法。埃奇沃斯在前两页所引用的马歇尔 1879 年的贸易图符合这一惯例，提供了

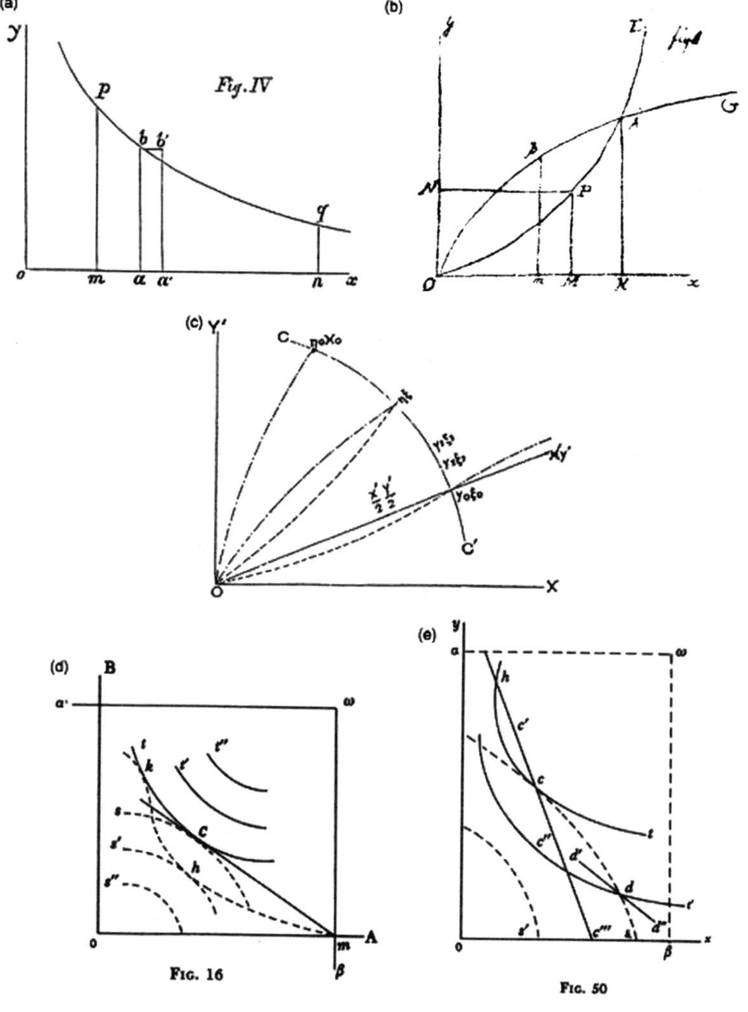

图 3.4　原始盒状图第一部分的历史序列图

（a）杰文斯的效用曲线（1871）　来源：William Stanley Jevons, *The Theory of Political Economy*, 1871, London: Macmillan & Co., fig. 4 p. 49.

（b）马歇尔的第一个贸易图（1879）　来源：Alfred Marshall, *Pure Theory of Foreign Trade*, 1879, figure 1. Marshall Library, Cambridge.（Reprinted, London: London School of Economics and Political Science Reprints of Scarce Tracts in Economics, No. 1, 1930）. Reproduced with thanks to Marshall Library of Economics, Cambridge.

（c）埃奇沃斯交换图（1881）　来源：F. Y. Edgeworth, *Mathematical Psychics*. London: C. Kegan Paul & Co., 1881, fig. 1, p. 28.

（d）帕累托最优盒状图（1906）　来源：Vilfredo Pareto, *Manuale di Economia Politica*. 来源：Societa Editrice Libraria, 1909 Edition, fig. 16, p. 138.

（e）帕累托改进盒状图（1906）　来源：Vilfredo Pareto, *Manuale di Economia Politica*. Milano: Societa Editrice Libraria, 1906, fig. 50, p. 262.

他们理论的最可能来源。在马歇尔的图表中，例如在我们历史序列的第二部分，图 3.4b（另一个图在第 1 章）中，供给曲线描述了不同价格下英国布商和德国亚麻布商之间能够交换的数量，两个国家的交易量由一条供给曲线说明。两轴分别代表这两种商品，且两轴之间的空间代表两国之间的交易空间。埃奇沃斯用相似安排以两种商品来分析两个交易者的商品交易行为，包括马歇尔供给曲线，可以参看埃奇沃斯图表（图 3.4c）中两条内部的虚线。①

埃奇沃斯的第一个创造是为每一个个体在交易空间中画出了一条无差异曲线——外部的虚线：在曲线上各点之间个体是无差异的，因为这些点对于他们来说代表了相同的效用。这一观点被认为是新古典经济学历史发展的重要一环，并且埃奇沃斯引用了杰文斯 1871 年的“欢乐机器”图，图 3.4a（第 4 章还会讨论），来展示个体从消费一种商品中获得的效用感受的变化，并将它发展在一张代表消费两种商品获得的总效用图中（图 3.4c）。从最初来看，同马歇尔图（图 3.4b）一样，交易的整个空间是开放的，埃奇沃斯的图（3.4c）从原点出发画了无差异曲线，曲线上点的效用与零交易所获得的效用相同。这就排除了 90 度角整个空间一些部分。随着他画出这些无差异曲线，与马歇尔交易空间中的交易相比，交易问题的限制空间变得更加清晰：交易不确定的范围不是整个平面，仅仅是无差异曲线和契约曲线之间的区域。

契约曲线 CC' 是埃奇沃斯的第二个创新——代表了鲁滨逊和星期五最渴望达成的交易。他们首先从原点处开始谈判，并且可以向东北方向移动到能使他们一个或者两个处境变得更好的契约曲线上的点。一旦到该点，任何改变都可以使他们的处境变差。埃奇沃斯的分析表明了可谈判的范围，但是他们具体在哪点交换取决于双方的讨价还价能力：“最简

---

① 从埃奇沃斯 1881 年的图，还不能立即清楚他两条中间的曲线是什么。它们不可能是无差异曲线，因为那条契约线上的点应该是与无差异曲线相切的点。埃奇沃斯的脚注（第 27 页）注明，他自己对交易不稳定的处理接近但不等同于马歇尔对贸易不稳定点的处理（并且他参考了马歇尔的图 8 和图 9——与马歇尔〔1879〕是一致的〔1930〕）。在埃奇沃斯（1891）中有类似的图，那些是马歇尔式的供给曲线，并且文献一致认为（见 Creedy，1992），它们确实是供给曲线。我非常感谢 Chiara Baroni，因为她协助研究并翻译了多种 1890 年代的意大利文章，这些文章说明 Edgeworth（1891）中重复了他在 1881 年图表的基本元素，同时，基于对马歇尔贸易图评论的上下文背景对比了同一时期的其他图表。供给曲线的历史是由 Humphrey（1995）给出的，他也讨论了埃奇沃斯 1880 年代以来的其他图表。同样参见 Cook（2005）和 De Marchi（2003）。

单的例子表明了交易不确定的特点，也包括了交易的自私性、僵持和利益的对立。”（埃奇沃斯，1881，第29页）所以，埃奇沃斯说明了工业仲裁的作用：“例如，鲁滨逊以工业伙伴的形式给星期五产出中的一部分和工资，或者，安排工作的模式。”（埃奇沃斯，1881，第29页）

到此为止，埃奇沃斯运用图表简明且有效地展示了他的抽象概念和空间推理过程。然后，他开始把图表发展成一种探索的工具去考虑更多交易者的情形：“不完全竞争”的情形（不完全竞争之前在付诸数学分析时失败了）。他利用图表说明了交易达成的过程以及更多交易者进入后交易破裂的过程。[①] 他从马歇尔的交易图中继承的两轴表示用于交易的资源数量是无限的。这使他能够呈现不完全竞争下更大（和更小）交易数量的情形。正如李嘉图从他的模型结构的建立和使用中发现的一些意想不到的结论，埃奇沃斯也从他的交易模型的建立与推理中得到了一些新的见解。

埃奇沃斯非常兴奋，因为他自己的图表形式可以描述更多交易者进入市场中将会发生什么的整个过程（而不是结果），他在书（1881，第36~37页，下划线部分）中写道，“28页的图1，经过证明是一种<u>合适的表征</u>”，并且用它进行推理可以发现对于“只要在必要的条件下可能找到点$x'y'$便会继续下去的”过程的“一种抽象的典型表征”。为了进一步论证，他注意到他的图1（本书的图3.4c）中交易过程最终到达了$\eta\xi$点，就是从原点出发的价格线与两条无差异相切的点（在他的图中没有画出，但是在相应的现代版本中，图3.6b中有显示），同时，该点也是供给曲线与无差异曲线相交的地方（两个图中均有显示）。该点，埃奇沃斯注明，是增加更多交易者情形的临界点，也即完全竞争情形下形成的点。

这一节的主要目的不是描述埃奇沃斯盒是怎样被运用的（这可参见Humphrey〔1996〕的论述），或者经济学家一般是怎么用它们进行推理的（参见后面章节）。但是由于我的创建模型世界的观点，我需要更深一步地探讨埃奇沃斯是怎样看待这一问题的。从他书的开始部分，我们可以看到埃奇沃斯关于经济问题数学化的讨论，想象在数学中怎么描述

① 在这个阶段，埃奇沃斯没有被完全的或竞争的市场情形困扰，因为他宣称均衡结果的结论和属性从杰文斯、瓦尔拉斯和马歇尔的著作中都已经得到了很好的理解。

经济世界以及如何用数据术语及模型表征经济世界。他通过图形化的数学模型达到他的目的（他的图 1），通过想象一个特定的情形，他开始嵌入典型的交换问题并创造了一个图来表征它。

在运用他的模型描述了一种经济情形下的两个部分后，他开始用它去演示他先前的观点并且去探索和解释图表中表述的交换行为的其他方面。在此，他沿袭了这样一种表现交易情形的方式：不仅有马歇尔关于英国布商和德国布商交易的图表，而且回顾了第二章中李嘉图较早的关于葡萄牙和英国的交易算术的例子。如我们在第 9 章中看到的，用模型表征交易情形形成了经济建模中一个持续且重要的传统。尽管这些图表仅代表一些具体的情形，但通过提供更具说服力的逻辑演示，说明模型与典型的情形非常吻合，它们看起来获得了更广泛的关联。

埃奇沃斯明白案例推理过程的重要作用，正如我们在他的数学论点的非数字形式的讨论中所看到的。尽管他赞成数学方式，因为它“有一般性的天赋，（它）不用被淹没在细节中，强调从一般性到一般性”，但他仍然声称运用数学能够在特定情形的讨论中获得一般性的结论：[①]

> 确实，事物的本质是：一种单一的情形——通过一系列的数学归纳法，正如它的名称一样——一个没有数据但经验证且有代表性的单一的数学推理实例已经足以建立一个一般的准则（埃奇沃斯，1881，附录 1，“论非数值数学”，第 83 页，他的斜体字部分）。

运用一个“单个‘代表性典型’实例”的“一种数学归纳法”，对描述鲁滨逊和星期五的交换问题是恰当的，且对其他交易者加入他们孤立的海岛市场后他们的交易会怎样进行解释也是适合的，也就是说，对模型中的经济世界是恰当的。如果我们把他的“一个抽象的典型代表”的描述定义为“模型”，同时，将他使用模型进行推理同样有趣地描述

---

① 特殊情形被作为一般性的证据，这看起来像几何推理的性质；见 Arnheim，1969，第 10 章，可看到这个有趣的讨论，且从 Netz（1999）可以参看关于推理起源于希腊数学的论述。在 19 世纪的大多数时间里，几何就是数学方法的范本，并通过数学论证确认真理（参见，Richards，1988 和 Weintraub，2002，因为它与那个时代的经济学家相关）。埃奇沃斯的观点可能与马歇尔的相反，马歇尔认为图表的归纳作用依赖于能否画出所有可能的情形（见 De Marchi，2003）。无论怎样，我认为（在第 10 章中），一旦人们理解模型揭示的范围是通过数学案例扩展的，这两种观点就可以被视作一致的。

为“单个‘代表性典型’实例的数学推理”，那么我们会得到一个有吸引力的模型和模型推理的定义组合。

但是，在埃奇沃斯的推理中，仍然有一个将其一般化的诉求：他声称数学能够通过一个单独的例子、一个特定的代表性案例、一个从他的想象中创造的图表建立一个“一般化的准则”。[①] 这听起来相当夸张，甚至有些站不住脚。然而，我们最后一章中的相似例子也存在同样的情况。李嘉图关于葡萄牙和英国之间布料和酒的交易数值模型——一个简单的特例——同样产生了一个结果，该结果不仅解释了他模型中的世界，也解释了一个一般性的准则，即比较优势原理。[②] 关于经济学家是怎样运用如此抽象的典型代数方式和代表性的典型个例进行推理的将会在第 10 章中再次讨论，当我在探究案例论证如何支持其论点时，该论点可能最好是被描述为通用而非一般。

3.5.2 帕累托的想象和图形

帕累托（Vilfredo Pareto，1848～1923）是与埃奇沃斯同时期的意大利人，在数理经济学的发展过程中扮演着同样重要的角色，但是他关于经济世界的数学模型的创建过程是非常不同的。帕累托的《政治经济学指南》（1906〔1971〕），运用了两种数学推理过程：第一种是在文本的发展中运用一系列数学形式的图表进行论证，第二种是在一个较长的附录中，运用代数和微积分为我们提供了一个更一般性的处理方法（像马歇尔，他将一些数学化的处理作为背景）。就像埃奇沃斯，他依托一些一般性的讨论去介绍具体的图表，但与埃奇沃斯不同的是，这些讨论在性质上不是类似的，帕累托更多地依赖图表去阐释他关于个体经济行为的讨论和解释。他把个体假设为具有特定喜好并且为自己谋求更大利益的一类人，但是这些个体仍然面临一些“障碍”的限制。个体必须采用多样的路线来避

① 这好像更接近 C. S. Peirce 的观点：“数学真理是从我们可视化的想象的创造中观察并推导出来的，那是我们可以以图表的形式画在纸上的东西”（C. S. Peirce，论文集，1932，Vol. 2，第 77 段）。

② 然而这个原理仍然是经济科学的基础，尽管它对现实世界的解释能力比较值得怀疑。事实上，它对贸易模式的解释无力，导致了其他的贸易“原理”或一般论点的发展，其中一些是通过埃奇沃斯盒状图推理出来的。

开这些障碍、试错和权衡，这一过程主要反映在他使用的不同图表中。两种商品的无差异曲线在图中可以解释为等高线，因为，对埃奇沃斯来说，它们是从一个想象的三维效用表面投影出来的，每一条等高线都具有相同水平的效用。所以，当个体成功地绕开这些障碍并且到达了他们等高线的最高点时，就达到了一种均衡。他的解释是非常形象生动的。

在众多图表中，有两个第一次作为盒状图呈现的图形推动了埃奇沃斯图的发展：他的图 16（本书的图 3.4d）和他的图 50（本书的图 3.4e），这两个图被用来形成了“帕累托改进”的概念。前者，图 16 依埃奇沃斯的开放轴为原型创建了一个盒子，并重新设定方向（移动 90 度角），两个个体被标记在了对立的两角，每一个人都有自己一系列完整的无差异曲线（而不是埃奇沃斯图中每个个体单独一条）。后者，图 50，与前者相似，只是画出了每一个个体的两条无差异曲线，这些个人分别被标记为 *ox* 和 *oy* 轴，且其无差异曲线被标记为 *t*，所以，当一个人从原点 *o* 移动到更远的位置时，就意味着他到达了更高的效用水平（帕累托的“满意度”），在帕累托的方法中则说明他们的满意度上升到了更高层次。帕累托方法的对应轴为 $\omega\alpha$ 和 $\omega\beta$，其无差异曲线被标记为 *s*，从 ω 移动到远处的 *o* 点意味着更高的效用。它们的出现伴随着以下原理和对它们的评论。

相关原理如下：

> 对于案例 1 的情况，当均衡发生在无差异曲线相切的点时，从成员整体考虑达到最大的效用（帕累托，1906〔1971〕，第 6 章，第 34 段，第 261 页，斜体字部分）。
>
> 对于案例 1 的情况，我们了解到，均衡点必须发生在两个个体的无差异曲线的相切点上。让我们把 *c* 当作其中一个点。如果我们沿着曲线 *cc′* 偏离 *c* 点，将会增进第一个个体的效用同时减少第二个人的效用，如果沿着 *cc″* 路径，则情况相反。因此，从点 c 移开将不可能同时增进或者减少两个个体的效用，因此不可避免，如果一方同意某种改进，另一方肯定不会同意。
>
> 同样的情况不会发生在点 *d*，即两个无差异曲线相交时。如果我们沿着曲线 *dd′* 移动，会同时增进两者的效用；如果沿 *dd″* 移动，

则同时减少两者的效用（帕累托，1906〔1971〕，第 6 章，第 35 段，第 262～263 页）。

现象Ⅰ即是任何一个个体都不会再改变他们交换条件的情形，也即他们的无差异曲线切点与价格线（货物之间的交换比率，以一条直线表示）相交的地方，因此在他的图 16 中代表均衡的点是 c，被称为一个“帕累托最优”。[①] 现象Ⅱ出现在个体有能力改变他们的价格比率的情形中，并且，正如帕累托认为的，在他们可能的均衡点 d，他们最有可能通过沿 d'方向移动，使双方都获得更多效用，总效用也会因此增加：这种探索，包括他在图中的新设置，形成了一个基本概念，即现在所熟知的“帕累托改进”。但是，最终的交换点是不确定的，在此，帕累托对经济学家不可能完成这一任务而感到遗憾——如果他们像化学家一样幸运就好了——（他们不能）在交换情形中进行控制个体的实验以做进一步探索。几十年以后，他的愿望实现了，控制个体的这种实验被描述在第 8 章中介绍的盒状图中。

对于帕累托，还有埃奇沃斯，最基础、最重要的推理都是通过图表来完成的，而不是脱离图表，尽管在帕累托的讨论中，图表既不代表一种典型的情形也不是一个数学推理的基础。然而，对于帕累托来说，推理过程就是图表化的过程。在他的一系列具体例子中，每一个图表模型里的案例都代表着他的数理经济世界。同时，他的“梗概图”的解释（用他的图 50 表示）也足以让人们信服，帕累托像埃奇沃斯一样，认为数学可以提供严谨的证明（在他的附录中）。对于他们两人来说，那些一般性的分析处理法与用图表来进行经济推理的方式相比，显得不那么重要；他们都用图表模型论证了两种商品、两个交易者的世界，这些图表可以充分说明结论，并可以获得模型中微小经济世界的证明。[②]

然而，盒状图是让人感到极其迷惑的事物。在模型中，它看起来更像是一个被限定的世界：它能代表更多吗？首先，如我们在 Merkies 的

① c 点是埃奇沃斯契约线上的点：双方无差异曲线相切的点的集合（这在帕累托的图中没有显示）。当两条无差异曲线背对背相切于价格线（即价格线是两条无差异曲线的公切线，如 c 点）时，这个点就被称为“帕累托最优”——这是 Merkies 提到的概念。

② 当然，当经济学家发现模型太小且维度有限，同时要向更大的世界推广时（例如，对于更多商品和更多交易者的情形），他们可能指望其他类型的数学演示，也许如瓦尔拉斯一般均衡的论述（数学假设与证明的方法；见第 1 章）。

讨论中看到的，不考虑盒状图的小规模和被限定的范围，埃奇沃斯和帕累托用它进行的演示得到了数理经济学的一些基本的一般性结论，例如帕累托最优、福利经济学第一定理等（Blaug，2007）。其次，正如我们从盒状图后来的历史知道的（Humphrey，1996），尽管这种小规模世界被用来描述特定的交换情形，它也被证明有很强的适应性，可以运用于一系列相似的交换情形和其他经济领域，如生产和福利经济学中。最后，尽管盒状图在文中是投射在纸上的二维图形，但是它所能表现的内容并没有特别地受到维度的限制。埃奇沃斯设法扩大了他的模型世界去讨论更多交易者存在的情形，而早在帕累托时代，盒状图就代表了两个交易者，每一个交易者都有两种商品去交换，沿着均衡点与价格线，它已经表现了六种经济因素的关系。[①]

考虑到这些可变性，对于帕累托和埃奇沃斯来说，可以进行数学推理的图表模型在他们关于经济科学世界的新讨论中扮演着重要角色，这就不足为奇了。在创建数学图表的过程中，他们遵循着一个想象和图表创建的过程。这些可视的过程嵌入了新的经济分析的概念性材料（无差异曲线、契约曲线、帕累托改进），而一个更进一步的历史序列图表依然在支持新事物向纵深发展。因此，我开始转向表征的问题。

3.6 模型中的新世界：表征的问题？

3.6.1 可视化

正如我们在讨论 Merkies 文中的图像序列时所发现的，模型构建是一个创造性的过程；但实际的历史序列的可视化（在图 3.4 和图 3.5 中观察到的）非常不同于画家图解一个已经被广泛接受的模型图。当经济学家首次为一个经济体绘制图像时，他并不知道这个世界是怎样运行的，以及应该删除哪些因素去分离出一些需要的部分。事实是，他们运用他们对经济世界中那些隐藏机制的想象，用公式或图表表征这些隐藏

① Lancaster（1957）认为后期的盒状图可以表现十二个经济变量的关系，很可能他考虑了生产要素。

机制的运行。随着时间的流逝，其他经济学家会进一步增加表征的元素。埃奇沃斯盒模型的发展历史，使我们能够探索模型化过程中的一些细节问题并解答早期存在的表征形式问题：为什么它是一个盒状图？为什么两个人要在对立的位置？等等。

这里的比较不是历史序列和画家的画作之间的比较，而是历史序列和经济学家盒状图的现代版本之间的比较。如果从现代盒状图的表征开始（如在图 3.1 中已经看到的），我们发现盒子的相邻两侧代表一定数量的商品、服务或资源，这样盒子便代表了一个有给定和固定资源的世界。两个对立的原点代表两个交易者的立场和方向，每个交易者都有自己的两个轴（相邻的），可以标记自己所拥有和可交换的资源份额。

但这并不是埃奇沃斯想象中的经济世界。我们的比较揭示了图表的历史序列图中最引人注目的事情，正如我们在第二系列图 3.5a ~ f 中证明的，埃奇沃斯 1881 年的图根本不是一个盒子，而是一个开放的平面，其中代表的商品数量是不固定的，是可以增加的（在图 3.5 a 中）。[①] 同样引人注目的是，埃奇沃斯盒状图中的个体是并排的：每个交易者仅沿一个轴衡量其交换资源的量——一个交易者 X 试图用自己的 x 商品去获得 Y 的 y 商品。初期使用的图表并不是我们现在用的形状已不可再简化的盒子——盒子的两边表示一定数量的两种商品，两个相对的角代表两个交易者，每个交易者都有两个轴表示可交换的潜在数量的商品。在埃奇沃斯的想象和图表中，其所表征的世界非常不同于现代版本中的世界。

1906（法文是 1909）年，帕累托想象并将两个人分别置于盒子的西南角和东北角（这一新的方向成为标准），但没有做出评价。通过把他们彼此相对而立，将图变成盒状图，正如我们在他的图 16（图 3.4d）中看到的，他描绘了固定数量的两种商品，但是，可以通过将轴延伸到矩形以外来代表商品数量增加和变化的可能。马塞尔·勒诺尔（Marcel Lenoir，1913），

① 经济学家们现在已经非常习惯于现代图表，以至于他们很难明白埃奇沃斯盒状图创作过程中想象的飞跃和创新。在我将本章内容作为研讨会文章讨论时，我发现一些经济学家无法相信埃奇沃斯起初没有想到用盒状图，而是用的图表；其他一些经济学家争辩说埃奇沃斯一定是完全意识到了所有概念内容和结果才绘图的，图表只是他的论证的说明，尽管文本证据（上述引文）并不支持此观点。

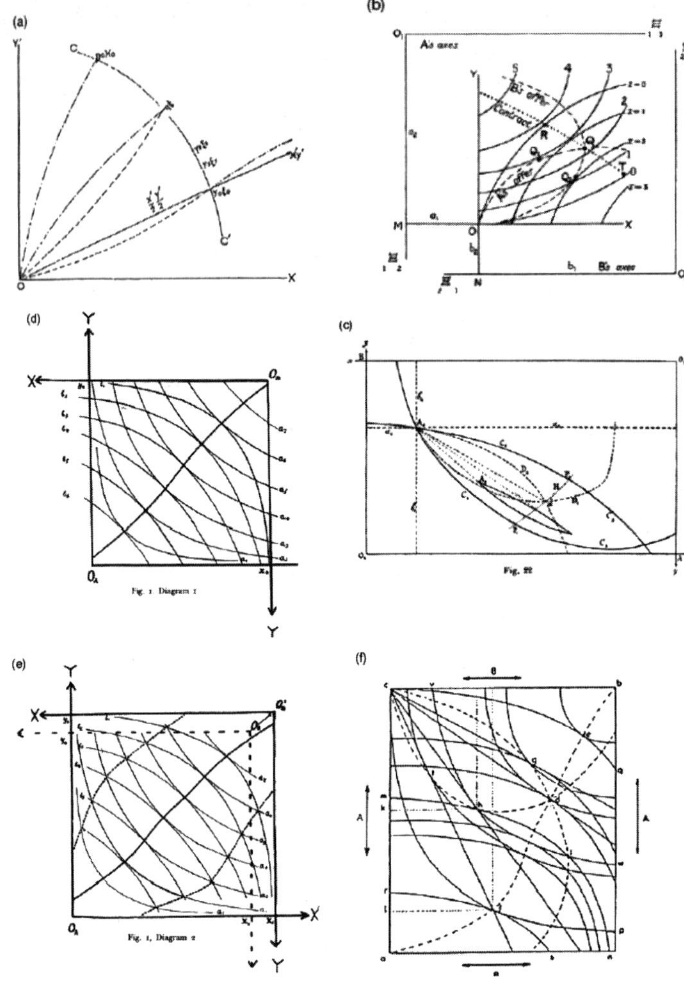

图 3.5　第二部分中原始盒状图表的历史序列

(a) 埃奇沃斯交换图 (1881)　来源：F. Y. Edgeworth, *Mathematical Psychics*. London C. Kegan Paul & Co., 1881, fig 1 p. 28.

(b) 鲍利的盒状图　来源：Arthur Lyon Bowley, *The Mathematical Groundwork of Economics, An Introductory Treatise*. Oxford: Clarendon Press, 1924, fig. 1, p. 5. Reproduced with permission from Oxford University Press.

(c) 勒诺尔的盒状图 (1913).　来源：Marcel Lenoir, Études sur la Formation et le Mouvement des Prix. Paris: M. Giard & É. Brière, 1913, fig. 22, p. 21.

(d, e) 西托夫斯基扩展版盒状图 (1941)　来源：T. De Scitovszky (1941), "A Note on Welfare Propositions in Economics", *The Review of Economic Studies*, 9: 1, 77-88, fig. 1 diagram 1 on p. 80and fig. 1 diagram 2 on p. 81. Reproduced with permission from Wiley-Blackwell.

(f) 里昂惕夫的盒状图　来源：Wassily Leontief (1946), "The Pure Theory of the Guaranteed Annual Wage Contract", *Journal of Political Economy*, 54: 1, 76-79, fig. 1 on p. 77. Reproduced with permission from University of Chicago Press.

熟悉埃奇沃斯与帕累托的工作，找出了后者盒状图的算法，并似乎已经预期到了鲍利（Bowley）将交易起始点移入盒内的创新（图 3.5c）。显然，帕累托的贡献在英语文献中并没有很快被知晓，这或许解释了为什么鲍利的图像（1924）（图 3.5b）遵循了埃奇沃斯的方向（即潜在的西北—东南），而他同样把两个交易者放在了相对的角上。虽然他几乎呈现了一个盒状图，但它仍然是开放的，或者说，不闭合的，它的轴长是可变的。鲍利把数字标在无差异曲线簇上：他认为它们虽不可测量，但是有顺序的表征，是满意度的测量仪，这个图表中的数字就像是温度计上的读数，差异是“温度计是标准的；虚构的测量仪是无法校准的”（鲍利，1924，第 2 页）。①

勒诺尔和鲍利最重要的图像变化是将交易起始点——依据无差异曲线交易开始的点，我们现在称之为“禀赋点”（该点代表每个交易者可以交易的资源有多少）——转移到了盒状图中间。② 通过对比，埃奇沃斯曾画出克鲁索和星期五从他们各自拥有自己全部数量的商品那点开始交换商品。这个富有想象力的进步是有后续影响的，因为即使无差异曲线可以完全画在盒内（正如汉弗莱在图 3.1 中显示的），每个交易者的供给曲线也必须从他们的初始禀赋点绘制：禀赋的每一个变化都会改变他们可能达成的交易，因此出现了很多解。大部分新古典经济学家关于盒状图的应用都遵循这一方向，即从盒状图中的一个初始点开始，并利用该点去阐述效率问题和最优结果，但这些结果必须在给定初始商品量的前提下才是最优的。所以，如果假设初始禀赋点已经给定，在初始的财富分配中关于福利和公平的问题就会被消除。Merkies 的讲座就是关注公平问题的，正如我们现在所看到的，这些问题已经被禀赋点移到盒子内的历史性发展所掩盖。勒诺尔和鲍利的版本在福利经济学的历史中是具有重要意义的改变。

正如我们已经看到的，该图最初是用来分析两个人的交易结果的。

---

① 这个习惯与基数效用论和序数效用论（以及无差异曲线）的争论相关，并与更为广泛的心理学及经济学的联系有关联。关于这些问题的论述历史，参见 Coats（1976）。

② 经济史学家已经就是否埃奇沃斯原始图能被称为盒子，以及埃奇沃斯、鲍利和帕累托对盒状图的产生和发展的相对贡献进行过争论（详见 Creedy，1980；Tarascio，1980；和 Wetherby，1976）。勒诺尔的贡献一直不为人知，直到 Chaigneau 和 Le Gall（1998）重新发现。在英国文献中，那个盒状图有时被称为埃奇沃斯－鲍利盒状图，可能是因为鲍利对埃奇沃斯工作的继续，他加入了两个轴及禀赋点的具体创新。

埃奇沃斯从杰文斯的个人快乐和痛苦的效用图中继承的问题是：如何刻画仅有两个交易者的情形——不是很多交易者之间存在的双边市场交易。他描绘了一个孤立的小岛经济世界——只有克鲁索和星期五——来提供一个富有想象力的焦点，考虑这样的两个人将会如何议价以及在哪种条件下完成交易。他认为，交换点将基于契约曲线，但确切的位置将取决于其相对的议价能力。帕累托利用盒子定义了在可移动区域内朝向交换点如何移动将导致双方效用的增进。鲍利利用他的盒状图（图3.5b）论证交易区不在契约曲线上，而应被限定在马歇尔的供给曲线和契约曲线之间的交易点范围内：鲍利的 Q_1QQ_2（如果 B 被确定为价格比，该解将在 Q_1；如果 A 为控制价格，则解在 Q_2）。对于帕累托和鲍利来说，正如埃奇沃斯所讨论过的，交换的结果既依赖原有的资源禀赋点，也有赖于在交易谈判中双方的相对议价能力。里昂惕夫（图3.5f）使用图表来标记另外两点——他记为 e 和 f，相当于埃奇沃斯契约曲线上的边界点（点 C 和 C'，现代版在图3.6a中）——完全垄断者"完全歧视"的交换点，与埃奇沃斯较早的完全竞争点的位置形成对比。

盒子的边缘可能看起来并不重要，但对于图像，边仍是一个需要慎重考虑的元素。而鲍利的两轴虽然在延续，但没有闭合，西托夫斯基（Scitovsky，1941）（本书的图3.5d），像帕累托一样，将轴线延伸到了盒状图外，确实勒纳（Lerner）（1933/1952）也这样做过，他用生产要素替代了交换商品，用生产图代替了效用图，使他的盒状图代表生产，而不是交换。我们看到，在西托夫斯基的工作中盒状图是否相连，也就是资源是否固定是具有重要性的。他用自己的图展示了如果盒子在尺寸上增长会发生什么。他文章中的关键点是在两种情况下资源配置效率判定的差异，这两种情况是指在经济中总资源是固定的还是可变的，前者利用一个固定的盒状图来表示，后者利用一个可变大小的盒状图来表示。这一变化效果的表现对于现代盒状图的使用者来说是很难理解的：这里存在一个想象和认知的困难。

看到模型时，人们禁不住会想，如果扩大盒子并延长轴，无差异曲线图便可体现更多用来交换的奶酪和葡萄酒（在无差异曲线上，代表口味的曲线是没有理由改变的）。当然，这些无差异等高线在盒子内的概念空间里，总资源量的增加将有效地使盒子从中心向外扩大。当轴长加长时，感知空间和概念空间也扩张了，这样，他的第一个图中的契约曲线就变成了第二个图中的两条虚线（参见 Scitovsky's，1941，图 1，图表 1 和表 2，本书的图 3.5d 和图 3.5e）。通过延伸一侧轴长和缩短另一侧轴长来增加资源量，这与现代经济学家的图表不一致。

每一个进展、每一个添加、每一次形状或内容上的变化，或每一次埃奇沃斯盒状图的重建——每一个新的图像——都是由经济学家关于个人怎样进行经济交换的想象来驱动的。通过最初的历史序列图表（图 3.4 和图 3.5），我们看到了这个想象和制图过程的结果。这个过程给人们的印象是，经济专家开始使用模型时非常谨慎，在 20 世纪 50 年代初期其形式演化逐渐稳定。我们看到，随着经济学家在交换问题可视化及利用模型阐述答案方面更加自信，更多因素被加入，且图表也更加复杂。另外，当我们开始把这些原始图表和汉弗莱在图 3.1 中的现代版本对比时，可以看到二者之间存在一个巨大的差异。但在里昂惕夫（1946）（本书的图 3.5f）之后，原始的图表和汉弗莱的图表实际上变成了一样的。在这一点上，我们甚至可以说这些表征成了“现代版”的，并且里昂惕夫也确实把那些（原始）图表视为“传统的”。

如果我们做相反的对比，将汉弗莱所提供的、体现这些改变的图表现代化的所有历史序列与真实的历史序列进行比较，我们可以发现有时候他会减少一些因素而集中在某些新的因素上，有时则增加新的元素，有时候会绘制盒子的新版本，以使新的版本图能提供必要的表现力、论点，和对早期图表的解释。因为早期的图表缺少资源来呈现某些因素，他的补充和变化看来不是必需的。然而，在某种程度上它们更有效率，部分是因为在不同时期，解释和论证中语言与图表的比例是不同的。早些年的使用者对他们的图表更为吝啬（也许由于印刷的原因，他们不得不这样）。例如，对比里昂惕夫的图和汉弗莱在图 3.6a 中的图，可以看到，他们都呈现了相同的概念设定：无差异曲线、契约曲线、供给曲线和完全歧视垄断者的交换点。二者都标注了相同的关键点，但值得注意的是与汉弗莱的图相比，里昂惕夫的图表复杂得多。这是因为里昂惕夫仅仅用一个图表去解释当时的所有因素和理论结果，而到那个阶段时，汉弗莱在他的文本中利用的已经是第九个图了。

另外，一旦盒子被确立为目前封闭的形式，就很难再以旧图表的方式表征事物。如我们在图 3.6b 中看到的，埃奇沃斯在他的竞争开放空

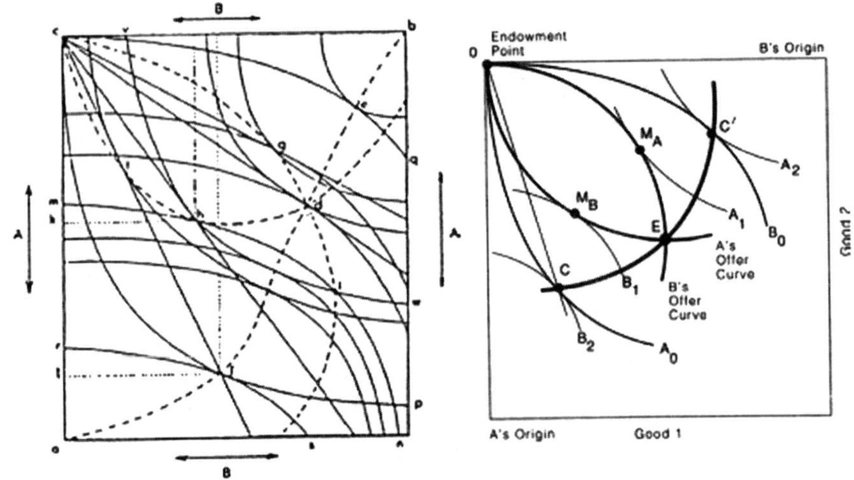

图 3.6a　现代经济学家的图和原始盒状图的匹配

左图来源：Wassily Leontief "The Pure Theory of the Guaranteed Annual Wage Contract"，（1946）*Journal of Political Economy*，54：1，76－79，fig. 1 on p. 77. Reproduced with permission from University of Chicago Press.

右图来源：Tom Humphrey "The Early History of the Box Diagram"（1996）*Economic Quarterly*，82：1，37－75，figure 9. Reproduced with permission from the author，Tom Humphrey，and The Federal Reserve Bank of Richmond.

间中（非盒状图），能够在一个图表中表征出不完全竞争的变化过程，这种可能性在汉弗莱的现代格式中得不到体现，汉弗莱的盒子是封闭的，其代表的经济中的资源量是固定和预设的。汉弗莱需要增加 4 个图表去呈现出相同的变化过程。[①] 另一个例子，参考上面讨论过的西托夫斯基（Scitovsky，1941），其图表呈现了汉弗莱很难表现出的内容，因为现代盒子固定的大小没有足够的空间。他的现代重建图要求汉弗莱重新考虑图像，但并不要求他再次经历原始模型建构者富有创造力的飞跃。

早期图表对经济现象的表征和呈现空间的弹性二者的结合，使现代使用者更难以理解。一旦图表在形式和内容上稳定了，其具有的一些弹性空间就消失了，尽管与此同时，盒子所代表的空间扩展了，并在原有的交换和福利领域之外增加了生产和国际贸易的领域。经济学家在继续发现盒状图的新用途，并把它们变成一种探究其他经济领域的方式。关

① 为了使对汉弗莱的论述更加公平，埃奇沃斯后来确实使用了第二个图（他的图 2，第 40 页）——对于增加的交易者如何使市场均衡点移动给出了一个特写式的观点。

于这些图表的创造性的运用看起来并没有停止，即使主要的图形在形式上已经确立。

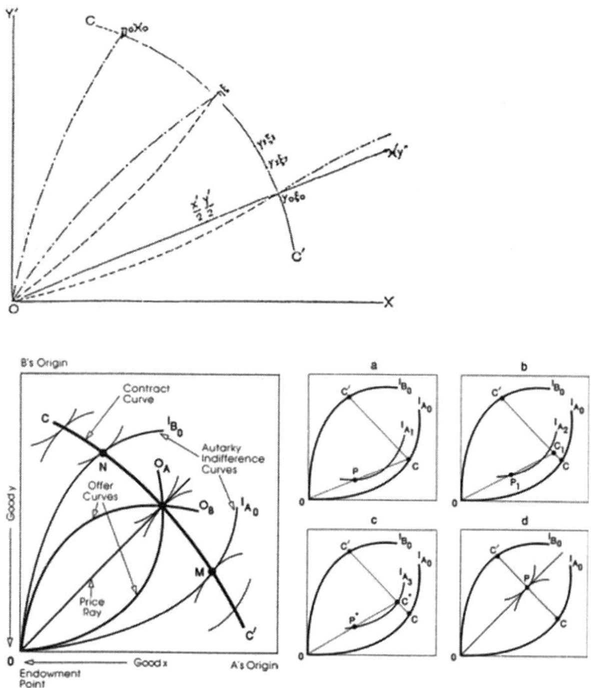

图 3.6b　现代经济学家的图和原始盒状图的匹配

上图来源：F. Y. Edgeworth, *Mathematical Psychics*. London：C. Kegan Paul & Co.，1881，Fig. 1，p. 28.

下图来源：Tom Humphrey “The Early History of the Box Diagram”（1996）*Economic Quarterly*，82：1，37 – 75，figures 2 and 4. Reproduced with permission from the author，Tom Humphrey，and The Federal Reserve Bank of Richmond.

也许对于非经济学家来说，关于盒状图的历史，最奇怪的程序是对个人身份的加密处理与合并，以及对他们所拥有和交换的商品的加密处理与合并。回忆 Merkies 的讲座，商品——奶酪和葡萄酒——的颜色编码是怎样突然被加密处理成了个人的代表。这些融合的元素在无差异曲线中作为一系列偏好表现了出来；也就是说，个人被原点（或资源禀赋点）和以两种商品的形式表现的偏好所代表。但是他们很少有个性，他们的无差异曲线是根据经济学家的“期望”来绘制的。Albert 和 Beatrice 作为字母被标记在轴上或原点处：在鲍利的图表中，个人 A 和个人 B 交换商品 1 和 2，而在里昂惕夫图中，个人 a

和个人 b 交换商品 A 和 B。在西托夫斯基的图中，有个人 A 和 B，在无差异曲线上标记为 a 和 b，并且交换商品 x 和商品 y。这是令人疑惑的，这里一致性的缺乏也表明他们的身份是多么不重要。这些是没有任何象征和特殊意义的符号，在盒状图中，无论是个人还是商品都没有任何特别的特征值得提及。从 Merkies 的图中似乎可以看到的是，在其边缘所表示的个人和商品才是最重要的事情。在埃奇沃斯盒子中，他们仍具有特征：鲁滨逊·克鲁索和星期五；但是到帕累托时代，他们则成了画家画中的影子。在第 4 章中，我讨论了这些个人在经济学中怎样变成了影子，但在这里，只有那个描述个人在盒状图中交换行为的概念性装置是重要的，这一装置被想象、被描绘、被构建成模型，但个人的个性却被忽略了。

3.6.2 新颖性

尽管经济学家不能可视化地表现 Albert 和 Beatrice 的全部细节，或者他们的奶酪和葡萄酒（这些图表对于埃奇沃斯、帕累托，以及其他使用者来说是重要的，因为，与语言描述的经济学相比，盒状图能使他们把这些象征性的个体置于一个不同的关系框中表征不同事物），但这种表征行为会将经济世界直接可视化为数学的象征符号和其他非语言表意形式，这会在模型中创建一个全新的世界。与这些新形式一同形成的是大量的概念性内容。①

盒状图的内容呈现了历史的模型序列。图 3.4 和图 3.5 向我们展示了与模型相关的新的概念性因素是怎样被发展成一个分析工具的。埃奇沃斯对于 Jevons（1871）的个人效用图表和马歇尔（1879）的交易图表做了实质性的发展，在两个交易者（国家）的商品空间中他把效用概念绘制到了商品空间里：为每一个交易者和他们的契约曲线加入一个无差异曲线（查看 Creedy，1986）。这些无差异曲线和契约曲线是埃奇沃斯重要的概念创新，它们在他的图表中第一次得到呈现。帕累托提供了无差异图，并展示了交易范围，在此范围内与价格线相关的福利改善是

---

① 新表述形式与新内容之间的关系印证了 Weintrab's（1991）的论点：将动态的经济学理论构建为数学形式如何改变了这些理论的本质。科学发现中意象式推理与概念创新相联系的更多例子见 Nersessian（1990），Griesemer 和 Wimsatt（1989），和 Toulmin（1953，第二章），他们也用了鲁滨逊和星期五作为讨论的中心。

可以谈判的。鲍利介绍了将初始禀赋置入盒状图内的可能性，并清楚地在同一张图中展示了从这一新原点出发的供给曲线，以表明可供选择的议价范围。西托夫斯基分析了当商品空间大小发生变化时，效用曲线图将会发生什么变化。里昂惕夫把无差异曲线、供给曲线、契约曲线和价格线的所有概念性因素全部放在了同一个图表里。虽然与这些因素相关的一些想法有很长的历史，但是，这些概念性工具不是存在于模型之前或在模型之外的，在表征方面这些概念因素是全新的，是在模型之内并与模型一同发展的。

作为对新颖性这一论点的验证，想象一下以一种充分准确的语言去描述里昂惕夫图表，以使它的所有部分和内在的关系变得非常清晰。这样一种描述是可以实现的，但是必须运用经济学家现在习惯用的数学和空间术语去描述这些经济概念。但是，这些相同的概念和术语的定义和它们的发展变化取决于图表创建及其经济学推理。这样，经济学家就可以把数学模型转换成文字术语（有一定难度），但是，这是一个新的正在被表征的世界，一个在未创建图表世界时无法被表征的新世界。当一位今天的经济学家试图去解释第 1 章中的经济表时，他做了一个想象和认知的类似实验，但这一案例与先前的例子不具可比性，不仅因为它采用了全新的概念化材料，也因为其表征方式完全不同。

我在这里应该谨慎地指出，当埃奇沃斯盒被描述为一个数学模型时，它并不只由数学构成。回想第 1 章中的模型创建，当它为经济世界的直觉提供了更多准确的表现形式时，它同时也提供了模型推理的规则。考虑盒子模型中可选择的移动范围和操作，这一点得到了最好的诠释。当两个交易者的无差异曲线在一点相切时，二者将会在该点达到最佳选择，这一观点利用了数学概念和逻辑。但是，这些供给曲线、无差异曲线，以及不可交易空间等装置都依赖于对模型中元素的新经济概念性内容的理解。鲍利将原点移到盒状图表内对基于盒状图表内容的福利论证是有意义的。西托夫斯基显示增加资源量的意义的图表，要求对由这些新曲线经济意义所决定的图表进行变化，这些新曲线来源于三维图，所以它们不遵守二维图的规则和逻辑。无论是数学知识还是主题概念性知识都是表征所用到的基本内容，因此模型推理不仅依赖数学，也依赖经济主题信息去定义操作的可用规则。[①] 从这点来看，将埃奇沃斯盒转换为没有主题内容的纯数学形式和将其转换成没有数学内容的纯语言形式是同样困难的。

Michael Lynch（1990）在从社会理论角度讨论图表时指出，从更一般意义上来说我们有一个新的模型版本的世界。例如，他指出，"图表并不明显地被用作一种独立的表征方法。如果它从文中被去除，人们也不会觉得非常需要它，因为它对文本只做了微小的补充"。因为对独立性的额外关注，这一观点是 Mahoney 对于去图表推理的更强烈的版本，并且与 James Griesemer 的平行论证（1991）相呼应，James Griesemer 认为，相对于文本中其他的表征形式，图表也许是不可消除的。这些关于图表独立推理作用的观点，支持了模型的自主性，即正是因为图表功能的独立性，模型在科学上扮演着一个潜在的强大的认知角色（参见 Morrison 和 Morgan，1999）。对于埃奇沃斯盒，其潜能依赖于它独立的表征内容。正如我们在前面讨论中已经看到的，内容是概念性的。埃奇沃斯盒状图包含着一些新的概念性工具，这些工具不能用语言形式来表征和操作，也不能完全用纯粹的数学术语（无主题）来表征。这就解释了它怎样逐渐带有了一种独立的表征功能，并且解释了为什么埃奇沃斯盒图有着如此持久的生命力，作为一个自主模型不仅表征了交易中的个人，而且包括了其他因素和关系。

如我们在 Merkies 的论述中看到的，运用与盒状图示一同发展的概念性因素进行推理已使经济学可呈现普遍规律，因此我们可以把埃奇沃斯盒状图看作一个现代新古典经济学的速记版本：以两个消费者、两个生产者、两种生产要素和两种商品论证高效的生产、效用最大化、纳什均衡和帕累托最优。简言之，这些都是新古典经济学最基本的构成板块和主要结论。埃奇沃斯盒不但是新古典经济学的一个微型版本（微缩模型），也是该经济学的一个标志模型和角色模型。[②]

---

① Weintraub（与 Ted Gayer）（2002）的第 5 章关于 Patinkin 和 Phipps 的讨论是一个绝佳的例子，解释了数学家和经济学家因为不能明白彼此的观点是如何各说各话的。

② 我感激 Tim Hatton，他建议了"标志模型"这一说法（见第 10 章）。参见 Baden－Fullerand 和 Morgan（2010）在讨论某些真实的公司如何像"商业模型"一样运作时得出的微缩模型与角色模型的差异。

3.7 在模型中看世界

我现在回到对特定表征语言在经济学历史上重要性的讨论。一些先驱性的数理经济学家希望以新的方式表征经济学，在这方面从语言到图表的进步可能与某种更激进的改变有关，而不只是从句子到代数的变化。这种说法的依据可在拉金和西蒙的分析中得到（1987，第 66 页）。他们发现当用句子表征问题和用图表表征问题时，论证展开的方式是不同的。图表形式表征了一个问题的位置和空间关系，而句子则表征了一个问题的时间或逻辑关系。[①] 相对更大的改变要求从句子表征到图表表征的转变（而不是从句子到方程）。当 19 世纪晚期第一代建模者用数学化构建一个新的经济学版本时，为什么图解扮演了如此重要的创造性角色，也许文字标识和图表表征的不同的可能性是原因之一。

但在第 1 章我提到过，形式也能在某些方面直接影响模型的推理规则，或者，正如拉金和西蒙表达的观点："表征之间的差异并不源于观点而是源于操作。"（拉金和西蒙，1987，第 68 页）从我们使用模型的方法来看，不管我们将一个人标注为 A 或艾伯特，影响都不大，但是用埃奇沃斯盒状图、一组句子或一组方程式讨论个人的关系和交换均衡时，不同的方法有着不同的效果。埃奇沃斯发现用语言或者数学公式分析不完全竞争的交换问题（越来越多的交易者）是效率极低的，但使用他的"从抽象到典型"的图表案例方法情况则完全不同。这让我回到本章开头的论点：形式和语言的选择在模型新版本制作中是很重要的。

与句子表征和代数表征相比较，图形推理可能也得益于某种认知优势。值得注意的是，拉金和西蒙讨论了一个经济学的例子——供给和需求的马歇尔交叉："图表的巨大功用源自感知力的提升，事实上它明确了平衡点的相对位置，因此辅以简单直接的感知操作结论便可以被读出。"（拉金和西蒙，1987，第 95 页）[②] 这里的基本观点是：一旦图表被构建，感知元素就可辅助解决理解和使用图表概念空间的认知问题。

① 感谢马塞尔·鲍曼指出了这些句子形式不是可简化的或可简单互译的。这是对我在 3.1 部分的观点"正式对应"的更强有力的解释。

② 视觉在交流和理解中的首要作用被反复肯定，参见 Arnheim（1969）中有更有力的论证：思考是感知的。Tufte（尤其是 1983 年和 1997 年）的一系列书称赞了这两个观点。

一旦模型已经建立，感知元素有助于用盒子模型进行推理和用图表构建论证链，正如我们将在马歇尔交叉图（第7章）中看到的。正是盒状图示的产生和发展使参与其中的经济学家开启了经济学新的认知概念空间和资源。

让我综述一下这些零散的论点：科学家在模型中描绘经济世界时所做的选择，决定了利用不同模型形式的不同感知可能性的认知优势的能力。这些选择包括对表征形式的选择和对表征因素及它们关系的方式的选择。通过把模型与视觉化表征中的类似改变相关联，我可以表达出模型的重要性。埃文斯（1953）在描述版画技术的引入时，给我们类比了经济学家是怎样在第一时间创建模型的。他问道：版画家是怎样做他们的视觉表征的？这种视觉表征与经济建模者的方式看起来很相似，埃文斯在描述前者时写道：

> 然而，即使合格的、忠实的观察者和记录者也有很明显的局限性。首先，他只能有选择地画出所观察的事物的很小一部分。然后，如果有足够的勇气和远见，他可能学得会以一种特别的方式来观察，并在画图时遵循某些线条结构体系和惯例的要求，这些看事物的方式、体系和惯例无法被捕捉和呈现，也就没有表现在他的陈述中。简言之，我经常称这些惯例为句法（Ivins，1953，第60－61页）。

因此，埃文斯直接带我们回到了语言和惯例。对于早期的版画家，不同的地区发展出了不同的视觉表达惯例。很明显，意大利版画家注重三维效果和从空间角度集中表现物体的轮廓，德国人则更侧重表现物体的质感。埃文斯评价这一效果时说道："即使是最伟大的（德国版画家）也将事物看作位于一个独立空间之外，并且该空间与事物的形状无关；而更胜一筹的意大利人则认为空间只是体现了事物之间的关系。"（Ivins，1953，第64页）

这一相似材料重申了我关于数理经济学的观点。新的表征方式——数学模型——引导经济学家以一种特别的方式去观察；每一种不同的可视化形式，例如算术、代数或几何、图表甚至机械，都可以引导我们注意模型中经济因素的不同方面。描写和认知是密切相连的，同时二者也与概念和感知密切相连。清楚地感知并用模型描述世界并不是经济学家的出发点，而将经济世界可能的样子可视化并用模型描绘它们的直觉——想象与图像——才是经济学家的出发点。在模型化的过程中，经济学家会发展新的概念，他们和我们会因此逐渐感知到经济世界中的新事物（第10章将讨论）。一种探究熟悉的交换问题的新方法导致我们对表象的内涵产生了一种新感觉。

3.8 结论

我早前就讨论过，模型在经济学数学化的过程起着重要作用，首先是因为经济学家不能一次就把经济世界转换成数学化版本，其次是因为他们需要创建新的词汇和新的方式去思考经济世界，就像版画家必须学习新的绘画方法并创作出新形式的画作。埃奇沃斯盒的历史为我们提供了经济学中关于这些主张的一个典范。它呈现了，在数学模型或表征方式逐渐发展稳定的过程中，一个新世界——一个数理经济学世界——的创建过程是怎样逐步实现的。一个数理经济学版本的交换关系并不是已经存在只等着被解读出来：交换的情形和过程必须被想象并表现出来；它们必须被视觉化为新的表征方式：埃奇沃斯盒。

同时，这个特殊模型的独立的表征内容和功能有助于创建新的因素，从而构建更充分数学化的经济学版本。创建埃奇沃斯盒和利用它作为一种探究的方式，产生了一些数理经济学的重要概念，这些概念最终被证实与经济学进一步数学化的过程有着更普遍的关联，并且有助于说明在学科允许范围内这些观点的表征和推理。这些概念元素——无差异曲线、契约曲线等——有很长久的生命力，远超过最初在埃奇沃斯盒中被赋予的生命力。这些元素非但没有被困在某种特定的模型中，还被证明可以自由地被用于其他模型甚至是完全不同于经济学的模型。例如，无差异曲线在微观经济学中通常被用作标准表征工具。1959年，马丁·舒比克（将作为一个主角出现在第8章）将盒中可达成交易的契约曲线范围重建成了博弈论中一个重要概念的核心。通过设计一个与盒子情形相符的“实验室”，相关实验研究了人们的交换行为（我们在第8章也会看到）。这样一种可脱离其原有模型组合的概念性内容的重要性在于它形成了一般性语汇，相较于与某具体时间和目的紧密关联的技术术语，一般性语汇更有用。这样的抽象概念性元素最初形成于模型中，之后又深深扎根于经济学中。当我们发现这些抽象概念性元素时，我们便开始明白在现代数理经济学中模型繁荣发展的方式和原因，以及数理经济学如此依赖模型的原因。①

这样，我们便回到了我最初的主张，即建模对于经济学的历史和科学的本质的重要性。（正如很多经济学家长期以来论证的）这不只是说数学在表达上更准确，在使用中更高效更耐用，在论证中更严谨，关键是，经济学并不是开始于经济世界的数学版本的，而是开始于经济学家想象经济世界是怎样运行的，并创建了图像或模型，这是一个思考出规律并将其体现在模型中的综合过程。这些数学模型表征了与文字解释不同的内容，它们包含了不同的概念并运用了不同的论证方式。它们将文本中的一些内容独立表征出来，而这些概念性的内容不太（容易）能用文字表达，正是这种特性使模型成为数学化版本的经济世界的一个重要组成部分。因此，对于现代经济而言模型是建构性的，而非解释性的。

致　谢

本章内容是为 2002 年 3 月在蒙特利尔召开的“经济科学与视觉化表征”研讨会而著的，2001 年 10 月，在伦敦政治经济学院自然与科学哲理研究中心的物理学与经济学评估组评估中被首次公开，之后被提交到多个研讨会讨论，包括分别在剑桥大学、伦敦大学玛丽学院、加利福尼亚大学戴维斯分校和匹兹堡大学召开的研讨会，经济学社会历史年度研讨会和在澳大利亚国家博物馆举行的 2005 年澳大利亚国立大学丰田杯 2005 年系列公开讲座。在此尤其要感谢每一位对本章内容提出建议的人，他们是罗伊·温特劳布、尼奥·德·马其、查尔斯·拜登福勒、哈罗·鲍曼斯、保罗·泰勒、汤姆·汉弗莱、托尼·罗森、约翰·戴维

① 当然，这并不表示这样的概念化内容仅与模型一同产生。Ingrao 和 Israel 对均衡概念中的无形的手的观点和一般均衡理论发展做了说明，他们的说明为原本基于非模型的概念化和数学化发展提供了平行解释。另外，他们指出在 20 世纪中期小规模模型发展于这一领域的工作中，他们把这种发展解释为经济学家复制了物理学家所使用的建模方法。我在第 1 章的讨论中指出了一个不同的模型发展年代表以及模型在更早期的数学化过程中扮演着更加重要的角色。

斯、玛格丽特·夏巴斯、麦克·马奥尼、克里斯·瑞特、罗伯特·里奥纳德、伊夫·金格拉斯、伯特·莫塞恩斯、鲍勃·布瑞尼、蒂姆·哈顿、保罗·福里吉特和杜阮。我衷心感谢在 2000 ~2001 年，当我学习并思考可视化问题时，从加利福尼亚大学伯克利分校和宾夕法尼亚大学的科学历史项目主持人那里得到的帮助。我诚挚感谢大英科学院对本研究的资助。2002 年 11 月，本章部分内容被提供给 PSA（并于 2004 年发表）。我感谢在研讨会上给予建议的各位，包括毛里西奥·苏亚雷斯、巴斯·范·范弗拉森、安德里亚·伍迪和罗纳德·吉雷。尤其要感谢阿诺德·莫克斯和柯尼·恩赫伦允许在文中引用他们的文本和图表，并感谢埃达·克罗姆特的文本翻译，感谢汤姆·汉弗莱允许在文中使用他的图表。感谢蒂尔·格伦和嘉拉·巴罗尼协助本研究。

参考文献

Arnheim, R. (1969) *Visual Thinking*. Berkeley: University of California Press.

Baden_ Fuller, Charles and Mary S. Morgan (2010) "Business Models as Models". *Long Range Planning*, 43: 2 -3, 156 -171.

Bajgrie, B. S. (1996) [ed] *Picturing Knowledge: Historical and Philosophical Problems Concerning the Use of Art in Science*. Toronto: University of Toronto Press.

Blaug, Mark (2007) "The Fundamental Theorems of Modern Welfare Economics, Historically Contemplated". *History of Political Economy*, 39: 2, 184 -207.

Boumans, M. (1993) "Paul Ehrenfest and Jan Tinbergen: A Case of Limited Physics Transfer". In N. De Marchi (ed), *Non -Natural Social Science: Reflecting on the Enterprise of More Heat Than Light* (pp. 131 -156). Annual Supplement to History of Political Economy, Vol. 25. Durham, NC: Duke University Press.

Bowley, A. L. (1924) *The Mathematical Groundwork of Economics*. Oxford: Clarendon Press.

Chaigneau Nicolas and Philippe Le Gall (1998) "The French Connection: The Pioneering Econometrics of Marcel Lenoir". In Warren J. Samuels (ed), *European Economists of the Early 20th Century*, Vol. 1 (pp. 163 -189). Cheltenham: Edward Elgar.

Coats, A. W (1976) "Economics and Psychology: The Death and Resurrection of a Research Programme". In S. Latsis (ed), *Method and Appraisal in Economics* (pp. 43 -64). Cambridge: Cambridge University Press.

Cook, Simon (2005) "Late Victorian Visual Reasoning and Alfred Marshall's Economic Science". *British Journal for History of Science*, 38: 2, 179 - 195.

Creedy, J. (1980) "Some Recent Interpretations of *Mathematical Psychics*". *History of Political Economy*, 12: 2, 267 - 276.

(1986) *Edgeworth and the Development of Neoclassical Economics.* Oxford: Blackwell.

(1992) *Demand and Exchange in Economic Analysis: A History from Cournot to Marshall.* Aldershot: Edward Elgar.

Daston, Lorraine and Peter Galison (1992) "The Image of Objectivity". *Representations*, 40, 81 - 128.

De Marchi, Neil (2003) "Visualizing the Gains from Trade, Mid 1870s to 1962". *European Journal of the History of Economic Thought*, 10: 4, 551 - 72.

Edgeworth, F. Y. (1881) *Mathematical Psychics.* London: Kegan Paul, London. (New annotated edition. In Peter Newman (ed), F. Y. *Edgeworth's Mathematical Psychics and Further Papers on Political Economy* (pp. 1 - 174). Oxford: Oxford University Press for the Royal Economic Society, 2003.

(1891) "Observations on the Mathematical Theory of Political Economy, with a Special Reference to the *principles Economics* by Alfred Marshall". *Giornale degli Economisti*, March, 233 - 45.

Ferguson, Eugene S. (1977) "The Mind's Eye: Nonverbal Thought in Technology." *Science*, 197: 4306, 827 - 36.

(1992) *Engineering and the Mind' Eye.* Cambridge, MA: MIT Press.

Fisher, I. (1892/1925) *Mathematfcal lnvestigations in the Theory of Value and Prices. New Haven*, CT: Yale University Press.

Goodman, N. (1978) *Ways of Worldmaking.* Indianapolis: Hackett.

Griesemer, James R. (1991) "Must Scientific Diagrams Be Eliminable? The Case of Path Analysis". *Biology and Philosophy*, 6, 155 - 80.

Griesemer, James R. and William C. Wimsatt, (1989) "Picturing Weismannism: A Case Study of Conceptual Evolution". In M. Ruse (ed), *What the Philosophy of Biology Is* (pp. 75 - 137). Dordrecht: Kluwer.

Hamminga, B. and N. De Marchi (1994) *Idealization in Economics.* Amsterdam: Rodopi .

Hoffman, M. (2004) "How to Get It: Diagrammatic Reasoning as a Tool of Knowledge Development and its Pragmatic Dimension". *Foundation of Science*, 9, 285 - 305.

Hughes, R. I. G. (1997) "Models and Representation". *Philosophy of Science*,

64, S325 - 36 .

Humphrey, T. (1995) When Geometry Emerged: Some Neglected Early Contributions to Offer - Curve Analysis". Federal Research Bank of Richmond. *Economic Quarterly*, 81: 2, 39 - 73

(1996) "The Early History of the Box Diagram." Federal Reserve Bank of Richmond. *Economic Quarterly*, 82: 1, 37 - 75.

Ingrao, B. and G. Israel (1990) *The Invisible Hand*. Cambridge, MA: MIT Press.

Ivins, W. M. (1953) *Prints and Visual Communication*. Cambridge, MA: Harvard University Press.

Jevons, W. S. (1871) *The Theory of Political Economy*. London: Macmillan. Keynes, John M.

(1926) "F. Y. Edgeworth". *Economic Journal*, 36, 140 - 53. Lakatos, I (1976) *Proofs and Refutations*. Cambridge: Cambridge University Press.

Lancaster, Kelvin (1957) "The Hecksher - Ohlin Trade Model: A Geometric Treatment". *Economica*, 24, 19 - 35.

Larkin J. H. and H. A. Simon (1987) "Why a Diagram Is (Sometimes) Worth Ten Thousand Words". *Cognitive Science*, 11, 65 - 99.

Latour, B. (1986) "Visualization and Cognition: Thinking with Eyes and Hands". *Knowledge and Society*, 6, 1 - 40.

Le Gall, Philippe (2007) *A History of Econometrics in France*. London: Routledge.

Lenoir, Marcel (1913) *Etudes sur la Formation et le Mouvement des prix*. Paris: M. Giard & E. Briere.

Leonard, Robert (2003) "Mini - Symposium on Economics and Visual Representation" *European Journal of the History of Economic Thought*, 10: 4, 525 - 686.

Leontief, W. W. (1946) The Pure Theory of the Guaranteed Annual Wage Contract". *Journal of Political Economy*, 54, 76 - 9.

Lerner, A. P. (1933/1952) "Factor Prices and International Trade". *Economica*, 19, 1 - 16.

Lynch, M (1990) "Pictures of Nothing? Visual Construals in Social Theory". *Sociological Theory*, 9: 1, 1 - 21.

Lynch, M. and S. Woolgar (1990) [eds] *Representation in Scientific Practice*. Cambridge, MA: MIT Press.

Maas, Harro (2005) *William Stanley Jevons and the Making of Modern Economics*. Cambridge: Cambridge University Press.

Mahoney, M. S. (1985) "Diagrams and Dynamics: Mathematical Perspectives on

Edgerton's Thesis". In J. W. Shirley and F. D. Hoeniger (eds), *Science and the Arts in the Renaissance* (pp. 198 – 220). Washington: Folger Books.

Marshall, A. (1879/1930) *The Pure Theory of Foreign Trade*; *The Pure Theory of Domestic Values.* Reprints of Scarce Tracts in Economics, No. 1 (London: London School of Economics and Political Science) and in J . K. Whitaker (ed), *The Early Economic Writings of Alfred Marshall* 1867 – 1890, Vol. 2 (1975) (pp. 111 – 236). New York: Free Press.

Merkies, A. H. Q. M. (1997) "*Zo*" Afscheidscollege, September, 1997, Vrije Universiteit, Amsterdam.

Mirowski, P. (1989) *More Heat Than Light.* Cambridge: Cambridge University Press.

(1994) *Edgeworth on Chance, Economic Hazard, and Statistics. Lanham*, MD: Rowan & Littlefield.

Morgan, Mary S. (1996) "Idealization and Modelling". *Journal of Economic Methodology*, 3, 131 – 48.

(2004) "Imagination and Imaging in Model – Building". *Philosophy of Science*, 71: 5, 753 – 66.

Mary S. Morgan and Tarja Knuuttila (2012) "Models and Modelling in Economics". In U. Mäki (ed), *Handbook of the Philosophy of Economics* (one volume in *Handbook of the Philosophy of Science*. General Editors: Dov Gabbay, Paul Thagard, and John Woods). Amsterdam: Elsevier/North – Holland. Available at: http: //papers. ssrn. com/sol3/papers. cfm? abstract_ id = 1499975.

Morrison, M and M. S. Morgan (1999) "Models as Mediating Instruments". In Mary S. Morgan and Margaret Morrison (eds), *Models as Mediators*: *Perspectives on Natural and Social Science* (pp. 10 – 37). Cambridge: Cambridge University Press.

Nersessian, Nanc (1990) "Methods of Conceptual Change in Science: Imagistic and Analogical Reasoning". *Philosophica*, 45: 1, 33 – 52.

(2008) *Creating Scientific Concepts.* Cambridge, MA: MIT Press.

Netz, Reviel (1999) *The Shaping of Deduction in Greek Mathematics.* Cambridge: Cambridge University Press.

Pareto, V. (1906/1971) *Manual of Political Economy.* Translated by A . S. Schwier. London: Kelley/ Macmillan.

Peirce, C. S. (1932) *Collected Papers*, Vol. 2: *Elements of Logic.* Cambridge, MA: Harvard University Press.

Richards, Joan (1988) *Mathematical Visions*: *The Pursuit of Geometry in Victorian*

England. Boston: Academic Press.

Rotman, B (2000) *Mathematics as Sign: Writing, Imagining, Counting.* Stanford, CA: Stanford University Press.

Scitovsky, T. (1941) "A Note on Welfare Propositions in Economics". *Review of Economic Studies*, 9, 89 - 110.

Tarascio, V. J. (1980) "Some Recent Interpretations of Mathematical Psychics: A Reply". *History of Political Economy*, 12: 2, 278 - 281.

Toulmin, Stephen (1953) *The Philosophy of Science.* London: Hutchinson.

Tufte, E. R. (1983) *The Visual Display of Quantitative Information.* Cheshire, CN: Graphics Press.

(1997) *Visual Explanations.* Cheshire, CN: Graphics Press.

Weintraub, E. R. (1991) *Stabilizing Dynamics: Constructing Economic Knowledge.* Cambridge: Cambridge University Press.

(2002) *How Economics Became a Mathematical Science.* Durham, NC: Duke University Press.

Wetherby, J. L. (1976) "Why Was It Called an Edgeworth - Bowley Box? A Possible Explanation". *Economic Inquiry*, 14: 2, 294 - 296.

角色塑造：

理想类型、理想化和漫画艺术

4

4.1 引言

经济学是关于人和他们的行为的。但是经济学家发现明确经济动机和个人行为与分析整个经济同样困难。并且，虽然每个人仅是整个经济中的一个小单位，但是由于他或她的行为创造了交易、市场和总量经济，所以个人不能够被忽视。当我们寻求个人经济描述时，我们很快发现在过去的两个世纪中，经济学家已经创造了一系列关于经济人的描绘，一大批对经济主体的描绘，每一个都被塑造得与他们那个时期的经济学风格和内容相符。然而，早期被描述的人物带有明显的人类热情，后来的人物逐渐变成了影子，因为经济学家的人物设计越来越受到更明确的理论需求驱动。这些系列经济人模型最初是用语言描绘的草图形式代表的，后来是用符合数学概念的术语代表的。在此过程中，经济学家开始用符号指代这些模型中的角色，并且，正如上一章所言，将他们匿名地标记为可替换的 x 和 y 或者 A 和 B。我们可以把这些当作模型，每一个模型中的个人动机或行为描述都被确定并被严格限定在经济范围内。在这里，我们要处理的不是一个小世界的发展，而是一个模型人，这个人的一些方面很少被描述，而别的方面却被像漫画一样刻画出来：这是一个经济人，而不是一个完全的人。

同别的经济模型相比，这些模型人不能以同样的方式或在同样的水平上被运用和操控，但是他们可被用于推理。这些经济人是经济学家研究的对象，也是他们用于研究的工具。经济学家研究模型人以探索他们关于经济人行为构想的内容和全部含义。他们还利用经济人模型进行探索，因为从某种意义上而言，每个经济人模型都为真实的经济行为提供了一个比较和基准，这些真实的经济行为来自真实世界或最近的经济学实验。但经济学家也用这些模型进行另一种更有趣的探索。在 20 世纪，经济学家学会了以“代理人”指代他们的经济人——考虑到这个术语在经济推理中的角色，这是一个需要严肃对待的术语。经济模型人呈现的特征可能被减少了，但是他有代理作用：他具有驱动功能。他是演员，影响着其他经济模型的可能性和结果，例如在埃奇沃斯盒状图中的交换情形（第 3 章）或者囚徒困境博弈（第 9 章）。换句话说，用这些经济模型进行的探索依赖于这些小世界中模型经济人的特征——尤其是经济人的知识、理想和偏好。对经济人的不同特性的描述（他是自私的还是合作的）或者不同的表述方式（无论是数学描述还是语言描述）将得出不同的行为规则，也因此用这些模型推理会产生截然不同的结果。因此，虽然经济人可能是经济学家模型工具箱中最小的单位，但他是一个非常有用的单位：他的行为在其他经济模型中可得出各种各样的结果，在经济学的余下部分中也是如此。

对经济人的描述是经济学家的专属领域——因为在经济中我们都是演员，并且能够观察自己和那些与我们互动的人。因此，我们有理由认为，经济学家首先要通过观察他们自己或其他人，才能逐渐认识到经济行为中什么是重要的，然后才能精简并保留重要的元素去描述经济人。然而，这种哲学家常称为理想化的过程可以很好地呈现 19 世纪早期对经济人的描绘过程，但它不能涵盖后来发生的变化。如果我们追踪经济学家说明模型人的历史，我们会发现各过程的融合一直在继续，不仅仅是精简模型人的特征，还有对特征的抽象、形成概念，甚至是增加和夸大某些特征等。然而，在构建人的模型时，经济学家很可能是在构建他们自己的模型，因此这一构建过程经常是经济模型内容和本质评论的主题，这些评论都具有重大意义并提出了很多质疑。那些反思，尤其是社会科学的反思，提供了两种关于构建这种模型的有趣观点——理想类型的创作和漫画的创作，我将在本章中探讨。

4.2 特征化经济人：古典经济学家的理性经济人

古典经济学家们，从亚当·斯密到卡尔·马克思，在对经济行为的描述方面都是杰出人物，但是他们中几乎没有人创造过经济人模型。苏格兰道德哲学家和古典经济学创始人——亚当·斯密——当然也是如此，在《国富论》（1776）中，他对于经济行为的描述太过全面以至于无法被用作模型。斯密把经济行为刻画为直觉（从自身利益出发的交易倾向）、才能、动机和偏好的复杂混合的产物。在斯密关于财富如何被创造和如何在国家内被分配的说明中，所有这些特性都是至关重要的。其作品对经济人进行了详细描述，描述所用的措辞一直被用到近年来的历史学和人类学中。然而，他同时代的学者们并不认为这样的描绘是实事求是的。例如，托马斯·里德把这样的描绘看作将现实商业社会虚构成一个品行端正的商业社会的写作手法。①

无论人物是否虚构，斯密对经济行为的特征刻画没有构成模型人。为什么没有呢？仅仅是因为人物太复杂而无法用其进行推理。斯密把个人的动机与特定的表现（如他投资时的审慎）相联系，但要同时全面追踪这个人物所有特征的全部表现并非易事，因为这些特性之间相互影响，又与很多其他特征相关联，并且受许多条件的影响。同时，使用他对人的说明来探索整个经济也是不容易的。因为，即使斯密的描述表明了因果效力是存在于个人层面上的，但是，是行为总体的影响才真正催生了 19 世纪的政治经济规律，例如最低工资理论或马克思的资本主义周期理论。这些规律呈现了个体行为在集体层面产生的意料之外的后果，以及个体对这些后果的无能为力。② 我们曾在李嘉图尝试归纳出分配规律时了解过这种困难。当李嘉图从个体农民开始，用他的模型农场同时代表个体农场和总体农业时，要努力得出一个解决方案是不易的（见第 2 章）。

古典政治经济学并不是一门模型人能够轻松起作用的科学，然而也有一些模型人起作用的例子。李嘉图的好朋友，一个教区牧师——托马斯·马尔萨斯——担心当时人口快速增长的问题。在 1830 年的论述中，他认为这个问题源于人类两个主要动机的相互作用：人类创造孩子的自然倾向常常胜过人类利己主义的倾向。他还提出了两个简单且总是起作用的自然繁殖规律（即人口以几何级数增长，但粮食供应仅仅以算术级数增长）。这两个动机，结合这两个规律，在工作的穷人的生活中形成了一个循环：从堕落的贫困到满意于最低生活水平。同时，依照有关经济规律的古典思想，马尔萨斯认为，因为世界中其他令人不安的特征的

① 例如，为了让我们融入他的商业社会图画，斯密在开始论述时便努力说服我们，接受对买卖、实物交易和交换的基本偏好是自然的。感谢 Harrro Maasz 对这一观点的讨论（参见 Bhimani，1994，关于“商业人”真正出现的一段历史）。

② 即使斯密对经济个体的描述构成了一个模型，当他用模型探索经济运行时，也一定是极困难的。

干扰，这些假设循环可能无法被观察。

马尔萨斯的人物确实形成了一个模型人，因为对人物特征的刻画足够精简，可以进行推理。他的经济和人口动机是简单的，也是一系列人口和经济结果的根源。此外，马尔萨斯还通过反事实的思想实验探询了人物行为的结果，即构思模型人的其他可能特征，并弄明白这些可能特征会产生什么不同结果。所以马尔萨斯告诉我们，如果人们能用他的远见和推理能力来控制家庭的规模，那么人口增长的规律将是不同的（也因此马尔萨斯称赞教育的好处）。在19世纪后期马尔萨斯构建的这个论点对达尔文进化论的发展有重要意义，并且这一论点被不断地周期性重提，因为人口增长不断周期性地成为一个重大的政治问题。

在马尔萨斯的文章中，我们发现了一个对在经济学中起模型作用的人的描绘，正是（正如我在第1章中讨论的）这个模型的构思为我们推理经济规律和探索实体经济提供了资源。他的模型人在现代经济学中有直系后代。他们以更复杂的统计外形出现，并且在奥克特以电脑为基础的人口动力学的微观模拟模型中与成千上万相似的模型人、虚拟的模型人和人一同出现（第8章中讨论）。马尔萨斯的模型人更直接的影响是，它为约翰·斯图亚特·穆勒的稍晚的主张提供了一个范例，他的主张就是为使经济学成为一个能独立发展的科学，我们需要特征精简的模型人。虽然穆勒作为一个19世纪伟大的哲学家而知名，但他也是一位政治经济学家。他把经济学定义为处理个人有明确限定范围的动机和倾向的科学，即个人（穆勒的模型经济人）的经济学，因为他认为只有通过界定经济学的主题域范围并进一步缩小对个人经济行为特征的定义，经济学家才可以构建科学的论述。

值得注意的是，穆勒对他的模型人的描述与他对经济学的定义紧密相联：

> ……一门论述财富创造和分配的科学，到目前为止它们由人性法则决定（穆勒，1836，第318、321～322页）。[①]

---

① 《政治经济学定义》这篇论文有两个没有重大差异的版本：1836年和1844年。1844年的版本收录在穆勒的《作品集》第四卷（1967）中，文中与1836年版不同的部分以方括号标注。

尽管穆勒和马尔萨斯都属于广义上的古典经济学学派，但是穆勒描述的内容明显不同于马尔萨斯。穆勒的经济人的动机包括一个持续的积极动机，即对财富的渴望，和两个“持续的”消极动机：厌恶工作和痴迷奢侈品（他把马尔萨斯的性驱动降级为一个重要但非经常性的动机）：

> 它（经济人）不论述被社会状态改变过的人性的整体，也不论述人在社会中的整体行为。它（经济人）仅把人看作渴望拥有财富并且能够判断不同方法的相对功效以获得该方法可能造成的结果的人来论述……。它（经济人）将每一个其他人的激情或动机进行整体抽象化处理，除了那些可能被视为一直违背财富渴望原则的现象，即厌恶劳动和沉溺于奢侈品的及时行乐的渴望。在某种程度上，（经济人）把这些渴望纳入计算是因为不同于我们其他的渴望，这些渴望不只是偶尔与财富的追求相冲突，还是始终伴随它（经济人）的累赘和障碍，因此在考虑它（经济人）时必须考虑这些渴望（穆勒，1836，第 321 ~322 页，斜体）。

在穆勒的理性经济人（是他著名的人物）中，我们得到了一个对懒惰、吝啬但完全有效的守财奴的描述。在他的经济体制说明中，穆勒的特征精简的经济人是非常强大的，但并不像马尔萨斯的模型那样能给出具体结果（有关人口），而是有力地证明了穆勒影响力的广度。例如，《财产法》——据穆勒所说——也是拥有财富的这一基本渴望的产物，因为这一体系是被人类设计出来以巩固其财富积累成就的。

马尔萨斯和穆勒所遵照的过程使他们能够根据自己所选择的经济动机的层次来描绘经济人的构成。他们的策略可被描述为先聚焦后简化：首先挑出能代表经济动机和经济行为的内容，然后去掉所有的非经济因素。然而穆勒将其定义描述为“抽象”过程的结果而不是删减或者简化过程的结果（见上文）。对他来说，政治经济学是一门“抽象科学”（1863，第 325 页），如几何学一样，是一门定义、假设和推导的科学。Hamminga 和 De Marchi（1994）在法律这一更广义的语境中而非理性经济人的语境中讨论过这个抽象科学的概念。他们认为古典派作者对“抽象”的理解是认为抽象提供了一个更概括性的解释，但是正如他们指出的那样，对这种理解可以有至少两种进一步的解释，这两种解释都与考虑理性经济人相关。对于一些古典派作者，抽象意味着一个人物具有一般性的描述或解释作用，因此他几乎适用于任何地方（有很少的例外）。也许对这一点马尔萨斯是认同的，因为，尽管他所提出的人口法则和循环理论都不能通过观察世界直接得出，但是他的经济人行为可以在真实世界中找到。对于其他作者，包括穆勒，抽象意味着这个人物在真实世界的任何地方都不是直接适用的——因为任何地方都找不到这样一个人。正如穆勒对其经济人物的断言，没有“政治经济学家会如此荒唐地假设人类真的是那样构成的”（1836，第 322 页）。然而这并不意味着他的理性经济人与经济行为的解释不相关。恰恰相反，两者是相关的。在穆勒看来，经济学不仅仅是一门抽象科学，同时也是一门关于趋势规律的科学，假如一般规律总是被世界中许多具体的干扰所改变，那么一般规律就可能适用于世界中的具体案例。[①] 穆勒的趋势规律适用于我们所有人。因此，尽管应用是困难的，但他的抽象，即理性经济人，与解释每个人的经济行为（不只是某些类型的人）相关并允许其他原因出现。

4.3 概念形成：韦伯的理想类型和门格尔的人类经济

“抽象”有很多内涵，在经济学历史上，抽象的过程不仅与归纳相关，还与概念化、创造一种凝练的概念、压缩或减少（从烹饪的角度）深思熟虑过的现象的某些方面相关。[②] 在社会科学中，这种概念形成的抽象化创造了“理想类型”，有一个标签——事实上就是概念本身——

---

① “抽象后真实的规律，在具体现实中也总是真实的，有适当偏差。某一确实存在的原因，如果不加以干涉，必然会产生特定的影响，这一影响被其他并存的原因改变，最终将准确地符合真实产生的结果”（Mill，1836：326 - 327）。这是对为什么古典分析得出的规律很难被验证的辩护标准。关于穆勒和在经济学领域的现代支持者对趋势规律的讨论参见 Cartwright（1989）和 Hausman（1992）。关于穆勒经济人的讨论参见 Persky（1995）。

② 我们可以在古典流派中偶尔见到。斯密认为抽象的人物有劳动特性，这便为我的观点提供了很好的例证。劳动是古典经济学家劳动价值论中的重要特点，其作用在于巧妙地解释了不可简单比较的不同种类的劳动如何被理解并决定交换价值：“相对于一定量的劳动所表示的意思，一定量的特定商品能让更多人更好地理解。商品是一个简单易懂的东西，而劳动则是一个抽象概念，即使可以被处理得足够易懂，但总体不够自然和明显。”（Simth，1776，第 1 册，第 5 章，第 5 段）

与20世纪早期伟大的德国社会科学家马克斯·韦伯的研究最为密切相关。

韦伯的理想类型是通过概括"经验事实"构建的，然而在这个过程中，他创造了抽象概念，这一概念被他描述为"纯粹虚构"。[1] 韦伯尊重一些经济学家的研究并通过他们的研究找到了与自己思维方式相似的经济学家。19世纪晚期奥地利经济学派[2]的创始人——卡尔·门格尔——便是其中之一。门格尔对经济人的描述出现在他的个人或"人类经济"的概念中（与他同时代的德国经济学历史学派的"国家经济"形成对比）。在他1883年的作品中，门格尔从他认为人类经济最重要的元素开始讨论，即：

> 预先计划的活动旨在满足我们的物质需求。……每一个经济主体的直接需求都是由每一个个案中个体的本性决定的，……个人可获得的商品完全由当下的经济情况所决定，……因此，每一个具体的人类经济的出发点和目标都最终并完全地由此刻的经济情况所决定（门格尔，1883/1985，第217页，书中斜体部分，此处用下划线表示）。

考虑到个体当前情况的限制，门格尔的经济人的目标和行为都是通过在可选商品中选择以满足个体需求（在本章中，我们稍后将讨论这一定义中"情况"的重要性，第9章将更进一步讨论）。对于门格尔来说，所有人都有许多不同的需求想要满足：例如，人需要水——饮用、洗涤、养牲畜等，同样他也希望满足对于不同商品的需求——食物、衣服、保暖等。门格尔在1871年的《经济学原理》中用一个计划表(图4.1)呈现了个体对不同商品的价值的评估（罗马数字，水平线）和每一个商品带来的不同程度的满足感（阿拉伯数字，垂直线）。该计划表说明，为满足个体的需求，人对每一个商品的数量的选择和不同商品数量的选择是有一定顺序的：首

① 参见 Weber（1904）；两个引用的短语分别出自：（Weber，1913）第98页和（Weber，1917）第44页。有关门格尔与韦伯对抽象概念的比较，参见 Zouboulakis（2001）。

② 参见 Weber（1908［1975］）。布鲁斯·考德威尔在讨论哈耶克的近年的书中，很好地描述了韦伯和门格尔之间的历史关系。

先是必需品，其次是相对次要的需求，直到从消费各种商品的每一个元素中获得的满足感相等为止。

THE THEORY OF VALUE

Ⅰ	Ⅱ	Ⅲ	Ⅳ	Ⅴ	Ⅵ	Ⅶ	Ⅷ	Ⅸ	Ⅹ
10	9	8	7	6	5	4	3	2	1
9	8	7	6	5	4	3	2	1	0
8	7	6	5	4	3	2	1	0	
7	6	5	4	3	2	1	0		
6	5	4	3	2	1	0			
5	4	3	2	1	0				
4	3	2	1	0					
3	2	1	0						
2	1	0							
1	0								
0									

图 4.1　门格尔的消费计划表

来源：Carl Menger，*Grundsäze der Volkswirtschaftslehre*，Wilhelm Braumüller，Vienna，1871，p. 93（Reprinted facsimile，London：London School of Economics and Political Science Reprints of Scarce Tracts in Economics，No. 17，1934）.

在反思他如何得出这样一个人类经济的概念性解释时，门格尔将其目标描述如下：

> ……查明一切真实事物的最简单元素，因为它们是最简单的，这些元素必须被严格地作为典型加以考虑。这样做是力求仅通过一个局部的经验现实主义分析设置这些元素，完全不考虑这些元素在现实中是否以孤立现象的形式呈现，甚至不考虑这些元素是否能够完全纯粹地被独立呈现。通过这种方式，理论研究形成了本质上完全标准的实证形式。确切地说，这样便得出了理论研究的结论，这种结论不能被完全的经验现实所验证（一些经过讨论的实证形式，例如，绝对纯氧、纯酒精、精金、只追求经济目标的人等，在某种程度上只存在于我们的想法中）（门格尔，1883/1985，第 60 ~ 61 页）。

在门格尔 1871 年的政治经济作品中，他先后将这些“真实的最简单的”元素组合成了对经济人依其个人情况而定的理性观点和行为的说明和解释。当穆勒从对人类动机的完整描述中挑出——抽象出——他认为的人类的主要经济动机时，门格尔构建了他对人类经济的设想，通过把最简单元素的定义顺序排列起来以建立他对典型经济行为的抽象概念。[①]

如果我们认识到门格尔的经济人并非字面普通意义上的理想或类型的话，我们就可以更深刻地理解作为一种理想类型的门格尔的经济人。马赫卢普（Machlup，1978，第213页）指出，按照门格尔所生活的时代和区域的社会概念来理解的话，“理想”并不指一些完美的元素，而是“想法”的形容词形式；“类型”不是指我们所见到的一种分类，而是指一种“心理建构”。[②] 这些评论有助于理解奥地利学派经济学家，如门格尔。例如，他相信有限的知识是人类特征的另一重要组成部分，而在他对经济人的描绘中可以发现这一特征。门格尔理想类型的经济人是一个抽象的形象，其关键特征是它提供了一个经济行为的概念模型，既不是理想化的人物也不是世界中一个具体的自然人类。

门格尔认为通过内省式的观察和深思熟虑的逻辑推演的过程，他可以获得一般的或准确的规律，即“抽象经济现实的现象”，而不是“真实的人类经济现象”，后者在某种程度上极不符合经济原则（门格尔，1883/1985，第218页，书中斜体部分）。[③] 也就是说，由于门格尔的经济人是从抽象的概念层面来描绘的，该解释即使勉强也难以适用于真实世界，这证明我们发现了与穆的早期描述不同的“抽象”的概念。那么如此抽象的概念化的——理想类型的——模型的功能是什么呢？韦伯的回答如下：

> 理想类型的概念有助于我们发展研究中的估算技能：此概念不是“假设”但能指导假设的构建。此概念不是对现实的描述但它的目标是给这样的描述提供一个明确的表达方式，……它是一个概

① 这一构建概念并非指“合成定义模式”，Bruce Caldwell（2004）认为奥地利经济学家们用“合成定义模式”得出了社会是个人集合的结论。

② Fritz Machlup（1978）追踪了从19世纪晚期德语区对理想类型概念的讨论到近代对理想类型概念的讨论。

③ 马赫卢普将门格尔的理论解释为区分了“严格的”（理想的）类型和“真实的”类型，并指出了两种类型（经济人）的更多差异：没有真实类型与之对应的严格类型的经济人和在可观测的常规现象中有真实类型与之对应的其他理想类型（现象）例如“自由市场价格”（1978，第255～256页；也可参见第230～232页的评注和Menger，1883/1985，附录Ⅵ）。（也可参见 Mäki，1997）马赫卢普汇报了当时学界就两个问题的激烈争论：理想类型是否可能或确实与真实类型相反；从理想类型中是否可能恢复真实情况。参见 Hempel 关于理想类型目的的讨论（1965，第7章）。

念性的构思（概念性图像，德语），这种构思既不是历史性的现实也不是“真正”的现实。甚至不太适合用作一个包含真实情况和行为的实例的架构。其意义在于它作为一个纯粹理想化的限制性概念可以与真实的情况和行为进行比较，并对其进行调查以解析其本身某些有重要意义的组成部分（韦伯，1904〔1949〕，第90页和第93页，书中斜体部分）。

所以韦伯认为一个理想类型能促进我们对社会科学家的世界的理解，不是因为它可以被直接应用，而是因为它是我们探寻世界的一个基准装置；不是因为它是一种假设，而是因为它使我们能够构想这样的假设。理想类型不是作为理论或实证描述起作用，而是作为能支持社会科学家探寻两个领域的独立手段或工具在起作用。[①] 换句话说，在第1章的讨论中我们认为模型具有探寻经济学的工具的功能，而理想类型也具有相同的功能。与这些理想类型一样，经济学家的抽象概念模型形成了一种微妙而复杂的工具。

在经济人的历史中我们已经找到了两个关于抽象的概念。在穆勒的描述中，抽象指类似做一篇读者文摘的过程：与其说是缩短和简化，不如说是提炼出主要的经济特征，以便他们能够从整个细节中脱颖而出。这与我们在门格尔的作品中发现的抽象的概念形成了对比：他的抽象指一个概念形成的活动，这个活动不易描述但明确地包括了一个比精简更具建设性的过程。马克思·瓦托夫斯基指出，我们可以把科学中概念的形成看作一个科学家把感知转变成更抽象的心理图像的过程。[②] 这样的感知不是严格意义上的观察，但一定有直觉和理解，并且科学家要利用他们的认知和想象力才能将这些感知转变为概念或抽象的想法。门格尔将他对典型经济行为的分析和他对理想类型形象的创造描述为为了获得典型的实证形式而做的理论工作，这样的工作似乎确实与抽象这种概念的形成相类似。

但是，正如瓦托夫斯基所指出的，当这些抽象创造了能用象征形式

① 理想类型并不一定要形成可用的科学模型，正如不是所有的类比都可以形成可用模型一样。这种问题再一次——正如在马尔萨斯早期的案例中一样——被归结为理想类型是否能足够简单而准确地构成并有助于经济推理。

② 参见 Wartofsky（1968，第2章）。

表示的概念时，将会为将概念转化为符号开辟各种新的可能，这种符号可被操作、推理和更广泛地使用到除原始资源外的其他情境中。从这个意义上说，在门格尔的“人类经济”与杰文斯的“计算人”的抽象过程中，最重要的区别是他们的表征语言。尽管两人对经济的描绘处于同一时期且都包括概念形成的工作，但正如我们接下来将看到的，杰文斯坚定地将用语言符号描述转变为用数学语汇描述并开启了对个人经济行为思考的全新的更强大的操作模式。也许更重要的是，杰文斯的数学化描绘能够容易地适用于许多新情境。

4.4 符号化的抽象：杰文斯的精明人

威廉姆·斯坦利·杰文斯（1871）的经济人是一个精明的消费者，其动机和行为是从根本无法观察到的心理学层面定义的。[①] 与穆勒相似的是，杰文斯只明确地解决了人的经济动机问题；但穆勒的描述是基于古典的生产和分配规律的，而杰文斯则以消费规律为主要基础。杰文斯的描述是受效用主义的经济道德原则启发而产生的：

> 经济学必须建立在对效用条件全面而准确的调查的基础之上，同时，为了理解这种要素，我们必须且有必要调查人的需求和欲望，……经济学依赖于人类享乐的法则无疑是明显的（杰文斯，1871，第 102 页）。

这一定义脱离了穆勒的经济人以商品或金钱的形式积累财富的欲望，而倾向于经济人从消费商品中获得乐趣或效用，从而用在穆勒理性经济人中发现的消极动机中的一个取代了持续的积极的动机。

杰文斯的描绘以正式的数学语言进行。计算和心理学在这里并重，因为杰文斯的经济人是一个追求享乐的人——他最大化消费效用，这里效用以一种统一的方式被构思出来。[②] 起初，杰文斯使用了杰米里·边沁基于心理学的有七个维度的效用解释：强度、持续时间、确切与否、

---

① 有大量精彩的关于杰文斯的文献，尤其值得参见 Maas（2005a），Schabas（1990），和 Peart（1996）。关于穆勒和杰文斯的比较，参见 Maas（2005b）。

② 在这一方面，相较于同时代的 J. B. 克拉克（1899）将效用与形式、时间、地点等相联系，杰文斯的效用构想的范围更小。

远近后果、能否增长、是否纯粹、范围。[①] 杰文斯认为最后三个与道德理论相关，但不与“我们试图在经济学中解决的简单且受限制的问题”相关（第 95 页）。他将剩下的四个“情况”中的两个——强度和存续期间——改为用数量表示，以便每一个快乐体验的数值（或者其负面价值，痛苦）都能够被绘制在笛卡尔坐标的二维空间中。这种图示表征使他能够描述人类如何从消费商品中获得快乐，快乐（或者效用）又是如何基于生理学原理随着商品消费的持续而下降的。虽然杰文斯的基本观点与门格尔的观点有很多相似之处，但杰文斯把快乐（或者效用）的强度解释为随着时间持续（或者商品数量增长）不断变化的东西，这种抽象与经济人及其行为的数学化构想相一致。这些在杰文斯的图 4（见图 4.2）中可以看到，图中横轴标记商品消费的数量，纵轴标记从商品消费中获得的快乐的强度。

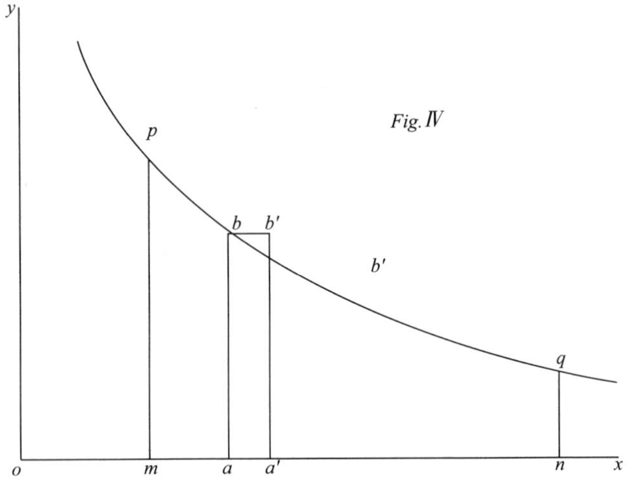

图 4.2 杰文斯的效用曲线

来源：William Stanley Jevons, *The Theory of Political Economy*, 1871, London: Macmillan & Co., fig. 4 on p. 49.

正如马尔萨斯和穆勒早前将斯密的广泛的古典经济描述简化为一组简单的经济动机，以便它们能够较容易地推理人的行为，杰文斯减少了

---

① 杰米里·边沁（Bentham, 1789/1970）的科学论断包含了一种精神还原主义理论，该理论认为感觉（快乐/痛苦）会引起心理联想并且快乐是同质的和可测量的。尽管他用了数学隐喻“幸福计算”“精神病理学定律”等，但他没有用数学方法表达这些想法。

边沁的效用分析的维度，不仅使它容易处理，而且数学化处理了经济人的消费感受和决定。通过把边沁的语言思想转化为数学构思和符号来表示经济人的行为，杰文斯对人的行为特征刻画的精确度提升到了新的水平。这也使他把最新形成的描述带进数学实验室，并且使他能用数学推理形式研究其经济模型人的动机和感受。正如在第1章中讨论的，这样探寻的规则与模型的形成一同产生：因为其经济人是从数学上定义的，所以在模型中支配经济人行为的规则也是从数学上定义的。因此杰文斯用数学规则剖析他的经济人的感受，用计算衡量经济人从消费中获得的效用总量（由图表中的一个区域来表示），将从连续消费“边际单位”商品中获得的效用的“最终程度”沿着曲线标记出来。

杰文斯描述模型人行为的数学推理规则后来被用作人在模型中遵守的推理规则，因为他表明现实中的人会用同样的推理和数学做这样的计算（如杰文斯提出的）。也就是说，人类做出经济决定时要权衡、比较和决定如何最大化其消费效用：

> 现在个人思考的是平衡，即感受强度的最终判断，为了平衡个人会做各种比较（杰文斯，1871，第84页）。

例如，在杰文斯的表述中，当消费者需要在两种商品之间进行选择时，他会从心理上权衡不同商品连续消费的效用，当效用相等时商品可在边际处进行交换（这给出了交换比率或者个人相对“价格”）。当杰文斯把他的经济人描绘为根据这些数学观点来思考时，其理论的深层意义得以显现，即这是做出经济行为决定的过程。

杰文斯并未将效用定义为商品自身的性质，而是定义为“由商品与人类需求之间的关系引起的一种情况”（杰文斯，1871，第105页），即商品和人之间的关系，因此杰文斯的精明的人的效用评估——偏好和权衡——既不可观察也不可测量。所以，尽管有关人类行为的图表和数学运算呈现了准确性，但这些符号所代表的内容本质上是内化的并且只有研究对象本人知道。因此，穆勒图画中的理性经济人似乎表现了评论者可以客观地观察的行为，而杰文斯的精明的人是一个内省的人物，评论者无法观察他主观记录的感受。[①] 狄更斯通过描述史克鲁奇先生的外

① 近年来神经经济学的发展使之成为可能（参见后文第8章）。

在行为让我们看到了这位吝啬鬼对财富的追求（穆勒的经济人）和在他的圣诞梦中权衡过去与未来的快乐和悲伤（杰文斯的经济人），这只有在文学中才能实现！

与穆勒的观点相比，杰文斯的观点是，经济学的材料是数学的，因此，经济学家自然该用数学语言来描绘经济人，并采用数学的方法来分析。这一数学化的变化最后被证明是非常重要的，但在当时几经辩论。类似的争论出现在麦克马林的作品中，麦克马林（1985）写过对伽利略早期在自然科学领域使用数学的争论，以各种形式回溯到亚里士多德和柏拉图之间的不同意见。这种差异源于我们是否理解用数学语言书写的关于经济学本质的书。如果关于经济学本质的书不是用数学语言写的，杰文斯描述的数学化便是为了便利的目的强加了某种抽象化或者理想化：

> 数学理想化是把一种数学的形式主义强加于一个物理的（对我们而言是经济的）情境，并希望那种情境中的本质（从科学的观点看这些本质是人们所追求的）将有助于数学表述（麦克马林，1985，第 254 页）。

换言之，杰文斯将边沁的效用观点简化并改变为二维几何和微积分的数学形式的原因，可能被解释为使表述和后续使用更便利，而不是因为数学是表述经济人行为最好的且最准确的形式。然而本章中的杰文斯和第 3 章中的埃奇沃斯都认为经济学家用数学书写关于经济学本质的书是理所当然的（见沙巴斯，1990），正如麦克马林所说：

> 伽利略理所当然地认为几何学为时空的测量提供了适当的语言，而对于重力，算术就足够了（麦克马林，1985，第 253 页）。

不论经济人是否理所当然地屈从于数学描述，或者经济人的本质是否受限于数学形式，这一数学的抽象和概念的进步对于经济模型人后续的使用是意义重大的。杰文斯的描述是多种基本属性的结合：从心理物理学角度讨论的动机、经济人算计的心态和杰文斯描述的数学本质——所有这些基本属性对于经济学家从事抽象化任务的方式都有更长远的影响。因此杰文斯常被誉为现代经济学的创始人之一（见 Maas，2005a）。

因为他的贡献，经济人模型创建的方法与“规范化”密不可分。这就意味着经济学语言的变化，即由口头语言中非正式的且可能性差异极细微的表达形式（但推理可能性很有限）转变为更具局限性但更精确和中规中矩的数学形式（有较强的推理能力，正如第1章中所讨论的）。杰文斯之后，经济人一般都被刻画为与其数学化处理的特征相一致。

这个用数学化方法绘制的精明的模型人与经济学的其他部分有怎样的关联呢？在杰文斯边际经济学新制定的经济人概念中、在由这一概念产生的新古典主义经济学的理论中，个人似乎获得了因果力量，因为经济学规律在个体层面发挥作用而古典经济学认为它在集体层面发挥作用。如第3章中记录的，埃奇沃斯把杰文斯的精明的人带进了一个小世界的模型中——形成了埃奇沃斯盒——以探询经济人效用最大化行为如何使其决定与其他有限的几个精明人进行交换。且第3章还记录了，帕累托利用他符号化的抽象形式考察了一个经济人——x或y，A或B——如何绕过重重障碍达到愉悦的顶峰。一旦形成——正如其他杰文斯之前或之后的模型——杰文斯的模型人就被别的经济学家用来思考和推理其他情况下人类的经济行为。埃奇沃斯把杰文斯的“精明人”命名为一个“经济代理人”，一个起着激励作用的代理人，可介入其他模型中并展开推理。如我们将看到的（第9章），杰文斯的经济人发展出了代理人的角色，尤其是在现代博弈理论中。

作为探索世界的模型，杰文斯的模型人并不十分有效，至少在100年后的实验经济学出现之前，也许是在更现代的神经经济学出现之前是这样。原因之一是精明的人的算计外人无法观察到，另一原因杰文斯在陈述边际效用的数学理论时曾认真解释过：

> 我们将要描绘的规律（个体经济人的行为）将被构思为对于个人而言理论上是真实的；只有在许多人一起的集体交易、生产和消费中这些规律才可被证实。但总规律当然也依赖于适用于个案的规律（杰文斯，1871，第108～109页）。

这并不与马尔萨斯或穆勒所发现的古典经济学的集合问题相同，马尔萨斯或穆勒认为集合问题是：由于令人迷惑的原因的掩盖，在集体中，只有通过增加大量遵循相似行动过程的个体才能发现这种（集体）行为。依我们主观判断，这里的问题产生于遵守相同行为规律但有不同商品偏好的个体的行为的集合。对于“边际主义经济学家”，门格尔和杰文斯，每一个由个体经济人自由做出的价值决定都影响着总的结果。

在第3章，当埃奇沃斯（1881）强调每一个在市场上自由定约的个体（每一个有不同品位和欲望的个体，像鲁滨逊和星期五）的能力时，我们明确地看到了这一影响。同样，在法国边际经济学家里昂·瓦尔拉斯对一般均衡的规范的数学描述中，我们也能看到每一个精明的模型人的力量。从个体最大化效用的角度来定义经济行为最终意味着，即使经济中所有精明的消费者中只有一个人对一种商品的偏好发生改变，那么产品的需求也会变化，所有其他产品的价格也会随之变化，因为在整个市场的讨论中这些精明的个体是相互关联的。因此，穆勒所提出的从任何个体孤立的行为还原到真实世界的情况是几乎不可能的。也因此模型人是新古典经济学的一个重要特征，对于其他模型和理论的形成是一个强大的激励。但要使所有经济人都易于驾驭是非常困难的，因为后来经济学家必须决定是否所有经济人都完全一样，是否所有经济人都可能用一个特定的“典型的代理人”表述，或者是否需要明确地刻画出经济人特征的差异。[①]

4.5 夸大品质：奈特的投币机人

美国新古典经济学的主要代表人物是弗兰克·奈特，弗兰克·奈特（论文写于1915，发表于1921年）得出了在规范的新古典经济理论中使精明的人可以充分计算的所有细节。门格尔曾指出，得出这样的结论必须假设在价格理论中经济主体不会做出错误的行动，也不会在不了解情景信息的情况下行动（1921，第71页），这与他的“人类经济”的解释不同。奈特对此理论做了积极的发展。他认为，只有通过赋予精明的人一切经济中的信息（而不是门格尔在人类经济中的假设——信息是有限的），和对未来的正确的预期（而不是杰文斯的精明的人的描述中所回避的不确定性），该个人才能够做出必要的算计从而准确地判断在买卖和消费时应采取怎样的行为。对于理解实际经济生活中的人，这样的夸大是必要的，而且对于在新古典经济学家构建的整个经济数学理论

① 参见 Hartley（1997）和 Kirman（1992）。

中经济人能够起到的预期的作用，这样的夸大也是必要的。①

奈特成为经济学史上第一人，承认充满这样个体的世界不再可以被简化，而应该被“勇敢”地抽象。

> 上述所列的假设和人为的抽象确实是一个庞大的系列。目的是仅列出真正必要且有用的假设和抽象，而绝不是降低人为的程度或是降低假设条件与我们真实经济生活中条件的偏差值（奈特，1921，第 81 页）。

尽管古典经济学家将人的特征精简为理性经济人，但新古典主义经济学家如奈特夸大了经济人的某些特征（他的算计能力和他的“完备知识”）。同穆勒一样，他认为科学的经济学对待人时制定了严格的限制。但为了得出对市场和经济的整体运作的明确的分析结果，奈特认为，经济科学需要一个完全理想化的经济人，而不仅仅是一个简化的或抽象的人。鉴于此，奈特的描述与穆勒是不同的。奈特创造的模型人是专为新古典主义经济理论中高度理想化的数学世界所设计的：是一个人造的人物。只有假设这种人物有无限多，并且每个人的行为独立于其他人，新古典的分析才能完全描述出最大化宏观效用的竞争经济和均衡解。这个模型人是一个理想化的数学人物，其设计目的是使他能够在新古典经济科学的理想化的数学世界中完美表现。②

奈特认为，知识是一个非常关键的问题。尽管，或者更应该说是由于，经济人被赋予了信息和远见，奈特认为他的经济人模型并不聪明：

> 如果不考虑不确定性，智力本身是否存在于这种情形中是令人怀疑的。在一个在理论上可能拥有完备知识的世界中，所有有组织的再调整都会变成无意识的行为，即组织的自动行为（奈特，

① 参见 Giocoli（2003）论述韦伯如何预见这一要求。尽管这一经济人物扮演了数学角色，但奈特的定义是语言的。

② 这一对经济人的描述在新古典经济学规范数学理论化的过程中扮演着鲜明的中心人物的角色。奈特在 1921 年的论文中和阿罗在 1986 年都曾指出，这一经济人是一个有三个支架的高脚凳的其中一个支架。这个经济人必须和另外两个基本原理——完全竞争和一般均衡理论——相融合，才能得出高度规范的结果，这一结果是 20 世纪中期经济学的特征。但即使在那一时期，这一经济人也是孤立无援的，因为其每一个元素都相互依存。

1921，第 268 页）。

在讨论信息对理性行为有怎样的意义的文本中，韦伯也曾明确指出过，对这一相同的信息问题必须以“逻辑上‘完美的’方式”进行分析，但他之所以指出这一问题是为了通过比较确定真正的人的行为，而不是作为一个更广义的理论目标的要求（1917，第 42 页）。对奈特来说，关键不是确定真正的人的行为，而是这种模型人会在这种经济理论下如何行动。奈特（后来）将这一理想化的经济人描绘为一个投币机：

> 经济人既不竞争也不讨价还价，……他把其他人看作投币机（奈特，1947，第 80 页）。

甚至不是一个单一维度的人，而是一个纯粹效用最大化的非人的代理（就像经济学家现在所说的那样），这种娱乐机器既体验不到杰文斯的经济人的痛苦或快乐，也不像门格尔的经济人那样能满足个人需求，他没有马尔萨斯的经济人的恶习、美德、欲望，或者童真，也没有斯密的经济人的倾向、天赋或偏好。

奈特坚称这一经济科学的理想化人物——他的投币机模型人——无助于描述实际的经济行为，因此不能用于对社会有用的经济分析或政策干预。不同于穆勒将经济人描述为在某种程度上体现了每个人的某些特征，奈特的模型人不可用于分析真实经济中的行为。事实上，在奈特所写的道德评论中，他将人的真实的经济行为描述为被竞争所驱动但符合社会游戏规则的行为，这也是他对自由民主制的贡献。他明确否认他的分析作品中的理性经济人有任何对现实的引入。[①]

奈特为新古典主义经济学家形成理论所创造的经济人——我称它为投币机人（因为把人说成一个机器似乎比较奇怪）——积累了重要的额外信息和远见，这些被奈特强调的品质使该经济人能在新古典主义的

① 尽管奈特的这两个经济学的领域并不关联，但在描述美国人经济生活时奈特创造了第二个经济人人物（参见 Emmett，1994）。在这个描述中，我们发现奈特将竞争描绘为人类的强烈欲望和本能从而促使奈特描述人类行为（参见奈特，1923）。因某些强烈的基本本能所激发的对真实经济人特征的刻画与斯密的卡车、易物和交换的倾向以及马尔萨斯的进化的需要在种类上是相似的。奈特遵循了美国边际主义者 J. B. 克拉克的方法，克拉克的经济人可以被称为“社会人”（与通常被假设为孤立于社会之外的个体形成了对比），克拉克也有两种经济因素：一个用于形成理论，另一个用于描述世界。

系统中起核心作用。在思考市场经济时，韦伯已经意识到这种夸大。[①]

> 实质上，这种构建（交换经济）本身就像一个乌托邦，这个乌托邦是通过分析强调现实中的某些元素而构建的。……通过片面强调更多观点中的一个，再综合许多实际的个别现象（这些现象是分散的，彼此相对独立的，基本都存在但偶尔会缺失），并将这些现象放入一个统一的分析框架（理想国），就可以形成一个理想的类型。由于其纯粹概念化，这种精神构建（理想国）在现实中无法找到，这是一个乌托邦（韦伯，1904，第 90 页，书中斜体）。

韦伯对理性类型形成过程中的夸大或片面强调的解释与门格尔的人类经济的理想类型不同，后者以确定最简单层面典型的真实行为为基础。我们在这里看到的夸大与穆勒对其他动机抽象得出的吝啬有质的不同。先前经济人版本的形成过程，都是通过聚焦于经济动机，并从“抽象”（马尔萨斯和穆勒）的意义上来精简或抽象化的，或者通过完全不同的概念形成过程抽象而来（门格尔和杰文斯）的，在某种程度上，这些都意味着去除无关的元素。

如果奈特仅仅忽略了不确定性，正如杰文斯省略了边沁曾认为的与效用决定有关的不确定性，这与常用的无摩擦面例证相类似，在物理学中无摩擦面被用作通过理想化来解释建模概念的标准例证。但奈特的投币机人的模型是通过添加虚构或虚假来实现的。他不但忽略了不确定性或假设完全没有不确定性，还选择将不确定性的缺失定义为拥有完备的知识。[②] 或许令人惊讶的发现是在奈特描述的条目中增加了完备的知识意味着他的人物不需要有智力，也因此我们得出了人的投币机模型，因为一个自动装置不思考。正是完备知识的添加成就了我们看到的经济人，这个经济人被韦伯评价为奈特纯概念化的特征刻画下的经济人，因为奈特创造了新古典主义经济学家的乌托邦中的经济人模型。奈特的投

① Machlup（1978）提出 Comte 也曾记录过以此方式使用夸大手法；参见其作品第 228 页。

② 经济哲学家们，例如 Cartwright（1989）和 Mäki（1992），通常将“理想化”这一术语用于不正确陈述并认为理想化是淡化或言过其实，因为理想化基于有限的案例（例如将某些因素设定为零或是无限）定义得出，与忽略一个因素（Cartwright 用了术语“抽象化”而 Mäki 用了术语“孤立”）形成了对比。但将某物设定为零（忽略）和填入它的相反含义——例如，知识——是有区别的。也可参见 Boumans 和 Morgan（2001）中鲍曼所做的对各种假设其他条件不变的情况的相关讨论。

币机人可以被经济学家用来了解理想化的（理论上的）经济，因为它使他们能够在自己的理论中探索人的经济行为及最夸张形式下的行为结果。

4.6 将一幅漫画转变为一个角色模型：理性经济人

19 世纪的古典经济学和 20 世纪的新古典经济学都支持经济人人物拥有不同的模型这一做法。从上文中我们看到了奈特的经济人模型被赋予了人为假设的知识和远见，甚至其潜在的人物显然已经不那么像人类了，因为杰文斯对发生在真实人类头脑中的过程的探询被奈特放入了黑匣子（除了结果，过程及内部的复杂结构都已不可见），并且奈特用拥有异乎寻常的天赋的自动机器取代了经济人。经济人的另一个改变过程是不断“理性化”，这一过程也在逐渐地被黑匣子化。理性经济人似乎有某些更卡通的性质：他拥有明确的二维性格，尽管很受经济学家推崇，但其他社会学家却将他视为一个可笑的形象。① 然而尽管有这些卡通特质，理性经济人逐渐成为理性行为的角色模范。

经济人获得“理性”标签的过程是复杂的，但我在这里的目的不是解析这一过程，而是勾勒这一过程使其足以呈现我的经济人描绘画廊中另一个具有重要历史意义的经济人版本。② 为此，我只提供历史迷宫中的一条路径，以杰文斯和门格尔的经济人特征之间的区别为开始。杰文斯对精明人的数学分析，关注的是经济人如何做出从消费中获得最大效用的决定，并假设效用都体现为一种东西，因此人在不同种类事物间的选择的本质很少受到关注。一种东西增加比减少好，直到一个额外的（边际的）单位不再给他快乐，而只有痛苦。但除此之外，杰文斯的解释是有局限性的：他的精明人无法在两个效用值相等的商品之间进行选择，他对这些选择简直毫无兴趣。埃奇沃斯在对鲁滨逊和星期五的讨论中延续了这一思路，他将代表两种组合商品的相同效用估值的一系列的

---

① 由于夸大了某些特征（本章中所述），其他社会科学家（和批判性的经济学家）取笑对这些经济人的描绘反映了这些卡通性质。例如，J. M. 克拉克注意到杰文斯变体的边际人“全神贯注于其对冷静算计的非理性的理性热情”（1918，第 24 页）。

② 感谢推荐人为我提供了关于理性选择理论的八份不同的阅读材料！每一个无疑都有其历史，这些历史相互交织。更多文献内容参见下页脚注②。

点表述为无差异曲线（见第3章）。在门格尔的解释中，人是追求最优而不是最大化的。经济人主观的价值评估（基于内省）主要关注的是根据自身情况对满足不同需求的边际物品的选择，而不是关于不同商品消费所带来标准化单位的愉悦感的评估，后者是杰文斯的精明人的行为。正是在19世纪末的这种奥地利边际主义传统中，我们发现了一个考虑如何进行选择的经济人。[①] 换言之，杰文斯和埃奇沃斯的经济人的数学公式提供了对理性经济人进行描述的方法。

继门格尔和杰文斯之后关于行为的经济学阐释发生了何种变化的历史已被从多个角度讲述过了，但这些讲述都一致认同这一问题的进一步发展包含了两个独立的方面。一方面是从门格尔的需求满足描绘和杰文斯的效用最大化描绘中去除了潜在的心理特征的过程，这导致对新的人物特征的刻画在心理层面有所削弱。[②] 另一方面，这一过程包含了对经济人来说“理性”有何意义的概念。从历史上看，经济学家用了两个主要概念：其一与推理行为相关，其二是赫伯特·西蒙（1976）指出的选择性行为。在奈特早期的新古典经济学中，理性意味着“逻辑推理的”和目标导向的活动，这个概念与我们在穆勒的人类经济学中发现的有效追求（财富）的论点几乎没有差异。第二种“选择性”意义上的理性与门格尔的观点更有关联，门格尔的经济人与20世纪中叶的新古典经济学紧密关联，这个经济人的诞生与经济学定义的某些改变密切相关，也与穆勒的观点密切相关。

又一次，韦伯给出了一个有趣的提示，把门格尔的在给定情况下满足个人需求解释成一种更普遍的想法：

> 特别是经济动机……起作用的条件是非物质的需求或渴望的满足与稀缺物质的应用密切相关（韦伯，1904，第65页，书中斜体字）。

① 这不是唯一关注个体经济选择的论述。J. B. Clark（1899），美国边际主义学家，就以一种受社会团体影响的选择解释为基础。

② A. W.（Bob）Coats（1976）详述了19世纪晚期经济学家为经济行为提供心理学支撑的尝试是如何在20世纪崩塌的，随之而来的是美国实用主义哲学家的攻击和英国测量计划的失败。通过一个类似的经济学家列表（包括费雪、帕累托和其他经济学家），Nicola Giocoli（2003）叙述了“逃离心理学”的历史。Hands（2010）是近年的一个不满的声音，其书中至少有一些关于心理学的故事。行为主义和实证主义的兴起被认为是重要因素（关于后者的讨论参见Hands，2007），利他主义的相关讨论也是重要因素（参见Fontaine，2007）。

这与20世纪的标准新古典主义经济学的定义相近："有效利用稀缺资源的科学"。因为正如莱昂内尔·罗宾斯在1932年所说，经济学家们不再关注18世纪和19世纪古典经济学家关注的"物质福利的原因"，或财富的创造与分配，而是关注"把人的行为看作目的与手段之间的关系"（第21页）。[①] 由韦伯指出并被罗宾斯最终宣布的经济学定义指出，稀缺是必须做出选择行为的一个条件。

经济学的基本定义的改变对经济人的描绘有巨大的影响，因为这一定义将选择能力置于经济人构思的中心。无论在杰文斯还是在门格尔的边际主义概念中，模型人的欲望或需求都（分别）是描绘的重要组成部分。20世纪对理性经济人的描绘中欲望和需求被削减了，因为理性经济人被假设为其欲望仅由"理性"来决定和选择以达到效用最大化或满意。刻画理性的特征之后这成为描绘的主要目标。莱昂内尔·罗宾斯描述了经济学家如何采纳新的经济人定义并抛弃了旧的定义：

> 经济分析的基本含义是对相对价值的评估；正如我们所看到的，尽管我们假设不同的商品在不同的边际上有不同的价值，但我们并不认为这是解释这些特定估值存在原因的一部分。我们把它们视为数据。对我们而言，我们的经济主体可以是纯利己主义者，纯粹的利他主义者，纯粹的修道者，纯享乐主义者或更有可能是这些所有特征的组合。对相关估值划分等级仅仅是表现人本性中某些永久特征的方便且形式化的方法（罗宾斯，1932，第95页）。

正如罗宾斯努力指出的，这并不排除个人根据自己的各种感觉做出的相关估值，这些感觉包括"美德或羞耻"，甚至是关心"我的面包师的幸福"（罗宾斯，第95页，参考斯密在论证交换时认为的人是自私自利的）；但是经济学家对这些动机已不再感兴趣。[②] 正是个性以及心理的缺失，才创造了这种新的"理性经济人"所呈现的二维感和像卡通般的

---

① 罗宾斯提到了奥地利传统。Caldwell（2004）讨论了这种关系，然而Howson（2004）说明了其观点的本土基础。关于新定义的接受情况参见Backhouse和Medema（2009），关于韦伯与罗宾斯的比较参见Maas（2009）。

② "我们并不会期待我们的晚餐来自屠夫、啤酒酿造者或面包师的善心，而很清楚晚餐来自他们对自身利益的考虑。我们必须设法解决的不是他们的人性而是他们对自己的爱，不必告知他们我们的需要而是要告诉他们他们可获得的利益。"（Simth，1776，第一卷，第二章，第二段）。

人物。

由于选择支配着欲望，20 世纪中期的经济学实际上允许经济人拥有任何他想拥有的特征，只要他的行为是“理性的”。理性经济人获此命名是因为他理性地进行选择：他希望最大化他的效用（如在杰文斯的论述中），并在面对一组商品时做出逻辑上一致的选择来达到这一目的（而不是内省地按照他的快乐或需求进行选择）。[①] 在这里，理性是有用的，依照新古典主义经济学分析的经济学家并没有指出如杰文斯和门格尔等人的边际经济学所指出的人的潜在感受，也没有指出如马尔萨斯和穆勒等人的古典经济学所指出的动机；正如罗宾斯所暗指的，经济学家甚至对此毫不关心。模型中的人不再对经济行为的原因有任何解释力。

在 20 世纪早期的埃奇沃斯盒模型中经济人已经变成了一个模糊的形象，被标记为 *X* 或 *Y*；或是 J. M. 克拉克所说的，“他已成为一个象征，而不是一种描述或解释的手段”（1936，第 9 页）。当他倾向于理性地行动时，经济学家利用他来探询理性行为的本质，并通过考察特定情境中理性行为的构成（比如在博弈论中的情境）来进行推理（见第 9 章）。由于理性经济人的特征，一方面他逐渐被视为对经济中的经济行为结果提供了一种理性的解释：理性经济人是“专为解释所观察到的人的行为结果而设计的”，而不是解释行动本身（Machlup，1978 年，第 281 页）。另一方面，他也被视为一个模型，呈现了现实中的人是如何行为的：

> 纯理论的理性人是一个理想类型，不仅是一个理论上没有条件限定的理想化类型，而且也是可复制、可指导行为的模型。为了指出一种方法以满足一系列给定的有顺序的偏好，理论家给出了行动的理由（哈恩和霍利斯，1979 年，第 14 页）。

在这里，“行动的理由”不是主体的最初感觉，而是经济学家从结果中推理的合理化（或向后推理）的理由。这个意义上的模型人已经不再是从现实中人的经济行为或者观察到的人的行为结果中提取或抽象

---

① 选择必须是在很多商品中“一致的”并“可传递的”的选择（也就是，如果相对于 B 更喜欢 A，相对于 C 更喜欢 B，那么相对于 C，A 是也更好的选择）。

出的一个完美版本，而是真实经济参与者应遵守的一个规范的行为模型，至少对一些经济学家来说是这样的。经济人成为定义理性行为的一个角色模型。

4.7 漫画艺术和理想化进程

让我们在此回顾一下我更宏观的计划——理解模型是如何形成的，因为这是本书第一部分的问题。通过追溯经济人的历史，我们已经看到一代代经济学家如何相继创建了对个人经济行为的解释。我们也了解了经济学家创造这些模型人的原因，正如他们清楚陈述的，是因为他们需要提炼出一个人类经济行为的概念，以使经济学成为一门能独立发展的科学。创造一个个体的模型使他们能更谨慎地在限定的条件下解释经济人的特征及其行为方式，并且要形成一种解释的形式，无论在形成理论时还是在探究世界时，这一形式都可以被用来进行推理。

这里采用了各种术语来描述这些经济学家创建模型的过程：聚焦、简化、精简、缩减、抽象、隔离、概念化、象征化、理想化、组合、夸大，等等。其他术语被用来描述结果：模型人被描述为抽象、乌托邦、概念化的手段、象征性的抽象、理想类型、自动机和漫画等。这些术语中有些是经济学家自己使用过的，其他术语是我在尝试捕捉他们创建的过程或刻画他们所获得的成果的特征时产生的。例如，我们曾看到，马尔萨斯和穆勒以一种相对直接的方式描绘了他们的经济人：他们仅聚焦于（或抽象了）某些他们认为最重要的元素。乍一看，这样的描述似乎同样适用于门格尔和杰文斯。但之后的案例说明这个描述并没有充分解释门格尔和杰文斯的观点。他们的抽象方式中有其他过程参与。门格尔的模型人的产生过程是组合最简单且典型的元素，并在构建他的理想类型时使用了抽象和概念构成。杰文斯采用的过程包含简化和转化为象征形式以及挑选突出特征而排除其他特征。换句话说，我们很快发现，准确地选择一套术语去捕捉任何一个经济学家创造其独特的经济人模型的方式并体现必要的细微差别是相当困难的，那么概括这些过程就难上加难。

此时我们自然而然地转向科学哲学去寻求一种方式来组织这些材料。但真正转向时，我们发现自己面临一个类似的问题。科学哲学家对所有这些过程采用的一个通用标签是“理想化”，但他们对这个术语的准确意义并未达成共识，更令人困惑的是，他们用“理想化”这个术语来同时指代过程和最终产物。[①] 这种不一致可能部分是基于哲学观点的分歧，但另一个原因是概括科学家制作模型过程中的所有差异确实是困难的。科学的历史通常比哲学家所期望的更混乱，即使我们可以形成一个解释来很好地契合一种经济模型人的制作过程，要挑选一个理想化过程来概括所有经济学家的观点和本章所介绍的他们的模型人也是困难的。但这并不意味着，产生自科学哲学的思想是不相关的，因为毕竟，我一直在本章中使用这些观点。然而重点是完备的哲学分析无法将我们参差不齐的历史经验组织起来，反而会因为这样的历史经验而无法使用。

这些理想化的解释所缺少的内容是，模型制作是一个创造性的活动，正如我在第 3 章指出的，模型制作的过程是创造世界的过程。通过比较科学家们创造模型的过程与画家描绘人物的过程，我们开始考虑在这些复杂的和混合的理想化过程中创造性的元素在哪里。

首先，让我们再回顾一下奈特的投币机人的独特例子，他凭借对夸张的独特选择形成了其对模型人的描述。而韦伯（如上述）已经就夸张的概念进行了讨论，正是这些夸大的方法使吉巴德和瓦里安（1978）用“漫画”作为模型术语来描述新古典经济学的建模实践。[②]

漫画依赖于画家的主观见解，从某种意义上说漫画凭借的是超越客观描述的对某些特征的变形或夸大。因此那种仅拉长鼻子或眉毛从而使我们可以为人物命名的表现手法不是这里讨论的对象。前英国首相约翰·梅杰在 *Spitting Image*（《神似》）这部电视剧中的人偶形象更符合人们头脑中漫画的定义。[③] 在动画片中梅杰的典型特征是灰色西装（玛格丽特·撒切尔的典型特征是手提包），但当人偶剧将梅杰完全呈现为

① 另外，这些科学哲学家还同时争论了一整套其他的术语：因果的理想化与结构理想化（见 181 页脚注③）、数学化理想化、具象化、分离（横向和纵向的分离）。更多经济学哲学领域的关于理想化讨论的文献及其大量参考文献（包括波兹南理想化方法）请参见下列论文和参考书：Hamminga 和 De Marchi（1994，摩根〔1996〕中曾讨论）和 Margan 和 Knuuttila（2012）。关于过程与结果的合并参见 181 页脚注①。

② 这一术语产生于早期的经济学模型的哲学研究而不是其他的科学领域是有重大意义的。

③ 这里所指的是英国一部撒切尔和梅杰时代的政治讽刺电视剧，该电视剧 1984 年开播，1996 年结束，剧中政治人物以橡胶人偶的形象出现。

灰色（不但其常规服饰，其皮肤和身体都是灰色）时，这一夸大手法捕捉到了这位政治家身上辨识度极高的双重特征：他是无趣且绝对可靠的，甚至考虑到其身份，他仍是诚信的代表！正是对某一特定特征的夸大使我们更多地认识到人物性格中固有的“某种东西”。因此我们从漫画中获得的领悟源于这种表现形式和我们对事物原有认知的比较，比较时我们必须首先意识到其特征的相似性，并进一步意识到这些夸大和变形所带来的额外的新的理解。①

这种漫画艺术被认为始于16世纪晚期的意大利画家阿尼巴·卡拉奇，他也因下面的这段话而备受赞誉：

> 漫画家和古典画家的任务是完全不同的吗？两者都领会了纯粹外在表象之下的持久真理。两者都设法帮助大自然完成其计划。其中一个会努力构思并在工作中实现完美的形式，另一个会努力抓住最恰当的缺陷从而揭示人格的本质。与每一个艺术作品相同，一幅好的漫画要比现实本身更忠于生活（冈布里奇和克丽丝文中引用，1940，第11～12页）。

卡拉奇的漫画概念也有助于我们理解经济学的生动描绘。穆勒关于吝啬鬼的描述中人是被获取财富的动机完全控制了，正如他指出的那样，这一描绘并非一个现实主义的描述，而是为了表明每个人身上都会有某种这个经济人的特征。相比之下，奈特的投币机人是经济科学的产物而非现实世界的产物，通过夸大新古典经济学中假定的重要且最极端的特征，奈特使作为观众的专业的经济学家（而不是普通读者）能够深入理解采用一个具有完备知识和远见的人物对他们的理论的影响。例如，这样的人是没有智力的人。正如韦伯在其理想类型中注意到的，漫画不是对现实的描述，却允许经济科学家表达这样的描述和解释他们材料中的重要元素。这些都是用复杂巧妙的方式塑造的复杂巧妙的图像。

卡拉奇认为，这些不同模型的结果非常简单或更加大胆，与漫画相同的是，它们有可能成为真正理解经济人动机的关键因素或经济学家对经济人行为的理论解释的来源。再一次，我们必须首先注意到对模型人

---

① 关于相似性支撑着新理解的论点与第5章中通过类比模型获得新理解的方法类似。

与实际的人之间相似品质的准确描述，才能认识到这些经济学家的描绘中的更深层的含义。穆勒的吝啬鬼人物、马尔萨斯的被偏好驱使的人、门格尔的谨慎的选择者和杰文斯的精明的人都可以被理解为漫画或人物素描。在漫画或人物素描中，某些固有的特征被放大，被强调，而且以一种任何时期的观众都能够认识到这些特征的重要性的方式被放大和强调。我们可以把马尔萨斯和穆勒的描述视为古典经济学的漫画，而奈特的人物在新古典经济学中扮演着相同的角色。[①]

如何用这种漫画概念解释我们对描绘经济过程的理解呢？换句话说，在漫画创作的艺术中包含着怎样的过程呢？19 世纪中期将法国的路易・菲利普描绘成一个梨的漫画是历史上最著名的政治漫画之一。在法庭上为自己辩护时，画家查尔斯・菲利蓬画了一系列草图以展示其创作漫画的四个阶段（如图 4.3 所示）。[②] 他宣称自己没有把国王呈现为梨：其辩护依据是：即使第一幅画确实是路易・菲利普，但没有迹象表明他是国王，而第四幅画就只是一个梨（在法国，这意味着一个傻瓜或上当者）。在创作漫画的过程中，画家必须运用其创造力去克服观察者的认知障碍，观察者必须认识到路易・菲利普既是国王又是梨才能通过梨所代表的意义对国王有深刻的了解。一旦我们建立了国王是梨的看法，就不可能再回到国王是国王的状态，也不会无法识别出梨是国王，法国民众画梨指代国王的行为证明了这一事实。[③] 虽然这位画家败诉了，但彼德雷（1991）叙述了以梨代指国王的漫画如何迅速传遍整个法国的历史，并且详述了法国政府更无效的行动，即禁止提到梨！

这是一个精彩的故事，但我们应该专注于这个故事与模型创作有何关系。菲利蓬图示的顺序展示了淡化一个真实的人的特征（路

---

① 甚至本章开头讨论的亚当・斯密的描述，虽然不是一个模型，但曾被他同时代的经济学家视为某种漫画。

② 在此所引用的组图引自 Gombrich 和 Kris（1940，第 20 页，翻印于 Gombrich，1960）。这套 1834 年的组图与 1831 年 Petrey 在他再版《漫画的符号学分析和历史》中的原图有略微差异。查尔斯・菲利蓬（Charles Philipon）是期刊《漫画》的编辑，曾雇用了 19 世纪伟大的法国漫画家奥诺雷・杜米埃（Honoré Daumier.）。

③ 第 9 章描述了类似的情况，即经济学家们看得到囚徒困境模型在现实世界中起作用，而第 10 章中讨论了一个更普遍的说法，即经济学家可看见他们的模型在身边无处不在，包括理性经济人。

易·菲利普）而同时获得这个人的漫画特征（梨）的过程。但是我们可以看到，它不仅仅是一个选择保留并去除某些特征，甚至不是增强或延伸某些特征的过程，而是创造性地把对一个人的描述转变成以另一种形式对其进行深刻描述的过程。以概括、精简、抽象、增强，当然还有夸大来描述漫画产生的过程都是适当的，但任何一个单一的理想化的概念（作为通用术语）都不能充分捕捉这组素描中的创造性的转化过程，而所有概念的融合更符合对这一过程的描述。菲利蓬制作漫画的这个复杂的组合式的过程，正是我们已经看到的经济学中科学的建模过程。

图 4.3　菲利蓬的漫画艺术

来源：E. H. Gombrich & E. Kris，*Caricature*，Harmondsworth ：Penguin，1940，figure 11，p. 20. Reproduced with permission from Leonie Gombrich，Anton O. Kris and Anna K. Wolff.

被理解为漫画艺术的建模——是对一个已经存在的人或被解释的元素进行挑选、合成和转化的过程——可以被理解为一系列理想化的组合（作为通用术语）。[①] 建模与漫画艺术的比较揭示了以理想化进行科学建模的一个要点。这一点很明显但容易被忽略，即科学家只能将这种理想

① 这一解释似乎与鲍曼对李嘉图模型农场建模（见第 2 章）的独特解释略有雷同。差异在于理想化过程是被用于已有的物体或解释（例如：在物理学中，用于描述的理想化钟摆是起辅助作用的物体；见 Giere，1988 和 Morrison，1999）而不是形成一个新的或想象的解释。

化过程运用于他们手头已有的一些结构良好的材料。[①] 与漫画家相同的是，科学家只能简化一个更复杂的描述或夸大一个现成的表征；他们只能对手头已有的关于世界的各个版本的元素进行挑选、剔除和转化。这些都不是对于世界进行描述的全新版本（正如第 3 章的埃奇沃斯盒状图）；它们都是我们很了解且已经描述过的世界的改造版本。

科学中这些最初的版本来自何处？要回答这一问题，经济学家模型化经济人的事实便显得尤为重要，因为通过观察自己和他人，经济科学家已经形成了一个庞大的有关经济人知识的观测基础。[②] 并且他们手头也有其他版本——来自前人的关于经济行为和动机的理论。经济学家可以将前人制作的模型人做进一步理想化的描述从而形成新的模型。因此，从杰文斯的精明人到奈特的投币机人或者理性经济人都可以被解读为这一现象的实例，在这些实例中经济学家不断将自己的理想化运用于现有的人类模型，而不是运用于早期的语言描述，甚至不是运用于他们自己对人类动机和行为的观察。[③]

虽然漫画制作的解释很好地表现了一个多重理想化过程的复杂组合是如何参与到建模中的，但它不能准确地告诉经济学家在众多已有的特征中应挑选哪些特征并抛弃哪些特征，也没有告诉经济学家如何将他们

---

① 理想化文献中的一个怪现象是这一点被忽略了。其发生的原因可能是理想化结果和过程中的一个单纯延迟或合并。要实现理想化（动词），我们必须先有对世界的某种描述，然后将不明显的部分设为零或直接忽视，最终形成易驾驭的模型，即实现理想化（名词）。

② 实验经济学中所获得的证据说明，要成为经济学家，部分靠天分，部分靠后天的培养。换言之，与其他学生相比，学习经济学的学生的思考和行为方式更像经济模型人，原因是他们所受的经济学训练让他们变得与这些模型越来越相似。这为经济学家的自省与经济人模型的关系提供了有趣的视角。

③ McMullin（1985）对“结构”理想化和“因果”理想化做了区分，依据是理想化是依靠“简化物体的概念表征”还是依靠“简化问题情境本身”（第 255 页，并参见 Suarez，1999）。通常，因果理想化的设计初衷是通过去除原因来简化问题情境，正如穆勒为了使他的模型人更易处理便假设只有三种连贯的原因起作用。另一个因果理想化的例证是马尔萨斯的提议，他认为我们可以重新考虑在其经济人的描绘中增加教育和推理能力——这个提议使我们在创造一个略有不同的描绘的新的理想化时，再次回到世界的层面并要求我们自己反思起作用的主要原因。无论从穆勒的经济人发展到杰文斯的精明人还是发展为门格尔的选择的人都是一种因果理想化。正如我们已经了解的，这意味着回归到真实世界的对象——人——并采用一种新的简化和抽象的思路，并对拥有不同属性及因果能力的经济人做出不同的解释。在进行结构理想化时，科学家改变一个已有的模型人的一个或某些方面，而不是回归到原始的对象。因此，从杰文斯的精明人到奈特的投币机人的变化可能被理解为通过理想化将快乐的机器的人的数学模型转变为投币机。因果理想化与结构理想化之间的差异阐明了模型的历史发展与变化。

转化为模型描述。这里科学家必须扮演画家的角色——负责选择一些元素并舍弃其他的元素，运用其中一些并忽略其他的，最终把这些元素整合并加工成漫画。尽管对于一个成长中的孩子来说，在一个圆圈中特定的位置画上两个眼睛、一个鼻子和一个嘴巴便充分代表了一张脸，但画家必须做更多的工作为 19 世纪 30 年代的法国居民呈现国王就是梨：国王和他作为梨的表征都必须可以被同时辨认。同样，在创建经济人及其行为的模型并使该经济人和其行为符合他的经济学传统并仍然保留真正的经济人的某些感觉时，任何一位经济学家对经济人的描写都依赖于该科学家对材料进行的选择、转化与合成。

但即使漫画艺术为经济人模型的创造提供了一种解释，它仍然无法使我们更深入地理解随着时间的推移对模型人的描述发生根本性变化的方式和原因。一位经济学家所遵循的经济学传统以一种强烈的方式改变着他们对元素的选择和理想化的种类。同时，这些人类模型为经济学家提供了其理论中人类行为的代表物，因此不同的经济学传统对元素的选择和向新模型的转化方式都是不同的。例如，一个 20 世纪初的奥地利学派经济学家无法通过数学化的理想化创造出奈特的具有完备知识的模型人的形象——由于奥地利学派的经济学家们都拒绝数学方式并且坚信人类所具有的知识是有限的，因此具有完备知识的假设是荒谬的。每一个模型人表征及其创建过程都必须与其所处的更广阔的科学传统的内容、形式和风格以及科学的实践保持连贯和一致。

这正是我们比较模型和漫画发展方式所期望得到的结果。早期漫画的特征是 18 世纪版画和 19 世纪报纸中的精致细节以及现如今我们经常无法理解的对当时的政治人物的深刻见解。20 世纪和 21 世纪的漫画是我们看到的卡通画，这些作品通过滑稽地描绘我们这个时代的事物来与我们交流。[①] 相同的动力促进了经济人漫画的不断产生。我们发现经济学的风格也发生了相应的变化：马尔萨斯的经济人是基于详细的语言解释而产生的，且使其经济人有意义的社会背景我们也很难理解，而我们

① 根据 Gombrich 和 Kris（1940），漫画转变为较为简单的卡通画表述形式大约是在 18 世纪末与 19 世纪初，尽管之前已经出现了此类艺术的大师（关于 19 世纪经济内容的卡通和漫画的讨论，参见 Levy 和 Peart〔2010〕）。如前所述，对经济人的描绘包含了基于科学目的的极强烈的简化，即有卡通画的特质，这就是漫画模型的概念尤其适合经济学的另一个原因。

这个时期的经济人是以现代经济学的抽象风格创造的，并且其设计目的是证明经济学家对现代经济的不同的科学关注。

模型人的这些变化是随着经济科学的内容、方法和实践模式的改变而改变的。随着不同经济学派的兴衰，他们创建了新的描写、新的漫画，这些描写和漫画所挑选的特征是那个时代和那个区域的经济学家最感兴趣且该学派的分析最关注的特征。这些对经济人描述的根本性变化并未过多地被范式的改变所驱动——正如他们的例证证明的。如果对经济人的描述是一个更普遍变化的标志，那么我们现在似乎处于另一种范式的变化之中。

4.8　模型人的简历：脱离理想化和经济人角色的改变

透过细节，我们可以发现在经济人的三个阶段的历程中有两个主要变化。在第一阶段中，经济学家将模型人作为观测人物速写。第二个阶段中模型人被置于经济理论的中心位置（不同种类理想化的这两个阶段为本章提供了材料）。第三阶段（在此简要说明），通过去理想化的过程（这个描述可能最为恰当），经济人再次回归到类似被观察人物速写的状态。

在第一阶段，我们首先讨论了马尔萨斯和穆勒的古典经济学的相对直接的人物，然后描述了门格尔的理想类型和杰文斯的数学形式中较为抽象的概念性版本。在这一历史进程中，模型经济人的基本特征经历了几次转变。马尔萨斯将其描绘为受物质欲望的驱使，穆勒则将其描绘为一个财富追求者。杰文斯将其转变为一个在消费中追求最大乐趣或最大效用的人，而门格尔则将其呈现为通过明智的选择来满足需求的人。但与我们在其他社会科学的作品中所发现的大量生动的描绘相比，这些都是模型人。每一个模型人的创建都旨在降低复杂性（这种复杂性源于人类的情感和行为），同时专注于人类行为中与经济直接相关的方面。19世纪经济学家用这一系列模型人回答了如何以一种科学方法处理人类行为的问题。在每一个案例中，模型人都被用来代表真正的人，但他其他的特征被修剪掉，只以其最简单、最纯粹或最抽象的形式集中呈现经济行为，因此在这种有限制的框架内不受其他因素影响的分析成为可能。从字面上理解，模型人本被看作虚构的人物，但通过自省或从外部观察

（也可能通过想象的过程）似乎仍可以反过来与真实的人进行比较。对于创造模型的经济学家来说，这些不同模型中的每一个似乎都是一种合理的科学策略，也似乎都可以被比作另类的19世纪的社会科学方法，19世纪的社会科学直接研究处于家庭中、社区或国家中的有感情的人的真实行为。

在这种描绘的发展历史中，杰文斯的经济人是第二阶段开始的一个重大的转折点，因为他的人物无论从19世纪早期的古典经济学的角度，还是从之后的20世纪的新古典经济学的角度都可以理解。当我们从杰文斯的精明人开始，追溯到奈特的不具备人类情感的投币机人，再追溯到20世纪中叶的理性代理人时，我们可以发现某些不同的经济特质是如何被夸大的。杰文斯赋予经济人算计的能力，为了最彻底地分析节俭行为的效果，奈特赋予了经济人非凡的知识量和确定性，在20世纪中叶的新古典经济学中经济人变得极端理性。这些经济人是"理想化"的，因为根据当时的理论他们被赋予了比实际情况更完美的经济特质。在这些传统中，经济人不再被用来代表真正的人，而成了一个经济学家创造的仿真人物，经济学家们创造这种人物的目的是在数学实验室中用模型推理来研究模型人。

经济人经历的第三个阶段可以被理解为一系列的去理想化过程，在这个过程中一些曾被精简掉的元素被恢复，使对经济人的描述更接近对真实行为的描述。在20世纪70年代新古典主义经济人享有极高的声誉。自那以后，经济学家们放弃了奈特的无所不知的投币机人和更精简的卡通式的理性经济人，开始采用更适合应用于真实经济环境中的人的行为的描写。20世纪70年代阿玛蒂亚·森抨击了理性经济人的一致性，赫伯特·西蒙批评了理性经济人将能力最大化，此后经济学家们以此为契机开始思考以各种方式对经济人理性的这两个核心特征进行可能的限制或"约束"。① 行为经济学，即经济学与心理学再次结合的产物，分析了人做出经济决定的能力。② 为了研究在博弈论中有策略地进行思考的"策略人"，经济学家们替换了奈特的有准确远见的人的假设；其他经济学家认为这个经济人可能有利他的行为并质疑了经济人的自私

① 参见Sen（1976），Simon（1976）和Klaes与Sent（2005）。

② 参见Sent（2004）。

特征。[①] 还有一些经济学家开始关注经济人所掌握的信息，通过削弱奈特模型人物的这一特征这些经济学家重新思考了掌握有限信息的模型人的行动能力；这一反思的成果是“契约人”——具有制定和执行合同能力的经济人。[②] 通过将新古典经济人作为基准典范并探询如果经济人并不如过去描绘的那么知识完备、那么理性或那么自私的话，建模的结果又会怎样变化，经济人描述的这些普遍的最新发展开始了。然而，旧模型就像旧习惯一样是很难被根除的。

虽然这些新的经济人描述通常从古典经济学的经济人模型开始，但是他们对经济人的改造在很大程度上源于他们研究经济人的新方法，即经济学的科学实践的变化导致了新的经济人描绘的再次出现。实验工作研究不同情况下个体的经济行为，如在市场中或在博弈中（参见第 7 章和第 9 章）；模拟采用了角色扮演方法和其他类型的实验（见第 8 章）；调查工作研究人们对经济事物的看法及他们“快乐”与否；神经学的调查（神经经济学）力求从生理学角度追踪经济行为。在对新经济人进行实验并观察其行为与基准和早期理论中的理想化的模型人的行为有何差异的过程中，经济学家们开始用对待实验室老鼠而不是数学结构的方法来对待经济人。但在经济人实验中通过脑电波绘制经济人的模型形象时，他们似乎正在创造一个新的生物模型有机体，这种有机体不像是用来实验的老鼠，而更像是专门用于与人类相关的研究的小白鼠。所有这些科学调查的新形式，事实上开启了去理想化的过程，这一过程不仅使经济人描述变得更复杂也提高了描述的精确度，并降低了理论要求的干扰。这些研究模式和改造过程迅速创造了一个完全不同的经济人形象——事实上是一组形象，与经济学家惯用的语言描述模型和数学描述模型都差异很大。

这些人类的新经济模型正快速地使经济学家们放弃过去两个世纪他们所创造并使用的高度理想化的人物。这个经济人正逐渐成为一个更全面且更有趣的“丰满”人物——这个人可以学习、讨价还价、有策略地行动、有记忆甚至是快乐的。这个人物与马尔萨斯给我们的沉闷的科学描绘相差甚远，马尔萨斯的经济人遭遇了多次饥荒并被恶习困扰。然

① 关于策略人，请参见 Giocoli（2003）；关于利他主义，请参见 Fontaine（2007，2014）。

② 参见 Pesssali（2006）。

而，与马尔萨斯的概念相同，这些现代方法说明了对人类行为的生物学和生理学分析的回归，这一回归也许还结合了一种与杰文斯概念相似的新认知科学或心理学的解释。这个经济人的形象正以许多不同的方式被彻底重建。

经济人特征刻画的这三大阶段可能与经济科学的思想、理论、研究问题和实践的长期变化相关——因为它们本身依赖于科学的、政治的、经济的和思想的历史中的很多其他趋势。由于调查和解释经济人行为的焦点发生了变化，这三个阶段的形象与经济科学中经济人的不同功能有关。因果能力与马尔萨斯、穆勒甚至是杰文斯所绘制的模型经济人的早期表现形式有关，他们认为因果能力确实在世界中起作用。马尔萨斯的工作人的动机、穆勒的财富寻求者的特征甚至门格尔的人类经济都被经济学家理解为在真实经济中引起改变的动因，这就是这些描绘在世界的相关推理中比在理论构建中更有用的原因所在。杰文斯的模型人再次成为一个交叉点。这个经济人的感受（最终）被市场中的价格记录了，但作为经济学家数学实验室中的研究对象这个经济人的性格被证明更有价值（正如我们在第 3 章埃奇沃斯盒状图中见到的）。从奈特的投币机人，再到贯穿 20 世纪历史的理性经济人，经济人主要存在于经济理论中，在世界数学模型解释中代表着一系列因果能力。在经济学家的世界模型中所描绘的任何问题、情况或事件中，他都扮演了个体的角色：他是居住在那些小世界中的单薄的人。事实上，在第 9 章中我们将再次看到这个人物在另一个模型中扮演他应有的角色。在过去的几十年中，新的、理想化程度更低且辨识度更高的经济学家模型人的人类版本已发展成熟，也只有在这几十年中与经济人相关的因果能力才再次被逐渐看作世界中某些活跃事物的代表并用来形成理论的模型。无论在数学模型中还是在实验情况下这些新的模型人都得到了应用，结果是这些新的模型人可以再次被用于对世界的探究，即使是以一种全新的方式。

致　谢

本章借鉴了本人关于模型的最早期的一篇论文，该论文是 1995 ~ 1996 年柏林高等研究所建模小组的成果的一部分。我感谢玛格丽特·莫里森（Margraret Morrison）激励我探索这个问题并感谢科勒格（Kolleg）在那年对我的支持。1997年该论文发表在《辩证法》上，题为《“理性经济人”的特征》。事实证明这个主题对我关于建模的项目是至关重要的——如果没有一个单薄的人存在于这个小世界中，这个世界会是什么样的呢？因此在这里我再次讲述了这个故事，我曾在2005年6月伦敦政治经济学院的南希·卡特赖特的六十岁生日庆祝会上的一个讲话中第一次讲述了这个故事，并于2005年6月在普吉特海湾大学，作为美国经济学史学会（the History of Economics Society）主席的演讲（摩根，2006）中对故事做了补充，最终写成了章节的形式——本章的最终成型得益于对漫画讨论部分的充分扩展。我感谢谢尔登·斯蒂德（Sheldon Steed）一直耐心的协助研究。我尤其要感谢哈罗·马斯（Harro Maas）、罗杰·巴克豪斯（Roger Backhouse）、毛利西奥·苏亚雷斯（Mauricio Suarez）、布鲁斯·考德威尔（Bruce Caldwell）、玛格丽特·查加斯（Margaret Schabas）、艾玛·罗斯柴尔德（Emma Rothschild）和其他学者给予的有益的评价。我也感谢在澳大利亚各研讨会的参与者，这些研讨会包括：2005年10月悉尼大学（历史与哲学科学系）和新南威尔士大学（经济学系）举办的研讨会，以及2005年11月澳大利亚国立大学（社会科学学院，哲学组）举办的研讨会。

参考文献

Arrow, K. （1986）“Economic Theory and the Hypothesis of Rationality”. *Journal of Business* 59（4）. Reprinted in J. Eatwell, M. Milgate and P. Newman（eds）, *The New Palgrave*, Vol. 2（pp. 69 – 75）. London：Macmillan.

Backhouse, Roger E. and Steven Medema（2009）“Defining Economics：The Long Road to the Acceptance of the Robbins Definition”. *Economica*, 76, 805 – 20.

Bentham, J. （1789/1970）*An Introduction to the Principles of Morals and Legislation*. In J. H.

Burns and H. L. A. Hart（eds）, *The Collected Works of Jeremy Bentham*, 2, 1, *Principles of Legislation*. London：Athlone Press, 1970.

Bhimani, Alnoor（1994）“Accounting and the Emergence of ‘Economic Man’”. *Accounting, Organization and Society*, 19, 637 – 674.

Boumans, Marcel（1999）“Built – In Justification”. In Mary S. Morgan and Margaret Morrison（eds）, *Models as Mediators：Perspectives on Natural and Social Science*（pp.

66 – 96). Cambridge: Cambridge University Press.

Boumans, Marcel and Mary S. Morgan (2001) "Ceteris Paribus Conditions: Materiality and the Application of Economic Theories". *Journal of Economic Methodology*, 8, 11 – 26.

Caldwell, Bruce (2004) *Hayek's Challenge*. Chicago: University of Chicago Press.

Cartwright, Nancy (1989) *Nature's Capacities and Their Measurement*. Oxford: Clarendon Press.

Clark, J. B. (1899) *The Distribution of Wealth*. New York: Macmillan.

Clark, J. M. (1918) "Economics and Modern Psychology". *Journal of Political Economy*, 26, 1 – 30, 136 – 166.

(1936) *A Preface to Social Economics*. New York: Farrar and Rinehart.

Coats, A. W. (1976) "Economics and Psychology: The Death and Resurrection of a Research Programme". In S. Latsis (ed), *Method and Appraisal in Economics* (pp. 43 – 64). Cambridge: Cambridge University Press.

Edgeworth, F. Y. (1881) *Mathematical Psychics*. London: Kegan Paul.

Emmett, R. B. (1994) "Maximisers versus Good Sports: Frank Knight's Curious Understanding of Exchange Behaviour". In N. De Marchi and M. S. Morgan (eds), *Transactors and Their Markets in the History of Economics* (pp. 276 – 292). Annual Supplement to *History of Political Economy*, Vol. 26. Durham, NC: Duke University Press.

Fontaine, Philippe (2007) "From Philanthopy to Altruism: Incorporating Unselfish Behavior into Economics, 1861 – 1975". *History of Political Economy*, 39: 1, 1 – 46.

(2012) "Beyond Altruism? Economics and the Minimization of Unselfish Behavior, 1976 – 1993". *History of Political Economy*, forthcoming.

Gibbard, A. and H. R. Varian (1978) "Economic Models". *The Journal of Philosophy*, 75, 664 – 677.

Giere, Ronald (1988) *Explaining Science: A Cognitive Approach*. Chicago: University of Chicago Press.

Giocoli, Nicola (2003) *Modeling Rational Agents: From Interwar Economics to Early Modern Game Theory*. Cheltenham: Edward Elgar.

Gombrich, E. H. (1960) *Art and Illusion: A Study in the Psychology of Pictorial Representation*. Princeton, NJ: Princeton University Press for The Bollingen Foundation, N. Y.

Gombrich, E. H. and E. Kris (1940) *Caricature*. Harmonsworth: King Penguin.

Hahn, F. and M. Hollis (1979) *Philosophy and Economic Theory*. Oxford: Oxford University Press.

Hamminga, Bert and Neil De Marchi (1994) "Idealization and the Defence of Economics: Notes Toward a History". In Bert Hamminga and Neil De Marchi (eds), *Ideali-*

zation VI: *Idealization in Economics* (pp. 11 –40) . Amsterdam: Rodopi.

Hands, D. Wade (2007) "A Tale of Two Mainstreams: Economics and Philosophy of Natural Science in the mid – Twentieth Century" . *Journal of the History of Economic Thought*, 29, 1 –13.

(2010) "Economics, Psychology and the History of Consumer Choice Theory". *Cambridge Journal of Economics*, 34, 633 –648.

Hartley, James E. (1997) *The Representative Agent in Macroeconomics.* London: Routledge.

Hausman, Daniel M. (1992) *The Inexact and Separate Science of Economics.* Cambridge: Cambridge University Press.

Hempel, Carl G. (1965) "Typological Methods in the Natural and the Social Sciences" . In *Aspects of Scientific Explanation* (pp. 155 –171) . New York: Free Press.

Howson, Susan (2004) "The Origins of Lionel Robbins's *Essay on the Nature and Significance of Economic Science*, *History of Political Economy*" . 36: 3, 413 –443.

Jevons, W. S. (1871) *The Theory of Political Economy.* London: Penguin, 1970.

Kirman, A. P. (1992) "Whom or What Does the Representative Individual Represent?" *Journal of Economic Perspectives*, 6: 2, 117 –36.

Klaes, Matthias and Esther – Mirjam Sent (2005) "A Conceptual History of the Emergence of Bounded Rationality" . *History of Political Economy*, 37: 1, 27 –59.

Knight, F. H. (1921) *Risk*, *Uncertainty and Profit.* Boston: Houghton Mifflin.

(1923) "The Ethics of Competition" . In *The Ethics of Competition and Other Essays* (pp. 41 –75) . New York: Harper, 1936.

(1947) *Freedom and Reform*: *Essays in Economics and Social Philosophy.* New York: Harper.

Levy, David M. and Peart, Sandra J. (2010) "Economists, Crises and Cartoons". Working paper, available at SSRN: http: //ssrn. com/abstract = 1547886.

Maas, Harro (2005a) *William Stanley Jevons and the Making of Modern Economics.* Cambridge: Cambridge University Press.

(2005b) "Jevons, Mill and the Private Laboratory of the Mind" . *The Manchester School*, 73, 62 –9.

(2009) "Disciplining Boundaries: Lionel Robbins, Max Weber, and the Borderlands of Economics, History, and Psychology" . *Journal of the History of Economic Thought*, 31, 500 –17.

Machlup, F. (1978) "Ideal Types, Reality and Construction"; "The Universal Bogey: Economic Man"; and "Homo Oeconomicus and His Classmates"; all in *Methodology of Economics and Other Social Sciences* (pp. 223 - 301) . New York: Academic Press.

Mäki, Uskali (1992) "On the Method of Isolation in Economics" . In Craig Dilworth (ed), *Idealization IV: Intelligibility in Science* (pp. 317 - 351) . Amsterdam: Rodopi.

(1997) "Universals and the *Methodenstreit*: A Re - examination of Carl Menger's Conception of Economics as an Exact Science" . *Studies in the History and Philosophy of Science*, 28: 3, 475 - 495.

Malthus, T. R. (1803) *An Essay on the Principle of Population.* P. James (ed), for the Royal Economic Society (1989) . Cambridge: Cambridge University Press.

McMullin, Ernan (1985) "Galilean Idealization" . *Studies in the History and Philosophy of Science*, 16: 3, 247 - 273.

Menger, Carl (1871) *Grundsäze der Volkswirtschaftslehre* (English Edition: *Principles of Economics*, J. Dingwall and B. Hoselitz [eds]) . New York: New York University Press, 1976.

(1883/1985) *Investigations into the Method of the Social Sciences with Special Reference to Economics.* Translation (1985) of *Untersuchungenüber die Methode der Socialwissenschaften und der Politischen Oekonomie insbesondere* (edited by Francis J. Nock, translated by Louis Schneider) . New York: New York University Press.

Mill, J. S. (1836) *On the Definition of Political Economy.* In J. M. Robson (ed), *Collected Works of John Stuart Mill: Essays on Economics and Society*, Vols. 4 - 5 (1967). Toronto: University of Toronto Press.

Morgan, Mary S. (1994) "Marketplace Morals and the American Economists: The Case of John Bates Clark" . In N. De Marchi and M. S. Morgan (eds), *Transactors and Their Markets in the History of Economics* (pp. 229 - 252) . Annual Supplement to *History of Political Economy*, Vol. 26. Durham, NC: Duke University Press.

(1996) "Idealization and Modelling" (A Review Essay) . *Journal of Economic Methodology*, 3: 1, 131 - 138.

(1997) "The Character of Rational Economic Man" . *Dialektik* (special issue *Modelldenken in den Wissenschaften* edited by B. Falkenburg and S. Hauser), 1, 77 - 94.

(2006) "Economic Man as Model Man: Ideal Types, Idealization and Caricatures". *Journal of the History of Economic Thought*, 28: 1, 1 - 27.

Morgan, Mary S. and Margaret Morrison (1999) *Models as Mediators: Perspectives on Natural and Social Science.* Cambridge: Cambridge University Press.

Morgan, Mary S. and Tarja Knuuttila (2012) "Models and Modelling in Economics". In U. Mäki (ed), *Handbook of the Philosophy of Economics* (one volume in *Handbook of the Philosophy of Science.* General Editors: Dov Gabbay, Paul Thagard, and John Woods).

Amsterdam: Elsevier/North Holland. Available at: http: //papers. ssrn. com/sol3/papers. cfm? abstract_ id = 1499975.

Morrison, Margaret (1999) "Models as Autonomous Agents" . In Mary S. Morgan and Margaret Morrison (eds), *Models as Mediators: Perspectives on Natural and Social-Science* (pp. 38 – 65) . Cambridge: Cambridge University Press.

Peart, Sandra (1996) *The Economics of W. S. Jevons.* New York: Routledge.

Persky, Joseph (1995) "Retrospectives: The Ethology of Homo Economicus". *Journal of Economic Perspectives*, 9: 2, 221 – 231.

Pessali, Huáscar (2006) "The Rhetoric of Oliver Williamson's Transaction Cost Economics" . *Journal of Institutional Economics*, 2: 1, 45 – 65.

Petrey, Sandy (1991) "Pears in History" . *Representations*, 35, 52 – 71.

Robbins, L. (1932) *An Essay on the Nature and Significance of Economic Science.* London: Macmillan.

Schabas, M. (1990) *A World Ruled by Number.* Princeton, NJ: Princeton University Press.

Sen, A. (1976 – 1977) "Rational Fools" . *Philosophy and Public Affairs*, 6, 317 – 344.

Sent, Esther – Mirjam (2004) "Behavioral Economics: How Psychology Made Its (Limited) Way Back Into Economics" . *History of Political Economy*, 36: 4, 735 – 760.

Simon, Herbert (1976) "From Substantive to Procedural Rationality" . In S. Latsis (ed), *Method and Appraisal in Economics* (pp. 129 – 48) . Cambridge: Cambridge University Press.

Smith, A. (1776) *An Inquiry into the Nature and Causes of The Wealth of Nations.* Edited by R. H. Campbell and A. S. Skinner (1976) . Oxford: Oxford University Press.

Suárez, Mauricio (1999) "The Role of Models: The Application of Scientific Theories: Epistemological Implications. " In Mary S. Morgan and Margaret Morrison (eds), *Models as Mediators: Perspectives on Natural and Social Science* (pp. 168 – 196). Cambridge: Cambridge University Press.

Wartofsky, Marx (1968) *Conceptual Foundations of Scientific Thought.* New York: Macmillan.

Weber, Max (1904) " 'Objectivity' in Social Science and Social Policy" . In *The Methodology of the Social Sciences.* Translated and edited by Edward A. Shils and Henry A. Finch (1949), pp. 49 – 112. New York: Free Press.

(1908) "Marginal Utility Theory and 'The Fundamental Law of Psychophysics' ".

Translated by Louis Schneider in *Social Science Quarterly* (1975), 56: 1, 21 -36.

(1913) The Theory of Social and Economic Organisations. Translated by A. M. Hendersonand Talcott Parsons, Part I of *Wirtshaft und Gesellschaft* (1947) . New York: Free Press.

(1917) "The Meaning of 'Ethical Neutrality' in Sociology and Economics" . In *The Methodology of the Social Sciences* (pp. 1 -49) . Translated and edited by Edward A. Shils and Henry A. Finch (1949) . New York: Free Press.

Zouboulakis, Michael (2001) "From Mill to Weber: The Meaning of the Concept of Economic Rationality" . *European Journal of the History of Economic Thought*, 8, 1 -30.

隐喻和类比：

选择模型中的世界

5

5.1 从隐喻到类比模型

货币经常被认为像液体：货币在我们的指间流动，从我们的钱包中流走，我们易陷入债务中。正如在我们的日常交流中一样，隐喻在经济学的技术术语中被广泛使用并进驻其中。从 18 世纪大卫·休谟的观察来看，货币价值就像联系的水体，总是在不同地区间达到一个相同的水平，形成今天的“流动资产”（现金和易于变现的资产）和“流动性偏好比率”（对即时的或易获得的货币的一定比例资产的偏好），经济学家喜欢使用隐喻。[①] 促使经济学家修辞思维进步的不只是货币。里昂·瓦尔拉斯在 1990 年描述了市场趋于均衡的趋势，“就像风儿扰动了的湖水，水会不停地波动但不会达到水平”。[②] 力学般的隐喻同样被广泛使用：埃奇沃斯认为“可以将人想象成一台快乐的机器”，正如我们所看到的，奈特将其自身比作“自动售货机”，此外，托尔斯坦·凡勃伦把他那个时代的整个商业经济比作一台巨大的机器，在这个机器中企业就像齿轮一样紧密相连。[③]

当使用隐喻影射经济现象和经济生活的本质时，隐喻提供用于实质性类比的素材，而使用这些类比可以构建模型。通过采用隐喻，经济学家可以从他们已构建的熟知的某领域去描绘经济的运作方式，这个领域可以是一台机器，如力学平衡装置或诸如人体的生理系统。在这样做的时候，经济学家据说选择了模型中的世界，并且从类似的事物中构思经济的某个方面。经济学家能从他们类比的模型中重新审视

① 感谢 Margaret Schabas 对货币隐喻性的使用进行探讨；参见大卫·休谟的“贸易平衡论”（Rotwein，1955）。

② 参见 Walras（1874）第 35 课，Jaffé（1954）第 380 页中的美国证券交易委员会 322，这里引用其英语翻译。

③ 关于埃奇沃斯，参见他 1881 年的著作，第 15 页；关于奈特的论述，参见第 4 章；关于凡勃伦的观点，参见他 1904 年的论述。尽管 McCloskey（1990）把隐喻描绘成经济学的模型，但隐喻仅是一个起点（参见 Morgan〔2001〕对于她的地位的讨论）。

经济。

把源于修辞和虚幻相似性的隐喻转变成类比模型涉及认知能力和富有想象力的工作。并且，就模型构建中的许多方面而言，在将隐喻创造性地转变成一个模型和将经济术语适用到类比领域，以及将类比术语反过来适用到经济领域时，认知能力和想象力被紧密联系起来。

认知问题我们已经见过了。经济学家对于经济领域如何工作了解得并不全面。正如第3章中埃奇沃斯盒的历史所探索的，一种选择是去设想某些方面可能怎样并去制作他们的图片。第二种选择，正如第2章李嘉图在他的农业模型中所做的那样，是先从已知的领域开始，并把它们合理地组合在一块。第三种选择是将真实世界的复杂性进行简化和抽象化——正如第4章经济模型人的历史。在这里，第四个选择从隐喻开始，并把它们演变成类比，如果真实世界类似于那些类比世界，我们就用类比法去探索世界是怎么样的和怎么运行的。[①] 基于系统和有关经济怎样运行的理念之间的某些方面的相似性选择另一个对象/系统时，经济学家在模型的内容和形式上设置了重要限制。利用这些限制，他们发展了类比模型，作为探索那种类比的含义的一种方式，并考察这个模型是否用那些术语来解释经济（参见 Morgan & Boumans，2004）。这是一个认知项目，因为它是隐喻主题和经济学主题相互比较和相互解释中的一种。填充所选择的模型世界的活动产生了很多需要解答的问题，正是在解决这些问题时，经济学家发现有可能对经济体系形成一种新的认知。

在讨论怎样把隐喻转变成模型时，马塞尔·鲍曼建议我们应该把隐喻当作一维的东西：认为货币是流动的，它提供一种有趣的可能性；隐喻暗示的内容很多，但是告诉我们的很少。为了获得运用隐喻的好处，科学家需要把各种可能性或者各种维度引入模

---

① Klamer 和 Leonard（1994）认为从三个不同层面上理解，隐喻的认知方面是重要的。一是“教育学”层面（用于澄清，但是不影响论点）；二是“启发式”层面，“用于促进我们的思维，帮助我们以一种新的方式接近一种现象，……这儿隐喻是认知，因为其各自的主体会互动去创造新的意义”（p. 33）；三是“构成分子的”层面，提供一种“概念式的计划”去描绘我们未知世界的特征（p. 39）。在模型的情形中，我认为后面的两个层面应该瓦解：如果一个隐喻嵌入一个模型中，那么它很有可能也已经成为其中的一部分。

型中。[①] 要填补某个货币具有液体属性的经济世界的图像，需要使用想象力。但是首先经济学家必须选择那个。正如弗朗西斯·培根和一些早期的重商主义经济学家所认为的，它就像血液在身体中循环流动那样？[②] 或者像自然生态中的水（正如休谟认为的），或者像流动在海洋和咸水湖之间的潮汐（正如欧文·费雪所建议的）？[③] 对这样一个世界的选择是一个模型的起点，而且，因为这些世界中的每一个都比其原有隐喻（货币是一种液体）在可能性上有更多的约束，它提供更明确的关于类比特征的指导，并建议怎样更准确地描绘模型世界的性质。我们将这种现象，例如，欧文·费雪从他的咸水湖—海洋隐喻转移到他的代表金银二本位制的类比模型，看成一种在实验室容器之间金银液体的流动（参见 Morgan，1999）。只有当一个经济学家已经用他或者她的想象力填补了模型的所有维度，也就是说，设计和创造了这样一个模型世界时，类比模型世界的属性对经济学家才变得明显和可用。

隐喻发展成模型是一个类似于维度变化的过程，这个观点本身就是一个隐喻的使用。Edwin Abbott（1884/1952）的中篇小说《平原》捕获了认知深度，以一种直接的方式演示了改变维度的想象力方面。《平原》讲述了这样一个故事：一个数学化定义的人（正方形）生活在一个二维空间中，他突然发现自己面对着一个三维的人和三维世界——起初是一种彻底让人迷惑甚至害怕的经历。搞清楚这新的一维，学习在三维世界中有效地生活和安全地行动，需要认知的转换，需要重新认识三维世界而不是二维世界中的事情是怎么样的。了解了二维世界中看不到的内容后，读者更有效地分享了这一经验，并逐渐理解了生活在这样的环境中潜在的风险。这种认知不仅是一种智力锻炼，因为生活在不同维度世界的差异不能被体验为逻辑差异，也不是通过将一些小的步骤桥接起来可以弥补的差异。这种认知依赖于人们的想象力跳入新领域，即人们必须在维度之间做出转换。

---

① 洞察力促使了我们有关菲利普斯机器的某些共同研究，这种观点在一篇论文中得到了阐释（参见 Morgan 和 Boumans，2004）。

② “如果他们（商人）不繁荣兴旺，一个王国可能有好的枝干，但是会有空的叶脉和更少的滋养”（Bacon，1625，在 Pitcher，1985 中）。

③ 休谟的参考文献如前面的引用；另参见 Fisher（1911），第 6 章。

缺乏想象力会抑制认知能力，就像《平原》中的居民，没有三维居民的指导和解释，他的想象力（这是可以理解的，鉴于他只知道二维世界）不能轻易地被延展到三维世界。我们今天有一个二维电视卡通人物——荷马·辛普森，他就缺乏这样的指导。当他突然发现自己独身一人生活在一个三维的计算机图形中时，他立即陷入了一个三维空洞中。但是，不久他发现了自己的三维图像及人影，观众已经听到他的声音回响在他的新的三维世界中。① 在从一个世界移居到另一个世界的每一步中，想象力和认知相互交织在一起，正如科学家们在科学研究工作中从隐喻移动到类比模型领域。

当一个模型被完全移植进一个领域中时，在其构建中克服认知困难所需要的创造力和想象力的跳跃性通常会丢失。甚至日常经济学模型也是如此，例如埃奇沃斯盒，但类比模型尤其如此。② 当一个类比模型在经济学新领域被广泛接受并被很好地运用时，经济学家将不会留意它的类比状态，也不会关心它对这一新领域带来的新的洞察力。③ 当后来的经济学家开始研究它时，认知和想象力的问题在一种特别严峻的形势下会再次出现。在最近试图去理解和恢复纽林－菲利普斯体系的过程中，这一情况得到完全证实。纽林－菲利普斯机器建于1949～1950年，是一种有关经济的可以运行的液态模型。④ 这个机器——一个集合经济的类比模型——构成了本章讨论的主要对象，因为当科学家借助隐喻并将此转变成一种全维度经济学模型去“选择”模型世界时，它可以使我们看到将要发生什么。并且它演示了开发类比模型的两个主要设计方面——认知和想象力——是如何相互交织在一起的。

在本章的后面，笔者会讨论经济学家如何从类比模型中学习。根

---

① 《辛普森一家》,《恐怖树屋七》系列7，插曲6。在讨论如何设计故事时，动画师建议把二维人物引入故事中，然后赋予他们三维的故事（http://show-links.tv/tv_shows/81760/The_ Simpsons_ 2/7/6/on January 4, 2008）。

② 例如，在我们的研讨会上对于埃奇沃斯盒的历史演讲中，即使我向他们展示了原有没带盒状图表的图片，显而易见，一些现代经济学家也很难理解，怎么可能在盒状图首次被绘出来时是没有盒子的（参见第3章）。

③ 参见 Mirowski（1989）对于新古典经济学历史的强大隐喻导向观点和20世纪经济学家怎样丢失了19世纪引入的物理隐喻。一个被忽视的类比和一个消失的隐喻是不相同的，因为模型仍然可以提供一个良好的工作对象，并激发新的发现和新的使用。

④ 例如，参见 Moghadam 和 Carter 在1989年试图恢复伦敦政治经济学院（LSE）的机器。

据一些文献，隐喻会引导我们看到两个对象以新的方式加入隐喻中，在科学领域类比建模也做了相似的要求，即科学家们有可能从他们的主题领域中获得新的思考，从他们的研究对象身上发现新的属性，发展新的关于他们的行为的理论。这将带来与费雪早在 1911 年就使用的力学平衡模型进行的一些比较。这些类比模型由经济学史上三个不同寻常的具有发明才能的人物构成：欧文·费雪，比尔·菲利普斯和沃尔特·纽林。

5.2 纽林－菲利普斯机器

纽林－菲利普斯机器是一个代表宏观经济的水力力学装置。这台机器的原型在 1949 年由两个经济学家沃尔特·纽林和比尔·菲利普斯建立，于 1949 年 11 月首次展示在伦敦政治经济学院（LSE）的经济学研讨会中；这台机器最先被带到于利物浦举办的经济学高校教师协会（AUTE）会议进行展示，1950 年初抵达利兹大学（委托）展示。图 5.1 是登载在当地报纸（1950 年 1 月 20 日，《约克郡晚报》）上的纽林的照片。不久之后一份全国报纸上的题为《就像货币一样，经驱动水不停流动》的报告描述了这个机器：

> 染成红色的自来水在利兹大学经济系“新教员”——一个拥有一个透明的身体和两颗心脏（ex－RAF 电动泵）的“力学教授”——的血管中流动。他有点胖——五英尺宽，五英尺高，但是学生可以在他的一节课中比从一星期的教科书中学到更多的知识。……谈论经济理论后，讲师按下按钮，5×5 先生开始行动。当学生开始观察时，他们看到理论变得鲜活起来（《每日镜报》，1950 年 1 月 26 日）。

这个“力学教授”是一台可运行的液压机：它由发动机（后面）驱动，顺着垂直通道把红色的水压上去，重力再把它带回系统，传感器和闸门控制流量。同时，机器也是一个经济系统模型，在使用中，它代表整个经济生活的存量和流量的关系——宏观经济。它是一个类比模型：把经济模型化为了一台可运行的液压机。

图 5.1 展示了原始模型 Mark Ⅰ机（纽林－菲利普斯）的运行状况，

Spending money like water

MR. WALTER T. NEWLYN (right), lecturer in economics at Leeds University, demonstrating to students a hydraulic machine (of which he is the co-inventor), devised to facilitate the teaching of the theory of money.—See Con Gordon's story in Page [illegible].

Yorkshire Evening Post

Friday January 20, 1950 No. 18,472

LARGEST CIRCULATION IN THE COUNTY

图 5.1 沃尔特 · 纽林演示原型机器

来源：*Yorkshire Evening Post*, Friday, January 20, 1950. Reproduced with permission from Yorkshire Post Newspapers Ltd.

但是为了清楚地看到类比特征，我们必须参考模型的一份图表，便于更清晰地表述和更容易地识别它的显著特征。[①] Mark Ⅱ机（菲利普斯-纽林）这幅图（图5.2）展示了围绕机器经济在货币方面国民收入的循环流动，就像在一系列的有机玻璃罐、管道和渠道中流动的水一样。[②] 根据经济学的思想和今天的实际，这里的每一个水池和渠道都代表彼此相互关联的宏观经济的不同要素。在图中，他们用机器的每一部分所代表的经济元素标注。红色的水代表货币流动，并根据国民收入从收入到支出、消费、储蓄、投资等的流动来隔离和重组。在某些地方，它聚集到各种水池，每一个水池都代表针对不同用途/用户的不同的资金量。在不同的点，这些流动通过闸门管理，通过传感器激活，并且通过“幻灯片”控制，这些幻灯片包含诸如投资者、储蓄者、消费者、政府等经济集团的理论行为。图中这些经济行为关系可以被看作嵌入矩形框（幻灯片）中的插槽，用它们表示的关系标注。针对传感器和闸门的许多工程解决方案显示在页脚的大图纸中。实际上，经济关系以物理配置的形式、以控制水（金钱）围绕系统流动的机制的形式，以及水流本身的形式呈现。它们聚集在一起，代表国民经济。

MarkII模型的这幅画——很可能来自美国营销文学作品——奇迹般地让人想起水流的冲刷和水花，甚至我们几乎可以听到围绕系统流动的水的噪声。[③] 许多这样的机器由一家英国工程公司制造出来，并且大量销售给了世界各地的大学（会计账簿是不全的，但是在一些相关记载中，列举了一些大学，如剑桥大学、哈佛大学、墨尔本大学、鹿特丹大学和伊斯坦布尔大学等）。有的机器则被销售给了诸如危地马拉中央银

① 这是科学插图的一种标准模式，但是仍值得制作出来：由Law和Lynch（1990）提供的参考资料，用于指导野外观鸟。

② 我们把原型机器Mark Ⅰ称为纽林-菲利普斯机器，因为正如我们将看到的，纽林在该机器的发明中起着重要作用；Mark Ⅱ为菲利普斯-纽林机器，因为主要是菲利普斯对其后期版本进行了改进。

③ 例如，图表上美国版标示中显示美国联邦储备银行作为中央银行供应资金，然而机器的英国版标示中，其中一个水池上标注着“英镑平衡”（海外营收平衡）。这个图的准确出处（James Meade档案馆，LSE）不可知，但图表上用纽林和菲利普斯的名字标注告诉我们它是早期版本，因为在后期纽林的名字被习惯性地省略了。图表显示了Mark Ⅱ机器已为人知的特点，Mark Ⅱ有一些额外的功能并且更大，七英尺×五英尺×三英尺（长、宽、高），一定是1950年后的版本。很可能在20世纪50年代初，Abba Lerner在给美国经济学家演示后，这幅画是为了在美国销售这些机器所做。

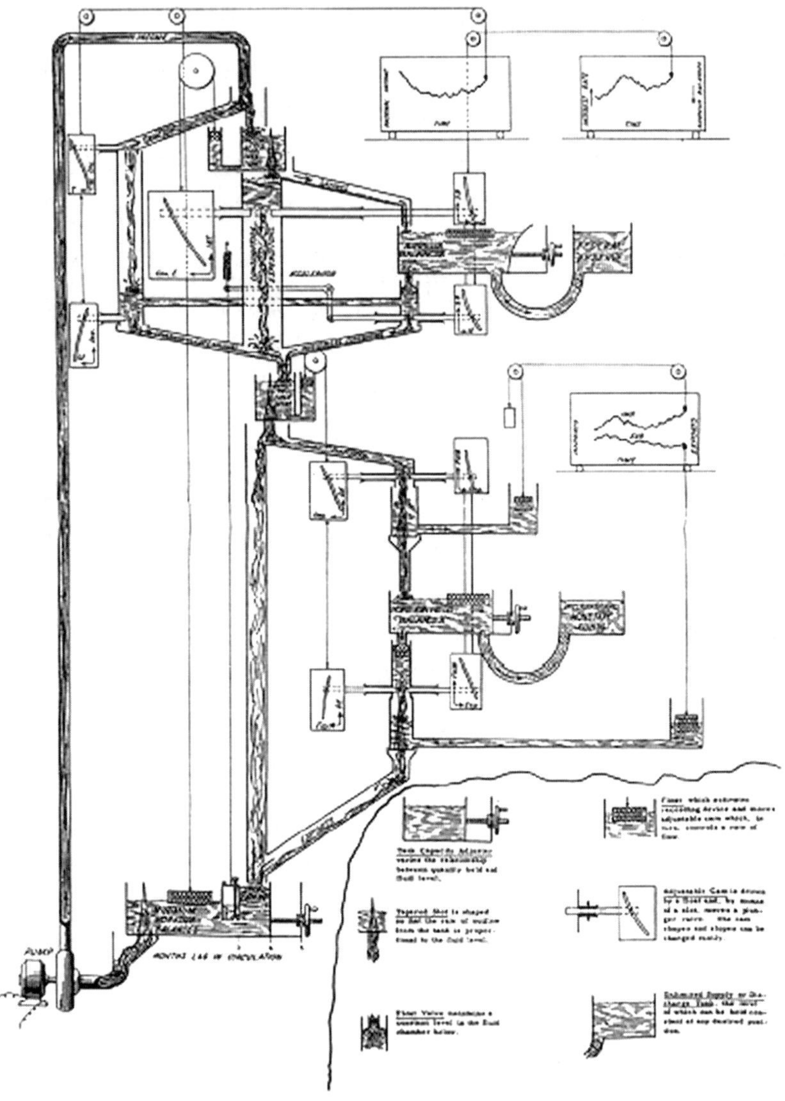

图 5.2　**Mark Ⅱ** 机器绘图

来源：James Meade Archive，LSE. Reproduced with permission from estate of James Meade.

行和美国一家主要的汽车制造商等这样的机构。[①] 阿姆斯特丹当地的仪器制造商访问伦敦后，至少有另外的一个机构（阿姆斯特丹自由大学）建造了自己的机器，这是一个需要心灵手巧的任务，也是一个值得骄傲的成就。[②] 全世界的关注都指向了一个事实：这种机器被设计得灵活多变以适应各种各样的现实情景（例如不同国家的制度安排），以及有关经济运行的不同理论。[③]

在使用中，机器控制系统的某些部分可以设置成这样：一些元素可以断开，或者这个领域的不同的初始状态能够被呈现，同时管理闸门的不同的功能关系能够被选择去呈现系统特定部分的不同行为。由于这个原因，这个机器被理解为一个可编程的模拟计算机，可以直接解决管理幻灯片过程中形成的（潜在的）非线性关系系统，从而可以显示当环境改变时，来自这种机器的每一次运行的动态经济系统的某些变量的结果。[④] 在图表和图片的顶部，我们也能看到一些图表，在这些图表里，当机器每一次使用时，国民收入的状态（以及一些其他关键变量）会按照一定的比例在图表上自动延伸。

这种机器在运行中的效果是非比寻常的。它试图既成为每个人都可以欣赏其基本活动的一件物品，同时又成为宏观经济学中论证模糊论据的严谨的科学模型，一个既能娱乐专家也能娱乐外行的美妙的东西。就像利兹市的一份英国新闻报告在其发行时所说的：

> 事情的一般逻辑足够简单，可以被任何人理解，但是这种机器却有余力去阐明经济学理论的复杂观点。根据实情，你可以对像国

① 在三得利和丰田国际经济学中心相关学科档案馆（STICERD）的一份文件中提到了福特（Ford），但那是来自通用汽车（Andrew Court，写了一篇关于内涵定价的文章）员工的一份通信，通信内容表明他们获得了一台机器。机器生产的总数不可知。估计在15（在 LSE STICERD 记录中，努力去追溯这些销量时估计）~60 台（纽林的估计）之间（后者可能存在高估，但是最近一份关于这台机器的网络调查至少收到了一份来自伊斯坦布尔一位经济学家的回应，他说在他办公室的壁橱里有一台这样的机器，但是不知道这是什么）。

② 感谢马塞尔·鲍曼提供的信息；参见 Langman（1985），其中包括仪器制造商的图片。

③ 这提供一个关于如何构建一个类比模型同时代表实证和理论安排的很好的例子，就像第2章中李嘉图的模型农场一样。参见 Morrison 和 Morgan（1999）及本书第1章的讨论。

④ 参见 Swade（1995），他任职伦敦科学博物馆计算画廊的馆长，主要负责把伦敦政治经济学院的机器移到博物馆。关于作为电脑的机器的讨论，也参见 Swade（2000）和 Bissell（2007）。

> 民收入、汇率和利率等这样的事物做基本的调整，并且观看将会发生什么变化。或者，如果你想要疯狂的理论推理，你可以依据Hugh Dalton博士（前财政部部长、伦敦政治经济学院讲师）的观点对它们进行调整，并观看什么不应该发生（戈登，《约克郡晚报》，1950年1月20日，第7页）。

在机器附带的培训手册所列举的教学使用方式中，最受欢迎的一种方式是让不同的学生负责这种机器的不同部分，并且让他们协调他们的政策来实现某种目标。① 在伦敦政治经济学院（LSE），两台机器可以被联系在一起代表两个国家经济体，这种政策协调将会更加困难，并且这些课程往往会造成水被全部洒在地板上。

自第一台原型机被制造出来，多年来它一直周期性地重复出现在媒体的报告中，不可避免地，不是伴随着上述报告中我们所见的玩笑，就是伴随着这台机器的卡通漫画，通常这两种情况都存在。这些卡通漫画最著名的是1953年4月15日（也就是财政部大臣发表预算演说的第二天）由Rowland Emett绘制的登载在讽刺杂志《笨拙》（*Punch*）中的那幅。② Emett已经看过运行中的机器，对这种机器结构精巧而不实用的方面有种极好的感觉（自制的品质极其诡异），这确实是这台机器的魅

---

① 英国艾尔斯伯里航空培训有限责任公司（根据纽林的记载，它生产商用机器）撰写了一份题为《国民收入货币流通演示机》的培训手册，解释怎样设置、维护机器，并对教学使用给出指导。例如，它建议“……一个学生通过持续的信贷调整和预算的年度调整来维持内部均衡，另一个学生则试图通过汇率的年度调整来维持外部平衡。任何一方的改变都将打乱另一方的尝试，除非他们努力去协调这些改变，乘数和加速度的动态滞后将进一步增加他们的困难。”（第16页）（注意：乘数与加速数的机制，与第6章的萨缪尔森方程模型一致）手册很可能由菲利普斯或者在菲利普斯的帮助下完成（菲利普斯和纽林没有一个名字被提及）。感谢墨尔本大学的Robert Dixon提供的这本手册的复印本，这很可能是1953年购买机器时附带的。Vines（2000）在他的论文的附录中复印了这本手册的“操作笔记”（不是设置部分，也不是维护笔记）。

② 回忆录中记录的时间和历史记录不符，也不符合纽林日记中的日期，从这种意义上说，历史上有很多不清楚的日期。这里有一个关于这方面的例子，尽管这个例子没有准确的记录。故事是漫画家Emett和财政部大臣都来观看运行中的这台机器。纽林后来的记录指出这个时间是1949年底，在伦敦政治经济学院原型机器进行演示操作的早期（在1950年初这台机器被搬运到利兹之前），并且财政部大臣是Hugh Dalton（实际上那时他已经是前任大臣）。在别的记载中，他回忆成了Rab Butler（拉德·巴特勒），Rab Butler（拉德·巴特勒）在1953年确实是财政部大臣，但不符合1949年的展示日期：这是一个谜！无论日期是哪一天，记载表明Emett确实看过一个演示操作，并且卡通漫画是这个展览的结果。

力的一部分，同时对于现在的我们来说，他描绘了俗套的 20 世纪 50 年代早期战后英国经济生活的苦难及其政策（图 5.3）。Emett 的漫画本身构建了一种把经济系统描绘成一个古怪科学家的特色机器的类型，最近《经济学家》杂志封面（2008 年 11 月 15 日）的全球金融系统有一个类似的机器。

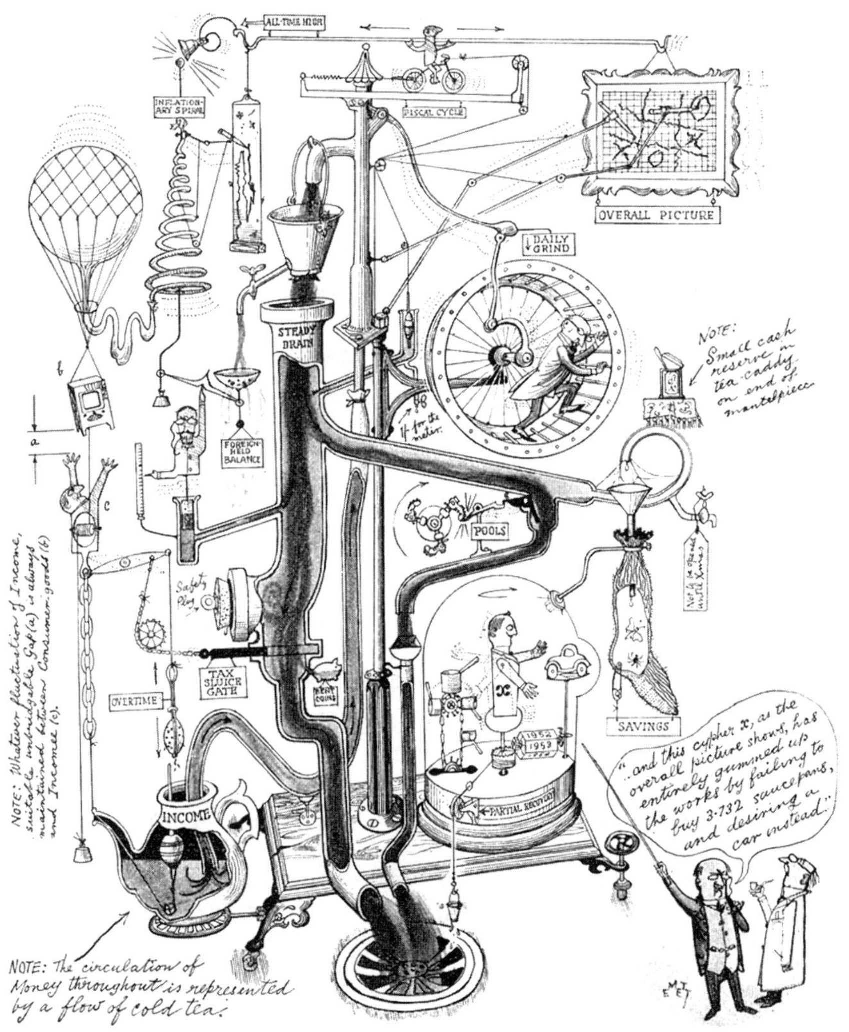

图 5.3　来自 Punch 的机器的卡通画

来源：By Rowland Emett（April 15，1953，p. 457）. Reproduced under licence from Punch Ltd.

这台机器是用语言很难去描述和表达的一个物体。1953 年随之而来的名为《笨拙》的文章把这个机器当作一个“生物”，一个“财政图表”（financephalograph），一个“力学经济学家（automechonomist），一个经济力学（economechanical）大脑，一个具有惊人创造力的引擎”，“一种能在街上行人提及约翰·梅纳德·凯恩斯（John Maynard Keynes）的理论之前就把所有情况都阐述清楚的生物”（Boothroyd，《笨拙》，第 456 页）。1965 年 3 月 8 日，《每日邮报》在头版头条上把这种机器称为“可以发出咯咯声的怪物货币机器”。1995 年 4 月 1/2 日（的确是一个恰当的日期）的《金融时报》把这种机器描述成科幻生物和半化工行业设备，在此报道旁有经济学家罗伯特·乔特一篇题为《液体经济学的奇迹》的严肃的文章。[①] 在早期，这台机器甚至有绰号。对利兹大学这台机器的新闻报道将它比作“黄鼠狼”——这很可能是纽林根据伦敦城市中流传的一首关于货币的童谣所命名的。[②] 与之形成对照的是，在美国，经济学家艾巴·勒纳将它命名为“莫尼亚克（Moniac）”，“以暗示货币（当时的第一代计算机被称为 ENIAL），也意为某些疯狂的事（Maniacal）”（《财富》，1952 年 3 月，第 101 页）。[③] 这些昵称、标签、漫画和玩笑式的描述捕获了纽林 - 菲利普斯机器的一些本质上的二元性，对那些看到它运行的人而言，它看起来既是一台机器，同时也是一个有生命的物体。他们成功通过将使用中的模型比作既是一个繁忙而有活力的经济体，又是一台运作的水力力学机器，成功地抓住了它的本质——远比严谨的描述、静态照片或者分析图表要好得多。

这种机器的惊人特征经常令经济学家满意，然而在 20 世纪 70 年

---

① 参见 Chote（1995），这台机器被描述成“经济学历史上唯一真正有形的成就”，参见 1994 年 6 月 5 日《星期日独立报》，文章配了一个更早的机器漫画。《每日邮报》的文章，参见 MacArthur（1965）。1978 年 5 月 5 日英国《泰晤士报》高等教育增刊把这台大型的博弈机器贴上了《没有眼泪的经济学》的标签（1965，参见 McKie“旧经济学空想症再次兴起”）。最近在一篇有关大范围经济模型的文章中，另一个讨论开始兴起（《经济学家》，2006 年 7 月 13 日，第 75 ~ 77 页）。

② “在市政路上来来往往，从鹰酒馆里出出进进，那是资金的流动方式，一下子就不见了。”鹰是市政路上一个酒馆的名字，市政路是一条从北部通往伦敦城市的道路。在接下来的两个方向上，没有统一的解释。在一个记录中，“Pop”意味着质押，“weasel”可能是伦敦方言中的同韵俚语——黄鼠狼和白鼬，这样整篇韵文可能指的是资金的周期循环。

③ 电子数字积分计算机（ENIAC）是第一个大型数字计算机，当时在宾夕法尼亚大学建造完成。

代，这件历史上的工艺品被看作前数学化时代有点令人尴尬的提醒物，被遗弃在黑暗角落等待报废。随着时间的推进，这台机器具有了标志性的意义，既象征着经济学家试图从 19 世纪具有支配地位的语言和政治文化中走出来，将他们当时流行的专业化知识以更科学更技术的方式运用于实践，又象征着一个“更英雄的时代”，在这个时代国民经济——受到极大的关注——似乎不仅像一台机器一样运行，而且可以更好地运行。[①] 现在经过半个多世纪的调试后，这台标志性的机器获得了更多的情感关怀。过去几年，一些拥有这样机器的机构试图恢复它们，并在一个显著的位置骄傲地展示它们。其中四台因为机器发明者的关系值得特别提到。第一个原型机是在利兹大学展示的（纽林的母校），新西兰（菲利普斯的祖国）储备银行展示了这种机器的第一代生产模型（第 50 届当代艺术威尼斯年会上也展示了这种机器，并成为年会的一个亮点）。[②] 这些修复性的机器中最可能接触到的是伦敦政治经济学院的 Mark Ⅱ机，菲利普斯和伦敦政治经济学院的詹姆斯·米德为这台机器增加了某些额外的功能。自 1995 年以来，这台机器一直展示在伦敦科学博物馆的计算画廊中，直接面对博物馆特制的差分机（参见斯沃德，1995）。这可能也是博物馆中唯一的经济科学的工艺品，但它是作为一台模拟计算机而不是经济科学物品展出的。米德把这台机器从伦敦政治经济学院移动到了剑桥，并且已经把这台机器修复到了可以有序工作的程度，偶尔在那里可以看到它在工作。

5.3 纽林-菲利普斯机器的发明者：沃尔特·纽林和比尔·菲利普斯

纽林-菲利普斯机器的发明者，沃尔特·纽林和比尔·菲利普斯，具有不同人生背景，20 世纪中期没见过面，但是两人有更多相同的

① 参见 Morgan（2003）的 20 世纪经济学的工程学观点。在伦敦政治经济学院修复这台机器时（国际中心档案馆，框架 2，文件 7），“英雄时代”这一术语来自一封利兹部门主席阿瑟·布朗（资助原型机的建设）给 Nicholas Barr 的书信。

② 在剑桥大学（米德，菲利普斯第二合作者）、墨尔本大学和伊拉斯谟大学（鹿特丹），其他的重建项目已经在展示了。目前，由 Allan McRobie 修复的剑桥机器是唯一一个可以正常工作的机器。

天分。

1915年沃尔特·泰西尔·纽林出生在温布尔登市。16岁时他辍学了，而且没有取得资格证。[①] 他进入Darlings的伦敦办事处做了一名低级职员，这是一家澳大利亚谷物商人的公司，当一个高级职员未能保持某类账册的收支平衡时，他获得了第一次晋升，成为一名高级职员。他成长为一位年轻的“城市绅士”，享受伦敦的社会生活，到夜校学习各种航运知识并在1936年学习了经济学（伦敦大学的扩展性课程）。在接下来的两年中，他以一位“外部”学生的身份继续学习经济学（甚至在战争年代，1943年获得了大学的吉尔克里斯特奖章）。[②] 同一时间，他也被提升为Darlings特许租船职员，波罗的海海运交易所的代表。20世纪30年代波罗的海海运交易所不仅是一个主要的谷物交易所，也是世界上主要的航运和货运交易所。纽林的这段经验对于我们这个故事是很重要的，因为虽然资金不会从指间实际地流过，但作为波罗的海海运交易所一个谷物公司的代表，他在一个大型批发市场的核心区工作，这里每天都有价值数百万英镑的货物交易量和租用量。这就是市场经济的中心：保持货币的流动，与全球进行贸易往来。听听他后来解释的，当银行账户余额为零时，一个企业是如何维持大型商品交易的，这种解释无疑描绘了他在20世纪30年代的工作和生活：

> 以一个大型商业公司处理大批量从国外购买的谷物的事件为例。送信人在下午2：45收到支票后，会在2：50把它存到商人银行。然后送信人走过拐角处，在2：55从他公司的银行账户中取出一张相同数量的支票，存到伦敦一家折扣商店中。此外，在这个过程中，他很有可能碰到一个卖家的送信人，这个送信人拿着从另一家折扣商店收集来的一张相似数量的支票，并且会在下午2：45把

① 在这一部分，感谢多琳·纽林提供的有关沃尔特·纽林早期生活历程的信息，其中一些来自他的个人笔记《成长》（其中，他认为他擅长心算，而不是其他），和不同时期的个人简历。

② 战争发生时，纽林的研究成果使他获得了一份奖学金，这份奖学金可以使他进行全职学习，但是在战争期间，他仍继续他的“外部”学习。在第一年的学习中，他已经获得了Cobden奖，经过三年的学习，他又获得了Gilchrist奖，其中Gilchrist奖每三年评选一次，主要授予在文凭课程学习中，经济学方面表现最优异的学生。1946年1月，这个成功无疑缓解了他通往伦敦政治经济学院道路上的阻力，尤其是他已经走到了学期末。

它存到买家的银行账户中（Newlyn，1971，第 60 页）。[①]。

作为一名交易所的特许职员，沃尔特·纽林的工作是使这些大额支票动起来（伦敦市里会结清这些支票），并且同时将谷物货物发送到全世界。

阿尔班·威廉（比尔）豪斯戈·菲利普斯于 1914 年出生于新西兰北岛的 TeRehunga。正如他的姐姐所记载的那样，在他们的早期生活中，他们的父母在开发穿过他们奶牛场的河流方面都富有创造力，如利用水轮发电用于他们的泽西牛（Jersey cows）的挤奶工作，并且还制造了一台抽水马桶：战争期间，在新西兰农村中，这是异常奢侈的。[②] 依赖水流的电力系统被带进屋子里，并且管理他们的日常生活：

> 当然，当不需要时，开动发电机是浪费的。因此，父亲建立了一个整洁的绞车内置在他们卧室的天花板内。当他们决定"熄灯"时，绞车的声音将告知即将到来的"熄灯"。……随着电缆中绞车的绞动，天窗抬升，水被转送到水轮的一边，重新加入溪流，……水轮停止转动，发电停止，熄灯（Carol Ibbotson – Somervell，第 5 页）。[③]

比尔·菲利普斯，连同他的弟弟，开发了一套精巧的线体和滑轮去让生活变得更简单、更轻松——把电灯开关安装在他们床的附近。因此菲利普斯从内部了解了水力系统，因为他的家正好由这样一台机器驱动。十五岁时，他离开学校，成为一名学徒电工，并且做过各种摇摆不定的职业（很显然包括在澳大利亚做鳄鱼猎人），他经过中国和俄罗斯（西伯利亚大铁路）来到伦敦，在那里，他进入了伦敦电力供应公司。[④] 同时他进入伦敦政治经济学院夜校学习社会科学，并且在 1940 年完成

① 在一些场合，纽林陪同着公司的信使。这些描述在 1962 年纽林的《资金理论》第一版中没有出现过，但是在第二版中出现了（1971）。他与 Emett 一道，绘制了这台机器的漫画（标题页）和两张图表，探索货币流通理论。这一时期有关波罗的海交易所的情况，参见 Barty – King（1994）

② 这些细节来自菲利普斯的姐姐 Carol Ibbotson – Somervell 的备忘录，这份备忘录记录着他们的早期生活（来自伦敦政治经济学院国际中心档案馆）。

③ 经 Carol Ibbotson – Somervell 同意，本书从她的备忘录中引用了一部分内容，目前此书存在伦敦政治经济学院国际中心档案馆，在此对她致以诚挚的感谢。

④ 菲利普斯早期生活参见 Blyth（1975 年）。

了理学学士第一部分的考试。[①]

这两位发明家在为二战服务时表现活跃。1938 年，纽林加入陆军，1939 年战争爆发前几周，纽林被选入现役武装。他在皇家信号公司的技术培训保证他可以操纵和修理通信系统，因此他精通电气工程的某些领域。在欧洲他作为一个信号员，与他的弟弟“用一条渔船”从敦刻尔克海滩撤出欧洲。关于这一戏剧性和痛苦的事件，他在日记中仅仅写到：“5 月 31 日：20：00 收到关闭布雷沙丘办公室的信号，22：00 上船。6 月 1 日：08：00 抵达英格兰。”[②] 随后他被派往远东并在那里服役。菲利普斯在战争服役期间表现同样优异。他获得了一个英帝国勋章，表彰他的技术贡献（使水牛飞机更高效）和勇敢，在印尼爪哇岛他被日本人俘虏。[③] 在集中营期间，他受到严重的欺压并开始学习中文，提高他的俄语水平，同时使用他的电气工程技能，去帮助他的囚徒同伴们，使他们的生活轻松一点（更多内容见下文）。

作为一名退伍军人，之前的大学社会科学的学习经历，毫无疑问弥补了他们学龄的缺乏，纽林和菲利普斯都找到了通往伦敦政治经济学院的道路：纽林在 1945 年成为一名学生，菲利普斯则在 1946 年。一个偶然的机会和共有的经历，使他们逐渐相互了解。纽林帮助菲利普斯学习经济学，他们成为好朋友，并且一起社交，不仅在周末一起在乡村漫步，而且在夜晚享受伦敦的演出（参见纽林，2000）。很快纽林在 1948 年以优异的成绩毕业，并成为利兹大学一名经济学助教。在 1949 年纽林晋升为一名讲师，同年菲利普斯毕业，刚好取得社会学和经济学学士学位。他们制造机器的想法在菲利普斯毕业之前就已经产生。两个人制作了第一台原型机，并且在 1949 年展示。Mark Ⅱ模型由菲利普斯改进，并获得了经济学家詹姆斯·米德的帮助，这台机器在 1950 年由专业的机器制造商生产（这也是后来在世界各地促销的那台机器）。此后，纽林开始在利兹大学使用原型机，菲利普斯在伦敦使用改进后的 Mark Ⅱ机器。

---

① 根据国际中心档案馆保留的 1958 年菲利普斯的简历；在那一时期，学士（经济学）专业需要学习一年社会科学。

② 多琳·纽林同意本书引用她丈夫的日记（她的个人备忘录第 100 页），在这里致以诚挚的感谢。

③ 参见 Leeson（2000a）和 Blyth（1975）。

凭借这台机器的性能和关于这台机器的学术论文，菲利普斯在伦敦政治经济学院获得了学术地位。关于这台机器的经验导致他随后的工作主要在力学以及将控制论用于经济政策和经济形势分析等方面，为此菲利普斯在1958年获得了图克席位。后来他把“菲利普斯曲线”应用到宏观经济学当中，凭借这一成果（失业率和通货膨胀率之间的实证关系），菲利普斯闻名于世。20世纪60年代，他对这些经济学问题的关注减弱，转而对中国经济产生了长期的兴趣，1967年他去了澳大利亚国立大学从事经济学和中国问题的联合研究。1970年，菲利普斯因健康问题退休，回到他的祖国新西兰，并于1975年在那里去世。

在此期间，1967年纽林在利兹大学发展经济学方面获得了一个个人席位。在20世纪50年代早期，他访问非洲，随后他的研究兴趣由原来的货币和宏观经济学转向了发展问题。他第一次访问那个大陆，获得了英格兰银行的豪布朗-诺曼研究基金（Houblon-Norman）的资助，这些资助可以使他完成有关殖民银行的写作，然而后来在1953年到1954年在尼日利亚访问时他测量了自给自足农业的投入和产出。在随后的20多年，他首先做了一名政府顾问，然后成了一名研究机构主任，在乌干达他帮助当地建立了乌干达第一个多民族戏剧团。回到利兹大学，他建立了非洲研究机构，合作创立了国家发展研究协会，并且在创建利兹大学话剧团的活动中表现活跃。1978年他从利兹大学退休后，继续与苏塞克斯发展研究学院一起从事发展研究工作，并于2002年去世。

纽林和菲利普斯同样有早期辍学以及战争的经历，然而在20世纪40年代末期，那些相同的情况使他们能够在伦敦政治经济学院学习。他们在那里相遇，导致了经济学方面最著名的物理模型的创建。他们为这个项目带来了不同的但是互补的资源。比尔·菲利普斯是一名具有较高技能的电气工程师，并且在不同情况下在力学运转方面积累了大量经验，包括20世纪30年代他在世界各地游历，以及后来在战俘集中营的生活经历。此外，他对世界有种深深的内在的理解，这种理解来自他早期每天确切地生活在家庭水力系统内的经历。沃尔特·纽林也具有类似的深层内在知识，这种知识来自二战前他在伦敦城市的日常工作：让货币在国际经济中循环。因此，作为一名经济学家，纽林不仅知道货币理论，而且知道货币以何种方式如何在经济体中表现，很少有经济学家在这方面能与之匹敌。就像我们后来看到的那样，纽林同样在电气工程方面具有非凡的能力，他们具有把他们热爱的新潮东西和设备零件加工成新事物的共同点。

5.4 纽林－菲利普斯机器的发明

纽林和菲利普斯选择把经济模型化为一台水力学力学装置，但是利用“货币是液态的”这个隐喻去构思和建造这样一台机器，需要走很长的一段路。这将把我们带回到认知问题——这两个年轻的经济学家如何做出这一选择？他们是如何将经济看作一项水力系统，进而将经济模型化为一台水力学力学装置的？有关这台机器制造历程的故事通常会把菲利普斯放在中心位置进行叙述，并且关注故事中伦敦政治经济学院的目标，关注在米德的帮助下这台机器的后期改进（参见 Barr，1988 年和 2000 年）。我们这里主要关注机器的发明和 Mark Ⅰ原型机的创造。这意味着我们会严肃对待纽林的参与作用，因为证据表明在机器的发明过程中，纽林不仅是一位真正的合作伙伴，而且是催化剂，是他的想象力让这个机器项目运转起来。[①] 此外，为了理解这两个年轻的经济学家如何逐渐把经济学模型化为一个水力学系统，我们需要关注他们开展这个项目所具有的资源：他们不仅具有使他们看清系统可能是怎么样的认知和想象力（正如我在简介中暗示的），而且具有在模型设计中将类比特征匹配起来并使其一起运转的创造力。

在更严肃的具体分析之前，本章首先概括在这次具有独创性的合作中他们经历的关键三步。根据纽林当时的记载，这个想法源于菲利普斯在毕业那年完成的一篇论文，他于 1949 年初将论文拿给他的好朋友纽林阅读。[②] 这篇论文展示了菲利普斯想通过水力学系统的形式再现存量和流量的经济学关系的想法。纽林认为这篇论文体现了一些重要的东

① 纽林是一个谦虚的人，在某个阶段，他的名字与机器的发明者相脱离，但菲利普斯总是承认他在这次独创性合作中的作用的。

② 在他的一个回忆录中（见 220 页脚注①），纽林也指出 1948 年 7 月 28 日的早期谈话是重要的，那是他们首次谈论这种可能性。

西，并向菲利普斯提出了可能需要建造这个系统的真正机器版本的建议。在他们合作的第二步，在 1949 年复活节期间，纽林根据经济学相关理论设计了这台机器，并游说他的领导阿瑟·布朗提供 100 英镑“来支付利兹大学建造这台机器的材料成本”。[①] 第三步，纽林和菲利普斯在 1949 年夏天共同完成了这台水力力学装置的原型制作。他们于 1949 年底在伦敦政治经济学院展示这台机器，并于 1950 年初将这台机器存放在了利兹大学。

我们获得了一张纽林和菲利普斯合作的图像，在这个图像中，纽林的经济学理解和菲利普斯的水利工程学理解结合在了一起。现有文献显示，纽林和菲利普斯均存在认知上的不足，但是其合作弥补了这个不足，这与他们各自发表关于这个机器的发行的论文是一致的：1950 年菲利普斯发表的题为《经济学动态力学模型》的论文强调工程学，1950 年纽林发表的题为《菲利普斯/纽林水力模型》的论文聚焦经济学，尤其是机器的货币流通方面。这听起来好像是把隐喻转变成模型的行为就是将聪明的具有互补知识的两个人联合在一起的问题。但是，如果我们把这台机器看成一项发明，就意味着我们需要新的解释。发明需要想象力，想象力从何而来？这个经济学模型新在什么地方？通过回顾他们合作将隐喻变成机器的历程，可以为我们展示在类比模型的制造实践中所蕴含的创意、想象力和新元素，同时也能更为具体地揭示在创新过程中他们互补的——和相似的——技能和知识是如何拟合的。

阶段 1：菲利普斯将类比模型引入供给/需求模型（1949 年初）

让我们回到这台机器建造故事的开始之处，故事开始于 1949 年初，两个人相约在伦敦政治经济学院餐厅见面，菲利普斯（仍是一个本科生）把他刚写好的论文拿给他的好朋友看，即高他一级的经济学导师，纽林。这篇题为《储蓄与投资：利率和收入水平》的论文引起了纽林的强烈关注，为此他保留了原稿（菲利普斯给他的）超

① 在米德的资助下，当这台原型机在伦敦政治经济学院展示后，罗宾斯领导下的伦敦政治经济学院的教师很看重这台机器。然后他们资助了 Mark Ⅱ 机器的建造，并支持菲利普斯在本系获得了讲师职位。

过 50 年。[①] 他可以在其笔记里回忆其在历史上的重要性，并于 1991 年把它借给伦敦政治经济学院用于 1992 年已经修复后的 Mark Ⅱ 机器的发行这个场合。正是论文中的图表吸引了纽林的眼球，因为“他们与先前课本上的存量/流量图表存在显著差异”。[②]

在这篇论文中，菲利普斯把一些传统的经济学模型图表转变成了水力系统图表。他从经济学家经常绘制的供给/需求图表开始，展示物品价格和数量变化的曲线关系。这些图表代表市场交易关系的抽象概念，因为在市场上这种需求和供给曲线无法看到；经济学家将这些曲线理解为代表消费者和供给者在不同价格下做出的对需求量和供给量的意愿选择。菲利普斯想要得到市场流通中货物存量和流量的变动关系，而不是——正如图表的习惯性用处——去解释市场关系变动前后“均衡位置”（曲线的相交点）的变动原因（本书将在第 7 章讨论）。他看到的主要问题是，这样的市场分析在处理这些假设的供给量和需求量方面并不是很清楚，不清楚这些数量是某一时间点上的存量，还是某一给定时期的流量速率。他从展示这些图表如何可以很容易地支持水平坐标轴上某一时间点存量的解释（他的图 1，本书的图 5. 4a），或者某一时间段上对流量的解释（他的图 2，本书的图 5. 4b）开始。他指出：就像从两个图的比较中可以看出来一样，一旦这个模型被使用，这两种解释具有不同的含义。[③] 如果存量不是常数，那么“变化的过程不能被展示在图表中，因为存量和流量速率就像距离和速度一样不具有可比性”（菲利普斯，未发表的著作，第 1 页）。对他的目的而言，传统的图表模型显得限制性条件太多，因为他想要把对

---

① 1949 年早期纽林访问伦敦政治经济学院时，他的朋友向他展示这篇论文（他当时在拜访货币银行学教授 R. S. Sayers，为这位教授写一篇文章，参见纽林，2000，第 31 页）。菲利普斯把原稿给了纽林，现在牛津经济学家 Martin Slater（纽林的女婿）拥有这份手稿，而且已连同纽林的论文一起寄存于利兹大学布拉泽顿图书馆。复印版现存放在伦敦政治经济学院国际中心有关这台机器的论文集中。菲利普斯的论文是一份 6 页打印的论文——这些图表都是通过手工绘制和标注的（图上的笔迹并不像菲利普斯的正常〔可怕的〕手迹，但是手写的标注与论文中的图相匹配）。

② 纽林，《皇家经济学会通讯》（77），1992 年 4 月，第 12 页。

③ 一个显示当数量不变时需求曲线向上移动的效果，仅仅价格增加到 p′。另一个显示当数量为流量速率时需求量变动的效果，这时我们看到（假定存量是常数）价格立刻做出回应，变动到 p′，但是然后价格继续调整到新位置 p″。不同的解释——存量和流量——提供不同的变化过程和结果。

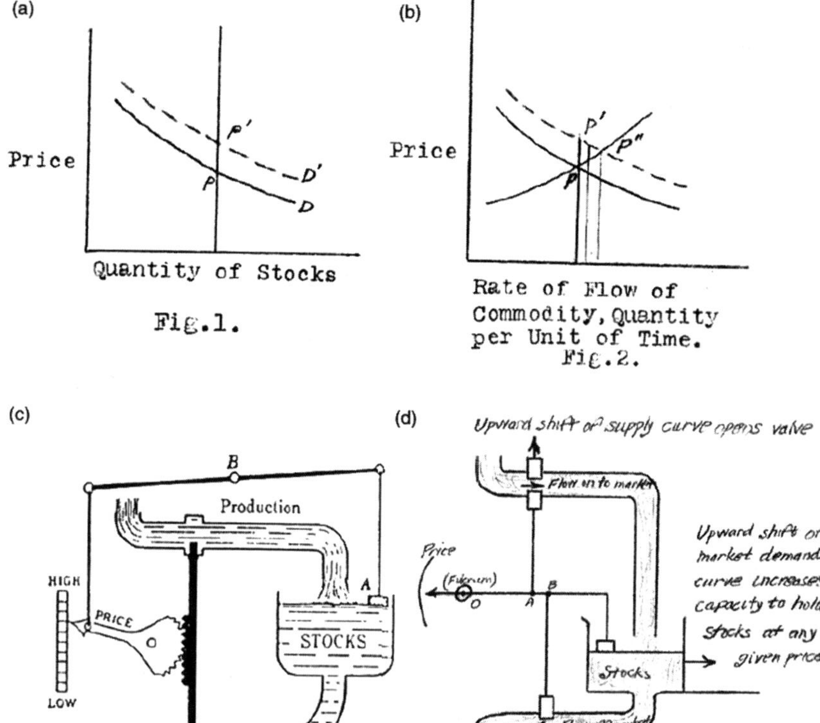

图 5.4　比尔·菲利普斯本科论文图表和来自 Boulding 的灵感

来源：（a），（b），and（d）Bill Phillips' 1948/9 undergraduate essay figures 1，2，and 3. Source：Original essay now in University of Leeds，Brotherton Library Archive.

（c）Kenneth Boulding's plumbing diagram. Source：figure 9，p. 117，from Economic Analysis（New York，1948）. Reproduced with permission from The Archives，University of Colorado at Boulder Libraries.

存量和流量的分析同时嵌入一个图表中。

依据肯尼斯·博尔丁（1948 年，本书图 5.4c）的一种室内管道系统，受同时期的价格系统类比图形的启发，菲利普斯提供了把存量和流量以及它们的相互关系聚集成一个模型的“水力类比模型”。菲利普斯的图表（他的图 3，本书的图 5.4d）把传统的经济需求和供给曲线（或者公式）转变成了一种水力设施，在其中供给流入一些包含大量货物的水槽，而需求则从这些水槽流出。[①] 在菲利普斯的图表版本中，这些流动由水槽中附着于传感器上的一个支点控制，其中，针对存量变动做出的反应被视为价格变化。他的类比模型显著扩展并且充实了博尔丁类比模型的经济学内容，从传统的经济学分析（通过闸门影响流量）引入了变动的需求和供给曲线，根据价格"弹性"或者响应能力描述和解释支点的长度和水槽（参见水槽顶部的曲线）的边线。

这个关键的第一阶段重点在于找到类似点，并证明首次类比的描述和解释有效。也就是说，比尔·菲利普斯采用了从液体的角度构思经济学货物量的隐喻，并在博尔丁的带领下，针对这个类比描述提出了经济系统就像一个室内管道系统（也就是说，不是自然生态或者身体生理）的初始观点。然后他开始充实那个类比系统：根据三个相互联系的要素——商品的价格、流量和存量，对于市场如何运作和应对变化如何调整进行了完全的概念化描述，并以这样一种方式，把经济学图表中的所有要素转变成了水力系统的类比图表。经济学家原有的供给和需求曲线的概念工具不再被描述，但是通常的供给和需求曲线假设的变动被写到新的图表中作为闸门开关的原因。经济学市场中商品的存量和流量的区别在经济学图表中是模糊的，而在新的水力系统类比模型和它们所展现的关系中相当明晰。

这里，我们已经看到一些新东西。当菲利普斯从工程学视角重新审视经济学，并去理解它时，他以一种新的方式描述了这个关系。新领域的模型聚焦于存量和流量，以及二者的关系上，而不是假定的需求和供给曲线的位置和形状上。这幅图以一种新的方式展示了，上市和退市的商品流量以及市场上的存量如何受到供给和需求曲线的位置变动、弹性和价格变动的影响，它们如何共同起作用，以及如果市场上存在均衡，它的真正含义是什么。

在这里，我们也可以看到认知问题和模型构造的创造性过程如何相互影响。菲利普斯在试图理解经济学市场中的存量和流量时，通过类比思考，以博尔丁提供的想象力的激发开始，开发了一个选择性的模型。我们几乎可以听到他在试图将存量和流量移植到传统模型中时的认知的

---

① 很显然，这是他在1950年关于这个机器的论文中图2的前身，但是这个最初的类比图表更具有交互性。

呐喊声，并且我们可以在其3个小图表的系列中看到他如何创造性地克服了这个僵局。这些图表顺序展示了这个过程，通过此过程菲利普斯采用传统的经济学模型并将其变成了另一个基于水力系统的模型。

菲利普斯在其论文中想象力的跳跃，在下一阶段进入宏观经济系统后显而易见。不像宏观经济中著名的供给和需求图表，这一时期大多数的宏观经济理论通常是用文字表达的，菲利普斯似乎没有意识到图表中和数学中所表达的经济理论（参见第6章）。因此，他利用自身资源和对水力学知识的理解，成功地把基本类比迁移到了另一个领域。这里类比不是指商品被认作液体，而是资金像水力系统中的水一样，并且他提供了一张总体经济中资金流通的图表（他的图4，本书的图5.5）。这个图描述了收入/支出的循环流动，储蓄会流入象征资金和证券的水槽，同时投资会从中流出。它不仅是一个水循环系统，而且已经部分是一个工程系统，其中浮点数和杠杆提供这个系统的控制元素，例如，控制储蓄行为和投资行为。[①] 但是当经济的某些领域在水力学系统中被呈现时，在任何情况下都有两个重要的要素很难描述，即贸易和政府部分。尽管工程学的某些部分没有经济学含义，但是其他部分似乎用一些创新性的方式捕捉到了经济学含义。

这个新图表显示，至少一个元素将会在这台已建造的机器中出现：在资金水槽的左手边，有趣的形状需要让水力学元素适合经济学中的流动性偏好假设。水槽的曲边显示：随着资金存量在资金余额（M）水槽中越来越多，利率在一定水平上的升降变化对投资的影响会越来越小。通过在可贷资金理论方面的讨论中使用图表的这个部分，菲利普斯继续其毕业论文（第4页）。在这一理论中，他试图回到图示投资资金和利率变动的负向关系的二维图表中。那张图表（未呈现）呈现出一大堆混乱的线条（尽管并不像第3章中展示的里昂惕夫方框图那么糟糕），菲利普斯抱怨“这张图的使用需要非凡的想象力！”[②]

---

① 尽管菲利普斯的本科论文尚未发表，纽林（2000）复印了菲利普斯的图表，并对其给出了更全面的描述。

② 他的论文对同一时期的各种理论进行了比较：凯恩斯（Keynes）主义经典系统，罗宾逊的可贷资金理论，以及财政和货币政策的可能性。他的二维图和1937年希克斯的著名的IS－LM曲线模型（参见第六章）具有一些相似性，对于这一点菲利普斯不了解，另一迹象表明他需要纽林卓越的专业知识的帮助（参见纽林对于菲利普斯这部分论文的评论，2000，第35页）。

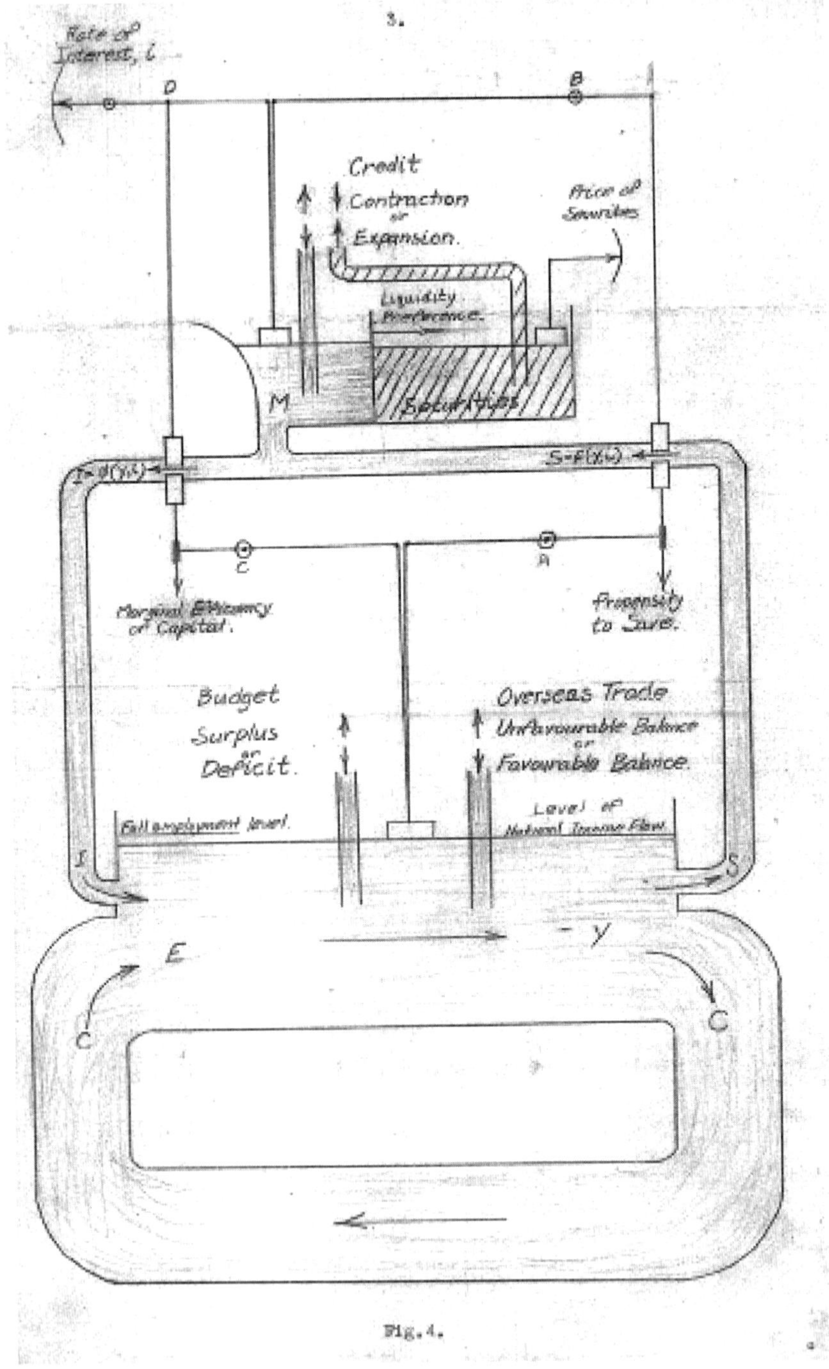

图 5.5　比尔·菲利普斯本科论文的货币循环图表

来源：Bill Philips' 1948/9 undergraduate essay, figure 4. Original essay now in University of Leeds, Brotherton Library Archive.

菲利普斯的讨论涉及当时的一个争议，后来这台可运行的工作机器明显地“解决”了这一争议：利息率是由资金的存量还是流量来决定。在把其论点应用到其论文中的二维图表中时，他有相当大的困难。从他对这个货币循环图的后期分析中，Vines（2000）认为，菲利普斯一定不怎么理解他所处时期的货币宏观经济学中的知识。① 事实上，正如米德在那时所指出的，菲利普斯对经济学是很困惑的，但是，他有幸结交了一个领取奖学金的研究生，W. T. 纽林先生。他现在利兹大学讲授货币学课程，与他相比，纽林先生与其说是工程师，不如说是货币理论家。他们一起讨论货币理论如何能够由水力学模型描述（米德，1951，第 10 页）。

纽林确实有相当好的货币经济学知识，不仅可以从他在伦敦的工作看出，也可以从他的伦敦政治经济学院的学位看出，在 1946 ~ 1947 年他的本科毕业论文中，这是显而易见的。这些都展现了他对专业文献的熟悉和他在分析中非常值得关注的流畅，最值得注意的是——与菲利普斯论文相比较——他对当时有关利率决定的不同理论的比较和“调解”。② 也许最令人惊讶的，是通过对管道物理安排的概括来理解资金流动的金融和物理控制之间的关系。和菲利普斯初始的水力学设计相比，他的类比并不是很成功，但是在思考这些问题的方式上，他们显示了某种一致性。

阶段 2：纽林设计了货币流通系统的蓝图

尽管现在看来有一些问题，但 1949 年初，当菲利普斯向纽林展示他的论文时，正是围绕经济体的整个货币流通图（菲利普斯的图 4，本书的图 5.5）格外吸引了纽林的关注，并且后来他也声称他从没读过除了图表之外论文的其他部分，但是他的确被这些图表深深地吸引住了

① 参见 Vines（2000 年），第 66 页，函数 12。

② 他的一些文章和他的《银行和货币》展示文稿，以及塞耶斯（Sayers）教授的“高级银行研讨会”的课程演示文稿都被保留了下来。这里提及的一个题目是“可贷资金和凯恩斯（Keynes）（sic）的利率理论之间的调和”（1947 年 7 月），并且涵盖这一时期一些专业文献，其中包括希克斯和凯恩斯的分析。其他的涵盖英镑的平衡、美国金融系统、金本位的退出，和 1931 ~ 1932 年的宽松货币政策。再次，感谢多琳 · 纽林为我们提供了这篇文献。

（参见纽林，2000，第34页）。通过创造一个力学模型去模拟经济系统，通过“引入第三维度”，即时间，纽林认为菲利普斯的图提供了重新审视货币宏观经济学的许多新的可能性：[①]

> ……本文的创新之处在于：本文包括许多图表，这些图表详细显示了相互联系的代表资金的水的存量和流量水平变化的力学运行方式，从而模拟了这个部门经济的经济行为（纽林，“历史总结”，1992年8月7日）。

因此，“我告诉比尔，作为一个教学辅助工具，可以构造一个机器来清晰地反映这个图表”（纽林，2000，第34页）。特别是，纽林对这样一台机器对于理解货币关系时机的重要性感到震撼。他看来，这个图表包括非常重要的见解：

> 比尔的插图上描绘着流过水槽的收入，暗示这一过程存在时滞，随着时间的推移，流入的变化传递着流出率的变化信息，这导致了时滞（纽林，“历史总结”，2003）。[②]

明确流入和流出之间时滞的重要性引起了纽林的兴趣，因为他认为这个时间差对于货币流通十分关键，因此对于所有货币宏观经济学元素随时间如何相互作用以及进化这一过程也是至关重要的。这些问题使他想起了这台机器的设计方式，反过来又让他在随后的《货币理论》中继续探讨有关的货币问题。当然，这些问题必然与其对交易领域描述的早期经历形成共鸣，在其交易范围内尽管不存在存量，但是在5～10分钟内就会有大量的资金流动。[③]

图表可以变成一台真正机器的思想生根发芽了。因此，在1949年复活节假期中，这两个朋友，比尔·菲利普斯（在他学习的最后一年，

---

① 在不同时期，由纽林书写的这台机器的历史，有不同的历史总结。在多琳·纽林保存的这份手稿版中，纽林提到了“引入第三维度”，下面的引用来自1992年的打印版，这个版本有一个副本现存放在伦敦政治经济学院国际中心档案馆。

② 引自纽林备忘录中对模型的表述（2003年，第1页），由多琳·纽林（其中一些出现在2000年或者1992年纽林文献中）提供。本部分的其他细节和引用出自同一来源。

③ 就像阿瑟·布朗在纽林退休时所写到的那样：“他的最初职业——在波罗的海交易所——并不总是与他后来的活动无关的；他比大多数经济学家对于市场怎么运作有更清晰的认识。”（Brown，1978，第206～207页）

本应该从事社会学研究）和沃尔特·纽林（在利兹大学有一个初级的学术职位，但是待在 Wimbledon 家里度假）开始为这个机器设置规格。纽林告诉我们“他绘制了整个经济版本”，而菲利普斯主要负责“把图表转换成物理形式”（纽林，2000，第 34 页）。这里纽林的贡献无疑是至关重要的，因为完整的设计包括一个完整的经济中所有与外贸、公共部门、中央银行和各种不同类型的货币储备相关的主要货币流。[①] 这个储蓄—投资部门的一些要素设计直接引自菲利普斯的原有图表，但是基本形状与原来那个明显不同。这个差异我们可以在 1949 年 5 月 5 日由纽林绘制的大尺度“蓝图”（这里复制为图 5.6）中看到，这个蓝图很可能向阿瑟·布朗（利兹大学的部门主管）展示过，以确保建造这台机器的经费来源。[②] 尽管这个蓝图与首次出版的这台机器的原理图（例如，1950 年菲利普斯发表的论文或者 1950 年菲利普斯的图表）存在某些不同，但是它本质上显示了这台机器的由来。从纽林的图表中，我们可以看到这个阶段，这台机器的基本组件和基本结构是固定的，尽管和这个蓝图相比，存在某些部分的重新排列，某些原件从右边调到了左边。[③]

1949 年 5 月纽林的“蓝图”设计，从某种意义上说，是对经济学充分描述的完整版本。和菲利普斯的首次尝试（他的图 4，本书图 5.5）相比较，我们看到通过把以下的经济学特征转化在机器上，纽林的合作设计产生了一种真正的类比经济学模型：

（a）收入/支出的循环流动已经被分成了货币形式的储蓄、投资、

① 正如我们看到的，那年年末，在机器制造期间，纽林继续负责向菲利普斯解释宏观经济学的许多细节。

② 1991 年 2 月 24 日在给当时伦敦政治经济学院国际中心档案馆主管国际中心主任尼古拉斯·斯特恩（Nicholas Stern）的信中，纽林将它称为“蓝图”（仅作为一份两页的影印版存在，表明原件为 A2 大小）。很可能，这个 5 月 5 日图表的存在是布朗何时接触这个机器这一困惑的根源。纽林（2000，第 34 页）告诉我们在布朗寻求资助建造这台机器之前，他已经绘制了整个经济体版本（但是 1950 年的晚期图表 1，与他 2000 年文献中的图 8.2 相同），也是在他们在复活节假期开始前，因为他们在复活节假期制定了机器规格。然而从他的日记可知，好像他们在 1949 年 4 月 14 日就开始设计。几天后，纽林也许和菲利普斯回到利兹大学，不足一个月后，他的蓝图于 5 月 5 日完成。

③ 1950 年在各自的出版物中，菲利普斯更具有描述性的图表展示了其和蓝图中的右—左导向一致，也和后来开发的 Mark Ⅱ 机一致，然而纽林的图表（与描述性相比，更重视原理）和已建造的 Mark Ⅰ 机具有相同的导向。

消费、税收、进口、出口等。

(b) 其他的主要经济部门（海外和政府部门）已经被提取并融入了循环流动模型。

(c) 流量被从货币存量中分离开，反过来又把存量分成了四个部分：政府、资本市场、外汇市场和当前活动的营业余额。

(d) 流入和流出被赋予了可理解的经济学含义。

(e) 菲利普斯图表中经济行为的函数方程由“幻灯片”所取代，并且这些幻灯片已经被合并（作为线性和非线性函数）到那些宏观经济学关系（例如节省幻灯片的倾向：Y′与S相关）中去控制闸门。

(f) 货币水槽直接与标准化刻度相连，用来显示国民收入（英镑）、汇率（美元/英镑）、债券价格和利率的变化（在这个特定的方面，设计中的报表比机器开发的报表更具有勃勃雄心，例如，机器报表中汇率不会显示）。[①]

主要的水力学和控制系统也显示在这个图表中，记录变动的传感器处在恰当的位置，这台机器的推动力也在水泵中显示出来，因此我们可以看出菲利普斯必然也涉及水力工程学元素。潦草书写的函数关系很有可能也出自菲利普斯之手。我们也可以看到这个设计图可以转变成一台工作机器，但是它仍然难以作为给他人绘制的建造机器的详细的工程图纸：这不是一份工程蓝图。[②] 纽林的绘制赋予了模型经济学特权，在纽林的蓝图的周边，可以看到胡乱勾画的“山”，可能出自菲利普斯之

① 很有可能是因为机器在这方面表现不是很好，培训手册指出（第10页）“各种尺度上的读数可能与另一个不一致，这部分由于机器上的基本错误。不要试图追求一个高的精确度”，并且就如何把不一致限制降到最小给出了一些提示。尽管Morgan和Boumans（2004年）做过一些深入探讨，但对于精确度可能意味着什么并不是太清楚。Allan McRobie已经修复了剑桥机器去准确评价代表机器的这些方程的解决方案。

② 纽林写到，在假期期间，“菲利普斯解决了一些水力学方面的问题，例如水槽流出的固定常量。最后图纸被制作出来”（纽林，《RES通讯》，1992年4月，第77期）。这个可能表明存在单独的工程学图表，但是纽林在2000年引用了菲利普斯的技术规格，仅推荐我们去查阅他的1950年的描述（第284～287页），这是一份关于这台机器建造的口语化技术描述。此外，国际中心档案馆没有保留下来菲利普斯绘制的整套工程学图表，该图表绘制于1954年他在Mark Ⅱ机器建造之后的伦敦政治经济学院的博士学位论文中，用以巩固其在伦敦政治经济学院的事业。这个证据表明，原型机器的建造，一方面来自纽林蓝图中的图表，另一方面来自工作中的零碎草图（这和菲利普斯后期工作中，与米德对机器做出的部分重新设计的草图是兼容的；参见米德在伦敦政治经济学院中的论文，文件16/2和3）。

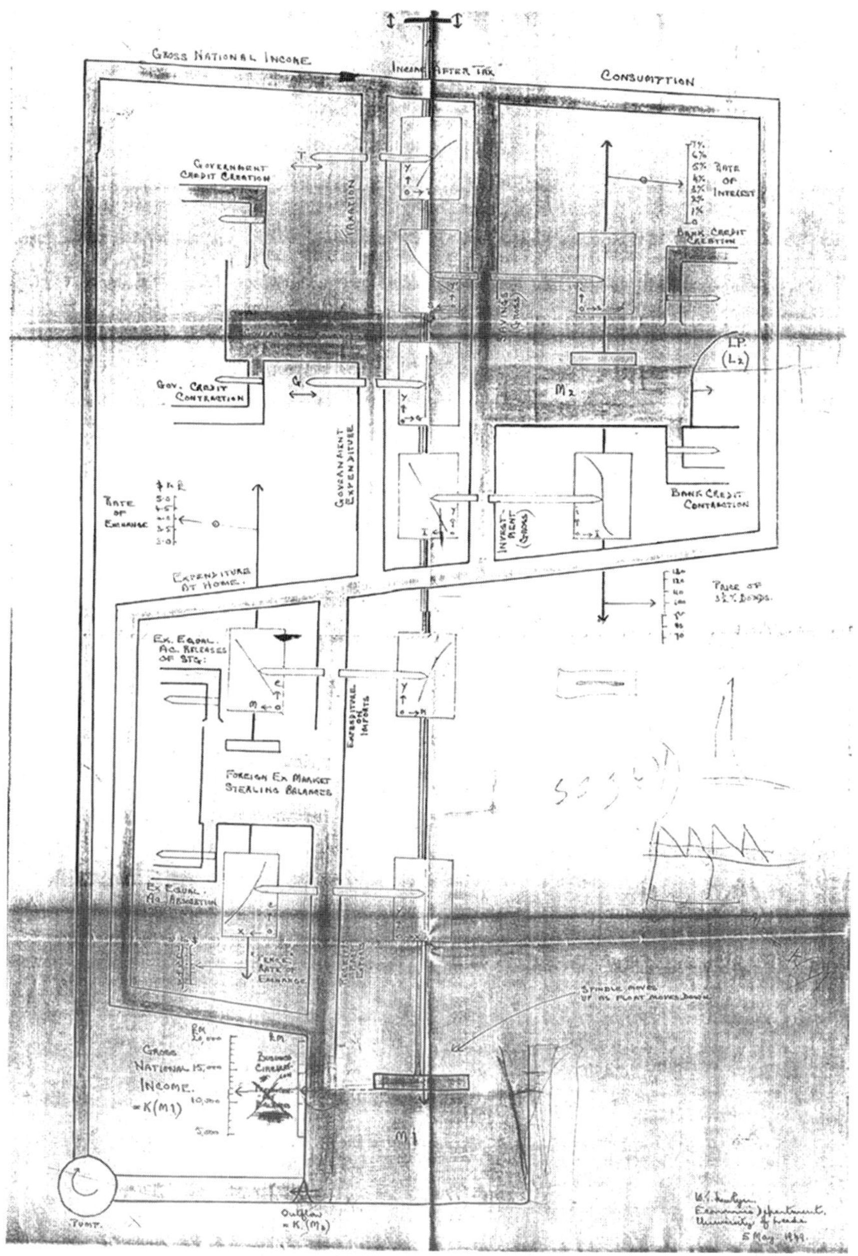

图 5.6　沃尔特·纽林对这台机器的蓝图设计（1949 年 5 月）

来源：STICERD Phillips Machine Archive. Reproduced by permission from Doreen Newlyn.

手，但是那张图作为一种描述“个人持有的货币余额随时间变化的形状”（水平轴表示时间；1950，第117页）的方式，出现在纽林1950年出版的作品中，并成为保持M1水槽结余平衡的货币进出通道。他继续解释这种模型如何决定“游资”M2水槽的水平，在这个水槽中资金换手（金融公司与金融公司之间的大宗商品交易）但不影响图表下方流过M1水槽的货币流通水平或者收入支出水平。

他们的新设计使用了当时宏观经济学中的术语、元素和关系，我们从纽林1950年的论文中对原型模型的讨论可知，他们对机器元素进行定义的方式与那时其他的定义方式不完全相同。[①] 例如，正如先前看到的，他们的货币是根据在经济体中的活动分类的，而不是根据凯恩斯（Keynes）的分析中货币持有人的动机分类。在这一点上，经济学家对于这些定义没有达成一致，并且在任何情况下，仅仅因为文字表达与数字表达方式不同，某些内容在这台机器中就有不同的定义。另外，因为其水力学形式，机器的设计特别需要存量和流量要足够精确并能仔细区分，而在这一时期宏观经济学的语言版本是不具备这些特征的。

纽林还讨论了一些理论观点是如何被理解和论证的，如“凯恩斯特例”“维克塞尔过程”“卡莱茨基加速度”等（在其脑海中这台机器的理想教学目的）。同样，在1950年的论文中，菲利普斯讨论了不同类型的“滞后”和“乘数”等，因为他把当时的每一种理论都理解为对这种机器进行的一种特定物理形式的构建。纽林固执地认为这种系统要被设计为不仅可以表达一系列不同的当时可用的宏观经济学观点，而且可以描述各种制度安排或者不同经济体中的政策问题。例如，纽林绘制的这份图表展示了一个标注“英镑余额”的水槽，表示一种来自英国本土，但被海外拥有的，纯正货币，这种货币为战后的英国经济提出了一个令人担忧的问题（参见图5.6左侧）。

在第二阶段，纽林的宏观经济学知识比菲利普斯更高级，其专业知识和兴趣在货币经济学上，和菲利普斯的最初图表相比，正是纽林对图表形状的基本改动，以及对这台机器进行的经济体方面的扩展和补充具有重要作用。然而在第一阶段中，菲利普斯已经把市场的微观经济学转

---

① 例如，他解释了机器中所用的这些定义如何不同于中央统计局的描述，也不同于凯恩斯和罗伯逊的描述；参见纽林（1950），第115～119页。

变成了水力学系统并使它具有了经济学含义，纽林在第二阶段中的贡献很明显是认识到了菲利普斯的水力学对于宏观经济学的可能性，然后展示了货币政策和宏观经济学在什么地方以及如何调换成水力学，以使水力学可以被人们用于理解总体经济的问题。这是两个经济学家把两个领域进行比较和相互转化的过程。

阶段3：菲利普斯和纽林完成标准机器的制作

当纽林发现菲利普斯在考试中表现很糟糕时，他对于他们一起在复活节期间为设计类比模型中需要的规格所花费的大量时间感到很内疚（参见纽林，2000，第34页）。然而，菲利普斯期末考试之后，1949年夏天暑假，纽林回到伦敦，两个人又开始制造原型机。以下是纽林的描述：

> 1949年暑假，实际的建造工作在克罗伊登（伦敦南部）比尔朋友的车库中进行。我的断断续续的角色是做一个技术工人的助手——打磨砂纸和胶合有机玻璃碎片。但是在工作中有一段相当长的时间我致力于阐明外部部门之间相互影响的复杂关系，对于这一点比尔并不熟悉，但是他想要去理解模型的这种简化关系如何和理论相拟合（纽林，1992，第12页）。[①]

这是一个真诚的合作，在这个合作中，纽林的经济学专业知识和菲利普斯的工程学知识形成互补。在纽林2000年的历史记载中，他记录了他们在公共部分的合作：

> 需要从我这里进行一项经济投入的一种情况是引入公共部门的借贷需求；这一活动把政府的财政余额与货币市场连接了起来。中心铰链式关卡的开启和关闭反映着政府的赤字/盈余变化。其他情况是外部平衡。这是一本给比尔的内部书，正如人们所预料的，他想要一份完整的关于我们提议使用函数去反映进出口因汇率变动所做出的响应的简报，其中汇率的变动由进出口变动率的差异所决

① 有机玻璃实际上是出于安全考虑在二战期间开始使用的丙烯酸玻璃的一种贸易名称。

定。我检查我的文件，发现我绘制了十五张图表来阐述国内外供需弹性的多样性，我们的价值观可以反映这一现象（纽林，2000，第35页）。

他们每一个人都有自己在认知上的比较优势——无疑，在向别人解释自己的知识时，每一个人都要有创造性和耐心。但是这两个足智多谋的发明家事实上比纽林所描述的融洽得多，因为他们拥有对于制造机器的热情以及让这台机器运转所需的激情。

比尔·菲利普斯在发明各种物品让他的生活变得更轻松的过程中成长，围绕晶体收音机等设备玩耍。他修理所有力学和电气设备的习惯——当他拜访朋友时，或在同事的办公室——成了一些趣闻逸事的主题。他在战俘集中营中的生活是传奇性的，尤其是他有能力利用一些最小的最不引人注意的设备部件去制作和维护收音机，如劳伦斯·凡·德后来重新描述的。他的发明可以让囚犯晚上酿造自己的茶水，并引起了日本保安的疑惑，为什么灯光会变暗。[①] 就像布朗评论他的，“首先，他是一个问题解决者，……他想要去了解系统如何工作，如何让系统运行得更好”（布朗，2000年，第ⅩⅣ页），这个评论同样很好地描述了菲利普斯在经济学方面的工作。

在许多方面，沃尔特·纽林有相似的特征。他接受通信设备方面的战时培训是基于他的天赋，甚至对其父亲来说是不可避免的，因为他的父亲是一位土木工程师（在南美建设桥梁和道路），在他年轻的儿子一岁生日前死于索姆河战役。纽林和他的兄弟已经成长为他父亲的角色，使用他父亲的工具和车间让他们母亲的家得以运转。纽林的妻子（多琳·纽林）回忆，他的技能可用于各种技术性的任务，例如舞台布置和灯光设置，他们曾支持环非洲旅游剧院式探险，并且通过夜间轮流维护，“在尼日利亚保持汽车里的模拟水池在12000英里的波纹红土路上能够运转”。[②]

沃尔特·纽林和比尔·菲利普斯在把设备的部件和碎片改装成其他

---

① 参见 Leeson（1994，2000b）的侦探工作，其中汇集了菲利普斯的战争经历，他设法把菲利普斯当作新西兰魔术师，因为在 vander Post（1985）的自传记录中他能让收音机运转。

② 我再次感谢多琳·纽林在2006年8月19日个人交流中充实这些重要的细节。

东西方面具有创造力，这就是他们在建造经济体原型水力机器中所做的事情。他们使用轰炸机窗户上的有机玻璃碎片（那是一种非常昂贵的材料），而促进水在系统中循环的引擎来自兰开斯轰炸机的挡风板上的雨刷器——也许来自他们建造机器的克罗伊登附近的机场。图表中的电动机来自一个古老时钟，而某些小部件由一个朋友制造，"这个朋友拥有一家主要制造玩偶娃娃眼睛的工厂——并以'玩偶—眼睛先生'在一小群朋友中著称"。[①] 他们必须仔细设计每个水力学元件去适应经济学意义的目的，并根据既有经济学又有工程学含义的方式把这些部件拟合在一起来建造这台机器。[②] 在这种情况下，他们的机器制造是 Boumans 在模型构建中把分散的部件组装在一起的观点的完美体现！他们通过拿着这个机器并进行合影留念的方式来庆祝"第一项目，大型水槽"的完成（图 5.7）；纽林用一句话来纪念这件事那样："这就像奠基"。[③]

机器建成后，他们的工程学技能仍是需要的。这台机器并不总是很轻易地去工作——它常常需要哄骗和威胁——并且确实不容易维护。[④] 纽林一直让利兹大学原型机正常运转，直到他 1978 年退休，其间偶尔获得过力学工程学专业同事的帮助以及菲利普斯的临时拜访，这些体现了纽林工程学方面高超技能的重要性。菲利普斯自己经常亲自确保伦敦政治经济学院机器的有序运转，20 世纪 60 年代中期随着他的离开，这台机器慢慢不能正常工作了。

比尔·菲利普斯确实是一位高级工程师，但是沃尔特·纽林肯定只是一位合格的初级工程师。通过使用这台机器去进行"政策干预"实验，一个高级和一个初级，这两个工程师试图校准时间让机器到达一个主要水槽具有稳定水位的位置（菲利普斯图表中稳定的国民收入水平）。毫不

① 纽林，2001 年 3 月，第 3 页"菲利普斯/纽林水力学模型：利兹大学原型机器"。未发表的备忘录，参见本书 220 页脚注①②。

② 在 Morgan 和 Boumans（2004，第 283 页）中，我们列出了所有的必须设计用于使机器工作更有效的元件。Vines（2000）特别关注这些类比观点，以及两者的价值如何拟合在一起——经济学对于水力学和水力学对于经济学。

③ 感谢照片的主人多琳·纽林允许本书进行转载；引文来自她拥有的纽林关于这台机器发展历程的手稿。

④ 甚至当诺贝尔得主詹姆斯·米德在 1990 年初来到伦敦政治经济学院去录制如何使用这台机器时，这台机器拒绝运转且没有得到修复者更多关注。

图 5.7　1949 年夏天，比尔·菲利普斯（左）和沃尔特·纽林（右）在克里登（英国伦敦附近一地名）建造这台机器过程中庆祝第一个水槽的完成

来源：Reproduced with permission from Doreen Newlyn.

奇怪，这种校正很难达到目的并用经济术语解释，这正是纽林在 1950 年关于这台机器的论文最后部分所表达的担忧。这些事情过去 50 年后，在关于菲利普斯的短篇文章中，纽林将这一困难表达为经济学时滞和机器时滞二者如何进行正确类比的问题，而且好像仍历历在目。

> 在模型中，时滞是“活跃货币余额”水槽容量的函数（该函数在结构范围内能进行一定的调节），在时滞的情况下，这个模型并不很正确，被水力学类比模型认为是活跃货币余额的流动频率。但是正如在调频收音机中，是载波波长的频率的调整，而不是收音机的频率本身去产生信号。改变货币流通率的测量的决策，使用固定的活跃货币余额水槽的容量（M1），将会确定适应于任何流量的时滞（纽林，2000，第 38 页，他的斜体部分）。

毫无疑问他作为一名信号员的战时经历让他可以进行这些类比，也解释了他的第二个突出特征。

对机器进行类比模型构建的这三个阶段真正开始于经济学文字表述。以市场水力学为基础，菲利普斯首次勾勒出一份货币流通的水力学类比图表，然后纽林开发了一个完整的宏观模型设计，他们合作建造了后续的原型机。在菲利普斯1950年解释那个机器的论文中，他随后进一步解释了水力学模型代表的经济学模型的数学运用。也就是说，他使用机器使人们能更好地理解货币的流量和存量的概念，然后着手进行水力学所代表的宏观经济学系统的数学描述。虽然，纽林精通电气工程学，但是他不精通数学（在1950年的论文中，他用脚注的形式感谢了计量经济学家萨尔根的帮助），我们从他在货币方面的研究中对机器的后续使用情况可以看出，纽林也从是水力学角度而不是数学角度理解经济学的。因此，在发明机器方面，菲利普斯和纽林都进行了类比推理，对货币经济学中的货币循环和水力学系统中的水循环这二者之间的理念和知识进行反复直接转换。正如我们后来看到的，这是经济学和水力学二者之间真正实质性的类比，并且他们从这个主题类比中获得了真正的收益。[①]

在类比建模的过程中，他们的机器发明了——把经济学重新设计成另一个实质性的系统。这需要特定种类的认知的、想象力的和技术的创新。回顾过去，可以看到它是如此依赖一个非常幸运的组合：纽林和菲利普斯，以及他们各自的经历、技能和学识。[②]

---

① Nagel（1961，第110页）对实质性和正式的类比做了区分（如，实质性系统的数学描述），很明显，这是一个实质性的类比：类比转换不通过数学来完成。当我向工程师谈论这个机器时，他们通常的反应是这种转化太困难，很可能不能实现，即用数学描述机器中的水流动的整个工作机制是困难的，甚至是不可能的。真正的类比系统和模拟的类比系统之间还存在其他的区别。例如，在20世纪50年代早期，一些人进行了实质性电气类比模型工作，但是没有实现现实的应用：参见 Morehouse 等（1950）、Enke（1951）及 Copeland（1952）等人其他的论文设计或者工程学系统的数学描述；更早的设计，参见 Barker（1906）。富有见解的评论和不同的电路设计的比较，参见 Allen（1955）。

② 菲利普斯幸运地发现，不仅纽林，而且后来的米德都喜爱制造人工制品。布朗对相似的互补和相互配合进行了评价，他写道，“在货币循环流动机器出现之前20年，米德开始了教书生涯。……对此，菲利普斯机器提供了一个更完美的阐释。在一篇著名的文章里，米德讨论了凯恩斯（Keynes）体系中的稳定条件（参见本书第6章），自己就是一位很好的精密制品的业余生产者——从风筝到壁橱”（Brown，2000，第XV页）。在伦敦政治经济学院米德档案馆的文件16/3和16/4中，有这样一个例子，由于教授宏观经济学的需要，他设计了一条绳子和滑轮机，并与 Guy Orcutt 在通信中进行了讨论，此外他（参见第8章）大约在同时期还制作了回归分析器。

5.5 类比模型和新事物

纽林-菲利普斯机器经常仅被理解为一种具有启发式的、可以用来教学的某种设备：一种美好的事物、一个经济模型构建中具有灵感的部分，但终究不是可以发展新观点的真正地方。相反，关于科学哲学家们如何选择和运用类比模型的标准描述显示出它们与对模型构建世界的本质的新见解的发展密切相关。[①] 类比模型一度被认为是“发现”的媒介，特别是 Mary Hesse 在其 1966 年的经典描述中就是这样认为的。一个科学家选中一个类比世界往往是因为其具有明显的“正面特征”：原领域和类比案例有共同的特点，例如，经济学家认为货币具有与液体一样的特征。但是，正如 Mary Hesse 指出的，正是通过考察系统的“中性特征”，即那些既非可辨别的相同特征（正面特征）也非明显的不同特征（负面特征），才使科学家有了发现新见解的潜力。这样的中性特征提供了理论或实验研究的可能的生长点，并且，这些特征可以揭示有趣的世界新的方面。当然，这种正面和中性特征的分析并不是科学家自觉进行的，而是历史学家或哲学家想要了解并查明类比分析如何以及在何处有助于过去的科学研究而做的。

欧文·费雪 1911 年的力学平衡模型为我们构建了一个理想的情况，据此我们可以看到 Hesse 分析的相关性，并且，它将为回到纽林-菲利普斯的机器去思考这个问题提供一个很好的比较依据。这也是一个特别合适的对比，对于欧文·费雪，他不像纽林和菲利普斯那么有激情去制造设备。的确，他从少年时期就开始发明，当他的父亲去世后他需要赚钱来养家和完成学业。像许多专业的发明家一样，他的很多发明在市场中并不是很成功，但是，他在 1913 年发明的可识别卡片文件索引系统大大减少了电话运营商查询电话号码的时间，并且该发明在 1925 年以

---

① 这些观点来自哲学模型方面一个重要的古老传统，尤其是 Mary Hesse 的研究（1966）。这里所讨论的她们的处理方法融合了一种哲学上的想象力和认知，Max Black 也做同样的研究（1962）（特别关注第 242～243 页），并且，从更广阔的的意义上看，Steven Toulmin（1953）也做同样的研究。同样也参见 Achinstein（1964）关于模型和 Ortony（主编，1994）关于隐喻的讨论。最近主要以创造性的方式扩展类比研究的处理方法，参见 Gentner 和 Gentner（1983），数学领域的类比参见 Schlimm（2008）。

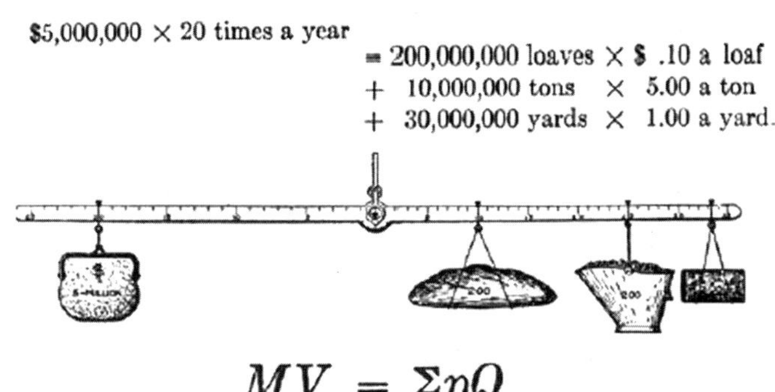

$$MV = \Sigma pQ.$$

图 5.8 欧文·费雪关于货币平衡算术、力学和会计版本

来源：Irving Fisher, *The Purchasing Power of Money*. New York：Macmillan，1911，arithmetic balance，p. 18；mechanical balance，p. 21；accounting equation，p. 26. Reproduced with permission from George Fisher.

几百万美元的价格被卖给了 Remington Rand 公司。在这一成功之前，他进入了耶鲁大学学习物理学并最后提交了经济学论文，他论文的指导教师为今天美国著名的物理学家威拉德·吉布斯（Willard Gibbs）和经济学家威廉·萨姆纳（William Sumner）。

费雪后来成为耶鲁大学经济学教授和著名的货币经济学家，这正是他的机器类比模型可以运用的领域。[①] 在他 1911 年研究货币的书中，他提出了算术、图表、会计三种形式的交换方程的三个“插图”（见图 5.8）。第二个图表形式——力学平衡图——是第一个算术模型的类比模型，这是一个简化的只有三种商品的经济体（在此，煤和布的价格和数量已转换，来适应平衡规模）。总的会计关系是第三个模型：$MV = \Sigma pQ$（或后来的 $MV = PT$），它涉及交换过程中所有商品（所有的 Qs，或者 T 乘以价格）与总的货币（流通速率 V 乘以存量 M）的交换。[②] 沿着费雪建议的这条线的分析指向费雪合理选择的类比模型的正特征，即

① 作为他 1892 年论文的一部分，他建立了一种可操作的水力学体系去论证存在三种货物、三个消费者的经济体系的一般均衡理论（参见第 1 章）。他也设计（论文）了一种水力学模型去论证货币系统的各项安排——金本位制、银本位制和金银复本位制。但是，这里仅关注另一个力学平衡的类比模型。参见 Morgan（1999）和（1997）关于费雪模型构建的更多内容。

② 对于大多数人来说，$MV = PT$ 似乎是一个明显的关系或者是恒真命题（同义反复），然而事实上它是一个会计恒等式。它绝不是无争议的：其他的经济学家青睐其他方程；它绝不是无用的：这类交换方程式形成了宏观经济学理性推理的建筑基石（参见 Bordo，1987）。

天平两边的货币（M，在钱包里）与交换的商品（Qs 或交换价格 T）的力学平衡，正如交换的算术方程所采取的方式。

在这些共有的正向类比特征的基础上，我们也可以看到，费雪怎样将货币的流通速度（V）画成了沿着杠杆一端悬挂钱包的距离，另一端悬挂商品的价格（p），以这种方式来使杠杆达到平衡，就如方程所代表的那样，当然，其中一方改变时，另一方也会随之改变来保持平衡，我们可以把这看作中性特征。因为它是一个论文模型，而不是一个像纽林－菲利普斯机器那样的真正的机器，对这个类比研究就没有必要做精确校准；只需要从概念上着手就行。[①] 然而，运用类比模型进行概念性分析需要经济学内容去很好地拟合用于力学类比，也要求有创造力和想象力去克服关于类比相关性的任何初始的认知冲突。

费雪在运用中性特征将经济学拟合进这个平衡的过程中，发现了一个特别重要的新见解。在从这个算术的三种物品的世界转移到探讨某些理论主张的总体水平的过程中，类比的运用问题随之而来，为此，总的价格和数量也必须沿着杠杆的右臂以某种方式画出。这使费雪发展了“加权平均”的概念来完善他的交易方程的加总版本（参见商品如何形成必须沿着平衡臂平均的“权重”）。[②] 受此启发，费雪在一项研究中对指数理论——经济学中总量测算的一个基础理论——的发展做出了开创性的贡献，最终 1922 年，该项研究成果变成了关于该理论目前仍然堪称经典的一本巨著。

这个用力学图表表示经济问题的成功映射使费雪随后将类比模型同样应用于其他测算用途以及货币经济学中关于各种争论的推理，特别是关于货币数量理论的特征、所描述的平衡因素变化的随机方向。[③] 这些

---

① 相反，纽林－菲利普斯机器必须正常运转，否则它不起作用。对于克服困难可以使机器正常运转方面的进一步讨论，包含在 Morgan 和 Boumans（2004）中。

② 参见 Boumans（2001）对费雪的指数理论如何产生于他关于测量仪器发明的讨论，这种仪器在 20 世纪早期治疗他的肺结核疾病期间被开发出来，用于衡量一个平衡的营养饮食（一个类似的结构问题）。这个设备把费雪对健康饮食的狂热和他的发明能力结合了起来。

③ 他把类比模型作为一种对货币流通速度的测量结果的检查手段，最困难的是对这个方程各变量的测量（参见 Morgan，2007）。他将超过十五年的一系列历史统计数据映射到力学平衡机制表明，不存在任何关于货币数量论的经验和逻辑证据：这个理论，即自动增加货币供给量将提高价格水平在当时存在很多争论（参见他 1911 年的论文，图 12.2，Morgan 1999 年的论文中也有讨论）。

方面已经被用于交换方程的一般代数版本中，但是它们在力学平衡图中能得到更有效的证明。

类比产生于隐喻，更像隐喻的一条双向道路，它能使使用者通过比较反映两个方向。[①] 类比也促使科学家在两个方面重新反思：首先将经济转换到类比系统，随后看类比系统能为他们各自的领域提供什么新的见解。

所以，在第一步使经济学适用于力学平衡中，类比的中性特征对于费雪来说是极其富有成效的，在他的测量理论中被证明是很有创造性的（参见 Morgan，1999）。但是，考虑到他的类比模型的第二个方面，我们不应该忽视其负面特征——这些特征乍一看在经济学世界和力学世界之间是不相似的（参见 Morgan，1997）。负面特征往往可以转化为优势并且提供更深的洞察力，因为它们产生于反映的第二个方面，即当科学家从模拟世界中反思这些负面特征，并考察它们如何也能适应他们自己世界的时候。[②]

费雪的力学平衡研究说明了双向比较的第二部分在科学建模中是如何运作的。从类比中反思，他注意到了平衡的不同概念中的两个明显的负面特征。费雪把他的经济交易方程理解为一个会计恒等式。正是由于会计恒等式的本质，无论什么时候，表现在会计关系中的经济中任何因素发生变化，某个其他部分必须会发生一个平衡的变化来使整体保持平衡。当然，它和力学平衡并不完全相同：即使在平衡点上没有保持平衡的其他地方的必要变化，钱包里的钱也可能增加——额外的重量加在上面会使一个手臂下沉。平衡的两个概念——经济会计和力学——很显然是不相容的。平衡比较的另一个负面特征在于这样的事实：当一个力学平衡受到干扰时，它会逐渐振荡到一个新的平衡点，而不是像会计关系那样直接到达那个点。费雪从对两个力学平衡的物理特性的反思中，改

① 对于隐喻有一种观点是，我们从隐喻的两端获得了深刻见解：有一说法是“男人是狼”，我们获得的潜在认识是，男人本性中有狼性的一面，狼的本性中也有男人的一面。而这里对类比模型的观点是有些不同的——这个比喻涉及比喻的双向过程以及潜在的见解，但是双方都只关心感兴趣的那个系统，在这种情况下，我们感兴趣的是经济学系统，而非机器系统。

② 在我早期关于消极特征的观点中，我认为费雪具有异乎寻常的创造力，他把这些消极特征转变成了他的优势；这里我认为，类比中双向工作的潜力是类比模型工作的双重反射方面的一个更普遍的特征。

变了他的经济学。他借助平衡模型的研究经验（将经济学统计数据映射到这个模型中）重新解释了他的平衡方程。而他仍然认为会计恒等式是对经济系统的整体约束，然后他开始把它看作一种达到平衡的趋势，而不是经济体中每时每刻连续的平衡结果。并且，他受到振荡问题的启发考察了经济生命周期理论和货币理论是怎样被整合到同一个系统中的。[①] 所以，他利用一个真正的力学平衡的行为特征——初始非匹配特征——阐释并重新思考了他在某些基础层面关于货币和经济系统的经济理论。

费雪类比平衡模型的成功源于他以一个比较系统的方法设法完成了类比比较的两个方面的研究，就如同隐喻促使我们做的一样。首先他从将他的经济思想拟合到平衡中获得了新的见解，其次他抓住了一个真正的平衡运行的特征并将它们拟合于他的经济学，完善了一些基本的经济理论。[②] 也许，完成这些工作后，他不再把他的模型世界看作类比模型，因为到那时，他已经把他的经济学纳入了力学模型中，并且一些力学特征也已经被整合进他的经济学中。

这种对类比模型为科学家提供新见解的方式的描述是如何让我们理解纽林-菲利普斯机器作为一个研究工具的呢？我们已经看到了菲利普斯是怎样首先把一些经济学转变成水力学的，纽林是怎样把货币系统与水力学同时拟合于一个机器的设计中起作用的，以及他们是如何一起建造机器的。经济学拟合于水力学的过程到底产生了哪些思考？让我们回到原型机（Mark Ⅰ机）的第一次展示——1949 年 11 月在莱昂内尔·罗宾斯怀疑的目光下被组装并展现于伦敦政治经济学院教工的面前。在那天，当红色的水流围绕纽林-菲利普斯机流转时，它为那些观众解决了宏观经济学中的强烈的争议。以简化的形式，凯恩斯主义者认为，利率是由流动性偏好决定的：人们是偏好持有货币股票还是偏好持有债

---

① 参见 Morgan（1999），对于这个例子有更多的描述。Mark Ⅰ纽林-菲利普斯机器和 Mark Ⅱ菲利普斯-纽林机器二者的区别之一是，后者有一个内置的加速器关系（如图 5.2 中的标注）；这和萨缪尔森方程中的特征关系是相同的（参见第 6 章）。纽林建议忽略 Mark I 机器的这些特征以便于使用和解释。Vines（2000）表明，正是一些额外联系创建循环并把循环融入机器经济学中，与这种情况类似的是，费雪使用类比平衡把循环融入了他的货币经济学中。

② 这是一个非常简洁的描述：Morgan（1997）提供了一个更全面的讨论负面特性如何扮演重要作用的资料，同时 Morgan（1999）对费雪的类比模型提供了一个更全面的分析。

券。罗伯逊却认为，利率是由可贷资金的供给和需求决定的：储蓄流和投资流哪一个更大。当存量和流量真正一起运行时——正如他们在那天的机器演示中做的那样，显而易见，罗伯逊和凯恩斯的理论既不是不一致的，也不是二选一的，而是互补的，但更重要的是——它们已经被整合到了这个机器的经济世界中了。[①]

> 他们（所有的人）坐成一圈以一种奇怪的眼神凝视着房子中间的这个东西（这台机器），……然后，他（菲利普斯）启动了这个东西，它开始工作了，"收入分别进入储蓄和消费……"他真正创造了简化经济学家多年来研究的问题和争论的这样一台机器。"如果菲利普斯机器在他们之前被制造出来，凯恩斯（Keynes）和罗伯逊本不需要争论。"（Robbins，1972 年 7 月 5 日[②]）

罗宾斯认为这台机器解决了关于利率决定论的争议，该争议通常被描述为源于对存量和流量的交互作用的纯粹语言表述困惑的争议。这里对语言经济学问题的强调存在某种程度的错位。在 20 世纪 30 年代晚期，已经存在几种小的图表式的和数学式的模型（甚至数值模拟），并且这些模型已经被用来探索凯恩斯体系的著作（我们会在第 6 章看到的）。然而，正如我们从菲利普斯本科论文中看到的，经济学家的图表模型不能阐明某些问题，因为它们不能同时既显示存量又显示流量。在类比机器

① 通过阅读菲利普斯 1950 年论述这台机器的论文，罗伯逊写了一篇短信，信中，罗伯逊写到："我刚刚阅读了上帝的指示（连同标题页——他比大多数人类经济学家都要机敏）……"（书信，1950 年 8 月 27 日罗伯逊寄给米德），罗伯逊好像没有看到这台机器的演示，所以看不到这一点。作为答复，菲利普斯表示："通过区分日常的流量和存量（顺便说，这种情况仅出现在持续的分析中），通过把收入效应放入模型中，而不是通过移动曲线来考虑它们，这一过程无论如何都会被展示得更清楚，理论的不同部分都将融入一个更广泛的正式系统中。"（引自菲利普斯给罗伯逊的回信，1950 年 9 月 19 日。两封信，米德论文，文献 4/1，伦敦政治经济学院图书档案馆）

② Chapman 在记述他和莱昂内尔·罗宾斯 1972 年的一次交流中提到，原型机是 1949 年在伦敦政治经济学院的学术研讨会上首次展示的（伦敦政治经济学院国际中心档案馆）。在伦敦政治经济学院的记载中，纽林已经被提到，但是通过所有的记载，菲利普斯总是坚信在开发第一代 Mark I 机器过程中，纽林发挥了重要作用，同时米德在早期也做出了同样的评论。因此，当米德向利兹大学的阿瑟·布朗写信（1949 年 12 月 12 日），要求多持有 Mark I 原型机几个月时，他很犹豫："当我向菲利普斯提及这件事情时，他很震撼，并向你（Brown 资助过 Mark I 机器）和纽林施加了强烈的道德压力，其中纽林是他的合作发明者……"（参见米德论文，文件 16/2；伦敦政治经济学院图书档案馆）

中，存量和流量单独工作，结合在一起去决定利率，在此过程中，它们充分利用了投资和收入相互作用过程中必要的时间差距和时滞。在纽林和菲利普斯的模型世界中，这个时滞在围绕机器的液体循环和国民收入水平决定方面发挥着重要作用。

因此，菲利普斯和纽林不仅仅创造了一台机器可以解决存量—流量的问题，而且他们发明了一个经济模型世界，在这个世界中，经济系统里循环流动的货币存量和流量的动态和时间关系可以比在其他媒介中得到更充分的描述和集成。把经济学系统描述成水力学系统（其中，货币是红色的水），这种新方式可以把所有的宏观经济学元素联合起来，并且允许它们相互作用，通过模型的不同运行，可以为使用者提供一种实验探索复杂系统的新方式。这是双向类比比较的第一部分，即通过使经济学系统像水力学系统一样运行，从中看到并获得新的理解。这台机器能使人们对这些事情获得一个新的理解，因为在这个新的模型世界中，要素是液态的流量和存量，并且完全符合存量和流量的法则；这个系统是真正动态的——液体确实需要时间来循环流动。正是这个让经济学家一直致力于用文字和图表去描述的物质和理论之间存在兼容性的新发现，不仅激起了人们见到机器中水循环时的满意和喜悦之情，而且加深了人们对类比模型中所描述的经济学系统的理解。

对于纽林 - 菲利普斯机器的这些主张，仅仅用它们依靠运行中真实的机器来解释是难以令人信服的，所以我们要努力看到这台机器对于经济学家的特别之处。最近，有一卷纪念菲利普斯的文章提到，经济学家 David Vines 在剑桥大学研究 Mark Ⅱ机器，发现了这台机器的独到之处（参见他 2000 年的文章）。Vines 拥有数学和物理学背景，他通过对这一被动式机器进行可视化研究，根据培训手册关于如何设置和进行特殊实验的指导进行了一系列的操作：将机器中的初始设置和干预相结合。[①]在每个“实验”的最后，他都会反思从这个机器中学到的内容，而不是从传统的理论数学模型和语言讨论中学到的内容（过去和现在）。他发现从我们已经标注的类比模型的四个方面总是可以获得一些额外的见

① 根据 Vines（2000 年）所写，好像他真的在工作着的机器中进行了实验，但有证据表明，在 20 世纪 90 年代，他只是对一台机器进行了研究（2006 年 8 月 28 日的一次当面交流）。在那个阶段，剑桥的机器还没有修复得能够有序工作。参见培训手册第 19 页的信息。

解：存量和流量二者共同作用的事实；时间很重要；变化的连续和序列的模式体现了真正的动态（与静态序列形成对照）；各种元素的交互作用在真实运作，而不是我们认为它们在工作（当然，在这种情况下，Vines 观看它们工作）。①

Vines 逐渐开始不仅对工程学感兴趣，而且对这台机器中的经济学和水力学的拟合感兴趣，实际上这种拟合要归功于两名最初的发明家——纽林和菲利普斯——的富有想象力、认知能力和开创性的研究工作。Vines 逐渐把这台机器视为“真正的革新”，并把它作为一个令人难以置信的启发式装置：

> “一切都在机器中”是不真实的。……但是事实上机器中关于这些主题的内容比宏观经济学传统知识所容许的要多得多。并且这是极其明显的。它很容易激发进一步的思考和猜测……（Vines，2000，第 49 页）

这种进一步的思考和猜测在我们两名发明者的研究工作中是显而易见的：从他们与随后反映在经济学中的机器的水力学的相互作用中，我们能获得一些见解。就像费雪利用从其类比平衡模型的见解去探究并重新思考他关于货币经济的描述一样，纽林和菲利普斯也这样做了。Vines（2000）强有力地证明了：把时滞、动态学和控制等话题用机器来破题，这种方式为菲利普斯得到广泛认可的、后来在计量经济学及控制理论和稳定理论方面做出的有影响力的贡献提供了动力。在纽林的案例中，从机器中反映出来的模式很难被追踪，因为他很快转向了发展经济学。但是从他与机器有关的研究工作中，我们可以看到他是如何发展他的有关货币循环的理论的：首先在他 1950 年有关机器的论文的图表中，然后贯穿于他货币理论方面的书籍（1962 年和其他几个版本）中。我们可以从他对流通货币的循环模式提出的问题和他给予的关注中看到这些有关机器的见解（对这台机器的描述），而流通货币的循环模式取决于经济体中不同个体的行为和反应的速度：“我们感兴趣的不是支付频率，而是人们对振幅的反应速

① 图表模型中的动作序列，或者“比较静态学”，是当时经济学家研究动态的通常方式，正如我们将在第 6 章宏观经济学萨缪尔森模拟模型中所看到的。

度。”（纽林，1962，第 85 页）[①]

就像费雪把他从力学平衡行为中得到的见解引入他的经济学平衡观点中一样，纽林也做了同样的事情，并且费雪利用他们的水力学模型工作的经验重新思考了他们经济学中的一些观点。创造力、想象力和认知能力不仅体现在开发类比模型的过程中，而且体现在把从类比模型中得到的见解重新返回到他们的经济学的过程中。就像《平原》一样，三维世界的读者成功地使用他的想象力去理解二维世界的观点，不仅可以获得对二维世界的本质的见解，而且也可以学习有关他自身的三维世界的新的东西。

反思整个类比的两种方式——首先在机器建造上，把经济学拟合于水力学，然后在后期研究工作中，从水力学和工程学方面得出经济学方面的见解——似乎成了这两个经济学家研究工作中卓有成效的观点的来源。但是，就像当他们使用术语“加权平均”时，今天的经济学家没有人会想到费雪的力学平衡原理一样，当他们从工程学中获得的经济学方面的见解理所当然地成为他们经济学中所用的某些部分时，纽林 - 菲利普斯机器的微弱踪迹正随着时间慢慢消失。

尽管记忆丧失，纽林 - 菲利普斯机器仍可以被视为经济学中最有创意的模型之一。事实上，它是如此具有创造性——几乎可以被当成科幻小说的一部分——以至于人们不知道如何运转它。这个原型机首次公开露面时，经济学家的反应是对它的运转很惊讶，对它的出场感觉很欢快，并认为它对于宏观经济学系统的动态化具有启蒙作用。无论什么时候展示机器的运转，这样一个愉悦和洞察力的混合物，都是引人注目的。经过利兹大学演示之后，新闻报告认为它既是一个事实的提供者，也是一台整理理论的机器的承办商，既是一个有个性的知识制造者，也是一个技术层面的物品。从那以后，一些相关的卡通画开始聚焦于一些类似的特点：个性：一种有些临时的特性；作为一个经济体：一种充满活力并且有点古怪的系统；作为理念的供应者：通过它的经济学家助手主导的每一次实验，经济学“功能机”的某些部分会喷出一系列新的

① 在这些作品中，他认为乘数时间不是指收入作为支出重新出现（或者 V. V）的时间差，而是指个人对支出额变动的响应时间。尽管这与流通速率的早期观点有关，这种观点可追溯到欧文·费雪对交换方程中流通速度的研究工作（参见 Morgan，2007），但是纽林著作中的描述表明他们用这台机器推进了自己的研究。

结果。由于这台机器的纯粹、大胆和古怪的风格，经济学家很喜爱它，但是事实证明它很难持续运转，它依赖其发明者纽林和菲利普斯以及后来的米德的养护，以保证它正常运行。尽管很少有人看过这台机器运转，但它也许仍是唯一一个渗透到公众想象力中的经济学模型。从最初Emett的卡通，到最近《经济学家》杂志的封面，对于从没见过或者甚至没听说过这个经济学模型的人来说，纽林-菲利普斯机器只是作为一种民间物品而存在。

致　谢

本章主要案例的研究起源于与Marcel Boumans（2004年）合著的一篇关于三维模型和菲利普斯机器的论文，但是本章的问题与之不同，提供了一些基于新的历史史料的分析：这些材料来自伦敦政治经济学院档案馆（米德的论文）和国际中心菲利普斯机器档案馆（分别感谢Sue Donnelly和Angela Swain），以及与多琳·纽林的交谈和通信，依次源于她丈夫的日记、记录和笔记。纽林夫人为我的问题寻求答案，愿意与我分享她的记录和照片，并且同意我在本章中去使用他们，在此向纽林夫人致以诚挚的感谢。同时也感谢Lesley Chadwick，Martin Slater，Martin Carter，Greg Radick，Mike Flinn，他们与纽林的历史和利兹大学的机器有关；感谢与墨尔本机器有关的Robert Dixon；感谢Brian Silverstone和Robert Leeson，他们帮助完成了新西兰故事的结尾；感谢David Vines通过邮件通信的方式讨论他的“实验”；感谢伦敦政治经济学院、利兹大学、阿姆斯特丹研讨会以及经济学历史协会的参与者（尤其是Roy Weintraub）。本章以非常简洁的方式用于比较的目的，采用了我对费雪力学平衡模型研究中的一些材料（Morgan提供整个故事，1997，1999）。最后，马塞尔·鲍曼同意本章引用我们早期对于这台机器联合工作的成果，以及他的许多对本章有用的评论，在此向他致以诚挚的感谢。

参考文献

Abbott, Edwin A.（1884/1952）*Flatland. A Romance of Many Dimensions.* New York: Dover.

Achinstein, Peter (1964) "Models, Analogies, and Theories". *Philosophy of Science*, 31: 4, 328 - 350.

Allen, Roy G. D. (1955) "The Engineer's Approach to Economic Models". *Economica*, 22, 158 - 168.

Bacon, Francis (1625/1985) In John Pitcher (ed), *The Essays*. London: Penguin Classics.

Barker, D. A. (1906) "An Hydraulic Model to Illustrate Currency Phenomena". *Economic Journal*, 16, 461 - 466.

Barr, Nicolas (1988) "The Phillips Machine". *LSE Quarterly*, 2, 305 - 37. (2000) "The History of the Phillips Machine". In Robert Leeson (ed.), *A. W. H. Phillips: Collected Works in Contemporary Perspective* (pp. 89 - 114). Cambridge: Cambridge University Press.

Barty - King, Hugh (1994) *The Baltic Story: Baltic Coffee House to Baltic Exchange*. London: Quiller Press.

Bissell, Chris (2007) "The Moniac: A Hydromechanical Analog Computer of the 1950s". *IEEE Control Systems Magazine*, 27 (1), 59 - 64.

Black, Max (1962) *Models and Metaphors. Studies in Language and Philosophy*. Ithaca, NY: Cornell University Press.

Blyth, C. A. (1975) "A. W. H. Phillips, M. B. E.: 1914 - 1975". *The Economic Record*, 51, 135, 303 - 7.

Boothroyd (1953) "The Financephalograph Position: Serious Lag in Production." *Punch*, April 15, p. 456.

Bordo, Michael D. (1987) "Equations of Exchange". In J. Eatwell, M. Milgate, and P. Newman (eds.), *The New Palgrave: A Dictionary of Economics*, Vol. 2 (pp. 175 - 177). London: Macmillan.

Boulding, Kenneth J. (1948), *Economic Analysis* (revised edition). New York: Harper.

Boumans, Marcel (1999) "Built - In Justification". In Mary S. Morgan and Margaret Morrison (eds), *Models as Mediators: Perspectives on Natural and Social Science* (pp. 66 - 96). Cambridge: Cambridge University Press.

(2001) "Fisher's Instrumental Approach to Index Numbers". In Judy L. Klein and Mary S. Morgan (eds), *The Age of Economic Measurement* (pp. 313 - 344). Annual Supplement to *History of Political Economy*, Vol. 33. Durham, NC: Duke University Press.

Brown, Arthur J. (1978) "Appreciation at Retirement". *University of Leeds Review*, 21.

(2000) In Robert Leeson (ed), *A. W. H. Phillips: Collected Works in Contemporary Perspective* (pp. xii – xv). Cambridge: Cambridge University Press.

Chapman, Shirley (1972) Some notes on Bill Phillips and his machine … from a conversation with Lord Robbins. 1 Dec. 72 (Box 3, *LSE STICERD Archive*).

Chote, Robert (1994) "The Dangers of Stirring up Chaos". *The Independent on Sunday*, June 5.

(1995) "Miracle of the Liquid Economy". *Financial Times*, Weekend Section, April 1/2, p. Ⅰ – Ⅱ.

Copeland, Morris A. (1952) *A Study of Money Flows.* New York: National Bureau of Economic Research.

Daily Mail (1965) See MacArthur.

Daily Mirror (1950) "Water Keeps Running through His Hands Just Like Money". January 26, 1950.

The Economist (2006) "Big Questions and Big Numbers". July 15, pp. 75 – 77.

The Economist (2008) November 15 – 21, front cover.

Edgeworth, F. Y. (1881) Mathematical Psychics. London: Kegan Paul, London. (New annota ted edition). In Peter Newman (ed), *F. Y. Edgeworth's Mathematical Psychics and Further Papers on Political Economy* (pp. 1 – 174). Oxford: Oxford University Press for the Royal Economic Society, 2003.

Emett, Rowland (1953) "Machine Designed to Show the Working of the Economic System". *Cartoon*, *Punch*, April 15, p. 457.

Enke, Stephen (1951) "Equilibrium among Spatially Separated Markets: Solution by Electronic Analogue". *Econometrica*, 19, 40 – 47.

Financial Times (1995) See Chote.

Fisher, Irving (1911) *The Purchasing Power of Money.* New York: Macmillan.

(1922) *The Making of Index Numbers.* New York: Pollak Foundation for Economic Research.

Fortune (1952) "The Moniac: Economics in Thirty Fascinating Minutes". March, p. 101.

Gentner, D. and D. R. Gentner (1983) "Flowing Waters or Teeming Crowds: Mental Models of Electricity". In D. Gentner and A. L. Stevens (eds), *Mental Models* (pp. 99 – 129). Hillsdale, NJ: Lawrence Erlbaum.

Gordon, Con (1950) "New Machine Shows How the Money Goes". *Yorkshire Evening Post*, January 20, p. 7.

Hesse, Mary (1966) *Models and Analogies in Science.* Notre Dame, IN: University of

Notre Dame Press.

Hume, David (1955) "Of the Balance of Trade" . In E. Rotwein (ed), David Hume: *Writings on Economics* (pp. 60 – 78) . Madison: University of Wisconsin Press.

Ibbotson – Somervell, Carol (1994) " A. W. H. Phillips, MBE: 1914 – 1975, A. M. I. E. E. , A. I. L. , Ph. D. Econ. , Professor Emeritus; Sibling Memories, Press Cuttings, Selected Biographical Notes" . Unpublished memoire, LSE STICERD archive, Box 7, File 6.

The Independent on Sunday (1994) See Chote.

Klamer, Arjo and Thomas C. Leonard (1994) "So What's an Economic Metaphor?" In Philip Mirowski (ed), *Natural Images in Economic Thought* (pp. 20 – 51) . New York: Cambridge University Press.

Langman, Michiel (1985) " Geld als Water; De Droom van Elke Econoom. *Economisch Bulletin*, Oktober: 8 – 11, p. 9.

Law, J. and Michael Lynch (1990) "Lists, Field Guides, and the Descriptive Organisation of Seeing: Birdwatching as an Exemplary Observational Activity" . In M. Lynch and S. Woolgar (eds), *Representation in Scientific Practice* (pp. 269 – 99) . Cambridge, MA: MIT Press.

Leeson, Robert (1994) "A. W. H. Phillips M. B. E. (Military Division)" . *The Economic Journal*, 104, 605 – 18.

(2000a) [ed] A. W. H. Phillips: *Collected Works in Contemporary Perspective.* Cambridge: Cambridge University Press.

(2000b) "A. W. H. Phillips: An Extraordinary Life" . In Robert Leeson (ed.), *A. W. H. Phillips: Collected Works in Contemporary Perspective* (pp. 3 – 17). Cambridge: Cambridge University Press.

MacArthur, Brian (1965) "All Done by Water …" . *Daily Mail*, March 8, p. 10.

McCloskey, D. N. (1990) "Storytelling in Economics" . In Don Lavoie (ed.), *Economics and Hermeneutics* (pp. 61 – 75) . London: Routledge.

McKie, Robin (1978) "Old Economic Pipe – Dream Flows Again" . *Times Higher Education Supplement*, May 5, 1978.

Meade, James (1951) "That' s the Way the Money Goes" . *LSE Society Magazine*, January, 10 – 11.

Mirowski, Philip (1989) *More Heat than Light: Economics as Social Physics, Physics as Nature's Economics.* Cambridge: Cambridge University Press.

Moghadam, Reza and Carter, Colin (1989) "The Restoration of the Phillips Machine: Pumping up the Economy" . *Economic Affairs*, October/November, 21 – 27.

Morehouse, N. F. , R. H. Strotz, and S. J. Horwitz (1950) "An Electro – Analog Method for Investigating Problems in Economic Dynamics: Inventory Oscillations". *Econometrica*, 18, 313 – 328.

Morgan, Mary S. (1997) "The Technology of Analogical Models: Irving Fisher's Monetary Worlds" . *Philosophy of Science*, 64, S304 – 14.

(1999) "Learning from Models" . In Morgan and Morrison (eds), *Models as Mediators*, pp. 347 – 88.

(2001) "Models, Stories and the Economic World" . *Journal of Economic Methodology*, 8: 3, 361 – 84. Reprinted in U. Mäki (ed), *Fact and Fiction in Economics* (pp. 178 – 201) . Cambridge: Cambridge University Press.

(2003) "Economics" . In T. Porter and D. Ross (eds), *The Cambridge History of Science*, Vol. 7: *The Modern Social Sciences* (pp. 275 – 305) . Cambridge: Cambridge University Press.

(2007) "An Analytical History of Measuring Practices: The Case of Velocities of Money" . In M. Boumans (ed), *Measurement in Economics: A Handbook* (pp. 105 – 32). Philadelphia: Elsevier.

Morgan Mary S. and Marcel Boumans (2004) "Secrets Hidden by Two – Dimensionality: The Economy as an Hydraulic Machine" . In Soraya de Chadarevian and Nick Hopwood (eds), *Models: The Third Dimension of Science* (pp. 369 – 401) . Stanford, CA: Stanford University Press.

Morgan, Mary S. and M. Morrison (1999) [eds] *Models as Mediators*. Cambridge: Cambridge University Press.

Morrison, M. and M. S. Morgan (1999) "Models as Mediating Instruments" . In Mary S. Morgan and Margaret Morrison (eds), *Models as Mediators: Perspectives on Natural and Social Science* (pp. 10 – 37) . Cambridge: Cambridge University Press.

Nagel, Ernest (1961) *The Structure of Science. London*: Routledge & Kegan Paul.

Newlyn, Walter T. (1950) "The Phillips/Newlyn Hydraulic Model" . *Yorkshire Bulletin of Economic and Social Research*, 2, 111 – 127.

(1962/1971) *Theory of Money*. Oxford: Clarendon Press.

(1992) "A Back of the Garage Job" . *RES Newsletter*, no. 77, April, 12 – 13.

(2000) "The Origins of the Machine in a Personal Context" . In Leeson, 2000 (ed.), pp. 31 – 38.

Ortony, Andrew (1994) *Metaphor and Thought*, 2nd ed. Cambridge: Cambridge University Press.

Phillips, A. W. (Bill) H. (1950), "Mechanical Models in Economic Dynamics".

Economica, 17, 282 – 305.

Schlimm, Dirk (2008) "Two Ways of Analogy: Extending the Study of Analogies to Mathematical Domains" . *Philosophy of Science*, 75, 178 – 200.

Swade, Doron (1995) "The Phillips Economics Computer" . *Resurrection* no. 12, 11 – 18.

(2000) "The Phillips Machine and the History of Computing" . In Robert Leeson (ed), *A. W. H. Phillips: Collected Works in Contemporary Perspective* (pp. 120 – 126). Cambridge: Cambridge University Press.

Times Higher Education Supplement (1978) . See McKie.

Toulmin, Stephen (1953) *The Philosophy of Science*. London, Hutchinson University Library.

van der Post, Laurens (1985) *The Night of the New Moon*. London: Hogarth Press.

Veblen, Thorstein (1904) *Theory of Business Enterprise*. New York: Scribner.

Vines, David (2000) "The Phillips Machine as a 'Progressive' Model" . In Robert Leeson (ed.), *A. W. H. Phillips: Collected Works in Contemporary Perspective* (pp. 39 – 67) . Cambridge: Cambridge University Press.

Walras, Leon (1874) *Elements d' Economie Pure*. English translation by William Jaffé (1954) . London: Allen and Unwin.

Yorkshire Evening Post (1950) See Gordon.

问题与故事：
抓住事物的核心

6

6.1 引言

科学模型不仅是被研究的对象，还是精密的探究工具。[①] 模型既是探究的对象也是探究的工具：经济学家探究经济模型的世界，并用模型来探究其所表述的经济世界。是什么样的推理将这些数学和小型图表转变成了一种探究手段呢？这些探究又如何使经济学家感到通过模型他们已经捕捉到了事物的某些核心，或是理论的核心，或是经济世界的核心？

"经济学家怎样使用模型"这个问题在某种程度上很好回答：经济学家用模型来提出问题，并讲述故事！或更准确地说：经济学家提出问题，用模型的资源来证明，并在此过程中讲述故事。乍一看，很难准确明白为什么问题是必需的，或者故事能起到什么作用。[②] 就模型提出问题以及用模型来讲述故事如何能使模型作为精密的运算工具来运行呢（在使用这些工具的过程中经济学家们可能有所收获并可能抓住了事物的核心）？我将首先用一个例子来呈现故事是如何塑造模型的推理资源的，之后将继续说明运用模型工作的经济学家们如何以及为何在运用模型推理时，一般会提出问题，然后讲述一些类似的原理。

① 见莫里森和摩根（Morrison and Morgan，1999）及摩根（Morgan，1999）。

② 在经济模型的背景下，有多位评论家曾讨论过故事：麦克洛斯基（McCloskey）（1990a，1990b 和 1994）和 Mäki（1992），或讨论过问题与故事：Gibbard 和 Varian（1978）。在此处和 2001 年的论文中，我的解释是以 Gibbard 与 Varian 的文章为开始的，因为他们提出并注意到了建模的一些重要方面，其中纳入了问题和故事；但他们没有真正解释对于一个模型来说，故事如何且为什么是至关重要的（一些近年的论文将模型视为小说进行讨论；见 Suarez〔2009〕和 Frigg〔2009〕；或者 Le Gall〔2008〕经济模型的相关内容，但我本章的关注点是模型使用中叙述的作用，不是模型的地位；当然并非所有的故事都是虚构的）。

6.2 塑造模型资源的故事：弗里希的宏观动态体系

20世纪20年代和30年代初期，经济学界最大的挑战之一就是了解商业运行的核心原理。这是一个理论上的难题，即理解怎样的特定经济元素组合及相互关系构成了商业周期。它也是一个真正的经济问题，这一点在1921~1922年的经济萧条以及1929年开始的大萧条中得到了证实。

在此背景下，挪威经济学家弗里希决心解决这个难题的一个重要方面：弄清楚什么样的经济数学模型能够在模型世界的一个普遍经济活动中产生一种周期模式。[①] 经济表是弗里希经济体系建模的开端，经济表是他对经济体系做的视觉草图，图中描绘了经济中的元素及其周期流动，以此图为基础他制作了一个更简单的数学模型，视觉草图和数学模型都在第1章中呈现过（图1.6）。[②] 后者作为"宏观动态系统"拥有很多资源——数学和经济内容的资源——因为弗里希将其视作一种机器。正是这个机器能够在模型世界中经济活动不间断变化的过程中产生周期，而这些周期也会自动地随着时间而逐渐消亡。弗里希的模型中所创造的这两个世界的特征对于实现他对模型的要求至关重要，因为当时经济学家们广泛认可的理论认为周期是现实经济的一个特征，如果对经济系统放任不管，那么经济周期就会消亡，经济就会趋向于停滞状态，或者称为"均衡"状态。[③] 弗里希进一步说明通过在他的简单的模型体系中增加一些合理的关于数量的猜测是能够产生新的周期使其与现实经济体系中经济周期的范围相匹配的。因此他的小模型是与理论假

---

① 挪威经济学家弗里希（Frisch，1895~1973），其地位和专业名望与凯恩斯（Keynes）相当，是计量经济学运动的领导人物之一。他与丁伯根（Tibergen）一起肩负了战争时期发展建模思想与实践的重任。数理化建模在当时是非常不同寻常的，并且"模型"这一术语也没有被使用，因此弗里希谈论了他的"宏观动态系统"。关于建模的一般历史见本书第1章，关于商业周期的数理化建模的早期历史见Boumans（2005）。

② 在经济学的历史中，弗里希的模型已被反复讲述。Boumans（1999）讲述了"在简化的极端限制下"弗里希挑选因素制作模型的方法和原因（1933，第174页），并讲述了弗里希如何用数学形式主义将这些元素塑造成一个商业周期的"新配方"；Morgan（1990）专注于弗里希的模型在计量经济学历史中的地位；Louca（2007）则专注于其类比的方面。

③ 关于这个假设的历史，参见Ingrao and Israel（1990）；关于其在数理经济学中和20世纪中期计量经济学模型中的重要性参见Weintraub（1991）和Morgan（1991）。

设相一致的，他感到很欣慰，他的小模型具备模拟现实经济体系范围的能力。

但是，模型世界中所产生的这种有序的周期性的活动，因为太有序而不符合现实世界中无规律的经济活动，正如他所说，“在现实中，我们所观察到的经济周期一般来说都不受约束”（弗里希，1933，第197页），这些观察使弗里希提出了如下问题：

> 为了解释真实现象在哪些方面动态规律需要完善？……如果一个限定的动态体系处于连续的不规则的冲击中，这些冲击不断地打乱持续的发展并同时将维持摆动所必需的能量引入该体系，那这个限定动态体系的解决方案将发生什么？（弗里希，1933，第197页）

这就是他制作模型的最后一步——也就是第三步，也是关于扩展类比的故事在其模型塑造中起严肃作用的开端。[①]

在他的模型创建的第三步，弗里希效仿了伟大的瑞典经济学家克努特·维克塞尔，维克塞尔采用了一种值得纪念的故事兼类比的方法，区分了传播问题（创造周期的经济机）和推动力问题（什么使周期持续）：“如果你用木棒击打一个木制摇马，马的运动将不同于木棒的运动。”（弗里希引用维克塞尔，第198页）木马的运动是摇晃的运动（传播因素），但木马的摇晃会逐渐停止，除非有使其继续摇晃的原因，例如人用木棒击打它（推动力）。对于弗里希来说，他模型中的传播部分和推动力部分进行的是不同的运动，没有理由使这两种运动同时发生，或者使推动力变得规律：想象一个生气的小男孩用棍子任意击打木马，时断时续，力量不均，你就明白了。

然后弗里希又是怎样将这个关于推动力的故事转变成一种可以加入他经济数学模型中的要素的呢？弗里希从尤尔（G. Udny Yule）和尤

① 在此，故事对其模型设计至关重要，但并非类比都包含有好故事。因此，弗里希否决了另一种可供选择的类比，该类比将长期的几年的商业周期比作溪流表面的波浪，并将经济活动中每年周期性的变化比作河床底的石头引起的涟漪。这里没用叙述将各元素联系起来。类比在没有叙述的情况下顺利运作的一个对比性的例子是第5章中的纽林－菲利普斯液压机。关于在物理学中故事参与模型构建的案例，见Hartmann（1999）。

金·斯卢茨基（Eugen Slutsky）1927 年发表的统计实验[①]中找到了灵感。在英国尤尔用一个小孩击打放在摆动钟摆上的豌豆的故事来解释他的统计实验，在这个实验中，调和过程被随机因素所干扰，这个故事与维克塞尔的故事相当类似。在欧洲另一端的俄罗斯，斯卢茨基挑选并汇总一系列连续的彩票号码从而形成了第二组数字，第二组数字呈现了持续但参差不齐的循环（周期）模式，这与那些商业周期数据（见第 8 章，图 8.5）很相似。这些故事都是经济学家用来论证的图表的一部分，这些图表向弗里希展示了任意击打或不规律要素是怎样产生数据模式的，这种数据模式更像是商业周期数据，而不像他的经济运行机理模型中所形成的那些平滑的波动。

在弗里希用这些故事及其统计演示来激发自己的模型设计的同时，他在经济机制中增加了一组随机扰动，随机扰动引入的方式是贯穿之后时期的有关经济活动的数学模型都带着随机扰动。由于弗里希用淘气小孩的故事来塑造他的模型，因此这个模型具备数学和统计资源，从而弗里希能够生成一种模拟来论证他模型中的世界如何能生成这种当代商业周期推理所要求的受限制的周期，以及如何能同时模仿真实世界产生的那种参差不齐的持续的数据周期（如我们在报纸和电视的财经报道中所看到的）。

模仿数据模式是模型的有用属性，但是有关推动力的小男孩的故事在经济世界中没有明显的对应实例。在另一个采用了类比的故事中，弗里希试图寻找到一个经济上的解释，这个类比是通过一个阀门的水流供给能量、产生钟摆效应的机制，他设计并画出这一机制来理解约瑟夫·熊彼特（Joseph Schumpeter）的周期理论（参见 Louça，2007）。根据这个解释，在经济中周期的持续是因为经济系统内创新的作用：科技创新、工作管理创新、寻找新的供给市场创新及产品创新。弗里希认为这样的创新“在某种程度的流行中积累，但只在周期的某个阶段会被大规模地投入实际应用中”（弗里希，1933，第 203 页），因此，如同他提出的，并不是创新本身，而是它们在经济中的利用模式“组成了维持摆动的新能量”（弗里希，1933，第 204 页）。弗里希采用了熊彼特的解释，

---

① 见 Yule（1927）和 Slutsky（1927）；Slutsky 的作品在俄罗斯出版，但在欧洲和美国经济学界其作品迅速突显并声名鹊起（见 Morgan，1990；Judy Klein，1997；和 Barnett，2006）。

从经济上解释了在使用他的模型时所发生的持续周期。所以在这里我们看到了一个故事被以一种不同的方式使用，这个方式不像木马的故事影响了模型的创造，而是将建模结果反过来与世界联系起来，从而对为什么经济世界会如此表现做出经济学解释。

在这篇写于1933年大萧条时期的经典论文中，弗里希开始将经济经历商业周期的原因建成模型。经济活动的视觉图式是他建模的开端，然后他将其发展成了一个更小的经济数学模型，这个模型能产生抑制周期的机制并结合了一个随机扰动因素使其能够产生与商业周期数据相匹配的模型。换句话说，他成功地捕捉到了某些重要因素以及他的模型世界中理论和世界表现的某些重要因素。故事，或者故事类比，在构建和创造模型及加入相关因素时都十分关键。但是他的最后一个类比故事也同样重要，因为其中指出了模型可以被用来提供解释的方法。故事的后一种作用体现了经济学家使用其模型的方式的普遍特征。

6.3 体现凯恩斯《通论》的问题与故事

弗里希的模型诞生于1933年是一个罕见的现象，因为在这个时期大部分专业经济人士并不热衷于构建将经济体系视为一个整体的数学模型。但19世纪30年代的大萧条的大范围和纵深的影响使许多经济学家被一些问题困扰着：为什么这个周期被大萧条所困？为什么经济没有自我修正也没有开始复苏？对这个问题最重要的理论贡献是约翰·梅纳德·凯恩斯（John Maynard Keynes）1936年出版的《通论》（《就业、利息和货币通论》）。这本书被普遍认为是宏观经济理论发展的缩影，该理论代替了商业周期理论（至少，在半个世纪内）。现在读这本著作的人会发现书中的论证模式是晦涩难懂的，因为它是一种数学和文字的奇怪组合。[①] 即使对当时的经济学家来说这本著作也是晦涩难懂的，因为当时为数众多的年轻经济学家对此著作的第一反应是试图通过创造不同的代数和几何模型来理解和领悟凯恩斯理论的核心。其中一些经济学家试图为凯恩斯的观点提供一种表述，使其将凯恩斯观点与其他体系尤

① 见Andvig（1991），Solow（1997），和Lucas（2004，第13页），这三位经济学家注意到："要理解《通论》必须借助媒介。必须在别人的帮助下才能理解《通论》。"

其是古典体系的比较成为可能。[①] 其中约翰·希克斯（John Hicks）的尝试最具影响力，希克斯逐渐将其模型发展成了最普遍的宏观经济模型之一，即 IS/LM 图表。为了介绍我对经济学中模型使用的典型问题和故事讲述特点的讨论，我将首先讨论另外两个模型，一个是年轻的英国经济学家詹姆斯·米德（James Meade）的模型，另一个是年轻的美国经济学家保罗·萨缪尔森（Paul Samuelson）的模型。[②]

6.3.1 模型化凯恩斯的《通论》：米德

詹姆斯·米德的论文的开篇如下：

> 本文的目标在于为凯恩斯先生的《就业、利息和货币通论》中讨论过的经济体系构建一个简单的模型，目的在于说明：
>
> （1）均衡的必要条件；
>
> （2）稳定均衡的必要条件；以及
>
> （3）某些变量的改变对就业的影响（米德，1937，第 98 页）。

米德以七个关于具体经济因素的假定为开端（例如，每个产业的主要成本是工资）；之后列出了以七个最初假定为基础的经济在短期内均衡的八个条件（例如，商品的价格相当于边际成本；总收入相当于工资与利润之和）。在此基础上，米德建立了八种关系，并将其反映在数学模型中（与阿尔弗雷德·马歇尔〔Alfred Marshall，1890〕将他的图表置于脚注处的做法类似，米德将他的数学模型放在他的附录中，显然表明了这样的模型在当时仍然不被接受且不是被承认的研究经济学的方法）。在论文之后的内容中，米德正是用这八种关系——他的模型——进行推理的，并告诉我们：

---

① 尽管并非所有的尝试都将自己描述为“模型”，但 Darity 和 Young（1995）理由充分地将凯恩斯作品出版后两三年内的尝试称为“意图表述凯恩斯观点的模型”（第 1 页）。他们对这些模型（这些模型被转化为普通形式，并使用了现代术语）的调查讨论了 1936～1938 年的 8 篇论文、评论或公开发表的相关反应。

② 在伦敦政治经济学院米德（Meade）帮助菲利普斯（Phillips）设计了第二代即 Mark Ⅱ液压机。米德（1907～1995）的教育和工作都与牛津大学、伦敦政治经济学院（LSE）和剑桥大学密不可分；萨缪尔森（1915～2009）则与芝加哥大学、哈佛大学和麻省理工学院（MIT）有关系；希克斯（1904～1989）与牛津大学、伦敦政治经济学院（LSE）和曼彻斯特大学有关系。这三位经济学家都是诺贝尔经济学奖获得者。

以这八个关系为手段我们可以说明就业量是由每个给定的货币供给、每个给定的货币工资率及工资储蓄比例所决定的（米德，1937，第 99 页）。

我们可能会问：决定就业量的这种要求从何而来？它并非源于模型本身，这便是米德对凯恩斯著作主要贡献的解释：一个宏观经济的整体描述的发展整合了经济体系中真实的货币层面。这种解释源于对凯恩斯书中所指出的当时主要经济问题和政策问题的理解，凯恩斯所指出的问题是如何解决大萧条中的失业问题。

但在米德能够理解就业问题之前，他必须对模型中世界的特性有充分了解。正如弗里希曾核实了他的模型世界能够产生经济周期并且这些周期会有所减弱以符合成为一个商业周期模型的必要条件一样，米德首先核实了他的数学模型世界能在一个系统因素的改变下回到均衡情况，并且这个均衡点非常稳定（介绍中他的观点 i 和 ii）。某些一般的数学特质与宽泛的经济学假定是相符合的，但核实它们是否适用于模型世界是经济学建模的常规操作，也是一个普遍特征，也经常是一个模型使用之初的重要步骤。并且，正如弗里希的案例所呈现的，与他同时代的经济学家们一般假定，经济系统在震荡后倾向于重新归于平静。① 米德曾坦诚地这样总结了他的模型："当然，有可能在真实的世界中这个体系是不稳定的。"（第 102 页）但他仍继续使用该模型，因为如果体系不稳定，米德关于就业的分析将很难进行（这点在萨缪尔森的作品中曾解释过；见下文）。这样的评述可能会让生活在 20 世纪 30 年代早期的读者觉得有讽刺意味（鉴于当时如此多的国家的经济似乎被困在经济周期谷底），到了 1937 年，经济开始复苏，这似乎支持了经济学家对经济体系本质的信念。

我们已经注意到，在模型问题的这一领域中，对劳动力的需求是米德的重要评判标准，也是英国大萧条时期最紧迫的问题。他通过四个例子回答了下述问题：

① 这些核实是为了明确当模型中一些元素改变时模型短时期的平衡会发生怎样的变化，这些核实工作在文本中被以文字讨论并在附录中以数学模型进行形式化的演示。关于动态的数理化分析和稳定性分析的历史，见 Weintraub（1991），他对希克斯和萨缪尔森都高度关注（但他没有讨论米德的作品）。

> ……（下列因素）对就业有怎样的影响：(1) 利率降低，(2) 货币总供给增加，(3) 货币工资比率下降（原文），(4) 收入储蓄比例下降？（米德，1937，第 102 页）

在解决这些问题的过程中，他运用了模型，追踪模型中一个因素改变所产生的影响（同时确保其他因素不变）以观察这种变化对所有起作用的因素有何影响（这一变化是否会增加或减少其他因素在模型中的比重）以及这种变化对“劳动力的短期需求”的影响。每个用模型验证的问题，其答案中都暗含一套因果关联，且这套因果关联的显示顺序与追踪过程所遵循的顺序相一致。这样的追踪使经济学家可以考虑，所发生的每个相关联的变化在模型所描述的经济世界情境中是否可信，但也可能是在米德所生活的经济世界的情境中是否可信。这是模型使用的叙述：对每个问题的每种回答的不同观点都提供了对一系列相关事件的叙述，正如每一个变化都会改变模型中其他元素的值，这需要追踪贯穿模型中各种不同关系的所有变化。

米德曾同时追踪了两个关键因素的改变所产生的影响，而且不同寻常地明确规定了改变的程度。这提供了一个对模型叙述的有效解释，因此在这里我逐字呈现这一叙述推理：

> 假设所有货币工资率和货币供给都下降 10%。如果产量和就业保持不变，那么由于货币工资率下降了 10%，主要边际成本和所有商品的价格将会下降 10%，最终结果是所有货币收入将会降低 10%。需要投入当前交易的货币量会减少 10%，并且当货币总供给也减少 10% 时，由于货币收入下降了 10%，“闲置”货币供给也会下降 10%。当预期利润减少了 10% 时，货币投资也将会减少 10%；由于利率没有改变，资本品的供给价格和资本品的预期货币收益下降了 10%，因此没有动机去改变真实投资的值，所以……（米德，1937，第 103 页，文中斜体字部分）

米德的文章展示了，在这个追踪过程中伴随着他对模型资源使用的叙述是如何产生的：每个叙述都始于问题的提出，直至得出结果，叙述都依照模型被处理的顺序。①

我们在这里可以看到模型使用的一般特征：在使用其模型回答有趣的经济问题时，米德从问题开始（关于就业与经济中其他因素的关系）。他用自己的模型资源（八组等式）来回答问题，并且在回答问题时用模型讲述了一系列故事，因为这些问题需要关注的不仅是最终结果，还需关注得出结果的过程中的多个干扰因素、过程，以及副作用。对内容的计算形成并限制了故事，但故事并不完全由其决定。经济问题决定了变化的对象，模型的经济内容决定了其对所发生的变化的描述，因此叙述是模型中所描述的世界的经济故事。在这个过程中，对劳动力需求所发生的任何变化（20 世纪 30 年代的问题）的影响的评估，都要评估其对自身的影响也要评估对模型中其他因素所产生的各种其他影响。因此，提出问题的方式，值得注意的对象，其他保持不变的因素与允许变化的因素，以及解决问题的顺序：所有这些都影响着任何故事的讲述方式。就像 Barthes 在一篇非经济学的文章中所写到的“意义并不产生于叙述结束之时，而是贯穿于叙述始终”（1982，第 259 页）。

6.3.2 模型推理：外部和内部的动态学

模型推理涉及四个紧密相关的因素。科学家们设计了一个模型去解释一系列他们感兴趣的问题。他们操纵模型来论证这些问题的答案。在这个过程中他们叙述了模型中的世界，这些叙述对理解模型所代表的世界同样是有用的。我们可以将其写成四个步骤，当然，我们在米德的理论中已经看到，这四个步骤不是完全独立的，或是可分离的活动：

步骤 1：创建或构造与模型相关的一个话题或感兴趣的问题。

步骤 2：对模型世界提出问题：“外部动态”。

步骤 3：使用模型资源论证问题答案：“内部动态”。

步骤 4：叙述和演示再共同将答案与问题和相关领域相连：回到模型中的世界和模型展现的世界。

模型制作：模型可以体现和解释现实世界中某些方面的活动，这在

① 读者们也许认识到这一方法，根本上与李嘉图在论证其模型农场时的解释所用的方法完全一样，见第 2 章。

本书的前面几章有过讨论。[①] 但有些特点在解释中并不常见，例如在此我所坚持的问题是模型使用方式中的一个独立因素以及模型演示过程与叙述和故事密不可分的主张（至少以经济学家使用模型的方法），这两点是解释中不常见的特点。这些叙述不仅提供了回答问题的形式，也能帮助经济学家来学习并理解模型中的世界，并/或提供了对模型所表述的世界的解释和深刻理解。所以这些叙述提供模型演示与真实世界中的事件、情境及改变过程间的对应联系。接下来我将讨论问题和模型资源如何使演示可行；故事和叙述将会在本章后几节中进行讨论。

模型需要被“质疑”以更好地利用它的资源。我将这样的问题称作“外部动态”，因为它们会促使经济学家操纵他们的模型。通常一个有关模型或现实世界的问题是经济学家们使用模型的开端。比如说，一个疑问可能来自对世界上某个需要被解释的事情的随意观察。或者说促发一个问题产生的是对与政策选择相关的模型中某些术语改变的思考。这也可能是一个关于模型中的世界的问题，例如，关于对从理论角度来看很有趣的假设的修正，比如这个模型是否有均衡的趋势。“这是怎么发生的……?”“如果……会发生什么?”或者“让我们假定……”诸如此类的问题促使模型中一些术语或元素被设定为一个新的值或被修正以表现问题或安排，正如米德的解释，我们可以认为米德的解释是非常典型的。因此，从外部动态是由世界中的事件而不是模型的内容所引发的角度来看，外部动态并不是“外部的”，但简单地从外部动态来自科学家即模型使用者的角度来看，外部动态是“外部的”。

接着，我们发现在使用模型回答问题时演示仍在继续；这些取决于“内部动态”。这个词语来自休斯（Hughes）的物理著作：

> 它的（模型的）功能是认识论的。为了能够进行预测，科学必须提供在其内部有这种动态（由数学提供）的表述。这也说明数学

---

① R. I. G. Hughes（1997）将模型在物理学中的使用方法解释为：象征（Denote）、演示（Demonstrate）和解释（Interpret），DDI 与这里的步骤 1、3 和 4 是相似的。象征是他对建模操作的叫法，这一操作在前一章已经分析过。他所用的术语遵照了 Nelson Goodman（1968，第 5 页），Goodman 指出象征引起了表述，但不受相似性的影响，我很高兴我与 Goodman 在这一问题上感觉一致（见第 1 章中的进一步解释）。我在此基础上增加了步骤 2：提出问题，因为问题对一个模型的使用方法至关重要。Hughes 的最后一步：解释，我使用了叙述这个术语。

模型为物理法则奠定了基础。它们的内在动态是由它们所采用的数学演绎资源提供的，至少有一部分是（Hughes，1997，第 332 页）。

这便很容易让人认为模型的演绎工作仅由数学确定。但在经济学中模型演绎资源并不局限于任何特定的形式：模型可以是也不一定是数学（几何、代数或算术）的，因为有许多图表或实物模型演绎资源（想想第 5 章中的液压机）。但模型拥有可操控的资源来产生结果是模型的一个重要特征；否则演示无法开展。① 正如我已在第 1 章中提出的，一个模型可使用的内容不仅仅取决于它的可操纵资源，还取决于这些资源与它们的操作规则的更广泛的结合。我认为，所有这些合在一起便形成了运用与模型论证中的内部动态。这两点都可以在米德的例子中找到解释。

应用于任何模型的推理规则都可以被理解为语言规则，和基于内容的规则（如第 1 章中讨论的）。如果一个人创建了如米德的模型一样的一组方程，并按照代数原理来制定操纵它或用其推理的规则，他就可以使用特定的数学语言的演绎推理模式来演示模型的某些结果。但模型的特定的经济内容也决定了一些操作或推理的规则。对于米德来说，凯恩斯主义宏观经济学的假定确定了容许和禁止的出发点，这些假定规定了模型操纵中变量的因果顺序。但这两个规则的来源可能不容易被分离成语言和主题，因为在制作模型时经济已经被表示成那种语言。然而，经济内容确实提供了一些模型操纵的规则，因此模型推理就具有了可能性。我们看到，李嘉图农场模型中（第 2 章）采用的会计逻辑和他的农场账户的操纵规则就是由语言设定的；但他的模型中的经济内容——他的经典法则和假设——也决定了一些规则，并限制了他操纵模型农场账户的方式。

当然，本章的例子表明这些推理规则须具备相应的内容（即模型资源）才能起作用。米德的八个方程式的模型包含很多这样的资源。相比之下，弗里希的经济表——作为一个视觉草图——提供了一些推理资

① 在此值得注意的是，一个模型的“内部动态”既不要求模型具备动态的特性，也不要求模型具备常规意义上的演绎资源，从数学的角度来看这一点并不十分明显。同样地，并非所有的模型都像机械装置一样需要“用曲柄制动”才能演示。这一主张仅适用于经济学，即模型必须具备一些可操纵资源，这些资源可用于回答问题，无论是需要通过算术模拟、代数求解或者制造一个机器，还是其他。

源，但在弗里希将经济表转变为一个数学模型之前这些资源中只有很少的一部分可用于演绎推理，数学模型的经济表中主观事实资源减少了，但可操控的特质却增加了。因此，任何模型的资源都提供了适合该模型的推理规则可运用的材料，科学家正是采用了这一“内部动态”演示了他们所提出的问题的答案。

之前在第5章我们讨论过一个事例——纽林－菲利普斯机，这是个规则和资源都划分得很清楚的材料对象模型。此模型的语言并不是数学的，而是真正的水力学的语言，其经济内容已经被表示成水流、库存和水箱。金钱的流动被表述为水流的循环和操纵，并遵循水力学规则。反过来，水流被阀门和“幻灯片”控制，表达了经济学的关系。显然推理规则——主观事实规则和语言规则——有不同的来源，但它们同时在一台拥有很多资源的机器上为演示而运作。在演示中它们一起创造了模型的内部动态。

6.3.3 模型化凯恩斯的《通论》：萨缪尔森

从另一个同时期的经济学家用建模来证明凯恩斯观点的尝试中，我们可以看到问题或外部动态和内部动态是如何一同使演示变得可行的。Alvin Hansen 一般被认为是美国版凯恩斯理论的解释者，年轻的保罗·萨缪尔森，在他1939年的一篇早期论文中，采用了 Hansen 基于凯恩斯理论模型探索的“乘数”和“加速数”的协同作用，在凯恩斯理论中，这两组关系逐渐被认为对整体有效需求有重要作用。萨缪尔森的模型是：

（1）$Y_t = gt + C_t + I_t$

（2）$C_t = \alpha Y_t - 1$

（3）$I_t = \beta\ (C_t - C_t - 1)$

其中 Y 代表国民总收入，g 代表政府支出，C 代表消费支出，I 代表私人引致投资，t 代表时间。在这个模型中，方程（1）是普通的凯恩斯（国民）总收入的表达式；方程（2）是凯恩斯总消费方程，被解释为乘数关系；而方程（3）被视作加速关系。在这个模型中，当政府支出增加时，收入也会增加，但是在一个连续的时期内国民收入的初始增长源自消费增长的“乘数效应”，同时，也源自消费增长引发私人投资增长的“加速数效应”。这些解释取决于这些关系中的时间依赖性（参见该文的脚注）和模型的形式，这就将不同时间段内的不同经济群体的决策联系起来了，这些都是基于荷兰经济学家简·丁伯根和维克塞尔的斯德哥尔摩学派的年轻的经济学家们的建模实践的。正如萨缪尔森认为的，乘数和加速数关系的组合以及这两组关系的复杂性是他得出独特结果的原因。与弗里希和米德的做法相同，萨缪尔森选择首先用模拟调查模型的方式检验世界是如何运作的，并表明它并不总是表现良好，而不是在提出更具体的问题前检验其模型是否呈现了“表现良好”的稳定平衡。

萨缪尔森的问题——外部动态——是：“如果政府支出增加，会发生什么?”这主要是一个关于模型中的世界、凯恩斯主义经济理论中世界的探究。他首先采用一些算术模拟的模型来展示这两个关系（该文中的 2 和 3）在模型中互动。每个模拟都基于每个时期注入模型世界中的单位政府支出，通过模型方程，在随后的一段时间内引发总收入的一系列变化。他以表格形式（他的表 2，本章的图 6.1），根据两个关系中参数值的选择（在表的第一行），跟踪了几个表示总收入的序列。这些不同的起点和设置就是萨缪尔森所说的他的“假设”的模型世界。

TABLE 2.—MODEL SEQUENCES OF NATIONAL INCOME FOR SELECTED VALUES OF MARGINAL PROPENSITY TO CONSUME AND RELATION

(Unit: one dollar)

Period	$\alpha = .5$ $\beta = 0$	$\alpha = .5$ $\beta = 2$	$\alpha = .6$ $\beta = 2$	$\alpha = .8$ $\beta = 4$
1	1.00	1.00	1.00	1.00
2	1.50	2.50	2.80	5.00
3	1.75	3.75	4.84	17.80
4	1.875	4.125	6.352	56.20
5	1.9375	3.4375	6.6256	169.84
6	1.9688 *	2.0313	5.3037	500.52
7	1.9844	.9141	2.5959	1,459.592
8	1.9922	− .1172	− .6918	4,227.704
9	1.9961	.2148	−3.3603	12,241.1216
....	.....	....	....	....

*** Table is correct to four decimal places.**

图 6.1　萨缪尔森的算术模拟

来源：Paul Samuelson (May, 1939) “Interactions between the Multiplier Analysis and the Principle of Acceleration”, *The Review of Economics and Statistics*, 21: 2, 75 - 78; table 2 on p. 77. Reproduced with permission from MIT Press Journals.

第一列表示模型只有乘数关系在发挥作用（β 设置为零），并显示出总收入在一定程度上增加，但没有产生循环。其他三个模拟序列中两种关系都发挥作用，一个产生了规律的无衰减的循环，一个产生了输出总量的爆发性的循环，最后一个则产生了输出的指数型增加。也就是说，问题和模型不改变，但在同一个模型中使用不同的参数值，模型的内部动态——其资源和推理规则——就使萨缪尔森能够在算术模拟中演示不同的序列，完成一组不同的叙述。这些不同的叙述表明，与米德的模型不同，因为参数值很多，萨缪尔森的系统不是稳定的，也并没有倾向于平衡的表现良好的趋势。

正如萨缪尔森对模型演示的批注：

> 此时研究者易于感觉有点混乱。由于假设中微小变化所引起的看似变化无常的方式（模型的设置），各种性质上不同的结果开始出现。比这更糟糕的是，我们怎样才能确保即使我们选择的系数值不同，新的更强的行为类型也不会出现？有没有可能，如果表 2（图 6.1）中的算术模拟结果扩展到涵盖更多时期，由于这些被选系数新的表现类型可能产生？
>
> 幸运的是，这些问题可以得到一个明确的否定回答。算术方法不会导致以上情况，因为我们不能尝试所有可能的系数的值，或者计算出每个序列无尽的限制条件。然而，可以使用相对简单的代数分析，该分析能产生所有可能的定性表现类型，并使我们的结果得到统一（萨缪尔森，1939，第 76 页）。

使用他的模型（图 6.1），萨缪尔森将有着不同根的方程系统作为一个整体来解决。[①] 他把这些解决方案绘制成图（图 6.2），在乘数与加速数的关系下，轴表示参数的值（α 和 β），因此：

> 图表很容易地显示出，整个领域中 α 和 β 的可能值可以分为四个区域，每一个区域属于性质不同的表现类型。……图中每个点都代表一个边际消费倾向和关系（指加速数关系）的值的选择。对

---

① 例如，当 g_t（政府在 t 时的开支）为 1 个单位时，这个体系可以解出：$Y_t = 1 + \alpha[1+\beta]Y_{t-1} - \alpha\beta Y_{t-2}$。

> 应于每一个点会有一个不同时期国民收入的序列模型。这个序列的质量属性取决于该点是否在区域 A，B，C 或 D 内（萨缪尔森，1939，第 77 页，文中的斜体字）。

每个区域（图 6.2）都标志着一个范围，每个范围都呈现了一个不同的定性的故事，这些故事都是关于收入总量如何受模型中两个参数值一同改变的影响而变化的。政府的行为也可以不同：也就是说，外部动态会针对不同情况提出问题，如果政府支出是单一的推动力，或连续的推动力（如他在第一个算法中的模拟），或遵循周期性模式，会发生什么呢？举个例子，某一时期的政府开支在区域 A 使总收入逐渐回到初始水平，在区域 B 产生了围绕该水平的渐弱的波动，在区域 C 产生了爆炸性波动，而在区域 D 内产生了爆炸性增长。图表的每一个区域的定性故事也解释了模型世界中政府的可选择行为的影响。因此收入总量的表现也被用下述术语进行描述：周期性、抑制因素，及政府支出用于刺激国民收入的效果。

CHART 2.—DIAGRAM SHOWING BOUNDARIES OF RECIONS YIELDING DIFFERENT QUALITATIVE BEHAVIOR OF NATIONAL INCOME

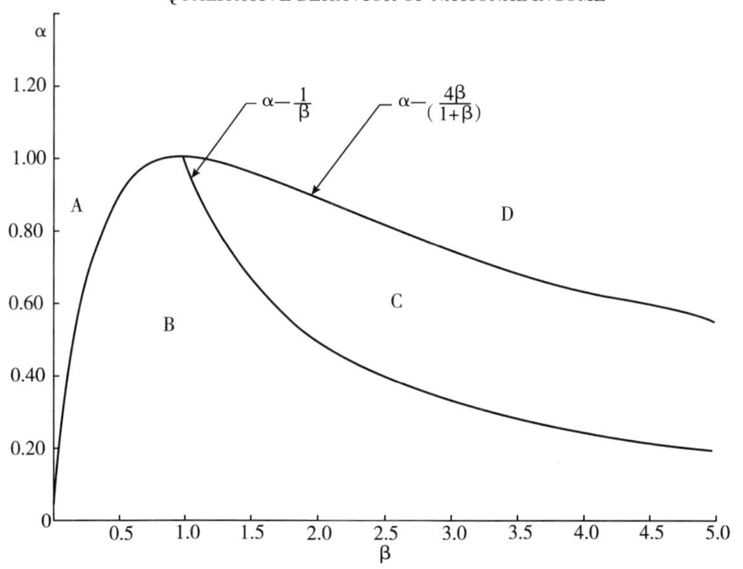

图 6.2　萨缪尔森的模型解决方案图表

来源：Paul A. Samuelson（May，1939）“Interactions between the Multiplier Analysis and the Principle of Acceleration”，*The Review of Economics and Statistics*，21：2，75－78；chart 2 from p. 78. Reproduced with permission from MIT Press Journals.

因此，通过解析求解的方法，萨缪尔森能够考虑乘数与加速数的联合变化，并证明在值的可选范围内这些参数如何一同变动，而不仅仅是那些他早期算术模拟中选择的值。用乘数与加速数关系的模型资源，他也能够证明如何从看似简单的关于表现关系的参数值的假设和关于政策行为的假设中得到颇为诡异的叙述结果。例如，他解释说，在区域 D 中，使用两个参数值的较大值（如表 2 中的第四列），政府支出中的单一的或者持续的增长会让国民收入大幅增加；但同样也有负面影响，政府的小型撤资将会“使经济形势以越来越快的速度下行。这是一个高度不稳定的情况，但是最接近刺激经济的政府投资的案例”（萨缪尔森，1939，第 78 页）。

这幅图及其区域使萨缪尔森能够通过使用模型资源（内部动态）来回答关于政府支出变化的问题（外部动态），将他的凯恩斯模型世界中的收入总量的所有可能故事进行划分并确定类型。萨缪尔森认为这些新故事的普遍性——意味着全面和分类——与之前的分析相比是有用的。但请注意，这里方程的解决方案本身并不是有趣的。有趣的是问题中假设的政府行为的范围（外部动态），他的假设中参数值的范围，和附在图表后的描述性回答中的经济行为方式。这些叙述简洁概括了问题、假设和结果之间的关系：这些都是用模型的内部动态加以证实的。

米德和萨缪尔森为我们提供了一系列问题和答案的范例，在这些问题和答案中，我们看到他们模型中的内部动态怎样被用于证明不同的结果，甚至不同种类的结果，因为每个问题都改变了模型中的设定或者细节。他们都运用了小型代数形式的凯恩斯主义模型，与米德的模型相比，萨缪尔森的模型更简单。米德自始至终采用相同的模型，探寻了不同的问题，在怎样操作模型资源来探求这些问题的答案时，讲述了不同的故事。萨缪尔森就他的一个模型中的一个普通问题给出了不同的提问，但通过不同的参数值首先结合算术模拟方法，之后又结合解析方法，创建了不同的故事。在使用模型去研究政府政策可能性之前，米德已经检查了其模型中的“好的表现”（因为符合某些稳定性要求），而萨缪尔森展示出了某些政府行为是如何打破模型中经济世界的平衡的。正如我们从与米德的简单对比中看到的，有不同的方法来处理同类的模型资源，即使这些处理决定于相同的模型语言及相似的经济内容。不同的问题和不同的演示模式创造了不同的故事，这说明了解内部动态的本质对实现运用模型进行演示的重要性。

在论证中提出问题并执行操作是必要的，这些例子表明在这两个环节中科学家会扮演重要的角色。模型本身不引发问题，内部动态的运作也离不开外部动态。科学家提出问题或外部动态并运作模型以利用其内部动态来用模型论证某些答案。仅通过纯粹的演绎逻辑或纯粹的数学而没有决定并限制演绎资源如何使用的事实问题的推动，这个模型是不能证明这些答案的。之后科学家为了论证答案，会采用恰当的推理规则，在头脑中或直接在图表中变换模型中元素的位置，或不得不始终使用代数解决问题。即使所使用的模型系统可以被程式化来解决自身的问题（可以这么说），如同具备某种数学模型的电脑模拟或纽林－菲利普斯水力机（见 Morgan 和 Boumans，2004），每次科学家提出一个问题后，还必须对该模型进行适当的校准和设定来回答相关问题。为了提供演示模型可能需要或多或少的人来操作，但它们不会操纵（或解决）自己，在缺乏科学家的问题所提供的外部动态时模型更不会如此做。

6.4 发现新维度，讲述新故事

6.4.1 模型化凯恩斯的《通论》：希克斯

1937 年，约翰·希克斯——另一位英国经济学家——推出了一个“小装置”，一个由两个图表（源自三个方程式）构成的模型，该模型后来成为著名的凯恩斯体系的 IS－LM 模型。1936 年希克斯在牛津计量经济学会的会议上第一次介绍了他的模型，此次会议中对将统计和数学的推理模式发展成经济学的推理模式感兴趣的专家们齐集一堂。其中包括两个与宏观建模的发展密切相关的经济学家——挪威经济学家拉格纳·弗里希（上文已经讨论过他 1933 年的模型）和年轻的荷兰经济学家简·丁伯根，后者将“模型”这一术语引入经济界，在此次会议之前便制作了第一个宏观计量经济模型并将其应用于拟合荷兰经济数据。[①] 虽然这两个经济学家因为这些贡献后来（1969 年）获得了第一个诺贝尔经济学奖，但只有希克斯的图示长久地成为经济学中的应用对

① 这一模型也曾被用来解释历史问题和模拟政策操作（见第 4 章，Morgan，1990）。

象。他的模型，本是为体现凯恩斯的思想而形成的，在战后的岁月里"成为新兴学科宏观经济学的理论组织的装置"，并始终是宏观经济分析的一个通用工具。[①]

希克斯的计划是要找出一种方法，将凯恩斯对宏观经济的解释与之前的古典解释进行比较，从而确定凯恩斯著作中的创新之处。为此，他创造了可以表述两种解释的经济模型。首先他使用符号表示凯恩斯模型中的元素，用这些符号构建了一个包含三种功能关系的小型体系。在这三种关系中，他创造了四个变量，在此列出其中两组（引自希克斯，第152~153页）。[②]

古典理论：$M = kI$，$Ix = C(i)$，$Ix = S(i, I)$

凯恩斯《通论》：$M = L(I, i)$，$Ix = C(i)$，$Ix = S(I)$

其中 M 为给定的货币数量，I 代表总收入，Ix 代表投资，i 代表利率。使用这些符号希克斯仅能标记出方程中的术语并概述出他对现有理论的理解，很难有更进一步的发展。基于此分析，他断言与那个时代剑桥的理论相比，第二套方程（他用来体现凯恩斯《通论》的方程式）中没有什么特别新的内容。

在凯恩斯的宏观经济学中，在任何特定的讨论中要遵循言语论证和发现什么是决定性因素都是很困难的。[③] 一直到20世纪50年代宏观经济学仍在持续使用这种迂回复杂的推理，也正是这种推理促使纽林（Newlyn）和菲利普斯（Phillips）把宏观经济学转变成了液压机（见第五章）。希克斯推理出的各种可能性也被证明受限于他的等式的演绎资源，与弗里希、米德、萨缪尔森一样，他发现需要一种更可操作的模型来更好地表述凯恩斯作品中的复杂工程，并理解古典和凯恩斯两套方程之间的差异。正如他所说："他们之间是否确实有所不同，还是只是一

① 关于对IS-LM模型的历史的更普遍的解释，见De Vroey and Hoover（2004），尤其是书中的前言（第3页）；关于当IS-LM变成主要的模型时丧失了什么的讨论，见Backhouse and Laidler（2004）。

② 另外两组代表了希克斯版本的"凯恩斯的特殊理论"和"财政部观察（Treasury View）"（希克斯，1937，第152页）。

③ 确实，对如今的学生们而言希克斯的原著像凯恩斯的书一样难懂，因为对他们而言模型以及模型所表现的都很难懂。相反，萨缪尔森的文章对他们而言更易懂。这很好地说明了从建模的角度看萨缪尔森（和米德）的文章被视为现代模型的原因，而希克斯的IS-LM图表只有通过其他人的大量使用和进一步的发展才能被理解并变得易懂。

场虚假的战斗？让我们诉诸图表。”（希克斯 Hicks，1937，第 153 页）

希克斯的图解模型——他的图 1（图 6.3 中的左图），不是简单地将一种形式（方程）转换为了另一种形式（图表），而是包含了抽象作为第二步，在抽象中，他不再使用标签和术语（如方程中的标签和术

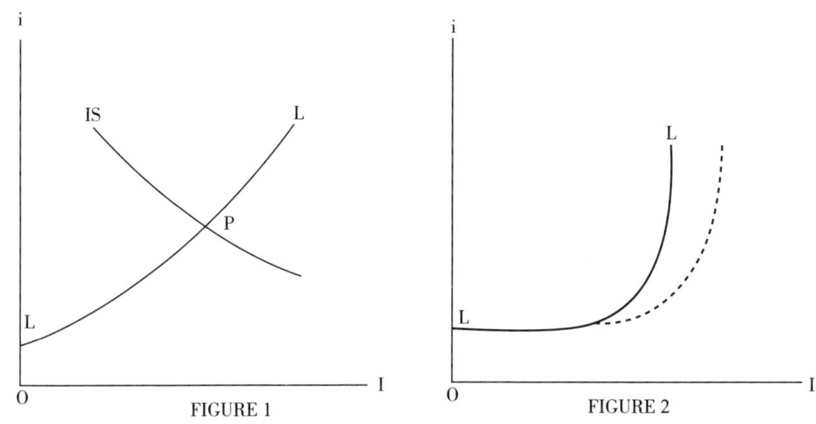

图 6.3 希克斯的 IS－LL “小装置”

来源：J. R. Hicks（April，1937）“Mr. Keynes and the ‘Classics’；A Suggested Interpretation” Econometrica，5：2，147－159；figures. 1 and 2，p. 153. Reproduced with permission from The Econometric Society.

语），而是推导出了标签和术语的关系，从而能更清楚地揭示它们之间的关联的含义。货币需求曲线（LL curve）表示了对于一个给定的货币量，水平轴上的总收入和垂直轴上的利率之间的关系，这一曲线来源于凯恩斯体系中的第一个方程。投资储蓄曲线（IS curve）来源于另外两个方程，该曲线用于揭示收入和利率之间的关系，“为了保证储蓄与投资的平衡必须维护这组关系”（第 153 页）。希克斯为其图表模型推导出的曲线是一种有效的观念创新，这一创新促使希克斯迈向了一种全新的分析。[①] 尽管他在方程中并未有新发现，但其图表模型化改变了表述的维度，从而使他能够辨别出并定义凯恩斯论述中的创新性。

> *LL* 曲线和 *IS* 曲线的交点 *P* 决定了收入和利率。两者由一点决定，正如在现代供需理论中价格和产量也是被一起决定的。事实

① 这一情况与埃奇沃斯在盒状图表中发展了无差别曲线后创造了新的概念资源的情况（见第 3 章）相似。

上，凯恩斯的创新在某种意义上与边际主义者有相似性。数量论试图撇开利率来决定收入，正如劳动价值论试图在不考虑产量的情况下决定价格，这两种理论中的任何一个都必将被一种承认更高程度的相互依存性的理论所代替（希克斯，1937，第 153~154 页）。

这里的重点并非希克斯是否对凯恩斯的理论做出了“正确的阐释”，而是在这种图像模型中实现概念的飞跃并回答问题时，希克斯为凯恩斯经济学建立了一个形式，不只是为他自己，也为一代经济学家。

希克斯试图更进一步理解凯恩斯的著作，这促使他思考 *LL* 曲线的形状并创造了自己的图 2（图 6.3 中的右图），在此，希克斯认为在实际中存在最低利率水平（20 世纪 30 年代的热门议题）的和投资数额确定情况下的最高收入水平。使用第二张图使他能够比较各种理论，并阐明理论间的差异。他将古典理论的特征描述为在右侧上升区域中 *IS* 曲线与 *LL* 曲线相交所展示的情况：

根据古典理论，投资诱因的增加将提高利率，但同时也会提高收入及就业（1936 年，一些剑桥经济学家曾一度相信公共基础设施建设的作用，凯恩斯先生也是其中之一）。但如果 *P* 点位于 *LL* 曲线左侧，那么凯恩斯理论的特殊形式便是有效的。资本边际效率的提高仅增加就业，但并不能提高利率。这便与古典理论中的世界毫无关联了（希克斯，1937，第 154 页，文中斜体字）。

LL 曲线的形态表述了经济世界的不同状态；当 *IS* 曲线与 *LL* 曲线交叉时两种理论的差异便显现出来了。如果货币供应增加，*LL* 曲线便向右侧移动（图 6.3 中的虚线）。但如果 *P* 点仍留在左侧区域，那么这样的货币政策便不能改变利率，也不能使经济复苏。

运用这些曲线进行演示使希克斯能够解释为什么针对大萧条的增加货币供应的古典式政策不能使经济走出大萧条。但这些曲线也同时使他明白了为什么他的图表模型和推理模式是有用的，原因是曲线说明问题本身远比他早期版本的凯恩斯方程中所呈现的问题更加复杂。希克斯几乎将该图表视为了一个实体装置：

为了阐明凯恩斯理论与“古典理论”之间的关系，我们发明了一个小装置。我们似乎并未彻底发挥该装置的全部作用，因此我们最终适当地允许该装置自由运行。

有了这个装置我就不必再使用凯恩斯说明中的那些简化手段了（希克斯，1937，第 156 页）。

该图表激发了希克斯对一些方程进行反思，因此他形成了基于利率和收入的自己的投资方程。这一版本的方程使新版本图表中的 *LL* 曲线呈更缓慢的上升趋势，因此在明确图表模型中任何元素的改变所产生的影响时这两条曲线的走势变得至关重要。

希克斯为自己制作了一个可以用于论证的模型：他可以就该模型提问并用其论证答案，该模型使希克斯能超越凯恩斯的著作中所采用的"简化"。该模型也使他能够解释并阐明两个理论体系——凯恩斯体系与古典体系——的差异，也使他能将凯恩斯的特殊案例中所发生的一切讲述成故事，这个案例中投资并未引起利率的下降。另外，他用该模型证明并描述了其他经济学家重要且知名的结论。例如，他考虑了他称为维克塞尔解释的另一个特殊案例版本的模型，该模型呈现了一种有趣的可能性，即 *IS* 曲线以水平维度呈现。在他的小图表的世界中，他能轻松地表述并讨论不同经济学家的不同理论。最终，他也能用该模型表述现实世界的不同状态，可以说，这些状态很可能与讨论并描述大萧条中的现实世界相关。

尽管希克斯设法用其模型表述了很多经济状态，也设法在模型中将多位经济家的观点呈现为特殊案例，同时这些演示也使他能够用其模型来呈现并解释问题，但是希克斯最终仍将其发明描述为一个"框架装置"，因为仍有很多事物"无法呈现在一条曲线中"（第 158 页）。然而，正是由于这个新的 IS/LM 图表（Hansen 对该图表的重新命名）在表现多种不同的理论特征和可用于不同的演示中的灵活性才使其作为一个模型受到长期青睐。就某种意义而言，即使对理论家来说该图表已经过时了，它也从未真正消亡过，只是继续隐藏在了政策模型之内。并且，即使该模型被不同的经济学家使用过，也因此呈现了多样的特征，人们也始终记得其发明者是希克斯。

6.4.2　演示、多样性和丰硕成果

通过回顾对凯恩斯著作的三种不同反应，我们已经了解了在探究凯

恩斯理论的本质与细节以及其对现实经济的描绘时建模是如何作为一种探究方法在运作的。经济学家的模型演示决定了他们所提出的问题的答案，同时在此过程中经济学家通过使用他们的模型学到了之前并不了解的新事物，这些新事物是关于模型中的世界的，由于模型代表着现实世界，因此模型中的世界也许反映了对现实世界的深刻理解，正如休斯（Hughes）（1997）所说："从模型的运作中我们可以得出关于世界的假设性结论，这一结论远高于我们起初所使用的数据。"（第331页）当然，这些"假设性结论"仅与模型中的世界有关，它们是否适用于模型所代表的现实世界则是一个复杂的话题，我将在稍后讨论（第7章）。以上三个案例表明，由于模型对探究有用，即对经济学家从演示中学习新东西有用，因此经济学家们的模型需要具备某些特质。

第一，在这些例子中，我的论点的重要性在于如果要将模型用作一种探究手段，那么模型需要充足的资源，这些资源可以被操纵从而使模型能被用于演示并呈现某些东西。模型必须具备充足的内部动态才能回答一些问题并完成一些相关演示；资源较少的模型完成演示的潜力很有限。正如我们所看到的，希克斯的几组小方程没有为他提供资源和运作法则，因此他只能描述他所调查的理论的特征差异。只有当他发展了新的表述形式即他的"小装置"时，他才拥有了一个具备充足内动力的模型从而形成了对凯恩斯理论相关问题的新的理解。萨缪尔森的模型是一个极简主义模型，然而提供了资源，使他通过两种不同的推理方式（模拟和解析方法）探讨了凯恩斯主张的某些方面所得出的结果令人惊讶。米德的模型是一个宏观经济的因果模型，该模型提供了资源使他对他所描述的宏观经济在很多不同的可能的行动中将如何表现做出了相当复杂的解释。换言之，所有这些建模者都制作了关于凯恩斯《通论》的不同模型，这些模型都可被视为"可用的"，因为这些模型可被用于演示某些特征、进程、独立性、结论等，对于研究者而言这些都是意料之外的，是全新的。

第二，模型的大小很重要，因为模型大小与内容有关。模型必须足够小或足够简单才可操作，然而为了使调查得出丰硕的成果并且使演示能得出全新的意外的结果，模型又必须足够复杂或有一定规模才能包含探究和论证所需的资源。模型绝不可以是开放式的而必须是在某种程度上受限制的，否则其演示将没有成效。萨缪尔森的模型产生了太多的结论：集体行为的任何模式都似乎与其模型相一致。

第三，在这些演示中为了对问题做出有趣的回答，可使用的资源中必须具备一些经济学学科的内容。我们首先在弗里希的案例中了解了客观存在的（非经济学的）故事如何塑造了其模型的很多部分，但是他需要先对其模型有经济学的理解，才能够用一种有意义的经济学方式解释最终的演示结果。而在米德、萨缪尔森和希克斯的案例中，其内部动态中已具备了经济学内容，因此这些内容可以立刻反映在对模型演示的叙述中。这些经济学资源分别基于时间关系（萨缪尔森）、因果顺序（米德）或没有其他替代性解释的可能（希克斯）。正如我们在希克斯的 IS－LM 图表中所看到的，或许严格地说这些资源可能源自不同的概念层面，并非源自理论语言的描述。

第四，当模型包含了能够创造一定量的多样性的资源时，它便能形成有价值的演示。希克斯模型的资源使他能够呈现并比较很多经济学家的不同理论。萨缪尔森模型的资源使他能够演示相同的政府支出的刺激所产生的不同行为的一系列意想不到的结果及其不同的影响。米德可以用同一个模型进行一系列行为的和因果的解释以及政策分析，这一系列解释和分析形成了其模型的多样性。对不同理论立场的探究，对不同假设的相对重要性的探究以及对不同世界情境与行为的探究都取决于模型的可变性。

进行演示实质上就是建模活动，这一活动使经济学家能在模型世界中发现对他们而言全新的事物、之前没有意识到的事物或是没有完全理解的事物。显然，如果模型所演示的结果与经济学家已知的结果相一致，那么这个模型是有用的，但是建模的真正价值在于那些意外的结果和那些令经济学家惊讶的演示（第 7 章将进一步讨论该话题）。尽管这些凯恩斯理论的相关建模案例使我们能够认识到模型的特征，这些特征使这些特别的模型能够实现丰硕的探究成果和多种演示的可能性，但没有一个评估手段可以使我们提前认识到或确保这些可能性发生。由于在液压装置和经济学中资源的本质和资源的混合性，纽林－菲利普斯机（第 5 章）具有了几乎无限的不同变化的可能性，即使这一点是显而易见的，当时的经济学家可能也很难预见到埃奇沃斯盒子（第 3 章）会成为颇有成效的模型。在其初期的版本中，作为一种调查工具，埃奇沃斯盒子看似没有太大的可使用性，也没有太多的应用多样性，然而它却发展成了一种概括性的模型，这个模型在某种程度上逐渐代表了整个新古典主义体系的理论（见第 10 章）。同样地，即使希克斯有能力使用其图表论证多个不同版本的宏观经济学的不同方面，在希克斯的 IS - LL 图表诞生之时，没有人能预料到其多样的实用性、丰硕的成果以及长期的有效性。

尽管很难预测模型是否会产生新的结果，是否有用或具有多样性，但在使用之后从伴随着模型使用的叙述中辨别出这些特质却容易得多。通过叙述，模型世界中的演示可以被按照模型所描述的世界中的事物来解释。这些解释不会产生新的事物或结果，而是用模型所演示的事物本身会产生新事物并引发对新事物的学习，同时，在回答所提出的问题时，叙述是理解这些新事物的重要性与相关性的方法。

6.5　以叙事抓住事物的核心

讲述故事不只是米德和萨缪尔森工作的令人好奇的一个特点，讲述故事是一个经济学家在用模型进行研究时常用的一种评论方式。而且这种实践方式虽然在他们进行口头说理时比写文章说理时要更加明显，但在他们使用模型进行研讨和解释问题时讲述故事依旧是一个必需的元素。对经济学家实践方式特别感兴趣的评论人已经讨论过故事盛行的情况；例如，McCloskey 对经济学家的修辞表达做过如下评论：

> 经济学家，特别是经济理论研究者，比较喜欢杜撰“寓言”或讲述“故事”。“故事”在经济学里实际上有了其技术含义，虽然故事常常是在研讨会上口头讲述的而不是在文章中写入的。故事常常意味着扩展的数学推理的例子，常常是数学想要表达的真实世界情况特点的一个简化版（McCloskey，1983，第 505 页）。

本章对这样的模型故事的表述表明这些故事主要并不是修辞实践而是对问题的认识说明，也许这就是为什么经济学家仍然不易认清他们从事建模工作时故事的角色的原因吧。也许他们认为经济模型，特别数学模型是“科学”模型，应当只是由推理的或数学的说理模式来控制的。可是当经济学家使用模型时，他们一般也用这另一个逻辑——叙述逻辑。这种分歧也许缘于对经济学中模型角色的困惑。就如我在第 1 章里指出的，认识到经济建模主要不是一种证明方法而是一种探究方法，在很大程度上解决了该分歧。

为使这些使用模型进行的探究有价值，经济学家在两个意义上也就是两个领域里试图抓住问题的核心：模型的世界和模型所代表或定义的世界。模型问题是设计来促进对模型所代表的各种关系的探索的。而且由于经济模型不仅是数学的也是经济学的，所以它们的表达需要用经济学术语来解读、理解及解释。这些模型阐释不仅提供了对模型经济世界的理解方法，而且把模型和这个世界的经济学联系了起来。

6.5.1 模型世界里的叙事与特性

叙述如何同对模型世界的探究关联？叙述教了经济学家什么？Nancy Cartwright 曾经表示，模型同科学法则的关系是“传说寓言”，模型在意图代表世界时同世界的关系是“故事寓言”。[①] 紧接着这些说法中的第一个，她把模型描述为符合法则，就如同传说寓言符合抽象的道德话语一样，为我们提供了一种解释和欣赏该道德的方式。[②] 这看起来是对弗里希的建模方式的恰当描述，还有两个一般性的诊断可以一起被作为一个道德的科学等价物：一个是经济学家认为支配着经济周期的抽象法则（一个有阻碍的调和过程），另一个是描述他们的数据的经验法则（存在，但干扰和谐运动）。有了故事类比的帮助这两个元素就被配备到模型建构里了——配备在关于摇摆木马的经济假设里（传递机制），配备在对持棍小男孩天生的随机过程的描述里（冲动）。弗里希在他的模型和对模型的展示中关于两个元素的配备和配合揭示了为什么一个描述完整商业周期的模型需要两种类型的“法则”：来自理论的法则和描述经验特征以及如何使它们协同工作的法则。在模型的外形上配备这两种法则时，他制造了一个“新配方”（参见 Boumans，1999），该配方有

① 见 Cartwright（2010）。寓言（fable）通常被定义为“有道德启示的短故事”，寓言故事通常被定义为“用来阐明道德的道理的故事”（牛津英语大辞典）。

② 见 Cartwright 1991 年的论文，文中她认为“寓言将抽象的道理转化为具体的，……其作用与物理学中的模型一样”（第 57 页）。这一观点与她的模拟物解释（1983）相一致，在模拟物概念解释中她认为，模型将事先准备好的对现象的描述与决定了现象的法则联系了起来。

很强的演示能力而且对其他经济学家来说也很有价值——因为他们通过这个配方可了解并理解商业周期建模的困难，以及他解决方案的简洁性。或者，用另一方式来说明这一点，其他的科学家从弗里希的模型的“纯粹的存在”中学到了一些东西（如同 Schlimm〔2009〕认为的一样）。他向 1930 年代的经济学家展示了如何将这些抽象元素组合到一起形成自己有意义的模型，用于讲述商业周期的故事，并能使丁伯根制造出第一个宏观经济计量模型。

我们也一样可以很好地把米德、萨缪尔森和希克斯发展他们模型的方法描述为一个和凯恩斯的《通论》“相拟合”的过程。就像寓言里的道义真言一样，这些年轻经济学家没有隐藏而是在他们的模型里一个个揭示出了凯恩斯的理论（或法则）。但是，在这些案例中，我们应该问的不仅是在制作这些模型的过程中学到了什么，而且要问在使用这些模型时明白了什么。接着我们在回想萨缪尔森的演示时，可能会回答道：“一切皆有可能!”但是，这种判断忽略了来自使用凯恩斯式模型时出现的叙事表达的作用和影响力，而这正是经济学家真正开始理解和欣赏凯恩斯思想的地方。关于这个问题，索洛在通过阅读把凯恩斯的理论转化成模型的“说明性文章”来学习凯恩斯经济学时描述过：

> 《通论》过去是，现在依旧是一部非常难以读懂的书。此书中包含着好几种截然不同的思想，这些思想从来就没有完全一致，……这些文章将这几种思想简化成一到两个，拟合到可理解的模型中，使我们得以成为“凯恩斯经济学派”。……这是一个非常有说服力的模型构建方法的说明（Solow，1997，第 48 页。斜体部分）。

这些模型说明了凯恩斯的理论，它们在说明时通过不同的方式匹配出了同样的通论（就像用不同的寓言故事来说明同一个道理一样）。但更重要的是这些不同的模型也通过使用时相伴随的叙事生产了各种不同类型的信息。他们通过使用自己的模型讲述更加全面具体的凯恩斯学派的故事（每个故事都相当具体详细），学到了以前所不知的凯恩斯系统。例如，即使萨缪尔森已知他的凯恩斯简单小模型的各个方程式，他依旧学到了关于凯恩斯模型世界的许多意想不到、复杂的事情，包括与其一致的一些难以置信、奇怪的故事和一些有意义、有道理的故事。对米德、希克斯和他们的凯恩斯式模型也可做相同的评价。毫无疑问，这些经济学家为了理解凯恩斯体系制作了他们的模型，但使用自己的模型讲述了各种各样的故事。

这里具体关注的只是我们能从 Cartwright 对寓言和其寓意的解释中期望什么，因为她赞同 Gotthold Lessing 的说法“一般只有在具体中才能成为主动形象的或可观察到的内容”（Cartwright，1991，第 59 页）。[①] 这是一个认知型说法：就如寓言提供了具体的故事使人可以理解寓意一样，在此，科学家通过对具体叙事进行工作开始理解并掌握同其相连的模型里一般或抽象的内容。[②] 这些具体故事以叙事的形式给出，在相应的法律领域中也是这样的，Neil MacCormick 在该领域认为是故事使人能明白更加抽象的法律规章意味着什么：

> 毫无疑问，当一个人阅读、试图理解一个复杂的规章文本或一个法律申请时，明白其意味着什么是困难的，除非你力图想出其在实践中是如何起作用的。你开始明白要理解它就要想象其可能涉及的假定情景，也就是说，要想象与文本匹配的故事（MacCormick，2005，第 208 页）。

将故事——而不仅仅是细节——作为理解法律条文的工具，与叙述在经济模型实际应用中的作用是一致的。想到米德，他的任务是带着读者经历所有由他关于模型假定世界的问题产生的几个小变化的不同效果：有了一个叙述模式，交流和理解由一套复杂的八个公式组成的关系产生的结果就相当容易了。想到萨缪尔森，他能够在几个简洁的叙述里总结出好几个关系产生出的各种模式。这些叙述报告了模型展示的过程及成果。这些模型叙述既不是“简单的启发”，也不是“简单的修辞”，虽然启发和修辞都很重要，但真正重要的是经济学家开始理解存在于凯恩斯体系中的方法是什么。

在本章开始时，我用弗里希的摇摆木马模型说明了经济学家有时是

① 相比之下，关于叙述的历史，Hayden White 认为，“当我们明白了普遍的故事类型且故事类型的实例化就是具体的故事时，我们就能理解基于事实而产生的具体的故事了”（1975，第 58 页）；关于科学中的叙述的进一步讨论见 Morgan（2001）。

② Cartwright（1991，第 61 页）指出，与其他更具体的层次相比，这些具体的故事也许仍然很抽象，正如其观点所示，希克斯基于对商业周期数据的模型的宏观理解与丁伯根大萧条的统计模型相比，前者更抽象。关于模型运作层面的重要性见 Grüne - Yanoff（2009）以及本书第 7 章 7.2.3、第 9 章 9.4.3 和第 10 章 10.3。

如何在他们建模时使用故事的。更为常见的是，叙事伴随着模型使用出现，并使经济学家能够在他们的模型里琢磨出经济世界的特点和本质，就像我们看到的米德、萨缪尔森和希克斯那样。在进行模型探索、提供与他们的问题相应的故事时，这些经济学科学家探索了他们制造的模型的行为特点。由此，他们了解到了同他们模型的数学和经济内容相匹配的可能过程和结果。通过识别可以同他们的模型一道讲述的具体故事（及那些他们不能讲述的故事），这些经济学家开始理解他们的模型所描述的世界的特性。[①]

6.5.2 模型叙述和理解经济世界

关于我们居住的世界，模型可以告诉我们什么呢？在创建模型时，经济学家以一种能够结合他们对世界的理论主张或假设的方式来描述或表示世界的形势（例如，弗里希关于周期的想法或凯恩斯主义者关于宏观经济的解读）。但是这些描述却没有太多信息，因为一个图示或一个方程式本身在解释世界如何运行时几乎没有什么作用。[②] 如果描述或模型构建行为是使这个世界和模型相连的特定步骤，那么使用模型讲述故事的活动不仅可以使经济学家理解他们的理论（例如凯恩斯体系），而且同时可以把模型连回世界。关于模型回指的有效性将是后面几章讨论的特色，而本章我想关注这些互动连接的方式。在使用模型时，各种叙事提供了模型展示同其所代表的世界的事件、过程及行为的可能互动连接。叙事可以显示如何把模型运用于世界，还可以显示潜在的对世界如何运作的洞悉、理解或解释。[③]

---

① 埃奇沃斯盒状图的例子（第 3 章）表明有些模型带有很多不同的身份。在过去的一百年中这个盒子被用来讲述交易情境中消费者的故事、企业和生产决策的故事、国家和贸易政策的故事、福利问题的故事等（见 Humphrey，1996）。模型的基本形式始终保持不变，但由于领域的不同对元素的解释也不同，所讲述的故事也就改变了。了解一部分经济学使用了埃奇沃斯盒状图表并不能使我们预测经济学的具体领域，更不用说预测将用什么故事进行讲述。

② 例如，经济学家可以用一个 C 代表现实世界中的集体消费，并通过解释 C 来表现现实世界中的集体消费；消费函数也有此特点。这基本上是 Gibbard and Varian（1978）理解故事的方式：是对假设、术语和模型结构的解释，而不是对模型演示的解释，因此他们的论述中没有包含这些解释需要一种叙述形式的原因。

③ 与此相似的一个例子是化学公式和短叙述方法首次被同时用于解释化学反应实际上如何发生的细节，见 Ursula Klein（1999）。

乍一看，希克斯、萨缪尔森和米德所做的建模努力只是对模型世界的探索。但是，对于经历过大萧条的今天任何一个经济学家来说，他们的探索也说出了该时期现实的经济问题。希克斯的探索可以被理解为不仅探寻了对比模型中不同的理论是如何表达的，也探寻了是否现实经济象经典系统一样运行或应该由更新的理论体现其特点。米德的探索可以被理解为针对大萧条政策选择的探索。由萨缪尔森的算法仿真建立的模式表明，（例如）以凯恩斯主义模型世界中决定增长的两个因素为基础的凯恩斯政策可能产生出的不仅有经济活动的增长，也有周期，或其他更多意想不到的经济行为种类。对经济学家而言，这些模型故事不仅是关于凯恩斯理论的故事，也是设计来讲述关于现实世界的凯恩斯主义故事的各种模型。

这些模型叙事在一定程度上起作用：它们可以构建关于某一事务的一个版本，该版本一般很简单，也可在某些方面很详细。在本书其他地方（第 7 章），我已经把这种级别描写为一般级别——例如，希克斯的图示展示了描述世界可能发生的各种关系的不同斜度的曲线。但是，我想说明的观点是有点不同的。诚然，本章所讨论的各个模型在某些方面都比凯恩斯的《通论》建得更加具体、限定性更强，而且米德、萨缪尔森和希克斯有意识地挑选出了能形成他们模型中对于研究最相关的中心元素的不同部分。但在使用时，我们看到在那些模型中世界是由这些不同的模型所讲述的故事构成的，它们更加特别、更加具体，也更具差异性。例如，米德在他的模型使用中可能讲述关于事件的复杂组合构成的故事，并以数字的形式描述那些特别事件。萨缪尔森在他的模型世界里也讲述了在一定范围内非常不同却高度特别的故事，这些故事的性质取决于他通过改变数值来看政府政策可能产生什么影响的互动的微小差异类型。根据这种类型的变化范围，他能够讲述关于很可能发生的具体事件的故事（如当政府削减其支出时会发生什么），以及一些似乎不太可能发生的事件（如经济要么崩溃变为零增长要么呈指数增长）。

但是，我们居住的世界中的各种事件不仅独特，而且很具体，所以各种叙事不仅必须具有连接更一般的到更加特殊的事件的功能，而且要有联系特殊与具体的功能。通过连接一般与特殊、特殊与具体，叙事提供了以模型为基础建立的经济科学的解释服务。[①]

有两种不同的方式来理解科学语境中叙事是如何起作用的。首先，我们可以把模型叙事的角色描述为故事，将故事看作关于模型所代表世界的一个连接装置，该装置将模型的抽象、一般性与现实世界里的具体情况连接起来进行演示。我们可以再次通过法律的例子来说明这种情况如何及为何如此，在法律例子中，律师对事件的解释必须桥接抽象的法律和每天的话语。他们通常依赖叙事或故事来使他们的解释得以理解：故事就起着桥梁的作用：

> 故事由此并非某种选择性的、有审美满足感的形式，而是对抽象和信息过量的认知问题的回应（Jackson，1988，第 64 页）。

注意这里有两个认知问题需要一起克服，以使叙事能有效运行——（法则的）抽象，及有关事件和事实的具体细节的信息过量。[②] 经济学家的建模活动最初可以被看作和侦探活动一样，侦探首先在一个案子里汇集使用各种假设和一些不一定相关的各种事实，然后可以被看作和律师活动一样，律师接着必须构建同一个案子以便该案子被陪审团集体通过。这样的故事在构建时必须有不同程度的灵活性和约束。经济学家，如同侦探，有着关于一组事件如何发生和关于世界的各种知识、想法、理论或假设，但是经济学家不能确定哪些知识适合组合在一起以及它们是如何组合在一起的。建模可以被看作经济学家采用的一种试验他们的假设并解决组合问题的一种方法。所以，这样看来，叙事方法是演示抽象的和相当一般性的经济模型与现实经济世界里具体事件的认知桥梁。在进行这样的相互连接时，叙事为那些现实世界中的事件提供了潜在的各种解释。[③]

或者，叙事的解释功能，和其提供的对世界的记述水平，可以被理解为一种认知说法，而不是一种感知说法。Louis Mink 认为叙事有助于

---

① 明确哪一条科学法则“覆盖了”任何具体的现象和事件，并论证一般法则可以“解释”那个事件，是关于“解释”在科学中如何运作的标准论述。近年较有特点的讨论，见 de Regt et al.（2009）。

② Jackson（1988）在报告中写道，实验表明过于简单的故事和极细致复杂的故事都同样很难使案例有说服力。

③ 对经济学中模型所提供的解释更全面的讨论见第 9 章。

我们理解这个世界不完全是因为叙事连接了一般和特殊，而且因为叙事提供了一种独特的理解形式和水平，该理解处于普遍理论和对世界的完整详细记述之间，并通过配置世界的事件来理解它们。

> 一方面，世界上各种事件都在发生——至少我们可直接经历或推知很多——各种事务又都有其具体独特性。另一方面对这些发生的事务有一种理想化的理论理解，将每一个事件都当作一个系统地相互关联的归纳集合的可复制实例。但是，在这两者之间，叙事是我们理解由各种事务构成的许多成功的相互关系的形式（Mink，1978，第132页）。

在叙事的这个第二个记述中，在理解模型如何起作用以理解或解释世界事务时不需要诉诸抽象的或普遍的理论记述（就像科学解释的标准记述一样）。[①] 叙事也不假装对世界的事务进行了完全和穷尽的描述。这里关注的是叙事提供的了解，及它们提供的那种理解。在这方面，模型叙事不完全是一种故事的特殊种类，叙事也不扮演特别角色，它们也不是更普遍事物的基础版本。相反，无论在哪儿发现的叙事，都是在完全、穷尽详细和全面系统的概括之间的中间层次上配置它们理解或解释材料的叙述。

无论我们认为叙事起到了一个认知桥接的作用，还是提供了一种构形的叙述，它所带来的品质和标准都是用来判断世界的。MacCormick（2005）认为好的叙事需要表现出"一致性"和"连贯性"，质量也在法律领域这样的学科里一样重要。一致性是指事实之间不相互矛盾的特点，如对经济学家而言，一个模型的各个假设必须互不矛盾。连贯性是指一种积极的特征，即叙事使一系列的事件联系在一起。无论是在虚构故事中还是在法律和历史的事实记述中，我们都期望叙事有连贯性。[②] 连贯故事会对一套不连贯的元素推测一定量的复杂性并提出因果关系：一个连

① 通过明确哪一条科学法则可以"覆盖"任何具体的现象和事件，并论证一般法则"解释"那个事件是解释在科学中如何运作的标准论述。近年来较有特点的讨论，见de Regt et al.（2009）。

② 在此我由衷地感谢Jon Adam多次与我进行的有益的讨论，以及他对叙述的作用的深刻理解。另外，关于如下两个方面仍存在一些有趣的问题：因果论的本质与叙述密切相关；以及叙述中的联系究竟是时间、因果必要性还是偶发事件，就这一问题叙述本身并不明确（这些模糊性与经济学家思考经济关系的方式是一致的；见Morgan，2001）。

贯叙事是将明显不相关的事物合适地聚在一起，按顺序排列，填空，并使人们和事件的关系合理。这可以用叙事解释的逻辑来称谓，不是用文学或语言学分析的称谓，而是学科内其认识角色的称谓：叙事以某种方式把材料组合在一起，以使世界上的事件有意义。一个关于世界的连贯模型叙事提供了对世界的各种可能解释，而不是对可能世界的解释。①

经济学模型提供的解释服务和早期天文工作者的行星运动模型一样，都显示了他们观察到的宇宙元素是如何合适地结合在一起成为系统性记述的。例如，模型向经济学家展示了凯恩斯体系的所有元素如何共同工作，或者乘数和加速数是如何共同为世界创造经济增长的。但是，在使用小型抽象的经济模型来部分掌握它们的具体经济世界时，是这些以叙事为基础的解释的连贯性把分散的元素聚拢到一起，并提供了对世界的记述。经济学家并不期望这些叙事同此世界的任何特定具体事件的每一个最终细节准确真实对应。如果它们真的完全对应，这些叙事就不太可能是好故事了。但是，经济学家相信他们的模型将抓住事情的核心，同时通过讲述此种故事，他们尝试把他们的简单模型同我们生活的混乱经济世界的事实再联系起来。

6.5.3 叙述，模型的测试平台

经济学家将叙述作为一种检测模型有效性的非正式手段，用通过多样化途径暗示他们发现的模型为什么有用、多么有用的标准去检测。正如我们在本章从凯恩斯模型的例子和对它们的运用中所见，模型的叙述功能既能拆开去探索模型的世界，又能整合在一起连贯地去描述模型所代表的世界。这种双重功能可以解释经济学中它们的特有性质，但是这确实让理解经济学家自己为他们的模型叙述所设定的标准可能是什么变得更困难。看起来，一些模型被认为优于其他的模型，是因为它们可以用来讲述更好的故事，因此对模型的判断依赖于对叙述的评判。这些暗示体现在这种映射式的但非分析式的描述中，经济学家偶然用这种方式描述他们自己的实践，认识到叙述故事的重要性。例如，克鲁格曼用自传式的方式写道：

---

① 这是一个重要的差别：其他评论者更倾向于认为绕过“非现实假设”的方法使模型提供了对有可能会发生的世界的解释（Rappoport，1989），这一议题可追溯至 Milton Friedman（1953）。

> 如果一个人需要在模型中具体指定谁产出了什么，那么我要说我在那个冬季和春季写出的模型是不完全的。但是，它们讲述了有意义的故事（Krugman，1993，第 26 页）。

或者弗兰克·费雪评论工业经济的文献如下：

> 现在，寡头理论包括大量的故事，每个故事都有一个轶闻描述在某个特殊场景下可能发生的事情。这些故事可能确实很有趣（Fisher，1989，第 118 页）。

在这些评论中潜藏着这样一种观念，模型叙述的质量提供了对模型的一个非正式检测。他们认为与模型相关的叙述拥有超越上一小节探讨的一致和连贯的品质。有两个术语——“有意义的”和“貌似真实的”——捕获到了经济学家怎么思考这一问题。

“有意义的”是一种品质，指的是叙事讲述了模型的世界。对经济学家而言，这有两个层面的含义。一方面，模型故事需要理论上有意义。这不仅仅指模型必须有连续的假设（在法律叙述中我们看到的一致性检测），而且指根据经济学家的理论，模型必须同样有意义，当然，这可能对我们讲述的故事有影响。例如，商业周期模型仅在它们能产生周期时有意义，而且在弗里希时期，这意味着减幅周期，正如后来米德必须检测他的模型具有均衡的趋势。

另一方面，叙述需要使它们在模型世界里所解释的行为具有经济上的趣味性。经济学家甚至可能更喜欢这些叙述的行为和解释没有什么奇异之处，因为经济学家希望从他们的模型建构中获得比他们从一开始知道的更多的信息（叙述仅仅重复他们已经知道的，这种叙述并不十分有趣）。那些揭示某些奇怪的因素或者令人吃惊的行为，或者不同寻常的联系和影响的叙述对经济学家而言更加有趣，因此可能对他们而言更有意义。对奇异事件的叙述可能是有问题的，但是在解释关于模型的事情上经常一样有用，因此强化了叙述为模型提供测试平台的方式。

相反，故事在某种程度上充分反映了模型致力于描述的和科学家致力于解释的真实世界中的现象的某些特征，“貌似真实的”捕获了这种理念。为了获得关于模型的貌似真实性的叙述测验，模型使用者首先不得不做出关于他们模型可能解释的世界的具体现象的理智的选择，然后考虑怎么去将这些特性和他们的模型相联系。也就是说，他们需要决定从哪里开始他们的故事叙述，解决模型的先后顺序问题并进行为叙述提供关注的演示——正如我们在米德、萨缪尔森和希克斯的作品中所见的。换言之，他们在讲述关于世界的事件的貌似真实的故事前，首先需要问有关他们的小的数学模型的一些貌似真实的问题。但是术语“貌似真实”不仅意味着经济模型的世界已经被拟合（用某种松散的方式）于模型所代表的世界中，而且意味着它提供了为什么会这样的一些经济学的见解。例如，弗里希的模型不仅在经济学术语上有意义（具有减幅周期和平衡趋势），而且在拟合世界的意义上（它能产生与世界的数据模式相拟合的周期）上貌似真实，这可以通过使创新进入经济体的方式进行解释（而不是通过力学的飞摆类比）。

经济学家没有将叙述的貌似真实性作为模型真实性的一个证据，或者甚至作为一个标志。经济建模的自然主义描述（正如本人及另外一些人在本节讨论的）已经注意到，关于这个世界的叙事经常以经济学考虑这些故事的方式产生推理的阴影和解释的阴影。这在 Gibbard 和 Varian（1978）关于“非正式应用”的描述中有所体现：经济学家将数学模型应用到世界事件中的方式，与严肃的计量经济模型的应用形成对比。在计量经济学领域，模型被用于来自世界各地的数据，并通过统计检验进行验证。但在数学和图解模型的领域中，正如我们所见，叙述构成了一个平台，在这个平台里，将模型和世界联系在一起的是一种松散的“非正式的”模式，效度的标准同样松散。[①] 但是它们并没有缺席。因此，希克斯、萨缪尔森和米德等经济学家没有宣称从模型应用中学到凯恩斯的《通论》是否普遍地符合世界的实情。他们的确学到了——从对模型世界的探询中——如何应用他们理论中的要素讲述有意义的、凯恩斯主义的、关于各种事件的故事，以及对发生于他们真实世界的具体事件（例如经济大萧条）给出貌似真实的叙述性解释。用这些模型叙述，他们同样可以解释凯恩斯的政策可能如何在模型所代表的世界中起作用，虽然貌似真实的标准的松散性经常让用小的数学模型直接干扰经济世界变得不确定、困难以及具有潜在的危险性。[②]

---

① 这些关于世界的叙述如何精确匹配世界事件，将在第 9 章关于博弈论的讨论中更加清楚。

② 参见 Cartwright（2009）。

当用模型叙事成功提供了既在理论层面上有意义，又在为真实世界事件提供解释的层面上貌似真实、可能很有吸引力的叙述时，经济学家们对他们的努力很满意。这样一种模型可能被经济学家们理解为已经提供了关于经济世界可能运行方式的建议，并可能用于产生额外的见解。但是认为有意义和貌似真实的东西都会随着时间而改变。

首先考虑对经济学而言什么可能是有意义的。然而，我们所看到的在两次世界大战期间经济学家们所应用的宏观模型的首要理论标准是它们的平衡行为，到20世纪中后叶，这样的一种集合模型在其被认为有意义前同样需要充分的“微观基础”。因此，Gibbard 和 Varian 在 1978 年写到，经济学家们喜欢的模型，是在理论层面上有意义，而且能为个体的简单的貌似真实的行为提供某些容易察觉到的现象的解释。

> 在某些案例中，如果世界的一个层面（例如价格差异、住房隔离，等等诸如此类）引起关注，微观层面的某些情况可能被认为能解释它；经济学家就会建构一个模型来提供解释。如果模型的结果具有显著的效果，那么用这些特征进行经济场景的非正式探究可能实施。在任一种案例中，不涉及任何超越非正式观测的尺度（Gibbard 和 Varian，1978，第 672 页）。

MacCormick 将提供这种解释的叙述标为“可信的”，这意味着它不仅连贯，而且提供了一个令人满意的“关于这个复杂事件的因果或动机描述”（2005，第 226～227 页）。Robert Sugden 既是微观经济学家又是现代经济学建模实践的评论员，他持有同样的观点，将这种模型世界称为可通过个体的简单行为规则成功捕获一种现象的观测模式说明的世界：“可信世界”。[①] Sugden 说明这个概念的范例是 Thomas Schelling

---

① 参见 Sugden（2000，2009）。Sugden 的关于建模的“可信的世界”的描述在某些程度上与 Gibbard 和 Varian 的描述（1978）十分相近，在很大程度上与我这里的描述也一致：所有的 3 个描述都是基于实践的描述，讨论了判断模型的非正式方式。但“可信的世界”是一个不同类型的模型，或者 Sugden 提供了一种不同的关于模型如何建构和应用的哲学描述，这依然不是很清楚。例如，Schelling 的建模可能用类比建模的传统理解（在这个传统里，模仿既处于博弈的简单规则的层次，又处于现象的结果的层次），其特征提供了与理想化的建模的描述的强烈对照（与 Cartwright 和 Mäki 相关）；参见本书第 1 章。但是用可信世界的模型去解释现象的可能性需要有关模型如何应用的描述，也依然依赖于相似性主张去支撑推断，不论这些主张是如何松散地做出的。

（1978）的分隔住房模型：一个类比模型。在这个模型中，“个体”被当作棋盘上的棋子，每个棋子的行为遵循简单的规则，其结果是一个颜色分隔的棋子的模式。Sugden 将这样的一个模型判断为“可信但反事实的世界，与真实世界平行”（Sugden，2009，第 4 页）。在这个模型中，对可信度的判断取决于“模型世界与我们知道或认为我们知道的有关真实世界的一般规律相一致的感觉”（第 18 页）。作为这种可信度感觉的类比，他提供了我们从阅读“现实主义小说”中经历的感觉（2009，第 18 页）——这让我们回到了貌似真实和叙述上。[①]

但是，要推断模型的叙述与真实世界相似，即模型可信，就像 Gibbard 和 Varian 一样，还需要结果中很松散的相似或类似感。在 Schelling 的案例中，这种类似性在于结果的棋盘模式，这种模式模仿或者看起来像我们在真实世界的分隔邻里中所观察到的模式。但是对 Sugden 而言，他注意到的关于这个平行世界的经济问题是，棋盘的分隔结果不是基于强烈的颜色偏好规则的结果，而是仅仅基于个体棋子行为的温和偏好的结果。这反过来揭示了为什么这个模型对经济学尤为有趣：不仅仅是模型的叙述满足了经济学家目前对好的基于理论的解释的偏好，在这个解释中，模型具有创造一种聚合现象的微观行为，而且这个关于获得结果所需的个体行为的特别假设（棋子的温和的颜色/种族偏好）十分出人意料，但可信。

我们已经看到，叙述中的那些元素让模型有意义，这些元素因各地的科学知识而异：它们依赖于在某一时间中经济学家们采用什么去很好地解释人类行为或者整个经济体的行为；它们依赖于涉及的时间和地点以及经济学家团队的理论和假设。但是这同样适用于与世界相联系的模型的貌似真实性，因为那些貌似真实的东西部分依赖于需要解释的特定事件。在模型中，大萧条时代的模型叙述的是 20 世纪 30 年代貌似真实的故事，对许多 20 世纪五六十年代的经济学家、政策制定者和大众而言，凯恩斯用模型所讲述的故事是貌似真实的，在 20 世纪 70 年代，它们逐渐被认为是不可信的，而在 21 世纪第一个十年末期的经济危机中，这些模型在某些方面又被复活了。所以，像意义一样，貌似真实性绝不

---

① 也参见 Grüne - Yanoff（2009）。

可能是一个稳定的或者普遍适用的标准。① 从某种意义上说，这当然是因为，正如我们从经济学科学史中学到的：经济理论、理念、证据和方法都会改变——正如其他科学一样。但是，我们同样从经济历史学家那里发现，经济中发生的事情并不一定是稳定的——经济发展，有需要解释的危机、新现象，也有需要重新估算的旧现象。貌似真实性，像有意义一样，既依赖于内容也依赖于背景。②

这些在建模中改变的关于貌似真实性的判定反映了中间水平，在这个水平上，模型叙述提供了在普遍法则和日常的特例间和在抽象和具体之间的解释。模型叙述主要用于在内容上具体化而不是在法则上，因此它们通常被采用去拟合新的问题或者新的现象。同时，新理论和新的抽象概念促进了模型特点和内容的改变。

此外，甚至被视为貌似真实的概念，也是经济学家用一种更普遍的方式，通过操作认知模型而塑造的。在第 1 章（第 3 节），我解释了科学的个体部门如何使用特殊的推理模式（建模、实验室内实验、数据图例等），这些模式构成了一种背景，在这个背景下，某些论点看起来有理、正确，因此貌似真实。正如我在那里同样指出的，这意味着在每个部门获得的知识都与做科学工作的模式相关联，但是每个做科学工作的模式都被看作有效。建模构成了这个广义的背景，在这个背景下，经济模型被判定为貌似真实的。

换言之，模型“解释”世界的有效性依赖于许多含蓄的和明确的、依存时空的、基于科学的知识，这种知识既是概念性的又是实证性的，既是历史性的又是理论性的，同样是方法性的。在公认的对模型的科学论证规范内，用相关知识“测试”模型，模型被认为是有意义的、貌似真实的、可信的，或者不足的。这种情形看起来与 Cartwright（2010）的理念不兼容，她认为当模型是与法则相关的“寓言”时，它们是与世界相关的经典“寓言”。与一般寓言故事不同，经典寓言的寓意没有被写进故事里，而必须从故事中被提取出来。作为一个经典寓言，一个模型对于目标系统（科学家试图理解的真实世界）的意义，是一个需要解释的问题，并且必须借助其他信息、理论、概念和经济学家已知的

① 再次感谢 Jon Adams 帮助我深入思考这个话题。

② 参见 Hawthorn（1991）关于社会科学家的“貌似真实的世界”的概念。

关于世界的事情（偶然的科学知识）被提取出来。但是借助经典寓言，正如借助先前的寓言，叙述构成了真正的事件。叙述不仅仅是提取那些解释的载体，因为叙述有它自身的品质和标准。对经济学家来说，就模型的世界而言好的模型叙述必须是一致的和有意义的，就模型所代表的世界而言，模型叙述必须是一致的、貌似真实的，甚至可信的。这些叙述的标准是经济学家检测他们模型质量的方法：一个好的模型取决于能用来讲述故事的叙述的良好品质。

6.6 后续展望

模型被使用的方式是一个有趣的矛盾体，其中的一个人本主义概念——叙述或故事讲述——对模型被用做经济科学研究的模式是至关重要的，不论模型叙述的是关于模型中所描绘的世界的故事，还是与现实世界的过去、现在与将来相对应的故事。无论是在对有些抽象的模型世界的研究中，还是在用模型对特定的具体现实世界进行的研究中，叙述都是显而易见的。这里对叙述的讨论已经明确了在后面章节中需进一步考察的两个要素。

在第一次追踪之后，我继续进行了观察并发现在探索模型中的世界时，叙述的方式是故事讲述，这些故事更多是关于特定种类的案例和情境而不是为了支撑更宏观的理论或法则的。正如我们所看到的，由于模型中问题、排列或值的细微变化，叙述得出的关于模型世界的结果也是不同的。模型使用中这一计划之外的副作用最终起到了分类和解释的作用。从模型所提供的多层次的解释以及引发分类的方式来看，模型使用的这两种结果是有独特性的，我将从第 7 章开始讨论这两种结果，并将在第 9 章中用不同的方式进行更细致的讨论。在第 9 章中，我仍将跟进对叙述的研究，研究在博弈理论中的叙述，因为在博弈理论中叙述在模型推理中扮演了更为关键的角色。

在此，从不同的追踪角度我认为模型叙述提供了某种推理的可能性。这一解释不仅取决于经济学家对他们的模型故事的可靠性和合理性的依赖方式，更重要的是依赖在模型使用中与模型叙述同时发生且相似的演示。正如在本章中所看到的，模型演示是科学家对模型操纵的结果，这样的操纵同样可以被重新描述为具有更有限的推理可能性的一种实验模式。第 7 章将在供求模型的情境中解释模型推理。当进入第 8 章对模型模拟的讨论时，我们可以更清楚地了解演示模式是一种实验模式。这使我开始考虑多种判断模型结果有效性的方式，这些方式可以被理解为推理的问题。

致 谢

本章最初写于 1997 年秋，当时我是诺尔曼·切斯特高级研究院（the Norman Chester Senior Research）的研究生，居于牛津大学纳菲尔德学院，并向 1997 年 11 月在鹿特丹伊拉斯姆斯大学召开的会议提交了这篇论文。该论文修改后于 1999 年作为阿姆斯特丹大学工作文件（University of Amsterdam Working Paper）被传阅并出版，该版本与出版于 Morgan（2001）的论文在形式上多少有些相似。自此之后，本章减少了一些关于叙述的文字材料，但增加了关于法则的文字材料以及对模型使用步骤的讨论（引自 Morgan，2002），因此增加了 6.2、6.3.2、6.4 和 6.5.3 四节的内容。我十分感谢纳菲尔德学院的管理人员、同事和学生们，他们很热心且多次与我讨论了模型的角色，同时，我要感谢我在 NAKE 的学生（1997 ~1999 年所教班级），我在教授此内容时他们提出了一些相关的问题。我还由衷地感谢鹿特丹会议的参会者，以及之后在以下地点召开的学术会议的参会者：牛津大学纳菲尔德学院、格罗宁根大学（Groningen）、位于海牙的 WRR（荷兰政府政策科学委员会，Dutch Sceintific Council for Government Policy）、蒙特利尔的 HES 会议。我还要感谢以下诸位给予本章的评价：Ben Gales、Roger Backhouse、Deirdre McCloskey、Margaret Morrison、Harro Maas 和 Nancy Cartwright。我还十分感谢 Till Grune 在本章修改版本的研究过程中的协助，以及 Jon Adam 就叙述本质的讨论对我的启发。

参考文献

Andvig, Jens Christopher (1991) "Verbalism and Definitions in Interwar Theoretical Macroeconomics". *History of Political Economy*, 23, 431 – 455.

Backhouse, Roger E. And David Laidler (2004) "What Was Lost with IS – LM". In Michel De Vroey and Kevin D. Hoover (eds), *The IS – LM Model: Its Rise, Fall and*

Strange Persistence (pp. 25 - 56). Annual Supplement to *History of Political Economy*, Vol. 36. Durham, NC: Duke University Press.

Barnett, Vincent (2006) "Chancing an Interpretation: Slutsky's Random Cycles Revisited". *European Journal for the History of Economic Thought*, 13: 3, 411 - 32.

Barthes, Roland (1982) "Introduction to the Structural Analysis of Narratives". In S. Sontag (ed), *A Roland Barthes Reader* (pp. 251 - 295). London: Vintage.

Boumans, Marcel (1999) "Built - in Justification". In Mary S. Morgan and Margaret Morrison (eds), *Models as Mediators: Perspectives on Natural and Social Science* (pp. 66 - 96). Cambridge: Cambridge University Press.

(2005) *How Economists Model the World to Numbers.* London: Routledge.

Cartwright, Nancy (1983) *How the Laws of Physics Lie.* Oxford: Clarendon.

(1991) "Fables and Morals". *The Aristotelian Society*, Supplementary Volume 65, 55 - 68.

(2009) "If No Capacities Then No Credible Worlds. But Can Models Reveal Capacities?" *Erkenntnis*, 70: 1, 45 - 58.

(2010) "Models: Parables v Fables". In R. Frigg and M. Hunter (eds), *Beyond Mimesis and Convention: Representation in Art and Science* (pp. 19 - 31). New York: Springer.

Darity, William and Warrren Young (1995) "IS - LM: An Inquest". *History of Political Economy*, 27, 1 - 41.

de Regt, H., Leonelli, S., and Eigner, K. (2009) [eds] *Scientific Understanding: A Philosophical Perspective.* Pittsburgh: Pittsburgh University Press.

De Vroey, Michel, and Kevin D. Hoover (2004) [eds] *The IS - LM Model: Its Rise, Fall and Strange Persistence.* Annual Supplement to *History of Political Economy*, Vol. 36. Durham, NC: Duke University Press.

Fisher, Franklin M. (1989) "Games Economists Play: A Noncooperative View". *RAND Journal of Economics*, 20: 1, 113 - 24.

Friedman, Milton (1953) "The Methodology of Positive Economics". In *Essays in Positive Economics* (pp. 3 - 46). Chicago: University of Chicago Press.

Frigg, Roman (2009) "Models and Fiction". *Synthese*, 172: 2, 251 - 68.

Frisch, Ragnar (1933) "Propagation Problems and Impulse Problems in Dynamic Economics". In *Economic Essays in Honour of Gustav Cassel* (pp. 171 - 205). London: Allen & Unwin.

Gibbard, Allan and Hal R. Varian (1978) "Economic Models". *The Journal of Philosophy*, 75: 11, 664 - 77.

Goodman, Nelson (1968) *Languages of Art*, 2nd ed, 1976. Cambridge: Hackett.

Grüne – Yanoff, Till (2009) "Learning from Minimal Economic Models". *Erkenntnis*, 70: 1, 81 – 99.

Hartmann, Stephan (1999) "Models and Stories in Hadron Physics". In Mary S. Morganand Margaret Morrison (eds), *Models as Mediators: Perspectives on Natural and Social Science* (pp. 326 – 46). Cambridge: Cambridge University Press.

Hawthorn Geoffrey (1991) *Plausible Worlds: Possibility and Understanding in History and the Social Sciences.* Cambridge: Cambridge University Press.

Hicks, John R. (1937) "Mr. Keynes and the "Classics": a Suggested Interpretation". *Econometrica*, 5, 147 – 59.

Hughes, R. I. G. (1997) "Models and Representation". *Philosophy of Science*, 64, S325 – 36.

Humphrey, Thomas M. (1996) "The Early History of the Box Diagram". Federal Reserve Board of Richmond. *Economic Review*, 82: 1, 37 – 75.

Ingrao, Bruna and Giorgio Israel (1990) *The Invisible Hand.* Cambridge, MA: MIT Press.

Jackson, Bernard S. (1988) *Law, Fact and Narrative Coherence.* Liverpool: Deborah Charles Publications.

Keynes, John M. (1936) *The General Theory of Employment, Interest and Money.* London: Macmillan.

Klein, Judy L. (1997) *Statistical Visions in Time: A History of Time Series Analysis, 1662 – 1938.* Cambridge: Cambridge University Press

Klein, Ursula (1999) "Paper Tools and Techniques of Modelling in Classical Chemistry". In Mary S. Morgan and Margaret Morrison (eds), *Models as Mediators: Perspectives on Natural and Social Science* (pp. 146 – 67). Cambridge: Cambridge University Press.

Krugman, Paul (1993) "How I Work". *The American Economist*, 37: 2, 25 – 31.

Le Gall, Philippe (2008) "L' économieestelleune Science *Fiction*? Récit et Fiction en Modélisation Economique et en Art". Unpublished paper, University of Angers.

Louca, Francisco (2007) *The Years of High Econometrics.* London: Routledge.

Lucas, Robert E. Jr. (2004) "Keynote Address to the 2003 *HOPE* Conference: My Keynesian Education". In Michel De Vroey and Kevin D. Hoover (eds), *The IS – LM Model: Its Rise, Fall and Strange Persistence* (pp. 12 – 24). Annual Supplement to *History of Political Economy*, Vol. 36. Durham, NC: Duke University Press.

MacCormick, Neil (2005) *Rhetoric and the Rule of Law: A Theory of Legal Reasoning.* Oxford: Oxford University Press.

Mäki, Uskali (1992) "On the Method of Isolation in Economics". In G. Dilworth (*ed.*), *Intelligibility in Science* (pp. 319 - 354). Studies in the Philosophy of the Sciences and Humanities, Vol. 26. Amsterdam: Rodopi.

Marshall, Alfred (1890) *Principles of Economics*, 8th ed, 1930. London: Macmillan.

McCloskey, Deirdre N. (1983) "The Rhetoric of Economics". *Journal of Economic Literature*, 21, 481 - 517.

(1990a) "Storytelling in Economics". In D. Lavoie (ed), *Economics and Hermeneutics* (pp. 61 - 75). London: Routledge.

(1990b) *If You' re So Smart.* Chicago: University of Chicago Press.

(1994) *Knowledge and Persuasion in Economics.* New York: Cambridge University Press.

Meade, James E. (1937) "A Simplified Model of Mr. Keynes' System". *Review of Economic Studies*, 4: 2, 98 - 107.

Mink, Louis O. (1978) "Narrative Form as a Cognitive Instrument". In R. H. Canary and H. Kozicki (eds), *The Writing of History* (pp. 129 - 49). Madison: University of Wisconsin Press.

Morgan, Mary S. (1990) *The History of Econometric Ideas.* Cambridge: Cambridge University Press.

(1991) "The Stamping Out of Process Analysis in Econometrics". In Neil De Marchi and Mark Blaug (eds), *Appraising Economic Theories* (pp. 237 - 263 and 270 - 272). Cheltenham: Edward Elgar.

(1999) "Learning from Models". In Mary S. Morgan and Margaret Morrison (eds), pp. 347 - 388.

(2001) "Models, Stories, and the Economic World". *Journal of Economic Methodology*, 8: 3, 361 - 84; reprinted in U. Mäki (ed), *Fact and Fiction in Economics: Models, Realism and Social Construction* (pp. 178 - 201). Cambridge: Cambridge University Press.

(2002) "Model Experiments and Models in Experiments". In Lorenzo Magnani and NancyJ. Nersessian (eds), *Model - Based Reasoning: Science, Technology, Values* (pp. 41 - 58). New York: Kluwer Academic/Plenum Press.

Morgan Mary S. and Marcel Boumans (2004) "Secrets Hidden by Two - Dimensionality: The Economy as a Hydraulic Machine". In S. de Chadarevian and N. Hopwood (eds), *Models: The Third Dimension of Science* (pp. 369 - 401). Stanford: Stanford University Press.

Morgan, Mary S. and Margaret Morrison (1999) (eds) *Models as Mediators: Perspectives on Natural and Social Science.* Cambridge: Cambridge University Press.

Morrison Margaret and Mary S. Morgan (1999) "Models as Mediating Instruments".

In Mary S. Morgan and Margaret Morrison (eds), *Models as Mediators: Perspectives on Natural and Social Science* (pp. 10 – 37). Cambridge: Cambridge University Press.

Rappaport, Steven (1989) "Abstraction and Unrealistic Assumptions in Economics". *Journal of Economic Methodology*, 3: 2, 215 – 36.

Samuelson, Paul A. (1939) "Interactions Between the Multiplier Analysis and the Principle of Acceleration". *Review of Economics and Statistics*, 21, 75 – 8.

Schelling, Thomas C. (1978) *Micromotives and Macrobehaviour.* New York: Norton.

Schlimm, Dirk (2009) "Learning from the Existence of Models. On Psychic Machines, Tortoises, and Computer Simulations". *Synthese*, 169 (3), 521 – 538.

Slutsky, E. E. (1927) "The Summation of Random Causes as the Source of Cyclic Processes". *The Problems of Economics Conditions.* The Conjuncture Institute, Moscow, 3: 1, 34 – 64 (English Summary, 156 – 61).

Solow, Robert M. (1997) "How Did Economics Get That Way and What Way Did It Get?" *Daedalus*, Winter, 39 – 58.

Suárez, Mauricio (2009) [ed] *Fictions in Science.* London: Routledge.

Sugden, Robert (2000) "Credible Worlds: The Status of Theoretical Models in Economics". *Journal of Economic Methodology*, 7, 1 – 31. Reprinted in U. Mäki (ed), *Fact and Fictionin Economics: Models, Realism and Social Construction* (pp. 107 – 36) [2001]. Cambridge: Cambridge University Press.

(2009) "Credible Worlds, Capacities and Mechanisms". *Erkenntnis*, 70: 1, 3 – 27.

Weintraub, E. Roy (1991) *Stabilizing Dynamics: Constructing Economic Knowledge.* NewYork: Cambridge University Press.

White, Hayden (1975) "Historicism, History and the Figurative Imagination". *History and Theory*, 14: 4, 48 – 67.

Yule, George Udny (1927) "On a Method of Investigating Periodicities in Disturbed Series with Special Reference to Wolfer's Sunspot Numbers". *Philosophical Transactions of the Royal Society of London*, Series A, 226, 267 – 298.

模型实验

7

7.1 引言

我们应该如何去描述科学建模的运作方式？在第 1 章中，我曾建议经济学家们将模型作为学术研究及探究的一种手段：他们不仅可以研究存在于他们所设计模型中的微观世界，同时也可以将这样的研究作为审视世界本质的一种手段。在本章中，我通过与实验性研究相似的一种基于模型的推理方式，探究了这种研究方式的具体运作机理。

模型推理作为一种实验形式，不可避免地导致了关于这些实验的本质是怎样的等诸多问题。在第6 章中，我将模型的使用描述为一种对模型中受局限的世界提出问题，并利用模型对模型所模拟的微缩世界做出各种解释的过程。而在这种过程中科学家与模型都是活跃的参与者而不是被动的：科学家通过操作模型来进行实验，就是利用模型资源（它的具体研究对象和演绎资源）来对科学家们感兴趣的问题的答案进行演示。在本章中，我展示了实验活动的两个核心，首先，模型资源被用于演示关于模型世界的问题的解答方法，其次，运用这些实验性演示以模型世界对现实世界进行推理。

在各种演示中，首先，我们将看到存在于多种不同研究实验形式中的模型特征。一方面，经济学家们建立数学模型并对其进行验证，即在微观模型世界中进行实验。另一方面，经济学家们也进行了实验室实验或教室实验，在这个层面上，如我们所见，模型通常更多地扮演着被动但又必不可少的角色。但是，在实验设计以及实验中的受控变量中，模型的特征形式存在于一个全方位的混合实验中。换句话说，模型特征既是操作的对象，也是实验时所设置的限制条件：实验中有模型，模型中也有实验。

其次，模型推导提供了一种实验方式的概念，这使我能够回答在第 6 章里提出的挑战性问题，即经济学家们怎样由他们的模型实验做出推论，以及模型演示推论的解释力有多强。在这种背景下，我以一场关于模型实验与实验室实验的认知度对比的讨论来做结尾。同时，我也探讨了这些基于模型的实验怎样促进了更多一般分析类型的发展，概念性研究是经济学向基于模型推导方法的历史转移的一种重要但不可预期的副产品。这些一般类型的方法同样也定义和限制了基于模型推导方法的相关领域。

我在这一章中将采用最好用且最常用的经济学模型作为范例模型，也就是供给和需求模型，它现在常常以供给需求曲线图（市场中的相关价格和数量），或以三个等式（两个公式和一个平行条件式）的形式出现在教材里，而经济学家们对使用这个似乎显而易见的模型早已习以为常。虽然关于供给与需求定律的争论一直都是关于市场讨论的中心话题，但这并不意味着长时间以来模型本身没有得到任何发展。就像我在第 1 章所指出的，转型发生在 19 世纪晚期至 20 世纪中期，由语言论述转向基于模型的科学实验以及本章所展示的供给需求模型的最早例子都始于这个时期。并不奇怪的是，这些被认定为研究经济学的科学途径的改变需要一种认知和感知层面的转变：经济学家们需要学会从模型的角度来思考以及以模型的形式来感知世界，并且使模型的思考形式与感知形式二者相互依托。由此来看，这些最早的实验对模型的解释和说明都是相当笨拙的。当这种基于模型的推理变得更加普遍时，经济学家们也变得更加能够接受它，而模型实验过程也变得更加流畅。选择将供给需求模型作为科学研究新形式的范例，益处在于，这使我能够展示建模方法如何实现标准化甚至“黑盒化”，同时也提供了一个较其他后期模型更有启示性的研究点。但供给需求模型仍然以实体对象的形式在课堂实验中起着重要作用，也使我能够在模型和实验室实验之间做出比较，以此来展示模型怎样在这种较为晚期的实验类型中起重要作用。当 20 世纪晚期使用模型和进行实验的新方式涌入经济学研究中时，我们寻找到多种混合形式的供给需求模型实验来令我们的比较更为全面。模型是这些混合形式的核心所在，所以这种模型的历史轨迹提供了丰富的分析材料。

7.2 模型世界中的实验

我们可以从把实验形式看作一种美化过的思考或思维实验开始。[①] 我之所以将它称为“美化过的”是因为纸笔实验是很难在脑子里完成

① 我想避免“思想实验”的说法，评论家对这些有非常明确的范畴划分；见 Margaret Schabas（2008）和 Julian Reiss（2002）对经济学中思想实验的讨论。

的。将一个模型描绘于纸上并实际研究它使经济学家们能够以一种惯常的、逻辑合理的方式来思考众多的变量之间如何相互关联，并找出关于这种关联体系问题的解决方案。这种建立和使用模型的习惯加大了人们提出问题的意愿以及对于复杂问题答案的探索力度。有时这些问题是关于理论的，有时是关于可能的政策干预措施的，有时是关于现实世界的一些现象的。这样，模型实验在理论发展领域和对世界的认知方面都起到了重要作用。但是，将这种意识层面力量的拓展看作一种实验不仅需要提供模型在经济学领域中被广泛使用的一些可信证据，同时也要给出对这些研究如何进行的一种令人信服的分析。

有效的供给需求模型的发展以及对它的使用常常与阿尔弗雷德·马歇尔联系起来。马歇尔是19世纪晚期20世纪早期的英国经济学家，曾以他在自然以及工业运作方面的著作闻名于世。但是，就如经济历史学家们所阐述的那样，从19世纪中期开始就有很多有过杰出贡献的经济学前辈在从事着这项研究。[①] 如历史记载，1838年，法国经济学家安托万-奥古斯丁·古诺首次画出了供给需求曲线图，并尝试着在关于税收事件的探讨中应用它。1841年，德国撰稿人Karl Heinrich Rau紧随古诺的步伐建立并使用了供给需求模型图来探讨市场自动调节是如何发生的。尽管供给需求模型图的使用直到19世纪末仍然不太普遍，但另外两位撰稿人，汉斯·冯·曼戈尔特和弗莱明·詹金，对于我对模型实验发展的探讨尤其重要。曼戈尔特在德国从事传统的工作，但是他的分析方法似乎被19世纪后期主流的历史经济学家忽略了。詹金的成果同样被忽视，这样的忽视也许是因为他以图表来对问题进行探讨的新研究方式冲击了当时英国的主流。但是另一方面，他们二人的成果向我们展示了供给需求模型以及推导模型的方式是怎样共同发展的。

7.2.1 曼戈尔特和詹金

汉斯·冯·曼戈尔特在1863年关于供给和需求的探讨中沿用了亚

① 这一章并没有提供交换理论的历史，见Creedy（1992或者1998），后一篇文章有原始文本的摘录，或者供需图表的历史（见Humphrey，1992，他在评论中保留了原始图表）。两位作者都涉猎法国、德国和英国文献。对于起源于需求金字塔类比的几何模拟在法国传统中的简明介绍，可以考虑Dupuit的文章，见Ekelund和Thornton（1991）。对于更详细宽泛的法国传统，包括供给与需求，见Ekelund和Hebert（1999）。对马歇尔图表的介绍见Whitaker（1975）。

当·斯密1776年在《国富论》中所阐述的相同概念。所以，“自然价格”是供给需求调整的一个对象，它会随着市场的变化而发生变动。但是像李嘉图在19世纪早期发现的那样，曼戈尔特发现，如果比亚当·斯密更多地对经济学原理所产生的争论问题尝试提出普遍而具有逻辑性的回答，将会由于太复杂而不可行。因此曼戈尔特为解答与斯密相同的问题而向图表、等式、数据例子求助，并采用了与斯密相同的概念，只是采用了不同的推理模式——模型实验法。

曼戈尔特关于商品交换比率的探讨大量使用了供给需求表，并且供给需求表在论证曼戈尔特的观点中扮演了重要的角色。这里我使用“论证”这个严肃的词，目的是将其与“说明”区分开来。这种区别的重要性在关于埃奇沃斯盒的探讨（3.6.2）中明确地显露了出来。在埃奇沃斯盒中，我们可以看到模型的独立代表性功能是如何在“图表比文字蕴含更多信息”的理念中全面超越“说明”的，而文字本身也通常基于数字或表格。例如，做出供给需求曲线可能的多种不同形状，使曼戈尔特能够解释这些图形背后所蕴含的原理。他的图表和文字描述相互依赖，尽管他所做图表的最初应用并不包括实验部分：

> 更普遍、更紧迫的需求，需要以一种特定类型的货物来满足，越难以其他手段来满足，需求随价格降低增加得就会越慢，随价格上升递减得就会越快。需求曲线将会有一个陡峭的凸起。另外，如果一种货物有需求限制并且较容易免除税务或对其进行补贴，那么即使是在相对较低的价格水平下，价格上涨也会导致需求剧烈收缩，此时的需求曲线将会很快到达该价格水平下的需求规模。相似的效应也会发生在财富的分配上。如果财富被平均分配，需求则会逐渐下降；如果财富集中于少数人手中，那么需求一开始将会剧烈收缩，然后收缩逐渐减缓。在前一种情况中需求曲线会凹向原点，后一种情况中会凸向原点，如图7.1中图3所示。
>
> 价格上升时需求递减的规律也有偶然的例外。虚荣心或恐惧感也许会导致价格上升需求却居高不下甚至上升的情况（Von Mangoldt，1863/1962，第35页）。

仔细阅读，这些段落展示了曼戈尔特图表中关于曲线形状的论述如何使其能够定义、划分，进而比较典型的案例，其中一个比较重要的建

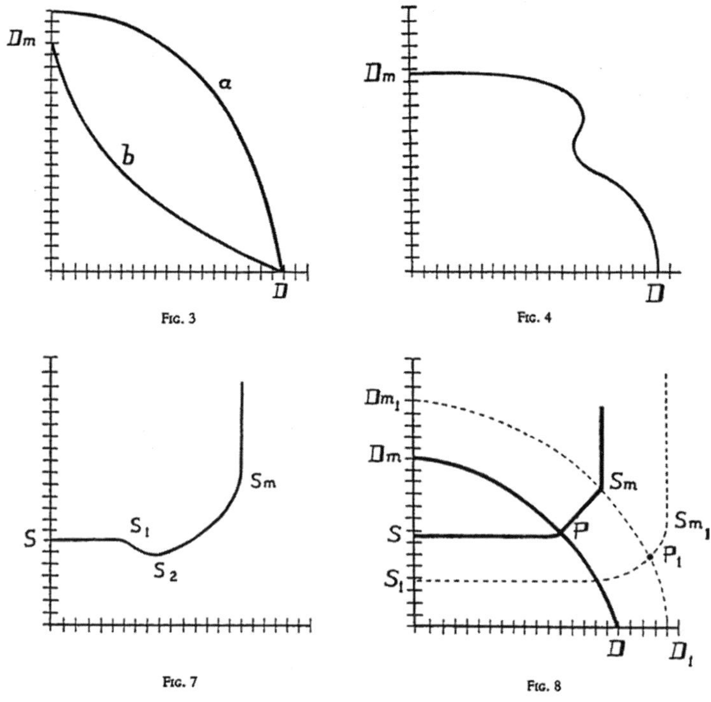

图 7.1　曼戈尔特的供给与需求实验

来源：Hans K. E. von Mangoldt，*Grundriss der Volkswirtschaftslehre*，1863，figures 3 and4，p. 49；figures 7 and 8，p. 50.

模活动我们稍后将会看到。但是即使对需求曲线的不同倾斜趋势有不同的解答，使他能够定义和对不同的案例进行分类，我们仍然不想将其称为模型中的实验性干涉。同样，图 7.1 中的图 7 展示了供给曲线是怎样由于规模经济在一定范围内下降但在其他时候上升的。

而图 8 等其他例子展示了他是怎样就他的图表进行实验的。

> 经济发展以及文明的进步通过增加知识和掌控自然来获得更好的生产工艺，有利于降低商品的供给成本。因此供给曲线下移，其上的点也随之无限外移。这种变化趋势与另一种我们所提到的进步趋势形成对照，也即增加了需求。后者倾向于推高自然价格，而前者倾向于相反的方向。因此某些特别种类商品的自然价格是上涨还是下降，取决于一种商品供给与需求的增长趋势的强弱对比情况（Von Mangoldt，1863/1962，第 36～37 页）。

这个例子所说明的问题是相当清楚的：使用图表的实验回答了一个

关于进步效应的隐含问题。在这种前提下，我们可以看到模型是怎样给出一种与实验论证相关的论证力的，如同李嘉图运用他的数学推导链而不是以文字说明的方式来证明他的结论。这个论证同时也说明了以图表方式来做推导的有利之处：通过将这两种倾向以及它们各自相关的各种力量分离开来，李嘉图对发展时期的价格变动为什么没有普适答案的问题做出了解释。

曼戈尔特在其关于复杂问题的处理方式上，是被很多经济历史学家特别认可的，尤其是两种商品的独立供给和需求。在这方面，他的文字表述由于使用方程、数例和图表而变得极其复杂和曲折。例如，用文字描述的实验使他相信，一种商品的需求价格上升，相关商品的价格也会随之上升或下降，这取决于它们之间的相关性以及相关商品的类型。但之后也出现了更加复杂的问题：相关商品的价格究竟会怎样？始于互补商品的案例——对商品 A 的需求增加导致对于商品 B 的需求同时增长——的具体讨论也就此开始了。我大量引用这篇文章只是为了说明如果不借助于图表，理解文字推导将会多么困难，你必须得有耐心：

> 试想在经济给定状态下，两种直接相关的商品以一定比例被消费，价格也都是它们自身的自然价格。这意味着这两种商品的价格都被限定在给定比例所要求的供给和需求都相等的价格水平上。假使其他条件不变，商品 A 的价格因素改变，例如，新生产力（productive capacity）的提高使供给量在每个价格水平下都可能增加。商品 A 的价格重心将会转移，供给与需求间的均衡将只会出现在消费更多的情况下。在给定两种商品的消费比率的情况下，对相关商品 B 的需求也将会增加。根据假设，用于购买商品 B 的购买力保持恒定；只有当对商品 A 的消费下降到有足够的资金来使对商品 B 的消费提高到一定水平时，对两种商品的消费比率才能够被重新分配（Von Mangoldt，1863/1962，第 42 页）。

我们继续来看，文章在接下来的整整 20 行中，密集地描述了各种假设与条件，在这些假设与条件下，相关商品的价格在价格及数量发生改变时，在产出和消费都变动的很多情况下都会提高。这样的推导包含了诸多基本要素因而很难被理解。然而，曼戈尔特试图通过一个对独立商品（A）的需求将会提高以使所有资金都能够用于购买两种相关的商品，并且商品 B 的价格将会是它的“自然价格”的一般论述来完成他的文字理论。

结果显示，所有的这些文字表述都只是初步的探讨，之后他改变了他的推导方式：“让我们再一次通过图表阐述来弄清这些争议。”（见原始文本 56 页，我的翻译）[①] 像之前所述那样，曼戈尔特的图表都是为了证明特殊案例在不同假设下的结果以及为不同类型的案例定性。但是在这里，图表在与基本供给需求关系的代数论述及解析法和数值解法的混合体的联结中起着重要作用。[②] 在这些实验中，商品 A 的供给量和价格，以及商品 B 的供给曲线都是被假定的，但商品 B 的需求曲线是基于代数关系及使他能够运用数学解决方式的特定数字假设（商品的需求比例，现有总金额）而建立的，该曲线能使我们用数字方法得出结论。这些实验结果都被记录在图表中，所以（比如），即使标准化的数字并没有被写入他的图表 16 中（我们的图 7.2），这些标准化值也都可以通过图表看出来。随之而来的讨论给出了一系列小型数字例子或实验作为当商品 A 的供给右移时商品 B 的价格将会上升的佐证。更多的实验考虑到不同的情况，为替代商品和互补商品二者在供给和需求方面的改变提供了图表、等式以及数据信息。

曼戈尔特的分析作为一个整体已经被认为是卓越且具有创新性的，事实上也是，其推导方式也有创新之处：它承载了一个科学家理解模型价值的所有特点，论证和推导模型并以此来标注实验，但对模型的概念没有很强的把握。不幸的是，对于经济学的历史来说，曼戈尔特的图表、等式以及实验被编辑从他 1871 年再版的书中删除了，该编辑认为“图表和数学方程能够使经济学定律变得更加容易理解的说法让我完全无法接受”。[③] 这种做法当然会使他的文章变得更加难以理解——至少对于现代经济学家来说是这样。曼戈尔特对于模型的革命性用法自此看

① 这是我对德语版的一种翻译（参考文献是 1962 年的翻译）。

② 评论者关注这些方法的不同方面。Schneider（1960）讨论了曼戈尔特的代数方法，长篇引用了他的一个数字实验，但在解释曼戈尔特的时候，他把他的实验数字方法调换到了一个四象限图表中，这是 Schneider 时代最受欢迎的方法，可以表明创新之难！Creedy（1992）关注数字方法，提供了他做的代数形式的另外一种解释。Creedy 也指出，英语翻译改变了原始德语文本对数字实验的介绍方式，使历史上的解释更难以被理解。

③ 引自 Creedy（1992，第 46 页）；这一节是他的文本的第一部分，1962 年被译成英语。

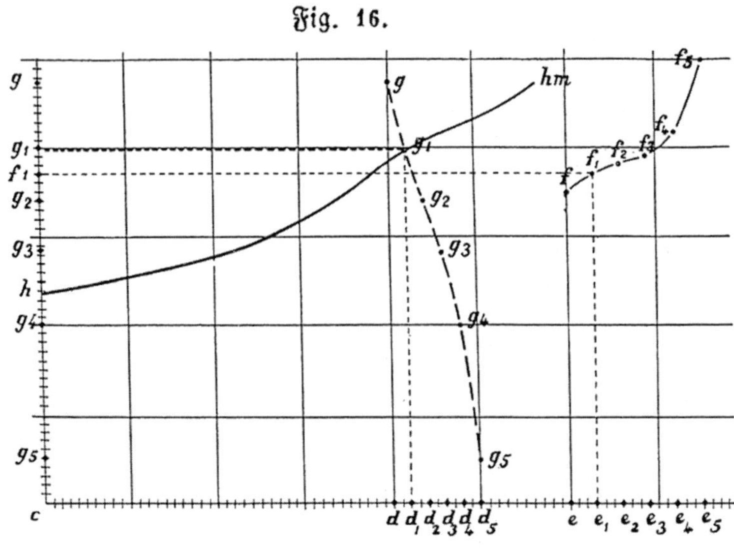

图 7.2　曼戈尔特补充商品的实验

注：他的图 16，其中 hm 为商品 B 的供给曲线；从数值实验得出的 A 商品的供给曲线，被标注为连续的 *fn* 点的轨迹；数据实验得出的 B 商品的需求曲线，标注为 gn 点序列，*n* 代表连续的数字。

来源：Hans K. E. von Mangoldt，*Grundriss der Volkswirtschaftslehre*，1863，figure 16，p. 56.

起来像是消失了很长一段时间，直到埃奇沃斯在 19 世纪末重新发现它，随后历史学家们在 20 世纪重新发掘了他的成果。

弗莱明·詹金在 1870 年就供给需求定律图表模型给出的论证同样卓越，但是图表运用更为娴熟，文字表述对于图表来说是一个良好的补充，因为詹金的所有模型研究都是演示性的。如同曼戈尔特的图表那样，詹金的很多图表列出了多种情况并对其进行了分类。例如，他创造出亨利·桑顿关于单件商品（如马匹）及易腐商品（如鱼类）的买方和卖方行为探讨的图表表征，用另一些图表证明了德国和英国拍卖的不同。在其他方面，他运用图表论证了税率。像曼戈尔特那样，詹金以明确的实验方式运用着他的图表，使用图表内所包含的资源来解答问题。在他图表的初步设计中，詹金为一定时点的销售规模设定了“全供给”的概念，而供需曲线是一种函数关系，在这种关系中，供给和需求取决于给定价格。我们看到“供给需求定律”在他的图 3 ~ 图 6 中得到了证明，这些图表是被设计用来区分“第一定律”的——市场价格由供求曲线的交点决定，它源自“第二定律”——总供给或总需求改变会影响价格。以第一定律图表为基础的实验证明了图形关系中函数斜率的改

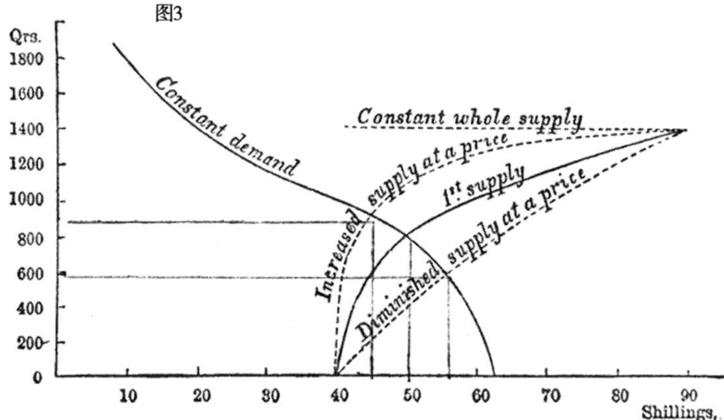

FIG. 3.—Showing Changes in the Supply Curve.

If the supply curve rise to the upper dotted line the market price will fall to 45*s*., and 900 quarters of wheat will change hands, instead of 800 as in Fig. 1.

If the supply curve fall as shown by the lower dotted line the market price will rise to 55*s*., but only 600 quarters will be sold.

The whole supply, the price at which all would be sold or none sold, all bought or none bought, may all remain unaltered, as well as the demand curve. In practice some or all of these elements would generally vary when the supply curve varies.

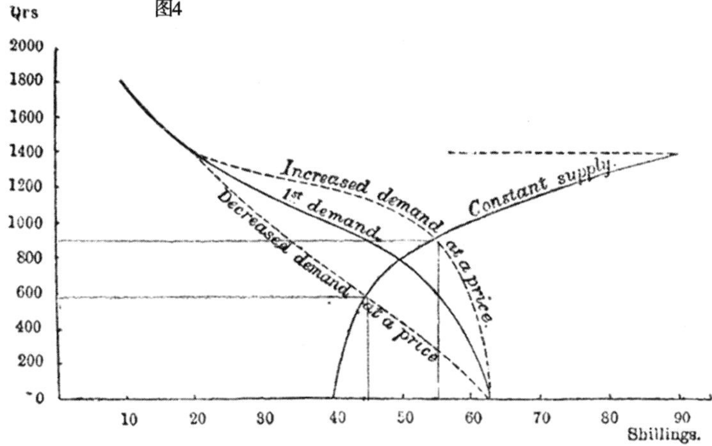

FIG. 4.—Showing Changes in the Demand Curve.

If the demand curve rise, as in the upper dotted line, the market price will be 55*s*., and the quantity sold be 900 quarters.

If the demand curve fall, as in the lower dotted line, the price will fall to 45*s*., and the quantity sold to 600 quarters.

As in Fig. 3, the whole supply, the price at which all would be sold or none sold, all bought or none bought, is left unaltered, as well as the supply curve.

In practice some or all of these elements would generally vary when the demand curve varies.

图 7.3 和图 7.4 弗莱明 · 詹金的供给需求曲线实验

来源：Fleeming Jenkin, "The Graphic Representation of the Laws of Supply and Demand, and Their Application to Labour" in his *Papers Literary*, *Scientific*, *etc*, Vol. Ⅱ, edited by S. Colvin and H. A. Ewing, 1887, London: Longman and Green. Figures 3, p. 80; 4, p. 81; 5, p. 82; 6, p. 82 (Reprinted facsimile, 1996, London: London School of Economics and Political Science Reprints of Scarce Tracts in Economics, No. 3.)

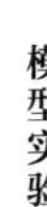

图5

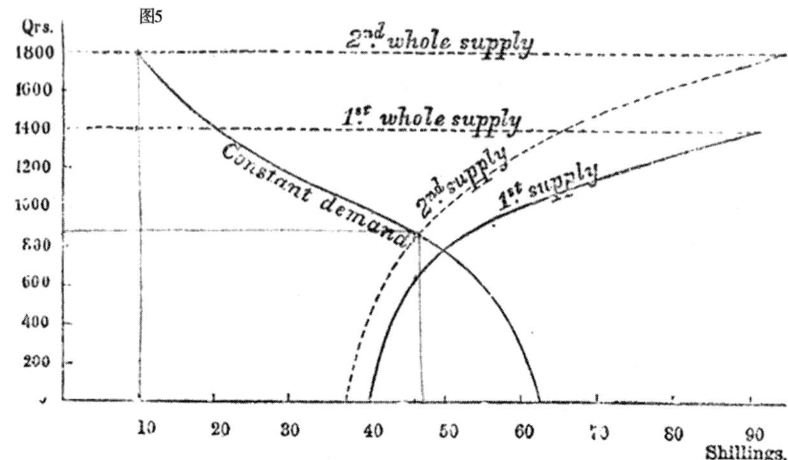

FIG. 5.—Second Law of Supply and Demand.

Fig. 5 shows probable effect of increase in the whole supply.
The dotted line on right shows probable effect of increasing the whole supply to 1,800 quarters.
The price at which whole supply would be sold rises to 95*s*.
The price at which the whole supply would be bought falls to 10*s*.
The market price falls to 47*s*.
The price below which no sale could take place falls to 38*s*.
The price above which no sale could take place may remain unaltered.
The quantity which will be sold rises to 870 quarters.

图6

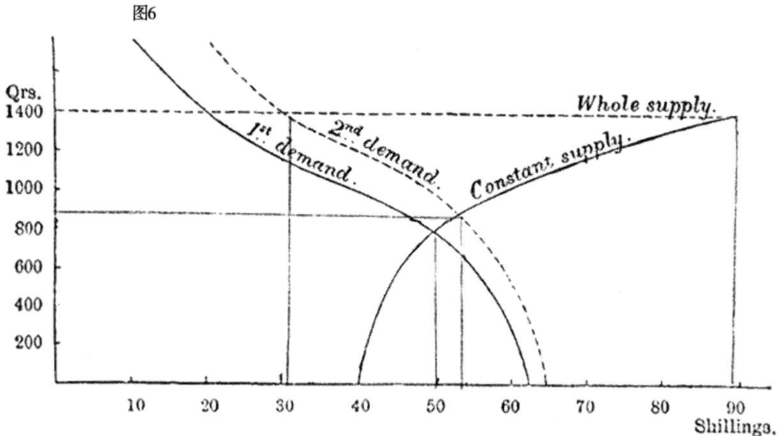

FIG. 6.—Second Law of Supply and Demand.

Fig. 6 shows probable effect of an increase in the purchase fund.
The dotted demand line shows the probable effect of increasing the purchase fund.
The price at which the whole supply would be sold may be unaltered.
The price at which the whole supply would be bought rises to 30*s*.
The market price rises to 53*s*.
The price below which no sale would be effected may remain unaltered.
The price above which no sale would take place rises to 65*s*.
The quantity which will be sold rises to 850.

图 7.3 和图 7.4.（具体参见前页）

变所带来的影响，而基于第二定律图表的实验则证明了一整套“可能的影响”——改变总是伴随着“总供给或购买基金（有效需求）的增加”。正如我们所看到的，每个图表都以标注线条、为实验中的每种要素列清单，以及说明它们如何变动的方式表明了实验中的分析方法，这几乎就像一本实验笔记一般准确记录了实验中所发生的一切。

詹金的模型所设想的市场依然是被买方之间和卖方之间的竞争行为所主导的，但其探讨过程所用的文字和观点却不再完全是“斯密式”的，例如，第一定律的交点在他的阐述中被描述为“理论价格”，而图表则被描述为“一条对于谷物的虚构的需求和供给曲线”，这对于他对“供给和需求定律”方面的论述十分有用。然而，这些曲线也是相当经验主义的，因为像李嘉图的算术链那样，它们表明，谷物是按照“季度”以及每季度的合理定价来买卖的。曾一直使小麦价格居高不下的针对小麦税提出的谷物法斗争已经在李嘉图时代结束了，因为1864年关税已被废除，然而，对于这个时期的英国消费者来说，小麦仍是主食，因此它的价格是一个重要的政治现实。与李嘉图的假设农场论述相同，詹金假想的曲线证实了政治经济的定律是如何在小麦市场上运作的，他提供的不是一个抽象的论点，而是一个有直接相关性的论点。

需要注意的是，与曼戈尔特的早期研究以及现代惯例相反，但又与当时放置因变量和确定变量的数学惯例相符的是，价格是在水平轴上表示的。詹金是一个典型的维多利亚时代的博学者——一个因同时撰写文学批评、戏剧、医疗、政治经济等文章而备受瞩目的工程师。通过他的数学经济分析图表，他被后人认为是马歇尔的继承者。[①] 然而詹金的研究却受到马歇尔和杰文斯的冷落，他们两人都声称自己先提出了“剪形图”或“马歇尔十字”，之后其才被人所熟知。[②] 与曼戈尔特和詹金相比，马歇尔大力发展了图表的使用并在实验中得到了特定的便利。事实上，这是他使用模型作为实验方法的熟练性所决定的，而不是任何基于模型的新发现。

7.2.2 马歇尔

我在这儿分析的马歇尔《经济学原理》（1980版和之后的很多版

① 根据Foxwell后来的描述，见Whitaker（1975）。

② 见Humphrey（1992）。

本）的相关章节（第5册第13章）中，马歇尔使用了现在已成为标准的供给需求图，依照传统，即竖轴表示价格，横轴表示数量。如图7.5中的六个图所示，*DD′*曲线代表消费者对于一种商品在各种价格水平下的潜在需求，*SS′*曲线表示生产者在同一价格区间上的潜在供应量。在马歇尔的一种典型分析中（观点在文本中陈述，实验操控反应在脚注里），马歇尔问了四个问题，进行了四个模型实验以及六个与精神相关的实验（总共不到十页的内容），然后采用这些结果提供了政策和理论意义层面的评论。我已经读了所有马歇尔用来证明观点的“模型实验”的图表案例，以及那些马歇尔没有费心通过图表去分析，但答案被以“思维”或“精神”实验的方式直接指出的案例。在这些精神实验案例中，读者被要求去思考所进行的模型实验的反面。所以他并没有用图表去表示它们，但读者进行这些精神实验的能力取决于小型的世界模型是否已经被理解。这意味着，他的精神实验和模型实验之间的区别并不像听起来那样分明。然而，总的来说，实验的数量表明了他所做的分类工作——通常需要十六个案例去回答四个问题。

马歇尔所问过的第一个问题是：当正常需求中发生了一些“重大而持久”的改变时，一个行业将会发生怎样的变化？要回答这个问题，我们可以借由操作模型来实现：在所有价格水平上对于需求的增加用需求曲线 *DD′* 向右运动到 *dd′* 的位置（见图 7.5 的第一排，图24~图26）来表示。这一实验显示了曲线的新交点（交易可能会发生的点或者是平衡点）：*a*，与原来的交点 *A* 形成对照。在第一种情况下，商品供给“遵守报酬不变规律”，价格由生产方决定，新的点显示了数量的增长（从 *H* 到 *h*），但价格不变（*A* 和 *a* 的纵坐标没变）。但是，马歇尔的文字描述及图表显示，供给可以有其他两种形式：向上倾斜，或者像需求曲线一样向下倾斜（见图25、图26）。在前面一种情况下，实验表明，均衡价格和数量都上涨，而在后一种情况下，数量上升，但价格下降。因此，一个问题以及三个相似的图表模型实验表明，均衡数量一致上升，但价格的变化取决于供给曲线所呈现的形状。他也能够分出三种情况下数量改变的大小。这三个实验中的前两个能够在精神层面被解决，但前提是，经济学家心目中对于模型图表已有了充分的把握，对模型实验的规则的理解已经足够好。当马歇尔刚开始撰写他的原理时，当然并不是现在这样的。但对于第三种情况，如果没有实际的图表来操作，要回答这个问题将会很艰难，即便是这个模型已经被熟知。接着马歇尔问了他的第二个问题：如果正常需求下降将会发生什么事情？关于这个问题他没有进行模型实验；知道了第一个问题的答案也就直接为每个案例提供了答案：简单的思考实验就足够了。

马歇尔的第三个问题是：如果供给设备增加了，将会造成怎样的结果？这个问题催生了另外的第三种模型实验——供给曲线向右或向下移动，从 *SS′*到 *ss′*（见图 7.5 下排，图 27～图 29）。这些模型使他能够得出结论，不管供给曲线的形状是怎样的，即使在三种情况下价格有一个变化的区间，均衡价格也始终下降，数量始终上升。同时这也使他能够对三种情况中的变动按相关性进行分类，这也变成了对于需求弹性和对新平衡点是否稳定的讨论（他的图 29）。

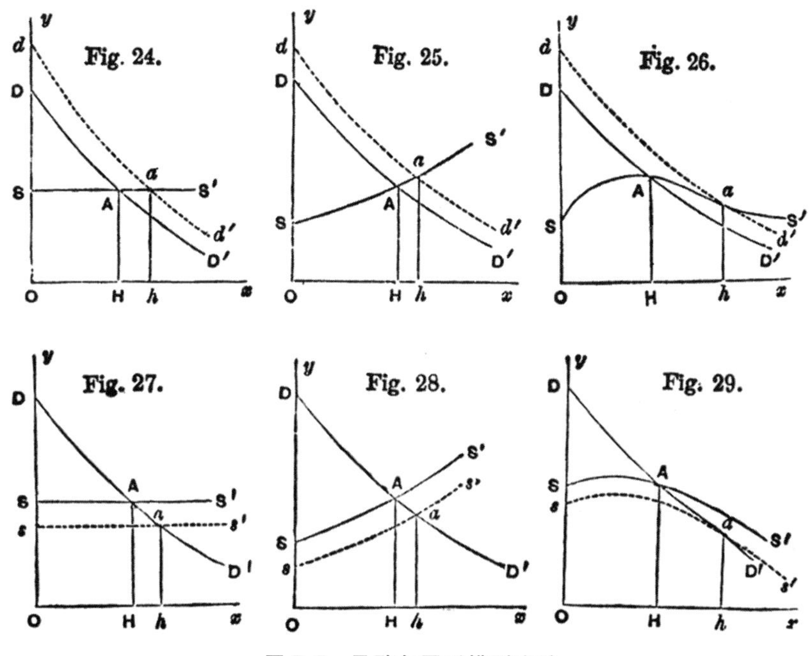

图 7.5　马歇尔图形模型实验

来源：Alfred Marshall, *Principles of Economics*, 1st edition, 1890. London: Macmillan & Co. Book Ⅴ, chapter ⅩⅢ, figures 24 - 26, note 1, p. 464 and figures 27 - 29, note 1, p. 466. Reproduced with acknowledgement to Marshall Library of Economics.

图 27～图 29 分别表示三种案例，报酬不变、减少，和增加。每种案例中，*DD′*都是需求曲线，*SS′*是原始位置的供给曲线，*ss′*是供给曲线的新位置。*A* 是初始稳定平衡点，*a* 是新的稳定平衡点，

> *Oh* 大于 *OH*，*ah* 小于 *AH*：但图 28 中的变化较小，图 29 中的变化较大。当然，新交点必须低于初始的供给曲线，在 *A* 的右方，否则，*A* 就不稳定了，是一个不稳定平衡点。但是，在这种限制下，需求的弹性越大，也就是说，需求曲线越接近横轴，*A* 与 *a* 的直线距离越远，生产的增加越多，价格的下降越小（Marshall，1890，第 466 页，第 1 号）。

马歇尔的第四个问题是：如果将税收或者补贴直接添加到商品的价格中将会产生怎样的影响？对此，推导出问题的结果需要相当复杂的模型实验，但可以使用完全相同的模型设定。答案取决于图 24 中三角形 DAS 所确定的“消费者剩余”。如果将税收直接添加到商品中，消费者为购买此商品应付的价格就会上升，并且“消费者剩余”（消费者愿意消费和实际消费数量的差异，*A* 或者 *a*）将会下降。模型实验给出的结果导致了另外两组观察结果，马歇尔将这些发现与更广泛的问题联系了起来。一方面，实验显示税收原则与模型最终结果及模型中元素的间接变化的关系是通过模型操作相互关联的。另一方面，模型的运作导致了关于均衡、道德以及公平分配有效性的理论性讨论。

在马歇尔的第一套图表设定的介绍中，他指出，图表“特殊的帮助使我们能够清楚地理解问题”（那些在他的书中提出的问题）。但事情并非如此简单，马歇尔依赖图表的使用，而图表的功能也变得更加强大，所以在图表的下一个设定中，他说，他的解释“可以通过图表的帮助而被理解得更透彻，事实上很大一部分都离不开模型的帮助”。马歇尔以反对不必要的数学使用而闻名——他只希望数学能够促进对经济学的理解；否则他不会使用数学。他主张使用图表模型这样一种有用的数学方法，首先用于对经济问题的理解，然后用于证明问题的答案。

7.2.3 概念性工作：定义一般类别

曼戈尔特、詹金和马歇尔这三个作者都开发和使用了相同的基本图表，但是他们的概念结构、对于供给需求以及交叉概念的理解并不完全相同。相同的是他们在推导中很少想当然。这种以提出问题和操作图表来证明结果的方法与当时主流经济学家所采用的方法是截然不同的，毫无疑问，这就是他们的文章会如此强调推理的根本原因。曼戈尔特和詹金所引用的一些例子相当明确，尽管其他人（正如在他的第二个例子里可以看出那样）理解起来比较吃力。在马歇尔看来推理的方法似乎对于他所掌握的材料来说很自然。我所叙述的这些关于“模型实验”的活动似乎都与三位经济学家对于供给需求图表的使用十分契合，虽然“模型”这个词还没有被使用，这种推理方式也没有被认定为“模型”方式。

对于曼戈尔特及詹金两人来说，图中具体数值的运用是相当重要的；而对于李嘉图和他的农场模型的数值来说，模型实验起到了一个例子的作用，其中的陈述一部分是一般性的，一部分是为了契合可能的现实问题、原因和那个时代的大量数字而设定的。虽然这些例子有这两种特性，他们使用模型的推导也一直是证明，而不是阐述观点：要是没有图表，也就是说，要是没有他们的模型，他们无法阐明他们的观点。[①]对于马歇尔来说，图表和证明已经变得更像对现实世界的直接抽象，但是像在他之前的曼戈尔特和詹金那样，在他进行不同情况的分析时他也使用图表来比较、分类、定性。并且，对于每种不同的情况，他提出了“通用”的主张，这种通用不是完全通用（需求法则）也并非完全明确（如关于鱼的需求或者马匹的需求），但对于市场需求曲线来说在某些形状和某些特征上有某种共同性。

定义多种情况的能力是使用模型的一个重要结果，马歇尔回答“如果……，那么将会怎样?”这种问题的能力需要他致力于研究图表中曲线的形状。一旦这些不同的可能形状在模型中被赋予具体的形式，模型的实验将立即得出一组匹配情况的答案，而不是一个：记住他有四个问题，回答这些问题将需要为不同的情况进行十六次实验。即使对于经验性的例子提出的问题，例如詹金对于当一天结束时只有马或者鱼的市场的考量，经济学家们也必须在图表化模型中将种种需求定律的类型概念化。因此模型问题和实验没有使经济学家们更多地关注一般性的解答或非常特殊的案例，而是更多关注相关类别的案例或一般案例，这也促使他们在模型实验中探索了与这些类别相关的供求规律的概念性细节问题。

这种对模型实验的分析和分类工作与 19 世纪晚期经济学中做“形

① 见第 3 章讨论，模型的独立表达方程。

式化工作”的概念十分契合。例如，那个时期的百科全书中，W. E. 约翰逊的分类方法指的是那些“对概念进行分析和分类并包含定义和分类的逻辑过程”的形式化方法（这些形式化的方法与确立规则的建设性方法相对照）。这与对模型的现代评论并没有太大的不同。豪斯曼和其他学者认为，数学模型是关注于分类和定性的概念性理论工作。在之前的章节中，我们看到在模型的建立中，经济概念是如何形成的——例如，埃奇沃斯盒中的无差异曲线和契约曲线。在这里，我们找到了这种概念探索工作与约翰逊和豪斯曼的想法相一致的另一方面，即“使用模型”，分析过程会促使定义和分类产生更专业的供求规律版本以及更具体的模型。所以这些模型实验使经济学家们能够通过定义和划分这些规律所适用材料的一般种类，对它们所适用的一般方式进行分类，来探索供求规律。通过这样进行模型实验，曼戈尔特、詹金和马歇尔创造了新类型或类别关系的区分方式，并从发展关于市场经济学理论的概念性内容的角度来概括供给需求曲线的形状和行为。

也许我们可以把经济学中的模型实验看作一种实验场，它不是用来寻求证明或否定需求一般定律的（模型实验很难做到这一点），而更像是一个创造性的设计车间。这样的模型实验允许经济学家检验他们的直觉和想法，了解供求规律在不同的情形下意味着什么，如同建筑师在设计建筑过程中使用他们的模型实验一样，他们也以此来看不同的设计看起来会是怎样的或者建筑应该怎样建造。[①] 另一个有用的比较可以在材料科学和药物研究中被发现，而这些学科进行很多实验的目的往往在于创造新的物质；事实上每年成千上万的新事物就是在实验室中诞生的：它们是先经过“合成”，然后被“分析”出来的。这种创造性、探索性的实验性质在很多领域看起来都与经济学的实验一致。[②] 经济学家在他们的小模型世界里创建新类别和新的基本供求关系的表现形式，然后可以在模型实验中进一步分析。这就是如何以及为什么模型实验有助于产生新的元素，发展出更加“古老”的供求规律。

---

① 见 Yaneva（2005）和 Valeriani（见下文）的两个关于建筑模型在创新和创建过程中使用的文献例子。

② Hommes 和 Sonnemans 的综合实验工作（本章的第五部分会讨论）含有探索和分类工作的结合，这与他们变换输入内容和模型的组合以便考察实验结果的做法是一样的。

7.3 “实验室”实验中的模型

这些19世纪晚期的历史案例展示了模型推理在模型或模型世界中所涉及的实验工作过程。各种利益的经济关系，诸如供给需求曲线，在模型中被表达出来，问题被提出，此后对模型资源的操纵便用于提供这些问题的答案。但如果这种使用模型的方式是实验的一种，我们就需要问，要如何实现实验控制的实例化，以及实验中涉及什么类型的论证。为了回答这些问题，列举一些经济学家的课堂实验的比较案例将会有所帮助。这将我们带回到20世纪中叶后，在这个经济学实验萌芽的时期，经济学家们最初的实验室是在教室中，学生们就是处于现实经济中的人的模型。在这里我们将看到模型通常是如何进入实验设计的，我们甚至可以将它们看作实验仪器的一部分。但与此同时，模型仍然是实验的对象：人们的行为真的能像马歇尔图表模型实验中所假设的那样么？

长期以来经济学家一直认为，市场的结果会有一定的特点，尤其是一群买家和卖家在市场上将会达到一个均衡价格，也就是马歇尔供给需求曲线图的交叉点。这种假设已经推动了关于这种假设成立条件的研究将近一个世纪，这一理论的特征是依靠数学和建模的实验来探讨的。然而，许多问题仍然存在，譬如，市场是如何运作的？独立买家和卖家如何在现实世界中达到一个均衡的价格水平？这些问题最早是在课堂实验中被探究的，而且关于这些问题的实验到现在已有五十多年的历史。让我们来看爱德华·张伯伦，他在建模方式刚刚变得较为优化的时候就进行了这样的经济学实验。1984年，他撰写了他的实验报告：

> 这是司空见惯的事，在方法的选择上，经济学被很难像自然科学那样在实验仪器中进行实验的现实限制着。一方面，由现实生活所得到的数据是受到许多影响的——最精练细致的统计方法也仅能排除很小的一部分影响。另一方面，在经济学“实验室”中，不必要的变量无法保持不变或直接被消除掉，因为在人类现实世界中，企业、市场和政府的行为无法被复制和控制。在多数情况下，想要研究隔离已知条件影响的社会科学家必须通过将一般性推理应用到抽象“模型”中来进行他们的“实验”。他无法观察到受控条

件下真实模型的实际运行。

本文的目的在于在这个位置做出一个小缺口：以实验室条件下的“市场”来进行一个实际的实验，并通过实验来提出一些结论（Chamberlin，1948，第94页，斜体部分）。

第一段的最后一部分在我们的论述中非常重要：对于张伯伦来说，以“一个市场”来进行实验是一种在数学和图表的“抽象模型”中观察“一个真实模型”的方式。

张伯伦描述了46场课堂实验，在这些实验中，学生们被分成“买家”和“卖家”两组。他们都被分发到一张卡片，上面写着不同的最高价格，如果是买家，这个价格就是他愿意为商品付出的价格，如果是卖家，那这个价格就是他愿意接受的最低价格（买价 B 和卖价 S 列在他的表1市场计划一栏，我们的图7.6）。每个参与者在“市场”运行时可以通过流通市场在短期内进行一次交易，或与另一个参与者尝试达成购买或出售协议。结束后，交易价格会被写在黑板上，但并不是他们手中卡片所写的价格。这就是张伯伦在受控条件之下操作的“真实模型”。

在这些实验中，写在卡片上的保留价格（买价和卖价）是从一个带有一般形态曲线的供求模型数据表中得出的，也就是说，其需求曲线向下倾斜，供给曲线向上倾斜，既不特别陡峭也不平缓。然而，如果画出图表，如同张伯伦在他报告中所做的那样（他的表1，我们的图7.6），我们可以直接观察到，这并不像马歇尔所做的那样是一条平滑连续的曲线，由于这些价格被设定在任何可能的水平，并且所有交易都是以整数单位进行的，所以曲线并不呈现为平滑的曲线。由于张伯伦的实验往往持续不到全部价格卡片的价格都能达成（因为课堂参与者的人数有限），所以曲线有时也会出现断点。

张伯伦在他的大部分实验结果中发现，这个实验市场中交易的平均价格比马歇尔的模型所预测的均衡价格要低（例如，他实验中的供需交叉点），销售数量要比预测的高，同时也可以看到在实验中所展示的实际交易以及分发给学生们的数据所形成的供给需求“市场调整过程”。

张伯伦其余大部分的论文都是进一步去探讨不同的交易指令或规则

TABLE 1

Transactions B	Transactions S	Transactions P
56	18	55
54	26	40
72	30	50
84	34	45
44	44	44
102	42	42
80	20	40
60	28	55
48	40	45
76	36	45
94	52	55
68	58	62
66	46	55
82	32	58
90	72	72
104	54	54
52	50	50
86	64	64
74	62	69

Left Over

B	S
38	68
50	66
28	82
32	88
18	90
26	84
22	104
24	78
30	80
20	98
34	74
58	70

Market Schedules B	Market Schedules S
104	18
102	20
94	26
90	28
86	30
84	32
82	34
80	36
76	40
74	42
72	44
68	46
66	50
60	52
58	54
56	58
54	62
52	64
50	66
48	68
44	70
38	72
34	74
32	78
30	80
28	82
26	84
24	88
22	90
20	98
18	104

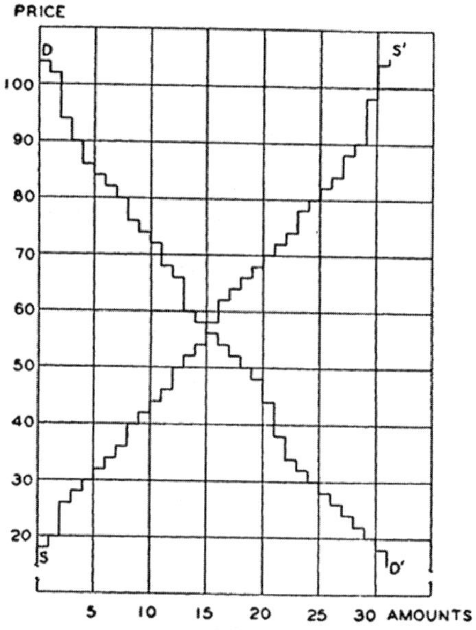

Equilibrium sales......... 15
Actual sales.............. 19

Equilibrium price......... 57 (56–58)
Average of actual prices... 52.63

Fig. 1

图 7.6 张伯伦的"真实世界"实验结果

来源：Edward H. Chamberlin (April 1948), "An Experimental Imperfect Market", *Journal of Political Economy*, 56: 2, 95–108; table 1 and figure 1 on p. 97. Reproduced with permission from University of Chicago Press.

在教室这个"市场"中的作用来探索这些发现可能出现的原因。特别是，他试图解释实验中发现的平均价格与他在实验中使用的理论上由供求曲线交叉点决定的均衡价格之间的差异。从他的实验中，张伯伦甚至怀疑有一种倾向于这种平衡的趋势：

> 看来，在提出这种趋势时，经济学家们可能是无意识地在向他们的理论实验对象（买家和卖家）分享他们关于均衡点的独特知识，当然，那些都是买家和卖家在现实生活中没有的知识（Cham-

berlin，1948，第 102 页）。

> 弗农·史密斯在 1955 年开始了他的一系列课堂实验，或者如后来人们说的，“实验游戏”，就是角色扮演实验。在这些实验中“市场供需条件与股票商品交易开放日由经济商手中的限价指令绘制出来的供需曲线图保持一致”（Smith，1962，第 111 页，斜体部分）。

史密斯遵循着与张伯伦非常相似的实验设计。[1] 每个班级上的参与者都领到一个标有买方或者卖方的卡片，并且每个卡片上都有一个摘自供给模型数据表的保留价格。但每一次实验在“市场”操作过程中都有几个不同的阶段，在每个阶段，每位参与者都可以进行一项新的交易。此外，学生们都以公开的方式进行交易，他们提交他们的报价，并将之公布出来，这样每个人都知道所有的出价和报价。这两个特性意味着学生有更多的机会去了解“市场”中其他人持有的需求和供给的保留价格。史密斯进行的十组实验中改变供给需求曲线的基本要素都有所改变，有时会在实验中改变它们的位置，有时会让参与者进行两个单位商品的交易。在这些设计特点下，与张伯伦相比，史密斯在他用来得到每个实验保留价格的各种供给需求模型中发现了总体来说更有力的交换价格向均衡价格收敛的证据。在史密斯的第一个实验报告中（他的表 1，我们的图 7.7）可以看到，阶梯模型图表生成了他给参与者们的价格牌上的价格，随着每一轮市场实验的进行，价格向着模型市场的均衡价格收敛。

从张伯伦到史密斯的这些早期实验都被视为经典，并且他们模型曲线以及数字结果的图表已经成为实验界的图腾，它们既用来推动实验基本原理，又用来简明扼要地表达实验结果，从而开启了对经济学中长期假设的研究。我稍后将在本章中重新回到经典课堂实验的序列中来。

---

① 弗农·史密斯在发展实验经济学方面的贡献已经被诺贝尔经济学奖认可了。在他开始这样的研究工作之时，很少有经济学家从事实验，尽管到了 20 世纪 50 年代后期和 60 年代初期，实验性研究已经开始在经济学领域中渐渐兴盛起来，部分是和心理学家一起合作试验的，这一点我会在舒比克著述的背景下，在第 8 章再次简要进行讨论。实验经济学的简短历史见 Guala（2008）。

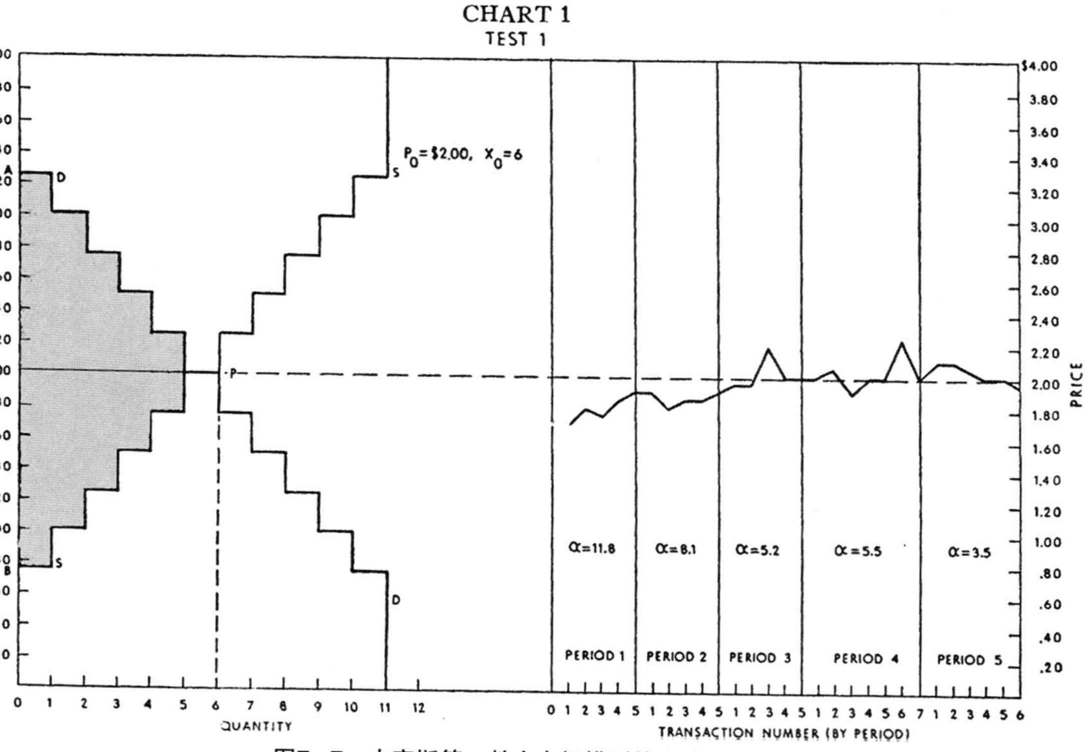

图7. 7　史密斯第一教室市场模型的实验结果

来源: Vernon L. Smith (April 1962), "An Experimental Study of Competitive Market Behavior", *Journal of Political Economy.*, 70:2, 111–37; chart 1 on p. 113. Reproduced with permission from University of Chicago Press?

7.4 比较：模型实验与实验室实验

7.4.1 控制与演示

为了比较两种实验——经济学家们的模型实验以及他们的课堂实验，我们需要在一种理想形式（就是实验室）上把握实验的概念。试想化学的例子，这些理想状态可能是最容易获得的，它提供了外行人眼中典型的实验室科学——试管、煤气灯、一系列装置、化学试剂瓶、工作台等。[①] 在这种理想的实验条件下，实验环境，以及实验输入都是受控的（例如，所有设备都是清洁的，所有物品都符合规定的质量和仔细称重的重量），并且实验干预本身也需要一定程度的控制，以便可以正确地评估变化的有效性。例如，将化学物质 A 添加进化学物质 B 的量及过程必须要小心控制，以使实验干预的效果能够被正确评估。在这样的实验中，一个单一的实验进程无法在没有严谨注意各种实验控制的情况下被单独隔离、观察和评估。

实验科学家必须努力考虑所有可能会干扰实验进程的条件和因素。汲取马塞尔・鲍曼对“其他条件不变”理论（ceteris paribus）的剖析是很有用的，他通过区分三种控制条件之间的差异延伸了对很多因素的分析：其他条件不变，其他条件可忽略，其他条件可缺失。[②] 如果实验者能够将它们排除在设定之外，某些干扰因素的影响就不会出现。对于那些存在但不是实验对象的因素，有的可能影响很小，几乎可以忽略不计，而其他因素必须在实验过程中加以控制使它们保持恒定不变。这些控制条件使实验室实验的设置变得有些过于人为，但它仍然是属于真实世界的，因为不管科学家们手段有多巧妙，物质世界仍然

---

① 化学也为针对创新实验工作的技巧性知识而做出的最有说服力的论述之一提供了依据，这个依据与 Collins 对晶体生长的调查研究有关（见 Collins，1990）。

② 鲍曼对这个问题的研究是以作为衡量工具的经济模型的运转为背景的，它与 Hasok Chang 对温度计的发展的讨论相联系。两个研究都是伦敦政治经济学院（自然社会科学哲学研究中心）和阿姆斯特丹大学的历史与哲学经济学小组联合做的物理与经济学中的衡量尺度这一研究课题的结果。此问题在衡量尺度背景下更为全面的讨论，请参看 Chang（2004）和 Boumans（2005）的著作。对供给需求方面的其他条件不变理论的讨论，请特别关注 Hausman（1990）；一般经济学语境下的讨论，见 Boumans 和 Morgan（2001）以及 Mäki 和 Piimies（1998），还有两者的参考目录。

只能在一定程度上被控制。当然，实验研究的主题不是这些控制条件，而是实验操作的过程和结果：将物质 A 小心地加入物质 B 中，并对实验进行评估。

经济学实验者们追求着与其他实验科学相同的目标，的确，他们很快就将他们的教室称为“实验室”。[①] 他们试图消除或控制环境中可能会使实验结果无效的干扰因素，试图在使经济行为处于隔离状态、对实验变量了如指掌的情况下对实验进行干预。在经济学中，如同在其他领域中那样，这些控制条件，既通过直接的人为方式，也通过实验设计的选择放入经济学实验中。张伯伦和史密斯对开放式的课堂施加了较少的控制，但是他们通过限制能够获知的信息和交易的方式来控制教室实验参与者的行为，所以这是对输入和允许行为变化的控制。例如，张伯伦用他的实验设计为每个人的合同价格设置了单独的限制，并且利用来自他供给需求模型的数据表控制了对于这些限制的分配。他还设定了对于每个人在每个时期能够签订合同的数量以及公开信息的数量的控制，我们可以将这些控制看作一种参与者必须遵循的“规则”。但是他为行动上的变化预留了空间，因为他对讨价还价谈判如何进行持开放态度。

表 7.1　模型实验与实验室实验

	模型实验 （曼戈尔特、詹金和马歇尔）	理想的实验室和教室实验 （张伯伦和史密斯）
实验世界的实验材料	创造一个模型中的人工世界	在人工环境中创造一个真实的世界
实验控制	通过模型设计和其他条件不变假设	通过实验设计和物理控制/规则
演示方式	模型演绎	实验室实验

注：本表和后面的表 7.2 都是在对比 Boumans and Morgan（2001），Morgan（2002a，2003）最先构建的模型的基础上发展起来的，且最后发表在 Morgan（2005）中，其中一些内容还引入了计量经济学的比较，但没有引入实地和自然实验的比较。

这些控制是如何进行的构成了模型实验和实验室实验之间对比的一种维度。如我们在表 7.1 中所见，在实验室实验中，实验是在真实世界中进行

① 到了 20 世纪 80 年代和 90 年代，实验经济学真正起主导作用的时候，这样的实验进入了电脑实验室阶段（在电脑实验室中，对实验对象的个人交流、环境和输入内容的控制都有了大幅度的提高）。

的，并且所有元素都是通过物理方式和行为规则来控制的。相比之下，在模型实验中，实验是在模型世界中进行的，在模型世界中，所有的控制都是通过创造和使用模型过程中预先提出的假设来制定的。模型实验者已经控制了模型的设计：他或她决定了模型中的元素以及元素之间的关系，通过排除其他因素的方式而将它们“隔离”开（如埃奇沃斯所做的一样，选择一个荒岛，见第 3 章），并将不适宜的因素置于“理想化状态”（如第 4 章中经济人的历史一样）。模型设计者假设不重要的因素能够被忽略不计，某些因素可以不出现，还有些因素要保持不变。事实上，经济学家们用“其他条件不变”这个假设旨在表明鲍曼的三个条件都是假设的，并无轻重之别。相比之下，实验室的经济学家必须实施不同类型的条件：在实验的设计中确保适当的实验过程及实验室的环境。而建模实验人员可以假设，模型中的两种或者两种以上的元素之间完全独立（即使这是非常不合理的），使模型在实验操作中易于被驾驭，这种独立性在相应的真实材料系统中可能并不容易获得。相关的元素或混杂的原因可能会妨碍在实验室实验中进行隔离和演示，而它们在模型实验中可以被轻易地忽略：在操作现实世界系统时其他因素可能不是相同的，也可能不能被排除，而当操作模型时，它们可以被设为相同的或直接被设为零。

如果回到 19 世纪晚期，我们就可以看到这些模型控制是怎样发挥作用的。在马歇尔的模型实验中并未做任何特定的假设。例如，他通过列举普通需求之所以会上升的五个原因推进了他的第一次实验：流行趋势的改变、商品的新用途、商品的新市场、替代商品供给的减少、财富或收入的增加。但是这些并没有使实验的结果有什么改变，所有这些原因都有相同的效果，即正常需求的增长便是实验的出发点。他也没有对各种潜在的干扰因素做出假设，诸如密切相关的市场中发生的事件（尽管他在别的章节里考虑到了）。同时还有许多隐藏的假设，例如自动调整平衡、曲线的平滑度、轴线等，为使他的模型能够精巧地运行，这些都是需要考虑的。

如果我们把张伯伦的实验室实验与马歇尔的早期模型实验做一个比较，这些假设的重要性就变得特别明显。我们可以看到，马歇尔的实验结果依赖这样一种假设：实验前的交易是在供给和需求曲线的交点处（达到均衡的），并且当模型中的操作实验造成曲线移动时，交易总会自动地调整到新的交点处。相比之下，在张伯伦的课堂实验中，保留价格是被基于源自马歇尔的模型图表的潜在供给需求曲线所控制的。不过尽管那些曲线上的数字限制了每个参与者的行为范围，但实验设计并不存在强制买方和卖方按保留价格交易的力量，或者使他们在“市场”中的行为能够移动到曲线交点的力量。如史密斯编写的图1（图7.7）那样，参与者可以在图的阴影区域中自由交易，但是

> 我们不能保证由这些集合（指保留价格的集合）的交集所定义的均衡会在实验市场（或其任何对应部分）中占上风，或者接近占上风。市场背景下存在供给和需求计划的事实并不保证这些计划之间以及与所观察到的被认为代表了市场的任何现象之间存在任何有意义的关系。所有供给和需求计划所能做到的就是在市场的行为中设置广泛的限制（Smith，1962，第114~115页）。

实验室材料与模型实验之间的差异已经被归纳在表7.1中：实验室科学家创造了一个处于人造环境中的受控的真实世界，而模型创造者们创造了一个处于模型中的人造世界。[①] 但是在实验室情况下，并不只有实验者在实验中施加控制，自然机制还创造了实验中的边界和限制。模型的数学或图表中当然也存在约束，但关键的一点是，假设是否也如同模型所表示的世界中的情况那样发生了作用，没有任何模型材料可确保这一点。“实验世界”和“模型世界”之间的根本性差别有着相当大的影响，如同我们稍后将在第5部分和第6部分看到的那样。

另一个模型实验和实验室实验的根本性区别在于它们证明过程的性质。与提供区别的特征相比，这样的区别更容易被识别并标识为实验证明和推导证明之间的区别。我们很容易认为模型证明更具有优越性，它是建立在某种形式的抽象图示或数学逻辑之上的，相比之下实验证明，正如我们从现代科学的研究中所了解到的，取决于违背哲学编纂的各种技术、人力以及社会因素。[②] 但是数学的这种明显的优越性也许会被认为不可靠，因为Lakatos的开创性著作《证明与反驳》认为数学论证也

① Boumans（2002）表明后一种想法现在是很多经济学家很明确的目标。也可参看第6章对“可靠世界”的讨论。“人造世界”这个术语一直都被独立地用于理解马塞尔·勒诺尔的供需模型。见Le Gall（2007），第6章。

② 一方面，科学研究为我们揭示了实验研究的真相（比如，Gooding et al.，1989；Gooding，1990；Hacking，1983；Franklin，1986，1990），而与此同时，哲学家们又以最简单的方式避免对实验研究下定义（见Heidelberger和Steinle，1998；Radder，2003；Rheinberger，1997）。

有它的非正式性。并且，正如我们所看到的那样，马歇尔所使用的各种图示模型推理，严格依赖各种关于模型中所表达的经济学元素、自动调价过程等源自经济学的共同看法（有的被称为理论），最关键的一点，取决于什么构成了模型中元素的有效操作。

关于模型中元素的有效实验操作的知识可以被理解为等同于实验室中有效实验方案的知识。在实验室实验中，有些方案是有关条件和控制的，有些则是有关允许干预的顺序和范围的。这种情况与模型实验相类似。如第 1 章所探讨的，模型证明中的演绎资源依赖于模型的语言及其经济学意义，所以它的操控不仅受到数学运算规则的约束，同时也受到“什么可以做什么”“什么范围的参数可能需要”等合法主体特定规则的约束。例如，在马歇尔的供给需求模型图表中，曲线只有在特定情况下响应出现的特定问题时才会发生移动，如果涉及一系列的变化，此顺序是不可行的。模型资源的使用也是有规则的，如同我们在第 6 章所看到的那样，需要提供变化序列的一种合理的或者有意义的经济学论述以及在模型中所展示的结果。所以，论证的有效性取决于在模型实验和实验室实验中遵循有效主题事件规则的程度。

7.4.2　实验的有效性与推理鸿沟

在第 1 章中，我认为模型是研究和探索的工具，而不是制造事实的方式，并且模型本身也可同时作为研究的对象和研究的工具。在模型实验中，经济学家们直接探究模型的世界，而只是间接地探究模型所描述的世界。任何领域的任何类型的实验结果是否对于无控制的真实世界也有效，这个问题相当重要且复杂。模型实验也不例外。由于措辞不同，实验过程中的顾虑也不同，但对于模型使用者和实验室实验者来说，它们直接关系到控制和表达的问题。对于实验室的科学家来说，主要的问题可以被视为“外部的有效性”。[①] 这种从实验室中得到的过程和结

① 在 Morgan（2005）中，我讨论了 Harre 的论点，他认为有两种不同的实验，干预自然物体的实验和创造与自然界并不对等的模型的实验。对我来说正是这点表明了对等的推理问题（后一种实验）可能需要做出不同于外部有效性（前一种实验）的考虑。也表明这和如何思考模型的推理性有相关性。实验经济学中的相关性，请参见 Fancesco Guala（“模型”和“物理经济学的衡量尺度”课题中的另一个成员），尤其是他 1999b 的论述。他也把实验看作和模型一样，起到相同的中介功能（见 Guala，1999a，2002，2003 和他 2005 年的著作）。Francesco Guala 的对话帮我澄清了我对经济学中实验室实验很多方面的思考。

果掌握了世界的真相么？世界已经在实验室中被完美地复制出来了么？为实验室实验所创造的人工的、受控的环境允许实验材料表现得足够自然以实现从实验室向真实世界的演绎了么？对于使用模型的经济学家来说，相同的问题可以被理解为“相似”或“并行化”的问题。真实世界已经足够完美地在模型世界中表现出来以求得由模型实验向真实世界的演绎了么？在实验世界材料中比较的这两个相关点——控制和表达——对两种实验的潜在推理范围有影响。这些不同点在表7.2中被罗列出来，是表7.1的延伸。

表7.2 模型实验、实验室实验与推理范围

	模型实验 （曼戈尔特、詹金和马歇尔）	理想的实验室和教室实验 （张伯伦和史密斯）
实验世界的实验材料	创造一个模型中的人工世界	在人工环境中创造一个真实的世界
实验控制	通过模型设计和其他条件不变假设	通过实验设计和物理控制/规则
演示方式	模型演绎	实验室实验
推理到世界	不同的实验材料： “偶然的”* 但是范围越大，有效性越弱；依赖于其精确的代表性	相同的实验材料： 具体，但是范围越小，有效性越强；依赖于其精确的可重复性
潜在的结果**	令人惊奇	使人混淆

注：* 本术语来源于 Gibbard 和 Varian's 1978 年的描述。

** 参见本章的第6部分

在实验经济学中，实验结果的有效性是通过参照实验的设计来得以保障的。实验的目的在于重新创造或复制课堂“实验室”中真实世界的一部分。控制取决于实验设置、环境和程序（结构规则、回报等）的选择。这些选择由实验者设计实验的需求引导，使真正的经济行为在实验中得以表现。虽然对于如张伯伦和史密斯课堂实验中学生那样的实验主体的行为在那样的人造环境中是否真能足够自然地行事，存在一些争议，不过在经济行为中他们同样都有行为人的特质。这种关于“自然”的异议在学生们被要求扮演某种角色（如，当扮演企业经理的时候）时更成为一个问题。尽管如此，推理鸿沟中的这种元素肯定比模型实验中的要少，在模型实验中人是由模型人代表的，这些符号的行为则是由经济学家们编程的。

经济学家实验设计的质量和他们现实的人员投入可以被作为实验者们在受控情况下所发现的结果可能会在外部，即不受控制的真实世界中被视为继续有效的原因。这些特质使我们可以推断世界上非常相似的情况（行为、对象、规则及环境等），但是同样严格的控制以及实验室实验设置中所涉及的高特异性使对世界上不完全相同的情况和环境做出推论会有更大的麻烦。因此，张伯伦可以对世界上人们的一些行为（如他在模型中那样，在相似的市场规则中、相似的市场供需情况中做出的行为）做出推论，但对于他们在不同特征市场中的行为或是市场规则非常不同的情况下的行为无法做出太多解释。史密斯发现在他的规则之下有可能对市场中人的行为做出较为宽泛的推论，因为他在供给和需求曲线有相当大变化的一组实验中发现了稳定的结果。将张伯伦和史密斯的案例放到一起来看，经济学家们或许能就人们在两种不同类型的互动市场规则下怎样行为做出比较性的推论。但尽管如此，其结果有效的范围也是有限的，因为他们的实验工作已经向他们表明了规则或制度的细节对结果很重要。他们的研究结果在外部有效性上有一定的价值，但有效性只狭窄地局限于与真实世界相似的情况。

相比之下，对于数学建模者来说由模型试验推论的问题被理解为与创造他们小世界模型所涉及的假设直接相关。他们的世界模型不是给定的，需要重新创造出来。如我们从书的前一半所看到的那样，这涉及在将经济关系和事件表达到模型中、想象、抽象、简化的过程。在马歇尔的情况下，这些过程创造了一个供给需求关系的模型世界，在这个模型世界中，经济学家们通过做出关于联结、混淆和干扰因素的假设对实验进行控制。正是这些假设和简化使模型世界变得易于驾驭，这样基于模型之上的实验将会生成所求的结果。

虽然这些通过假设达到的抽象、简化和控制都限制了模型实验的结果对于任何世界上特定具体事件的适用性，但矛盾的是，正是这些相同的特质，使它让经济学家能够更容易地将模型实验结果近似地，或甚至是 Gibbard 和 Varian 都认为的，是“偶然地”，适用于经济世界数量中更广泛的客观对象和现实情况，即适用于所有那些与模型世界享有某些共同特征的客观对象和现实情况。因此，例如，马歇尔基于模型的实验提供了关于一系列原因导致需求曲线移动后均衡数量变化方向的潜在推论，但是（继续以马歇尔的例子来看），除非经济学家们知道曲线的精确形状和斜率，否则他们在由实验做出一般性推论以及对于现实世界中具体情况的推论提供描述性解释方面都将很困难。这就是必须进行建模的划分和归类工作的原因。正如我们所看到的，马歇尔打破了一般情况的常规进入不同的子案例或不同形状和斜率的曲线类别中，这表明推论对于世界上那些一般类型的曲线可能适用的一系列应用也可以是有效的。但与此同时，这一推断是比较弱的，因为这样的模型仍然缺乏在任何特定具体情况下进行有效推论所需要的大量细节。模型在类别或典型类别的水平上运行的通用程度意味着他们的实验在达到某个程度的特殊性的同时达到了一定程度的通用性。[①] 这就解释了为什么从模型实验进行推论的范围要小于由一般理论进行的推论，但又比从实验室实验进行推论（推论受限于实验设计的细节）和从计量经济学模型进行推论（推论仅能应用于特定的时点和地点）范围要更宽，后两者都比较狭窄，但有效性更强。

在此时对于推论的讨论上，我们值得返回到第 6 章模型推导的四个步骤中去：对想要解决的问题去创建一个模型，提出问题，在模型世界中做出实验性的证明，最后对推论和解释进行描述。这些都是有必要联系起来的：所以由模型实验进行推论的可能性取决于推动实验的问题。理解这种联系的一个切入点在于 May Brodbeck 的格言："模型船常常出现在瓶子里；模型男孩只在天堂里。"我们无法从模型中获得帮助来理解船只为何能够运输货物或解释为什么来自模型中的男孩会如此调皮。为什么不行呢？为了准确地理解船舶如何浮动，将其简化为一个能够塞进瓶子的模型并没有多大意义，但是将其简化到能够获知长度、草图、位移之间关系的程度就是有用的。同样，提供一个天堂中男孩行为模型的理想化过程对于寻找现实世界中男孩问题答案的社会学家来说未必是有用的，而且，如果基于模型的实验旨在帮助科学家们回答关于现实世界男孩的问题，他们就需要在他们的模型中表现或表示出一些对男孩在现实世界中本质特征的相关理解。如果科学家们要对特定问题提供一个模型证明，那么他们必须去获知与所提问题相关的模型中的元素与关

① 这个模型研究的类别因素被很好地反映在 John Sutton"类型模型"的方法中，这一方法依靠模型对各类工业加以分类，这一分类比起统一分析更有效（见 Sutton，2000，和 Morgan，2002b）。

系：也就是说，问题（外部动态）与模型源（内部动态）必须能够对接。

经济学家们面临的挑战是如何让他们的模型世界具有描述性和分析性，并能更精准、有效地回答所提出的问题。如果存在争议的问题是不同的定价策略如何影响供给和需求的市场结果，那么市场投入的策略则必须经过非常仔细的考虑。如果问题是当需求曲线发生移动时产生何种结果，则需求和供给曲线两者都需要得到有效的表示，但特别是，如马歇尔在他的实验中所展示的那样，后者由于对需求曲线的实验操作描绘出了实验结果所依赖的供给曲线的形状。这就是计量经济学中为人熟知的典型的“身份问题”。[①] 并且在这些方面，模型实验有着像实验室实验一样的结构，因为正是模型或课堂操作中的元素，是经济学家们关注的焦点，而且为了使实验干预措施能提供信息输出，需要进行仔细的模型或实验设计。

这两种实验都取决于系统的某些部分，以及使他们的干预能够起作用的环境，即使这些控制使实验室或模型世界的某些方面成为人为的。并且，两种类型的实验在隔离和获知他们想要研究世界的某个部分方面都存在问题。它们之间的比较强调了这些共同的方面。我们可以说在实验室科学的情况下，成功的实验依赖于在实验室人工环境中准确复制与问题相关的部分世界中的元素、变化以及结果，或者说，像卡特赖特曾经建议过的，“如果实验情况的特点恰好可以体现过程的天然特性”，那么由实验结果所得出的推论就可以用来解释世界。[②] 就建模科学而言，有这样一个类似的观点：成功的实验取决于在模型的模拟世界里准确地再现真实世界中与研究问题相关的那部分内容。

但是，当然，这是一个两难的局面。经济学家们在寻找世界运行方式的努力中创建着模型，因为他们还不知道它是如何运行的，他们也不知道他们是否在模型中准确地再现了它。因此，真正的问题在于，科学没有正式的程序以及推论的标准来决定一种表达是否准确。在模型制作的过程中，这可以被称作从真实世界到模型的“正向推理”，而与之相反的是在使用模型时从模型实验到真实世界的“逆向推理”。如果一个

---

① 在供需关系背景中关于那个问题的历史和分析，见 Morgan（1990），Boumans（2005）。

② Cartwright（2000，p.6），可追溯到培根的一种观点。

模型表达得很准确，基于这个模型的实验将会包含很多信息。不过，这种逆向推理也缺乏正规的标准。① 这不仅是模型实验的问题，由实验室实验开始的逆向推理方法大部分也是非正式的。② 甚至当经济学家确实有基于统计理论的正式逆向推理程序（就像计量经济学那样）时，这也并不意味着在实践中就能做出有效的推理。由模型开始的推理一般都缺乏原则及程序，因此经济学家们使用模型来发表评论或采取行动，世界则依赖他们的叙述的公信力和合理性。

奇怪的是，在模型推理鸿沟中最为明显的元素（较实验室实验而言）在于两个不同媒介——由真实世界到人工世界的数学模型再由模型实验到真实经济世界——之间推理的有效性。这种模型的世界最多是一种对应的世界。③ 这种对应的性质似乎并没有使经济学家们困惑。但是研究的资源的确重要：经济学模型只是表现了处于经济中的事物，并不是真实的事物本身。

推理鸿沟不只是语言的问题（尽管语言问题也很重要），同时也是在实验材料中产生的距离问题。在第 1 章中，我把经济学建模传统描述为一种关注在小世界中自主行为的瘦子的传统。供给需求图的早期讨论是基于经济人的，经济人仍然具有一些内容和感情，所以我们发现曼戈尔特有关于人们虚荣心或恐惧行为的主张。詹金关于拍卖过程中买方的讨论告诉我们，他们对市场的判断部分取决于投标的速度，还有他们以前的经验和常识。但是如我在第 4 章中关于经济人模型历史的叙述，19 世纪他们较为臃肿的特性让位给了 20 世纪的更加单薄理性，而他们自身则成为在小世界中表现得有活力的一部分，就像供给需求图中一样。这种模型里的经济人是可以预见的，因为他的行为如同 Merkies 主张的埃奇沃斯盒中的人一样，都是“根据经济学家的愿望”假设的。但是，

---

① 通常认为，这需要某种外部证据或者模型的额外信息，以及混合实验设置的额外信息，模拟程序（见 Oreskes 等，1994，Oreskes，2000）。关于具体需要什么样的证据方面的认知不一致：比如，经济学家基于模型假设的现实性来决定体现的准确性；Cartwright（2000）表明我们需要了解外部原因；Hartman（1996）说为了相信要用的模型，我们需要独立推理。

② 可参见 Debbora Mayo（1996）。

③ 这是因为模型世界是一个对应的世界，模型试验的推断问题可以叫作对应性，而在实验室实验中，推断问题是一个“外部有效性”问题。“对应世界”这个术语也可以在第 6 章关于“可靠世界”的讨论中找到。

在每个他所处的模型中他的行为的影响必须被考虑到。经济人并不是真正经济中的人，正如供给需求曲线的市场不是真正的市场一样。

我们可以采用 Rom Harre 在进行他的“驯化世界”实验时所用的语言，以一种更为哲学化的方式来陈述这种情况，在他的实验中，科学家们在实验室中捕获并驯服果蝇来完成实验。[①] 与数学模型所提供的陈述相比，这些果蝇可以作为世界上果蝇的代表，甚至可以作为其他种类苍蝇的代表。[②] 这样就存在一些这种共享本体的认识论后果。因为真正的实验是由与真实世界相同的内容所构成的，所以它们的认识论力量更为强大：推论回真实世界本身这种方式似乎比没有共享内容、没有共享本体和材料的模型实验要更加容易和更有说服力。[③] 例如，对于模型中的经济人来说，推理的鸿沟，比他在经济学课堂或实验中的内部版本更难弥合。我将回到我在表 7.2 中提出的这一点上。与此同时，我转到我在经济学中模型实验的最后一种情况上。到目前为止的所有讨论所主张的是，我们可以在数学实验、小世界实验、模型实验以及那些具有课堂及实验室实验特征的实验之间做一个明确的分割。但当实验者们变得更加雄心勃勃，并且他们的实验技术得到长足发展时，他们编织的模型也就会更加深入地进入他们的实验设计中。因此，我已经在模型世界的实验和在实验中起作用的模型之间，或是在模型实验和实验室实验之间做出的区分，现在已经变得越来越难以实现了。

7.5 混合方法

上面给出的实验的理想化表明，成功的实验室实验依赖实验研究的对象或过程，这些对象或过程具有高度的可拆分性（这样其他情况不变、缺失、可忽略的条件才能成立）和高度的可操纵性（这样科学家为了做出实验演示，给出结论，可以通过可控的方式改变和控制实验过

---

① 见 Weber in Creager 等（2007）和其参考文献。

② 见 Morgan（2003）就“陈述”的各种论述；Baden－Fuller 和 Morgan（2010）关于商业模型的典型观点。

③ 这章中我的评论涉及自然与社会体系的数学模型实验（后来是计算机模型）与自然界和社会中直接针对材料的实验的差别。还有别的一些实验，其实验材料区别于研究的焦点，我在第 5 章里讨论了类比模型实验，也见 Morgan and Boumans（2004）。

程）。但许多科学家想要了解的事情都不能通过实验室实验进行研究，因为它们不具有可拆分性和可操纵性这些有联系的品质：天气系统和经济系统是两个明显的例子，这两个系统在实验室里既不具有独立性也不具有可控制性。[①] 经济学家能够在实验室里合理地复制复杂的情况，并且诱导某些经济行为，却不能轻松地在这些行为发生的地方重新创建拥有市场力量和法律的开放环境。正如我们在张伯伦和史密斯的教室实验中看到的，模型可以为市场提供替代控制，但这些通常与经济学家感兴趣的开放的市场机构相去甚远。这些系统的数学模型对于分析来说同样是有问题且棘手的。即使一个系统具备进行模型分析所必需的品质，模型的元素和能力被操纵的方式也可能并不是科学家们想要的探究标准。在这些情形之中，真实世界的实验和模型实验都同样存在问题，各种形式的混合实验和模拟工作已经在科学工作中变得越来越重要了。

7.5.1 虚拟实验

我举一个在阿姆斯特丹大学跟两个同事——卡尔斯·霍姆斯和乔普·索尼曼斯——共事的例子：他们两个想要学习一种复杂程度超过能够很轻松直接通过实验室里的实验就能被探查到并且对于数学模型工作来说过于复杂的市场行为（这就是模拟出现的地方，见第 8 章）。[②] 在一个三个实验的系列中，他们把霍姆斯的数学实验和使用模型的数值模拟加入了索尼曼斯关于学习的实验室实验中，他们的目的是让角色扮演的参加者表现得如同在一个市场里运作，但要以市场模型的方式把他们的行为结合在一起。因此这里把这些实验的参与者聚到一起对于实验本身是一个积极的因素。

在他们的实验室里实验的所有人都被告知，在这个市场中，假设的供应商必须基于预期价格做出销售决策，与此同时消费者基于真实的价格做出购买决定。因此，实验的对象要为接下来一年所供应的货物预测价格（并且为预测的未来价格设计策略），他们仅仅知道现在和以前的销售价格（也就是不知道市场中的其他人是如何行动的）。这样的实验现在是在实验室里进行的，在这里“市场”参与者通过电脑联系起来

① 关于气候模型，见 Dahan Dalmedico in Creager et al.（2007）。

② 卡尔斯·霍姆斯在 CeNDEF（经济学和金融非线性动态研究中心）工作，乔普·索尼曼斯在 CREED（阿姆斯特丹大学经济学与计量经济学学院的实验研究小组）工作。

而不是在一个开放的教室里进行“交易”。这些提前一个阶段做出的价格预测（或者可供选择的策略）之后会被实验科学家们根据个人（特征）或者随机进行分组，并作为一个市场模型的输入，实验的参与者不了解的是，假设的市场有需求和供给函数，这些函数由研究者用数学的形式来固定。但是模型在给出市场关系结构的同时，作为实验中的计算仪器，还把“实验参与者”所预期的价格输入进去并用它们来决定每一时期的市场价格，[①] 然后将模型输出作为与下一期价格预测相关的现有价格，因为实验会在几个时期中运行。

在这两个函数关系模型中参数的价值会因不同的实验而不同，因此根据参与者的预测，一系列随时间变化的价格可能会表现得很好（收敛于稳定市场的均衡水平），也可能会被困在一个循环中，或表现混乱，但至少在理论上，参与者们应该能够从他们的经验中学习，以达到稳定的水平。但是在实验设计中存在很多曲折使实验对象学习他们参与实验运行的数学模型市场的能力出现了复杂化。例如，随机“噪声”被添加到需求方，在实验过程中需求和供给函数的水平（但不是形状）会发生变化，使实际价格和市场均衡水平都会发生变化。[②] 因此模型中的变化产生了一些个人对之做出反应的实验性变化。

像经济学中所有的实验室实验一样，这些实验都有人为的气息（起源于严格的规章制度和结构化响应的组合）和一个真实世界的特性（来自由参与者的行为和它们的困境造成的自然多样性）。例如，尽管参与者能够写下他们喜欢的任何定价策略——只要可以进行编程，但对实验情况的控制意味着参与者的价格预测必须在由数学模型确定的固定范围内。[③] 关于市场的一个典型的数学模型是“蛛网模型”，几十年的工作经验使实验者对它有了很好的理解。[④] 但在这里控制它形状的参数值是由霍姆斯和索尼曼斯选择的，以便根据参与者的反应重新调整结果，从

---

① 实际上，实验者这一部分都是电脑处理的，所以电脑也是参与者、模型、实验输出的界面。

② 进一步的变化由改变供应商的数量来决定（一个实验中有很多，另一个实验中，只有一个）；研究方面（在一个实验中，研究主体在实验过程中进行研究，在另一个实验中，他们提前计划好策略，只在实验与实验之间研究）（也有变化）。

③ 他们被实验者检查以确保他们清楚、完整，可对每种情况提供独特的预测，且只使用在那时可用的信息。

④ 蛛网模型基于 20 世纪 30 年代对农产品市场的实证研究，见 Morgan（1990）。

而使参与者输入的变量能够由实验的输出结果来反映。实验参与者们是被给予了小额货币激励去在实验环境中预测价格的学生，而不是那些可以在市场上依靠他们的能力来预测价格的行业经理们。然而，正如在现实世界中一样，他们必须做出价格决策并制定价格策略，而对市场模型中的需求关系和他们竞争对手（供应商）的价格策略都不知道。

在这类实验中，真实世界输入的存在使我把它们描述为“虚拟实验”（基于计算机实验中测试骨骼结构强度的可比实例）。[①] 关于这一点，我的意思是尽管实验定义的世界的某些方面是人为构造的，但其他方面是真实的世界，或者和真实很接近，因此这样的实验确实是实验室实验。在这里人作为研究对象被输入进模型，这是真实世界的物质，而他们所操纵的世界却是一个模型化的世界。因为真实世界的输入，实验的设定允许始料未及的变量出现在实验结果中。例如，在这些实验中参与者写下他们的策略来对实际价格做出回应，那些策略被应用到模型中来计算实际市场均衡价格的长期动态变化情况。由实验参与者提出的102 条策略都各不相同，并且尽管他们能够根据某些类型将其分组，也没有一个“典型的”策略；没有一个策略能够被当成有代表性的策略。这一变化反过来限制了能从实验中得出的推论。即使通过市场的数学模型把他们不同的预测和策略的效果组合在一起，这种模式被充分调用后也仅推断出了五倍分类。然后这些结果可以同其他由模型通过模拟和分析工作得出的结果进行比较，这里输入的是那些根据某种理论或假想规则行事的数字模型人，例如运用“理性预期”或“适应性预期”的崇尚数学模型的人。[②] 在实验中，通过运用真实的人而不是模型中假设的理性人，霍姆斯和索尼曼斯将这些真实的人（的实验）和一个只有模型才能描述市场特征的等效模型人进行了合理比较。

这些混合形式可被延伸到模拟中：运用数据或数学模型的实验通常依赖迭代模式而不是演绎模式。模拟在经济学中有一个相对较长时间的传统，早于现在我们相当熟悉的电脑模拟类型，并且这样的模型往往不是作为小世界模型而创的，而仅仅是为了模仿世界上的某些东西。这些模型被用作实验中的原材料来看它们是否产生了与那些由真实世界产生

① 见 Morgan（2003）对类似例子的分析。

② 下面这些数学模型比较了霍姆斯的早期作品（例如，见 Brock and Hommes〔1997〕和后文）。

的数据模式相似的特定数据模式（我在第8章会充分讨论模拟模型，以及它们的推理可能性）。

由卡尔斯·霍姆斯做的实验，再结合威廉·布劳克的观点，提供了一个模拟股票市场价格模式的模拟模型所涉及的各种元素的例子。这样的研究使用适合不同行为类型的数学决策规则作为输入，这些规则被贴上标签，用来区分“原教旨主义者”：就是那些认为股票价格反映公司类基本价值的人，和“技术交易员”或“职业分析家”：就是那些依靠价格改变的常规模式进行交易的人，还有“潮流跟随者”：就是那些跟随趋势的人（以及那些可能做出过度反应的人）。霍姆斯和布劳克用模型实验来探索把各种不同类型的在数学上被称为“交易员”的这些人一起放进模拟市场中会发生什么。如果真实股票市场上的交易员以模型中所提出的决策规则为准绳来行事，或者交易员使用的是模型实验中使用的那些数学规则，那么我们也可以将这些模型实验视为虚拟实验。这表明数学模型本身就是真实世界的输入，而不是用不同材料来表示人类做出的理性行为决定的：这里的数学不是一个行为模型，而是提供了经济行为所依据的基于模型的规则，包括在模型上直接进行计算机交易，但不干预人类交易员。这些模型已经具有行动的功能，因为如马肯齐认为的，这些金融模型是“一架引擎而不是一台照相机”——它们并不代表金融市场在发生什么；它们是那些市场上的积极力量。这些模型本身已成为市场的一部分。①

7.5.2　混合方法的地位

这一章讨论过的实验室、模型以及混合实验已经使用了基本上相同的供给需求设备和框架，只是版本不同。在以马歇尔的模型作品为代表的探索性分析传统（比如第2部分）中，实验由对模型的各种操作组成，这些模型让经济学家能够演绎性地探索推断，当特定的事件、政策干预或结构改变影响到某些变量时，模型里会发生什么。这种模型实验活动依赖基于一些假设的小的抽象模型，这些假设经常限制了和真实世

---

① 本章，以及“行动”一词，都来源于 Michel Callon（1998）；关于市场经济构建，Mackenzie（2004，2006）的描述提供了许多见解，特别是在如何使用模型可使市场在某个时点更有效方面，但后来被指责在另一个地方失败了——在“干预表现力”上。参见 Mackenzie（2009），Mackenzie et al 等（2007），和 Callon et al.（2007），本书在第10章将进一步讨论。

界经济的对应。这种基于模型的实验是为探索回答由关于经济行为的各种理论假设所提出的问题的可能性边界而设计的。用他们的内部资源来回答他们的问题，经济学家们开始明白了模型元素如何共存；他们知道了模型可以采用的范围，它们表现出的实验操作的变化，以及如何根据通用术语为它们进行分类：它们既不完全通用也不特别针对某个个例，而是特定于某一种案例。在马歇尔的实验中，模型世界既是实验主体也是实验对象。

在张伯伦和史密斯的实验室实验工作中，积极的资源由实验的主体提供，而模型很被动，这是因为它既不是实验主体也不是实验对象，只是实验设计的一部分。甚至即使是那样，模型也起了两个作用。它为每个参与者的行为设置了很松的限制，也作为评估基准，将自己的实验结果与从马歇尔的模型实验所得到的结果进行对比。因此，探索真实经济活动本质的实验工作也取决于在模型中构思的世界，无论是进行这样的实验还是从中进行推断。

混合实验案例向我们展示了模型和实验如何通过混合真实世界和抽象元素的方式结合在一起。在一些实验中是没有人的，并且除了演示动态在模拟模式中操作，而不是通过推断模式进行操作之外，我们和模型实验很接近。在其他实验——霍姆斯和索尼曼斯的虚拟实验——中实验室实验和模型实验的元素在设计和实验阶段被具体化了，因为市场包含了真实的人（由实验室输入的）和数学模型的结合，而且每一部分都受它自己的“控制”。在一个务实的混合体中，霍姆斯和索尼曼斯制定了实验室控制策略，在那些无法通过实验的方式隔离的区域，真实世界的材料能够被隔离、操纵以及被替代。演示的方法也包括实验方法和数学方法（关于计算）的混合。模型是实验世界的一个构成部分，并且它本身以实验控制的方式变化（它也是实验装置的一部分，作为一台仪器计算依照输入的不同真实世界的数据所得到的输出结果）。模型的行为是有趣的，参与者们的行为也是有趣的。[①]

① 最后，值得一提的是一种基于模型的实验提供的综合和中间的情形，在计量经济学同一领域的需求和供给模型中也被发现；参见 Morgan（1990，第 2 部分）的讨论和示例。典型计量经济学模型包含了一个数学模型作为其结构，“现实世界”的经济统计观察用于估计其参数。因此与数学模型实验相比，它包含较小程度的控制，但其现实重要性更大（见 Boumans and Morgan，2001）。

当我们在这一章把混合手段加到不同种类的实验中使用供给—需求模型时，要在不同种类的实验和模型的角色之间划清界限变得更困难。正如我们看到的，模型在实验中扮演了多种不同的角色；有时它们是实验对象，有时是实验设备的一部分，有时两者都是，有时模型甚至可能生产他们所代表的经济世界的一部分。

7.6 材料的重要性：惊讶与混淆

为了对模型试验的推论做最后的评论，我们回到一些比较明确的区别上。实验的原型认为无论实验情况如何受限制、控制，甚至是构造出来的，它都是对一个真实世界系统所做的实验。无论环境包含多少人工成分，无论结果包含多少人工成分，实验干预本身就涉及对物质对象或现象的作用或创造，这些对象或现象与实验所研究的世界是相同的。相比之下，很多现代经济学的功能通过运用拓展的模型实验来实现，在这些实验中经济的物质世界仍然是缺失的：模型实验是对由数位、表格等构成的世界的调查，而不是对真实市场中的真实的人的调查。

很容易把模型实验和真实实验之间的对比看作，一个问题的结果已经被设置在建立的模型中的系统与一个实验可能给出新信息的系统之间的对比。在这一观点上，经济学家们当然不应该被他们的模型实验所震惊，因为他们知道产生他们的结果的资源，因为他们建出了提供实验设定的模型。

然而，这种情况被误解了。经济学家的确发觉自己会因他们数学模型实验的结果而感到惊讶。他们知道他们放进模型的元素，因此模型实验的结果已经被嵌入模型中。但在他们的模型上进行实验发现的问题的答案事先并不完全被人所知道，或者说不能完全被理解。他们创造模型是因为他们没能弄明白很多元素是如何在一起运行的，或者一件事的变量如何影响所有其他的他们正在处理的元素和关系。正如我们所发现的历史上的供给—需求模型，模型实验为科学家弄清楚那些复杂的问题增加了可能性。科学家们想让他们的模型实验告诉他们一些他们已经知道的东西——因为这样他们就能对模型的质量有信心。但是他们也真的希望他们的模型实验让他们感到惊讶，因为这预示着他们已经从他们的模型实验中学到了一些新的东西。不过，原则上，经济学家在惊讶之后，可以回顾模型实验，弄明白这种令人惊讶的结果发生的原因。

我们在为理解20世纪90年代的新宏观经济学建立的模型中看到了这一点。回想一下当萨缪尔森在一个非常小的宏观模型中输入不同的参数值时，他在实验结果中所表达的惊讶：

> 各种不同的定性结果以看似无常的方式出现在对假设的微小改变之中。比这更糟的是，我们如何能确定，对于不同的参数值，新的和更强的行为类型不会出现：表格2（他模拟实验的结果）已拓展到能涵盖更多时期，新类型的行为可能会因这些选定参数而出现，这难道还不可能吗？（Samuelson，1939，第76页）

萨缪尔森对用他的模型所做的实验得出的“无常”结果的反应是用解析法求解模型，并对所有可能的结果（根据不同的参数值）进行分类和描述。这样的“惊讶”也是马歇尔所承认的，这是更令人怀疑的，但我们在他的分类工作中看到了相同的对概念描述的渴望，就像曼戈尔特的工作一样，他们还热衷于创造概念并进行分类来解释他们的模型实验得出的不同结果。惊讶标志着科学家们从探寻他们的模型世界学到的意想不到的东西，这些东西与我们在本章提到的各种概念发展工作相关。

在模型实验中，惊讶来源于对模型世界的忽视。在实验室实验中，忽视来自不同的地方——忽视的并不是模型的表现，而是世界的表现。经济学家们在他们的教室和实验室中做实验时可能对于他们期望经济中发生什么做出了错误的描述或假设，或他们关于正在调查的主体的经济行为的知识，可能不是很完善。我们可以换一种方式来描述这些不同实验（模型实验和实验室实现）之间的对比，我们可以说，物理学、生物学或经济学系统的数学模型应用到试验中可能会让科学家感到惊讶，但是把真实世界里的实验直接用在那几个系统上，可能会让科学家们感到困惑。在实验室中，总是有关于惊讶和困惑的可能性，这是由于科学家们的更高程度的忽视可能会阻止他们解释一连串特定后果发生的原因，而实验操作性的限制可能会使他们难以轻松地明白这些结果发生的原因。

在霍姆斯和索尼曼斯的例子里，向实验员显示的（由参与者）而不是设计出的或事先由他们知道的是由他的真实世界的输入所产生的未预料到的结果，这就产生了真正的实验结果的可能性，这些结果可能混淆了实验员们的预期。回想他们在实验中的一部分发现了太多的变量，尽管它们能为出现的一些行为模式进行解释，但其他的甚至没有模式。[①] 张伯伦也混淆了他们的很多结果。例如，一些研究显示，向预期的均衡水平移动之后，路径又发生了偏离，越来越远。还有些情况，如“出现了最多样化的模式，但没有明显的支配趋势”（1948，第 101 页）。另一组结果似乎与一个分析观点相矛盾，这个观点“证明了当时至少让作者以及一组特定的学生感到兴奋”（1948，第 98 页）。真实世界的行为性输入越多，经验性知识就越丰富，混淆的可能性就越大，也就是说出现意想不到的规律，或不符合标准理论、现有的经济学知识，甚至对经济世界的某些直觉的结果的可能性越大，真正从实验中学到东西的可能性也越大。这表明重要的是在经济学实验中保持尽量多的真实世界的输入，并允许参与实验者在按照设定行动方面要有一定程度的自由。经济学实验员遇到的危险是他们把参与者们的行为紧紧地控制在人们应该如何行为的模式中，以至于他们没有以不受经济学控制的方式去实施行为的自由。[②] 在这个问题上经济学家也可用模型世界来做实验，而不是在真实世界的实验室中做实验。

第 4 节中的模型实验和实验室实验之间的对比表明，从模型实验中做出的推断是无力而宽泛的，从真实实验中做出的推断是有力的，但是应用面很窄。这些是对推论范围的比较，以确定推论如何应用到世界上或简或繁的事件和情况中。在这里我指出推论的一个不同的方面：它的焦点。在和世界一样的各种物质中进行的真实的实验比使用模型的实验有更强有力的认识论力量——这样的实验为观察新模式提供了可能性，为建立新的稳定的规则、发现现有知识体系无法解释因而让科学家们困惑的新现象提供了可能性。模型实验提供的了解世界的推断能力较少，但是模型实验令人惊奇地产生未预料到结果的可能性对理解经济理论与概念的发展和提升来说，仍然保持着重要性，甚至非常强有力。模型实验所得出的令人惊讶的结果并不是发现真实世界中的新现象，而是认出小世界模型中的新鲜事物，因此就有了新事物种类、新的概念以及新的经济学观点的发展。

---

① 见 Sonnemans et al.（1999，第 20 页）。

② 参见 Santos（2007），他接受了关于控制和代理之间权衡讨论的挑战。

致　谢

我衷心地感谢英国皇家科学院对我这一课题在初步研究阶段给予的支持。这一章是由几篇论文合成的。第一篇是为“朝向更多已发展的科学实验”的研修班做的准备，出现在汉斯·雷德的邀请会上，并于2003年发表（Morgan，2003）。有两件事进一步完善了这篇文章：托尼·凯韦尼于1999年的秋天在加州大学伯克利分校召开的研讨会上，我对南希·卡特赖特在1999 ~2000年为普林斯顿工厂准备的“模型系统、案例以及示范性的叙述”进行了评述，形成了一些案例。另外，我在2002年的英国科学协会的节日上陈述了一些观点。我要感谢托尼·凯韦尼和他的同事们，迈克尔·利布什纳和普林斯顿工厂组织者安吉拉·克雷格、诺顿·列斯以及利兹·伦贝克。第二篇就是在《经济学方法论》的杂志编辑的邀请下和马塞尔·鲍曼写的联合论文——标题为《其他条件不变：物质性和经济学理论的应用》（2001）。我感谢马塞尔非常令人激动的共同写作经历！第三篇论文是在前两篇论文的基础上写的，是为“基于理性的模型”而准备的，以“语言、逻辑和逻辑学：模型化以及贯穿纪律性的演讲”为题进行讲演（新墨西哥州立大学，2001年1月），之后发表（Morgan，2002a）。我感谢尔斯卡·霍姆斯是由于他对于实验的讨论。关于分类化材料的拓展是为2005年的ASSA模型的会议而准备的；那些关于“混淆VS惊奇”的材料是为一个关于实验的会议（诺丁汉，2003）而准备的，这形成了Morgan（2005）。我特别感谢马塞尔·鲍曼、弗郎西斯·瓜拉、罗姆·哈生、亚瑟·波托森、汉斯·雷德、诺顿·外斯、安吉拉·克雷格、霍切尔·安肯尼、玛格丽特·莫里森、丹·豪斯曼以及上述会议上和随后在奈梅亨、INEM（阿姆斯特丹）、墨尔本、AHV以及A Coruna举行的研讨会的所有参与者们，感谢他们所有有用的问题和评论。

参考文献

Baden – Fuller, Charles and Mary S. Morgan (2010) “Business Models as Models”. *Long Range Planning*, 43, 156 – 171.

Boumans, Marcel (1999) "Representation and Stability in Testing and Measuring Rational Expectations". *Journal of Economic Methodology*, 6, 381 – 401.

(2002) "Calibration of Models in Experiments". In Lorenzo Magnani and Nancy J. Nersessian (eds), *Model – Based Reasoning: Science, Technology, Values* (pp. 75 – 94). New York: Kluwer Academic/Plenum Press.

(2005) *How Economists Model the World to Numbers.* London: Routledge.

Boumans, M. and M. S. Morgan (2001) "*Ceteris Paribus* Conditions: Materiality and the Application of Economic Theories". *Journal of Economic Methodology*, 8: 1, 11 – 26. Brock, W. A. and C. Hommes (1997) "Models of Complexity in Economics and Finance".

In C. Heij, J. M. Schumacher, B. Hanson, and C. Praagman (eds), *System Dynamics in Economic and Financial Models* (pp. 3 – 44). New York: Wiley.

Brodbeck, May, 1968 [1959] "Models, Meaning and Theories". In M. Brodbeck (ed), *Readings in the Philosophy of the Social Sciences* (pp. 579 – 601). New York: Macmillan.

Callon, Michel (1998) *The Laws of Markets.* Oxford: Blackwell.

Callon, Michel, Yuval Millo, and Fabien Muniesa (2007) [eds] *Market Devices.* Oxford: Blackwell.

Cartwright, N. (2000) "Laboratory Mice, Laboratory Electrons, and Fictional Laboratories". Paper for Princeton Workshop on Model Systems, Cases and Exemplary Narratives, January 2000.

Chamberlin, E. H. (1948) "An Experimental Imperfect Market". *Journal of Political Economy*, 56: 2, 95 – 108.

Chang, Hasok (2001) "Spirit, Air and Quicksilver: The Search for the 'Real' Scale of Temperature". *Historical Studies in the Physical and Biological Sciences*, 31, 249 – 84.

(2004) *Inventing Temperature: Measurement and Scientific Progress*, Oxford: Oxford University Press.

Collins, Harry M. (1990) *Artificial Experts, Social Knowledge and Intelligent Machines.* Cambridge, MA: MIT Press.

Cournot, Augustin (1838/1960) *Researches into the Mathematical Principles of the Theory of Wealth.* Translated by Nathaniel T. Bacon. New York: Kelley Reprint.

Creager, Angela, Elizabeth Lunbeck, and M. Norton Wise (2007) [eds], *Science Without Laws: Model Systems, Cases, and Exemplary Narratives.* Durham, NC: Duke University Press.

Creedy, John (1992) *Demand and Exchange in Economic Analysis.* Aldershot:

Edward Elgar.

(1998) *Development of the Theory of Exchange.* Cheltenham: Edward Elgar.

Dahan Dalmedico, Amy (2007) "Models and Simulations in Climate Change: Historical, Epistemological, Anthropological and Political Aspects". In Angela Creager, Elizabeth Lunbeck, and M. Norton Wise (eds), *Science Without Laws: Model Systems, Cases, and Exemplary Narratives* (pp. 125 – 56). Durham, NC: Duke University Press.

Ekelund, Robert B. and Robert F. Hébert (1999) *Secret Origins of Modern Microeconomics; Dupuit and the Engineers.* Chicago: University of Chicago Press.

Ekelund, Robert B. and Mark Thornton (1991) "Geometric Analogies and Market Demand Estimation: Dupuit and the French Contribution". *History of Political Economy*, 23: 3, 397 – 418.

Franklin, Allan (1986) *The Neglect of Experiment.* Cambridge: Cambridge University Press.

(1990) *Experiment, Right or Wrong.* Cambridge: Cambridge University Press.

(1999b) "The Problem of External Validity (or 'Parallelism') in Experimental Economics". *Social Science Information*, 38: 4, 555 – 573.

(2002) "Models, Simulations, and Experiments". In Lorenzo Magnani and Nancy J. Nersessian (eds), Model – Based Reasoning: *Science, Technology, Values* (pp. 59 – 74). New York: Kluwer Academic/Plenum Press.

(2003) "Experimental Localism and External Validity". *Philosophy of Science*, 70, 1195 – 1205.

(2005) *The Methodology of Experimental Economics.* New York: Cambridge University Press.

(2008) "History of Experimental Economics". In S. Durlauf and L. Blume (eds), *The New Palgrave Dictionary of Economics*, Vol. 3 (pp. 152 – 156). London: Palgrave – Macmillan.

Hacking, Ian (1983) *Representing and Intervening.* Cambridge: Cambridge University Press.

Harré, Rom (2003) "The Materiality of Instruments in a Metaphysics for Experiments". In Hans Radder (ed), *The Philosophy of Scientific Experimentation* (pp. 19 – 38). Pittsburgh: Pittsburgh University Press.

Hartmann, Stephan (1996) "The World as a Process: Simulations in the Natural and Social Sciences". In Rainer Hegselmann, Ulrich Mueller, and Klaus G. Troitzsch (eds), *Modelling and Simulation in the Social Sciences from the Philosophy of Science Point of View* (pp. 77 – 100). Dordrecht: Kluwer Academic.

Hausman, Daniel M. (1990) "Supply and Demand Explanations and their *Ceteris Paribus Clauses*". *Review of Political Economy*, 2, 168 – 87.

(1992) *The Inexact and Separate Science of Economics.* Cambridge: Cambridge University Press.

Heidelberger, M. and F. Steinle (1998) *Experimental Essays: Versuchezum Experiment.* Baden – Baden: Nomos Verlagsgesellschaft.

Hommes, Cars, J. Sonnemans, J. Tuinstra, and H. van de Velden (1999) "Expectations Driven Price Volatility in an Experimental Cobweb Economy". University of Amsterdam CeNDEF Working Paper, 99 – 07.

Humphrey, Thomas M. (1992) "Marshallian Cross Diagrams and Their Uses before Alfred Marshall: The Origins of Supply and Demand Geometry". *Economic Review*, 78: 2, 3 – 23.

Jenkin, Fleeming (1887) "The Graphic Representation of the Laws of Supply and Demand, and Their Application to Labour". In *Papers Literary, Scientific, etc*, Vol. Ⅱ. Edited by S. Colvin and H. A. Ewing. London: Longan and Green; and as *LSE Scarce Tracts in Economics*, Ⅲ (1996). Routledge/Thoemmes Press.

Johnson, W. E. (1894 – 6) "Method of Political Economy". In Robert H. Inglis Palgrave (ed), *Dictionary of Political Economy*, Vol. Ⅱ (pp. 739 – 48). Reprinted 1917. London: Macmillan.

Lakatos, Imre (1963) *Proofs and Refutations.* Edinburgh: Nelson.

Le Gall, Philippe (2007) *A History of Econometrics in France: From Nature to Models.* London: Routledge.

MacKenzie, Donald (2004) "The Big, Bad Wolf and the Rational Market: Portfolio Insurance, the 1987 Crash and the Performativity of Economics". *Economy and Society*, 33, 303 – 334.

(2006) *An Engine, Not a Camera.* Cambridge, MA: MIT Press.

(2009) *Material Markets.* Oxford: Oxford University Press.

MacKenzie, Donald, Fabian Muniesa, and Lucia Siu (2007) *Do Economists Make Markets.* Princeton, NJ: Princeton University Press.

Magnani, Lorenzo and Nancy J. Nersessian (2002) *Model – Based Reasoning: Science, Technology, Values.* New York: Kluwer Academic/Plenum Press.

Mäki, Uskali and Piimies, Jukka – Pekka (1998) "Ceteris paribus". In John B. Davis, D. Wade Hands, and UskaliMäki (eds), *The Handbook of Economic Methodology.* (pp. 55 – 9). Cheltenham: Edward Elgar.

von Mangoldt, Hans K. E. (1863/1962) *Grundriss der Volkswirtschaftslehre*, Book

III, Chapter 3, Part 1 translated as "The Exchange Ratio of Goods" by Elizabeth Henderson, *International Economic Papers*, No. 11, pp. 32 – 59 (2nd, abridged edition of original German, 1871).

Marshall, Alfred (1890) *Principles of Economics*, 8th edition, 1930. London: Macmillan.

Mayo, Deborah (1996) *Error and the Growth of Experimental Knowledge.* Chicago: University of Chicago Press.

Merkies, A. H. Q. M. (1997) "Zo" Afscheidscollege, September, 1997, Vrije Universiteit, Amsterdam.

Morgan, Mary S. (1990) *The History of Econometric Ideas.* Cambridge: Cambridge University Press.

(2001) "Models, Stories and the Economic World". *Journal of Economic Methodology*, 8: 3, 361 – 384 (also in Mäki, Uskali [2002] *Fact and Fiction in Economics* (pp. 178 – 201). Cambridge: Cambridge University Press.

(2002a) "Model Experiments and Models in Experiments". In Lorenzo Magnani and Nancy J. Nersessian (eds), *Model – Based Reasoning: Science, Technology, Values* (pp. 41 – 58). New York: Kluwer Academic/Plenum Press.

(2002b) "How Models Help Economists to Know". [Commentary on John Sutton's *Marshall's Tendencies. What Can Economists Know?* (2000)] *Economics and Philosophy*, 18, 5 – 16.

(2003) "Experiments Without Material Intervention: Model Experiments, Virtual Experiments and Virtually Experiments". In Hans Radder (ed), *The Philosophy of Scientific Experimentation* (pp. 216 – 35). Pittsburgh: Pittsburgh University Press.

(2005) "Experiments vs Models: New Phenomena, Inference and Surprise". *Journal of Economic Methodology*, 12: 2, 177 – 84.

Morgan, M. and M. Boumans (2004) "Secrets Hidden by Two – Dimensionality: The Economy as a Hydraulic Machine". In S. de Chadarevian and N. Hopwood (eds), *Models: The Third Dimension of Science* (pp. 369 – 401). Stanford, CA: Stanford University Press.

Oreskes, N. (2000) "Why Believe a Computer: Models, Measures and Meaning in the Natural World". In J. S. Schneiderman (ed), *The Earth Around Us: Maintaining a Livable Planet* (pp. 70 – 82). San Francisco: W. H. Freeman.

Oreskes, N., K. Shrader – Frechette, and K. Belitz (1994) "Verification, Validation, and Confirmation of Numerical Models in the Earth Sciences". *Science*, February 4, 263, 641 – 646.

Radder, Hans (2003) [ed] *The Philosophy of Scientific Experimentation.* Pittsburgh:

Pittsburgh University Press.

Rau, Karl Heinrich (1841) *Grundsätze der Volkswirtschaftslehre.* Heidelberg: C. F. Winter. Reiss, Julian (2002) "Causal Inference in the Abstract or Seven Myths about Thought Experiments" . *Causality, Metaphysics and Methods Technical Report*, 03/02, CPNSS, London School of Economics.

Rheinberger, Hans – Jörg (1997) *Towards a History of Epistemic Things: Synthesizing Proteins in the Test Tube.* Stanford, CA: Stanford University Press.

Samuelson, Paul A. (1939) "Interactions Between the Multiplier Analysis and the Principle of Acceleration" . *Review of Economics and Statistics*, 21, 75 – 78.

Santos, Ana C. (2007) "The 'Materials' of Experimental Economics: Technological versus Behavioral Experiments" . *Journal of Economic Methodology*, 14: 3, 311 – 337.

Schabas, Margaret (2008) "Hume's Monetary Thought Experiments". *Studies in History and Philosophy of Science*, Part A, 39: 2, 161 – 169.

Schneider, Erich (1960) "Hans von Mangoldt on Price Theory: A Contribution to the History of Mathematical Economics" . *Econometrica*, 28: 2, 380 – 392.

Smith, Adam (1776) *An Inquiry into the Nature and Causes of The Wealth of Nations*, edited by R. H. Campbell and A. S. Skinner. Oxford: Oxford University Press, 1976.

Smith, Vernon L. (1962) "An Experimental Study of Competitive Market Behaviour" . *Journal of Political Economy*, 60: 2, 111 – 137.

Sonnemans, Joep, C. Hommes, J. Tuinstra, and H. van de Velden (1999) "The Instability of a Heterogeneous Cobweb Economy: A Strategy Experiment on Expectation Formation" . University of Amsterdam CeNDEF Working Paper 99 – 06.

Sutton, John (2000) *Marshall's Tendencies.* Cambridge, MA: MIT Press.

Valeriani, Simona (forthcoming 2012) "Models as 'In – Between – Knowledge' in the Construction of St Paul's Cathedral", in *Proceedings of the Conference 'The Model, a Toolin the Architectural Project'*, Ecole de Chaillot, Cité de l'Architecture et du Patrimoine, Editions Lieux Dits.

Weber, Marcel (2007) "Redesigning the Fruit Fly: The Molecularization of *Drosophila*" . In Angela Creager, Elizabeth Lunbeck, and M. Norton Wise (eds), *Science Without Laws: Model Systems, Cases, and Exemplary Narratives* (pp. 23 – 45) . Durham, NC: Duke University Press.

Whitaker, J. K. (1975) *The Early Economic Writings of Alfred Marshall*, 1867 – 1890. London: Macmillan/Royal Economic Society.

Yaneva, A. (2005) "Scaling Up and Down: Extraction Trials in Architectural Design", *Social Studies of Science*, 35: 6, 867 – 894.

模拟：

向经济学引入微观视角和漫画艺术

8

8.1 新技术的诞生

很明显，模型在现代科学中使用的一个主要地方是在各种模拟中。经济学也不例外：模拟，这种独特的文化，大约于1960年出现在社会科学中。“模拟”这一术语的突然爆发使用涵盖了非常广泛的实践：各种类型的“实验”包括角色扮演实验中的人（那时被称为“博弈”）、计算设备、概率设置、统计数据、数学模型和机会博弈。① 所有这些元素拟合于同一场景下，并与模仿或仿制的概念区别开来，术语“模拟”一词的含义是固有的，因此给出一个简洁定义的可能性很小。这一术语的特别涵盖范围出现在美国统计协会内部刊物的参考书目中，并且在美国经济协会内部刊物的研讨会上出现，两者都是在1960年。② 这些文献容许我们探讨经济学中“模拟”这一新术语的内涵，并且追溯其根源到两次世界大战期间。但是每个元素都有属于它自己历时较长的传统，像家谱中相同的姓氏总是世世代代在沿用，经济学中模拟的元素经常纠结在一起，反复出现。

我对这些文献的特别的兴趣是双重的。首先是理解其历史动态，在这段历史中，新出现的模型化方法逐渐与来自统计中的实验传统、社会科学中一种更新的实验模式以及电脑这一新的研究工具相结合形成了模拟技术。③ 不根据目的而根据内容判断，在很大程度上，这是置于冷战和它的研

① 在JSTOR搜索引擎中搜索电子期刊中的经济学（包括一些管理）、统计和人口统计学期刊，结果显示，在这些层面上，“模拟”在1951~1954年被提到了4次；在1955~1958年被提到了36次；在1959~1961年被提到了180次（这个词在1950年以前有其他的意义，它不是用来表示保险方案中假装生病的工人，就是表示使用政策来创造完全竞争条件）。

② 《美国统计协会学报》（JASA）的参考书目，见Shubik（1960a）。《美国经济评论》研讨会/论坛（在随后的章节中讨论）包含Shubik（1960b）所做的一个企业和工业经济学中模拟的论文的调查报告，Guy Orcutts（1960）首次关于其微观模拟研究的充分报道，以及Clarkson和Simon（1960）关于他们试图编程模仿银行家的投资决策的报道。稍后关于此范围的观点可以在1968年《国际社会科学百科全书》中“模拟”的条目下找到（由西尔斯编辑）。

③ 模拟，从狭义上说，现在常指数学研究中分析技术的一种替代方法，但不是当前应用的也不在社会科学领域应用。

究技术的直接背景下的美国历史。我的探询聚焦在马丁·舒比克和盖伊·奥克特这两个人身上，他们对于创立经济学中的模拟技术起到了重要的推动作用。他们个人的生平有助于我们理解这一新技术如何广泛地从一些老的和一些新的技术和观点之中构建，却包含了多样化的模拟类型。

1960年的文献也为我的第二个兴趣服务，即理解模型如何适应模拟技术，并且反过来看，这项技术是如何适应经济学推理模式的历史的。在这种背景下，1960年显然是美国社会科学历史上并不显赫的一刻，也不是因为模拟进入了方法的工具箱社会科学界发生重大改变的一刻。相反，这是一个将有多种可能性的模型实验和真实实验结合在一起产生了一种新技术的时刻，这种新技术有一个包罗万象的名字：模拟。这个结合是相对短暂的，因为随着实验经济学的不断壮大，其逐渐形成了更为自信的应用领域和推理风格。但是在这一时间点上，1960年的一个美国经济审查评论研讨会，以及1962年出版的名为《社会科学中的模拟》（Guetzkov，1962）的一本书，为模拟作为一个组合方法论提供了证据。在某种程度上，1960年左右的文献意识到，而早期和晚期的文献没有意识到的是：作为一种社会科学方法的模拟被认为是一种新的方法，并且因为它的新而不得不被解释、论证，并且推荐给读者。①

我的两个与模拟有关的模型问题自然地融入了近些年来历史学家和哲学家们承担的模拟工作的更为宽泛的探究中，尽管模拟看起来还没有一个被普遍接受的定义或描述。这一概念还很难确定，因为在不同时期和不同的主题领域里，它包含不同的元素和实践活动。② 对于身处20世纪60年代的社会科学的学者们而言，“模拟”被广泛地认为是一项

---

① 十年后，一个同样的论文集（Guetzkov et al.，1972）表现出了更大程度的成熟，假设模拟的方法是可以被理解和接受的。

② 除了传记和自传以及来自野外实验参与者的简明历史外，几乎没有关于这个作为广泛运动的技术发展的历史评价，但有很多具体的研究。例如，彼得·加科辛（Peter Galison，1997）研究此阶段的物理学，暗示在模拟中我们所见的不是很理论也不是很经验。研究物理学和人工智能（AI）的福克斯·凯勒（Fox-keller，2003）聚焦于计算机实验中被模拟的物体，他指出了从错误的东西到所模拟的东西的概念意义的变化。在瑟乔·西斯蒙多所编辑的关于模拟和建模的一卷期刊中（1999），埃里克·温斯伯格探讨了模拟中所需的许多模型的层面，黛博拉·道林将模拟描述成理论的一种实验方法，Hartmann（1996）讨论了模拟所起到的多样性的作用，汉弗莱斯（Humphreys，2004）尤其聚焦于模拟的计算机层面。近来，在专家会议上，对模拟这一主题的兴趣呈爆发性增长，至少有2卷期刊的特别议题致力于科学中的模拟（例如，参见Knuttila et al.〔2006〕和Frieg et al.〔2009〕编辑的期刊）。

研究技术，这项技术用实验来揭示研究中模型的各个方面，并且可据此做出推断。在某些关键的方面，我们能够认为模拟技术把微观视角引进了经济模型中。像把标本放在显微镜下，与其他模型分析模式相比较，模拟更加严格地将整个世界放在了模型中。在本章的后面，我把这种模拟技术类比为用显微镜观察经济学模型，来了解在如此严厉的条件下模型的准备中所包含的内容以及用何种植入技术手段去观察模型中的世界。

经济模型也是探究世界本质的工具（见第1章）。在这一方面，模拟这个词与模仿的联系表明模型的可信度依赖于——以某种方式——它们的模仿能力。类似于显微镜技术的模拟分析不仅能表明依赖模型模仿能力的真实世界的推断可能会被怎样误导以及为什么会被误导，也能表明这样的推断何时是合理的以及为什么合理。

8.2 模拟：内容和背景

1960年关于“模拟、博弈、人工智能以及相关话题”的参考书目先后由经济学家马丁·舒比克和通用电气公司的一个顾问给出。阅读这篇参考书目让我们能用一个广角镜头去看待历史问题：1960年的模拟是什么？第一个需注意的要点是其非凡的题材范围，虽然统计确实是模拟方法的主要根源之一（参考文献刊登在《美国统计协会学报》上），但舒比克的报告本质上是一个多学科的活动。[①] 社会科学和工程科学通过很多中间主题和领域链接到一个网络里（见图8.1）。大跨度的议题——从后勤到个体理性活动和组织行为——涵盖从管理层面到政治科学层面，从决策到武器装备，以及从工程学到心理学等方面。领域间的共享，让我们看到了各种博弈——沙盘模型上的或后勤实验室里的战争博弈、基于公司历史的商业博弈，以及角色扮演的博弈；因主题领域不同，“博弈”一词附加了不同的内涵。[②]。有数量繁多的文章涉及公司/市场和行业、角色扮演的实验以及计量经济学和计算机模拟模型，围绕这个圈子以及在这个圈子里，都能找到经济学的身影。

---

① 关于这个参考书目的覆盖面的更宽泛的讨论，参见 Morgan（2004）。

② 可能有许多有趣的联系（如战争博弈和管理博弈间的联系）还没有怎么被研究，但我还是看到这两篇由罗利发表的论文（1998，1999）。

舒比克把他研究的大多数工作分成两类，分别标为“模拟”和“博弈”（角色扮演的实验），据此我用图 8.1 做出了图示。但是对许多诸如参考文献这样的工作，舒比克很难清楚地界定两类工作并对其进行归类。[①] 他尽力使用如下的定义：

> 博弈通常（尽管不总是）利用模拟环境去研究个人行为或者教导个人，而模拟直接被导向研究个人行为给定条件下的系统行为，反之亦然。博弈总是包含决策者。模拟并不一定需要个人的参与。在大多数情况下一项模拟仅包含对模型的机器操纵（Shubik，1960a，第 736 页）。

但是舒比克对模拟工作进行分类的尝试，却被他材料的顽固性和同时期的术语使用者所击败，他们将模拟理解成定义了一套研究方法的一种研究方式。[②] 那时，“模拟”既包括了模拟环境，也包括了模拟的进程，并且它们不能被完全分离。

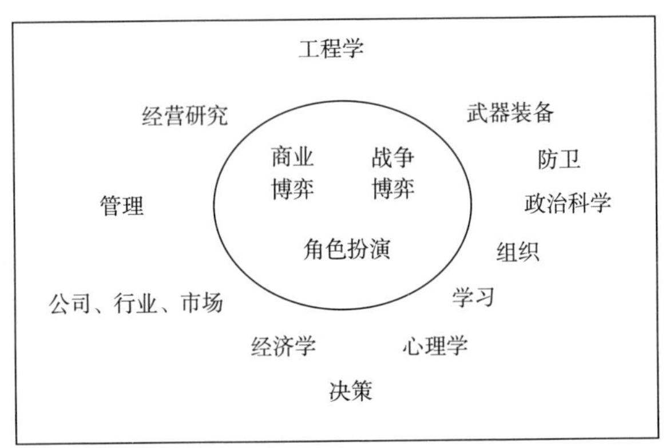

图 8.1　舒比克 1960 年的参考书目：“模拟”和“博弈”分类的主题图示

来源：Mary S. Morgan（2004）“Simulation：The Birth of a Technology to Create ‘Evidence’” *Revue D'Histoire des Sciences*，57：2，341 – 377，p. 345. Reproduced with permission of *Revue D'Histoire des Sciences*.

---

① 类似的困难困扰了蒙特·卡罗研究的第三部分。使用蒙特·卡罗应用示例的内容包含在第一部分他的模拟分类中，蒙特·卡罗有关发展的技术论文出现在他的第三部分中。

② 即使在舒比克自己的物品类别的划分中，我们也发现在“模拟”中有基于人的实验（即“博弈”），在“博弈”中有基于机器的研究（即“模拟”）！他还怀疑将“战略”从“战术”模拟，“类比”从“数字”电脑模拟，以及两者从“人 – 机”的模拟中区别开来，是否有用。尽管他没有利用这些分类，但它们都是今天重新出现在其他讨论之中的分类。

舒比克对于模拟的共享空间的看法并不具有特异性。居茨科在1962年出版的《社会科学中的模拟》一书中包含了对于动态飞行模拟器的描述、来自兰德（RAND）的系统研究实验室的角色扮演防空实验、思维的电脑模拟、管理博弈报告、工程学例证、传输队列、来自政治学的角色扮演以及竞选的电脑模拟。① 与在舒比克模拟和博弈的类别中的主题领域的丰富度相比，“蒙特·卡罗”这一节的参考书目大部分来源于数学、统计学和电脑计算还有一些来自自然科学和工程学的论文（见图8.2），这进一步消减了图8.1所列举的领域中的技术和思想：包括用于电脑研究工具和另外一种博弈——机会博弈——的一组元素。

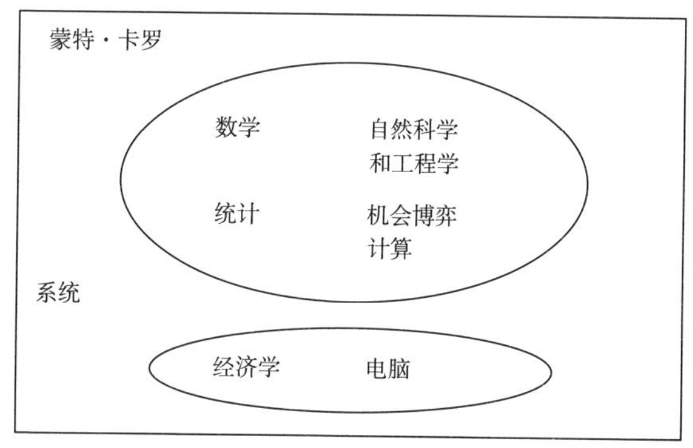

图8.2 舒比克1960年的参考书目：“蒙特·卡罗”和“系统”分类的学科图示

来源：Mary S. Morgan（2004）“Simulation：The Birth of a Technology to Create ‘Evidence’” *Revue D'Histoire des Sciences*，57：2，341 - 77，p. 347. Reproduced with permission of *Revue D'Histoire des Sciences.*

我们所拥有的出版资源是科学和两种秘密机构之间的交叉点，这是显而易见的：舒比克告诫我们有很多其他论文不能被包含在他的参考书目中，因为它们要么被分类为国防机构的冷战立场的一部分，要么是被认为构成商业机密的公司文件和报告。② 因此我们必须将在二战和冷战

---

① 两个命名类似的论文集提供了有用的对比：1972年论文集（Geutzkow et al. 等，1972）包含传统的更受限的社会科学范畴内的角色扮演和基于计算机的模拟，而1996年论文集（Hegselmann et al.，1996）不包含有人参与的博弈或实验。1960年之后，术语“模拟”的使用模式几度兴衰并稳定下来，其意义的范围缩减到了计算机模拟。

② 并不是冷战期间所有的美国国防部合约材料都是绝密的。参考书目包含许多兰德（RAND）报告和许多其他来自美国国防部资助的研究论文。舒比克的模拟和博弈（他的类别Ⅰ和Ⅱ）中，三个数量最多的出处是兰德（RAND）、《美国运筹学研究协会学报》和管理期刊的合集。

期间发展的军事—大（自然）科学的复合体拓展到包含管理研究的社会科学中，而且我们必须将经济历史学家所熟悉并且可追溯到二战时期（断断续续到19世纪中期）的军工—工业复合体增加进来。[①] 舒比克的参考书目显示了军事—工业—科学的复合体在社会科学中如何根深蒂固，美国国防部在模拟和博弈领域的研究合同中所雇用的是由社会科学家、数学家和国防专家共同组建的课题组。这些课题组成员不仅包括一些著名的跨学科带头人，例如约翰·冯·诺依曼和赫伯特·西蒙，也包括一群年轻的天才，他们后来在美国学术界成了自己所研究领域的领导者。借助米罗斯基（2002）的研究工作，可日渐明晰地看到，在冷战期间，美国经济学的很多基础性和技术性的研究直接或间接地由各种武器防务机构资助。

从新创建的冷战经济学历史的角度来说，舒比克的参考书目中有一个显而易见的遗漏，即博弈理论。这个遗漏是显著的，不仅因为在军事—科学的背景下博弈理论是由一些引领模拟领域的相同的研究机构所促进的（比如兰德 RAND），而且因为，如我们所见，舒比克自己在这个时期以博弈理论家著称；确实，他在1960年5月的一篇论文中调查了在工业经济学中博弈理论的运用（Shubik，1960c）。在他的参考书目中没有博弈论成为激发我兴趣的一个重要方面。虽然人们很容易认为博弈论（策略的博弈理论）和博弈之间的联系是很密切的，前者是后者的理论，但这完全误解了博弈这一术语在这一时期的含义。“博弈”被理解为基于广泛实验的研究和训练方法，它包括真实或虚拟环境中的角色扮演者（要么模拟他人的行为，要么扮演自己平常的角色）——例如，调查团队的学习是如何进行的。正如我们将在第9章中看到的，“博弈论”是一种有关战略交互中的决策的数学体系。在20世纪40年代晚期和20世纪50年代早期，数学博弈理论家，例如舒比克，发明了策略性的“可玩博弈”来阐释和探讨其病理或相互矛盾的属性，并且互相博弈。但是舒比克把这个当作非正式的“解决问题”的活动，并将此活动与他贴上了“博弈”标签的精心设计和控制的角色扮演实验区别开

① 最近讨论的冷战时期的大自然科学，见 Galison（1997）；社会科学和工业方面，见 Hounshell（1997），Jardini（1996），和 Mirowski（2002）；管理研究方面，见 Rowley（1999）。

来。[1] 对舒比克来说，博弈理论既不是模拟也不是实验，也没有理由混淆它们，而他在博弈理论中施行博弈（即角色扮演实验），并对模拟和实验两个领域都做出了贡献。

8.3 舒比克和模拟

8.3.1 马丁·舒比克的生平

> 一个系统或有机体的模拟是一个代表系统或有机体的模型或模拟器的运行。有些实体运行或者不可能，或者太昂贵，或者无法操作而难以对其进行操控，用模型则可以解决这个问题。可以研究一下模型的运行，据此推断出关于其真实系统或其子系统的行为的属性（Shubik，1960b，第 908 页）。[2]

舒比克是如何如此密切地了解模拟技术，以至于能够在几年之内就在博士论文里列出了一个具有权威性且覆盖面广泛的参考书目的呢？舒比克的个人生平既显示了那时他在参考书目中列出的模拟内容和背景，也显示了模拟当时在经济学中的范围。

在多伦多大学时，舒比克选择数学作为其研究领域，尽管中学的时

---

① 参见下一节，对于舒比克生平这一部分，参见其 1992 年论文的第 159 页和第 248 ~ 252 页（Weintranb，1992）。博弈和游戏区分的明确陈述，参见（Shubik，1966，第 10 页），而更为一般的是其 1975 年出的书。

② 关注舒比克关于模拟中使用的经济模型本质的陈述及其重要性的一个途径是对比同时代运筹学研究（OR）中所使用的那些模型，其目的是规定企业应该如何表现，而不是准确地描述它们是怎么表现的。例如，对比作者关于模型的代表性概念与 1960 年多夫曼的运筹学研究（OR）中的描述，行为被描述成“通过形式化的数学模型来表述问题”，模型则被定义为“对现象的象征性描述，其可观测的特点通过操纵符合某种正式逻辑法则的符号，由简单的解释性第一原则（即假设）推导而出”（第 577 页）。舒比克和奥克特对模型的代表作用的强调通常伴随着对模拟的定义和描述，在其定义和描述中，其代表性的能力与验证模型的需求相关。如果模型不代表经济系统，则模拟产生的模仿“证据”在给我们讲述的任何关于经济的方面的都是没有价值的（参见第 7 节）。其中，OR 可能使用类似的模型解决方案的实验技术，这些实验技术并不旨在模拟，验证问题并不重要。模拟的运筹学目的是确定经济体系应该是什么样子以确保最佳绩效，然而，如这里所讨论的，其目的是了解经济体系的工作特性。参见这一时期的 Thomas 和 Williams（2009）有关社会科学模拟的不同目的。

候他在数学方面成绩波动幅度很大。[①] 其选择是工具性的：年轻的舒比克幻想的职业是在政界，在1943年他发现可以研究的社会科学给人的印象并不深刻，他确定他至少将获得一些有用的工具。同时，作为海军预备役战士，他获得了电子方面的经验，但是，这些和他在左翼政党及联合学校的课外活动让他在政治生涯内通过运用他的经济学知识去改变世界的机遇破灭了。根据自己的后见之明，他的历史上的开创性时刻是当他在图书馆阅读时拾起了约翰·冯·诺伊曼和奥斯卡·摩根斯坦的《博弈论及经济行为》（1944）。他在1949年进入普林斯顿大学经济系，正如他所说的"喜极而泣"，兴奋的是在对的时间来到了对的地方，因为普林斯顿大学是20世纪40年代晚期和50年代初期博弈理论正在发展的两个主要研究中心之一。让人兴奋的是数学系的研讨会，在研讨会上很多经济学的学生以及众多教授，包括摩根斯坦，都是积极的参与者。[②]

舒比克对博弈论的热情显而易见，可以追溯到20世纪50年代早期他的第一个专业出版物。1953年他获得了博士学位，仅一年后，仍在普林斯顿大学，他出版了一本关于博弈论的读物，把社会科学的早期数学思想的失败归因于他们的物理类比的偏见，并以此作为其开篇（Shubik，1954，第2~4页）。他宣称有六个新的相互关联的理论，其中有一种理论数学适用于并且适应社会科学。[③] 他已经将这些理论中的两个——博弈论和信息理论——用于其1952年的简短的论文中（基于海军研究办公室资助的工作），他用新古典经济学提出议题并声称要统一现存的竞争经济理论（垄断竞争的形式独立于完全竞争）。[④] 在这样做的时候，他重新定义公司为"基于信息设计、获取、处理和行动的组织"，换句话说，作为一个组织，公司像是一台电脑（Shubik，1952，

① 本节参考使用舒比克2009年的自传性描述（1992，1994，1997）。他出生在纽约，在英国和加拿大接受教育，1944~1950年是加拿大皇家海军（预备役）的一个成员，以"司炉员"开始，以中尉（电子和雷达）结束其军旅生涯。

② 从这个研讨会起，舒比克和罗伊德·夏普森这名数学系的研究生开始了在博弈论方面的长期合作。

③ 他声称，其中发展最好的是博弈论，博弈论将人类和社会活动与人类和其他社会题材之间进行了类比。根据我们的后见之明，我们可以看到他提到的六个领域——博弈论、信息理论、统计决策理论、选择理论、学习理论和组织理论——都经过精心选择。

④ 这显然是一个博士生所做的特别声明，尤其是在当时最重要的系部之一的芝加哥大学经济学系的房产杂志上。

第 146 页)。

他的学术生涯并不是一帆风顺的。1954 年他在普林斯顿大学，其后一年，他到了斯坦福大学的行为科学高级研究中心，1956 年他又去通用电气公司上班（运筹研究部门），这“改变了他关于公司怎样运作的观点”（1997，第 103 页）。这为其早期把公司抽象定义为一个信息处理器提供了基石：

> 特别地，在通用电气公司，我认为长期计划的未来在于公司的好的细致电脑模型的发展以及他们所处行业的发展。我的观点是把模拟整合到公司的数据采集系统中，既用于预测和长期计划，又用于培训和运筹博弈，但这一点尚未被意识到（Shubik，1994，第 252 页）。

他认为利用每天流入公司的数据、模拟模型以及既为电脑开发又专门为公司构建的仿真模型和管理博弈，计划、操作和培训都能被管理。

同时，舒比克的论文最终以《策略与市场结构》为题发表(1959a)，第一次把博弈论的观点完整地整合到工业经济领域（同样见第 9 章第 4.3 节）。他在这一创新中的重要性很容易被忽视。经济学家理所当然地认为博弈论是关于经济学的。但在早期，博弈论既是数学界的话题，又是一系列真实社会的博弈（有时是强烈地反社会的），其最明显的应用是用于军事问题和冷战策略，而不是应用于主流经济学。舒比克使博弈论的数学方面用于经济学理论中，特别是公司经济学和行业行为（他的博士论文的主题）中。舒比克的贡献被称赞为转折点：“……舒比克重现了 F. Y. 埃奇沃斯著作中的市场核心（1881）。从那时起，经济学到目前为止一直是博弈论最大的应用领域。”（Aumann，1987，第 467 页）[①] 用经典的埃奇沃斯 80 岁时的作品重新诠释新的博弈论的概念和结果（在第 3 章中讨论的），就是在现代新古典微观经济学的核心中塑造了博弈论的地位。

从 20 世纪 50 年代中后期起，舒比克对博弈论的持续的热情通过逐

① 这来自《新帕尔格雷夫》（现代经济学百科全书）关于博弈理论的历史考察，当然无论是暗示 Shubik（1959 b）只手扭转局势还是认为经济学 1959 年后将博弈理论视为其核心（见 Weintraub〔1992〕）都言过其实了。事实上，其在经济学圈子中整体固定下来是很慢的。但是，舒比克的结果在经济学历史中仍然是开创性的。

渐意识到角色扮演的实验或博弈的有效性以及对博弈论能通过模拟实验和实证技术检测的信念的加深而逐渐温和下来（1959a，第556页）。他为什么以及如何将博弈论运用到博弈实践上呢？早在1952年的论文中，他就在考虑一个组织中的人们如何争论，然后达成一致，并考虑到通过角色扮演来构思这一过程是如何发生的。不过，舒比克告诉我们他在产业经济学领域的第一次实验尝试仅在1957～1959年与西格尔在约塞米蒂露营地偶遇后和西格尔与福雷克一起进行过。[①] 到了1960年，他独立承担起了诸如此类的实验（舒比克的报道，1962a），他从一系列在实验条件下进行的不同博弈实验中探索了博弈论的各种理论解决方案。[②] 同时，1960年，在离开耶鲁大学一年后，他去了IBM的研究实验室，从事实验和商业博弈并预测问题。他在那里与人合作开发了一个商业博弈，这个商业博弈有足够丰富的环境可以制作一款好的训练工具，也有足够的“能分析许多博弈论和寡头垄断理论结果的简洁的基础结构”（Shubik，1994，第253页）。[③]

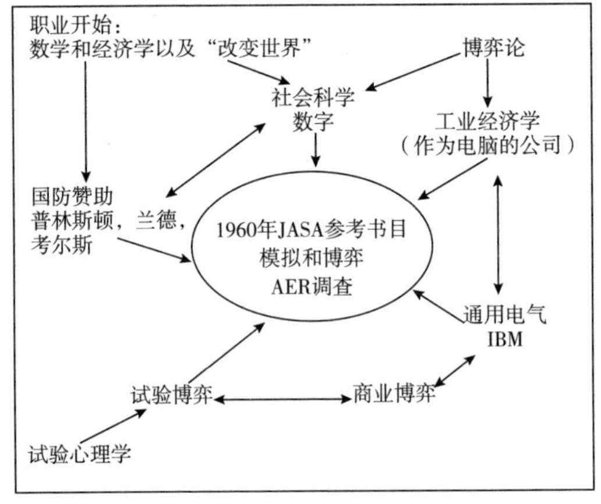

图8.3　马丁·舒比克的模拟经验

来源：Mary S. Morgan.

① 参见Shubik（1994，第252、257页），舒比克所参与的这些实验在Fouraker和Siegel（1963）的文中已报道。

② 这项工作由当时在耶鲁大学考尔斯委员会的舒比克承担并于1961年2月完成，再次由美国海军研究办公室资助。1975年，既学习博弈论又学习博弈的学生舒比克写了一本书：《社会博弈、商业博弈以及战争博弈：趋向于博弈理论》。

③ 他似乎专注于把商业博弈作为研究工具：在20世纪70年代，他成功地实现了双重目标：在一项关于竞争行为的联会研究计划中为商业博弈创建了一个人造博弈者，并对图灵测试进行了探索（见1994，第255页）。

然后到1960年，舒比克成功地覆盖了模拟和博弈实验的所有领域（包括商业博弈的人—机模拟），正如我们看到的图8.3，把他研究生涯的相关元素挑出来并进行了组合。难怪他能写出这样具有权威性的关于模拟这一话题的作品，不仅有领域广泛的参考书目（1960a），而且有关于模拟的AER研讨会的专业论文。两者都基于模拟的深层次的专业实践者的知识，及其研究方法和所涉及的经济话题。[①]

8.3.2 模型、模拟环境和模拟行为

尽管模型的位置并不总是显而易见的，但是在这些经济模拟中模型总在某个地方被发现。一方面，它们经常隐藏在模拟中所使用的实际的和虚构资源的各种组合中。与模型和真实数据的输入被明显标记的计量经济学（经济模型的统计分支）相比，至少它们是隐藏的。[②] 另一方面，模拟是实验，正如我们在第7章中所讨论的各种混合实试验中已发现的，模型的位置和功能有时相当不透明，特别是——就像在这里——人类对象和数学模型正与电脑以不同的组合方式被应用。舒比克选出了一些例子，在他的AER研讨会题为《行业和企业的模拟》的论文中提供了更加详细的描述（1960b）；对我们来说，它们提供了好的案例阐述了这一时期在模拟中运用的许多方法。

产业和企业经济学中的博弈（即角色扮演中的人）通过两种不同的活动来呈现：环境可能像在商业博弈中一样“丰富”，也可能像在经济学实验（今天我们所标记的）中一样被控制得非常严格。经济学实验仍然相当新，在这个经济学的次领域中，经济学实验可较好地由

① 舒比克的丰富的知识以及对于该领域的理解使他在20世纪70年代做了进一步的调查和批判性的评估工作，而且它所涉及的范围和内容与我在这里所绘出的背景的重要性相契合。因此，1970年，在兰德（RAND）的保护下，舒比克和布鲁尔受国防部先进研究项目局（ARPA，美国国防部的一个部门）的委托，调查了美国国防部各个部分的模型化、模拟以及博弈的状态。他们的调查覆盖了几百个模型，并在上述机构的赞助下形成了很多技术报告（例如Shubik and Brewer，1972a，1972b，以及Shubik et al.，1972）。由于这项工作，花费了几年的研究努力，这两个人对于公共消费做出了令人印象最深刻的描述，出版了《战争博弈》（见Brewer and Shubik，1979）。关于美国军队对模型、博弈和模拟（MSGS）的使用，在书中舒比克和布鲁尔提供了一个慎重、详尽，但深刻的批判性研究。这本书的版权属于兰德（RAND），但由学术机构中心，即哈佛大学出版社出版。

② 计量经济学模型没有直接在本书中被讨论，但第1章中有一些相对观点和参考资料，参考文献包括Morgan（1990）和Boumans（2005）。

舒比克的合作者的实验所代表：Siegel 和 Fouraker（1960）。紧随实验心理学的实践（西格尔的领域），他们对两人在孤立的交换环境中讨价还价的结果进行了细致的实验室实验：代表了工业经济中双边垄断的问题。这是著名的埃奇沃斯盒模型中所描述的问题的一个版本，他们称之为“祖先模型”（在第 3 章中讨论过）。按照始自 Edgeworth（1881）的传统，这一结果被认为在分析上存在不确定性，在实践中取决于两个人的相对讨价还价的能力。实验员们让学生扮演公司的角色，并把他们置于一个受控制的环境中。他们根据一个利润的简单经济模型约束每个角色的行为，而不是在第 7 章里我们看到的张伯伦和史密斯用供给—需求模型约束他们的实验对象。这两个学生就是用这种方式进行讨价还价的，一旦交易价格和数量在他们的系列实验中被确定，实验者就可以进行追踪。

与之相比，商业博弈包括了非常复杂且带有许多不同信息元素的模型。这些博弈出现在 20 世纪 50 年代后期，并且开始流行。[①] 最著名的一个是“卡内基技术管理博弈”（参见 Cohen et al.，1960），用当时的洗涤剂行业为它的行业模型提供详细的经济原材料。这是一种“人—机”模拟：行业环境（模型）通过电脑进行编程，并且人们在这个博弈中充当经理的角色，做出参与该行业公司所需的决策并且对环境做出反应；电脑充当根据行业水平活动模型去解决个人计划的计算设备。[②] 部分作为一个教学工具，博弈也为寡头垄断行业提供了一个研究平台，为团队活动以及很多其他方面的决策行为提供了研究材料。

行业经济的模拟（也就是没有角色扮演的参与者）由舒比克的 AER 论文呈现，其例证涵盖从来自真实行业或公司的非常详尽的描述和输入数据到完全虚构的没有任何实证数据的公司。现在被认为是经典的杰伊·福里斯特的“行业动态”（1958），设置了一个由个人假想的工厂的信息、订单、库存、生产、滞后的分配与反馈控制机制所组成的复杂模型（参见 Thomas 和 Williams，2009），然后模拟这

---

① 根据 Cohen et al.（1960），围绕此点有 21 个商业博弈。

② 使用电脑作为媒介的商业博弈，名义上被归为博弈的类别，但不是所有的人—机模拟都能完成由舒比克所定义的博弈的目标。有时参与的人是给定的，也就是说，他们及他们的行为不是研究的主题；相反，他们是他们所代表的真实生命体“最便宜的最有效的模拟器”（例如，参见查普曼 Chapman et al.，1962）。

个“系统分析”模型去理解信息如何流动以及其时序如何在工业体系的其他部分创建了某些模式。同样地，Hoggat（1959）用电脑设计了一个由最初的100家公司构建的完全虚拟的行业的数学模型，去模拟在某些条件下作为一个模型探索练习的该行业会发生什么事情。

这些虚构的行业模型的另一极端是Cyert和March（1963）的著名的百货商店模型。与研究员C.G.摩尔一起，他们进行了非常详细的关于价格决定的决策和百货商店内的部分部门产量决策的田野研究。他们不仅仔细地研究了处理决策的细节，而且定量收集了定价历史（比如视情况上调和下调）、销售历史等，然后使用所有这些实证材料创建了一个非常详细的处理模型，并通过电脑的协助准确地预测了价格。另一个基于实证模型的例子来自Cohen（1960），他模拟了“鞋、皮革、兽皮序列”——从原材料到鞋业的最终产品输出的经济活动的序列。为了把这个行业的典型企业的行为模型化，他需要翔实的数据，需要对这个行业的公司进行完整的制度描述，这两项研究工作在马克的作品中都能找到（Mark，1956）。他在他的全行业流程模型中输入了真实数据，来构建行业内关系系统的一个封闭动态模型。随之而来的总的行业模型是非常复杂的，因此在此后很长的一段时期内，他通过模拟产生模拟的输出数据流。

在福里斯特和霍格特构建的虚构的公司和行业模型与科恩、西尔特和马奇构建的真实的公司和行业模型之间，我们有“纸—机”模拟练习的例子。Cyert、Feigenhaum和March（1959）旨在发明一个通用的公司的准确行为模型，这个模型专注于指明公司是如何按照一系列的9个步骤来做出决策的。这个“过程模型”被建成了“流程图”，可以很容易地被转换成电脑格式，并用来在假设的时间内模拟两家处于双头垄断行业的公司的决策过程。模拟的结果被用来与来自1913～1956年这段时期的锡罐行业（大陆罐头公司和美国罐头公司）的真实市场份额及其利润率进行比较。作者声称“匹配良好”（第93页），也就是说模拟的“证据”和真正的“证据流”拟合度好，但他们否认这个演示验证了他们的模型。在这一章的后面我将返回到这一点。

从1960年这段时期的案例中我们可以看到，个人、公司和行业经济行为模拟与博弈是如何在各种场景安排中使用模型、人、实验以及电脑的。一些模型包含了很多真实的公司信息，还有一些依赖由经济学家创建出的假设的或虚拟的公司。电脑在模拟中可能比在依赖角色扮演的博弈中所起的作用更为重要，但他们在所谓的“人—机”模拟上的作用是尤其重要的，这种模拟将角色扮演和复杂的模型组合在了一起（例如商业博弈）。

在舒比克进行模拟和博弈实验（包括人—机商业博弈）期间，相对于仅依赖简单数学经济模型的分析，舒比克开始领会这些模拟方式的优势，而因为这些研究类型所涉及的困难，他获得了应得的尊重。他后来的自传体宣言反映了他对抽象的经济模型及其理想化或简化假设的不满，这种不满甚至比他早期的陈述更为强烈。他在这里解释了最早他在1952年对博弈论的检验中所发现的那些种子是如何成长为坚定信念的，他认为经济学的理性经济模型人应被一台人性化的电脑经济人模型所取代：

> 我试图通过数学、博弈论和经济学来逃避早期那些无所不知的理性决策者抽象模型的教化。人类的理性决策模型充其量是一个对更为复杂、智能的生物构成的一阶近似模型，可以在单位时间内以及在计算容量限制的场合中通过高度的信息整合来做出决策。激情可能是高度复杂的体现，这些程序旨在使我们能处理感官输入，如果做不到，我们会被击败（Shubik，1994，第256页）。

舒比克将人看作计算机，将激情看作处理许多感官输入的复杂程序的宣泄口，这种观点与杰文斯对19世纪后期的理性经济决策者的描述相去甚远，在杰文斯的描述中，理性决策者可以以机械天平的精密度来判断非常细微的效用（参见Maas，2001）。舒比克的观点反映了少数经济学家，包括赫伯特·西蒙和弗里德里希·冯·哈耶克等持有这些不同观点的经济学家，对人的经济行为的看法在某种程度上与20世纪50年代和20世纪60年代的理性经济主体的主流观点有很大的不同。[①]

---

① 参见西蒙的自传（1991）；哈耶克关于大脑的研究，参见Caldwell（2003）。米罗斯基的书（Mirowski，2002）探索了这一时期的经济学家参与电脑和AI（人工智能）的令人惊讶的广度和深度。在本书中见第4章对于主流观点的描述。

8.4 盖伊·奥克特的生平与“微观模拟”

> 模拟是模型研究和使用的一个通用方式，……单个模拟的运行可能被认为是一个在模型上进行的实验，……某个事物的模型是设计来整合那些被认为对一个或多个特定目的而言非常重要的特征的一种表现形式（Orcutt，1960，第893、897页）。

一个非常不同的模拟轨迹可以在盖伊·奥古特的生平中发现，他的微观模拟方法在他1960年的AER研讨会论文和随之而来的书（Orcutt et al.，1961）中被首次引入经济学界。这种微观模拟的方法被认可而且被经济学专家称为经济学和人口统计学的新的研究传统的开端，模拟在这些领域的研究方法中非常重要：也就是说，研究方法是建立在模拟基础上的，而经济学中模拟的其他形式经常形成一种互补技术，对真实实验、计量经济学和数学建模等方面进行补充。[①] 通过20世纪60年代的发展，在20世纪70年代，奥克特的方法和模型在美国成为日常使用的方法，被用来评估福利制度、税收制度的变化带来的分配的、经济的和人口的结果，后来被传播到其他国家。

奥克特的第一个兴趣是在电气工程方面，这个兴趣是在家中培养起来的，也是他大学的第一个研究领域，而且在其后来的工作中表现明显。[②] 后来他的兴趣从电气工程转到了物理学方面，在研究生院，其兴趣又转向了经济学（在密歇根大学），原因和早期的丁伯根一样——寻找一门更为有用的社会科学，这门科学可能防止第二次大萧条（这是在20世纪30年代后期）。

在他的第一份工作期间，他在麻省理工学院建立了一个电动回归分析器（即用电脑计算统计回归），然后他带着它在1946~1948年到剑桥大学应用经济学院从事研究生的研究工作。根据他自己的描述，这是一段对他影响最大的经历：在理查德·斯通的指导下，用自己特制的电

① 例如，参见Greenberger et al.（1976），Watts（1991），以及《经济行为和组织的杂志》（1990，第14卷）的一篇纪念奥克特并评估他的作用的专题会议论文。

② 关于奥克特自传的细节摘自上一脚注中的评估部分以及他自传的片段：Orcutt（1990a，1990b，1968）。也参见Solovey（1993）。

脑，他对在宏观经济时间序列数据中发现的相关结构进行了一系列分析。他的第一篇论文（1948 年同埃尔文一起）分析了由丁伯根（1939）构建的第一个美国宏观经济模型中使用的数据。在 20 世纪 30 年代中叶，丁伯根创建了有史以来第一个宏观计量经济模型，这是一个荷兰的经济模型（Tinbergen，1937）。基于弗里希 1933 年所提出并设计的模型（在第 6 章的开头讨论的），他用实证数据估计了代表经济方程的参数值，其后进行了估计模型的模拟，来探索六个不同的政策方法对荷兰走出大萧条的影响（参见 Morgan，1990，第 4 章）。这样的政策选择模拟成为战后时期计量经济模型的一个标准部分。

尽管奥克特很崇尚丁伯根的宏观经济工作，但他得出了一个结论：这些总体数据及其相关的实证商业周期模型或宏观模型对于分析经济或进行基于模拟的政策改变的检测来说都不是好的素材。这并不是说这些模型一定是对宏观经济的糟糕的代表，而是说测量的数据意味着模型验证的可能性很令人怀疑，因为存在于数据中的相关问题说明了模拟的无用性。这就是奥克特想转向宏观经济或从整体人口中获得个人层面数据的原因，因为他相信这将让他避免处理总体时间序列数据时所遇到的问题。是个人做出经济和人口决策的：如果有实证支持，通过这些可以得到令人满意的建模，并可以归纳它们以提供一个更为可靠的总体经济表现。

奥克特于 1960 年在 AER 研讨会论文中从模拟的总体介绍开始，然后将其作为一个例子，展示了他关于新的微观分析模拟方法的第一次充分报告。他描述了 10000 个“个人”的“样本”是如何产生的（并不是真实的人，而是虚拟的人），通过使用来自人口普查的数据加上一个小的基于采访的样本调查给人赋予相关特征，从而使他们构成 1950 年美国全部人口中具有代表性的个人样本。他随后准备了一个关于人口行为的具代表性的个人样本的描述，包括出生、死亡、结婚及离异，并且他模拟了这些个体的人口变化的动态，在其样本中、在模拟期间逐月跟踪其行为。最后他把样本数据汇总到总体水平去评估他得出的虚拟人口的跨区和时间序列数据的特点，并将它和 1960 年的实际人口数据与模式相比。[①] 听上去简单，但考虑到当时的技术条件，

① 在 Orcutt 等（1961）中，他们报道了这项工作的完整、详细的信息并通过整合人口统计、劳动力、个人决策单元的支出以及储蓄行为，将最初的形式加入了经济内容中，很大程度地扩展了经济内容。

这显得不可思议得雄心勃勃。真正的困难是弄明白如何模拟个体的微观动态。为了达到此目的，正如我们看到的，奥克特用他从自己以前的经历中获取的知识，富有创造性地解决了这些问题，让其微观模拟起作用。

尽管奥克特在商业周期统计工作中遇到了许多困难，但他已经熟悉了使用采样设备和随机数字进行统计实验的传统。从早期的物理设备到后期的思维实验和基于电脑的蒙特·卡罗方法，统计学家已用实验探索和演示了统计分布和统计过程的结果的属性。在20世纪20年代，对这些时间序列数据问题的探索已经导致尤尔用统计实验去分析“无稽之谈的相关性”（1926），斯拉斯基则使用随机数字生成了一个模仿商业周期数据的人工数据系列（1927）（在第6章和稍后的章节中提及）。[①] 在20世纪40年代后期，奥克特使用自己的电脑，对基于模拟分析技术的总体经济时间序列数据进行了自己的分析。[②] 他用统计实验和包括“实验模型”及随机数字的模拟去产生人工序列，其属性能被检测并和那些真实的经济数据的属性进行比较。

正如我们所关注的，奥克特已经开始不信任由丁伯根所发现的结果，但他自己的微观模拟方式却将丁伯根基于证据的经济模型方法和斯拉斯基所使用的随机统计程序这两个元素组合了起来。奥克特的微观模拟（1957，1960，1961等）在两个方面是基于实证数据的：“状态”变量，其决定样本中所有个体的特性，其数据来自当时的人口普查和样本调查数据，因此10000个虚拟个体的样本被构建成了期初人口代表性样本；“操作特性”，其决定了人口行为和单位时间段个体的生平，从当时的人口数据估算出来：它们为一系列拥有相似特征的个体提供了各种结果的概念。只有在后一点上，随机化因素才出现并被输入进去，因为从统计意义上说，样本中任何特定的虚拟个体是否发生人口变化，取决于支配这些事件的概率。在这里，奥克特利用了蒙特·卡罗的统计实验技术——抽样技术，挑选和确定个人事件的发生，尽管控制这些事件发生的概率是由经验决定的。

奥克特采用蒙特·卡罗技术的两个元素值得在这里做一下评论。首

① 参见 Morgan（1990），本书第3章以及 Hendry 和 Morgan（1995）。

② 参见 Orcutt 和 Irwin（1948），以及 Orcutt 和 James（1948）。

先，他通过电脑产生这些随机选择，而不是像斯拉斯基做的那样从彩票中抽样或从霍尔布鲁克或稍后的肯德尔的随机数字表中抽样。也许，对奥克特而言，这可能仅仅是在长久使用的随机数字统计实验传统中的另外一个小创新，但是，因其个人经验，这是一个他觉得容易理解的创新。其次，他用电脑挑出并重组样本中的个人行为元素，将其作为一个可行的方式进行微观动态模拟。[①]

更多的有关奥克特的个人生平可在其微观模拟的方法中发现。其中一个方面是他的模拟设计包括了“递归性”。这一概念来源于考尔斯委员会计量经济学家们和赫尔曼·沃尔德在20世纪40年代和20世纪50年代进行的一场关于联立方程与递归形式模型之间的辩论，奥克特在此辩论中有所贡献。[②] 沃尔德认为，从原则上来讲，为了行为的现实性，应制定经济模型以允许个人按顺序进行决策，并将这些决策用因果链条联系起来，同时这个递归性属性要求密切关注所做决策中的时间单元。在计量经济学模型结构的研究中，西蒙主张一个稍微不那么严格的要求——模块递归性——不仅仅基于因果顺序，而且基于它们的识别属性的需求。西蒙选择了他的时间单位（一个月）和模块（个人家庭单元）以获得其模型的一个合理的逼真的程度，同时还保留一个与沃尔德和西蒙的观点一致的模型实用设计。[③] 此外，正如他所指出的，模块递归性很好地兼容了计算机技术的顺序操作。

他的模型设计的另一方面大概与他在电气工程方面的实际经验联系更为密切。他对于“可插取组件”的观点使研究人员容易测试模型的一致性，因为每一部分都能够独立测试。模型的某些部分——例如操作

---

① 那时，在统计学家和数学家/物理学家之间对于谁发明的蒙特·卡罗技术（蒙特·卡罗模拟）存在大量的争论。这一争论可以被有效地理解为并不是一个关于优先权的争论（因为在统计学家那边的证据是清楚的），而是关于它的应用范围的争论。统计学家关于此争论的版本出现在M. S. 蒙特·卡罗于1953年的评论中（第48页）：“这个‘人工样本’或‘蒙特·卡罗方法’是统计学家们所熟悉的，太熟悉了以至于随机数表格在他们的词海中是一个常见的术语。然而在近几年，数学家将其严肃地认作微分或其他数学方程的解决办法的辅助手段……”另一个当代讨论者（马歇尔，1954）对比了蒙特·卡罗方法在概率案例上的应用历史（正如这里的奥克特）和物理学用此方法解决确定性问题的新应用（也参见McCracken，1955）。关于物理学史中的技术的相关性，参见Galison（1997）。

② 参见Morgan（1991），Orcutt（1952），以及Hendry和Morgan（1995）。

③ 对于沃尔德和西蒙观点的讨论，参见Morgan（1991）和Boumans（2006，2009，2010）。

特征和状态特征中的参数——能被独立地修改和恢复（而不是整个模型都必须重新设计）。与此观点和模块递归方法相关的是在很多单个组件内使用较少的组件类型：他的模拟模型中10000个个体的样本中仅有有限的几个家庭类型。这也让他的模拟设计更加实用。

最后，奥克特有意识地采用了由哈维尔曼（1994）为计量经济学开发的概率方法。[①] 从概念上讲，组件个体单位的样本必须被理解为“经济系统中更为广泛的概念模型的组件的概率样本”（Orcutt，1960，第903页）。正是此概念证实了具有代表性的样本的夸大性和与来自人口普查的总人口中的真正发现进行有效比较的合理性。

因此奥克特开发其微观模拟模型的研究工作的历史是一段沉浸于统计学、计算以及计量经济学加上用计算机作为人口统计的工具的个人历史。这里，我们有一个很好的例子，鲍曼认为模型就像一个配方——由许多不同的元素混合在一起组成，但是伴随着额外的收益，也就是我们能看到在这种情况下这些元素是如何成为奥克特自己生平的一部分的（见图8.4）。而且，再次与鲍曼的观点和术语一致，我们能看到，源于其过去的工作经历和交往，奥克特如何开发出了一项新的模型配方。但

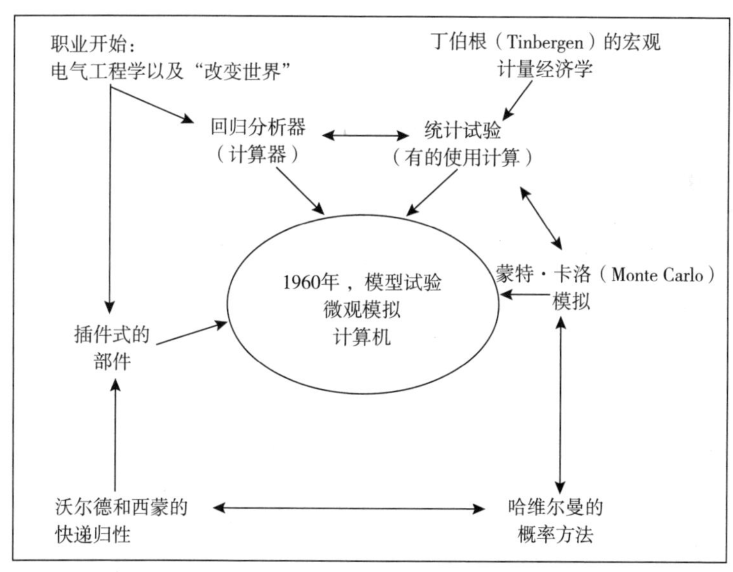

图8.4　奥克特的微观模拟的新配方

来源：Mary S. Morgan.

① 参见 Morgan（1990，第8章）。

远远不止这些。正像丁伯根在早期借助其“宏观计量经济学模型”一样，奥克特已经为经济学创造了一种新的科学对象，这个科学对象需要开发一种模型使用的新技术。新对象和新技术都隐含在他所给的新头衔——“微观模拟”——中。

本书在第1章以模型是技术这一观点开篇：模型是用于研究的工具——经济学家探寻模型的世界并用模型去探寻世界。并且，正如我们在第6章和第7章中看到的，模型有各种不同的实验方式，这些实验让经济学家用模型洞察了这些小的领域，然后以不同的方式做出了关于小的模型世界和真实经济世界之间联系的推论。同样，本章所讨论的材料具有相同的规律，显示了从用虚构公司的小的数学模型到使用真实的公司数据模型的模拟，再到奥克特的基于调查和人口普查数据的庞大的微观模拟的一贯性（并且，尽管没在这里讨论，在20世纪60年代这些模拟实验与计量工作共存，当时，一些经济学家用真实的数据去估算模型，去赋予参数值，然后模拟在验证练习或政策分析中进一步产生“证据”流）。[①] 从模型模拟推断的概率中了解世界本质，是一个很重要的问题，这一问题我推迟到本章的最后一节。[②] 在那之前，我研究了这个使用模型的新模式——模拟，表明这种新技术的共性主要是研究模型中的世界。

8.5 把“显微镜”引入经济学

回望1954年，奥斯卡·摩根斯坦在他的经济实验报告中把那时的计算机这种科学研究中的全新工具比作“望远镜”和“显微镜”。借助这个工具，经济学家不仅可以把遥远的事情，而且可以把平常因太小而

---

① 尽管奥克特觉得丁伯根的宏观计量经济学模型模拟并不值得追求，但Adelman和Adelman（1959）及Duesenberry et al.（1960）的研究依然遵循这条路线；更多细节参见Morgan（2004）。回顾20世纪30年代，可以看到两个并行的连续事件，一个是萨缪尔森于1939年运用小数学模型模拟探索乘数和加速机制，并将其结合在一个模型中（见第6章），另一个是萨缪尔森基于来自实体经济数据模拟使荷兰经济走出大萧条的政策可能性的计量经济模型（参见Morgan，1990，第4章）。

② 在这种背景下，一些博弈可能被算作模拟（其中，角色扮演涉及的不是他们平时玩的角色——例如，在Cohen et al.〔1960〕中学生进行商业博弈），而其他博弈可能会被视为实验（其中，人们扮演自己的角色——例如在一个物流实验里男服务生扮演他们平时的角色；参见Chapman et al.，1962）。

无法观测的事情，统统纳入研究范围。[①] 马丁·舒比克很好地继承了这个隐喻，他在1960年曾把数字计算机描述成完成双重使命的一种经济学的实验室设备：

> 计算机可以确保为经济学家提供一种建造观测仪器和实验设备的方法，这些仪器和设备一直是传统科学专用的。从某种程度上说，计算机作为经济学家的观察工具，其作用类似于显微镜对于生物学家的作用（然而，对于经济学家来说，很大一部分工作是建造用以观察的“标本”）（Shubik，1960b，第908页）。

他继续说到，数字计算机可以容许经济学家在不同程度的集合上对大量数据进行研究；它能用于更“实际”也就是更复杂的模型，这些模型不再必须进行分析式的求解，而是可以用数值方法进行分析；另外数字计算机还能用于模拟。舒比克也指出了模拟计算机的作用，即在模拟中使用可替代计算机的模型，尤其提到纽林-菲利普斯机器（参见第5章），认为其提供了“一种宏观经济系统的类似模拟”（1960b，第909页）。[②] 但是模拟作为一种技术，既不是唯一的也不是必须依赖计算机的；并且，尽管数字计算机或模拟计算机的出现很有用，但是研究者真正关注的焦点是研究的方式。因此，把模拟（而不是计算机本身）作为一种为经济学研究提供“显微镜”的技术来理解似乎看起来更恰当。

正是模拟的探索性和研究性的功能，这种使经济现象变得可观测的

---

① 摩根斯坦（Morgenstern，1954，第539~541页）通过分析大量复杂的经济数据，聚焦观测新型数据和新模式的可能性。1947年在哈佛大学，他评论了用“海军标志ii号”计算机求解里昂惕失的投入产出模型（运算耗费了48个小时）。摩根斯坦的工作是普林斯顿经济学项目的一部分，同时也受国防支出的资助。克隆比在关于科学的推理中（参见第1章），含蓄地表达了建模是望远镜和显微镜的替代品：“假设的模型是一种获得对一些不能直接观测和分析的现象的深入洞察力的方法，因为这些现象要么遥远得像彩虹或者天堂，要么其结构或进程细小到显微镜级别，以至于仅仅用我们可得的东西无法解释这些可观测的效应，或者因为如果不像人脑手术那样破坏掉它们，我们无法立刻进行观察。”（Crombie，1994，第1241页）但是他没有给出任何实现这种观测的描述，也没有讨论模拟。

② 尽管数字计算机毫无疑问大大增加了经济学中模拟的可能性，并且它可能已经成为许多领域的一个主要工具，但是计算机的使用并不是模拟的必要条件。在经济学中，手工的数学和统计学的模拟已经实现（例如，Slatsky，1927；Samuelson，1939），并且正如我们刚刚发现的，在经济学中有一整类非计算机的模拟（例如博弈论）。作为类比计算机的纽林-菲利普斯机器，参见Morgan和Boumans（2004）。

功能，才是我们这里所讨论的焦点。在这种情况下，值得一提的是：科学里面没有一种纯粹的观测技术，只有在不同程度上起作用的许多不同工具。[①] 把模拟当成类似“显微镜”的观测工具来理解，给我们提供了一种简明的方式去理解经济学中的模拟技术。这将我们的注意力转移到了摩根斯坦和舒比克的讨论中的3个元素：观测的工具、样本以及尺度/程度的问题，为我们提供了用以类比的基础。其观点是把模型构思成“显微镜”，这使经济学家能够在比平常更小的尺度上看到事物的细节，但是，经济学家们借助工具“看”到的事物不是“自然客体”，毋宁说是特地准备的和加工的那些客体的样本，也即模型。并且，经济学家们用以观测的工具，不是一块简单的放大的镜片，而是复杂的科学工具。如果想要进行有效的类比，这些元素中的每一个都必须被认真考虑。

8.5.1 类比的概述

哈金（1983）在其经典的显微镜的现代哲学应用中讨论了这个工具的特殊性，他认为基于两个基本的理由，显微镜无法观察到事物的本质。首先，这个工具严格依赖光（依据显微镜的使用不同形式的光），基于物理法则使我们能够看到我们打算研究的物质。其次，为使我们能用不同的方式看到物质，要以不同的方式制作样本。此外，借助显微镜进行成功的观测依赖许多提升器具能量和精确度的技术因素，以及相当数量的使用者的隐性知识和技能（后面我将再回到这个重要的方面）。基于对这些工具的依赖，哈金强调我们无法透过显微镜进行观测，我们只是借助显微镜进行观测而已。

我们借助显微镜看到的是什么呢？众所周知，借助显微镜，科学家们可以在比他们在自然状态下小得多的细节和尺度的水平上来研究现象。但是小尺度并不是唯一必需的，也不是最重要的工具调查的特征。正如哈金讨论的那样，显微镜和载玻片上的样本制剂拓宽了科学家的自然能力，使过程观测得以进行，尽管对于被观测物来说这样做具有侵略

① 例如，Hoover（1994）认为计量经济学应该被视为一种观测技术而不是一种测量技术，但是Boumans（2005）认为计量经济学是一种使用测量工具观测的测量方法。在Daston和Lunbeck（2010）中，马斯、摩根和波特撰写的3个章节建议其他的经济学观测的模式，从Maas和Morgan（2012）的研究中我们可以发现在经济学历史中更广义的观测。

性：对一些特意隐藏起来的细节和结构进行观测。这是诸如现代复杂的医学 MRI 扫描仪这样的仪器的一个典型特点，因为这些仪器用显而易见的方式进行了活跃的、侵犯性的观测。这有助于拓展我们对显微镜的理解，聚焦于其“辖域”特征，以便我们观测和研究其隐藏起来的东西。这是所有类型的现代观察仪器的一个普遍特征：例如，电子显微镜是揭示特别小尺度事物特点的主要工具，X 射线晶体学技术被设计来揭示被研究物体结构的不同方面。①

观察仪器使我们能揭露事物的不同类型和层面，因为这些仪器不仅在尺度上而且在分析能力上拓展了我们的观测范围，其分析能力是分解被研究物质从而获得不同类型信息的一种能力。老式的显微镜和现代的仪器都是“有效的”或“分析观测”的装置。现代的观测器甚至可以人工合成，也就是说将那些已经被复杂技术拆分开的不同部分再重新组合成一个整体。

如果在诸如这些观测器（广义理解的）的技术和模拟之间的类比起作用，那么这种类比将提供资源帮助我们理解经济学中的模拟。我把自己对模拟进行探究的认识论方面的内容分为三节。在本节余下的部分，我讨论尺度和载玻片制备的类比特征。在第 6 节，我将关注被认为是显微镜的模拟如何作为一种观测技术起作用。最后（第 7 节），我将会探究这种类比的方法怎样帮助我们理解关于模拟的质量（也即推理）这样的核心问题。也就是说，有效的模型模拟观测策略是如何使经济学家可以得到这世界上那些他们试图模仿的事情的信息的，我对这一点是有疑惑的。

8.5.2 尺度和种类的问题

让我们再从关于尺度的问题开始，因为，显微镜的类比首先意味着，模拟允许我们观测那些比在没有这类仪器时我们可以研究和观测的小得多的事物。确实，这个词本身就已经代表微小的东西了。然而在经济学中，模拟的第一次使用，不是同微小的东西相联系，而是与大的事物、19 世纪 30 年代运用计量经济学模型对整个集成经济的统计学研究

① 参见莱茵贝格尔的调查论文（2008），其间接谈到了这个主题；更多关于 X 射线晶体学技术的细节参见 de Chadarevin（2002），更多关于电子显微镜的细节参见 Rasmussen（1997）。

相联系的。到19世纪五六十年代，随着基于机器（计算机）的模拟的出现，计算远超以前的大量数据和进行更多的运算成为可能。[①] 但是一旦对经济进行集成，这些整体就不再能够像以前一样被简单观察，而集成本身的结果也变得令人烦恼。奥克特曾表达了一个更普遍的抱怨："即便不是在实践中完全不可能，这里也有一个固有的难题，即把基本决策单元的简单的关系，累积成为更大的集成单元间的可理解的关系，这是荒谬的。"（1957，第116页）

19世纪60年代，计算机模拟所拥有的强大的计算能力，的确使经济学家们从大的事物转移到小的单位中去，从总体事物转到个体事物中去了。我们发现这种观点在1960年的模拟文献中被很好地理解了，它们声称在计算机的帮助下进行模拟意味着经济学家能在一个比之前细微清晰得多的水平上开展分析工作。例如，舒比克写道：

> 由博弈论和模拟提供的方法论工具，使人们通过一种有条理的方式揭示和检验重要的、精巧的企业结构，以及企业运营的市场成为可能（1962b，第41、42页）。

借助计算机的模拟提升了人们从时间和活动上把经济领域拆分成更小单位的能力。例如，经济学家们可以利用这种新方法，通过制鞋业的水平检验整体经济状况。而在此之前，由于计算的限制，他们只能看到整个制造业的状况。如果他们愿意，他们可以看到单个家庭逐月的人口统计情况，而不是之前看到的每隔10年的人口普查的整体的统计数据。计算机模拟赋予人们的不仅是可以达到小的细节的水平，而且还能达到一个复杂的或集成的水平，正如我们的几个模拟者，例如奥克特，曾提到的那样。从这个意义上说，计算机模拟技术的确有能力，其能力更多的像是现代医学中的核磁成像，而不是像显微镜。因为诚如经济学家们所述的计算机模拟——它们提供了一种既能看到微小细节，又能把细节再重组成一个全景图的方法，这个全景图是由个体单位集合成的，不是从集成水平分析开始的。

---

① 总的来说，计算要求相当多的劳动力，并且一直更多地被归因于模型预测技术而不是预测对象本身的规模。计算机第一次被用于大型宏观计量的估算模型是克莱茵—戈德伯格模型（参见他们1955年的文章）。在这之前，计量经济学模型估计一直是一种应用手工计算器的"劳动密集型"方法。

但是，如前所述，显微镜作为一种工具，不仅用以观测更小单位的事物，更可用以揭示事物隐藏起来的那些方面，那些我们还未真正领会的细节，甚至我们以前未想过的新的特征。相似的是，在经济模拟中，对模型的仔细研究可能揭示一些使经济学家感动惊讶的事物。例如，回忆一下萨缪尔森使用的凯恩斯模型，其数学模拟揭示了多样化的隐含在模型当中的行为，包括那些极其变幻莫测的行为（参见第6章）。在企业和产业层面，经济学家们可以有所选择去研究诸如单个家庭的历史或者单个企业的历史这样小的单元；事实上他们已经这样做了。但是单个案例研究无法揭示个人层面与其他单元之间的联系。在前文提到的制鞋业和家庭人口统计两个案例中，我们需要理解的不是单个个体本身，而是个体行为与其他个体的关系和互动。就是个体间的相互关系和互动通常隐藏在更高水平的集合中，模拟方式可以从模型中揭示其集合。因此奥克特寻求一种由“多种具有互动的单元”组成的“新型模型”(1957，第117页)。小的东西看起来很有趣，往往只是因为它们置身于一个更大尺度的图景当中，或者它们与其他一些小事物互动的动态位置；而不是因为它们是独立的小尺度实体。正是在这个意义上，AER论坛的经济学家们，如舒比克、奥克特认为，与诸如宏观计量经济模型或微观经济学简单数学模型这样的集成水平的研究方法相比，新技术标志着一种所研究事物在现实性和复杂性上的提升。

8.5.3 样本 = 模型

在经济学模拟中，显微镜下载玻片上的“样本”是由什么组成的呢？这是一个相当困难的问题。这类样本，如果它们是自然物质，是某种小尺度的单元，或至少是某种被切分成的小经济单元，那它们应当是个体家庭单元，或典型的鞋业企业。但实际上它们不是，它们只是这些东西的模型而已。

当然，现在许多科学家把模型当作模拟工具，有的时候这些模型是物质模型，例如俄罗斯基（Oreskes，2007）报道的早期小尺度的用各种材料做成的特制物理模型，如用煎饼面糊、腊石等代替岩石。然而，由统计的或数学的物质构成的经济学家们的模型，看起来不像生物学家们置于显微镜下，并借助显微镜揭示其行为或结构的天然物质，尽管这些物质也是经过精心准备的。经济学的自然实体是个人、家庭和企业，他们根据经济事件做出决策和采取行动。经济学家们为模型“准备”的是关于这些实体的描述、报告和原理，他们用许多数学公式、统计数据、随机数字等构建模型，并且在模拟的过程中研究这些东西。

但是它们的差别不仅没有那么大，而且不如看起来那么直观。一方面，生物学上用于仪器研究的样本是经过特别挑选、清洁和准备的，为了满足电子显微镜的需求，它们可能用化学物品浸泡过或染色过以突显某些主要特征，也可能被压平过，也可能被涂了一层金属（参见 Rheinberger，2008），经过诸如此类的对“自然”事物的处理！

另一方面，经济学模拟中的“载玻片”如它的对象一样有一个模型；也正如舒比克警告我们的，“需要做大量工作去构建用以观测的‘样本’”（1960b，第 908 页）。事实上我们会发现，经济学家们准备模型样本的过程和准备其对照样本一样长。回顾我们早先谈到的奥克特的微观模拟的例子，理解构建这个模型所要求的细致工作几乎不需要什么想象力：生成 10000 个虚拟人口样本去代表所有的人口，界定描述其行为的特征，只有这样做了模拟才能开始。[①] 在那个制鞋业的案例中，我们需要将马克在收集、检查和整理统计信息方面的广泛的工作和科恩将数据处理成既适用于计算机计算又与他建立的模型一致的正确格式的工作包括进来。在那个百货商店的案例中，我们需要将摩尔和西尔特广泛的实地走访和马奇对百货商店决策过程的模型化包括进来。[②]

从这个层面上区分经济学和生物学样本准备到底有多困难，1960 年 AER 研讨会的第 3 篇文章（由克拉克森和霍伯特·西蒙合著，题为《个人及集体行为的模拟》）提供了一个很好的例证。[③] 他们的目标在于用电脑编程挑选股票进行投资：一个典型而且传统的经济学决策问题，即人们在同时面对许多信息和巨大不确定性时如何进行选择的问题。通

---

① 在奥克特的案例中，作为要素的个人是代码—模型人，而不是真实的人。但是在某些真人进行角色扮演的博弈实验中，我们可以把这些人当作模型要素。

② 看起来，当我们考虑那些相关的细节时，创建和准备一个用于模拟的模型远远超过数学模型分析的正常要求：每一个细节都需要指定，为模型模拟进行的相关检查的精力远多于对模型求解的。的确，正如舒比克多次提醒我们的，“模拟最有价值的贡献之一在于为计算机精确定义研究模型的必要性所强加的规范。从某些方面来说，幸运的是，计算机实事求是、想象力平平”（Shubik，1962b，第 5 ~ 6 页）。

③ 这显然是克拉克森的论文，所以我也指在 1963 年再版的一个合集中的那篇文章中的一章。

过准确观测银行投资信托的投资经理为一个投资组合选择股票，克拉克森（1963）解释了他的模拟建模如何开始。他采访了信托投资经理并且观察了他们的会议，对过去的决策进行了历史分析，他制作了投资决策过程的“协议”或书面记录。这些建立“专家系统”记录的费时费力的精确工作，为电脑编程做出类似决定提供了基础；换句话说，即他们基于与信托投资经理掌握的相同的信息，来为某个投资组合挑选股票。这些关于股票和股价波动、关于委托人和他们的要求、关于信托的法律要求的原始信息，都需要以与协议中详细描述的决策过程相融洽的方式被整合输入电脑程序中，这样，电脑能基于相同的信息，借助相同的记忆要素，尽可能地做出与信托投资经理一样顺序的投资决策。

在这个案例中，怎样定位用于决策的自然事物与用于模拟的事物的差异并不清楚。信托投资经理发展了某些信念，并根据信息来采取行动，他们获取的部分信息为分散的报告、统计、表格以及诸如此类的形式。这些纸质文件并不是原始的纯粹的经济材料；这些材料全部被提供给了投资经理，同样所有的材料也被提供给了模拟模型和计算机。无怪舒比克会觉得，到一定时候，企业会引导其正常收到的信息进入将模拟作为公司决策过程一部分的渠道。

舒比克（1960b，第 914 页）认为，对于大多数他曾讨论过的经济模拟来说，模型的准备工作包含一长串的转化——“从对经济过程的语言描述到计算机模拟，……可能最多会涉及 5 类语言”：从语言的描述开始，到建立一个数学模型，再到制成图表，接着是计算机编程，最后成为机器语言。相比之下，对于克拉克森和西蒙来说，正是计算机处理“非数值运算”的能力，使他们的模拟模型和个人决策过程的匹配更加迅速：

> 为了编写一个探索性的决策过程程序，我们并不需要首先建立一个数学模型，然后编写一个程序来模拟这个模型的行为。我们可以直接编写这样一个程序，用（我们假设的）人类决策者操控各种表征的同样的方式去操控他们（Clarkson 和 Simon，1960，第 925 页）。

然后我们会发现，在克拉克森和西蒙的投资决策案例中准备载玻片（模型）只涉及很少的转化（同样的情况也出现在西尔特、费根鲍姆和马奇的百货商店模型中），即在原始的经济材料和模型样本转化上，相较于舒比克的研究讨论过的其他模拟，只需要更少的转化准备工作。同时，用于模型的材料也与用于模拟的工具的需求更一致。克拉克森和西蒙曾描述过电脑的一些特征，即电脑可以阅读、比较各种表征，以及在程序的指令下处理这些表征，并基于这些信息采取行动，正如一个专业的决策者一样阅读表征，比较信息，并基于比较采取行动。尽管，看起来，在准备载玻片和模拟中计算机的角色之间有一个折中，但两者的关系其实很难确定。也许，更好的方式是承认他们——目标物和仪器——共同完成了“认识媒介”的角色。[①] 生物学家们准备载玻片，所以他们能使用显微镜“看到”某些事物；经济学家们准备模型，所以他们能用计算机“阅读”他们研究的那个世界的相关部分。

8.6 模拟如何像显微镜一样工作?

如果我们把模拟类比为一种观察技术有帮助，那么我们需要考虑将什么类型的模型研究看作显微镜所提供的样本，还需要考虑将显微镜必须为科学家提供的何种能力看作那种我们之前提及的积极的或分析型观测。这些问题要求我们对这里涉及两个重要元素的工具有一定的了解。

首先，尽管显微镜的种类众多，但是每一种设计都依赖将特殊的自然法则融入它们的工作原理和技术设计中。哈金关于显微镜的报告更多地聚焦于不同属性的光的使用（例如极化的光，UV），他们是用何种方式融入不同类型的仪器中的？这些仪器怎样识别被观测材料的不同结构？或如何用不同的方式识别相同的结构？换句话说，通过采取某种由显微镜提供的仪器性的介入行为，显微镜能揭示有趣的不能直接观测的材料的特征。通过提供这种研究客体隐性结构的观测技术，显微镜用某个领域的自然法则来研究遵循各自不同自然法则的客体，也即载玻片下的生命。[②]

---

① 这个有用的说法来自洛伦佐·马格纳尼（在“基于模型推理的研讨会”上，帕维亚，2001 年 5 月；参见 Morgan，2002）。

② 哈金这里的说法，是观测的理论负荷性一个有趣的版本，在观测中，理论是观测工具功能的一部分。我并不是说这是个问题。与此相反，把某个理论嵌入工具的功能当中是工具的本质，并且如果这个理论来自一个独立领域，这看起来倒是一个优势。我们会在本章的最后一节再回到这一点上。

其次，我们会觉得，与望远镜不同，显微镜专注于观测独立对象。但是，从这种独立性出发，可能做出载玻片上的材料——即使经过特殊准备——是完全消极被动的这样的错误结论。根据流行的历史，布朗运动是1827年罗伯特·布朗通过显微镜发现的，但仅仅是因为花粉和粉尘微粒的活动使这种运动在载玻片上成为可视的。现代揭示性的仪器通常依赖对被观测客体的明确的实验介入来揭示物体的行为。例如，通过设计某种介入，比如追踪通过消化系统的钡餐，X射线被用来图示生命体的过程等。同样地，在微观层面图示大脑活动的成像技术依赖一定量和一定类型的大脑活动来绘图，而且这些渐次的活动有时是靠外部刺激激发的。在神经经济学这个全新的领域，在研究人员为主体的大脑活动制图时，他们利用介入观测的这些特征，就像进行经济实验时把研究对象置于扫描仪下一样。必须有科学家们发起的积极干预和样本的合谋，才能使这类范围界定工具发挥作用，正如哈金所说的（1983，第189页）："别只是看，动手。"

观察仪器的这两种特点——把其他领域的（自然）法则内化到仪器中，及科学家对研究客体进行干预以促成某些观测因素——极大地促进了我们对观测仪器和模拟的类比分析，因为每个特点都能提供洞察到经济学模拟技术内部的潜力。

让我们通过再一次仔细研读由奥克特提供的微观模拟的案例进行探究。这个载玻片下的模型样本由几个层次组成。首先，有一个"个人"或者说"成分"样本：

> 模型的基本成分是个人，以及诸如夫妻、家庭之类的个人联合体。随着夫妻生育小孩、离婚以及个人成年、结婚和死亡，家庭单位由此形成、成长、缩小，直至消失（Orcutt，1960，第903页）。

然后在每个模拟"月"，模型中的这些"个人"都有根据其初始状态改变他们状况的概率。这些概率和模型的行为参数描述了他们的行为，以及他们是否会被随机抽样装置选中"经历"这种变化。所有被抽中的个体或成分样本都需要进行这些改变："模型的求解要通过大型电子计算机模型实现。"（Orcutt，1960，第904页）通过这种方式，初始的代表性样本每一个模拟月都会更新，同时根据行为随机法则和随机过程筛选出个体来进行状况改变，以达到模拟期结束时的最后结果。随后这个最终的样本结果被汇总出来后，研究者会将它与现实的人口变化进行比较。

在这样一个观测模型中，用于模拟工具的学科法则是那些数学的和统计学的法则。在模拟实验中的许多点上，这些法则被运用到成分材料上：在挑选出个体的时候，在运用行为随机参数的时候，在进行模拟的时候，以及在汇总样本的时候。这就是内化到模拟工具中的学科法则是如何“干预”进而揭示被观测物的特征性行为的：在研究中运用人口模型。

用于前述案例中的经济模型是经过特别准备的装置，但是除非模拟方法能促使客体显示它们的特征性行为模式，否则无法观察到任何东西。我们在萨缪尔森缩小版的凯恩斯模型的计算模拟中（参见第 6 章）见到过这个过程是如何进行的：每个具有不同参数的模型的计算模拟都会得出一个不同的国民收入结果。奥克特的微观模拟以同样的方式运行，当然，它更加复杂。通过设计，他创造了个人的变化性和个体行为的潜在变化性，这样他能使用他的革新的模拟技术来“观察”行为。这些模拟技术也显示了变化性和那些总“人口”影响下的行为交叉所产生的结果。通过这种实验，奥克特可以观察和研究他的模型样本和其人口的统计学行为。①

但是我们能把这种对于模型实验和模型参与的讨论推进得更深入。载玻片下观测物如果是一个生命体，这不仅是美好的，而且是必需的。载玻片下的被观测物的那些要素的行为必须具有潜在的变化性，它们隐藏的那些特点才能成为可视的和可辨认的。在计量经济学中，只有在自然实验进程中创建了“被动”观测物的必要变化性的条件下，数据中隐藏的关系才能被辨认，正如布朗运动只是因为花粉和粉尘微粒运动才可视一样。相比之下，在模拟中，科学家可以通过一种有组织的方式，把每一次实验运行当作一次模拟被观测物的固有变化性的机会。因此，

① 我们需要观测物响应实验的干预来揭示它们特有的行为，但是同样也需要这些行为模式保持足够长的时间不被改变以确保那些观测它们的人能观察到它们。对于一些观测仪器来说，在揭示和变更之间有一条清晰的界限——X 射线技术可以用来揭示，但长远来看，X 射线会对被研究物的一些结构产生伤害。正如莱茵贝格尔曾指出的，电子显微镜在观测时一般会破坏样品。如果这种观测技术的影响干涉了处于实验研究中的样本的相关特征，这确实是个问题。幸运的是，这些由模拟揭示行为模式的人只是虚拟人。

在模型模拟中，正是科学家创造了观察他们的模型的隐性行为细节的可能性。而可怜的计量经济学家们，尽管他们也利用一部分模型研究的作用，但为了揭示其数据的隐藏特征，他们最后仍然需要自然在创造可变性方面的配合。①

正是在这种意义上——尽管，很明显，用于经济学模拟实验的模型不是自然鲜活的样本——科学家仍然必须创建其积极的对策：他们必须在模拟实验中引导模型自己显示它们的变化性及其特征。所以，前文中与显微镜联系在一起的主动的或分析的观测概念，以及现在谈到的模拟，都依赖利用人造操控法则（数学和统计学）的观测工具技术，也依赖一种策略性的或可操控的用于实验运行的观测物样本（模型）。

尽管类比使我们能够分别思考模型的作用和揭示其行为法则，通常，去描述或窥见模型内部正在发生的事不是那么容易的。在奥克特的案例中，我们能指向模型样本的不同要素，也能指向用于揭示模型行为的概率法则，但实际上，想要在这两者之间做出区分相当困难。它出现在模型行为部分的某些地方，而这种行为部分既会被标为被测物的一部分，也会被标为揭示法则的一部分。在之前的投资决策案例中，我们也能发现这种模糊不清的区分，研究客体（作为被测物样本的投资决策过程）和观测仪器（计算机）之间的分界线看起来也同样很难定位。这两个案例让我们产生这样的疑问：被观测样本在何处结束，而仪器又从何处开始？实验目标在何处结束而实验又从何处开始？这使评议员的生活变得为难，但这并不是科学罕见的情形。无独有偶，我们可以在汉斯·乔格·莱茵贝格尔的生物学研究案例中，发现类似的仪器和实验间的交互讨论。他向我们提出了这样的问题："实验在什么地方发生？是和仪器一起？还是伴随着仪器？抑或在仪器之前？还是就是在仪器中？"他总结说：

> 仪器的研究价值依赖这些互动的模式，这些模式决定了特定的

① 当然，这些话有点夸张了。计量经济学的确容许我们剖析基于被动观察的行为，但最后仍然依赖自然体产生那种运用于统计分析的变化性。对于辨认的被观测物变化性的必要性参见 Morgan（1990），Hendry 和 Morgan（1995），Boumans 和 Morgan（2001），以及 Boumans（2005）。为防这种比较看起来勉强，学术权威哈维尔莫（Haavelmo，1944）认为计量经济学应被看作某种形式的实验，参见 Morgan（1998）。

仪器和特定的客体能否完全结合并且产生果实累累的分析结果（Rheinberger，2008，第1~2页）。

模拟可以是一个成功地观测模型世界的仪器，尽管我们不能严格地区分它的各个部分，也无法让它与函数建立严格的关系。

这个技术问题的另一层面是经济学家所面临的问题。这意味着另一个附加说明随着源自模拟技术和显微镜的类比而来，亦即，这类模拟仪器是人造的并且是批量生产的。像现代的显微镜和成像仪一样，适用于计算机的预编程序的模拟包，能即时使用，它有“黑匣子”的一切特点：换句话说，这类模拟包足够复杂，需要人们具有相关的隐性知识和实践技能才能运行它们，然而，经济学家可以不用理解这个工具怎样运作，就能运用这些程序去操作模拟实验。因而，经济学家们也处于一种奇怪但并不罕见的情形中：他们依赖那类使用某些类型规则的工具来操控他们的模型，用以揭示那些模型的某些方面，但他们并不必须精确地理解这些工具是如何工作的。随着这类黑匣子技术产生了两类担忧，这些担忧都与被测物的状态有关。首先，模拟是一种实验，正如实验带来的人为问题一样，模拟引发了关于如何将行为的真实特点与人造的特点区别开来的疑问。[①] 其次，当模拟作为一种探索模型世界的技术开始被使用的时候，经济学家的目的可能是从这种探寻真实世界的过程中获得关于经济问题的洞察力。这个问题就是解释载玻片下模型行为的问题，也是我在本章最后一节讨论的问题。

8.7 观察—推理问题

正如我先前所讨论的，经济学模型必须用来帮助经济学家了解模型世界和模型所代表的世界。为了从模型中学习，经济学家们需要向模型提问，操控模型，通过模型验证，观察模型的行为，用模型表述情况并促进推论（参见第6章、第7章）。[②] 从运用不同类型的实验方法研究

---

① 例如，参见 Gooding 等（1989）和 Guala（2005）关于经济实验的内容。

② 回顾这些内容：博弈和模拟有相同的认识论特点。博弈必须要像模型实验那样运行。我在文中所说的这个“博弈＝模型”等式就是与这章相关的（Morgan，2004），但是在那时它们也是被认可的；参见 Cushen（1955）。

模型中的世界并理解模型怎样运作的过程中，他们通常期望理解现实世界如何运行。[①] 正是在这些模拟中：通过研究模型，经济学家们首先研究被观测的生命体，并且期望这种研究能在某种程度上告诉他们一些观测之外的生命体的信息。[②]

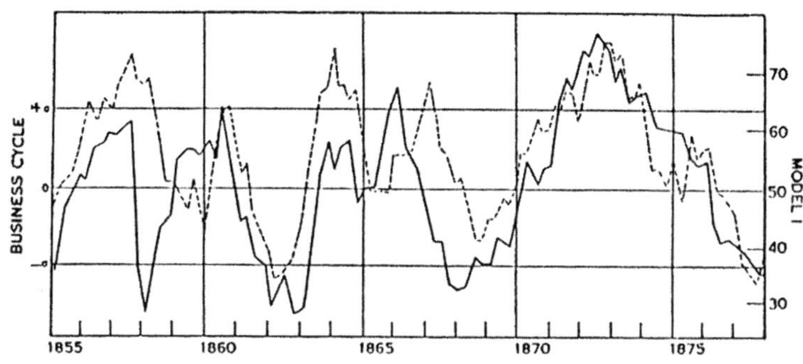

FIGURE 3.————An index of English business cycles from 1855 to 1877; scale on the left side. ---------Terms 20 to 145 of Model I; scale on the right side.

图 8.5　斯拉斯基的随机冲击模拟

来源：Eugen Slutsky (1927 April 1937) "The Summation of Random Causes as the Source of Cyclic Processes", *Econometrica*, 5: 2, 105 – 46; figure 3, p. 11. Reproduced with permission from The Econometric Society.

在实验室进行实验，科学家期望将从实验中揭示出的行为反推到自然（不受控制的）世界。在这里，实验仪器是适宜的。哈雷（2003）认为如果所用的实验室设备是一种“指示仪”（例如温度计），那么因果法则将直接作用于仪器，使从仪器得出的推断相对确定无疑。例如，借助温度计，热定律使水银柱发生变化，由此可以做出有关温度的合理的推断。[③] 显微镜是一种使科学家能通过利用自然法则来观测事物的仪器，但它不是主要的按自然法则的因果方式行动并记录这些法则的影响的仪器。它的目的，更应该说是利用一个领域的法则去揭示另一领域的物质的多个层面。它能得到哪种推断呢？

让我通过一个在本章前面（第 6 章也出现过）简要提及的最简单的——但是经典的——模拟来探究这个问题。在 20 世纪 20 年代，斯拉

① 其他的从模型的操控中了解世界的案例，参见 Cushen（1999，2003）。

② 需要着重指出的是，并不是所有的模型都会设定同样的目标，参见第 341 页脚注③和第 347 页脚注②。

③ 这看起来是一个合理的说法，在这样一个案例中具体能推断历史的讨论，参见 Chang（2004）。

斯基从人民金融博彩委员会随机抽取了一系列数字，并通过移动平均法把这些数字汇总成了一个为期 10 期的模型。他将这一序列数字绘制的折线图与用英国 19 世纪的经济周期数据绘制的图放在一起，以显示他汇总的随机数字序列和经济周期序列是何等接近（图 8.5）。

众所周知，显微镜使用一个领域的法则来揭示某个其他系统的行为。在斯拉斯基的案例中，模拟运用运算规则（移动加权平均法）来揭示他模型样本里的随机数字的隐藏特征，如图形中的虚线所示（在图式中输出数据序列记为 A）。另外，实线显示的是不规则但大体成周期的经济行为，这是由另一类法则运行的结果，即生成的真实世界数据的经济法则（这里记为 B）。

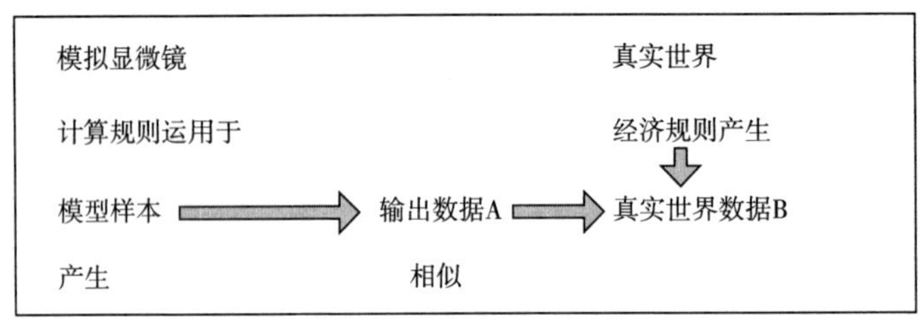

斯拉斯基的模拟显示了拟合经济周期数据的随机数字模拟的力量，这在当时广为人知，这暗示经济周期的影响因素可能是一系列的随机事件。1933 年弗里希著名的摇摆木马模型几乎在字面上诠释了斯拉斯基的模拟，在这个模拟中，经济系统被构想成像累积装置（繁殖装置）那样运行，为应对外部影响经济的冲击事件（随机“脉冲”）产生了我们在数据中所见到的那类经济周期（参见第 6 章，Boumans〔1999〕和 Morgan〔1990〕）。换句话说，弗里希承认算术刺激法则和材料（随机数字）的特性都包含在模拟技术当中。

斯拉斯基的案例强调了模拟中的推理不仅涉及对输出数据的模仿，而且倾向于往回追问（像哈雷的术语“回溯推理”所暗示的）模型模仿和制造那些数据的法则。在这里，通过模型数据输出的对真实数据的模仿是回溯推理的中心，因为正是这个证据将两个完全不同的领域联系了起来。这就是说，推理不是从模拟数据回归到真实数据，而是从模型样本和所揭示的样本行为的法则回归到真实经济及其支配法则。这正是弗里希对斯拉斯基模拟的推理，而且将其深植于他的宏观经济模型设计中（尽管当时的读者也还有其他一些理解，参见 Barnett〔2006〕）。人们很容易聚焦于数据的模仿，并进一步推断模型与其运行规则的关系，而忽视这些模型可能包含与所模仿的系统不同类的运行规则。在这个案例中，推理的延续有丰硕的成果，因为继弗里希借用斯拉斯基模型探索他自己的数学宏观模型之后，丁伯根又引用这个想法建立了他的计量经济学模型，来探究由真实世界产生的有关经济周期的统计数据。

我们对 1960 年前后的经济学模型的考察（参见第 3 节）显示了经济学家们如何共享斯拉斯基和弗里希的理念，希望运用人造方式，通过各种不同的途径，去创造大量看起来像来自对世界实际观察的结果——也就是创造匹配或模仿实证证据、真实证据的“证据”，也即世界的一些数据事实（参见 Morgan，2004）。一个可与之相较的例子是第 6 章提到的托马斯·谢林（Thomas Schelling，1978）的棋盘模型，那个模型创建了与在世界城市区域所发现的相匹配的隔离模式。[①] 像斯拉斯基的随机数字或谢林的棋盘模型这类的推理从根本上依赖模仿能力，而在计量经济学中，模仿不是那么明显地属于模型结果和真实世界间回溯推理关系结构的一部分。[②] 在我看来，模仿元素正是模拟技术最显著的特征，也就是说，模拟输出的结果能和不需要进一步转化或解释的观测数据类的实证信息直接比较。但是这种模仿没有回答这种比较能说明什么的问题。鲍曼（Boumans，1998）认为，我们能否把这类“证据”解释成或当作对真实现象的有效证据，属于一种经济学的图灵检验。确实，在百货商店案例（西尔特和马奇）及信托投资经理案例（克拉克森和西蒙）中所进行的那类模拟，在给予计算机作为决策者角色的权限而不是计算机器的权限上，非常像一种图灵检验。

对于合理推理问题和模拟“证据”能否与经验证据进行有效比较这类问题的答案，引导我们回到了模型内容和支配模型运行的规则或法则上。让我们回到斯拉斯基，回到其表格中至今还未提及的支配元素行为法则的第三个要素。尽管早期的经济周期指标被称为“晴雨表”，但

① 相比之下，计量经济学的估计模型提供了另一种类型的“匹配”，在这种匹配中，行为的关系参数必须同时通过统计准确性和经济学含义检验。有关这种匹配证据的创造的进一步讨论，参见 Morgan（2004）。

② 哈特曼（Hartmann，1996）将模仿作为其模拟定义的一部分，与汉弗莱斯（参见他 1990，2002，2004）的定义比较，后者更多关注模拟的计算方面。在“1960 年的时刻”，当模拟看似突然地被引入经济学中时，通过模型模拟理解世界的目标就与标准的 OR 模拟目标大不一样了（参见第 347 页脚注②，更概括内容，更多内容参见第 342 页脚注②的参考文献）。

是经济周期数据揭示的经济活动的兴衰，并不是由作用于晴雨表一样的“计量仪器”的经济法则直接记录的。事实上，下面图示中的经济数据（B）可能来自一种精确的记录仪，但是——如果深入这种特殊的黑匣子内部——我们会发现这种仪器由一系列完全不同的法则所限制，即官僚的或商业的法则，诸如公司、银行、税收部门之类的经济组织，要根据惯例或法律需要填写很多表格。经济学中的大多数数据根据社会规则来进行收集，并且数据本身也要依据某种定量设计来汇总，特德·波特（1994）在其社会科学度量的历史分析中把这称为“标准化定量规则”（SQR）。所以，这些“真实”的经济数据（B）并不是直接由经济学法则支配的。尽管不直接，这些记录的个人价值仍被寄希望是经济行为的结果。现在我们有三类支配法则：在模型中用于揭示随机数字行为的计算法则，直接支配经济数据收集和汇总的官僚主义法则，和间接支配所收集数据意义的经济法则，如下图所示：

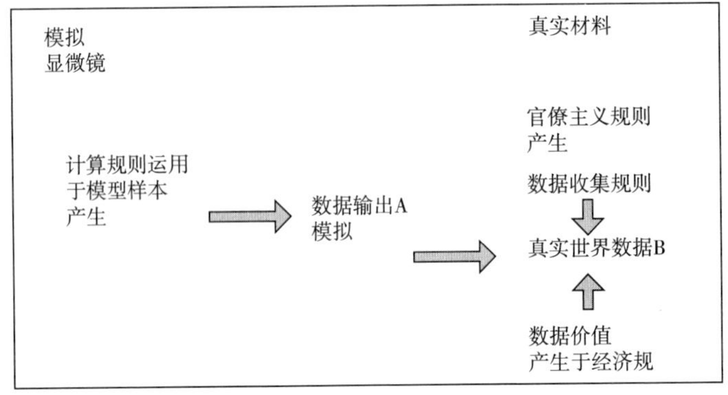

这个景象反过来又激起了另一种可能性。尽管官僚主义法则（SQR和那些惯例）可能不同于支配市场行为的那些法则，然而，说来奇怪，它们可能相当类似于支配模拟模型的那些法则。在某种经济数据系列的案例中，假如，相关的统计部门在收集商业活动的数据时，从所有的回收表格中随机抽样，并且用他随机抽取样本的汇总来区分数据点，这事实上使用了和斯拉斯基在他的模拟实验中类似的模型和加权法则。[①] 这

① 这确实是英国当局过去在贸易控制期间测量和汇总贸易数据时惯常的做法，当时银行提供全部的进口和出口支付的表格；有时，这导致产生一些很奇怪的结果。这种在标准表格中进行抽样是社会科学测量结构中的普遍特征。

意味着当被模拟的序列模仿数据序列时，这种模仿能力和回溯推理更合理指向的不是经济法则，而是官僚主义法则。

8.8 结论

使用类比应在积极方面和消极方面都能提供洞察力，并且在这里它们看上去互相映照。被当作显微镜的模拟技术确切地提醒我们为什么对基于模仿能力的回溯推理必须小心谨慎，因为类比告诉我们那些支配模拟实验从而揭示观测物行为的法则，并不必然和那些支配真实经济事物行为的法则来自同一领域。这与驯养（真实）世界的实验相反，那些在实验室里产生效果或行为的因果法则被认为和原始世界里是一样的。像第 7 章一样，我们再一次了解了为什么模型实验比真实实验的推理力量要弱（也可参见 Morgan〔2003，2005〕）。然而使用类比同样有积极的性能。这使我们能聚焦于模拟如何像一个基于运作法则的研究技术那样去揭示模型行为的隐性层面。甚至当模型样本和支配法则无法被轻易区分时（像在斯拉斯基的模拟实验中，计算法则和随机材料融为一体），我们也能发现它们保留了一种同研究下的真实经济分离出来的身份。科学家在模拟中使用的样本并不来自真实世界，而是来自仅代表或预示真实世界的经济模型。这种从真实世界分离出来并且不同于真实世界的身份是一个回溯推理问题，却为斯拉斯基和之后的弗里希、丁伯根用他们的模型研究真实经济事物的行为提供了创造性的资源。留心的读者会领会这样一个悖论，将作为一种研究工具的模拟类比为显微镜的力量在于其向我们展示了运用一领域的法则怎样能解释另一领域的样本行为，正如其在回溯推理中的薄弱点源于同一独立性一样。

奥克特的例子提供了一个有趣的对比案例。一方面，模型、支配法则和技术工具之间的界限很难界定，所以那种独立性是一种高度折中的产物。另外，由于在模型层面和研究法则层面都具有模仿力，奥克特的社会经济学模型拥有高度的可靠性支撑回溯推理。下面我来解释一下。

首先，模型样本是作为全体人口的代表性样本抽取的。这种代表性典型样本是根据对人口的统计分析和对随机家庭的样本调查建立起来的，去模仿它所代表的人口具有的某些统计特征，尽管它仍然不是一个真实人口样本。我们可以说当奥克特建立他用于模拟的模型样本时，他采用一种体现模仿的统计概念的方式创造了其模型样本。

其次，用于揭示模型行为的研究法则同样来自概率和统计。正如人口统计学家在过去确立的那样，统计的和概率的法则可以说支配着我们的人口行为。我们个人了解得更清楚——我们知道出生、婚姻和死亡都取决于作为一个整体起作用的社会的、经济的、医学的、生理的和其他的法则，这些法则决定了我们和谁相爱，我们是否会有小孩，我们因何而死，以及何时这些事情发生在我们身上。然而，科学的人口统计学法则不仅能在人口层面相当精确地描述上述行为，而且它们具有相当大的分析优势，使它们在奥克特模拟显微镜的实验性干预中成为一项上佳的选择。由此，它们可以用其揭示奥克特模型中的虚拟人的行为，尽管它们不能决定模型中真实人的行为。

因此，在这类微观模拟中以下两点可以被嵌入模仿：第一点，在模仿奥克特当时当地——1950 年代的美国——的经济人口模型样本的层面；第二点在于支配他的实验性的干预（例如使模型运行），符合其时代和社会经济的概率法则的层面。在分析这类案例时，我们发现模型和研究法则都通过统计学的和概率学的术语进行表达，尽管像我已经解释的那样，对于建模的材料来说，其叙述是充分的，而不是因果关系充分。也许，不仅先前已经充分验证的代表所研究事物的模型和研究法则的力量，还有相关法则和模型准备的密切协调，赋予了奥克特的模拟技术具有“硕果累累的分析指针”的潜力（再一次借用莱茵贝格尔的说法）。正是这两个层面的模拟确保奥克特的模拟既能提供模型世界的报告，又能为模型所代表的真实世界的推理提供一个可靠的基础。

致　谢

这一章内容的撰写基于数篇文章。最初的想法是在伦敦政治经济学院自然科学和社会科学哲学中心及 2000 年在温哥华召开的历史学会议上讨论的。主要的历史部分在 2001 年举办的两场研讨会上进一步成型，包括：受艾米·达汉和伯纳德·瓦利瑟邀请参加的在巴黎亚历山大科日雷中心举办的“模型和建模，1950－2000：新做法以及新挑战”学术研讨会，以及受乌苏拉·克莱因及埃里克·弗朗孛耶邀请参加的在柏林的马克斯普朗克科学史研究所的“数字平台：计算机模型化，数据程序化，科学和技术形象化”专题研讨会。显微镜那一节撰就于受约翰内斯·伦哈德之邀于2004年2月参加的在比勒费尔德召开的“模拟：事实的实用主义结构”专题研讨会。感谢卡尔·霍弗、南希·卡特莱特、奥米·奥雷斯克、马塞尔·鲍曼、雷切尔·安肯尼、汉斯·乔格·莱茵贝格尔和其他与会者的中肯质疑和评论，泰尔·格鲁内·亚诺夫和泽维尔·洛佩兹·德尔·里肯·特鲁塞尔的研究协助，乔恩·摩根和陈丽莎的编辑工作，以及英国社会科学院对本章第一部分的资助。本章的第1~4节主要参考我在《历史科学学报》（2004）上发表的文章，第3.1节、第4节和第5节大体上来源于那个版本，第6节和第7节是基于和比勒费尔德的谈话新撰写的。

参考文献

Adelman, Irma and Frank L. Adelman (1959) “The Dynamic Properties of the Klein – Goldberger Model” . *Econometrica*, 27: 4, 596 – 625.

Aumann, R. J. (1987) “Game Theory” . In John Eatwell, Murray Milgate, and Peter Newman (eds), *The New Palgrave: A Dictionary of Economics* (pp. 460 – 482). London: Macmillan.

Barnett, Vincent (2006) “Chancing and Interpretation: Slutsky's Random Cycles Revisited”. *European Journal of the History of Economic Thought* , 13: 3, 411 – 432.

Bartlett, Maurice S. (1953) “Stochastic Processes or the Statistics of Change”. *Applied Statistics*, 2: 1, 44 – 64.

Boumans, Marcel (1998) “Lucas and Artificial Worlds” . In John B. Davis (ed), New Economics and Its History (pp. 63 – 88) . *Annual Supplement to History of Political Economy*, Vol. 29 Durham, NC: Duke University Press.

(1999) “Built – In Justification” . In M. S. Morgan and M. Morrison (1999), pp. 66 – 96.

(2005) *How Economists Model the World to Numbers*. London: Routledge.

(2006) “The Difference between Answering a ‘Why’ – Question and Answering a ‘How much’ – Question” . In J. Lenhard, G. Küppers, and T. Shinn (eds), Simulation: Pragmatic Construction of Reality (pp. 107 – 24) . *Sociology of the Sciences Yearbook*, Vol. 25. New York: Springer.

(2009) “Understanding in Economics: Gray – Box Models” . In H. W. de Regt, S. Leonelli, and K. Eigner (eds), *Scientific Understanding: Philosophical Perspectives* (pp. 210 – 29) . Pittsburgh: University of Pittsburgh Press.

(2010) "Measurement in Economics" . In U. Mäki (volume ed), *Handbook of the Philosophy of Science: Philosophy of Economics*, Vol. 13 (pp. 333 - 60) . Philadelphia: Elsevier.

Boumans Marcel and Mary S. Morgan (2001) " Ceteris Paribus Conditions: Materiality and the Application of Economic Theories" . *Journal of Economic Methodology*, 8: 1, 11 - 26.

Brewer, Garry D. and Martin Shubik (1979) *The War Game: A Critique of Military Problem Solving*. Cambridge, MA: Harvard University Press.

Caldwell, Bruce (2003) *Hayek's Challenge*. Chicago: University of Chicago Press. de Chadarevian, Soraya (2002) *Designs for Life: Molecular Biology after World War* Ⅱ. Cambridge: Cambridge University Press.

Chang, Hasok (2004) *Inventing Temperature: Measurement and Scientific Progress*. Oxford: Oxford University Press.

Chapman, Robert L. , John L. Kennedy, Allen Newell, and William C. Biel (1962) "The Systems Research Laboratory's Air - Defense Experiments" . In Harold Guetzkow (ed), *Simulation in Social Science* (pp. 172 - 88) . Englewood Cliffs, NJ: Prentice - Hall.

Clarkson, Geoffrey P. E. (1963) "A Model of the Trust Investment Process" . In Edward A. Feigenbaum and Julian Feldman (eds), *Computers and Thought* (pp. 347 - 71). Malabar, FL: Kreiger.

Clarkson, Geoffrey P. E. and Herbert A. Simon (1960) "Simulation of Individual and Group Behaviour" . *American Economic Review*, 50: 5, 920 - 32.

Cohen, Kalman J. (1960) *Computer Models of the Shoe, Leather, Hide Sequence* . Englewood Cliffs, NJ: Prentice - Hall.

Cohen, K. J. , R. M. Cyert, W. R. Dill, A. A. Kuehn, M. H. Miller, T. A. Van Wormer, and P. R. Winters (1960) "The Carnegie Tech Management Game" . *Journal of Business* , 33: 4, 303 - 21.

Crombie, Alistair C. (1994) *Styles of Scientific Thinking in the European Traditions*, Vols. Ⅰ - Ⅲ. London: Duckworth.

Cushen, Walter E. (1955) "War Games and Operations Research" . *Philosophy* of Science , 22: 4, 309 - 20.

Cyert, R. M. , E. A. Feigenbaum, and J. G. March (1959) "Models in a Behavioral Theory of the Firm" . *Behavioral Science* , 4, 81 - 95.

Cyert, Richard M. and James G. March (1963) *A Behavioral Theory of the Firm*. Englewood Cliffs, NJ: Prentice - Hall.

Daston, Lorraine J. and Elizabeth Lunbeck (2010) [eds] *Histories of Scientific Obser-*

vation. Chicago: University of Chicago Press.

Dorfman, Robert (1960) "Operations Research" . *American Economic Review*, 50, 575 - 623.

Dowling, Deborah (1999) "Experimenting on Theories" . In Sergio Sismondo (ed), *Modeling and Simulation . Special issue of Science in Context*, 12: 2, 261 - 274. Summer.

Duesenberry, James S. , Otto Eckstein, and Gary Fromm (1960) "A Simulation of the United States Economy in Recession" . *Econometrica*, 28: 4, 749 - 809.

Edgeworth, Francis Y. (1881) *Mathematical Psychics* . London: Kegan Paul (New Edition, edited by Peter Newman, Oxford: Oxford University Press, 2003) .

Forrester, Jay W. (1958) "Industrial Dynamics: A Major Breakthrough for Decision Makers" . *Harvard Business Review*, 36: July - August, 37 - 66.

Fouraker L. E. and S. Siegel (1963) *Bargaining Behavior* . Hightstown, NJ: McGraw - Hill.

Fox - Keller, Evelyn (2003) "Models, Simulation and 'Computer Experiments' ". In Hans Radder (ed), *The Philosopy of Scientific Experimentation* (pp. 198 - 215). Pittsburgh: Pittsburgh University Press.

Frigg, Roman, Stephan Hartmann, and Cyrille Imbert (2009) [eds] *Models and Simulations* 1. Special Issue, *Synthese*, 169: 3, 425 - 626.

Frisch, Ragnar (1933) "Propagation and Impulse Problems in Dynamic Economics". In *Economic Essays in Honour of Gustav Cassel* (pp. 171 - 205) . London: Allen & Unwin.

Galison, Peter (1997) *Image and Logic: A Material Culture of Microphysics.* Chicago: University of Chicago Press.

Gooding, David, Trevor Pinch, and Simon Schaffer (1989) *The Uses of Experiment.* Cambridge: Cambridge University Press.

Greenberger, Martin, Matthew A. Crenson, and Brian L. Crissey (1976) *Models in the Policy Process: Public Decision Making in the Computer Era* . New York: Russel Sage Foundation.

Guala, Francesco (2005) The Methodology of Experimental Economics . New York: Cambridge University Press.

Guetzkow, Harold (1962) [ed] *Simulation in Social Science* . Englewood Cliffs, NJ: Prentice - Hall.

Guetzkow, Harold, Philip Kotler, and Randall L. Schultz (1972) [eds] *Simulation in Social and Administrative Science* . Englewood Cliffs, NJ: Prentice - Hall.

Haavelmo, Tryvge (1944) "The Probability Approach in Econometrics" . *Supplement to Econometrica*, 12.

Hacking, Ian (1983) *Representing and Intervening.* Cambridge: Cambridge University Press.

Harré, Rom (2003) The Materiality of Instruments in a Metaphysics for Experiments". In Hans Radder (ed), *The Philosophy of Scientific Experimentation* (pp. 19 - 38). Pittsburgh: Pittsburgh University Press.

Hartmann, Stephan (1996) "The World as a Process: Simulations in the Natural and Social Sciences". In Rainer Hegselmann, Ulrich Mueller, and Klaus G. Troitzsch (eds), *Modelling and Simulation in the Social Science from the Philosopy of Science Point of View* (pp. 77 - 100). Dordrecht: Kluwer.

Hegselmann, Rainer, Ulrich Mueller, and Klaus G. Troitzsch (1996) [eds] *Modelling and Simulation in the Social Sciences from the Philosophy of Science Point of View.* Dordrecht: Kluwer.

Hendry, David F. and Mary S. Morgan (1995) *The Foundations of Econometric Analysis.* Cambridge: Cambridge University Press.

Hoggatt, Austin C. (1959) "A Simulation Study of an Economic Model". *In Contributions to Scientific Research in Management - Proceedings of the Scientific Program Following the Dedication of the Western Data Processing Center* (pp. 127 - 142). Los Angeles: University of California.

Hoover, Kevin D. (1994) "Econometrics as Observation: The Lucas Critique and the Nature of Econometric Inference". *Journal of Economic Methodology*, 1: 1, 65 - 80.

Hounshell, David (1997) "The Cold War, RAND, and the Generation of Knowledge, 1946 - 62". *Historical Studies in the Physical and Biological Sciences*, 27, 237 - 67.

Humphreys, Paul W. (1990) "Computer Simulations". *PSA Proceedings of the Biennial Meeting of the Philosophy of Science Association* Vol. 1990, Volume Two: Symposia and Invited Papers, pp, 497 - 506.

(2002) "Computational Models". *Philosophy of Science*, 69, S1 - 11.

(2004) *Extending Ourselves: Computations Science, Empiricism and Scientific Method.* Oxford: Oxford University Press.

Jardini, David R. (1996) "Out of the Blue Yonder: The RAND Corporation's Diversification into Social Welfare Research, 1946 - 1968". Ph. D. dissertation, Carnegie Mellon University.

Klein, Lawrence R. and Arthur S. Goldberger (1955) *An Econometric Model of the United States*, 1929 - 1952. Amsterdam: North Holland.

Knuuttila, Tarja, Martina Merz, and Erika Mattila (2006) [eds] *Computer Models and Simulations in Scientific Practice*, Special Issue, *Science Studies*, 19: 1 at http: //

www. sciencestudies. fi/v19n1

Maas, Harro (2001) "An Instrument Can Make a Science: Jevons's Balancing Acts in Economics". In Judy L. Klein and Mary S. Morgan (eds), The Age of Economic Measurement (pp. 277 - 302). *Annual Supplement to History of Political Economy*, Vol. 33. Durham, NC: Duke University Press.

(2010) "Sorting Things: The Economist as an Armchair Observer". In L. J. Daston and E. Lunbeck (2010), pp. 206 - 229.

Maas, Harro and Mary S. Morgan (forthcoming) [eds] *Observing the Economy: Historical Perspectives*. *Annual Supplement to History of Political Economy*, Vol. 44. Durham, NC: Duke University Press.

Mack, Ruth (1956) *Consumption and Business Fluctuations: A Case Study of the Shoe, Leather, Hide Sequence.* New York: National Bureau of Economic Research.

Magnani, L. (2002) "Epistemic Mediators and Model - Based Discovery in Science". In L. Magnani and N. J. Nersessian (eds), *Model - Based Reasoning: Science, Technology, Values* (pp. 305 - 330). New York: Kluwer Academic/Plenum Press.

Marshall, A. W. (1954) "An Introductory Note". In Herbert A. Meyer (ed), *Symposium on Monte Carlo Methods* (pp. 1 - 14). New York: Wiley, and London: Chapman & Hall.

McCracken, Daniel D. (1955) "The Monte Carlo Method". *Scientific American*, 192: 5, 90 - 6.

Mirowski, Philip (2002) *Machine Dreams: Economics Becomes a Cyborg Science.* Cambridge: Cambridge University Press.

Morgan, Mary S. (1990) *The History of Econometric Ideas.* Cambridge: Cambridge University Press.

(1991) "The Stamping Out of Process Analysis in Econometrics". In N. De Marchi and M. Blaug (eds), *Appraising Economic Theories* (pp. 237 - 263 and 270 - 272). Cheltenham: Edward Elgar.

(1998) "Haavelmo's Methodology". In J. B. Davis, D. Wade Hands, and UskaliMäki (eds), *Handbook of Economic Methodology* (pp. 217 - 220). Cheltenham: Edward Elgar.

(1999) "Learning from Models". In Mary S. Morgan and Margaret Morrison (eds), *Models as Mediators: Perspectives on Natural and Social Science* (pp. 347 - 388). Cambridge: Cambridge University Press.

(2003) "Experiments Without Material Intervention: Model Experiments, Virtual Experiments and Virtually Experiments". In Hans Radder (ed), *The Philosophy of Scientific*

Experimentation (pp. 216 – 235) . Pittsburgh: Pittsburgh University Press.

(2004) "Simulation: The Birth of a Technology to Create "Evidence" in Economics". *Revue d'Histoire des Sciences*, 57: 2, 341 – 77.

(2005) "Experiments Versus Models: New Phenomena, Inference and Surprise". *Journal of Economic Methodology*, 12: 2, 317 – 29.

(2010) "Seeking Parts, Looking for Wholes" . In Lorraine J. Daston and Elizabeth Lunbeck (eds), *Histories of Scientific Observation* (pp. 303 – 25) . Chicago: University of Chicago Press.

Morgan Mary S. and Marcel Boumans (2004) "The Secrets Hidden by Two – Dimensionality: The Economy as a Hydraulic Machine" . In Nick Hopwood and Soraya de Chadarevian (eds), *Models: The Third Dimension in Science* (pp. 369 – 401) . Stanford: Stanford University Press.

Morgan, Mary S. and Margaret Morrison (1999) [eds] *Models as Mediators: Perspectives on Natural and Social Science.* Cambridge: Cambridge University Press.

Morgenstern, Oskar (1954) "Experiment and Large Scale Computation in Economics" . In O. Morgenstern (ed), *Economic Activity Analysis* (pp. 483 – 549) . New York: Wiley.

Neumann, John von and Oskar Morgenstern (1944) *The Theory of Games and Economic Behavior . Princeton*, NJ: Princeton University Press.

Orcutt, Guy H. (1952) "Actions, Consequences and Causal Relations" . *Review of Economics and Statistics*, 34: 4, 305 – 13.

(1957) "A New Type of Socio – economic System" . *Review of Economics and Statistics*, 39: 2, 116 – 23.

(1960) "Simulation of Economic Systems" . *American Economic Review*, 50: 5, 893 – 907.

(1968) "Research Strategy in Modeling Economic Systems" . In D. G. Watts (ed), *The Future of Statistics* (pp. 71 – 100) . New York: Academic Press.

(1990a) "From Engineering to Microsimulation" . *Journal of Economic Behavior and Organization*, 14, 5 – 27.

(1990b) "The Microanalytic Approach for Modeling National Economies" . *Journal of Economic Behavior and Organization*, 14, 29 – 41.

Orcutt, Guy H. , Martin Greenberger, John Korbel, and Alice M. Rivlin (1961) *Microanalysis of Socioeconomic Systems: A Simulation Study.* New York: Harper.

Orcutt, Guy H. and J. O. Irwin (1948) "A Study of the Autoregressive Nature of the Time Series Used for Tinbergen's Model of the Economic System of the United States,

1919 – 32" . *Journal of the Royal Statistical Society*, Series B, 10: 1, 1 – 53.

Orcutt, Guy H. and S. F. James (1948) "Testing the Significance of Correlation between Time Series" . *Biometrika*, 35: 3/4, 397 – 413.

Oreskes, Naomi (2007) "From Scaling to Simulation: Changing Meanings and Ambitions of Models in the Earth Sciences" . In A. Creager, Liz Lunbeck, and M. Norton Wise (eds), *Science Without Laws* (pp. 93 – 124) . Durham, NC: Duke University Press.

Porter, Theodore M. (1994) "Making Things Quantitative" . In Michael Power (ed), *Accounting and Science: Natural Inquiry and Commercial Reason* (pp. 36 – 56). Cambridge: Cambridge University Press.

(2010) "Reforming Vision: The Engineer Le Play Learns to Observe Society Sagely". In Lorraine J. Daston and Elizabeth Lunbeck (eds), *Histories of Scientific Observation* (pp. 281 – 302) . Chicago: University of Chicago Press.

Radder, Hans (2003) [ed] *The Philosophy of Scientific Experimentation.* Pittsburgh: Pittsburgh University Press.

Rasmussen, Nicolas (1997) *Picture Control: The Electron Microscope and the Transformation of Biology in America*, 1940 – 1960 . Stanford: Stanford University Press.

Rheinberger, Hans Jörg (2008) "Intersections: Some Thoughts on Instruments in the Experimental Context of the Life Sciences" . In Helmar Schramm, LudgerSchwarte, and Jan Lazardzig (eds), *Instruments in Art and Science: On the Architectonics of Cultural Boundaries in the 17th Century* (pp. 1 – 19) . New York: de Gruyter.

Rowley, Robin (1998) "Assisting Managerial Decisions: The Search for Operating Rules and the Origins of Management Science" . Working Paper, McGill University (History of Economics Society, Conference Paper) .

(1999) "Normative Microeconomics and the Creation of a Revised North American Tradition: The Emergence of Management Science, 1935 – 1960" . Working Paper, McGill University (European Society for the History of Economic Thought, Conference Paper) .

Samuelson Paul A. (1939) "Interactions between the Multiplier Analysis and the Principle of Acceleration" . *Review of Economics and Statistics*, 21, 75 – 8.

Schelling, Thomas C. (1978) Micromotives and Macrobehaviour. New York: Norton.

Shubik, Martin (1952) "Information, Theories of Competition, and the Theory of Games" . *Journal of Political Economy* 60: 2, 145 – 50.

(1954) *Readings in Game Theory and Political Behavior.* New York: Doubleday.

(1959a) Strategy and Market Structure. New York: Wiley.

(1959b) "Edgeworth Market Games" . In A. W. Tucker and R. D. Luce (eds), *Contributions to the Theory of Games* , Vol. IV (pp. 267 – 78) . Princeton, NJ: Princeton University Press.

(1960a) "Bibliography on Simulation, Gaming, Artificial Intelligence and Allied Topics". *Journal of the American Statistical Association*, 55 (Dec), 736 - 51.

(1960b) "Simulation of the Industry and the Firm". *American Economic Review*, 50 (5), 908 - 19.

(1960c) "Game Theory as an Approach to the Firm". *American Economic Review*, 50 (Papers), 556 - 9.

(1962a) "Some Experimental Non - Zero Sum Games with Lack of Information about the Rules". *Management Science*, 8 (2), 215 - 34.

(1962b) "Simulation and Gaming: Their Value to the Study of Pricing and Other Market Variables". *IBM Research* Report RC - 833.

(1966) "Simulation of Socio - Economic Systems. Part Ⅰ: General Considerations". Cowles Foundation Discussion Paper, No. 203. New Haven, CT: Yale University.

(1975) *Gaming for Society, Business and War: Towards a Theory of Gam*ing. New York: Elsevier.

(1992) "Game Theory at Princeton, 1949 - 1955: A personal Reminiscence". In E. Roy Weintraub (ed), Toward a History of Game Theory. *Annual Supplement to History of Political Economy*, Vol. 24. Durham, NC: Duke University Press.

(1994) "Some Musings on Gaming and Simulation". *Simulation and Gaming*, 25 (2), 251 - 8.

(1997) "On the Trail of a White Whale: The Rationalizations of a Mathematical Institutional Economist". In A. Heertje (ed), *The Makers of Modern Economics*, Vol. III (pp. 96 - 121). Cheltenham: Edward Elgar.

Shubik, Martin and Garry D. Brewer (1972a) "Models, Simulations, and Games - A Survey". *Report for Advanced Research Projects Agency*, R - 1060 - ARPA/RC, Santa Monica, CA: RAND.

(1972b) "Review of Selected Books and Articles on Gaming and Simulation". *Report for Advanced Research Projects Agency*, R - 732 - ARPA, Santa Monica, CA: RAND.

Shubik, Martin, Garry D. Brewer, and E. Savage (1972) "The Literature of Gaming, Simulation and Model - Building: Index and Critical Abstracts". Report for Advanced Research Projects Agency, R - 620 - ARPA, Santa Monica, CA: RAND.

Siegel, Sidney and Lawrence E. Fouraker (1960) *Bargaining and Group Decision Making: Experiments in Bilateral Monopoly*. New York: McGraw - Hill.

Sills, David L. (1968) *International Encyclopedia of the Social Sciences*, Vol. 14 (pp. 262 - 74). New York: Macmillan & Free Press.

Simon, Herbert A. (1991) *Models of My Life*. New York: Basic Books.

Sismondo, Sergio (1999) [ed] *Modeling and Simulation . Special issue of Science in Context*, 12: 2, Summer.

Slutsky, Eugen E. (1927) Reprinted in translation (1937) "The Summation of Random Causes as the Source of Cyclic Processes" . *Econometrica*, 5, 105 – 46.

Solovey, Mark (1993) "Guy Orcutt and the Social Systems Research Institute" . In R. J. Lampman (ed), *Economists at Wisconsin* (pp. 178 – 84) . Board of Regents of the University of Wisconsin System.

Thomas William and Lambert Williams (2009) "The Epistemologies of Non – Forecasting Simulations, Part I. Industrial Dynamics and Management Pedagogy at MIT". *Science in Context*, 22: 2, 245 – 70.

Tinbergen, Jan (1937) *An Econometric Approach to Business Cycle Problems.* Paris: Hermann.

(1939) *Statistical Testing of Business Cycle Theories.* Geneva: League of Nations.

Watts, Harold W. (1991) "Distinguished Fellow: An Appreciation of Guy Orcutt". *Journal of Economic Perspectives*, 5: 1, 171 – 9.

Weintraub, E. Roy (1992) [ed] Toward a History of Game Theory . *Annual Supplement to History of Political Economy* , Vol. 24. Durham, NC: Duke University Press.

Winsberg, Eric (1999) "Sanctioning Models: The Epistemology of Simulation" . In Sergio Sismondo (ed), Modeling and Simulation . *Special issue of Science in Context*, 12: 2, 275 – 92, Summer.

Yule, George Udny (1926) "Why Do We Sometimes Get Nonsense Correlations Between Time – Series?" *Journal of the Royal Statistical Society*, 89, 1 – 64.

模型模拟、
典型案例和经典案例叙述

9

9.1 引言

构成这章内容核心部分的是“囚徒困境”博弈模型，模型中两个人在狭小的模型世界里进行策略决策。模型个体是我们在第 4 章曾追溯过其历史的理性经济人，模型世界是典型的小世界和受限世界，类似于埃奇沃斯盒（第 3 章）或供给需求模型（第 7 章）。在本章中，“囚徒困境”博弈显示了栖息于模型世界中的两个被简化的人如何成为现代经济学模型化的典范。

“囚徒困境”博弈不仅是一个经济学中的标准研究客体，也用简化的方式展现了一个经济学家面对的重要的普遍性问题。它是社会科学研究中一系列简单模型中的一个，不仅代表了必须做决策的冲突情形，也代表了参与者选择行动之后仍然面临窘境的情形。但是，值得注意的是，“囚徒困境”博弈也代表了科学家们，尤其是经济学家们的一种窘境，个人分别采取完全正确或“理性”的行动产生的结果，在个人联合行动时，也即对社会来说看起来却是错的或“非理性”的。这种特征的混合使“囚徒困境”博弈不仅成为经济研究中这种情形下的经典模型，也代表了经济学家们对经济持有的基本信念。

第三类窘境在于弄清如何将这个微型模型作为探索现实世界的一种方式。博弈思维与数学规则，与创立和运用从普遍理性行为原则演绎推导出的普遍理论不同，它不能简单地与现代经济学家们的科学视野相匹配。然而，博弈论确实提供了一种描述和分析经济情况的方式，也为理解这些情形中的经济“代理人”——个人或企业——行为提供了参考。与前几章的物质检测相比，这些博弈论模型较少涉及实验活动，而更多地依赖于叙事并涉及分类活动。我在本章的模型推理分析取决于这样的思想，即像“囚徒困境”这类博弈提供了现实世界情形的模型，而叙事灵活地将模型世界与现实世界匹配了起来。

9.2 战争博弈

博弈论产生并形成于战争和冷战时期的1940年代和1950年代的美国军工企业科学机构，与第8章讨论的模型模拟方法形成的环境一样。这种机构的成员有社会学家、数学家、工程师、计算机科学家、物理学家和化学家。博弈论在游戏中和理论化过程中演进，是理性决策行为的一个共同的研究领域，特别涉及政治学家、心理学家、数学家和经济学家。但不是所有关注博弈理论的都是冷战机构：尽管博弈理论与冷战时期的军事和外交事务政策分析及建议存在联系，但许多涉及博弈论发展的机构都对这种用途提出了警告。①

与其他许多博弈模型中的博弈不同，"囚徒困境""游戏"最初确实始于一个游戏。它的第一次演示可能是在1950年1月由兰德公司的梅思尔·弗勒德和梅尔文·德雷希尔设计的实验中（并由弗勒德于1952年报告），该项实验工作受军方资助。在游戏中，每一个参与者（兰德公司的约翰·威廉姆森和UCLA的阿门·阿尔奇亚）都需要同时在不知道对方如何选择的条件下从两个行动中选择一个，每选择一个行动他们会得到相应的支付，这种支付参与者事先是知道的。当时与美国海军研究所签有协议的在密歇根大学工作的霍华德·雷法，也在同时研究一个类似的博弈，并且进行了实验（于1951年报告，参阅Raiffa，1992，第171～173页）。尽管有一些关于是谁先从事这个博弈矩阵研究的争论，但大家都同意阿尔伯特·图彻（普林斯顿大学的数学家）在一场为心理学家做讲座时想到要使用博弈这个词。②

为了说明阿纳托尔·拉波波特于1962年在冷战背景下的《科学美国》上对博弈理论的讨论，R.O.布莱奇曼在一本叙事漫画中描绘了

① 关于博弈论在经济学和其他相关背景的历史，参阅温特劳布（Weintraub，1992），米罗斯基（Mirowski，2002），焦科利（Giocoli，2003），和伦纳德（Leonard，2010）。我另一篇文章（参阅Morgan，2007，第116～118页）更广泛地讨论了战争背景。

② 关于这个故事，参阅庞德斯通（Poundstone，1992，第116～118页）和罗斯（Roth，1995，第9～10页和第26～27页）。雷法（Raiffa，1992，第173页）发表了一个关于这个有出处争议（对于兰德公司）的博弈的报告，认为这个博弈是当时的一个"民间知识"。

"囚徒困境"博弈的基本思想（如图 9.1 所示）。[①] 漫画所描绘的情形——普契尼的戏剧《托斯卡》的结局——很难算是日常事件：女主角托斯卡面对着斯卡皮亚，那个以执行她未婚夫画家卡瓦罗多西死刑相威胁的警长。漫画辅以一组数字表格（矩阵），用以描述每个参与者每种可能选择的收益（如表 9.1 所示）。托斯卡的选择为行排，她的"支付"数字在下方；卡瓦罗多西的选择为列排，他的支付在上方（卡瓦罗多西并不出现在这个矩阵中，因为他没有选择）。托斯卡承诺给予斯卡皮亚性方面的好处，以换取警长承诺命令用空炮弹执行死刑。但是双方都不会遵守承诺。托斯卡决定在兑现她的承诺时刺杀警长，希望到那时警长已经命令用空炮弹行刑，这样她既可以使她的爱人获得自由，又能保持自己的贞洁（通过欺骗斯卡皮亚获得一种双重好处，像她在漫画中唱出的"+10"）。与此同时，斯卡皮亚也决定命令用实弹为卡瓦罗多西行刑，这样一来他既可以赢得托斯卡又能干掉她的爱人。因此通过欺骗托斯卡，他也得到一个同样为"+10"的收益，但他意识到如果他死，那他只有收益为"-5"的死亡惩罚（仍然好于如果他让托斯卡赢得她未婚夫的自由时为"-10"的惩罚）。而当托斯卡发现她爱人被执行死刑时，她意识到她也被欺骗，所以她之前为"+10"的收益变成"-5"的损失（不是"-10"，因为她仍然得到欺骗斯卡皮亚的满足）。

表 9.1　托斯卡的博弈论

	斯卡皮亚：空弹	斯卡皮亚：实弹
托斯卡：性好处	R（5） R（5）	T（10） S（-10）
托斯卡：刺杀斯卡皮亚	S（-10） T（10）	P（-5） P（-5）

注：支付矩阵。

由于托斯卡和斯卡皮亚双方都害怕最坏的情况，并且都想得到对他们各自来说最好的结果，因而他们无法得到都遵守诺言时的更好的支付。他们最后都因为自私和缺乏信任受到惩罚。他们的情况，他们的行动，以及他们的支付有着与"囚徒困境"博弈一样的特征。

① 拉波波特利用这个平台，以及一系列其他类型的动漫，来反对博弈论在指导冷战行动方面的使用。

托斯卡的博弈论：托斯欺骗斯卡皮亚

斯卡皮亚从他想到将要发生的情况得到满足

图 9.1　托斯卡和卡瓦罗多西发现都被欺骗了
托斯卡身上的博弈论

来源：Anatol Rapoport，“The Use and Misuse of Game Theory”，*Scientific American*，Dec 1962，pp. 108 – 18. Cartoon by R. O. Blechman，p. 111. Reproduced with premission from R. O. Blechman and with acknowledgement to *Scientific American*.

当时美国和苏联两个超级大国的关系，特别是它们核力量的关系，有着和模型所描述的一样的结构和选择策略。如果它们能在禁用核武器库上达成一致，并且严格遵守协议，双方都能得到更好的支付。但是由于缺乏信任，理性行动的策略分析在这种博弈中会认为如果它们在对方轰炸自己之前轰炸对方，它们能获得更多的好处。

这两个例子多么戏剧化啊，“囚徒困境”模型正在越来越多的传统情形中得到运用，而且已经成为所有经济事务研讨中的一个支柱。“囚徒困境”博弈赢得了代表某一确定类型的困难情形的经典地位，这似乎已经成为经济生活的常态了。并且，正如我们将要看到的，对这个博弈情形的分析会切入那些获得广泛认同的经济信念的核心。

9.3 经典案例叙述

9.3.1 “囚徒困境”：合作还是背叛？

我最早涉及对“囚徒困境”博弈的文章是从对《博弈和决策》的阐述开始的，这篇文章由R. 邓肯·卢斯和霍华德·雷法写于1957年，现在已经成为经典文献（像埃奇沃斯盒一样，追溯这种广为人知的模型的形成过程是会有所得的）。[①] 这里摘录他们三个矩阵中的一个——他们认为“直觉上”有用的一个，用来说明“囚徒困境”博弈的策略选择和效用支付，如下所示（第95页）：

	参与者B，策略1	参与者B，策略2
参与者 A，策略 1	5 5	6 -4
参与者 A，策略 2	-4 6	-3 -3

列参与者B，其支付结果为右侧数字；行参与者A，其支付结果为左侧数字，不论两人做何选择都是如此。

在这里，我用这种博弈在经济学作品中最常出现的形式来展现，也即做出一个专门的支付矩阵。数字结果并不唯一，矩阵中通常选择对称

① 这也是《牛津英语辞典》认为第一次使用“囚徒困境”这个术语的文章（辞典编辑也提到阿尔伯特·图彻关于博弈出处的更普遍的说法，参阅第393页脚注①），冯·诺依曼和摩根斯坦（1944）的文章创立了博弈理论，但是为博弈论做出更重要贡献的是卢斯和雷法的书，在书中他们认为：“博弈理论和决策理论能为社会科学建立统一的概念结构提供很好的基础（参见Shubik，1959，以及Luce和Raiffa，1957）。”（Siegel和Fouraker，1960，第2页）我们注意到舒比克最后那一章的重要性（作为最早运用产业经济学整合博弈论的书中的一本）；由于它在创立一种分类法上的重要性，本章会再次提及它。卢斯和雷法的书是博弈论领域受到高度重视的参考书。

的数字，但也不是必须如此。[①] 但是这种数字的变化可能存在一种潜在的误导，因为并不是任何数字都可以使用。甚至数字上的一点轻微改变都可能使矩阵代表另一个不同的博弈，甚至也许是另一个困境博弈。[②]“囚徒困境”博弈的支付结果要满足的一系列不相等关系对于定义“囚徒困境”非常重要，因为它们提供了一种更普遍的支付结果的描述方式，并且对数字做出了限制，尽管，令人惊讶的是，它们很少被提及：[③]

a）$T > R > P > S$，和

b）$2R >（T + S）> 2P$

当然，用术语定义这些不等式没什么意义，因为迄今为止我还没讲述这个博弈的内容文本。

文本在定义博弈结构上起着非常重要的作用（正如我们在最后一节将会讨论的那样），并且尽管这个博弈出现时经常不伴随不等式，但几乎从未不伴随文本出现。事实上，“囚徒困境”的定义由三个内容构成：矩阵、不等式和叙事。正如我们需要戏剧的结局来理解托斯卡的矩阵和漫画上数字的意义，我们也需要“囚徒困境”故事来理解他们的博弈，既不是文本也不是矩阵（甚至也不是限制数字的不等式）单独决定了这个博弈的特征。

附在上面矩阵上的文本是一个关于两个囚犯和他们的窘境的故事。下文的“囚徒困境”的叙事，引自卢斯和雷法紧随矩阵（上面矩阵）的文本：

> 作为囚徒的困境，接下来的解释非常普遍：两个嫌疑人被分别羁押起来，地方检察官确定他们违反了某项法律，但并没有恰当的证据在审判中将他们治罪。他告诉两个囚犯他们每个人都有两个选择：承认警察认为他们做过的犯罪行为，或者拒绝承认。如果他们两人都拒绝认罪，那么地方检察官声明他将以一些较轻的捏造的指

① 例如，作为最早的实验博弈记录之一，兰德公司（于 1952 年由弗勒德报告）的矩阵是非对称的，使情况显得并不那么清晰。

② 例如，“性别战争”或“斗鸡博弈”是另外两个经典的双人困境博弈，也被广泛地用作例子，通常与“囚徒困境”一起出现。在冷战背景下，古巴导弹危机被作为“斗鸡博弈”（两个年轻人分别驾车在路中间相遇看谁能先通过）进行讨论。

③ 例如，参阅拉斯穆森（Rasmussen，1989，第 30 页）或阿克斯罗德（Axelrod，1984，第 9 ~ 10 页）。

控对他们立案，比如轻微盗窃或非法持有武器，这样两人都将受到较轻的刑罚；如果他们两个都认罪他们将被起诉，但是检察官将建议法庭从轻处罚；但是如果一人承认但另一人拒绝认罪，那么认罪之人将由于作为污点证人而受到宽大处理，另一人将受到严厉的处理（Luce 和 Raiffa，1957，第 95 页）。[①]

每一个囚犯都面临同样的策略选择，但是这种选择把他们推入一种困境：他（其中一个）应该选择与他的同伴合作并且拒绝向警察认罪，那么他可能得到一个较短的刑期作为回报，但如果他的同伴采取与他相反的做法，这将使他自己处于可能的最坏的情形。但如果他遵循自利原则并且认罪了，而寄希望于他的同伴不会这样做，那么他将得到最好的结果而他的同伴将得到最坏的结果，危险在于如果他的同伴也认罪，将导致他们都得到坏的结果。困境在于：如果他信任他的同伴，他可能成为"傻瓜"（他拒绝认罪但是他的同伴认罪了）；如果他不信任他的同伴，在诱惑当中出卖他的同伴，他也会被同伴出卖。当然，他可能期望他们两人都收获同彼此合作的"回报"，但通常的可能是两者都被给予背叛的"惩罚"。那种是"合作"从而得到合作的好处还是"背叛"从而让自己变得有利而同伴损失的困境，在关于这个博弈的最早记录中，所有参与者都曾经历过，从他们持续不断的个人回忆录副本中我们发现，这个博弈被一次又一次地重复了上百次（完整的记录在 1992 年的 Poundstone 的作品，参阅第 6 章）。这正是那出话剧每次上演都会展示的托斯卡和斯卡皮亚所面对的困境。

对这个叙事文本的分析揭示了限制矩阵数字的意义，并且现在也能看出不等式从何而来：T 是受诱惑和背叛的支付；R 是双方合作的回报（对于每一个人）；P 是对双方都背叛的惩罚；S 是成为傻瓜的损失，即当参与者合作时他的同伴背叛。因此先前矩阵的支付数字可以用不等式符号重新写成：

	参与者 B，合作 1		参与者 B，背叛 2	
参与者 A，合作 1	R（5）	R（5）	T（6）	S（−4）
参与者 A，背叛 2	S（−4）	T（6）	P（−3）	P（−3）

① 在这一点上，卢斯和雷法同样给出了一个关于按月和按年记的监禁的效用支付矩阵。

在对这个困境进行分析时，经济学家假设每个囚犯都是理性经济人（第4章追溯过其历史）并且寻求最大化个人效用（他的结局）。这就是：对于A（行排参与者）来说，无论B（列排参与者）如何选择，他的最优决策都是“背叛”（6>5；-3>-4）；对于B来说，他的最好的策略也是背叛（6>5；-3>-4）。因而每一个囚犯的理性决策都是“背叛”，事情最后以双方都承受（-3）的惩罚结束。尽管如果他们可以同意合作（都不认罪），两个囚犯可以获得更好的结果，但不等式显示的结局结构表明，个人诱惑使“背叛”成为首选。卢斯和雷法写到：

> 由于每一个参与者都想最大化个人效用，α2和β2（即上图〔指原文中的上图——译者注〕中的［背叛，背叛］）成为他们的“理性”选择。当然，两个被认为“非理性”的参与者将在博弈中获得比两个被认为“理性”的参与者更好的结果，是会叫人有一点不舒服。尽管如此，一个理性参与者（一个α2或β2，即背叛策略顺从者）将会得到比一个非理性参与者更多的支付也仍然为真。为更进一步支持这种策略选择，我们也许要指出［背叛，背叛］是博弈唯一的均衡解（Luce和Raiffa，1957，第96页）。

在这个“囚徒困境”案例中，经济学家的博弈解从某个层面来说是直观易懂的：理性经济人，栖息于经济理论世界并由此造就自己的模型人，遵从个人效用最大化目标，转化为选择就是以每个参与者都受惩罚结束而不是得到回报。［合作，合作］不能成为“均衡解”是因为，按照经济学家假设的理性经济人模型进行博弈，每个人都有个人激励进行背叛；两个囚犯都完全遵循自利原则只会产生［背叛，背叛］的结果，因而这个结果也就成了有效的均衡解。

“囚徒困境”博弈体现了新古典主义经济学中那种好的经济理论所具有的特征：这些模型个体的个人理性行为产生了一个均衡结果。这两个特征构成了博弈论推理的基本规则。不幸的是，在“囚徒困境”中，均衡结果并不是一个好的结果。

9.3.2 经济学家的困境：个人理性还是看不见的手？

长期以来，经济理论都把“经济人”作为经济推理的核心假设。

传统的理性经济人假设由经济学家约翰·斯图亚特·穆勒于1836年创立，他认为只有采用一种简单特征化的对经济动机和经济行为的描述，经济学才能像一门科学一样取得进展，并且他把人描绘成是完全受搜寻财富的自利原则主导的。从穆勒以后，这种被抽象化和理想化的经济人被公认为抓住了经济行为的本质要素，但也被认为是一个并不充分的对真实行为人的描述，因为真实人会面临（经济的和其他的）其他更多的冲动。在19世纪后期自利经济人成为一个主观的评价人和爱算计的消费者。到20世纪中叶（根据我在第4章梳理的历史），新古典经济学家的经济人模型转变为一个理性经济代理人，这种代理人通过在给定情形下选择最优行动最大化个人效用。这种模型人在博弈论中必然占有其地位，但在许多博弈中，他们都缺乏关于其他参与者如何行为的信息。[①] 因此，当在"囚徒困境"中面临策略选择时，他能采取的最好行为就是遵循个人利益最大的理性行为。[②]

新古典经济学家强调这种严格定义的、有棱有角的个人经济理性在"囚徒困境"博弈中产生了一个问题，即个人理性且策略的行为的理论分析导致了集体的非理性结果。这就是，遵循经济学家最大化个人收益的命令，博弈中的两个参与者所得到的结果都坏于他们选择合作时能得到的结果。这种遵循个人自利但事与愿违的结果使经济学家们感到不舒服，但在卢斯和雷法（1957）的文章中，他们认为这种情况对于身处困境的囚徒们来说仍然是理性的：

> 有人可能会争辩说6和5以及-3和-4之间的差别非常小，因此即便按照罪犯的伦理参与者都会选择第一种策略，从而能躲避"愚蠢"的［-3，-3］陷阱。这种说法是不可接受的，因为这些数字的效用值只是假设用来反映这类"伦理"考量的。的确，没有任何办法逃脱这种困境。我们不认为α2和β2［背叛，背叛］的选择有任何不合逻辑或不恰当的地方，而且我们必须承认如果我们自己处于这样的情形我们也会做这样的选择（Luce和Raiffa，1957，第96页，替换了文本中矩阵的数字）。

---

① 换句话说，他并不具备完全信息和奈特的"投币机器人"的深谋远虑；参阅第4章。

② 博弈论已经发展出了一个经济人思想——策略人；参阅焦科利（Giocoli，2003）撰写的在经济人描绘方面的策略行为模型发展历史。

这种个人选择没有任何问题但是产生“错误”结果的现象把经济学家引入了一种困境，卢斯和雷法感同身受地写到：

> 无论“理性”还是“非理性”都无法超越的博弈，导致了一种绝望感，这种感觉是这种情形所固有的。“应该有一种规则战胜这种博弈！”（Luce 和 Raiffa，1957，第 96 ~ 97 页）

经济学家认为，如果博弈双方重复一系列的这种博弈，那么结果可能并不如前所述。无论如何，重复博弈能确保合作结果的假设很诱人。但即便如此，理论推演的结果仍和前文是相同的。在有限次重复的“囚徒困境”博弈中，通常的分析方法是一种“逆向归纳法”。[①] 首先推理出最后一次博弈会出现的情况：因为是最后一次，个人没有任何合作的理由，完全可以背叛，期待同伴合作因此获得最好的结果，和单次博弈中的情形一样。由于两人都遵循同样的理性，最后一次博弈必将是［背叛，背叛］的结果。然后回溯到倒数第二个博弈，同样的分析也适用于此。理性经济人没有任何学习能力，没有值得信任的力量，只是在给定的情况下策略性地做最好的选择。这种分析序列一直持续到最开始的博弈，因而理论推演的结果是一系列的坏结果。[②]

这种理论结果使经济学家极端不适——要么理性假设是错的，要么均衡结果是错的。但是在 20 世纪五六十年代，否定任何一个都不那么容易：与这两者生死攸关的东西太多了。

一方面，理性经济人模型已经深植于当时的“高端理论”当中。由于理性人在现代新古典理论中处于中心大厦的位置，弱化或扩展理性人假设产生的削弱理论基础的影响，远不会局限于“囚徒困境”的结果，甚至远不会仅仅局限于博弈论。

另一方面，经济学家也依赖另一个重要的经济理论假设，即“看不见的手”，这个假设认为每个人遵循自利原则行动，将自然地产生对每个人来说最好的结果。按照“看不见的手”的观点，参与者遵循自利原则行为产生的结果应该是最好的结果。看起来，经济学家们和哲学家

① “归纳模型化”，拉波波特命名了这个过程，他设想了怎样对个人可能产生不同的行为的某一部分进行假设推理，引导他走向同样的结论（参阅 Rapoport，1966，第 10 章）。

② 对于无穷多次重复（或次数未知）博弈，这种结果并不适用。

们对“看不见的手”是仁慈的有一种根深蒂固的信念。绝大多数情况下人们回溯亚当·斯密对这个术语的使用，而他的观点通常由以下引文代表：

> 我们所需要的食物不是出自屠宰业者、酿酒业者、面包业者的恩惠，而仅仅是出自他们对自己利益的顾虑，我们不要求助于他们的爱心，只要求助于他们的自爱心。我们不要向他们说我们必需，只需说对他们有利（斯密，1776，I. ii. 2）。①

在自由市场中，自由个体的行为将产生比在用政府计划构筑的环境中更有效率的结果的想法，正是基于这种“看不见的手”的观点。而且这个观点也是经济学家宣称自由市场是最好的市场形态的基础。②

因此，“囚徒困境”博弈产生什么结果的理论把经济学家推到了一个特别讨厌的两难境地：如果个人参与者受限于经济学家们所钟爱的理性概念，他们必须接受比如果他们合作时更坏的非理性的结果。但如果接受非理性的结果，那么经济学家们对同样钟爱的仁慈的“看不见的手”的信念，以及对以此为背景的效率市场的虔诚信念就要出问题。但如果他们弱化或扩展个人自利理性，那么他们耗费大量数学工作建立起来的一般均衡分析和完全竞争分析，就无形中从根基上被削弱了；因为这两者正是为无形的“看不见的手”所准备的技术材料和形式化支持。

经济学家为走出这种困境进行了许多尝试。我们把这些尝试分成两类，一类是扩展个人理性使每一个囚犯都得到好的结果，另一类是扩展“看不见的手”的观点来接纳坏的结果。一种使经济学家们摆脱“囚徒困境”带给他们的困扰的方式是改变“困境”这个宾语的归属。如果这是一个个人的“囚徒困境”，那么问题就要聚焦于个人理性。但如果这是一个集体的“囚徒们的困境”，那么聚焦点就是合作或是社会结果。大多数经济学家使用“囚徒困境”这个术语，并且把注意力集中于个人问题（一个罕见的例外是大卫·克雷普斯在他的书中的表述，《微观经济学文稿》1990a、《模型和博弈论》1990b）。但是当经济学家

① 译文引自郭大力、王亚南译本《国富论》（上海三联书店，2009）。——译者

② 因此，它也理所当然地与冷战时期的经济意识形态紧密地联系在一起；参阅 Morgan（2003）。

们把这种困境当成“看不见的手”的结果和合作的问题时，他们通常使用“囚徒们的困境”这个术语（例如图洛克，1985）。

理论上走出“囚徒困境”的方式似乎要依赖这样的观点，即每一个个体都没有任何合作机会，否则他们将会在最初的时候就理性地选择合作的行为。也许人们有一种信任彼此的“倾向”？也许人们遵循某种道德准则从而使他们信任彼此？也许除非信任被证明是错的，人们一开始就彼此信任？总之，经济学家扩展他们的理性原则的努力，并没有使他们在一系列信任问题上找到令人信服的东西（例如，参阅 Shubik，1970），并且把这种思考留给了更加具哲学性倾向的那些人（参阅 Campbell 和 Sowden，1985，以及 Hargreaves Heap 和 Varoufakis，1995）。

然而，用金钱利益设计、由真人参与的“囚徒困境”实验的结果，和经济学家基于理性经济人理论的博弈描述并不一样。[①] 例如，最早的兰德公司的实验显示，在经过多次重复博弈后会出现合作。从那之后，有许多关于这个博弈的实验，既有经济学的也有心理学的。[②] 最著名的可能要数拉波波特和沙马（Rapoport and Chammah，1965）操作的广泛组实验。在一系列实验之后，参与者的行为倾向于聚集在［合作，合作］或［背叛，背叛］两个策略组，但是他们也发现结果中存在相当大的变动，并且这种变动随矩阵数字的变化而变化。在 1984 年的书中，阿克斯罗德列出了一系列报告，这些报告是关于在一个模拟中按照不同的“策略”或行动序列重复“囚徒困境”博弈的研究。通过一个计算机竞赛，让每个参与者都完成这些策略，那些产生最好结果的策略变成了那些毋宁说是合作的和宽恕的——如果喜欢也可以称为“好的”——策略（再次强调，像在第 6 章介绍的萨缪尔森模拟的情形，研究会出现一些令人惊讶的情形）。这种实验的博弈研究结果直击由推演“囚徒困境”得到的理论结果的核心。

与经济学家相比，持续不断的关于这种背景下的信任和合作的研究，吸引了更多心理学家的关注。经济学家对于理性是什么意思更感兴

---

① 在实验传统中，通常假定货币支付可以相当于某种可比较的个人效用和偏好，尽管有的人认为这是个有争议的假设。参阅 Roth（1995，第 26 ~ 28 页）对这类博弈实验的简要概述。

② 两个学科不必然要求对同一个实验进行相同的推理，如伦纳德（Leonard，1994）在“价格博弈”实验中所展示的那样。

趣。因而，从 20 世纪 70 年代起，通过实验性和理论性地对有限理性、学习理论、契约理论以及人们在不同情形下如何评价不同的选择等进行学习和分析，他们对“什么是经济理性”这个问题开始了广泛的研究。在这些对经济行为的探究中，理性经济人模型逐渐只成为一个基准，“囚徒困境”案例中的理性经济人也起这种作用。

如果关注的问题是“囚徒们的困境”，那么答案就不在于博弈本身，而在于“看不见的手”观点的本质。把许多个人自利的结果加总起来并不必然会得到对大家有利的结果，正如“囚徒困境”证明的那样。[①] 尽管经济学对“看不见的手”的仁慈保持了像以往那样强烈和根深蒂固的信念——就像从 1970 年代起同时期他们对理性的概念一样（见第 4 章），但他们在思想上确实发生了一些微妙的变化。新古典经济学家们对于与个人行为和社会结果相联系的斯密的“看不见的手”是无处不在并且完全仁慈的信念，正在历经变化，但要追溯这些蜿蜒崎岖和可能性众多的变化方式却是一项具有挑战性的任务。无论如何，我相信认为博弈论是这种变化的非常重要的原因的观点是有依据的。例如，在 1975 年，为经济学的博弈论发展做出贡献的马丁·舒比克说道：

> 博弈论给我们的最重要的教训之一是，个人理性观念不能通过某种独特的或自然的方式被推广为集体或社会责任。社会理性可以很容易地被定义为一个与个人理性相独立的概念，并且甚至还不由个人理性构成（Shubik，1975，第 24 页）。

作为一个引发和体现这种变化的经典叙事，“囚徒困境”博弈这个著名例子曾经发挥过作用，并且仍在继续发挥作用。在博弈论取得专业优势的 1970 年代及以后，“囚徒困境”博弈出现在许多不同的文献里。

---

① 厄尔曼·马加里特（Ullman - Margalit，1978）关于“看不见的手”的有洞见的讨论指出，听起来，这些理解似乎是合理的并且令人惊奇的。我觉得“囚徒困境”符合这种描述，而且正如我们所看到的，它经常与“看不见的手”联系在一起（尽管它并不严格符合“集成结果”这个要求，除非我们把两个人理解为文献里所说的集成）。仁慈的问题是一个比能想象的可怕得多的障碍。斯密之前的“看不见的手”的观点表现在政治经济传统中，也即伯纳德·曼德维尔的《私人之恶，公众之福》第 1905、1714 页的文献，把“看不见的手”描述成部分邪恶的。在他的文章中，“私人之恶”经由“看不见的手”被导入了公共利益，但经济当事人把这种过程看作坏的。

像我们稍后会看到的，它被用来理解自由市场产生的所有类型的不利后果，例如搭便车、差别工资以及环境外部效应等问题。当博弈论走进教室时，它也显示出同样强大的力量，作为这种信念上的普遍变化的证据，一种最好的选择是引用我在伦敦政治经济学院的同事玛格丽特·布雷在一个中级水平的经济理论本科课程中为学生讲授从使用“囚徒困境”中获得知识时的话：

> 经济学的第一条法则是个人遵循自利原则将达到一个彼此互惠的结果；经济学的第二条法则是这并不必然发生！（Bray，2000）[①]

“囚徒困境”博弈作为具有广泛现实意义的经典模型的作用力，扩展了经济法则本身，标志着它不仅是博弈论中的一个特别案例。

接下来我将转向另一个层面理解“囚徒困境”模型：展示博弈论如何应用于匹配经济情形的典型案例。

9.4 评论家的困境：情境拟合的情况、叙述和案例

如果我们将博弈论的方式，包括囚徒困境，应用于了解模型世界，而不是应用于博弈论本身的理论和实践研究，我们会发现一个问题，就是如何描述它的使用和作用。一方面，由博弈论产生的模型有指定的应用范围，而不是普遍适用的（例如第 7 章马歇尔供给和需求模型）。另一方面，使用数学符号和模型参数与叙述是息息相关的（例如第 6 章的 20 世纪 30 年代的凯恩斯主义宏观经济模型）。这里的分析取决于一个额外的关键因素：具体情况被模型化的方式。在这个类型的模型推导中，当将普遍理论用于分析典型案例时，模型的解释深度取决于叙述，而分类则用于增加模型解释的广度。与情境分析同步，这些特性化博弈论的方法使经济学家可以合理地将模型运用于经济学的世界。

9.4.1 具体情境的模型推导

博弈论在模型世界的应用涉及具体情境的模型推导。我们可以用

---

① 引自《微观经济学原理》（或中级微观经济学）中的博弈论章节，2000 年秋，玛格丽特·布雷授权引用。

历史上另一时刻的经济学模型作为开始（如第4章所讲）。回想一下奥地利经济学派的创始人门格尔所说的“每个人具体的经济起点和每个人具体的经济目标最终严格地取决于某一时期的具体经济情境”（Menger，1883/1985，第217页，斜体字）。20世纪30年代到40年代，经济学更广泛地被重新定义为关注经济人在给定约束情况下如何做出选择（的科学）。弗里德里希·冯·哈耶克的开创性论文《经济和知识》（Hayek，1937）把奥地利学派的传统发展为一种阐释，即对人的知识如何约束和决定他在任何给定的情境下对经济行为进行选择的阐释；他的这种阐释促进了他的同胞——哲学家卡尔·波普尔——向奥地利经济学派靠拢，并且向对经济情况的逻辑分析靠近。波普尔1963年提出的“模型、工具与真理”在当时哲学中另外两个相关争论的背景下成长起来（20世纪50年代晚期到20世纪60年代早期）。[①] 第一个争论是，在自然科学中发展起来的科学解释模式可以被认为不仅与社会科学相关而且与历史也相关吗？第二个争论是，用个人理性行为解释历史事件有什么意义？[②]

波普尔将“情境分析”定义为一种经济分析方法，他认为解释或预测“事件的类型或种类”“通过构造模型的方法就最容易解决了”，这种观点认为描述社会科学理论的“模型”本质上是描述或重建典型的社会情境（波普尔，1963/1994，第163、166页，斜体字）。[③] 这个重建不仅包括在这种情况下典型个人的知识，还包括个体活动于其中的环境、机构和结构关系。在自然科学中发现的普遍规律被一个由“动态”或者“理性原则”所组成的“适用于此情境”的行动所取代。这里就是波普尔的看法与威廉·德雷同时期发展的论点交叉的地方，他的论点是，历史的解释应该基于对具体情境下历史决策者所做出的“理

① 最初是在1963年给哈佛经济学院的讲座，波普尔明确承认了哈耶克联系（Popper，1963/1994，第154、181页）。讲座在1964年进行了修订，并最终在1994年出版。这里讨论的许多相关元素也可以在波普尔（1967）的文章里发现，他1945年的文章《具体情况中的逻辑》已有早期迹象。

② 参见德雷（Dray，1957）；进入历史学和科学解释争论并发的时期，参见加德纳（Gardiner）1974年的合集。

③ 原则上按照他的分析，自然科学和社会科学的事件可以根据涉及的规律（初始条件）或者构造模型来解释。但是在实践中，根据波普尔的观点，涉及规律的解释很少被应用于各种社会科学理论，相反，这种科学通过构造模型起作用。关于更多最近讨论的规律经济学的解释模式以及相关文献，参见汉斯（Hands，2001）。

性”行为的分析。[①]

德雷的历史解释论首先由卡尔·亨普尔（Carl Hempel，1961～1962）整理形成一个正式的模式，然后由诺雷塔·科尔奇（Noretta Koertge，1975，第440页）讨论波普尔对社会科学解释的配方并整理成正式模式，如表9.2所示。[②]

表9.2　Koertge的模式

1. 对情境的描述	A行为人面临情境C
2. 情境分析：	在情境C中，理性行为为X
3. 理性原则：	代理人总是可以在不同情境下做出合理行为
4. 被解释项：	（因此）A行为人做了

来源：Noretta Koertge “Popper's Metaphysical Research Program for the Human Science.” Inquiry（1975）18，437－62，p. 440. Reproduced（reset）with permission from Taylor and Francis Ltd. Chttp：//www. informaworld. com）.

此想法是将情境分析与理性行为原则结合起来就可以定义行为人在特定的典型情境下行为的逻辑，这样就可以使社会学家能够“解释”这种行为。自从对情境的描述包含了相关的目标和行为人的知识，理性原则就“几乎成空”了，变成了“零原则”（Popper，1963/1994，第169页）。这不是经验得来的内容，也不是心理上的断言。将波普尔的方法用于对社会科学解释的结果是，“我们打包或填充我们的整个理论，整个解释的理论，是为了用于情境分析，用于模型之中”（Popper，1963/1994，第169页）。

这个方法中的一个重要元素在早期和随后的讨论中都被忽略了。[③]

---

① 特别注意参见德雷的《历史规则和解释》中的“理性行为”（1957）和他在加德纳的合集（1974）中的“基于历史解释的行为重新考虑”，1963。

② 亨普尔第一次提出这样一个模式是在他1961～1962年关于理性行为的论文（第12页）中，也就是在此他被卢斯和雷法指出与德雷的观点一致，且都是在1957年。他在他1965年有关自然和社会科学以及历史中的解释的论文（第471页）中进一步讨论了这种模式，并被科尔奇引用。我同意他后来的构想，因为像波普尔一样，他强调“情境”的重要性，这在模型的讨论中是至关重要的。

③ 大部分文献在情境分析（经济学的哲学）中都专注于波普尔的理性原则问题，例如科尔奇（Koertge，1979）。拉奇斯1972年把波普尔的理性原则应用于自己的“环境决定论”中，用于衡量在Lakatosian研究项目中工业经济学历史的作用。他将自己的“环境决定论”和“经济行为主义”做比较，结果证实他的重点是理性原则的地位，而不是模型或情境描述。

韦德·汉斯（Wade Hands，1992，第 27～31 页）认为，情境逻辑确实是经济学家们在做标准微观经济分析时的论证方式。但是汉斯和布鲁斯·考德维尔（Hands and Bruce Caldwell，1991）的评论在重述科尔奇的方法时都漏掉了一个重要的词“类型”。这个小小的疏忽却有着严重的意味，使无论最初波普尔对社会科学的解释还是亨普尔和德雷历史学的解释都无法轻易被赞同。我的观点是这样的：在没有典型情境的情况下，模型的解释力会失效，模型的解释力是用来描述和解释这些典型情境的。要么所有的情境都是一样的，在这种情况下一般科学定律提供了“覆盖”（或基础）的解释，要么所有情境都是不同的，我们进入一个充满独特案例和解释的世界，在这里根据德雷的“基本原理”必须对每个行为进行充分探索，就像历史上一样。[①] 接下来我们可以看到，情境分析在涉及典型情境时如何提供了一个中等程度的解释范围，在这个范围上科学的解释涵盖了具有相同合理解释的实例子集，前提是这些实例都是同一个等级的事件或者在同一个“类型”的情境下。当我们将典型情境的概念完全纳入考虑，我们有一个取决于模型的实验工作推理形式，在这种形式下经济学家们分析或寻求解释，这种解释的水平介于对单一历史事件的解释和对反复出现的自然科学现象的解释间，这就是模型中所描述的具体情境的解释水平。

这种介于中间的水平，即类型的水平，在我之前对模型的解释中已经出现。我们在第 7 章分析供给和需求模型时已看到，这些图解模型的实验工作产生了对不同典型案例的分析：那些供给和需求曲线具有特定形状的案例，那些市场参与者或者特定种类的商品属于特殊类型的案例等。对“商业模式”的概念可以给出一个对比的例子，在这个例子中一个真正的公司充当模型的角色并且提供描述“类型”的方法（参见 Baden－Fuller and Morgan，2010）。波普尔本人用工业组织中的市场结构作为例子来重新解释在他的情境分析模式下经济理论的标准域。他将完全竞争、垄断和双寡头垄断的纯理论比作“理想化和简单化的社会情境”（1963/1994，第 170 页），三种“典型”的情境（模型），经济学

① 参见冯·弗拉森（1988）为这些形式的解释找的一些典型对比例子。他讨论的问题是解释一个特定的塔的影子长度。用初始条件（塔的高度等）和一般物理学定律一起解释影子的长度，但是用历史上的叙事来解释塔本身的高度，这个叙事是关于城堡的主人将塔建得如此之高是为了能在傍晚时分将塔投影到阳台上。

家以此解释企业在特定情境下的逻辑模式中如何行动。这些经济情境通常由不同的特定技术、机构、商品或市场来决定。但是在决定在这样的典型模型情境下什么适合的时候，微观经济学家们依赖一般的理性行为假设，即企业以实现利润最大化为目标，在此假设下动态分析模型中描述的情境，然后给出每类情境下的标准结果。例如，经济学家推测，在完全竞争市场中任何一个企业的行为都不同于它作为垄断者时的情况，尽管在两种情况下企业都以利润最大化为目标。经济学家需要用利润最大化的动态原则开始进行分析，但是它几乎还未能为经济学家提供解释。而对不同结果的解释取决于这些不同市场情境在模型中被描述和分析的不同方法。

博弈思维似乎是一个用来证明这些想法的更好的例子。在博弈论的应用中，博弈类型充当了一个在特定情境经济世界中的模型的角色，也就是说，一个博弈类型充当一个模型情境。将一个经济情境划分为一个特定的博弈类型，在这种分类下，特定情境下适当的特定逻辑行为在博弈论中已经被定义，这种分类使经济学家能够通过将博弈类型作为某种经济情境中的特定模型来解释和预测即将发生的事情。在模型情境中，行为人被一个简单的理性原则，即效用最大化原则，所激励，但是他们遵循动态原则的行为会随着模型即博弈类型的具体特点而变化，即随着具体博弈类型包括的规则、知识水平以及选择和报酬的顺序而变化。几乎成空的理性原则并没有影响，但是模型情境和博弈类型之间的很小的变化可能会造成很大的影响，所以博弈的结果是不容易预测的。就像经济学家探索博弈类型变化带来的不同结果一样，他们同样在探索经济情境变化给模型带来的影响。

以这种方式描述博弈论表明，它的应用取决于对博弈类型的描述是否能够与经济情境、现实和假设的描述相匹配，从而能够定义“适当”的经济行为。正如我们在文本中看到的那样，“适当”对于经济学家不仅意味着动态理性原则，还意味着一个均衡的结果。而且，由于许多经济博弈论的重点都是给不同博弈情境类型下不同性质的均衡结果下定义，应用博弈论中的均衡结果来解释经济世界中的事物，经济学家们尽全力描述、分析和重建与博弈类型相对应的情境下的要素来确定不同的模型。把单薄但是明确的理性原则与一个以利润最大化为目标的理性行为人的特征模型结合起来，就与波普尔描述的零原则很接近了。如果模型中的人行为更加丰满，他会在这种形式的模型推理中遇到问题，想象一下马尔萨斯模型中的人空降到博弈论中，他的性冲动只受到他的理性的有限控制，那么他可能陷入两性战争博弈中，但他在“囚徒困境”博弈中会怎么做呢？20 世纪中期的理性经济人根据理性原则进行决策，但没有什么自身的实质性内容（就像长期以来经济学家自己认可的），所以对它们的动态分析提供的连接世界的解释完全取决于对情境的描述和分析，经济学家的模型中个人和企业在这种情景下进行决策。

我们现在来看我先前描绘的现代经济学中的模型人如何匹配运用博弈论对经济世界的推理。对模型人单薄的描述几乎不需要关注，相反，经济学家应该致力于对他的经济情境进行建模。这个建模如何进行？经济学家们在建立模型或构建典型情境中如何描述、分析、塑造以及重构他们发现的经济情境？如何实现博弈类型和经济情境的匹配？经济学家将模型情境当作解释工具来使用的能力取决于他们进行匹配的经验的充分性。[①] 在这里，叙述尤为重要，因为在博弈论里叙述不仅有助于定义模型情境，而且有助于获得模型世界的情境类型描述和真实世界情境描述的匹配。

9.4.2 解释的深度：叙述的作用

当我开始参加有关叙述在经济学中的作用的研讨会时，我尽力听清叙述是在何地以何种方式起作用的。在大多数经济研讨会上，叙述主要是在用经济模型的方式去回答问题。正如我在第 6 章中概述的（也可以参见 Morgan，2001，2002a），问题促使经济学家们测试他们的数学和图解模型，而叙述则使他们在假设条件下的演绎论证有意义，这些演绎论证在理论上是令人关注的或是有可能真实发生的。叙述主要用于经济学家用模型探索世界时，正如我在本章中所说的，叙述是模型的一个组成部分。它们的次要作用是为模型对经济世界事件非正式或随意的推论提供格式。[②]

---

① 就像波普尔所观察到的那样，“实证解释理论或假设构成我们多变的模型和我们灵活的情境分析，这些或多或少需要经验充足”（Popper，1963/1994，第 166 页）。

② 在第 6 章的一个例子中，我展示了叙述是如何将基于理论的凯恩斯（Keynes）主义宏观模型与 20 世纪 30 年代的世界联系在一起的。在另一个例子中，我指出了叙述在模型的模拟中所起的作用，在这些模型中，如果模型模拟了现实中的某种现象，模型的结果就被看作“可信的”。

但是在涉及博弈论的研讨会中，叙述的作用被截断了，叙述似乎只是填补了个人理性行为、数字矩阵和均衡方案之间的空隙。即使存有起中间连接作用的故事，将它们标记为故事，看上去也很奇怪。[①] 而且叙述对于情境给出的描述，作为故事，不能令人的好奇心得到满足，因为情境已经设定，演员仅有一点或根本没有经济特性，并且平衡的结果已经被预先假定了：整个问题就是如何从情境中分析出一个有正确特性的结果（或者说怎么解决模型）。对此叙述似乎并不起什么作用。然而我的意见是叙述只涉及浅薄的中间连接作用的观点具有误导性，因为当我更严肃地研究时，我发现，叙述在博弈论中起到了比在其他经济理论中更加重要的作用，实际上，叙述起到了三个不同的作用。

首先，在博弈论中，叙述与对情境的描述、分析和重建密切联系，即与模型的创建密切联系。[②] 叙述从一开始就被嵌入模型中，成为组成模型的一部分，正如我们在囚徒困境文本中看到的一样，叙述是必要的元素，因为没有它，矩阵和博弈的不平等将变得没有意义。你无法不用文本就能描述囚徒困境，就好像单独用矩阵讲述托斯卡的最后的戏剧一样。

但是叙述的作用并不仅限于模型和博弈的建立。进一步说，正如我在此章节中所述，叙述继续在应用博弈论时起作用，用于灵活地将博弈论与经济情境匹配在一起。比起我们在第 6 章发现的非正式推论，这一过程能让我们更加严肃地思考模型的应用。这里，叙述提供了一种理性解释模型情境的方式，并且增加了此解释的深度，因为叙述基于深厚的情境描述。[③] 但是这种博弈叙述与世界叙述的来回匹配，会使模型情境和真实世界情境之间的差距缩小。因此，叙述作为匹配工具的第二个作用就没有实现，但是，在某种程度上，可通过平衡模型实

---

① 厄休拉·勒·奎恩（Ursula Le Guin，1980，第 194 页）给出了一个例子，一个中产阶级的极简主义者，准备描述用符文雕刻在卡莱尔大教堂的“整个故事”，“托尔芬克将符文雕刻在石头上”。这个故事显然是足够用于描述情境和结果的，我们将看到我论点的延续（虽然这不足以达到博弈论的条件，除非符文被误解并且有两个人在场：托尔和芬克）。

② 参见第 6.2 节叙述是如何发展费雪的经济模型的，以及哈特曼（Hartmann，1999）提出的叙述在构建物理学模型中如何应用的例子。

③ 与这些深厚的描述相比，在第 6 章中完成模型实验细节的叙述，在很大程度上依赖可操控的资源和非正式的推理。

验与真实世界中事件之间的差异，消除模型测试和真实世界中事件之间的推理差异。①

这里还有叙述在博弈论中的第三个作用。记住，从上一节起，模型代表典型的情境，而不是一次性的案例。叙述在构建和塑造一种对经济世界的描述时起到作用，这个描述定位这些情境的典型特点，所以，通过描述这些不同情境的特殊之处，它有助于对模型活动进行分类分级（正如我们将在下一节中看到的）。叙述在定义和塑造这些典型情境时，有时指向问题，就像囚徒困境中的叙述一样。②

叙述是怎样及在何处起到这些作用的？当我们仔细研究卢斯和雷法对囚徒困境博弈的描述以及前置的部分文本时，我们发现，正是矩阵和文本一起将博弈情景特征化了，但正是解释性的文本而不是矩阵包含了博弈的详细规则（例如，不协作和同时行动等）和经济学家关于塑造博弈者个人理性的隐性传统假设（而这反过来又必须使结果具有必要的均衡性，作为一种“好的”对经济描述的要求）。与文本密切联系的叙述有助于理解在讨论囚徒的推理和均衡结果时关于个人理性的假设。正如我们已经发现的，这是告诉经济学家们如何推导博弈论模型的一般性要求（第 1 章介绍的，在推理规则意义上的）。叙述也限制了结果，因为虽然如果两个囚徒都不坦白他们会表现得更好，但文本的后面部分规定了在博弈中他们不能相互讨论。这些都是具体的博弈规则，不仅针对博弈中的假想个人，也针对对模型进行推理的经济学家。我们可以说叙述文本通过将经济学假设嵌入情境描述（包括个人的知识和目标）中，来“填补”故事的空隙。叙述包括经济学家用于解释结果为什么是这样的资源，有些时候甚至包括解释此情境是如何解决的资源。

我们已经看到叙述的元素是怎么构成囚徒困境博弈的一部分的。而且我们还可以看到它们是怎么帮助卢斯和雷法思考如何用囚徒困境博弈去解决他们的困境的。例如，经济学家的叙述，强调了经济学家对理性假设的解释，也就是“没有一个嫌疑犯对警笛感到良心不安或害怕”

---

① 从认识论的角度来看，我们可以将这一过程描述为“内置理由”，就像鲍曼（Boumans，1999）在他对早期的宏观模型研究中所做的不同推理。

② 参见格鲁内·亚诺夫和施韦泽（Grüne - Yanoff and Schweinzer，2008），可以发展出我对叙述的讨论，即关于叙述在寻找博弈论有效均衡或推导有效结构的理论化活动中作用的讨论。

（Luce 和 Raiffa，1957，第 95 页）。他们继续探索，如果允许合作，囚徒们达成某种具有约束力的协议的可能性，但经济学家会立即拒绝这个结果，因为他们会指出这样做违反了个人利益最大化的理性假设，而且违反了从假设的支付矩阵中得出的均衡结果。[①] 然而，这个正式的问题，对于卢斯和雷法来说，并不比他们对通过约束协议达成的合作是否会被背叛所打破的叙述性思考更重要，这些思考都是由情境和关于博弈是否足以代表这样的情境的考虑生成的：

> 在刑事背景下，这样的“背叛”可能会招致严重的报复，因而可能会被认为不值得。然而，这似乎否认了给定数字（矩阵中的）的效用解释。如果在从现实中抽象博弈时忽视这种思考，我们最好将打破协议纳入为一个扩大的博弈的一个组成部分，这个扩大的博弈声称总结了利益冲突。或者我们可以假设违反协议的后果是相当严重的，所以不用考虑这种情况的发生（Luce 和 Raiffa，1957，第 96 页）。

换言之，围绕囚徒困境博弈的这些途径可能导致法则或博弈的重新指定，或/和修改支付矩阵以反映效用的改变。

卢斯和雷法觉得这些由叙述所暗示的博弈境况的再描述没有一个通过博弈的方式真正解决了或有办法解决他们的困境。看起来没有办法对理性进行重新定义以匹配案例或者产生合作的结果，正如他们所说（我在前文引述的）：

> 一个人在这样的博弈中感觉到的绝望是不能用“理性”或“非理性”的语言来克服的；这已经被固化在了情境中。“应该有法律禁止这样的博弈！”

他们在这点上继续说：

> 确实，一些人认为，政府的一个基本作用是宣布，只要某些博弈规则是博弈境况中固有的，在这种境况中，追求自己目标的博弈

① 更加现代的文本会辩称，即使囚徒们可以相互合作，达成的协议也是“不可靠的”和“不能实施的”，个人无法抵御诱惑的缺陷还是会压倒一切。

者会被迫进入一种社会上不受欢迎的状态，这些规则就必须改变。这种社会和经济博弈的存在会在下面的段落中阐释（Luce and Raiffa，1957，第 96 ~ 97 页）。

他们随后告诉了我们为什么政府必须介入并“出台法律禁止这样的博弈”。政府能否用法律明文规定禁止囚徒困境博弈？很显然不能。但是，在表述这种感伤时，经济学家不再争论囚徒困境博弈，但争论了与它所应用的现实中“社会和经济博弈”类似的场景，在那些场合中，政府习惯出台法律禁止那些由囚徒困境场景引发的结果。

经济学家认识到囚徒困境博弈模型的世界和其所代表的世界之间的切换，几乎可以作为检验我的关于囚徒困境博弈使用方式的论点的试金石，即，经济学家通过使用博弈作为他们的模型场景去推理经济境况。这里，解释性的文本依然和使经济学家能使用博弈以经济术语去推理经济世界的境况和案例的支付矩阵一样必要。例如，囚徒困境博弈已经被用作经济境况的一种十分平常的模型：“它（囚徒困境）会随着每个基本的经济交换中的信任问题出现，因为支付和交货完全同步的境况很罕见……”（Hargreaves Heap 和 Varoufakis，1995，第 149 页；原文中粗体部分）。也即是说，不论何时我们进行长时间长距离的贸易（通过邮件、互联网，或购买期货），囚徒困境博弈都可能有意义。在这些案例中，买者和卖者都不得不信任对方会按约定交付或在交易上不做有利于他们本人而不利于另一方的欺瞒。我们可通过说我们经常（可能甚至每天）都面临囚徒困境境况来描述这种境况。但是交换和信任的制度和习惯，正是自休谟以来的经济学家认为对市场机制非常重要的那些习惯，这意味着我们（一般地）会以互惠互利的结果而并不是相互损害的结果告终。这里，我们理所当然地认为我们的市场制度和交易习惯得到明文禁止由囚徒困境博弈所塑造的那种场景出现的合同法的支持，即，减少欺骗行为（参见 Hargreaves Heap 和 Varoufakis，1995）。

博弈论中模型世界案例和真实世界案例的等同不是一个很大的正式类比的问题，而是容许经济学家轻易地在两种案例间切换的叙述元素的问题。叙述将囚徒境况转换成经济境况——真实的抑或是假设的——反之亦然。叙述将经济境况的特殊之处和博弈中所述的典型境况联系起来，以此来“解释”它是怎样的，例如，两个大公司可能以相互损害告终，正如囚徒以双方欺骗的结果告终一样。囚徒困境博弈经常被用于描述企业间的竞争境况，运用囚徒困境博弈去诠释过去著名经济学家的发现，是司空见惯的一件事情。例如，克雷普斯（Kreps，1990a）是运用囚徒困境博弈去重建古诺19世纪中期关于竞争的矿泉水公司行为论点的许多经济学家中的一员。

> 虽然这个故事（囚徒困境的故事）富有想象力，但描述这个博弈的特征的选择和支付的基本结构在经济学中再三出现。在这个基本结构中，博弈者能在更大或者更小程度上合作。如果一个博弈者单方面降低其合作水平，她将从中获益，她的对手的境况则将每况愈下。例如，古诺的双寡头（假设埃维昂和佩里尔）案例，假设每个人（独自）选择一个数量水平生产产品上市。通常，如果一个公司增加其产品（这是一个较少合作策略），它的利润会增加，至少一度增加，其竞争对手的利润会降低。但是（超过产出的垄断水平后），如果两个公司都增加其产量水平，那么两个公司的利润都会降低（Kreps，1990a，第504页）。

注意克雷普斯是如何从两个博弈者间的囚徒困境博弈无缝地切换到两个企业的古诺均衡竞争的，以及在后面的页面中，如何从囚徒困境博弈的规则（即不得勾结）切换到一个可能的合作的，克雷普斯继续写到：

> 在相互勾结的情况下，两个同质企业，可以各提供垄断数量一半的产品，从而可以一起获得垄断利润。但这不是一个均衡结果，因为如果一方提供了垄断数量一半的产品，则另一方就有动机提供更多数量的产品，这样循环下去……。这与囚徒困境博弈不同，因为那里每一方都有一个严格的主导策略。但是，这里，在古诺均衡中，每个企业单独行动的结果都不会比他们相互勾结的结果好（Kreps，1990a，第524页）。

现在我们看出这并不是一个囚徒困境博弈，但是仍然保留了囚徒困境博弈均衡结果的特点。而且这是这种博弈类型的可效仿处：与两人共同行动相比，个人追求自身利益最大化的结果不是最佳的。又一次，叙述将囚徒困境博弈的情境和经济案例匹配在一起并且使博弈规划中两个微妙的变化可以得到平稳过渡。

另一个例子将马克思带入了囚徒困境“博弈”，他的表述是资本家通过最低化工人的工资来实现利润最大化，同时希望其他所有资本家给工人支付高工资去增加消费需求（Hargreaves Heap 和 Varoufakis，1995，第 154 页，引自马克思）。当然，这是一个“搭便车”问题的版本，这一问题涵盖从环境污染到劳动力供给的很多领域。但是在这里，评论家用叙述的方法偷偷将两人博弈变成了多人囚徒困境博弈。这实际上同样是由卢斯和雷法完成的转变。在讨论了囚徒困境的矩阵和文本后（见上文），他们用一个相似的叙述给出了以下一个有关农民的囚徒困境博弈的“另类解读”：

> 在多人博弈的囚徒困境中，考虑以下的种小麦农民的案例，在理性化状态下，假设每个农民都有两种策略：“限制生产”和“全面生产”。当所有农民都采用限制生产的策略的时候，小麦售价提高并且每个农民收入都提高，所有农民都采用全面生产的策略，则小麦价格降低并且每个农民收入降低。然而，某一个农民的策略并不能够明显地影响价格水平——这是竞争市场的假设，所以不管其他农民采取何种策略，单个农民在所有情况下都选择全面生产的策略才能收获较佳。所以全面生产占主导会限制生产，而如果每个农民都采取理性的策略则他们的收入会减少（Luce 和 Raiffa，1957，第 97 页）。

正如我们前面提到的，经济学家致力于通过改变博弈规则，或者所进行博弈的其他层面，或通过拓宽理性的概念，去解决他们察觉到的一种囚徒博弈的困境。同时，这些解决问题的方法是被情景的叙述左右的，叙述描述了博弈类型和经济案例之间的相互作用。

> 在实践中，均衡（所有生产活动的，参见上文）也许不能达成，因为农民可以并且有的时候确实会进入某种形式的不好的勾结。另外，一个农民不只进行一次博弈，相反，博弈会在每一年重复，这就引入了……一个勾结元素。最后，有时，政府意识到了我们的行为和步骤，然后会介入并出台法律来禁止这种博弈。当然，

在这种分析下我们忽略了消费者。当消费者被涵盖其中时，勾结即使对农民来说是值得的，对全社会来说也并不值得（Luce 和 Raiffa，1957，第 97 页）。

在进一步的叙述中，相关文献将我们从单一的博弈切换到重复的囚徒困境博弈中，正如在 1957 年卢斯和雷法从 20 世纪 50 年代的实验中所知道的一样，这将我们带入了一个不同的博弈，在这个博弈中勾结发生的可能性更大，尤其是在多个农民的情境下，博弈循环的次数是不确定的。[①]

在实际中应用博弈论模型时，无论在真实还是假设的情况下，对博弈类型与案例匹配的合理性都是在围绕应用的一系列叙述中探索的，这些叙述将关于个人理性的一般经济假设、支付矩阵、博弈制度和规则，以及情境的描述拟合在了一起。叙述同样提供了一种对探索案例的描述以及探索博弈的本质和类型的方式，为了匹配博弈的本质和类型，必要时我们将改变案例描述。如果匹配不适合，即如果对经济情境来说，指定的博弈模型并不适合，那么我们将改变对博弈的规范。

叙事可以作为经济学家在博弈论模型中（即在某种情境中）重述世界情境的手段，同时博弈者是始终保持理性的。在将博弈类型与经济案例绑定时，叙述还提供了一种解释案例的方式。因此，博弈思维可使经济学家们保持他们薄弱的理性，但在每个特定的情景类型和模型情景中，用叙述探索将来究竟会发生什么以及为什么会发生，这就增加了解释的深度。[②] 但当用叙述作为创建模型和保证其经验恰当性的工具时——保证博弈模型和真实世界情境相匹配——对模型的描述和对真实世界的描述之间的差异几乎消失了。实际上，这个过程省略了我在第 1

① 但是，如同经济学家之后所研究的，这也是一个“无名氏定理”认为的博弈：如果未来的贴现不是很严重的话，合作是极有可能发生的，但是由于有很多均衡情况发生，所以几乎所有结果都是可能看到的。

② 我认为博弈论在经济学中起作用的特殊方式是不太可能适用于其他社会科学的。例如，心理学家阿纳托尔·拉波波特（Rapoport，1962）对博弈情境中薄弱理性失败的定义，在博弈情形中提供了看似有理的解释，这个定义是博弈论最重要的一个方面，甚至是重要的成就，博弈论清楚地揭示了社会学家们根本不知道人类会做出怎样的行为。这也许有助于对比此文本中心理学家和经济学家兴趣的差异。我们可以想象经济学家们在坚持这一个薄弱且不变的理性原则下变换情景或博弈，而心理学家则是保持博弈情景不变，变化对理性的描述。“理性”和“情境”可以用一张二维图来表示，在这张图里经济学家沿一维探索，而心理学家沿另一维探索。

章提出的两个探索之间的差别：对模型世界的探索似乎覆盖了用模型对世界的探讨，并对我在第10章所探讨的经济学家看待世界的方式产生了影响。当然，正如在第7章结尾所指出的，经济学家的世界模型和世界本身是存在差别的：在囚徒困境矩阵中，在对不平等的设定及其文本之间，在对农民的设定以及他们在土地和市场中的行为之间等。

9.4.3 解释的广度：分类、类型和案例

博弈论通过增加许多不同的模型情境变化和类型，在不同的经济情境中获得了解释的广度。通过增加所研究的博弈，经济学家生成了更多类型的情景，通过从博弈论角度重新考虑经济学，他们发现更多的现实世界情境可以与博弈类型相匹配。马歇尔和他的先驱们生成了一系列不同的案例，通过提出不同的问题和测试不同的图解模型，形成了一个类型更明显的供需模型的分类。在这里我提出两个其他的机制，通过这两个机制，博弈论的解释可以覆盖越来越多的案例类型，也就是说，可以解释和覆盖更多的模型情境。

一方面，在传统意义上博弈论是由填补分类空白的理论活动发展而来的。卢斯和雷法（Luce and Raiffa，1957）在名为“二人非零和博弈、非合作博弈”的一章中介绍了囚徒困境博弈，将此博弈作为六个类别（两人或多人博弈、零和或非零和博弈，以及合作和非合作博弈）分类中的一个特定类型。当然，面对这样的分类，自然科学家会通过探索特定级别下特殊博弈的扩展来找到填补空隙的方法：例如将两人博弈扩展到多人博弈，将非合作博弈扩展到合作博弈，将有限的一时期博弈扩展到无限时期的博弈，将零和博弈扩展到非零和博弈等。这种分类工作的一个明确的例子是拉波波特和盖耶的“2×2博弈分类”（1966）。

这种分类法本身也随着时间发生了根本的改变：新的分类出自旧的类型；新的问题产生新的类型。这样在过去的50年里，分类法内的单元不只在数量上增加了，也在类别上发生了改变。1957年被卢斯和雷法承认的分类到弗得伯格和蒂罗尔（1991）所在的时代已完全改变了并贯穿20世纪90年代。在20世纪90年代，在“完全”和“不完全”信息下的“静态”和“动态”博弈提供了四个单元的基本分类，“多级”和“重复”博弈的子分类，“正常或战略”形式与“扩展”形式的博弈（博弈被表达的形式），等等。正如我们在第1章中关于规则与

形式的联系的讨论中所期待的那样，这些形式展示了博弈的不同层面，并且和不同的推理规则相关联。[①]

当单元的边界被修改时，特定博弈的标签也会改变，当经济学家们开始关注博弈的不同方面并分析博弈的不同特性时，这些也会改变。在1957年的文本中，囚徒困境博弈被分类定义为完全信息博弈中的静态博弈，在它的再版版本中，被扩展为完全信息下的动态博弈，然而在1991年的文本中，囚徒困境博弈被分类为两人、非零和、非合作博弈，它的多人形式则被分到多人博弈类别下。

另一方面，人们也试图将特定的经济情境、实证的或假设的情景描述为博弈情境来扩展博弈论，将其分类或者放置在特定的博弈类别中。1953年舒比克（第27页）提出了一个分类法，在这个分类中他把产业市场情境与博弈类型放在一个大标题“博弈的一般理论”下排序并匹配，这表明这个领域的一般理论本身就是一组典型博弈。他的博弈分类为“合作博弈”“半合作博弈”和“非合作博弈”，他的产业结构类型不仅包括“纯粹”竞争和垄断，还包括各类双寡头垄断（如古诺和价格竞争模型）、寡头垄断和卡特尔串通。

分类中的新类别也是以叙述为基础的，正如我们发现的那样，经历了将经济情境和博弈情境相匹配，然后探索怎样匹配和为什么不匹配这样的过程。当不匹配时，一个在规则、支付、信息安排等方面会有所改变的博弈的新版本可能会被发展起来。我们可以看到这一点。例如，卢斯和雷法的叙述（前面讨论过）在解决囚徒困境时，首先将其变成了合作博弈，然后变成了多人博弈，然后变成多时期的博弈。有的时候，这样修改后的结果是变成一个不同类型的博弈，有的时候和原来的博弈属于同一类型。这种解释也许在产业经济学文献中最明显，在这里，用博弈推理来扩展公司竞争的经济理论的范围，并理解经验案例的具体细节的严肃传统，可以追溯到舒比克20世纪50年代的开创性工作。

将博弈论融入产业经济学是由舒比克（1959）开创的，这使他可以重新探索公司理论领域的大量经典成果（从19世纪到20世纪30年代），扩展这些案例的结果并且对比它们的“方案”。博弈推理看起来

---

① “正常或策略形式”在这一章是选择和支付矩阵，但是博弈也可以用“扩展形式”（一个展示选择和支付的树状图）来表示和描述；甚至在早期用“特征函数”（个体和整体最大回报的可能）的形式来表示。

为这里的分析提供了一个新的建设性的工具：它为基于博弈论模型情境的公司战略决策的分析结合更多的传统微观经济学对公司及其利润最大化可能性理论（即它的回报机制）的分析提供了可能。这种方法似乎结合了基于情境的思考和更老的、更一般化、更理论化、更通用的理论和微观经济行为模型两者的好处。

但是在20世纪90年代初期，这种将博弈论扩展到产业经济学的结果并不像期望的那么好。首先，正如逐渐变得清晰的，由于博弈依赖于对许多细节的详述，将模型情境描述成博弈的可能方法大量增加。例如，佩兹曼（Peltzman，1991）写出了20个"由制定和解决博弈论模型引出的问题——这些问题的回答对结果有关键性影响"的"部分列表"（Peltzman，1991，第207页）。其范围包括从简单的有多少博弈者和他们谁先行动的博弈，到更为复杂的模型的均衡本质的博弈。答案描述了模型中想象的假设情境，或正在研究的实证情境的规则和体制。佩兹曼是悲观的，认为理论家生成的"没完没了的特殊案例"（Peltzman，1991，第206页）对分析实证案例或对产生有力的概括几乎毫无帮助。

弗兰克林·费雪，在他对以经验著称的"无名氏定理"的评论中，同样尖锐地评论了理论案例增加的方式以及它们所能提供的对寡头分析的有限帮助：

> 任何一个个人在理性条件下的结果都可能是纳什均衡，……任何一个合理想象的结果都可能是答案，……这是一个由案例丰富的尴尬导致理论匮乏的案例（Fisher，1989，第116页）。

因为，正如我们所知道的，博弈论是由历史和哲学的个人理性和均衡解决方案这两个主导假设构造的，在许多博弈情境中被证明是可能的均衡的多重性看起来似乎是一个令人惊讶的威胁。尽管如此，费雪没有接受这导致的一系列特殊案例毫无意义的观点。他将这种结果并不解释成一个失败的一般理论，而是解释成一个"例证理论"的很好的例子，尤其对于思考一般理论最无用的卡特尔串通和寡头垄断有用：

> 当被妥善处理时，例证理论确实可以有很好的启示作用，可以提示性地揭示某些现象的可能性。当然，这样的理论缺乏的是普遍性，……寡头垄断理论就是一种例证理论。我们知道很多不同的事

情会发生。关于什么是必然发生的，我们没有一个完整的、一致的、正式的理论，或者说没有一个理论可以告诉我们所发生的如何取决于定义明确的、可测量的变量。目前，寡头垄断理论包含大量的故事，每个故事都描述在某种特定情况下可能会发生什么。这些故事实际上是很有趣的。埃利·维瑟尔……说过“上帝创造人类是因为他喜欢故事”，而经济学家（不仅是博弈理论家）在这方面仅仅是一种神圣的形象（Fisher，1989，第118页，斜体字）。

博弈论模型例举出典型的情境或典型的案例，这些案例可用于描述实证情境。从这个意义上讲，理论研究和实证研究作为案例推理的例子都以同样的方式在这个领域继续进行。但是，在20世纪30年代末期，产业经济学家在其示例框中有四个典型的或模型的情境（完全竞争、垄断和两种类型的不完全竞争），舒比克在20世纪50年代添加了一部分，到20世纪90年代博弈理论家们已在这个框中填满了他们的示例理论，或模型情境。对于费雪和佩兹曼来说，典型情境已退化为一系列特殊案例或特殊故事。

在费雪发现这种自由的地方，约翰·萨顿（Sutton，1990）更为严肃，将“捕获各种情境”的博弈论的灵活性描述成了尴尬，因为“对于任何形式的市场上观察到的行为，我们手头至少有一个可以解释它的模型——在将那种行为形式推导为个人理性决策结果的意义上”（Sutton，1990，第506页）。博弈理论学家的问题，正如萨顿坦率描述的那样，就是“在‘解释’所有事物时，我们什么都没有解释吗？这些模型不包括什么？”（Sutton，1990，第507页）。随着每个经济情境可以潜在地匹配不只一个博弈论中的候选模型，并且随着个人理性原则可以兼容许多不同的均衡结果，博弈论解释各类型情境的可能性——情境分析的中层解释力量——正在丧失。[①] 通过深入挖掘典型案例得到的解释的广度，以及分类法的各种类别，似乎被淹没在一片一次性的个案和故事的海洋中。

佩兹曼、费雪和萨顿提出的三种批评支持了我对博弈论为推理模型

---

① 在萨顿的案例中，这个结果使他的“模型类别”方法得到发展，在我看来，这方法在行业特征描述的基础上重建了中等水平的模型解释力（参见Sutton，2000，和我的评论，Morgan，2002b）。

情境提供解释的方式的分析。他们意识到案例构成了这种推理的基础，因为博弈论为典型经济世界情境和实证研究提供模型；这些故事是将典型模型情境中会发生什么的理论和特定世界情境相匹配的重要元素；努力的核心是解释。然而，这三种观点明确了这样的解释力随着单个案例的扩散而在某种程度上受到了限制。这个观点回溯到了我所强调的模型情境的典型性的重要性——一旦典型案例消失，解释力也会随之消失。

9.5 结论

这一章有截然不同的两个部分。本章的第一部分讨论一个特殊的博弈，即囚徒困境博弈是如何发展成为一个典范模型的。囚徒困境博弈提供了一个体现了困境和反社会结果的典型案例，此案例源于某些情境下经济学家们关于个人理性和均衡结果的联合假设。博弈在对看不见的手的讨论中，在元层次上起作用，这种同样的范例特性也适用于基于案例的层次，其中，囚徒困境博弈是一个特定经济情境的模型。正如政治学家在他们想讨论任何特殊民主政府的制度时可能会用雅典民主政府的例子一样（参见 Ober，2007），如果经济学家想讨论个人“理性”导致“非理性”结果的特定情境，他们会用囚徒困境的案例。

本章第 2 部分将三个元素的分析结合在一起，描述了博弈论是如何为经济世界的事件提供解释的。情境分析注重精确描述和典型模型情境分析的解释力，所以即使只是一个单薄的理性行为概念——一个单薄的模型人——具体的结果也可以由适用于那种类型的经济情境的博弈论模型演绎出来。叙述在经济学家检测模型是否精确描述了经济情境与检测选择的模型与经济情境是否匹配中起到重要作用，并且，通过探索匹配的特征叙述，可以在某种意义上提供被讨论的具体案例的解释深度。解释的广度来源于典型案例完整分类的发展，所以不同的模型情境包括了各种不同的实证情境，在某种程度上，所有真实世界的个人案例都可以用案例或模型的类型进行分类。在案例分类的水平上这种结合增加了本土解释力。但是，由于每种类型的案例是不同的，并且在对模型情境的精确描述中，解释力取决于模拟模型的浅薄理性而不是概述，所以博弈论既强调模型叙述得来的解释深度，也强调模型分类得来的解释广度，却不能实现普遍的解释。

尽管这样，或者正是因为这点，博弈论在经济学中被广泛应用。阿克斯罗德在1984年出版的关于合作的演化的书中，再次谈论了囚徒困境博弈在社会心理学中的传染性特点："重复的囚徒困境博弈已成为社会心理学中的大肠杆菌。"（Axelrod，1984，第28页）[①] 囚徒困境博弈在经济学中的传播也是一样的。一旦经济学家们开始认为经济学中令人讨厌的结果可以用囚徒困境博弈来描述的时候，他们就会看到经济中到处都是囚徒困境博弈的情境，而不仅在个人交换时关于信任的习惯性问题中。例如，"通货膨胀：宏观经济学看不见的脚"用两人博弈模拟了政府和工会相互作用的通货膨胀结果。[②] 它还被应用于模拟格雷欣法则（Gresham's Law）即劣币驱逐良币（Selgin，1996）、国际渔业战争、生产力问题（Leigenstein，1982）等。在将囚徒困境模型应用于世界上的囚徒困境博弈情境的悠久历史中，模型中的世界和模型所代表的的世界之间的差别变得不清楚了。囚徒困境博弈曾经是经济学家研究经济中某些不好的结果的模型透镜，也成了经济学家在经济中看到的东西。

致　谢

本章来自为2001年2月10日普林斯顿大学题为"囚徒困境中令人不解的案例：模型情境？模范叙述？"的研讨会所准备的一篇有关科学历史的论文《模型系统、案例和模范叙述》。我感谢研讨会的组织者安吉拉·格雷格、伊丽莎白·伦贝克、诺顿·外斯的邀请和回应，感谢苏曼·赛斯的评论。这篇论文作为2001 ~2007年阿姆斯特丹大学经济学历史和方法论的研究备忘录而发表，发表在《没有定律的科学："模型系统、案例和模范叙述"》一书中（编辑：格雷格、伦贝克、外斯；杜克大学出版社，2007）。当前版本移除了有关冷战的讨论，澄清了一些问题，并包括了一个动画。我感谢我伦敦政治经济学院（LSE）的研究助理泰尔·格罗尼和加布里埃尔·莫尔特尼，他们对我的入馆请求表现

① 在第一次起草这一章时，有一个电视智力竞赛节目将自己广告成了一个囚徒困境博弈节目——囚徒困境博弈已经在学术界之外传播。

② 参见卡特和马多克（Carter and Maddock，1987）。哈格里夫斯·希普（Hargreaves Heap，1994）调查了囚徒困境博弈的方法（或其他博弈，例如斗鸡博弈）如何能作为理解制度背景下宏观经济绩效的模型。

出极大的耐心，我还要感谢英国社科院资助了这项研究。在很多阅读并和我讨论这些材料的同事之中，我特别感谢布鲁斯·考德威尔、罗伯特·伦纳德、约翰·萨顿、玛格丽特·布雷、南希·卡特赖特、内德·麦克莱宁和我在阿姆斯特丹大学以及伦敦政治经济学院的同事（在自然社会科学哲学中心和经济历史部门的同事）。本章的第 4.1 节来自我起草用于 2002 年 9 月在斯特灵举办的以“博弈论对经济学的解释：有关模型情境的推理”为主题的 INEM 会议的发言稿，而之后的版本是在德克萨斯州奥斯汀社会科学协会会议和第二届锡耶纳（Siena）经济学历史研讨会（都是在 2004 年 11 月）上发表的。我感谢评论员以及所有这些会议参加者的评论。

参考文献

Axelrod, R. (1984) *The Evolution of Cooperation.* New York: Basic Books.

Baden – Fuller, Charles and Mary S. Morgan (2010) “Business Models as Models”. *Long Range Planning*, 43, 156 – 71.

Boumans, Marcel (1999) “Built – In Justification” . In Mary S. Morgan and Margaret Morrison (eds), *Models as Mediators: Perspectives on Natural and Social Science* (pp. (66 – 96) . Cambridge: Cambridge University Press.

Caldwell, Bruce J. (1991) Clarifying Popper” . *Journal of Economic Literature*, 29: 1, 1 – 33.

Campbell R. and L. Sowden (1985) *Paradoxes of Rationality and Cooperation.* Vancouver: University of British Columbia Press.

Carter, M. and R. Maddock (1987) “Inflation: The Invisible Foot of Macroeconomics” . *Economic Record*, 63 (181), 120 – 8.

Dray, William (1957) *Laws and Explanation in History.* Oxford: Oxford University Press.

(1963) “The Historical Explanation of Actions Reconsidered” . In Patrick Gardiner (ed), *The Philosophy of History* (pp. 66 – 89) . Oxford: Oxford University Press.

Fisher, F. M. (1989) “Games Economists Play: A Noncooperative View” . *RAND Journal of Economics*, 20: 1, 113 – 24.

Flood, M. (1952) “Some Experimental Games” . *Research Memorandum* RM – 789. Santa Monica, CA: The RAND Corporation.

Van Fraassen, B. (1988) “The Pragmatic Theory of Explanation” . In J. C. Pitt (ed), *Theories of Explanation* (pp. 136 – 55). Oxford: Oxford University Press.

Fudenberg, D. and J. Tirole (1991/98) *Game Theory*. Cambridge, MA: MIT Press.

Gardiner, Patrick (1974) *The Philosophy of History*. Oxford: Oxford University Press.

Giocoli, Nicola (2003) *Modeling Rational Agents: From Interwar Economics to Early Modern Game Theory*. Cheltenham: Edward Elgar.

Grüne – Yanoff, Till and Paul Sweinzer (2008) "The Role of Stories in Applying Game Theory". *Journal of Economic Methodology*, 15: 2, 131 – 46.

Hands, D. Wade (1992) "Falsification, Situational Analysis and Scientific Research Programs". In Neil De Marchi (ed), *Post – Popperian Methodology of Economics: Recovering Practice* (pp. 19 – 53). Dordrecht: Kluwer (2001) *Reflection Without Rules*. Cambridge: Cambridge University Press.

Hargreaves Heap, S. P. (1994) "Institutions and (Short – Run) Macroeconomic Performance". *Journal of Economic Surveys*, 8: 1, 35 – 56.

Hargreaves Heap S. P. and Y. Varoufakis (1995) *Game Theory: A Critical Introduction*. London: Routledge.

Hartmann, Stephan (1999) "Models and Stories in Hadron Physics". In Mary S. Morgan and Margaret Morrison (eds), *Models as Mediators: Perspectives on Natural and Social Science* (pp. 326 – 46). Cambridge: Cambridge University Press.

Hayek, F. A. von (1937) "Economics and Knowledge". *Economica*, 4: 13, 33 – 54.

Hempel, Carl G. (1961 – 2) "Rational Action". *Proceedings and Addresses of the American Philosophical Association*, 35, 5 – 23. (1965) *Aspects of Scientific Explanation*. New York: Free Press.

Koertge, Noretta (1975) "Popper's Metaphysical Research Program for the Human Sciences". *Inquiry*, 18, 437 – 62.

(1979) "The Methodological Status of Popper's Rationality Principle". *Theory and Decision*, 10, 83 – 95.

Kreps, David M. (1990a) *A Course in Microeconomic Theory*. New York: Harvester. (1990b) *Game Theory and Economic Modelling*. Oxford: Clarendon Press.

Latsis, Spiro J. (1972) "Situational Determinism in Economics". *British Journal for the Philosophy of Science*, 23, 207 – 45.

Le Guin, Ursula (1980) "It was a Dark and Stormy Night; or, Why Are We Huddling about the Campfire?". In W. J. T. Mitchell (ed), *On Narrative* (pp. 187 – 96). Chicago: University of Chicago Press.

Leibenstein, H. (1982) "The Prisoners' Dilemma in the Invisible Hand: An Analysis of Intrafirm Productivity". *American Economic Review*, Papers and Proceedings, 72:

May, 92 – 7.

Leonard, R. J. (1994) "Laboratory Strife: Higgling as Experimental Science in Economics and Social Psychology". In N. De Marchi and M. S. Morgan (eds.), *Higgling: Transactors and Their Markets in the History of Economics* (pp. 343 – 69). Annual Supplement to *History of Political Economy*, Vol. 26. Durham, NC: Duke University Press.

(2010) *From Red Vienna to Santa Monica.* New York: Cambridge University Press.

Luce, R. D. and H. Raiffa (1957) *Games and Decisions.* New York: Wiley. Mandeville, B. (1705/14) *The Fable of the Bees, Or, Private Vices, Publick Benefits*, edited by F. B. Kaye (1924), Oxford: Clarendon.

Menger, Carl (1883/1985) *Investigations into the Method of the Social Sciences with Special Reference to Economics.* Translation (1985) of *Untersuchungenüber die Methode der-Socialwissenschaften und der Politischen Oekonomieinsbesondere.* Edited by Francis J. Nock, transl. Louis Schneider. New York: New York University Press.

Mirowski, P. (2002) *Machine Dreams: Economics Becomes a Cyborg Science.* Cambridge: Cambridge University Press.

Morgan, Mary S. (2002) "Models, Stories and the Economic World". *Journal of Economic Methodology*, 8: 3, 361 – 84.

(2002a) "Model Experiments and Models in Experiments". In L. Magnani and N. J. Nersessian (eds), *Model – Based Reasoning: Science, Technology, Values* (pp. 41 – 58). New York: Kluwer Academic/Plenum.

(2002b) "How models help economists to know" [Commentary on John Sutton's *Marshall's Tendencies. What Can Economists Know?*] *Economics and Philosophy*, 18, 5 – 16.

(2003) "Economics". In T. Porter and D. Ross (eds.), *The Cambridge History of Science*, Vol. 7: *The Modern Social Sciences* (pp. 275 – 305). Cambridge: Cambridge University Press.

(2007) "The Curious Case of the Prisoner's Dilemma: Model Situation? Exemplary Narrative?" In Angela Creager, Elizabeth Lunbeck, and M. Norton Wise (eds.), *Science-Without Laws: Model Systems, Cases, and Exemplary Narratives* (pp. 157 – 85). Durham, NC: Duke University Press.

Morgan, Mary S. and Margaret Morrison (1999) [eds.] *Models as Mediators: Perspectives on Natural and Social Science.* Cambridge: Cambridge University Press.

Neumann, John von and Oskar Morgenstern (1944) *The Theory of Games and Economic Behavior.* Princeton, NJ: Princeton University Press.

Ober, J. (2007) "Democratic Athens as an Experimental System". In Angela Creager, Elizabeth Lunbeck, and M. Norton Wise (eds.), *Science Without Laws: Model Sys-

tems, Cases, and Exemplary Narratives (pp. 225 – 43). Durham, NC: Duke University Press.

Oxford English Dictionary, online version at http://dictionary.oed.com/.

Peltzman, S. (1991) "The Handbook of Industrial Organization: A Review Article". *Journal of Political Economy*, 99: 1, 201 – 17.

Popper, Karl R. (1945) "The Autonomy of Sociology". In D. Miller (1985) [ed.], *Popper Selections* (pp. 345 – 56). Princeton, NJ: Princeton University Press.

(1963/1994) "Models, Instruments, and Truth". In M. A. Notturno (ed.), *The Myth of the Framework. In Defence of Science and Rationality*" (pp. 154 – 84). London: Routledge.

(1967) "The Rationality Principle". In D. Miller (1985) [ed.], *Popper Selections* (pp. 357 – 65). Princeton, NJ: Princeton University Press.

Poundstone, W. (1992) *Prisoner's Dilemma.* New York: Doubleday/Anchor.

Raiffa, H. (1992) "Game Theory at the University of Michigan, 1948 – 52". In E. Roy Weintraub (ed.), *Toward a History of Game Theory* (pp. 165 – 76). Annual Supplement to *History ofPolitical Economy*, Vol. 24. Durham, NC: Duke University Press.

Rapoport, A. (1962) "The Use and Misuse of Game Theory". *Scientific American*, Dec, 108 – 18.

(1966) *Two – Person Game Theory.* Ann Arbor: The University of Michigan Press.

Rapoport, A. and A. M. Chammah (1965) *Prisoner's Dilemma.* Ann Arbor: The University of Michigan Press.

Rapoport, Anatol and Melvin Guyer (1966) "A Taxonomy of 2 × 2 Games". *General Systems*, XI, 203 – 14.

Rasmussen, E. (1989) 2nd ed, 1994 *Games and Information.* Oxford: Blackwell.

Roth, Alvin E. (1995) "Introduction to Experimental Economics". In John H. Kagel and Alvin E. Roth (eds.), *The Handbook of Experimental Economics* (pp. 3 – 109). Princeton, NJ: Princeton University Press.

Selgin, G. (1996) "Salvaging Gresham's Law: The Good, the Bad, and the Illegal". *Journal of Money, Credit and Banking*, 28: 4, 637 – 49.

Shubik, M. (1953) "The Role of Game Theory in Economics". *Kyklos*, 6: 21, 21 – 34. (1959) *Strategy and Market Structure.* New York: Wiley.

(1970) "Game Theory, Behavior, and the Paradox of the Prisoner's Dilemma: Three Solutions". *Conflict Resolution*, 14: 2 181 – 93.

(1975) *The Uses and Methods of Gaming.* Amsterdam: Elsevier.

Siegel, S. and L. E. Fouraker (1960) *Bargaining and Group Decision Making. Experi-*

ments inBilateral Monopoly. New York: McGraw – Hill.

Smith, A. (1776) *An Inquiry into the Nature and Causes of the Wealth of Nations*. Edited by R. H. Campbell and A. S. Skinner (1976). Oxford: Oxford University Press.

Sutton, J. (1990) "Explaining Everything, Explaining Nothing?" *European Economic Review*, 34, 505 – 12.

(2000) *Marshall's Tendencies. What Can Economists Know?* Gaston EyskensLecture, University of Leuven. Cambridge, MA: MIT Press.

Tullock, G. (1985) "Adam Smith and the Prisoners' Dilemma". *Quarterly Journal of Economics*, 100, 1073 – 81.

Ullman – Margalit, E. (1978) "Invisible – Hand Explanations". *Synthese*, 39, 263 – 91. Weintraub, E. Roy (1992) *Toward a History of Game Theory*. Annual Supplement to *Historyof Political Economy*, Vol. 24. Durham, NC: Duke University Press.

从模型中的
世界到世界中的模型

10

10.1 引言

模型和建模已经改变了经济学科学、经济学知识应用的方法和经济学家看待并理解世界的方法。

如果再次回顾前两个世纪，正如第1章开头那样，我们现在对经济学家所改变的方法会有更好的认识。1776年亚当·斯密的《国富论》用丰富的言语描绘了构成政治经济学整个领域的艺术和科学。他的文本运用一系列紧密的推理将政治经济学的各个法则结合在一起，同时用常识经验和历史的证据描述和支撑这些法则。现代经济学的性质非常不同。很大程度上，现代经济学已经成为依赖小型数学和图解模型的社会科学，每个模型分别代表经济的不同部分并且在很大程度上相互依赖，这些证据很大程度上基于统计方法和现在的实验方法。这些经济学中的变化在两个新的研究对象中都有体现：表达经济学思想和内容方法的模型，以及使用这些模型进行推理的新方法——建模。

在过去的几百年中，模型和建模成为研究经济科学最基本的方法。本书各章节探索了这些模型中的一部分是如何被创建并走向成熟的，以及这些模型是如何在经济学中被研究、被应用的。我已经描述了如何用模型进行推理，包括嵌入了数学和实验概念的证明，还分析了模型作为理论工具的方法。我已经展示过叙述在建模中描述现象的作用，并且将模型世界中正式的推论和模型所代表的世界联系起来。在这最后一章，我从对模型创造和推理的一个个研究中退了一步，用更加普遍和更加集成的方式来讨论模型的特性并讨论建模对经济学在现实中运行方式的更加广泛的影响。

本章的前半部分（10.2节和10.3节）将模型作为它早已成为的现代经济学“研究对象”进行分析。我思考是什么品质让事物成为科学的好的研究对象，并且讨论数学和图解模型是怎么达到这些要求而成为经济学研究对象的。我认为，即使是经济学模型构成微小的不真实的研究对象，对经济学家来说这些创造也可以精确地表达他们想要描述和理解的东西。同时，每个代表着经济学中的典型事物的经济模型的特点表明，使用模型可以提供一些更加一般性的结果。

这一章的后半部分关注建模对经济学知识和这些知识应用于更广阔世界的影响。我在10.4节中讨论，即使每一个经济模型似乎都占领单独的领域，它们实际上也是用实践的纽带联系在一起的，这些纽带包括一致性、共同约束假设和作为一个共识的建模固有的灵活性。建模演进对经济知识在世界中应用的广泛影响在本章最后一节（10.5节）进行思考。长期以来经济学都是一门有相当影响力的社会科学，经济学不仅让我们对经济有特殊的理解，还让我们能够干预经济。模型帮助我们创造了一种与经济学互动的不同模式，这种工程模式用与上一辈经济学家共同法则的影响相异的方式塑造了我们的经济学世界。但与此同时，建模革命在塑造世界时的富集效应，比建模个体的作用或模型总和的作用还要大。模型改变了经济学家们看待经济学的方式，他们开始用模型的镜头看待经济世界，最终在现实世界中看到他们的模型。

10.2 模型：经济学的新研究对象

在20世纪，正如第1章中概述的，经济学家们开始依赖模型研究经济：他们学习创造模型来代表不同水平的经济生活，用模型推理和提出理论，用这新知识来理解世界。在此过程中，模型成为经济学的新研究对象。对此的理解，即理解是什么让一个事物成为某个科学领域有用的研究对象的，要从对比经济模型和其他科学领域的有用研究对象开始。这有一个重要条件：在本书中，我强调这些经济模型提供的是对“小世界”的衡量。所以这里有一个双重效应：模型的特征，使它们能够发挥研究对象的作用，这种作用在很大程度上也归功于小世界的特征，并且比较艺术中的小世界也是有用的。

10.2.1 模型世界和研究对象

不用怀疑，所有科学家都会发展或者接受一些对象，尤其是针对他们特殊的科学，形成他们科学调研的材料——被洛琳·达斯顿和彼特·加里森（Daston and Galison，1992）贴上“研究对象”的标签。从他们正在讨论的自然科学和人文科学的角度而言，对象常常是自然被发现的，例如蜗牛和雀，达尔文通过研究它们证明了自己对进化论的理解。与其说他们关注的是这些对象的个体行为，不如说他们关注的是它们比个体行为更广泛表达的客观性可能揭示的东西：

> 研究对象可以是影像图集、模式标本或实验室流程——任何被调查的自然部分中可管理的和公共的代表物。科学不能没有这些标准化的工作对象，因为未经修正的自然研究对象太特殊而不能在归纳和比较中应用（Daston and Galison，1992，第 85 页）。

在构思本书的结论主线时，我关注的是被加工过的研究对象而非自然的，并且将我的目光偏向研究者为使这些对象达到他们的标准做出的努力。

任何科学的研究对象都不是预先确定的——科学家们选择他们的研究对象都有两个主要的标准。一个是它们的典型性，或者说它们代表某些类型自然对象的可能性（我在 10.3 节中讨论的一个问题）。另一个标准是对象揭示它体现和代表的某些自然秘密的可能性。这两个标准都是一个对象能成为有用研究对象所必需的。

作为一个揭示对象的标准既不容易被定义，也不易被提前识别，所以它是否存在可能取决于科学家选择对象并加工使用它们时的技巧、想象力和运气。这一标准有其平淡的一面：正如达斯顿和加里森所说，研究对象必须是“可管理的”和“公共的”（见上文）。“公共的”意味着可以与他人共享一种资源，所以知识的增加可以通过同行来检验。“可被管理的”这一概念包括几个维度，它包含了与科学家研究团体的认知能力和目的相关的尺度概念。然而，我更喜欢“可行的”这个词，因为这个词更加关注研究对象在科学中发挥揭示作用的可能性。它表明了一些东西（例如内容）的可追溯性，或者，如本书在前面讨论的，研究对象为生产性操作提供了资源。这种具有公共性和可行性的研究对象的例子可以在生命科学的“模式生物”中找到：一组有限的特殊生命形式（标准化的，例如实验室老鼠），用于强化实验研究，每个对象都服务于其自身研究领域的专家团队。并且我们从历史中得知，每个这样的研究对象被选的原因都是它在研究特定主题或问题中的特殊品质：它必须是“完成研究的正确工具”。[①] 例如，果蝇被证明是适合用于研究遗传学的，因为在其可操纵的品质中，它们繁殖的速度足以使其在短期的科学研究中建立基因突变。这里，尺度不仅用于大小，也同样用于时间：生命周期必须与调查过程相适合。[②]

对于其他许多学科，研究对象不是自然发现甚至是专门准备的自然对象（例如实验室的果蝇群），而是通过创造一个代表自然的特定部分的人造物建立的。在这方面，想想地图。地图并不是自然对象，但是地图以标准的方式通过延续它们的代表事物的传统约定代表自然和社会对象，（而不是通过选择一个野外特定种类的蜗牛，或通过标准化自然对象本身，如同在实验室使用的果蝇菌株）。通过选择方便的方式代表事物，地图制作者可能表示出地面和地下矿产的等高线，他们可能把不同类型的森林表示成统一的绿色，并且无论咸水淡水都表示成蓝色。[③] 他们可以用各种标准标记表示出不同大小的道路、火车站、青年旅馆、风车等。如果我们习惯使用地图，我们明白约定的表示，可以读懂符号并理解各部分之间的关系，在某种程度上我们认为好的地图对地形的描述足以让我们知道地区之间的距离，并且我们可以靠它到任何地方。对那些使用地图并且理解标准的人，很容易忘记地图就像它们所描述的东西那样小，当其他人知道某地就在他们镇并且可以轻易到达那里，但他们看不懂地图而且不能用地图告诉一个陌生人怎么到达那里时，熟用地图的人会感到惊讶。这目的似乎微不足道，但是几个世纪以来的海上探寻使绘图者绘制了全球地图：地图绘制和探索是相互依存的，这绝非偶

---

① 参见，例如，克拉克和藤村（Clarke and Fujimura，1992），莱德曼和布里安（Lederman and Burian，1993），莱昂利（Leonelli，2007），尤其是科勒（Kohler，1994）的文章。更广泛的比较，参见莱茵贝格尔（Rheinberger，1997，第 7 章）生命科学和生物化学中对模型的论述，与此处论述的一些方面相似；参见梅利（Meli，2006）对力学中工作对象的论述提供的一个对比观点。

② 在时间尺度上，参见格里梅和山下（Griesemer and Yamashita，2005，1999 年普林斯顿研讨会发言的翻译），一个比较经济学案例：第 5 章的纽林 - 菲利普斯机必须经过校准以便其循环周期与宏观经济中的一般资金流动周期契合。

③ 这些便利会成为习惯，但是要通过好几代人的努力。例如，在 15 世纪，海洋被表示为各种颜色，沙褐色、深棕色、绿色、白色和蓝色等。16 世纪开始地图上的海洋更多地被表示成蓝色，但这绝不是一个普遍的惯例，这也许取决于地图的用途，以及被表示的事物的变化（如，天空，以前更经常被表示成蓝色，现在不再出现在地图上）。相关证据参见惠特菲尔德（Whitfield，1994/2010）。

然。地图只对那些能读懂标志和知道怎么用地图的人描述自然对象。

如果研究对象的概念从可以选择的自然对象扩展到自然对象的代表（像地图那样），那我们肯定也可以将经济学模型包括进来。这样的模型——现代经济学的研究对象——在很多方面和地图很像。都是用外行难以理解和代替的符号来表示自然或社会对象。就像地图一样，经济模型是用由纸和笔制成的人工制品（而不是现实世界的东西）来代表、描述或表示现实世界中存在的对象，比如经济学市场、消费行为等。经济学家就像地图绘制者那样，他们的模型都是一系列图表、方程式或报告，在使用时，经济学家们采用标准化和形式化的惯例来表示他们感兴趣的现象。本书的前面几个章节说明了经济学家用数学和图如何描述和刻画市场以及交易关系，如埃奇沃斯盒状图（第 3 章）和它们的供给和需求关系图（第 7 章）。在它们存在的前十几年里，这些模型不仅拥有标准化的模式，并且发展出了代表它们所表述现象的方便符号，所以价格、数量、消费者和消费者的偏好，都可以用字母、线条和曲线来表示。[①] 一些开始时为方便描述经济使用的符号成了后来者约定俗成的表示方法，但就像地图和物理环境的关系一样，只有那些懂得规约并且学过如何读懂和使用代表符号的人可以懂得把经济模型看作经济元素和经济现象的报告。

就像地图，经济学的模型也是一个可管理的小世界。地图，就像模型一样，依赖部分遗漏成为小世界：它们并没有表示每一个地形的细节，内容多少取决于其代表的规模。而规模（地图的比例）取决于用途：用于徒步的地图要求比例大且包含的细节多，用于表现国家和大陆之间关系的地图需要的比例小，如同我们的地球仪。虽然地图的比例和内容之间有直接的关系——比例越大越能显示更多的细节，比例越小显示的细节越少——地图绘制者们并不认为小比例的地图可以很好地展现内容。步行地图也许包括有特征的草图或者可识别的特征景观以吸引使用者注意道路的节点。[②] 像地图的制造者一样，那些经济模型的创造者应该挑选出他们认为的经济的突出特点，这样不仅它们的代表性可控，并且他们可以关注自己特别感兴趣的元素和它们之间的关系。李嘉图的

① 例如，我们参见第 7 章，惯例约定把价格作为纵轴的原始供求关系图。

② 其他类型的“地图”可能需要扩大规模以方便科学家解释和使用——例如，遗传图谱。

农场模型挑选出不同种类的劳动者，农民、农场主和地主，以及他们的工资、福利和租金，来表现他们那个时代经济生活的特点（第2章）。相比之下，150年之后，纽林和菲利普斯（第5章），挑选了收入和支出的现金流，并通过凯恩斯系统来描述他们那时的经济生活特点。在这两个案例中，整个系统的模型必须要忽略许多细节，以使规模足够小，才能方便操作和实验。

内容与比例的关系对于其他学科形成足够小可以用于研究的对象来说是同等重要的，这就不仅涉及材料的省略而且可能涉及材料的移位或替换。例如，在使用计算机模拟前，地质学工作者使用沙、熟石膏和蜡来代表不同级别地震时岩石的品质（见 Oreskes，2007）。工程师为理解深海电缆的性能在实验室里创建模型时可能会不仅改变电缆材料（通过使用 PVC 得到所需电量，使用铅颗粒以得到需要的密度），而且改变环境（用甘油代替盐水以得到所需黏性）。[①] 对于经济学家而言，就像他们习惯了对自己研究领域的数学描述方式，他们很容易忘记他们也在更换或替代材料。李嘉图使用会计语言来描述他的经济（这种语言在他那个时代的经济生活中使用着），之后经济学家们从使用大白话转向使用专门的科学语言——图和不同种类的数学，甚至在纽林和菲利普斯的案例中，他们在经济模型中使用了真正的水力学语言。研究对象使内容在很多方面易于控制且可以操作。正是在数学和图形中发现的速记约定，（经济学家们发现）很适合用于描述他们的小世界，潜在的不安恰恰也来源于这些相同的语言和约定。

10.2.2　小世界、微型世界还是压缩世界？

对一个经济学领域的外来者，最难理解的事情之一就是经济学家们认为他们可以用他们的小世界中一些数学碎块和令人费解的图表表达许多经济中发生的事件。难道他们不觉得规模太小了吗？当然这些经济学家肯定忽略了很多，并且这些模型和真正的经济生活一定存在很多不同，这是科研的方法吗？甚至有些在经济学领域内的人也会问模型是不是研究经济学的有效方法，因为模型存在规模缩减、简化（即省略一些

① 我感谢苏珊·斯特雷特的这个例子，以及她引用的赫比奇（Herbich，1999，第330~331页）；关于比例模型，参见斯特雷特（Sterrett，2006）。

东西）以及转换成数学和图解形式等现象。经济模型有时候被称为“玩具模型”（批评人士和使用者都会），凭想象构造的农场动物和消防车的比例模型——是游戏室的对象而不是严肃的社会科学工作的对象。当然，在某种程度上这些标签和批评都是对的：在某些方面，经济学模型就像孩子们用来组装玩具的工具，他们用这些工具来构建和操作飞机或起重机模型。这种结构模型忽略了许多特性，即使它们能够捕捉真实事物可被识别的足够突出的细节。并且就像玩具，它们也是用塑料做的，而不是严肃的工程比例模型（正如我们以上所见，材料必须适合模型的比例）。但是经济学模型甚至不具备玩具拥有的优点，因为它们的公式和图表甚至不像经济学中可识别的任何东西，比如商品、工厂或税单。当然，致力于经济模型并且理解它们的经济学家，可以识别这些用于描述经济生活的数学——尽管它们也许还是推测的、抽象的和理想化的，仍然被贴上了“描述”的标签。

这些一再抱怨模型大小和缺乏真实品质的人，关注的是模型不是什么，而不是关注模型是什么或也许是什么。在早期关于经济人的——理性经济人（和他的祖先，经济人）——模型的讨论中，即使其他社会学家都当他是一个卡通人物，我仍认为这样的模型可以被当作一次复杂的漫画过程的结果来理解。我在此又返回到艺术比较，因为它们已经证明自己擅长以小的、可管理的形式来描述生活，而不需要创造玩具。

艺术品的小尺寸性有时体现为微缩化，即使是小东西也体现出某些重要的细节。小尺寸的肖像被称为“微型作品”，它涉及一个非常大幅度的尺寸缩小，但它们没有主要通过简化画像来实现微缩这一目标，肖像的创造者的目的是通过与其他肖像画一样详细的细节来捕捉他们绘画主题的特殊品质，也许这就是它们魅力的来源，那些细节和生活一样，或者更大。其他类型的微小代表物充满了微小的细节，但或多或少根据当时的艺术灵感和流派理想化了，这些细节代表物有的表现在镌刻的大写字母的中世纪手稿中；有的显示在雕刻的玉、金或木材上；或者在印章上。小比例的代表符号在古代、中世纪和现代好的装饰艺术文明中都有体现。作为现代观众，我们并不总是能意识到这样的代表符号遵循特定的形式、公式和规则有多长时间。无处不在的代表日期和主权国家的肖像在硬币上被发现（在某些社会和较长时期），这是这种规范的典型例子。一个不太明显的例子是现代早期的宗教图标：它们被设计得足够小以便于移动，但都是按照什么可以被代表和如何代表的规则来设计的，教会当局通过立法确保宗教解释和遵守的正确性。[①]

想想其他艺术形式，如诗歌，它的小巧并不是简单化或者小型化，而是与用语言描述生活的压缩方式类似。在这里，小巧并不妨碍我们有表现力地甚至广泛地描述世界，以及从世界中获得经验。作为一个例子，我们来看一下十四行诗——一种可以追溯到 13 世纪的简洁诗歌形式。十四行诗，就像经济模型一样，都是被构造用于观察代表内容的形式规定：就十四行诗而言，它们的长度、结构、韵律和押韵等都是规定好的。这些形式规定的具体组合取决于十四行诗的类型（尽管在历史上它们都是只有 14 行）。还有一些更加压缩的诗歌类型，有同样严格的要求，最常见的可能是日本的俳句。甚至还有更小众的高格调的诗歌形式，如打油诗，也服从形式规则的长度、韵律和押韵。关键点是它们小巧，形式要求严格，然而在诗里它们却有广阔的空间。[②] 若只考虑表达的深度，想法的微妙和情感的复杂都能在最好的十四行诗中发现，这些都在狭窄的形式范围内体现了出来。

在艺术中小并不等同于简化，体积小或单薄也不意味着内涵不丰富。但同样，小也不是说就自带高品位：有优美的十四行诗也有乏味的十四行诗，有诙谐的打油诗也有糟糕的打油诗，有精致的图标也有草率粗糙的涂鸦，就像有好的模型也有不好的模型。因此，当然，经济模型并没有用数学语言抓住世界的所有细节。模型是简化，但这并不意味着它们表示的内容必然是简单的或愚蠢的，或简单到不能让人理解——尽管可能有些个别模型会如此。关键点是，对于依赖人造工作对象（比如地图和模型）的学科而言，这些人造的工作对象在小比例上呈现这个世界，并且指代里面的东西以适应科学家的工作，但是其表达内容的强度和十四行诗与微型艺术品一样很强。

如果我们理解经济学模型表达的小世界，就像十四行诗中的小世界，我们可以看到两者都提供了精心挑选和安排的想法组合，在一定形

---

① 我感谢安娜贝尔·沃顿在反对宗教改革时期对宗教画控制的思考和讨论，就像经典特伦特委员会的教规在 16 世纪记录的那样（这种编纂活动，可能在早期时候就已经广泛应用）。

② 这个诗歌与模型的比较受到英国桂冠诗人卡罗尔·安·达菲电视采访（2010 年初）的启发，他讨论了一首诗的空间表达不受限于其体积大小。

式的结构中简洁地表达了出来。模型对于经济学家，就好像十四行诗对于诗人，都意味着用精确简短的形式表达生活，使用的语言可能容易抽象或类比，甚至包括富有想象力的选择和一定程度的好玩的表达，所有的内部结构，都遵循一定的规则——数学的或长度的和韵律的。当埃奇沃斯（Edgeworth，1881）创建图像来表达鲁滨逊和星期五所面临的交流问题（第3章）时，我们看到的就是捕捉这一过程和阐明经济活动性质的可能最简洁的方式。相似的创造性表达和压缩方式可以在地图中找到：很多人都知道，查尔斯·米纳德1861年绘制的跟踪拿破仑进攻俄国的战役地图显示，一群自信的出游者从一条粗大的米黄色链子缩成了一条可怜的、脆弱的、细细的黑线，战线从莫斯科撤退到了巴黎。但是当米纳德的地图被爱德华·塔夫特（Tufte，1983）分析时，他显示了地图是怎样不仅表示了军队的规模，还抓住了进退的五个其他元素（纬度、经度、方向、日期和温度）。正如地理学家和地质学家的地图和经济学家的模型，理解十四行诗不仅要懂得其格式，也要在相当程度上认知读者所关注的被小心压缩成标准化和约束性结构的内容和意义。①

有两点可以从模型的性质和如何对待模型质量的比较中得到。第一，经济模型虽然小、简化，而且描述世界时看上去并不像真实的世界那样好辨认，但是这并不能阻止它们成为研究对象，因为科学——就像人文——在它们试图理解世界的过程中依赖这样的对象。第二，经济模型就像玩具一样可以被构造和玩耍，但是对于应用这些对象的经济学家或科学家，模型可以被理解为表达能力很强的人工制品——用适当的专业形式和语言简洁地表达事物。

10.3 研究对象的工作

10.3.1 理论建立与阐述所使用的材料

研究对象，无论自然的还是人工的，在不同学科中不仅有不同的形式，而且作用也不相同。达斯顿和加里森（Daston and Galison，1992）

① 也许是容易低估知识和认知对理解诗歌的重要性：对 Empson 关于歧义工作的简要了解（Empson，1930，第1版，第1903页）揭示了不可思议的困难。我感谢 David Russell 的参考文献。

提出了有关自然对象及其设想的一系列想法，并以此作为一种实证资源。他们认为：如果研究对象不是原本的自然物，也还不是概念的话，那么就更不可能是推测或理论；而是那些能形成概念并应用到概念中的材料（Daston and Galison，1992，第 28 页）。与此相反，本书的研究表明：经济学中的研究对象是那些已经经过抽象和概念化的，并主要用于推测以及理论建立的图像。这种理论化/描述的边界不容易被映射到人工和实际工作对象之间的界限上，也不容易被映射到可操作和不可操作对象之间的界限上。地理学家绘制的地图可以被用来找地图上描绘出来的东西，像岩石、化石这样没有被地图直接描绘出来的信息，可以作为推测、理论建立以及概念形成的对象。① 此外，理论研究对象和实证研究对象的区别是很难刻画的，研究对象可能在不同学科中、不同程度上实现理论建立和进行描述的功能，而不是在这些功能之间起到联系的作用。正如韦伯（Weber，1904）针对其研究对象所说的那样，他的“理想型”（“ideal types”）既不是假设也不是描述，而是使科学家们既能表达又能拓展这两个方面（参见第 4 章）。所以，并不用担心理论和实证研究对象的区别，只要能够清楚经济学中的数理经济模型与理论建立的联系比与描述建立的联系更为密切就行。

本书的前半部分阐述了经济模型的创建，揭示了经济学家是如何建立模型，并用模型来描述一些特定的经济现象或是解决一系列经济问题的。创建这些人工记录（artifactual accounts）涉及经济学家在表达他们研究内容时的一些猜想，甚至概念形成。这就像古代和近代的地图制图者在描绘世界的某一部分时不得不采用推测的方法一样，而这一部分是制图者无法透视或是完全不了解的。所以埃奇沃斯用数学方法推测了鲁滨逊·克鲁索和星期五之间交换关系的图形，并将一系列由交换点构成的曲线概念化（即“契约线”），由此绘制成了一幅将会发展成为埃奇沃斯盒状图的图像（第 3 章）。一旦经过推理，并被认为其是对经济交换关系的一种解释，埃奇沃斯盒状图就可以用于对所涉及的相关经济行为进行分析及理论建立，并且可以用于研究不同情形下交换点是如何产生的，以及其他的一些经济现象。针对现象的模型解释，通过使用可以为转化为各种用于理论建立的研究对象，理论建立的内容包括假设的构

① 例如：弗里格（Frigg，2010），用地图来推理，鲁德威克（Rudwick，1988），化石的作用。

建、理论问题的解决，甚至是进一步的概念发展。

但这种发展不只是在模型建立与应用的过程中出现的。在此，历史的重要性在于，它再一次暂时地使我们回到第1章中所做的说明。毫无疑问那些构建模型的早期经济学家都有其分析和描述的目标，但是在两次战争之后的一段时间出现了一个显著的区分，即用统计方法或计量方法建模的经济学家注重那些理论上信息量充足的描述，其可以被用于测量以及假设检验；而用数学方法建模的经济学家则专注于提供那些能形成概念、引发假设构建以及理论发展的说明。[①] 我们知道在此之后20世纪30年代后期的经济学家试图通过建立数学模型来弄清楚凯恩斯的《通论》（第6章）。这些模型使凯恩斯主义的思想得到分析与进一步发展，甚至在某些方面得以概念化。经济建模中的这种分工（这个概念通常比较模糊）意味着，20世纪通过数学模型这一工具，概念与理论被经济学界普遍接受并得到快速发展：它们成为公认的用于建立、发展与表达经济理论的研究对象。

然而，所有这些的核心仍存在一种矛盾，这种矛盾部分来源于任何科学研究中都会产生的实际问题。为总结和研究的宽泛的相似和不同之处，就像达斯顿和加里森前面说过的那样，科学家需要的研究对象不是那些“特别古怪”的，但这可能导致不同学科以及不同研究对象之间的差异。在经济学中，经济分析、理论建立与数学、图形建模之间的密切联系要求模型的解释范围要更有概括性，但与此同时，正如本书中一些章节所陈述的，模型也会被用来解释世界上一些特别的现象。经济建模的过程迫切需要更有概括性的经济学解释，如对需求定律的解释，并说明它是如何被应用到那些与它相关的各种不同现象中的（第7章中有相关的内容）。在对实际问题进行争论时，具体现象与一般解释之间的矛盾不得不在每一个模型中得到解决。

在建模发展的初期，1922年那次关于“经济学中的空盒子”（“empty economic boxes”）的辩论把一般与个别、分析与描述之间的矛盾最令人瞩目地展示了出来。当时，经验主义经济史学家约翰·克拉帕姆指责分析经济学家亚瑟·庇古的经济空盒子只是放在“其心里的架

① 统计或计量模型提供了诸如实证研究对象的一些东西，但是其并不是本书的主题——参考摩根（Morgan，1990）和鲍曼（Boumans，2005）。

子”上的（Clapham，1922，第 305 页），这些空盒子都贴上了关于生产过程分析特征的标签，如“规模收益递减、规模收益递增、规模收益不变”。亚瑟·庇古（Pigou，1922）认为他的盒子并非装满了帽子或软管，也就是说，装的不是存在于世界上的工厂或行业，因为把工厂或行业正确地分配到不同分析类别的盒子中是十分困难的（正如克拉帕姆自己所指出的那样）。但是，庇古声称他的盒子没有一个是空的：每一种分析类别的盒子都装着许多更小的盒子，这些小盒子都是大盒子的细分。正如他所说，分析的差异关键在于忽略世界上单个工厂或行业的更特殊具体的层面。他的盒子放着经济学中的研究对象，即：经济社会中的各种现象或者概念化了的对象。正如韦伯的“理想型”，经济学家可以通过这些研究对象建立理论并用它们研究经济现象中有关联的异同点。可以说，这些盒子装了经济学的模型。

10.3.2 “抽象的典型代表”与模型归纳

经济模型作为一项历史工程，被发展成了介于一般解释与个别描述之间的形式，经济模型建立的目的也不仅是被应用于描述经济现象，而且被应用于建立理论。当我们理解了这两方面如何使模型在这两个层面上进行调节时，我们也能理解二元性在解释说明其作为有认知功能的科学工具帮助经济学家探索他们所研究的世界时如何困难与不明确。这把我们引向了科学家用研究对象来进行研究时所需的第二个主要品质。

如果研究对象对一门学科来说在认知上是有用的，那么这些研究对象不仅应该范围足够小以便于控制，而且还应该有充分的内容，对这些内容的调查与研究对科学家会有一定的启发。但是同时，这些研究对象（在某些方面）应如同自然界或社会中的一些具有代表性和典型性的事物那样是可以证明的。正是这个特质使科学家通过考察研究对象来获取知识，所获得的知识具有比其典型种类的特定样本更广的推理范围。一个研究对象如果仅仅向我们传达关于其本身的知识，那么它的价值是有限的。经济史学家曾经尤其热衷于对大萧条时期的研究，但是对经济学家来说，对大萧条期间的研究大概只有在对 2008 年的金融危机及其余波进行有效比较时才具有作为研究对象而使用的重要性。与极端事件进行对比可能有助于科学家理解常规事件。如果研究对象代表着那些已被认知的常规事件，那么这种对比是有可能的（例如，经济萧条的一般特征）。在某些方面，研究对象具有代表一类事物的性质，（使研究者）不仅可以研究该类事物，而且可以与其他种类的研究对象进行比较，同样也可以与极端事件或一次性事件进行比较。

对于一个学科来说，良好的研究对象应具有典型性这一特征，对典型性的要求可以用不同的方法来实现，甚至当模型中有不同的研究对象时，这一条件也应成立。例如，生物学中的模式生物是特定的有机体，这种有机体不仅可以代表它们本身所属的那一种群，还可以代表它们所属的范围更广的一个种类：如，用来做实验的老鼠可以代表老鼠，通常其还可以代表哺乳动物。虽然老鼠不一定具有其他哺乳动物的所有特点，但是作为一种哺乳动物，老鼠具有哺乳动物的典型特征，就像果蝇可以代表所有昆虫一样。生命科学的研究对象不仅可以使生物学家了解特定的物种，而且还有可能把从模式生物中得到的研究结果推广到它所代表的更大的种群中。[①]

在其他科学领域，模型可以作为研究对象来使用，一般是通过引用有关典型性的不同概念以及用其他方法实现其代表性的作用来实现的。例如，最近在管理学领域作为研究对象的“商业模式”通过为特定的公司提供参考而被熟知。如谷歌和麦当劳，由于公司有专门的组织及运营方法，因此成了商业案例。[②] 案例公司之所以能成为典型代表，在某种程度上是因为它们代表了经营方法，而不像特定的模式生物那样其特性是使其能成为其所属种类的典型代表的原因。并且由于这些商业案例都是因其特定的经营方法被视为典型代表的，所以它们的经营方式也是其他公司效仿的对象。

与实验老鼠和商业模式不同，经济模型本身仅仅是对经济世界中事件的代表或描述。所以经济模型要求的“典型性”并不在于模型本身，而在于其可以代表对象的程度。经济模型是抽象的而不是一般的——更确切地说，每一个经济模型都代表着经济世界中一个典型的情形、行动、事件、行为或是制度。[③] 埃奇沃斯运用恰当的词汇描述他的盒状图

① 针对归纳的讨论参考安肯尼（2007年），在生物学家对模式生物的使用中，模型的代表范围和代表目标之间区别的讨论，参见安肯尼与莱昂内利（2011）；也参见摩根（2003a，2007）。

② 参考 Baden-Fuller 和摩根（2010）的商业模型。

③ 即使特殊情况的出现也是正常现象——例如，埃奇沃斯盒状图中的“角点解”；极端情况并不是历史中唯一的研究对象，但是其也可以作为一种分析范畴。

以及他从中推理得到的结果，即：“抽象的典型案例”和“抽象的典型代表”（Edgeworth，1881，第34、37页）。我们可以（从第3章中）知道埃奇沃斯通过其设计的抽象模型来反映从克鲁索和星期五之间发现的交换关系的特点。埃奇沃斯认为其盒状图中所假设的社会不仅体现了小说中两个人物的交换关系，而且抽象地反映了现实中个人、企业甚至是国家之间的交换关系，这种交换关系是以相对封闭的情况下双方需要达成交换契约为前提的。因此埃奇沃斯的经济模型在对这种特殊情况进行描述时，也可以被视为这类情形的典型代表。类似地，对鱼的供求模型可以考虑应用到与之相关的各种快速消费品中；如果考虑的是耐用消费品，那么其模型的设置方法应该有所差异。

正如已经过数学推理验证的缺乏数据的“一个‘特定代表性’”的案例采用类似“数学归纳法”的方法足够建立一般理论那样，埃奇沃斯一直用数学工具和此类图形（经济学家后来也用此方法来标注模型）对他的推理进行描述（Edgeworth，1881，第83页）。[①] 一旦对具有“特定代表性”的案例进行推理后建立了一般原理，那么这种一般化的结论就可以被运用到其他情况中。这种运用有两个方面。首先，早期通过埃奇沃斯盒状图模型解决的问题不再被后来的经济学家重复建模，他们只采用那些已被证明的结论。正如第3章所阐述的盒状图的历史那样，经济学家们构建了基准，以此来拓展模型解释更深层问题的可能性。其次，相同的一般原理也提供了把从特定代表性模型（如克鲁索和星期五）中得出的结论运用到与之相似的数学模型案例（如两个国家或两个抽象的代数：A 和 B 或 X 和 Y）中的方法。

埃奇沃斯的“数学归纳法”也许可被标记为“模型归纳法”——

---

① 埃奇沃斯时期数学归纳法的含义是比较模糊的。但现如今，数学归纳法被视为一种证明形式，这种证明产生于再现数字理论或重复性（Poincaré，1902或1905，第1章）。埃奇沃斯把数学归纳法运用到他的图形中以及他称之为“无数字数学”的其他形式中。可能，他认为这类似于一种科学归纳法，并且他认为这种证明方法存在于古希腊的几何学中。尼茨（Netz，1999）认为古希腊几何学中的归纳方法是基于隐含的或是直观的重复性来对有效数级中的点集进行归纳并得出结论的方法（参考尼茨1999年出版的著作，特别是第269页中的观点）（我对罗伊·温特劳布和艾弗·加·坦吉尼斯、埃奇沃斯针对此问题的讨论表示感谢）。然而在建模的历史背景下，与埃奇沃斯同时期的西蒙·帕藤提出了一个有趣的比较，西蒙·帕藤认为李嘉图的推理方法（参见第2章）是一种“具体推理”的方法，这种方法取决于对所采用的具体典型例子的归纳（Patten，1893，第30页）。进一步讨论需要参见第3章第126页脚注①。

模型归纳法用一个模型来推测结果，这个模型可从对一个具体案例的描述推广到这类模型的更深意义。所以，经济学家一旦建立了（与模式生物选择观点相同）“正确的研究模型”：他们已经决定用什么类型的例子，建立什么样的模型来回答他们要解决的问题，那么他们就可以通过模型归纳法再次运用其原来的研究结果。我们用另一种方法来说明这一要点，经济学家曾经使用过两种不同的模型来区分两类典型企业：一种是有大量企业的竞争性企业模型，另一种是只有一个企业的垄断模型。模型归纳法可以通过建立每一种模型来实现，但不一定要让每种只有微小差异的案例都作为亲本模型。建模创始人之一的阿尔弗雷德·马歇尔认为：这就是为什么对整个工业进行描述的可能性以及能否从企业的所有实证例子中得到相关的分析结果，取决于能否把他认为的世界上所有可以进行分析的例子描绘出来——也就是用图形来建模（参考 De Marchi，2003）。企业的所有分析一旦都用埃奇沃斯盒状图进行描述，那么（任何种类）需要调查与分析的单个案例都可以通过对典型案例的模型推导进行处理。

尽管通过数学证明模型世界的模型归纳法提供了在模型世界中进一步研究的基础，但是其并没有把模型中的实证推导推广到现实世界中。正如本书（在第 1 章、第 6 章到第 9 章中）所探讨的一些内容，对这个十分棘手的问题需要进行多方面的考虑。基于模型得出的推论取决于案例所属种类的有效要求，“恰当的模型”有助于解决正在研究的案例以及有待处理的问题，因此模型的选择十分必要，这是我们需要进一步进行探讨的问题。

经济模型作为经济学中的研究对象以抽象的形式代表着经济世界中的典型事物。也就是经济模型对完全概括性（通过对有限事务的研究来尽可能正确解释世界中所有事件）与完全特殊性（旨在对一个事件的所有情况进行完整描述）之间的关系进行了解释说明。在第 7 章（7.2.3 部分）中我称其为“一般水平”（“generic level”）。采用这样的叫法不仅是因为其介于其他水平之间，而且其涉及了一类情形。[①] 模型在一般水平上发挥作用，使其（比完全描述）能更加简洁并且作为研

① 经济模型的总体质量通过抽象和理想化得以增强，并可以进一步像前几章所反映的那样建立模型。例如，埃奇沃斯盒状图中理想化的交换关系是从特殊的商品交换和其他一些交换方式中抽象出来的。

究对象也更容易控制。但相应地，采用一般水平的效果取决于经济学家选择与许多个别案例相似的细节，目的不是代表世界中所有事物的全部和其多样性，而是通过定位一些个别案例的典型，使世界变得可理解。第9章（9.4.1部分）讨论了为能使用模型进行解释定义典型情形的作用。如同模型太过详细时一样，如果模型涵盖的内容过多，它们作为研究对象的话就会没有足够的有效间隔。正如我们所知道的博弈论的叙述，理性叙述的缺乏使其太一般化以至于不能在模型中进行过多的研究，从而背离了建模的最初动机。如果对博弈情形的描述非常多，那些特殊的差异性变得至关重要的话，那么对工业经济学家而言模型在提供解释方面也不再有用了。模型在一般水平上运作不仅消除了它们代表的一类事物的自然研究对象的微小变化，而且能够阐明各种经济现象之间的主要差异。作为经济学中的研究对象，中间水平代表性的可维持性对其管理和控制是十分重要的。但是一般水平仍是其代表性特征的基础，因此微小世界的模型能对经济世界中的典型事件进行说明，并可以使研究结果有概括性，尽管这只能在这些被模拟的小世界的范围内起作用。

10.4 建模：经济学研究的新实践[①]

模型不仅具有描述和建立理论的功能，而且其关于一般种类模型推导的认知特征能很好地解释模型作为经济学研究对象为何如此重要，但种种问题依然是存在的。如果模型仅对典型事件做一般解释说明，那么模型应该涵盖哪些经济学领域呢？如果每一个模型都像本书中的个案研究那样独自发展，那么它们如何才能结合在一起？如果模型不能覆盖一些经济领域或者将其完全联系起来，那么模型为何又如此具有可推广性呢？问题的答案来自用模型进行研究时所采用的不同层面。建模是科学研究通常采用的方法，并形成了第1章中所讨论的一种“认识流派”（“epistemic genres”）。但是采用建模（或是其他科学研究方法）的学科都发展了自己的方法——其特有的模型构成、模型调查研究实践以及模型推理方法。所以经济学发展了适用其领域的

① “新实践”这个概念来自马塞尔·鲍曼（Boumans，2005）。

一套特有建模方法。[①] 经济学中两个假设的实际作用是其特征之一，这两个假设是经济建模的重要数学规则。经济学的另一个特征在于不同的经济学领域中模型相互结合或是承担主要作用的方式不同，所以即使模型看起来是相互独立的，实际上它们也通过各种渠道相互联系在一起。当然经济学中的建模方式是针对其领域所产生的特定方式，这一方式在创造其历史动力上的作用是不应该被低估的。

10.4.1 实践中的假设

如果我们注意200年前的经济学与现今经济学存在的巨大差异，就会发现“规律”这个概念几乎已经从经济学中消失了。历史学家认为直到19世纪中期政治经济学中还存在少许古典规律，19世纪后期当经济学开始使用模型时供求规律仍是最为人所熟知的少许规律之一。19世纪末和20世纪初期还剩几个一般理论，如货币数量理论。像一般规律这种说法以及关于经济要素行为及其关系理论的消失实际上证明了经济学家已经不再区分“模型”和“理论”的差异。如果硬要加以区别的话，经济学家应该认为理论比模型更加概括，或者理论的推测成分更少，但是经济学家一般认为并没有区分其差异的必要。

正如我们所知道的，模型构建向经济学科提供了许多“位于中间水平的东西”（“middle level stuff”）：是介于两者之间、一般水平上的解释，经济学家用于对经济生活中典型代表的解释说明，不是对细节的描述，也不是泛泛而谈的解释说明。模型来源于对一般解释的区分，也来自对个别实证例子的组合。那么是什么使经济思想结合在一起的呢？一种观念认为是被现代经济学家认同和采用的两大基本假设：（第4章中）经济人的个人效用最大化的假设与（第6章所提到的）总量系统模型中均衡趋势的假设（*equilibrium tendency* in the aggregate system models），以及这两个假设的组合，该组合被证明在对囚徒困境模型的探讨中十分重要（第9章中）。这两大基本假设在20世纪似乎替代了李嘉图农业模型中古典系统各规律的交错纠结（第2章中）。

---

① 不仅不同学科称不同的东西为模型，而且不同学科中建模的研究方式也不同。例如：戈德弗雷-史密斯（Godfrey-Smith，2006年）写作了《模型科学策略》，作为科学发展中理论建立的方法。尽管他所说的“策略”对我而言不是那么适合经济学——即使经济学依赖模型进行理论研究。我认为没有模型科学这一策略。

辨识出这两个假设在模型和建模中起到的作用是有用的，对初入该领域的那些观察者而言，它们既强大又在一定程度上充满神秘感。观察到在模型发展和应用中这两个假设起到了必要条件的作用把我们带回到了第1章关于规则与形式主义的讨论中。那一章的观点是模型赋予了有关经济世界的思想一定的形态，但同时模型使这些思想受到了理论或规定的约束，这就决定了如何对模型进行推理。我认为这种规则有两个来源。一个是模型对数学语言的选择。另一个是决定是不是可以进行模型操作的经济学内容，例如，模型中基本要素之间的因果或时间关系。从本书的例子中引申出的新古典经济学的最大化和均衡这两个假设都是综合性的规则：它们都同时是语言和内容的规则。这两个假设都不能被仅仅表示或理解为数学或经济的事物，它们只是被作为建模的共同规则而使用的，所以它们在模型建立和使用过程中作用十分强大。虽然它们比许多支配任意特定模型的单独的数学规则和主题规则更为强大，但它们不一定能被别的模型分享。

但这两个假设并不是万能的。总的来说有两点要注意，一点是这两个规则并不总是同时出现在所有模型中的。有可能有时只有一个假设存在于模型中，正如第3章中经济人的效用最大化假设，或是第6章中宏观经济学的均衡性假设那样。有时两个假设同时存在于模型中，像第9章的囚徒困境那样。所以，模型中至少会存在两个假设中的一个，它们并不总是被捆绑在一起出现在模型中的。经济学家是不会忽略这一问题的，他们十分担心的是作为整体的系统模型和单个模型之间缺乏联系。两个假设一致性的缺乏总在驱使经济学家努力保证宏观模型中的均衡性在个体效用最大化中找到基础。[①]

另一点是对建模而言，这两个假设是必要的但不是充分的。尽管这两个经济学假设作为数学规则十分有效，并且为建模者提供了约束条件、进行分析的原因与方法，但在模型中它们并不独自或单独具有构建性。正如（第9章中）囚徒困境那样，在某些方面它们在分析中占支配地位；在宏观模型中（第6章）我们看到它们更多的是作为首要条件被运用于模型的背景中的。就像十四行诗必须满足长度、结构、韵

---

① 关于寻求最优化的个人、企业、组织等的微观经济模型与经济总体水平中的一般均衡之间的基础性联系，即宏观模型的“微观基础”。

律、韵脚的要求那样，模型也必须包含这两个假设中的至少一个假设。十四行诗的规则都十分常规：对诗的形式有一定的规则限制；虽然对内容没有进行要求，但是对表达方式有严格的规定。在经济模型中这两个假设也是对模型内容进行限制的规则，所以它们都在一定程度上不仅仅规定了模型内容的作用方式。当然，正如阿克塞尔·盖弗特所说的那样，建模中数学形式体系的作用是“使研究假设、对象、方法具体化”（Gelfert，2011，“摘要”）。

现实中，我们看到建模时个体小世界模型一方面是同两个假设中的一个或两个捆绑在一起的，另一方面是和经济学家想要对世界现象做出解释的愿望扣在一起的，这有助于经济学家们分析和解决关于那些现象的问题。在两种情况之间存在开发出许多对世界理想化、简化、易处理的解释说明的现实需求。在最灵活的实践中，建模者只要在其模型产生时，能够满足相关的形式假设，他们就能任意表达任何对小世界的描述。这意味着建模者可以使用相同的假设，但是对相同事物的解释可能不同。相较而言，19 世纪初李嘉图和马尔萨斯之间产生争论是因为其对规律和定义的意见不同。这也意味着尽管经济学家对经济现象、因果关系等的详细解释主要通过建模而被认知，并且新古典经济学对模型的运用也十分广泛，但是模型之间并不完全互相联系，也并没有涵盖所有的经济范围。①

10.4.2　模型的联系

模型主要表现为独立、个别的东西，孤立的岛屿，而不是连成一片的大陆。这一方面是一个历史性结果：建模对象从来就不是一个统一体，它的实践方面从一开始就是为顾客量身定制并有各自特点。我们通过建模过程的几个例子对此已经有所了解。供求规律是在一系列依据商品、市场或分析问题的模型中产生的（第 7 章）。② 但这一系列模型并不是注重解释说明规律一类的事物，而是如同庇古针对其盒子的类属与克拉帕姆的争论那样通过分析说明这类事物之间的显著性差异。我们知

① 经济学家把世界概述为“混合的世界”，而自然科学界的南希·卡特赖特（Cartwright，1999）认为世界是“五彩斑斓的世界”。也就是说，世界在“混合规律”下运转，科学中发现类似规律的行为仅会在模型所描绘的情形中产生作用。

② 参考胡佛（Hoover，1991）对新古典经济学模型中的模型之间关系的分析。

道博弈论中工业经济学的分类过程是如何产生新的博弈种类的（在第9章），也知道经济学家是如何把凯恩斯理论的解释运用于不同种类，但仍然是“凯恩斯主义”（“Keynesian”）（在第6章）的模型中的。模型在不同的历史发展过程中，逐渐侵占了经济学的各个分支，由此模型之间通过不同的方式也建立起了一定的联系。

经济学家曾对这些不相关联的成果进行过评论。凯文·兰开斯特（埃奇沃斯盒状图的发展者之一）曾写到：

> 建模者常想他们在为有朝一日可以建立一个能代表整个经济体的模型的大厦尽全力地添砖加瓦。然而，更好的类比是我们在试图编写一个巨大的计算机程序时，每个人负责为自己特定的部分写编码，但不幸的是，我们编程的计算机语言、所使用的数据库却不完全相同（Lancaster，1997，第70页）。

乔治·阿克尔洛夫（讨论自己做副教授时发表的，使他获得了诺贝尔经济学奖的论文）认为研究的不相关性可能是由于20世纪70年代研究方式的变化引起的，那时建模不再是对标准模型（如供求模型）变体的探索，而是：

> 经济模型专门用于研究特定的市场和情况。在这种新的研究方法下，经济理论不只可以用于研究完全竞争单一模型的变体，而且应用这种新的方法，经济模型还可以用来专门描述现实中的突出问题。虽然完全竞争模型本身是一个备受关注的特殊模型，但它只是众多模型中的一个而已（Akerlof，2003）。[①]

尽管在主流经济学中建模的方法并没有统一，但其在有关联的模型之间建立了关系网，这超越了分类法中的亲缘关系、解释与单元划分。

正如庇古在1929年预言的那样，一些模型将会成为研究的“拱顶石”基础模型，也就是说，这些模型在一定程度上与拱门上拱顶石在固定周围其他石头方面的作用是一样的。[②] 拱顶石模型中最有代表性的例

---

① 模型是专门用于研究具体问题和情况的概念也被曼斯内鲁斯（Mansnerus，2011）用来解释流行病学中模型的建立方法。

② 出现于他1931年的文献中，并在本书第1、2章中进行了探讨。

子应该是希克斯的 IS/LM 模型，宏观经济学中的其他主要因素或领域常建立在它的边缘，通过共同的对称中线很好地同它联合在一起，以产生多扇形模型（这在教科书和学术性论文中已被证明）。

在其他情况下模型常把特定的经济要素结合在一起。例如，埃奇沃斯与帕累托的效用图形结合后可以描绘出需求曲线，而规模报酬模型（克拉帕姆与庇古有关盒子的争论）则直接与供给曲线的形状有关，这两条曲线的交点形成了马歇尔市场模型中的均衡点，该模型取决于两个相互独立的因素——一个是消费者的消费行为，另一个是厂商的生产行为。①

更为常见的是同一模型在不同经济分支学科间的相互使用把一些经济分支学科联系了起来，这种情况是由经济模型适用不同理论的巨大灵活性所造成的。理性经济人假设显然对微观经济学是十分通用、适用的研究模型。实际上，由于其体现了个人效用最大化的约束条件，理性经济人假设暗含于所有的微观模型中。经济学家还发现供求模型也十分灵活，适用于任何在经济学术语中被归类为“商品”的对象，也就是任何不能免费获得或制造的物品，如：消费品、儿童、雇佣劳动、金钱、新鲜空气、水资源甚至是废旧物品等。如同物理学中的偏微分方程式与生物学中的洛特卡－沃尔泰拉模型一样，这些模型也可以被运用于不同的子领域之中。② 在某种意义上这些模型也许类似于拉图尔快速移动的不变行动者模型。③ 当模型的形式发生改变时，关键在于经济模型不仅仅是研究对象也是可使用的对象：它们都是易于变化的。对于每一个新用户和每一个新用途，模型都会获得与它要描述的新现象、它要解决的新问题或它所推动的新理论发展相关的特殊元素。

一些模型通过联系理论、提供发展性概念成为支撑经济学的关键因素。就新古典数理经济学的主要观点是在盒状图中逐渐成熟的这一点来

① 参见第 7 章的例子。

② 参考怀斯（Wise，2009）和金士兰（Kingsland，1985）。

③ 本章中并没有采用读者较为熟悉的 1986 年拉图尔关于不变的行动者的研究，而是向大家分享了我个人的兴趣爱好。这是因为我的安排与他的并不相同。我对（第 3 章中所讨论的）可视化中的这一部分没有太多的兴趣，并且对其的认知也比较晚（参见 10.5 部分）；我对改变事物的研究方法更感兴趣，因此我更为关注像可变分析工具那样的模型——相反，他研究的是不变性与关联性的移动（参考 Morgan，2011）。

说，埃奇沃斯盒状图是现代经济学在发展过程中的主要研究对象。汉弗莱（Humphrey，1996）随后向人们展示了针对不同理论的发展，这个盒状图是如何在不同领域（交换、生产、福利经济学等相关领域）被使用的。从它在经济学中的地位来看，它更为灵活、易懂，发展也较为成熟，所具有的作用也更加广泛。因为盒状图把概念上的要素都集中起来，并演示了理论形成的途径：如消费者之间的最佳交换点，生产者之间的有效生产点，帕累托最优，对福利的判断等，所以逐渐成为新古典经济学的标志以及强有力的研究工具（参见第 3 章），① 甚至可以被视为建模方法也就是经济学研究方法的标志。

其他模型由于适用于一些具有重要影响的特殊结果，因此成为被广泛使用的范例。例如，我们知道第 9 章中的囚徒困境可以成为范例的原因是其揭示了新古典经济学（从亚当·斯密那里继承而来）的深刻思想，即利己主义将会产生最有效的结果，是如何被颠覆的。该模型中含有新古典经济学中理性人和均衡性的假设，但其以一定的方式表现出了这些假设之间的不一致。

概括某些模型为何具有诸如基础性、联系性、概念资源性、标志性、典范性、灵活性等功能是十分困难的。作为研究对象，模型必须具备这两个前面定义过的概括性质：揭示研究的可能性和作为典型代表的合理性。但这两个性质并没有告诉我们为什么有一些模型更为重要，也就是说为什么对于特定的研究来说这些模型是恰当的。像历史、认知以及针对不同情况的模式生物的选择都是较有说服力的理由。正如模式生物，一个现象由一种特定的模型来解释，或者一类模型解决特定的一类理论问题，这已经成为一种趋势。因此存在一种滚雪球效应，即模型越来越成为其科学研究领域或问题的中心环节。②

10.4.3　学界问题

我们知道，模型在 20 世纪成为经济学研究的方法。随着经济学家

---

① 参见第 3 章，之前也感谢过蒂姆·哈顿听了我对埃奇沃斯盒状图的理解后向我介绍了他有标志性的想法。

② 一旦建模方式在学科中自发化，并且这种方式被社会所接受，那么其不仅为新模型的建立提供了条件，而且就像特定实验（参考 Hacking，1983）或事实（参考 Howlett and Morgan，2011）长时间被接受那样，也为个别模型创造了活力。

对世界有关研究和推理的新方法的采用，“模型”这一概念也从名称变为了动词。[①] “建模”逐渐被人们熟悉、使用，并被视为经济学领域恰当的推理方法（如同第 1 章所概述的那样）。建模包括两个主要方面，一个是技术性，另一个是专业性，这两个方面是相互联系的。

用模型进行推导与创造的认知类型要求使用具有高度规范的工具进行研究的高技能。这种被科学界和科学研究方法所广泛接受的高技能习惯是以特定的方式进行操作的灵活方法。如果其被视为科学研究的“正确方法”，那么它将成为一种业内人士共同努力的方向。所以，当经济学家通过建模被联系起来并成为知识流派时，那么首先把他们联系起来的是他们共享的实践与技术，正如之前所说的，这是一种较为灵活的实践。

一旦建模成为经济学进行推理的恰当方式，那么任何新问题和主题的提出或解决都会从建模开始，此时建模不仅体现一种专业习惯，而且成为专业素养的一种标志。由于对科学研究新方法的采纳是一个学界问题，因此其取决于坚实的科学培训、标准、目的以及专业实践，其中目的分为巩固、限制、监督等（参考 Tala，2010，用于比较的例子）。

一旦建模成为经济研究和推导的恰当方法，那么它本身具有的专业性是很难被突破的，或者说经济研究的其他新方法几乎不能取代其地位。[②] 一旦建模被采纳，那么实验经济学和模拟实验等新经济学分支和研究方法会依靠模型而逐渐成熟。第 7 章介绍了供求模型在实验结构、实验设计以及假设检验方面进行经济学实验的方法。第 8 章介绍了模型如何与统计工具、可行性方案以及数据相结合从而产生精密模拟工具的方法。建模很容易相互作用并与其他经济学研究方法结合。现在很难在经济学中找到一个没有以这种或那种方式进行建模的部分。

10.5 世界中的模型

10.5.1 模型：演示世界的新工具

经济学一直被视一门文理结合的学科：本学科研究经济世界如何运

① 参考沃什（Warsh，2006，第 13 章）。

② 实验经济学领域的经济学家在主流经济学杂志的出版中取得了突破，很明显他们曾经历了巨大的困难。

行并提供如何使经济世界更好运行的相应综合秘诀，由此包含着道德和规范的成分。然而现在的问题是：模型和建模的技术官僚式发展与经济学的这一传统干涉主义有多少不同之处？

经济学中文理结合的这个传统在内容方面随着时间的流逝而变化。中世纪的经院派学者也就是那些宗教传播者向人们说明了经济行为中要求的与统治者神圣的责任以及人们的日常职责一样的道德义务，都是在向人们传述其对上帝律法的理解时讲述的。[①] 重商主义者和重农主义者都对与经济自然规律一致（而不是相反）的经济主权行为的重要性表示赞同，只不过他们对那些经济自然规律是什么的看法不一致而已。15世纪到18世纪那些经商的经济学家认为贸易是一种零和博弈：一个国家的出口越多，得到的支付财富越多，在贸易中垄断性越强，就越好。因此，国王可以通过航海法案授予贸易公司区域性或商品性垄断权等方式来保证其国家财富。相反，18世纪法国重农主义者至少与（第1章中）魁奈的《经济表》所描述的一样，认为一个国家可以通过“自然资源”来积累财富，并认为君权神授的统治者应该改变其政策，使之与经济中的自然法则相一致，并且尤其应该支持大规模的农业生产。

18世纪后期与19世纪的古典经济学家较其之前的经济学家来说对两个“原则”（“principles”）概念的区分更加清晰：科学调查研究所揭示的经济自然规律，以及规范经济的政策。文理的结合决定了政府行为在经济中创造好的产出的恰当范围。亚当·斯密认为财富的主要来源及财富在国家间的流动是劳动力分工和剩余产品交换的结果，这一立场推动了整个古典时期对自由贸易的争论和渴望。[②] 后来在19世纪，即使当时经济学家转向研究历史和社会规律，我们也依旧在其研究中可以发现文理之间的联系。例如，20世纪初的后革命时期，苏联试图把货币从他们的经济中去除，这是因为马克思认为货币是资本主义交换经济的产物，具有负面影响，不应该存在于社会主义国家中。

经济思想以及经济学科与经济治理之间的关系在变化的同时，也在

---

① 例如，他们认为统治者的道德义务是保证货币的可靠性（即不贬值）并且人的自身行为必须遵守道德规范，因此他们支持高利贷法律禁止降低利率。

② 类似地，马尔萨斯关于人口规律的解释意图在于提供抑制人口增长的政策建议，李嘉图通过对租金规律的分析提出了落在地主身上的新的税制。例如，19世纪初期温奇（Winch，1996）对政治经济学艺术的历史研究是一个较好的例子。

几个世纪中轮流对经济现象产生着影响，其中经济学科的历史与经济体系的历史的关系是很难处理的一对关系。确实很少有历史学家认为经济学家成功地重塑了他们理想中的经济世界——因为经济现象只有在达到某一程度时才能被重现。社会主义政府按照计划经济构建完全的社会主义经济体系的方法与资本主义国家按照自由竞争的市场经济所构建的资本主义市场经济体系的方法相比已经逊色得多了，虽然两种经济体系都曾经取得过巨大的成功。①

经济学和经济学家之间的互动过程从来都不是单向的。正如经济学家作为政策顾问时尝试影响经济并曾取得成功过那样，突然、未预期的经济行为和经济事件变化也同样会影响和促进经济运行的改变。反馈回路双向都有。这很容易理解，例如，大萧条时期经济政策的失效以及二战期间控制需求措施的成功，都是战后时期围绕凯恩斯需求理论形成经济共识的主要因素。不过，20 世纪 70 年代同样在凯恩斯主义经济学指导下的政府干预却因产生了困扰经济的“滞胀”而备受指责。经济史学家熟悉经济学与经济现实之间不断的相互影响与再影响：既不是静态的，也不是完全响应的。然而经济学与经济现实之间的相互作用却难以证明，这是因为在经济学的思想、理论、规律、解释与经济现实中的行动者、行动、干预之间有许多媒介和转移路径。

对 20 世纪已经变为基于工具解决问题的经济学而言，凯恩斯主义经济学的这个例子仍然是一个典型的例子。这些工具可以用于描述、说明、分析，并且都有助于经济干预，因此在公共领域，经济学承担的作用不只一个方面（参考 Morgan，2003b）。数学模型在经济学作为基于模型的工程学科的过程中承担着十分重要的作用，但其作用程度并不相同。统计度量与分析、信息调查、国民收入核算、计量模型、时间序列预测模型、投入与产出分析都是经济学家和政府以不同方式在不同层面理解和管理（至少尝试这样做）经济运行的复杂研究工具。

图表模型和数学模型的确提供了不同的研究工具。基于模型进行研究的经济学与早期政治经济学之间的差异取决于模型的设计是为了在哪

① 历史学家向我们展示了经济思想和理论的变化是如何颠覆传统经济规律、特性，并由于这些变化产生了新的经济现象的。诸如：变化中的重商主义（如垄断贸易公司中的东印度公司和哈德逊湾公司），参考阿普比（Appleby，1978）；苏联对不使用货币的经济体的尝试，参考多布（Dobb，1928）；关于冷战与经济的文章，参考科茨（Coats，1997）。

一个水平上进行解释说明，是低水平解释、概括说明，还是典型分析，但是更普遍的法则不仅难以证明而且不易控制。模型在一个相对集中的层面上以便于操作的形式向经济研究提供了材料，尤其是研究市场、企业以及消费者行为等的微观经济学在这一点上特别突出。所以当模型如同基于法则的传统经济学那样可以对法规的形成提供帮助时，其也可以直接向现实世界中的行为提供准则。① 沃托夫斯基早期认为这是模型的要素，他写到：

> 我并不认为模型是模仿其之前的研究工具或其仅仅是将来一些研究工具的样本。它们至多只是形式上相近但作用却是不同的。为了把“模型”这个概念延伸得更广一些，容许我把模型定义为不仅指模型实体本身，还指其本身所代表的一种作用机制。从这个意义上说，模型是研究目的的具体体现，同时是实现这种目的的工具（Wartofsky，1968，发表于1979年，第141、142页）。

最近对经济学历史以及社会经济学的研究为模型所拥有的这种行动模式提供了案例证据，证明了经济学家用于创造或重现经济市场某一特定方面所建立的模型（及/或所做的实验）的作用机制。尽管社会学家在研究这些现象时会认为这些干预和重塑是具有“表演”性质的，但我与经济史学家的观点一样，认为可以将其视为经济学的普通实践。② 就像近代初期开设贸易公司使商人和英联邦更加富裕以及重农学派所认为的农业是国民经济运行的基础一样，布莱克—舒尔斯—默顿期权定价模型为金融贸易提供了公式，拍卖模型为通信拍卖提供了设计思路，自然资源模型提供了防止过度开采资源的方法，用于较少温室气体排放的排污权交易方案也是效仿经济模型设计的。这些模型都是作为“作用机

---

① 与经济学家用模型进行研究正好相反，区别模型是用于干预还是用于改变经济是有帮助的。参考瓜拉（Guala，2007）与经济学实验的对比，以及福克斯·凯勒（Fox - Keller，2000）生物学用模型进行干预（在2003年为了说明建模是有目的的，她也对事物中的模型以及用模型是为了研究事物进行了区别，其中，“为了”表明建模总是有一些目的的。因此这与本章一开始所阐述的代表性事物的差异是不同的）。关于代表和干预的一般要点，参考哈金（Hacking，1983）。

② 从1998年凯伦的研究开始直到麦肯兹（MacKenzie，2006，2007，2009）的研究为止是社会经济学的近期研究，这些研究尤其是麦肯兹等（MacKenzie，2007）的研究在社会经济学领域中提供了主要的例子。参见第455页脚注①：经济史的贡献。

制”直接被商人、企业或是政府用于组织或者创造经济中的市场的。[①]

“魔鬼经济学”现象可能是模型运转的另一种表现，其可能从学术、商业、政治等专业经济领域扩散到世界的各个领域之中。经济学已经开始进行把现代经济学中使用工具得到的结果用文字的形式表现出来的工作。这些工作主要是针对研究日常经济现象的模型所做的描述和解释。尤其是在《纽约时报》（莱维特和迪布纳所写的）以及《伦敦金融时报》（哈福德所写的）的专栏中可以看到这些工作。[②] 后来蒂姆·哈福德执笔了两个专栏。一个是“隐秘的经济学家”，对生活中的现象进行思考并用经济学工具（经济学知识的积累，学术方法，模型研究等）对其进行分析和解释。在另一个中，他作为读者来信专栏执笔者，以“尊敬的科学家”为笔名回答读者的问题。读者曾问过“廉价酒能打败高价酒成为宴请中的赢家吗？我们如何才能使孩子们不再买糖？我应该去尝试使学费的收取更加公平吗？我如何做才能使我的女朋友回心转意？”等问题，而他则用了一些标准化模型来回答这些问题。莱维特和迪布纳（Levitt and Dubner，2005）的工作与之类似，但其在解释问题时对学术研究材料的使用并不明显，例如，他们会回答“为什么贩毒者仍然与其母亲生活在一起”，或者房地产中介的行为方式有哪些等问题。一般此类普及的目的是告诉人们经济学中隐含的逻辑是如何用来解释生活中的大多数情况的以及如何用常识来做出解释，但是其中交织着经济分析使用过的与我们的直觉相违背的方式。[③] 用经济模型对日常生活中

---

① 经济学中这些数学模型的使用在干预经济行为并使其与模型中的经济行为相近方面是十分成功的，与同时期的宏观计量经济学相比在其创造新的经济现象和市场方面也取得了令人满意的成效。其中宏观计量经济学是用于干预总量经济运行的，但其目标并不是提高模型的有效性，而是解决那些十分复杂的问题。参考格林伯格（Greenberger，1976）以及丹佛·巴特和摩根（Den Butter and Morgan，1998）。

② 至于文献方面的其他例子，参考蒂姆·哈福德（Harford，2008），罗伯特·弗兰克（Frank，2007），以及史蒂文·兰茨伯格（Landsberg，1995）。在此我对蒂亚戈·玛塔关于这些普及信息的讨论表示感谢。

③ 尽管哈福德和史密斯一样都认为经济学思想产生的方式是常识性问题，但是哈福德采用了误导性的专栏标题“运用亚当·斯密的研究工具解决读者的问题”，其错误的原因在于模型毫无疑问不是亚当·斯密的研究工具（这些例子是从1月到4月的《金融时报》周末专栏中随机选择的）。莱维特和迪布纳（Levitt and Dubner，2005，第13页）也提到他们的经济研究成果被作为研究工具来使用：“与其主要研究不同，经济学是一套研究工具，所以再非常规的主题也未必会超出其研究范围。”并且认为这类普及不仅是数学模型的结果而且是计量经济模型的产物的观点是合理的，因为这只是把他们的工作用通俗易懂的语言进行了解释而已。

的问题进行解释，虽然从模型分析方法中得到了一定的信息，但是信息本身需要用日常交流的语言来重新表达，只有这样我们才可以了解经济学家关于世界是如何通过其所构造的模型进行运转的想法。[①]

过去经济学家对理论、原理、规律所做的解释说明都停留在一个比较综合的层面上，但是为了体现文理科的区别，他们也对经济的运转以及正确的管理方式提供了规范的暗示性建议。模型从早期经济学中继承了其实证性（经济社会是怎样的）和规范化（经济社会应以怎样的方式表现）的特点。但是由于模型的运转较法律而言缺乏综合性，所以它们的规范性成分更倾向于在一定程度上更接近实际事务（无论模型本身如何理想化）。的确，模型所具有的实证性和规范化组合的特点为模型反映和改变世界提供了途径，正如经济学家对模型作用的期望那样，它们还改变了人们的行为方式。这种规范化理念的确也是“尊敬的经济学家”这种建议性专栏的基础。

但是，正因为通过模型应用经济思想看起来更简单，因此通过对模型的使用实现干预经济的方法并不一定比之前通过（学者的）道德教育或者通过（传统重商主义所遵循的）普通法律对行为的规范改变世界的方法更有效。这个问题十分重要却又很难回答，因为我们缺少解决该问题需要进行对比的各种历史研究，并且当我们知道这些改变的范围与程度时，我们又缺少可以用于比较的判断标准。[②]

我们剩下的是更为普遍的结果。几个世纪以来，经济学试图改变和重塑经济世界。现在经济学不同程度地采用模型这一媒介来达到其目的，也就是说我们生活的世界已经或者正在被这些经济模型改变着。但是其作用方式和程度是不那么确定的。

10.5.2 从大世界中观察小世界

由于模型的建立，人们的感觉和认知在其历史发展过程中发生了巨大的变化。经济学家一开始在模型中表达其微观世界，但不久之

① 当然这里参考了马歇尔·麦克鲁汉的观点，他有一本实际名为《按摩媒介》的著作。作为大众经济学的魔鬼经济学在此背景下提供了自然的联系。很少有人知道麦克鲁汉十分尊重他的同事，也是记叙人类文明交流历史的加拿大杰出经济史学家哈罗德·伊尼斯。

② 参考格林伯格（Greenberger，1976）关于调查和评估的尝试。

后，模型变得符合其直接研究世界的要求。这预示着经济学家对世界看法的变化，这种变化不仅来自新的表达方式而且来自对世界的研究方法。

从历史中我们知道，模型涉及表达语言和方式的改变，这种变化产生了代表经济的新研究对象，并且模型中的这些研究对象具有微观、典型、可控以及易于表述的特点。建模的变革不仅意味着其论证更严密，说明更详细，而且意味着经济学家创造了他们自己的新的经济世界，无论模型是以何种方式建立的，正是通过对这些新的经济世界的工作与讨论，经济学家才对经济及其运行方式有了新的理解。所以当经济学家谈到经济现象或者经济问题时，他们都会用其模型中的概念性要素和研究资源来对这些现象和问题进行解释。从认知和理解的意义上说，通过研究经济学家开始了解经济世界并且对其的看法与之前的有所不同，这种感觉和认知的改变对经济学研究中模型的使用是十分必要的前提，并且对于我们所有人而言，从这些研究方式改变世界的角度看，其创建世界的新方法为我们建立了一个崭新的世界。

当然这一点非常普通：就像经济学家去研究数学与画家去研究抽象主义一样，创建世界的新方法会改变对世界的认知。[①] 因此，在这里我使用第 3 章写的主题：从想象与叙述到认知与感知之间关系的变化伴随着经济学从文字描述到模型描述的变化。经济学中通过模型对世界进行创造涉及 3 个步骤。经济学家对世界进行观察，并用微观世界的模型来对其进行解释说明。这些解释说明还可以作为研究工具：通过对模型进行分析并用其进行实验研究，经济学家可以了解之前隐藏在他们观点中的世界的新方面。随着时间的推移，这些新发现被人们所熟知，并且模型使经济学家可以用这些新方法解释世界。所以经济学家开始把理性经济人、囚徒困境博弈、供求曲线作为描述世界的方法并且认为这些现象存在于现实世界中，调查这些切实可行的对象，而不是用模型解释现实

① 对于文科的一般要点而言，因古德曼（Goodman，1976）在“世界创造”的观念中对创造性问题的分析、认知超前，所以在与理科的比较中他的观点依旧十分有用，但康布里奇（Gombrich，1960）的观点仍是经典的参考。在关于理科领域的众多讨论中，特别参考了莱茵贝格尔（Rheinberger，1997，第 7 章）关于生命科学和生物化学模型的解释，以及图尔敏（Toulmin，1953）关于学科中表征和推理的新方法（包括模型）产生新见解的观点。

中的经济现象。最终他们会到达这样一种状态：不再用模型来解释世界，但这些模型会在世界中运转，模型预期的干预似乎是自然的而不是人为的。

更一般地说，我们自己常常看到这种过程的发生或自己经历这种过程。伦敦地铁路线图曾被视为促使感觉和认知形成的例子。这个地图不仅理想化而且十分抽象，它通过路线把所有站点联系起来，并都安装在地图中，连接到正确的运输线路上。游人通过对地铁路线图的研究和使用来了解伦敦布局并在地下周游。他们还可以参观与地铁路线图空间关系相同的伦敦地面的街道和场所：把地铁路线图视为地上空间的正确说明，并据此对伦敦的地上空间进行观光。这个例子告诉了我们地图是如何根据空间重新描绘世界的，这也是一个惯常的例子，告诉我们对世界某一特定部分的表示改变了人们认识和理解世界特定部分的方式。长期以来被认为是平面设计经典的伦敦地铁路线图使区域之间的相互联系变得自然，其为拉图尔（Latour，1986）的“不变组件”——一种具有感觉和认知结果的可视化——提供了一个很好的例子。

经济学家与伦敦地铁路线图的使用者一样经历了相似的改变。经济学家后来用数学或图形的方法描述世界，并用这种方法进行推理，这不只是他们表现方式的改变，甚至不只是创造世界的方式的历史性变迁，而且将他们所看到的，即他们在世界上理解和认识的东西自然化了。当经济学家学习用模型表现、解释、推理现实经济后，他们对经济的看法发生了改变。所以，建模方法的采用使经济学领域产生了巨大的改变，但这不是指一般规则和理论在理解经济学方面作用削弱了。相反，正是这些对世界上许多特定领域的代表形式的改变，集合在一起使经济学家产生了观察和理解新方式的更大创新，这种观察和理解的新方法涉及了按照其模型对现实经济的描述、理解和理论化。这也就是为什么模型和建模涉及经济学家想象、感知和认知的变化，这种变化与其他领域的巨大变化的影响相类似。

最有效的类比就是历史上把透视画法运用到美术中。艺术史认为，这一创新改变了我们对世界空间关系的视觉感。但是同一种情况可以被分为不同的类别，这里有几个不同版本的例子：荷兰北部的透视图与意大利的不同。正如斯韦特兰娜·阿尔帕斯（Alpers，1983）解释说：荷兰人向我们提供的是广角的城镇风景，而意大利的相对窄一些，但距离更长，也更为集中。[①] 但是对 W. M. 埃文斯（1938）而言，透视图的发展所带来变化的本质不仅仅是发展一个观察和描绘的新方法的问题，甚至不是发展多种方法的问题。他认为透视图之所以有差异，关键在于其之前的图形符号系统：

> 无论对图形符号系统之间的关系或双向逻辑关系，还是物品形状的图形表示和其空间位置之间的相互关系，都没有规则或语法体系来保证（Ivins，1938/1973，第 9 页）。

对于依赖自然法则的科学知识或与其一致的“逻辑关系”而言，透视图获得了成功，并且对我们的艺术修养和科学素质都十分重要。

埃文斯还指出透视图的逻辑是解决几何光学问题的一种办法：一种数学的或科学的解决办法，而不是人类生理或心理上的光学办法。因此他认为“这种解决办法应该作为一种习惯，但是这个特别实用的习惯应该与其‘现实’立场中的实际目的接近”（Ivins，1938，第 14 页）。[②] 换句话说，透视图的说服力最终取决于其实用性和常见性，而不是取决于其与自然法则、几何和生理之间的联系。无论这些透视法是基于荷兰人展示他们城镇时使用的宽角度还是基于意大利人通过其建筑描绘远景的窄焦距，这些绘画中可选择的新透视法都证明了其与人们阅历的一致性以及其巨大的有用性。[③]

在经济学中提出相似的对比说法时也存在相似的困难，即经济建模的出现作为一个整体提供一个经济世界，该世界被认为是内部具有逻辑关系的符号体系，因为正如之前所说的，模型之间的关系是空泛的，而且是不稳定的。建模在多大程度上能保证经济学家的表述与现实世界中

① 阿尔金斯（Elkins，1994，第 87 页）认为透视图的差异很多，并不是只有阿尔帕斯所比较的那两种。

② 对埃文斯，这些绘画新方法形成的不仅仅是习惯，像纳尔逊·古德曼（Goodman，1978），认为“世界的创造”是选择版本制作的问题。

③ 我们可以采用另一种透视画法，其同样有用并且我们对其也很熟悉，这是因为它与我们的经历比较一致，尽管其依赖一些不是十分正确的事物。正如埃文斯所指出的，最初认为照片被特殊方式“变形”了：相机只有一个镜头，但是我们有两个眼睛。现在，没有人认为照片有什么不同了，他们用特制的镜片可以看出照片的立体感。类似地，相机中有一种“斜背”，可以使垂直的东西看起来仍然是直立着的，就像我们认为它们应该看起来的那样，而不是当它们离我们更远时一起移动的“真实”视角。

经济事件、经济行为之间的双向或相互对应，仍是不确定的。[①] 经济学家构建的模型为世界提供数学解释，但是其并没有保证各种形式的数学为经济世界的描述提供准确的方法。我们确实应该指向社会学家研究的具体案例以及他们关于用（如之前所说的）经济模型重塑某些特定经济领域的解释，但是这些例子并没有对模型和世界之间一致性的建立提供任何普遍规则。我们可以指向历史学家对相互依赖性的解释说明，但这些说明并没有逻辑联系，而仅仅含有因果性关系或偶然联系。我们不能明确要求模型中具有经济学的“自然法则”，也不能认为由于这些法则真实存在于世界中，这些相互关系就是确切的。这样的回答暴露了以认知为目的建模的科学方法的单纯性，也暴露了确保科学知识的真实性存在巨大的困难。[②] 然而就像我们从经济学家根据其模型中的术语对各种日常活动的描述、分析、解释中所明白的那样，对于经济学家而言，这种一致性是在使用感知和认知的术语（如果不是逻辑的和科学上稳定的术语）中形成的。

对于过去那个世纪（20 世纪）的经济学家来说，其微观世界具有功利主义的性质：他们把与其经济经历充分一致的解释作为可用且有用的研究对象，来探索和加深理解经济世界。在其发展过程中，模型现在对经济学家来说已经十分熟悉，当经济学家看着其数学模型时就如同他正在看着现实世界，当他看着现实世界时，他也从中发现了其模型所反映的一系列结果。

致　谢

我对雷切尔·安肯尼和丹·罗杰斯对本章初稿的意见表示由衷的感谢。我还十分感谢在本书撰写过程中，一直对本书进行关注的四位审稿人：马塞尔·鲍曼和哈罗·玛斯给予我深刻的建议（尽管在最后这一章中我没有采纳他们认为应该列举的柏斯德·布莱希特

① 的确，哲学上的争论涉及达到一致条件的困难性，以及在模型这个背景下，模型与世界合理同形关系的可能性。参考本书第 6 ~ 8 章——把模型视为进行实验的方式，并认为上述问题是进行推理的问题。

② 这些困难在（第 7 章中所讨论的）模型推理中存在的问题方面以及（第 6、9 章中）用通俗语言替代模型和世界的推理联系方面是十分明显的。

关于十四行诗的讨论以及顺势疗法的例子）；罗伊·温特劳布再次向我提供了非常重要的思想咨询；与此同时我最忠实的审稿人杰尔斯·巴本·富勒一次又一次耐心地鼓励我，并建议我哪些部分应该删除，何时又应该停笔。

参考文献

Akerlof, George A. （2003）"Writing the 'The Market for Lemons'：A Personal and Interpretive Essay"，November 14th 2003. Retrieved September 28，2010 from：http：// nobelprize. org/nobel_ prizes/economics/laureates/2001/akerlof – article. html.

Alpers, S. （1983）*The Art of Describing.* Chicago：University of Chicago Press.

Ankeny, Rachel（2007）"Wormy Logic：Model Organisms as Case – based Reasoning". In Angela Creager, Elizabeth Lunbeck, and M. Norton Wise（eds），*Science Without Laws：Model Systems，Cases，and Exemplary Narratives*（pp. 46 – 58）. Durham，NC：Duke University Press.

Ankeny, Rachel and Sabina Leonelli（2011）"What's So Special about Model Organisms"？*Studies in the History and Philosophy of Science*，42：2，313. 23 doi：10. 1016/ j. shpsa. 2010. 11. 039.

Appleby, Joyce Oldham（1978）*Economic Thought and Ideology in Seventeenth Century England.* Princeton，NJ：Princeton University Press.

Baden – Fuller, Charles and Mary Morgan（2010）"Business Models as Models". *Long Range Planning*，43，156 – 71.

Boumans, Marcel（2005）. *How Economists Model the World to Numbers.* London：Routledge.

Callon, Michel（1998）"Introduction：The Embeddedness of Economic Markets in Economics". In M. Callon（ed），*The Law of the Markets*（pp. 1 – 57）. Oxford：Blackwell Publications and *Sociological Review.*

Cartwright, Nancy（1999）*The Dappled World：A Study of the Boundaries of Science.* Cambridge：Cambridge University Press.

Clapham, John H. （1922）"Of Empty Economic Boxes". *Economic Journal*，32：127，305 – 14. Clarke, Adele E. and Joan H. Fujimura, eds（1992）*The Right Tools for the Job.* Princeton，NJ：Princeton University Press.

Coats, A. W. （1997）*The Post – 1945 Internationalization of Economics.* Annual Supplement to *History of Political Economy*，Vol. 28. Durham，NC：Duke University Press.

Creager, Angela N. H. , Elizabeth Lunbeck, and M. Norton Wise (2007) [eds] *Science without Laws: Model Systems, Cases, Exemplary Narratives.* Durham, NC: Duke University Press.

Daston, Lorraine and Peter Galison (1992) "The Image of Objectivity". *Representations*, 40, 81 - 128.

De Marchi, Neil (2003) "Visualizing the Gains from Trade, mid 1870s to 1962". *European Journal of the History of Economic Thought*, 10: 4, 551 - 72.

Den Butter, Frank and Mary S. Morgan (1998) [eds.] *Empirical Models and Policy Making Economic Modelling* Special Issue, 15: 3.

Dobb, Maurice (1928) *Russian Economic Development since the Revolution.* New York: Dutton.

Edgeworth, Francis Y. (1881) *Mathematical Psychics.* London: Kegan Paul.

Elkins, J. (1994) The *Poetics of Perspective.* Ithaca, NY: Cornell University Press.

Empson, William (1930) *Seven Types of Ambiguity.* London: Chatto and Windus.

Fox - Keller, Evelyn (2000) "Models of and Models for: Theory and Practice in Contemporary Biology" . *Philosophy of Science*, 67, S72 - 86.

(2003) "Models, Simulation and 'Computer Experiments'" . In Hans Radder (ed), *The Philosophy of Scientific Experimentation* (pp. 198 - 215) . Pittsburgh: Pittsburgh University Press.

Frank, Robert H. (2007) *The Economic Naturalist: In Search of Explanations for Everyday Enigmas.* New York, Basic Books.

Frigg, Roman (2010) "Fiction and Scientific Representation" . In Roman Frigg and Matthew Hunter (eds.), *Beyond Mimesis and Nominalism: Representation in Art and Science* (pp. 97 - 138) . Berlin and New York: Springer.

Gelfert, Axel (2011), "Mathmatical Formalisms in Scientific Practice: From Denotation to Model - Based Representation" *Studies in History and Philosophy of Science*, 42: 2, 272 - 86.

Godfrey - Smith, Peter (2006) "The Strategy of Model - Based Science" . *Biology and Philosophy*, 21, 725 - 40.

Gombrich, E. H. (1960) *Art and Illusion: A Study in the Psychology of Pictorial Representation.* Princeton, NJ: Princeton University Press for The Bollingen Foundation, NY.

Goodman, Nelson (1976) *Languages of Art.* Indianapolis: Hackett.

(1978) *Ways of Worldmaking.* Indianapolis: Hackett.

Greenberger, Martin, Matthew A. Crenson, and Brian L. Crissey (1976) *Models in the Policy Process.* New York: Russell Sage Foundation.

Griesemer, J. and G. Yamashita (2005) "ZeitmanagementbeiModellsystemen. Drei Beispieleaus der Evolutionsbiologie" . In H. Schmidgen (ed), *Lebendige Zeit. Berlin*: *Kulturverlag Kadmos* (pp. 213 –41) . German translation of paper "Managing Timein Model Systems: Illustrations from Evolutionary Biology" . Presented at Princeton Colloquium, October 1999.

Guala, Francesco (2007) "How to Do Things with Experimental Economics" In Donald Mackenzie, Fabian Muniesa, and Lucia Siu, *Do Economists Make Markets? On thePerformativity of Economics* (pp. 87 – 127) . Princeton, NJ: Princeton University Press.

Hacking, Ian (1983) *Representing and Intervening.* Cambridge: Cambridge University Press.

Harford, Tim (2008) *The Logic of Life.* London: Little, Brown.

Herbich, John B. (1999) *Developments in Offshore Engineering: Wave Phenomena and Offshore Topics.* Houston: Gulf Publishing Co.

Hoover, Kevin D. (1991) "Scientific Research Program or Tribe? A Joint Appraisal of Lakatos and the New Classical Macroeconomics" . In Neil de Marchi and Mark Blaug (eds), *Appraising Economic Theories* (pp. 364 –94) . Aldershot: Edward Elgar.

Howlett, Peter and Mary S. Morgan (2011) [eds.] *How Well Do Facts Travel?* Cambridge: Cambridge University Press.

Humphrey, Thomas (1996) "The Early History of the Box Diagram" . Federal Reserve Bank of Richmond *Economic Quarterly*, 82: 1, 37 –75.

Ivins, W. M. (1938) . *On the Rationalization of Sight* (1973) New York: Da Capo Press.

Kingsland, Sharon E. (1985) *Modeling Nature : Episodes in the History of Population Ecology.* Chicago: University of Chicago Press.

Kohler, Robert, E. (1994) *Lords of the Fly: Drosophila Genetics and the Experimental Life.* Chicago: University of Chicago Press.

Lancaster, Kelvin (1997) "Welfare, Variety and Economic Modelling" . In Arnold Heertje (ed), *The Makers of Modern Economics*, Vol. Ⅲ (pp. 55 – 73) . Cheltenham: Edward Elgar.

Landsberg, Steven E. (1995) *The Armchair Economist: Economics and Everyday Life.* NewYork: Free Press.

Latour, Bruno (1986) "Visualization and Cognition: Thinking with Eyes and Hands". *Knowledge and Society: Studies in the Sociology of Culture Past and Present*, 6, 1 –40. Lederman, Muriel and Richard M. Burian (1993) [eds.] *The Right Organism for the Job*, partissue, *Journal of the History of Biology*, 26: 2, 233 –368.

Leonelli, Sabina (2007) "Growing Weed, Producing Knowledge. An Epistemic History of *Arabidopsis thaliana*" . *History and Philosophy of the Life Sciences*, 29, 193 – 224.

Levitt, Steven D. and Stephen J. Dubner (2005) *Freakonomics.* New York: Harper Perennial.

MacKenzie, Donald (2006) *An Engine, Not a Camera.* Cambridge, MA: MIT Press.

(2007) "Is Economics Performative? Option Theory and the Construction of Derivative Markets" In Donald Mackenzie, Fabian Muniesa, and Lucia Siu (eds), *Do Economists Make Markets? On the Performativity of Economics* (pp. 54 – 86) . Princeton, NJ: Princeton University Press.

(2009) *Material Markets.* Oxford: University Press.

MacKenzie, Donald, Fabian Muniesa, and Lucia Siu (2007) *Do Economists Make Markets? On the Performativity of Economics.* Princeton, NJ: Princeton University Press.

Mansnerus, Erika (2011) "Using Models to Keep Us Healthy" . In Peter Howlett and Mary S. Morgan (eds), *How Well Do Facts Travel?* (pp. 376 – 402) . Cambridge: Cambridge University Press.

McLuhan, Marshall (1967) *The Medium Is the Massage.* New York: Random House.

Morgan, Mary S. (1990) *The History of Econometric Ideas.* Cambridge: Cambridge University Press.

(2003a) "Experiments Without Material Intervention: Model Experiments, Virtual Experiments and Virtually Experiments" . In H. Radder (ed.), *The Philosophy of Scientific Experimentation* (pp. 216 – 235) . Pittsburgh: University of Pittsburgh Press.

(2003b) "Economics" . In T. Porter and D. Ross (eds), *The Cambridge History of Science*, Vol. 7: *The Modern Social Sciences* (pp. 275 – 305) . Cambridge: Cambridge University Press.

(2007) "Reflections on Exemplary Narratives, Cases, and Model Organisms" . In Angela Creager, Elizabeth Lunbeck, and M. Norton Wise (eds.), *Science Without Laws: Model Systems, Cases, and Exemplary Narratives* (pp. 264 – 74) . Durham, NC: Duke University Press.

(2011) "Travelling Facts" . In Peter Howlett and Mary S. Morgan (eds.), *How Well Do Facts Travel?* (pp. 3 – 39) . Cambridge: Cambridge University Press.

Netz, Reviel (1999) *The Shaping of Deduction in Greek Mathematics.* Cambridge: Cambridge University Press.

Oreskes, Naomi (2007) "From Scaling to Simulation: Changing Meanings and Ambitions of Models in Geology" . In Angela Creager, Elizabeth Lunbeck, and M. Norton Wise (eds), *Science Without Laws: Model Systems, Cases, and Exemplary Narratives* (pp. 93 – 124) . Durham, NC: Duke University Press.

Patten, Simon N. (1893) "The Interpretation of Ricardo" . *Quarterly Journal of Economics*, 7, 322 - 52.

Pigou, Arthur C. (1922) "Empty Economic Boxes: A Reply" . *Economic Journal* 32: 128, 248 - 65.

(1931) "The Function of Economic Analysis" . In Arthur C. Pigou and Dennis H. Robertson (eds), *Economic Essays and Addresses* (pp. 1 - 19) . London: P. S. King & Son.

Poincaré, Henri (1902/1905) *Science and Hypothesis.* In French in 1902; translation 1905. Reprinted, Dover Publications, New York, 1952.

Radder, Hans (2003) [ed] *The Philosophy of Scientific Experimentation.* Pittsburgh: University of Pittsburgh Press.

Rheinberger, Hans - Jörg (1997) *Towards a History of Epistemic Things.* Stanford: Stanford University Press.

Rudwick, Martin (1988) *The Great Devonian Controversy: The Shaping of Scientific Knowledge among Gentlemanly Specialists.* Chicago: University of Chicago Press.

Smith, A. (1776) *An Inquiry into the Nature and Causes of The Wealth of Nations*, edited by R. H. Campbell and A. S. Skinner. Oxford: Oxford University Press, 1976.

Sterrett, Susan (2006) "Models of Machines and Models of Phenomena". *International Studies in Philosophy of Science*, 20: 1, 69 - 80.

Tala, Suvi (2010) "Enculturation into Technoscience: Analysis of the Views of Novices and Experts on Modelling and Learning in Nanophysics" *Science and Education*, 30: 7/8, 733 - 60.

Toulmin, Stephen (1953) *The Philosophy of Science.* London: Hutchinson.

Tufte, Edward (1983) *The Visual Display of Quantitative Information.* Cheshire, CT: Graphics Press.

Warsh, David (2006) *Knowledge and the Wealth of Nations.* New York: W. W. Norton.

Wartofsky Marx W. (1968) "Telos and Technique: Models as Modes of Action" . In Marx W. Wartofksy, *Models: Representation and the Scientific Understanding* (1979) *Boston Studies in the Philosophy of Science*, Vol. 48 (pp. 140 - 53) . Dordrecht: Reidel.

Weber, Max (1904) " 'Objectivity' in Social Science and Social Policy" . In *The Methodology of the Social Sciences* (translated and edited Edward A. Shils and Henry A. Finch , 1949) . New York: Free Press.

Whitfield, Peter (1994) *Image of the World: 20 Centuries of World Maps*, 2nd edition, 2010. London: The British Library.

Winch, Donald (1996) *Riches and Poverty : An Intellectual History of Political Econ-*

omy in Britain, 1750 – 1834. Cambridge: Cambridge University Press.

Wise, M. Norton (2009) "On the Historicity of Scientific Explanation: Technology and Narrative." History of Science Society Distinguished Lecture, forthcoming in Uljana Feest and Thomas Sturm (eds), special issue of *Erkenntnis*.

图书在版编目（CIP）数据

模型中的世界：经济学家如何工作和思考 /（英）玛丽·S. 摩根（Mary S. Morgan）著；梁双陆等译. -- 北京：社会科学文献出版社，2020.10

书名原文：The World in the Model How Economists Work and Think

ISBN 978－7－5201－5610－3

Ⅰ. ①模…　Ⅱ. ①玛… ②梁…　Ⅲ. ①经济学－研究　Ⅳ. ①F0

中国版本图书馆 CIP 数据核字（2019）第 210665 号

模型中的世界
——经济学家如何工作和思考

著　　者 / ［英］玛丽 S. 摩根（Mary S. Morgan）
译　　者 / 梁双陆　刘　燕 等

出 版 人 / 谢寿光
责任编辑 / 赵慧英

出　　版 / 社会科学文献出版社 · 政法传媒分社（010）59367156
　　　　地址：北京市北三环中路甲 29 号院华龙大厦　邮编：100029
　　　　网址：www. ssap. com. cn
发　　行 / 市场营销中心（010）59367081　59367083
印　　装 / 三河市尚艺印装有限公司

规　　格 / 开　本：787mm × 1092mm　1/16
　　　　印　张：30. 25　字　数：480 千字
版　　次 / 2020 年 10 月第 1 版　2020 年 10 月第 1 次印刷
书　　号 / ISBN 978－7－5201－5610－3
著作权合同登记号 / 图字 01－2017－8396 号
定　　价 / 98. 00 元

本书如有印装质量问题，请与读者服务中心（010－59367028）联系